現代会計の実務

川口 八洲雄 著

東京 森山書店 発行

序　文

　本書は，公正価値による資産・負債の評価の実態を明らかにするため，現代会計の全ての財務諸表項目について一般に認められた実務を分析したものである。国際財務報告基準は，全面的な公正価値評価を指向しているが，実務においては，市場相場が存在しない場合に限り適用される将来の予測キャッシュフローの割引計算に基づく現在価値（discounted present value）の評価技法の普及に伴い，取得原価（historical cost），再調達原価である取替原価（replacement cost）としての現在原価（current cost），売却時価の正味実現可能価額（net realizable value）としての正味決済価額（net settlement value）および市場価格（market price）との併用による混在状態にあり，全面的な公正価値評価と公正価値会計（fair value accounting）への過渡期にある。

　本書は，国際財務報告基準が公正価値会計への方向性を強めるなかで，現代の取引事象に関する一般に認められた会計実務の現象形態をあるがままに明らかにしたものである。

　本書は，4編19章で構成されている。第1編では会計システムと公正価値について，第2編では13章において個別問題について詳細に検討する。第3編では本支店会計及び組織再編の会計を取り上げ，第4編では外貨換算及び金融デリバティブの会計を論じた。

　本書の成るに当たり，大学院時代にご指導頂いた故大阪市立大学名誉教授宮上一男先生に対し衷心より感謝の意を表したい。宮上先生には，ドイツのシュマーレンバッハ教授の原価理論から工業原価計算の研究に至るまで理論と実務の両側面においてご指導を頂いた。また，学部時代には故武蔵大学名誉教授浅羽二郎先生から，会計学について相対的な分析の視点の大切さを教えて頂

いた。本書の上梓に際し，両先生の御霊に謹んでご報告する次第である。

　最後に，厳しい出版状況にもかかわらず，本書の刊行を快く認めて頂いた森山書店社長菅田直文氏に対して心よりお礼申し上げたい。また，編集部の白鳥里和氏には校正を通じて大変お世話になりお礼申し上げる。

　　　　　　　　　　　　　京都 衣笠にて　　平成22年　師走
　　　　　　　　　　　　　　　　　　　　　　川　口　八　洲　雄

目　　次

第1編　公正価値の会計システム

第1章　会計システム … 3
1-1　簿記・会計の目的と役割 … 3
1-2　開始手続きと期中手続き … 5
1-3　決算手続き … 8

第2章　将来キャッシュ・フローと公正価値 … 24
2-1　公正価値評価の特質 … 24
2-2　公正価値の金利要素 … 26

第2編　個別財務諸表項目の会計

第3章　現金預金 … 37
3-1　現金と預金 … 37
3-2　小口現金 … 38
3-3　当座預金と当座借越 … 39
3-4　銀行勘定調整表 … 40

第4章　債権と債務 … 45
4-1　売掛金と買掛金 … 45
4-2　未収金と未払金 … 46
4-3　貸付金と借入金 … 47
4-4　前渡金と前受金 … 47
4-5　立替金と預り金 … 47

4-6　仮勘定 ……………………………………………………… 49

第5章　手形取引 …………………………………………………… 51
　5-1　手形の目的と役割 ………………………………………… 51
　5-2　約束手形 …………………………………………………… 54
　5-3　為替手形 …………………………………………………… 55
　5-4　荷為替手形 ………………………………………………… 57
　5-5　裏書譲渡に伴う偶発債務 ………………………………… 59
　5-6　手形の割引 ………………………………………………… 61
　5-7　手形の更改 ………………………………………………… 63
　5-8　手形の保証 ………………………………………………… 63
　5-9　不渡手形 …………………………………………………… 64

第6章　金銭債権の期末評価 ……………………………………… 66
　6-1　債権の区分 ………………………………………………… 66
　6-2　債権貸倒の見積り ………………………………………… 67
　6-3　貸倒引当金 ………………………………………………… 73

第7章　有価証券 …………………………………………………… 78
　7-1　有価証券の期中売買 ……………………………………… 78
　7-2　有価証券の差入と保管 …………………………………… 82
　7-3　有価証券の貸借取引 ……………………………………… 83
　7-4　現先取引 …………………………………………………… 85
　7-5　有価証券の期末評価 ……………………………………… 91

第8章　棚卸資産 …………………………………………………… 113
　8-1　棚卸資産の種類 …………………………………………… 113
　8-2　棚卸資産の取得原価 ……………………………………… 113

8-3	商品売買の期中処理	121
8-4	棚卸商品の期末評価	141
8-5	売価還元法による棚卸資産評価	148

第9章　特殊販売と収益認識　168

9-1	特殊販売の収益認識基準	168
9-2	長期請負工事の会計	169
9-3	割賦販売	176
9-4	試用販売	205
9-5	委託販売	212
9-6	委託販売諸掛	222
9-7	受託販売	228
9-8	未着品販売	231
9-9	フランチャイズ契約	241

第10章　固定資産　244

10-1	有形固定資産	244
10-2	有形固定資産の取得原価	245
10-3	固定資産の減価償却	258
10-4	臨時償却	265
10-5	有形固定資産の売却・除却・買換	266
10-6	臨時損失と圧縮記帳	268
10-7	無形固定資産	269
10-8	繰延資産	271
10-9	研究開発費とソフトウェア制作費	275
10-10	リース会計	281
10-11	長期固定資産の減損会計	296

第11章　税効果会計 306
11-1　税効果会計の目的と意義 306
11-2　税効果会計の貸借対照表アプローチと損益計算書アプローチ 313
11-3　一時差異と永久差異 314
11-4　欠損金の繰越控除と繰戻還付 326
11-5　税効果会計の会計処理 327

第12章　引当金と資産除却債務 333
12-1　引当金の目的と役割 333
12-2　引当金の会計処理 334
12-3　資産除却債務の会計 336

第13章　退職年金給付 340
13-1　確定給付型企業年金 340
13-2　退職給付債務と退職給付費用 342

第14章　社債 364
14-1　社債の種類 364
14-2　社債の評価 364
14-3　社債発行費 371
14-4　社債の償還 372
14-5　転換社債と新株予約権付社債 378

第15章　純資産と株主資本 383
15-1　純資産概念の制定の意義 383
15-2　会社設立時の株式発行と増資 390

第3編　本支店及び組織再編の会計

第16章　本支店会計 ……………………………………………… *431*
16-1　支店会計の目的と役割 ……………………………………… *431*
16-2　支店独立会計 ………………………………………………… *432*
16-3　本支店会計の決算 …………………………………………… *442*

第17章　企業組織再編の会計 …………………………………… *457*
17-1　企業組織再編行為 …………………………………………… *457*
17-2　取得による企業結合 ………………………………………… *458*
17-3　事業分離 ……………………………………………………… *495*

第4編　外資換算及び金融デリバティブの会計

第18章　外貨建取引 ……………………………………………… *533*
18-1　外貨換算の目的と役割 ……………………………………… *533*
18-2　外貨表示財務諸表の換算 …………………………………… *533*
18-3　外貨建取引の換算 …………………………………………… *545*

第19章　デリバティブ会計 ……………………………………… *548*
19-1　デリバティブの目的と役割 ………………………………… *548*
19-2　デリバティブとヘッジ会計 ………………………………… *552*
19-3　デリバティブの会計処理 …………………………………… *555*
19-4　外貨建取引のヘッジ会計 …………………………………… *575*

複利計算表 ……………………………………………………………… *590*
索　　引 ………………………………………………………………… *597*

第1編　公正価値の会計システム

第1章
会計システム

1-1 簿記・会計の目的と役割

　簿記と企業会計の果たす目的と役割は何か？それは，期首から期末までの一定の会計期間における企業の経営成績と期末時点の財政状態を財務諸表として公開するため，期中における営業活動に伴う取引を簿記原理にしたがって毎日仕訳帳に記録すると同時に総勘定元帳（以下元帳と略称する）の各勘定に転記しておき，期末決算において決算整理前の勘定残高について決算整理仕訳と元帳の諸勘定への転記を行なったうえ全ての帳簿を締切り，決算整理後の勘定残高から損益計算書，貸借対照表，キャッシュ・フロー計算書，包括損益計算書，株主持分変動計算書を作成することである。

　企業の営業活動は，通常，企業の成長過程において倒産や解散がない限り，半永久的に継続される。このため，営業活動に伴う取引を帳簿に記録する手続きは，会計期間を3つに区分して，期首の開始手続き，期中の営業手続き，期末の決算手続きの順に行なう。

　期首の開始手続きは，開始記入より始めて再整理記入の順に行なう。開始記入とは，前期元帳の資産，負債，純資産の各勘定口座の「次期繰越高」を当期元帳の各勘定口座に「前期繰越高」として記入する手続きをいう。

　開始記入の方法は，2つある。当期元帳の資産，負債，純資産の各勘定口座の前期繰越高について当期仕訳帳で開始仕訳を行なってから，当期元帳の勘定に転記する大陸式締切法と，開始仕訳を省略して当期元帳の勘定に直接，前期繰越高の開始記入を行なう英米式締切法がある。いずれの開始記入方法による

場合でも，開始記入後に再整理記入（再振替記入）を行なう。再整理記入とは，前期決算で計上された経過勘定項目すなわち見越・繰延勘定項目について当期首において再振替仕訳を行ない元帳の勘定に転記することをいう。すなわち，前期決算において正確な期間損益計算を行なうため，現金主義の原則による期中の営業取引の会計処理を発生主義の原則による会計処理に転換する場合，前期決算で貸借対照表に計上された経過勘定項目（前払費用，前受収益，未払費用，未収収益）について当期首において反対仕訳（再整理仕訳，再振替仕訳または振戻仕訳という）を実施し当期元帳の損益勘定に振戻すための勘定記入を再整理記入（再振替記入・振戻記入）という。

期首の開始記入と再整理記入の手続きを終了したならば，期中の営業取引について毎日，仕訳処理を行なう。期中の営業取引の手続きは，日常的な取引の仕訳と転記の反復である。

期末において，営業取引は全て終了するため，決算予備手続に入る。決算予備手続きに入る前に仕訳帳と元帳について初回の締切りを行ない，元帳の全ての勘定口座より作成した決算整理前合計試算表から決算整理前残高試算表を作成し，決算予備手続きに備える。

決算手続きは，予備決算（帳簿以外の精算表で行なう決算）と本決算（帳簿の締切に基づく元帳決算）の2段階に分けて行なう。

決算予備手続では，決算整理前試算表作成以降の一連の決算予備手続きを一覧表にした精算表を作成する。新旧の勘定を記載した勘定科目欄，決算整理前残高試算表欄，整理記入欄，決算整理後残高試算表欄を左から横一列の順に配列した一覧表が精算表である。精算表の整理記入欄において各勘定記録について整理記入し，整理記入欄の右側欄に記載された決算整理後残高試算表欄から損益計算書と貸借対照表を作成する。精算表は，元帳決算による正式財務諸表を作成する前に企業の経営管理のために利用される資料である。

精算表の作成後あるいはその作成と併行して正式の財務諸表を作成するため，帳簿締切に基づく決算本手続きに入る。決算本手続きでは，各勘定記録について修正を要する決算整理事項を記載した棚卸表にしたがって決算整理前勘定記録について決算整理仕訳を行ない，勘定残高を修正する。次いで，元帳上に集合勘定である損益勘定及び決算残高勘定（大陸式決算法）を設定し，集合

勘定に勘定残高を集計するための決算振替仕訳と転記を行ない，元帳の全部の勘定口座を締切る。損益勘定から損益計算書を，繰越試算表（英米式決算法）または決算残高試算表（大陸式決算法）から貸借対照表をそれぞれ作成する。

このように，簿記とは，前期の勘定口座記録を当期の勘定口座に引継ぐための開始手続きから始まり，期中取引の毎日の仕訳を各勘定に転記しておき，期末に決算整理事項に基づいて各勘定記録を修正したうえ全ての帳簿を締切り財務諸表を作成するまでの一連の記帳手続きをいう。簿記は，会計基準に基づいて財務諸表を作成するための簿記一巡または会計システムに対する総称である。これに対して，会計は，狭義において，一国の会計制度として備えるべき体系的枠組と会計基準及び実務指針の開発と制定を意味し，広義において，一国内外の市場経済と利害関係者の要請にしたがって財務報告書に記載すべき会計情報として取引の会計上の認識，測定，評価，開示，監査等の合理的かつ適正な方法に係る開発，改革及び学術的な研究をいう。

1-2　開始手続きと期中手続き

期中の取引について日常的な仕訳を開始する前に行なわれる手続きを開始手続きという。開始手続きは，開始仕訳と転記，再整理仕訳と転記の順に行なう。開始記入は期中の期引の会計処理を開始するための準備の手続きであり，帳簿の締切方法に関連している。元帳の勘定への開始記入と締切記入の方法には，大陸式決算法と英米式決算法がある。

A.　大陸式決算法の開始手続き

大陸式決算法による場合は，決算において帳簿を締切るときに資産，負債，純資産の各勘定残高を集計するために決算残高勘定を元帳上に設定し，決算残高勘定に資産，負債，純資産の各勘定残高を振替え，貸借平均させて各勘定口座を締切る。各勘定残高が決算残高勘定へ振替えられる結果，資産，負債，純資産の各勘定口座は，次期繰越高ゼロで当期元帳へ引継がれる。

そこで，当期首において開始残高勘定を相手勘定科目にして，新しい元帳の資産，負債，純資産の各勘定口座に前期繰越高を記入するための開始仕訳を仕

訳帳で行なったうえ元帳の諸勘定に転記する。ただし，開始残高勘定を使用せず簡便法による場合は，資産と負債・純資産とを互いに相手勘定科目として開始仕訳を行なう。開始残高勘定は貸借平均しているため残高は存在しない。したがって開始残高勘定は資産・負債・純資産に対してそれぞれの相手科目となるだけであり実質的な意義がないため，帳簿に設定する必要はない。この2つの方法を大陸式決算法という。大陸式決算法は，開始仕訳を含めて普通仕訳帳に記録された全ての仕訳を漏れなく元帳の諸勘定に転記する点において複式簿記の記帳原理を一貫して遵守する方法である。

開始仕訳と勘定への転記を終えたならば，次に再整理仕訳と転記を行なう。前期決算において正確な期間損益計算を実施するため期中取引の現金主義による会計処理を発生主義会計へ転換した結果，貸借対照表に計上された経過勘定項目（当期の費用勘定・収益勘定から繰延分を控除する前払費用・前受収益，及び当期の費用勘定・収益勘定に見越分を加算する未払費用・未収収益）を当期首において元の収益・費用勘定に振替えるための反対仕訳を再整理仕訳（再振替仕訳，振戻仕訳）という。

B. 大陸式決算法による開始手続き

イ．開始残高勘定を使用する場合

開始仕訳：（借）資　産　　××　（貸）残　高（開始）××
　　　　　（借）残　高（開始）××　（貸）負　債　　　××
　　　　　　　　　　　　　　　　　　　　純資産　　　××

開始記入：

残　高（開始）	
負　債××	資　産××
純資産××	

資　産		負　債		純資産	
残高××			残高××		残高××

ロ．開始残高勘定を使用しない場合（簡便法）

開始仕訳：（借）資　産××　（貸）負　債××
　　　　　　　　　　　　　　　　純資産××

開始記入：

資　産	負　債	純資産
前期繰越××	前期繰越××	前期繰越××

再整理仕訳：(借) 費　　用×× (貸) 前払費用××
　　　　　　(借) 前受収益×× (貸) 収　　益××
　　　　　　(借) 未払費用×× (貸) 費　　用××
　　　　　　(借) 収　　益×× (貸) 未収収益××

C. 英米式決算法の開始手続き

英米式決算法は，期末決算において資産，負債，純資産の各勘定残高を集計するための残高勘定を元帳に設定しないため，貸借対照表に所属する各勘定残高に限り決算振替仕訳を省略する。資産，負債，純資産の各勘定の期末残高は，決算振替仕訳を省略して直接，各勘定を締切って「次期繰越」と勘定記入する。このため，翌期首の開始手続きにおいて，仕訳帳における開始仕訳を省略し，新しい元帳の資産，負債，純資産の各勘定口座に「前期繰越」として開始記入する。したがって，英米式決算法は，開始手続きにおいて，資産，負債，純資産の各勘定残高に限り，開始仕訳を省略し元帳の各勘定口座の「前期繰越」の開始記入より記帳手続を開始し，期末の決算では決算振替仕訳を省略して各勘定口座の「次期繰越」の締切記入をもって記帳を終了する。英米式決算法では，期首に開始仕訳を実施しない。この結果，決算整理の直前に初回の帳簿締切を行なう場合，仕訳帳の貸借合計額は，決算整理前合計試算表の貸借合計額に一致しない。

資産，負債，純資産の各勘定口座の開始記入を終了したならば，続いて，勘定記録の正否を確認するため，全部の勘定を集計して期首試算表を作成する。前期末の決算において費用・収益の経過勘定項目について見越・繰延計上を行なっている場合，当期首において繰延勘定項目の前払費用・前受収益，見越勘定項目の未払費用・未収収益について再整理仕訳と転記を行なう。

英米式決算法による開始手続き

開始仕訳：なし

開始記入：

資　産	負　債	純資産
前期繰越××	前期繰越××	前期繰越××

期首試算表の作成：資産，負債，純資産の各勘定残高を集計して作成する
再整理仕訳と転記：見越・繰延項目の再整理仕訳とその転記
　期中の取引は，簿記の記帳原則にしたがって毎日仕訳帳に仕訳すると同時に，これを各勘定口座に転記する。

1-3　決算手続き

　期末に帳簿を締切り，各勘定口座の記録を修正・整理したうえ決算整理後の各勘定口座から正式の財務諸表を作成する手続きを決算本手続きまたは元帳決算（帳簿決算）という。決算手続きの方法には，大陸式決算法と英米式決算法の2つがある。2つの方法は，帳簿締切以前に帳簿以外の精算表上で行なう決算予備手続きと，帳簿締切に基づく元帳決算との2段階から成る決算手続により会計報告書として財務諸表が作成される。

1　決算整理前試算表の作成
2　予備決算：精算表・整理記入・財務諸表作成
3　元帳決算：決算整理仕訳・決算振替仕訳・帳簿締切り
　　3-1　収益・費用項目の損益勘定への振替・転記・諸勘定締切り（英米式・大陸式）
　　3-2　当期純利益の繰越利益剰余金勘定への振替・損益勘定締切り（英米式・大陸式）
　　3-3　資産，負債，純資産の各勘定に次期繰越高の締切記入（英米式）。資産，負債，純資産の各勘定残高の残高勘定への振替・各勘定締切り（大陸式）
4　繰越試算表の作成（英米式）
5　損益勘定による損益計算書の作成（英米式・大陸式）
　繰越試算表による貸借対照表作成（英米式）
　決算残高勘定による貸借対照表作成（大陸式）

A.　大陸式決算法による決算手続き

　期中取引の終了後に予備決算手続きに入り，決算整理前残高試算表により精

算表上の勘定整理欄の決算整理記入を経て精算表上で非公開の財務諸表を作成する。次に，本決算手続きに入る。最初に，決算整理事項（商品売上原価の算定，見越・繰延勘定の計上，有価証券・棚卸資産・固定資産の時価評価差額損益の繰延処理，リース取引の割引現在価値計上，貸倒引当金・減価償却費の見積計上等の各勘定記録の修正事項）により各勘定記録について決算修正仕訳と転記を行ない決算整理後勘定残高を算定する。

続いて，費用・収益の各勘定残高を元帳に設定した損益勘定に振替え，各勘定口座を締切る。次に，損益勘定上の当期純利益を繰越利益剰余金勘定（旧未処分利益勘定）に振替え，貸借平均させて損益勘定を締切る。費用・収益の各勘定と損益勘定を締切る決算手続きは，英米式と大陸式ともに同一手続きによる。

これに対して，資産，負債，純資産の貸借対照表に帰属する各勘定の決算手続きは，英米式と大陸式では異なる。大陸式決算法では，期末に，資産，負債，純資産の各勘定残高を集計するための残高勘定を元帳上に設定し，資産，負債，純資産の各勘定残高を残高勘定へ振替えるための仕訳帳上の決算振替仕訳と勘定への転記を行なったうえ各勘定口座に「次期繰越」として締切記入を行なう。最後に，大陸式決算法では，損益勘定から損益計算書を，決算残高勘定から貸借対照表をそれぞれ作成する。

大陸式決算法による決算手続き
1. 決算整理前試算表の作成
2. 決算整理記入・決算整理後試算表・精算表作成
3. 収益・費用の損益勘定への振替・当期利益の繰越利益剰余金への振替と帳簿締切
4. 資産，負債，純資産の各勘定残高の残高勘定への振替と帳簿締切
 振替仕訳：(借) 残　高（決算）×× (貸) 資　産××
 　　　　　(借) 負　債×× 　　　　(貸) 残　高（決算）××
 　　　　　　　　純資産××

 勘定の締切記入：

残　高（決算）	
資　産　××	負　債　××
	純資産　××
××	××

資　産				負　債				純資産			
残高	××	次期繰越	××	次期繰越	××	残高	××	次期繰越	××	残高	××
	××		××		××		××		××		××

5. 損益勘定よる損益計算書作成，決算残高勘定よる貸借対照表作成

B. 英米式決算法による決算手続き

英米式決算法では，大陸式決算法と異なり，貸借対照表に帰属する資産，負債，純資産の諸勘定に限り各勘定残高を集計するための決算残高勘定を設定しないため，仕訳帳における決算振替仕訳は省略する。資産，負債，純資産の各勘定残高の決算振替仕訳を省略する結果，元帳の各勘定口座の摘要欄に「次期繰越」と直接，締切記入して各勘定を締切る。次いで，資産，負債，純資産の各勘定口座に直接記入された「次期繰越」の記入の正否を検証するため，各勘定残高を集計して繰越試算表（大陸式決算法の決算残高勘定に相当）を作成する。

英米式決算法による決算手続き
1. 決算整理前試算表の作成
2. 決算整理記入・決算整理後試算表・精算表作成
3. 収益・費用の損益勘定への振替・当期利益の繰越利益剰余金への振替と帳簿締切
4. 資産，負債，純資産の「次期繰越」の締切記入

資　産				負　債				純資産			
××		次期繰越	××	次期繰越	××		××	次期繰越	××		××
××			××		××		××		××		××

5. 繰越試算表の作成
6. 損益勘定から損益計算書を作成。繰越資産表から貸借対照表を作成

設例：大東株式会社の会計期間（20×1年4月1日～20×2年3月31日）における資料と期中取引は次のとおりである。
　(1) 期首勘定前期繰越高：当座預金100,000円，売掛金150,000円，繰越商品25,000円，前払家賃2,000円，買掛金120,000円，未払地代1,500円，資本

金 150,000 円，利益準備金 1,500 円，繰越利益剰余金 4,000 円
(2) 期中取引
　① 当期の6月の定時株主総会において次の利益処分が決議された。利益準備金積立額 1,000 円。株主配当金支払額 2,500 円。
　② 商品 30,000 円を掛で仕入れた。
　③ 商品 95,000 円を掛で売上げた。
　④ 買掛金 35,000 円と未払配当金 2,500 円を小切手を振出して支払った。
　⑤ 売掛金 40,000 円を小切手で回収し直ちに当座預金に預入れた。
　⑥ 家賃 25,000 円と地代 8,000 円を小切手振出により支払った。
(3) 決算整理事項：①期末商品棚卸高 30,000 円　②前払家賃 1,500 円　③未払地代 2,000 円

A. 大陸式決算法による簿記一巡

1. 開始手続きと期中手続き

期首試算表

当座預金	100,000	買掛金	120,000
売掛金	150,000	未払地代	1,500
繰越商品	25,000	資本金	150,000
前払家賃	2,000	利益準備金	1,500
		繰越利益剰余金	4,000
	277,000		277,000

仕訳帳

日 付	(借)	(貸)	(借)	(貸)
20×1年4月1日	諸　口	(残　高)		277,000
	(当座預金)		100,000	
	(売掛金)		150,000	
	(繰越商品)		25,000	
	(前払家賃)		2,000	
	開始仕訳			
	(残　高)	諸　口	277,000	
		(買掛金)		120,000
		(未払地代)		1,500
		(資本金)		150,000
		(利益準備金)		1,500
		(繰越利益剰余金)		4,000
	開始仕訳			
	(支払家賃)		2,000	
		(前払家賃)		2,000
	再振替仕訳			
	(未払地代)		1,500	
		(支払地代)		1,500
	再振替仕訳			
①	(繰越利益剰余金)	諸　口	3,500	
		(利益準備金)		1,000
		(未払配当金)		2,500
②	(仕　入)		30,000	
		(買掛金)		30,000
③	(売掛金)		95,000	
		(売　上)		95,000
④	諸　口	(当座預金)		37,500
	(買掛金)		35,000	
	(未払配当金)		2,500	
⑤	(当座預金)		40,000	
		(売掛金)		40,000
⑥	諸　口	(当座預金)		33,000
	(支払家賃)		25,000	
	(支払地代)		8,000	
20×2年3月31日	初回締切	合　計	796,500	796,500

元　帳

```
          残　高（開始）
4/1 買掛金        120,000  │ 4/1 当座預金   100,000
  〃 未払地代       1,500  │  〃 売掛金     150,000
  〃 資本金       150,000  │  〃 繰越商品     25,000
  〃 利益準備金     1,500  │  〃 前払家賃      2,000
  〃 繰越利益剰余金  4,000  │
```

```
              当座預金
4/1 残高        100,000  │ ④諸口         37,500
⑤売掛金          40,000  │ ⑥諸口         33,000
```

```
              売掛金
4/1 残高        150,000  │ ⑤当座預金      40,000
③売上            95,000  │
```

```
              繰越商品
4/1 残高         25,000  │
```

```
              前払家賃
4/1 残高          2,000  │ 4/1 支払家賃    2,000
```

```
              買掛金
④当座預金        35,000  │ 4/1 残高      120,000
                        │ ②仕入         30,000
```

```
              未払地代
4/1 支払地代      1,500  │ 4/1 残高        1,500
```

```
              未払配当金
④当座預金        2,500  │ ①繰越利益剰余金  2,500
```

```
              資本金
                        │ 4/1 残高      150,000
```

```
              利益準備金
                        │ 4/1 残高        1,500
                        │ ①繰越利益剰余金  1,000
```

```
              繰越利益剰余金
①利益準備金      1,000  │ 4/1 残高        4,000
①未払配当金      2,500  │
```

```
              支払家賃
4/1 前払家賃     2,000  │
⑥当座預金       25,000  │
```

```
              支払地代
⑥当座預金        8,000  │ 4/1 未払地代    1,500
```

```
              仕　入
②買掛金         30,000  │
```

```
              売　上
                        │ ③売掛金        95,000
```

決算整理前合計試算表

借　方	勘定科目	貸　方
277,000	残　　　　　高	277,000
140,000	当　座　預　金	70,500
245,000	売　　掛　　金	40,000
25,000	繰　越　商　品	──
2,000	前　払　家　賃	2,000
35,000	買　　掛　　金	150,000
1,500	未　払　地　代	1,500
2,500	未　払　配　当　金	2,500
──	資　　本　　金	150,000
──	利　益　準　備　金	2,500
3,500	繰越利益剰余金	4,000
──	売　　　　　上	95,000
30,000	仕　　　　　入	──
27,000	支　払　家　賃	──
8,000	支　払　地　代	1,500
796,500		796,500

2. 決算手続き：決算整理・決算振替・帳簿締切

仕訳帳

日　付	(借)	(貸)	(借)	(貸)
3月31日	初回締切	合　計	796,500	796,500
〃	本日決算			
	(仕　入)		25,000	
		(繰越商品)		25,000
	決算整理：売上原価の算定			
	(繰越商品)		30,000	
		(仕　入)		30,000
	決算整理：売上原価の算定			
	(前払家賃)		1,500	
		(支払家賃)		1,500
	決算整理：家賃の繰延計上			
	(支払地代)		2,000	
		(未払地代)		2,000
	決算整理：地代の見越計上			
	(売　上)		95,000	
		(損　益)		95,000
	決算振替：売上高の振替			
	(損　益)	諸　口	59,000	
		(仕　入)		25,000
		(支払家賃)		25,500
		(支払地代)		8,500
	決算振替：費用の振替			
	(損　益)		36,000	
		(繰越利益剰余金)		36,000
	当期純利益の振替			
	(残　高)	諸　口	306,000	
		(当座預金)		69,500
		(売掛金)		205,000
		(繰越商品)		30,000
		(前払家賃)		1,500
	資産の残高勘定への振替			
	諸　口	(残　高)		306,000
	(買掛金)		115,000	
	(未払地代)		2,000	
	(資本金)		150,000	
	(利益準備金)		2,500	
	(繰越利益剰余金)		36,500	
	負債・純資産の残高勘定への振替			
	最終締切	合　計	1,657,000	1,657,000

元　帳

当座預金
4/1 残高	100,000	④諸口	37,500	
⑤売掛金	40,000	⑥諸口	33,000	
		3/31 繰越	69,500	
	140,000		140,000	

売掛金
4/1 残高	150,000	⑤当座預金	40,000	
③売上	95,000	3/31 繰越	205,000	
	245,000		245,000	

繰越商品
4/1 残高	25,000	3/31 仕入	25,000	
3/31 仕入	30,000	〃 残高	30,000	
	55,000		55,000	

前払家賃
4/1 残高	2,000	4/1 支払家賃	2,000	
3/31 支払家賃	1,500	3/31 繰越	1,500	
	3,500		3,500	

買掛金
④当座預金	35,000	4/1 残高	120,000	
3/31 繰越	115,000	②仕入	30,000	
	150,000		150,000	

未払地代
4/1 支払地代	1,500	4/1 残高	1,500	
3/31 繰越	2,000	3/31 支払地代	2,000	
	3,500		3,500	

未払配当金
④当座預金	2,500	①繰越利益剰余金	2,500	

資本金
3/31 繰越	150,000	4/1 残高	150,000	

利益準備金
3/31 繰越	2,500	4/1 残高	1,500	
		①繰越利益剰余金	1,000	
	2,500		2,500	

繰越利益剰余金
①利益準備金	1,000	4/1 残高	4,000	
①未払配当金	2,500	3/31 損益	36,000	
3/31 繰越	36,500			
	40,000		40,000	

売　上
3/31 損益	95,000	③売掛金	95,000	

仕　入
②買掛金	30,000	3/31 繰越商品	30,000	
3/31 繰越商品	25,000	〃 損益	25,000	
	55,000		55,000	

支払家賃
4/1 前払家賃	2,000	3/31 前払家賃	1,500	
⑥当座預金	25,000	〃 損益	25,500	
	27,000		27,000	

支払地代				
⑥当座預金	8,000	4/1 未払地代	1,500	
3/31 未払地代	2,000	3/31 損益	8,500	
	10,000		10,000	

損　益			
3/31 仕入	25,000	3/31 売上	95,000
〃 支払家賃	25,500		
〃 支払地代	8,500		
〃 当期純利益	36,000		
	95,000		95,000

残　高（決算）			
3/31 当座預金	69,500	3/31 買掛金	115,000
〃 売掛金	205,000	〃 未払地代	2,000
〃 繰越商品	30,000	〃 資本金	150,000
〃 前払家賃	1,500	〃 利益準備金	2,500
		〃 繰越利益剰余金	36,500
	306,000		306,000

損益計算書			
売上原価	25,000	売上高	95,000
家　賃	25,500		
地　代	8,500		
当期純利益	36,000		
	95,000		95,000

貸借対照表			
当座預金	69,500	買掛金	115,000
売掛金	205,000	未払地代	2,000
商　品	30,000	資本金	150,000
前払家賃	1,500	利益準備金	2,500
		繰越利益剰余金	36,500
	306,000		306,000

B. 英米式決算法による簿記一巡

1. 開始手続きと期中手続き

繰越試算表			
当座預金	100,000	買掛金	120,000
売掛金	150,000	未払地代	1,500
繰越商品	25,000	資本金	150,000
前払家賃	2,000	利益準備金	1,500
		繰越利益剰余金	4,000
	277,000		277,000

仕訳帳

日　付	（借）	（貸）	（借）	（貸）
20×1年4月1日	（支払家賃）		2,000	
		（前払家賃）		2,000
		再振替		
〃	（未払地代）		1,500	
		（支払地代）		1,500
		再振替		
①	（繰越利益剰余金）	諸　　口	3,500	
		（利益準備金）		1,000
		（未払配当金）		2,500
②	（仕　入）		30,000	
		（買掛金）		30,000
③	（売掛金）		95,000	
		（売　上）		95,000
④	諸　　口	（当座預金）		37,500
	（買掛金）		35,000	
	（未払配当金）		2,500	
⑤	（当座預金）		40,000	
		（売掛金）		40,000
⑥	諸　　口	（当座預金）		33,000
	（支払家賃）		25,000	
	（支払地代）		8,000	
20×2年3月31日	初回締切	合　　計	242,500	242,500

元　帳

当座預金			
4/1 前期繰越	100,000	④諸口	37,500
⑤売掛金	40,000	⑥諸口	33,000

売掛金			
4/1 前期繰越	150,000	⑤当座預金	40,000
③売上	95,000		

繰越商品			
4/1 前期繰越	25,000		

前払家賃			
4/1 前期繰越	2,000	4/1 支払家賃	2,000

買掛金			
④当座預金	35,000	4/1 前期繰越	120,000
		②仕入	30,000

未払地代			
4/1 支払地代	1,500	4/1 前期繰越	1,500

未払配当金			
④当座預金	2,500	①繰越利益剰余金	2,500

資本金			
		4/1 前期繰越	150,000

利益準備金			
		4/1 前期繰越	1,500
		①繰越利益剰余金	1,000

繰越利益剰余金			
①利益準備金	1,000	4/1 前期繰越	4,000
①未払配当金	2,500		

支払家賃			
4/1 前払家賃	2,000		
⑥当座預金	25,000		

支払地代			
⑥当座預金	8,000	4/1 未払地代	1,500

仕入			
②買掛金	30,000		

売上			
		③売掛金	95,000

決算整理前合計試算表

借　　方	勘定科目	貸　　方
140,000	当　座　預　金	70,500
245,000	売　　掛　　金	40,000
25,000	繰　越　商　品	──
2,000	前　払　家　賃	2,000
35,000	買　　掛　　金	35,000
1,500	未　払　地　代	1,500
2,500	未　払　配　当　金	2,500
──	資　　本　　金	150,000
──	利　益　準　備　金	2,500
3,500	繰越利益剰余金	4,000
──	売　　　　上	95,000
30,000	仕　　　　入	──
27,000	支　払　家　賃	──
8,000	支　払　地　代	1,500
519,500		519,500

2. 決算手続き：決算整理・決算振替・帳簿締切

仕訳帳

日　付	(借)　　　　　　(貸)	(借)	(貸)
20×2年3月31日	初回締切　　　合　計	242,500	242,500
〃	本日決算		
	（仕　入）	25,000	
	（繰越商品）		25,000
	決算整理：売上原価の算定		
	（繰越商品）	30,000	
	（仕　入）		30,000
	決算整理：売上原価の算定		
	（前払家賃）	1,500	
	（支払家賃）		1,500
	決算整理：家賃の繰延計上		
	（支払地代）	2,000	
	（未払地代）		2,000
	決算整理：地代の見越計上		
	（売　上）	95,000	
	（損　益）		95,000
	決算振替：売上高の振替		
	（損　益）　　　諸　口	59,000	
	（仕　入）		25,000
	（支払家賃）		25,500
	（支払地代）		8,500
	決算振替：諸費用の振替		
	（損　益）	36,000	
	（繰越利益剰余金）		36,000
	決算振替：当期純利益の振替		
	最終締切　　　合　計	248,500	248,500

元　帳

当座預金
4/1 前期繰越	100,000	④諸口	37,500
⑤売掛金	40,000	⑥諸口	33,000
		3/31 次期繰越	69,500
	140,000		140,000

売掛金
4/1 前期繰越	150,000	⑤当座預金	40,000
③売上	95,000	3/31 次期繰越	205,000
	245,000		245,000

繰越商品
4/1 前期繰越	25,000	3/31 仕入	25,000
3/31 仕入	30,000	〃 次期繰越	30,000
	55,000		55,000

前払家賃
4/1 前期繰越	2,000	4/1 支払家賃	2,000
3/31 支払家賃	1,500	〃 次期繰越	1,500
	3,500		3,500

買掛金
④当座預金	35,000	4/1 前期繰越	120,000
3/31 次期繰越	115,000	②仕入	30,000
	150,000		150,000

未払地代
4/1 支払地代	1,500	4/1 前期繰越	1,500
3/31 次期繰越	2,000	3/31 支払地代	2,000
	3,500		3,500

未払配当金
④当座預金	2,500	①繰越利益剰余金	2,500

資本金
3/31 次期繰越	150,000	4/1 前期繰越	150,000

利益準備金
5/31 次期繰越	2,500	4/1 前期繰越	1,500
		①繰越利益剰余金	1,000
	2,500		2,500

繰越利益剰余金
①利益準備金	1,000	4/1 前期繰越	4,000
①未払配当金	2,500	3/31 損益	36,000
3/31 次期繰越	36,500		
	40,000		40,000

売　上
5/31 損益	95,000	③売掛金	95,000

仕　入
②買掛金	30,000	3/31 繰越商品	30,000
3/31 繰越商品	25,000	〃 損益	25,000
	55,000		55,000

支払家賃
4/1 前払家賃	2,000	3/31 前払家賃	1,500
⑥当座預金	25,000	〃 損益	25,500
	27,000		27,000

支払地代			
⑥当座預金	8,000	4/1 未払地代	1,500
3/31 未払地代	2,000	3/31 損益	8,500
	10,000		10,000

損 益			
3/31 仕入	25,000	3/31 売上	95,000
〃 支払家賃	25,500		
〃 支払地代	8,500		
〃 当期純利益	36,000		
	95,000		95,000

繰越試算表

当座預金	69,500	買掛金	115,000
売掛金	205,000	未払地代	2,000
繰越商品	30,000	資本金	150,000
前払家賃	1,500	利益準備金	2,500
		繰越利益剰余金	36,500
	306,000		306,000

損益計算書

売上原価	25,000	売上高	95,000
家 賃	25,500		
地 代	8,500		
当期純利益	36,000		
	95,000		95,000

貸借対照表

当座預金	69,500	買掛金	115,000
売掛金	205,000	未払地代	2,000
商 品	30,000	資本金	150,000
前払家賃	1,500	利益準備金	2,500
		繰越利益剰余金	36,500
	306,000		306,000

第2章
将来キャッシュ・フローと公正価値

2-1　公正価値評価の特質

　資産，負債，純資産の評価基準である公正価値（Fair value）は，多数の売り手と買い手が参加する活発な市場の取引で決まる市場価格（Fair market price）と，市場が存在しないため市場価格が入手困難な場合に特殊な評価技法により測定される現在価値（Present value）から構成されている。公正価値は，市場価格をベースとする取得原価，取替原価，売却時価及び時価から成る旧来の価値評価システムの枠組みを超える新しい価値概念である。市場価値以外の割引現在価値を主要部分とする公正価値は，1970年代以降，退職年金給付，リース取引，ストック・オプション，デリバティブ取引，固定資産の減損等の新しい取引形態の登場とその会計処理に伴い，当該会計実務をを制度上容認するために造り出された価値概念である。新しい取引型態は，金融工学から次々と開発されるデリバティブ等のハイブリッド型の取引形態を含めて，観察可能な市場価格による取引の測定が困難であるため，特殊な評価技法により割引現在価値として測定されている。公正価値は，将来のキャッシュ・フロー（現金の収入・支出）を予測し，将来のキャッシュ・フローの割引計算より測定される資産・負債の現在価値である。時価としての市場価格が過去の会計情報の取得原価を再評価するときの評価基準であるのに対して，公正価値は，将来の予測収支額を現在の時間的価値（Time value）として貨幣価値へ還元する場合の評価基準であるという点に固有の特徴を有する。

　この結果，公正価値は，旧来の市場価格をベースとする時価主義と原価主義

から成る会計測定構造の枠組みを超えた評価基準であり，将来の予測収支から一定の割引率で貨幣の時間価値（金利相当額）を割引計算して求めた現在価値であるという点において時価主義会計を超える主観的な評価基準であるといえる。

　測定日の現在価値は将来の取引事象に関連する予測収入・支出を割引率（安全資産としての長期国債の年利回り，いわゆるリスクフリー・レートが適用される）で割引計算した結果の現在価値である，という考え方が現代の会計基準と実務を支配している。こうした考え方は，退職年金給付，リース契約，ストック・オプション，長期の債権・債務等の取引に係る会計基準・実務として制度化されており，市場価格が入手困難である限り，将来の取引事象の予測現金収支の割引計算により資産・負債・純資産の現在価値を見積る方法である。この考え方は，投資を行なう現在時点から見れば，現在時点で投資された投下資金の元本は将来の一定時点まで貨幣の時間価値として複利計算により利息を累積してゆき，投資した元本に複利累計額を加算した現在価値の総額が将来の一定時点の元利合計の現金価値として形成される。資産・負債を将来の現金の収入・支出に置き換え，将来の予測現金収支額から割引計算により利息相当額を控除した現金収支額を資産・負債の現在価値とする評価技法が公正価値会計（Fair value accounting）である。公正価値会計は，従来の時価基準を補完する評価技法として制度化され，下記のように広範囲の取引事象の処理に採用されている。

1. 退職給付会計—退職給付費用と退職給付債務の現在価値の測定
2. 金融リース取引—リース資産・債務とリース資産償却費の現在価値の測定
3. 社債発行—社債発行差額の現在価値償却（償却原価法）
4. 長期手形取引—支払期日到来前の未収金・未払金について金利の明記がないケース，市場利率より低金利を記載した手形金額の現在価値の測定
5. 長期固定資産—長期延払契約で取得した有形固定資産の現在価値の測定
6. 減損会計—固定資産・無形資産・有価証券等の減損処理に伴う現在価値の測定
7. 資産除却債務—長期保有の施設等の解体，除却，修復に係る債務の現在価値の測定
8. 割賦契約—割賦購入契約における割賦金の現在価値の測定

9. ストック・オプション――予測株価・予測利子率・予測配当利回り・行使価格の割引現在価値に基づく新株予約権の割引現在価値の測定
10. デリバティブ（金融派生商品）により資産・負債，未認識確定契約，外貨建取引の価格変動リスクやキャッシュ・フロー変動リスクを回避するときの現在価値の測定
11. 債権・債務について名目金利の記載がない場合の現在価値の測定

2-2　公正価値の金利要素

　利息とは，資金を貸付けたときに受取る収益と，資金を借入れたときに支払う費用をいう。利息は，貨幣の時間的価値を示しており，一定期間の貸付金に対する収益の割合または一定期間の借入金に対する費用の割合で表される。たとえば年利率6％で10,000円を単利計算により2年間借入れる場合は，2年後に返済すべき元本と支払利息の合計額は11,200円になる。2年間の利息合計1,200円＝元本10,000円×年利率6％×期間数2年。

　利息計算の計算要素は，元本，利子率，期間である。利息計算の方法には，単利計算と複利計算がある。単利計算は，毎期，元本に利率を乗じて毎期同一利息を算定する。元本＝p，利率＝i，期間数＝nとすれば，単利計算の利息＝p×i×nである。

　これに対して，複利計算は，元本と利息についてそれぞれ複利計算を行なう。たとえば，元本10,000円を複利で年利率6％，2年間，銀行に預金する場合，複利計算による利息は単利計算より多くなる。なぜなら，単利計算では毎期元本10,000円に年利率を掛けて単年度利息を計算するが，複利計算では前年度の元利合計額を当年度の元本にし，これに年利率を掛けて当年度利息を算定するからである。複利計算により元本10,000円を年利率6％，預入れ期間2年間で銀行に預金した場合，元利合計は次の通りである。

　1年度当初元本10,000円＋1年度当初元本10,000円×年利率6％×期間数1年＝当初元本10,000円×(1＋0.06)＝1年度の元利合計10,600円。2年度の複利計算は，次の通りである。

　1年度の元利合計10,600円×(1＋0.06)＝当初元本10,000円×$(1+0.06)^2$＝

10,000×将来価値係数1.1236＝2年間の元利合計11,236円。

元本＝p，利率＝i，期間数＝nとすれば，複利計算の利息＝p×(1＋i)^n。計算式における(1＋i)^{n}を現在価値1円の将来価値係数または将来価値計算要素という。

複利計算表として次の6種類があり，実務において使用されている。

1. 現在価値1円の将来価値係数：現在価値1円を複利で運用したときの将来の一定時点の将来価値計算要素をいう。
2. 将来価値1円の現在価値係数：将来価値1円を複利で運用したときの現在時点の現在価値計算要素をいう。
3. 期末払経常年賦金1円の将来価値係数：期末払経常年賦金1円の将来の一定時点の経常年賦金累計額の将来価値計算要素をいう。
4. 期首払経常年賦金1円の将来価値係数：期首払経常年賦金1円の将来の一定時点の経常年賦金累計額の将来価値計算要素をいう。
5. 期末払経常年賦金1円の現在価値係数表：期末払経常年賦金1円の現在時点の経常年賦金累計額の現在価値計算要素をいう。
6. 期首払経常年賦金1円の現在価値係数表：期首払経常年賦金1円の現在時点の経常年賦金累計額の現在価値計算要素をいう。

(1) 現在価値1円の将来価値係数表

現在価値1円の将来価値係数とは，現在手許にある元本1円を複利で運用する場合，n期間後に元利合計額がいくらになるかを算定した将来価値計算要素である。

将来価値係数表

期間	6%	7%	8%
1	1.060000	1.070000	1.080000
2	1.123600	1.144900	1.166400
3	1.191016	1.225043	1.259712

現在時点の投資元本1円を利子率＝i％，複利期間＝n期において運用したときの将来価値係数の計算式は次の通りである。

現在価値1円の将来価値係数＝$(1＋i)^n$

将来価値は、現在価値に将来価値係数を掛けて算定する。

将来価値＝現在価値×$(1+i)^n$

利率6％、現在価値の元本1円を複利で3期後に将来価値として累計したときの将来価値係数は、下記の表のようになる。

期間	期首金額	×	係数 $(1+i)$	=	期末金額	将来価値係数 $(1+i)^n$
1	1.00000	×	$(1+0.06)$	=	1.06000	$(1.06)^1$
2	1.06000	×	$(1+0.06)$	=	1.12360	$(1.06)^2$
3	1.12360	×	$(1+0.06)$	=	1.191016	$(1.06)^3$

(2) 将来価値1円の現在価値係数表

n期間後に将来価値1円を受取るために、現在時点で投資すべき元本はいくらかを算定するための現在価値計算要素を現在価値係数という。

現在価値係数表

期間	6％	7％	8％
1	0.943396	0.934579	0.925926
2	0.889996	0.873439	0.857339
3	0.839619	0.816298	0.793832

n＝複利期間、i＝1期の利率とするとき、将来1円の現在価値係数は、次の計算式で算定する。将来1円の現在価値係数＝$1÷(1+i)^n$

したがって、利率i％、n期間終了後の将来価値から現在価値を算定するための計算式は次の通りである。

現在価値＝将来価値×現在価値係数 $[1÷(1+i)^n]$

たとえば、利率6％、3期後の将来価値100円の現在価値は次の計算式で求める。

現在価値83.9619＝将来価値100円×現在価値係数 $[1÷(1+0.06)^3]$
　　　　　　　＝100円×0.839619

期間	期末金額	÷	係数 (1+i)	=	期首現在価値	現在価値係数 $[1/(1+i)^n]$
1	1.00000	÷	(1+0.06)	=	0.943396	$1/(1.06)^1$
2	0.943396	÷	(1+0.06)	=	0.889996	$1/(1.06)^2$
3	0.889996	÷	(1+0.06)	=	0.839619	$1/(1.06)^3$

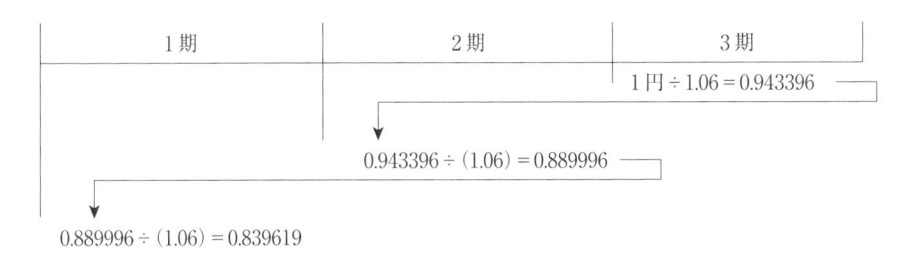

```
        1期              2期              3期
                                    1円÷1.06 = 0.943396
                     0.943396÷(1.06) = 0.889996
    0.889996÷(1.06) = 0.839619
```

(3) 期末払経常年賦金1円の将来価値係数

投資資金の定期的な回収,確定給付型退職年金による毎期の経常年賦金の支払において,定額積立を定期的に支払ったり受取ったりする。たとえば,退職年金給付会計では,定期的に一定額の支払と受取を行ない複利計算により利息計算を行なう。

経常年賦金の支払方式には,期末払と期首払がある。毎期末に経常年賦金を支払う方式を期末払経常年賦金という。これに対して,毎期首に経常年賦金を支払う方式を期首払経常年賦金という。

期末払経常年賦金1円の将来価値とは,n期間にわたって複利計算で毎期末に1円ずつ積立てる場合,n期間後に受取るべき元本と利息との将来価値の合計額をいう。経常年賦金の将来価値は,毎期末の経常年賦金の将来価値が累積した金額である。たとえば,複利で利率6%,毎期末に1円を5期積立てる場合は,1円の将来価値係数表により5回の経常年賦金1円の将来価値は次表のように算定することができる。最後の5期における期末経常年賦金は利息を生まない。たとえば,第1期末に預けられた経常年賦金1円の5期末における将来価値は,(n-1)が利息期間であり,下記のように算定される。

1期末の経常年賦金1円の将来価値=現在価値1円×将来価値係数 $(1+0.06)^{5-1} = 1.262477$

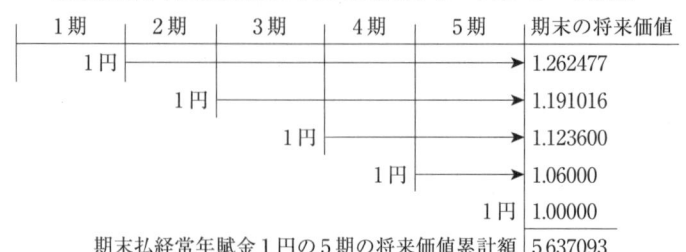

期末払経常年賦金各期末1円の将来価値（i = 6 %，n = 5 期間）

	1期	2期	3期	4期	5期	期末の将来価値
	1円				→	1.262477
		1円			→	1.191016
			1円		→	1.123600
				1円	→	1.06000
					1円	1.00000

期末払経常年賦金1円の5期の将来価値累計額　5.637093

　期末払経常年賦金の支払は期末払で行われるため，預入れ期間において利息は発生しない。たとえば2期末に預入れた経常年賦金は1期から2期まで利息を生まないが，3期から5期にかけて利息を生む。期末払経常年賦金の将来価値を計算する場合は，複利の利息対象期間の数が積立回数より1つだけ少なくなる。

　期末払経常年賦金1円の将来価値の計算は，前述のように各期の将来価値を累計しているが，積立回数が多くなると計算は複雑になる。そこで，一括して計算する方法として，個々の支払数列の合計に複利利息を加える計算式を用いる。

　i＝各期の利率，n＝複利の期間数とするとき，期末払経常年賦金の将来価値係数は，下記の通りである。期末経常年賦金の将来価値係数＝$[(1+i)^n - 1]/i$

　利率と複利期間により将来価値係数を算定して，期末払経常年賦金と期首払経常年賦金について将来価値係数表が作られる。

期末払経常年賦金1円の将来価値係数表

期間	6%	7%	8%
1	1.000000	1.000000	1.000000
2	2.060000	2.070000	2.080000
3	3.183600	3.214900	3.246400
4	4.374616	4.439943	4.506112
5	5.637093	5.750739	5.866601

　前掲の期末払経常年賦金の将来価値係数表が示すように，たとえば1円を毎期末に利率6%の複利で5期積立てる場合，5期末の投資価値は5.637093円（＝1円×5.637093）になる。将来価値係数表の行列から係数を見つけ，これに期末払経常年賦金の一回分の支払額を掛ける。その結果，経常年賦金の累計額

と最終積立金支払日までの複利の合計となる。

したがって，期末払経常年賦金の将来価値は，期末払経常年賦金1円の将来価値係数に毎期の経常年賦金を掛けて算定する。$i=$各期利率，$n=$複利期間数とすれば，期末払経常年賦金の将来価値は，下記計算式で算定する。

期末払経常年賦金の将来価値 $=$ 経常年賦金 $\times$ 将来価値係数 $[(1+i)^n-1]/i$

(4) 期首払経常年賦金1円の将来価値係数

期首払経常年賦金1円の将来価値とは，複利で毎期首に1円を積立ててゆく場合に，将来の一定時点の元利合計額のことである。期首払経常年賦金の将来価値は，期末払経常年賦金の将来価値係数を使用して間接的に算定する。

前述の期末払経常年賦金の場合は，経常年賦金の支払が期末に行われるため，経常年賦金の1期は利息を生まない。これに対して期首払経常年賦金の場合は，経常年賦金の支払は毎期首に行われるため，利息は1期から生じる。すなわち，2つの支払方式の経常年賦金の将来価値に関する相違は，利息対象期間の数が1期だけ異なる点である。

期末払年賦金と期首払年賦金の将来価値の比較 （利率6％，5期）

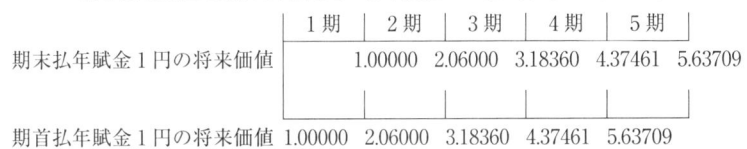

	1期	2期	3期	4期	5期
期末払年賦金1円の将来価値	1.00000	2.06000	3.18360	4.37461	5.63709
期首払年賦金1円の将来価値	1.00000	2.06000	3.18360	4.37461	5.63709

期首払経常年賦金は期末払経常年賦金に比較して現金収支が1期だけ早く発生するため，期首払経常年賦金の将来価値は期末払経常年賦金より1期の利息分の6％だけ高くなる。

期首払経常年賦金1円の将来価値係数は，期末払経常年賦金の将来価値係数に（1＋利率）を掛けた金額である。したがって，期首払経常年賦金1円の将来価値係数は，期末払経常年賦金の将来価値係数に（1＋利率）を掛けて間接的に測定する。

利率＝i％，複利期間＝n，期末払経常年賦金の将来価値係数＝$[(1+i)^n-1/i] \times (1+i)$ とすれば，期首払経常年賦金の将来価値係数は次の通りである。

期首払経常年賦金1円の将来価値係数＝$[(1+i)^n-1/i] \times (1+i)$

(5) 期末払経常年賦金1円の現在価値係数表

期末払経常年賦金1円の現在価値とは，毎期末に複利計算により経常年賦金1円を支払うか，あるいは受取るために現在時点で投資すべき金額のことである。期末払経常年賦金の現在価値の計算には，毎期末の経常年賦金の現在価値をそれぞれ算定し，これを合計する方法があるが，非常に手間がかかる。たとえば，利率6％，5期にわたって期末払経常年賦金1円について投資すべき金額の現在価値は，現在価値係数表に基づいて算定する。

期末払経常年賦金1円の現在価値係数 (利率6％，5期)

現在価値（期首）	1期	2期	3期	4期	5期
0.943396	←1円				
0.889996		←1円			
0.839619			←1円		
0.792094				←1円	
0.747258					←1円

合計 4.212363 ＝ 各期末経常年賦金1円の現在価値の合計額

前掲の表が示すように，1期から5期にわたり毎期末に経常年賦金1円を支払うか，あるいは受取るために，現在時点で4.212363円を年利率6％，5期間にわたり投資すればよい。

各期の経常年賦金の現在価値を合計する前掲の方法は積立回数が多くなるにしたがい手間がかかるので，この手間を省く場合は，下記の計算式にしたがって期末払経常年賦金の現在価値係数を算定する。利率＝i％，複利期間＝nとするときの期末払経常年賦金1円の現在価値係数は，次の通りである。

期末払経常年賦金1円の現在価値係数 ＝ $[1-1/(1+i)^n]/i$

期末払経常年賦金の現在価値 ＝ 経常年賦金 × $[1-1/(1+i)^n]/i$

期末払経常年賦金の現在価値計算式から期末払経常年賦金の現在価値係数表を作成する。

期末払経常年賦金の現在価値係数表			
期間	6%	7%	8%
1	0.943396	0.934579	0.925926
2	1.833393	1.808018	1.783265
3	2.673012	2.624316	2.577097
4	3.465106	3.387211	3.312127
5	4.212364	4.100197	3.992710

(6) 期首払経常年賦金1円の現在価値係数表

期首払経常年賦金1円の現在価値とは,毎期首に複利で年賦金1円を支払うために現在時点で投資すべき一時金のことである。期首払経常年賦金の現在価値は,間接的に,期末払経常年賦金の現在価値係数を使用して算定する。

期末払経常年賦金の現在価値計算の場合は,最終支払額は支払期間の数と同一の期間だけ割引かれて計算される。これに対して,期首払経常年賦金の現在価値計算の場合は,割引期間が1回だけ少ない。次の図は,利率6%,5期間にわたり経常年賦金1円を支払う場合,期末払経常年賦金現在価値と期首払経常年賦金現在価値の計算を示したものである。

経常年賦金1円の現在価値の比較(利率6%,5期)

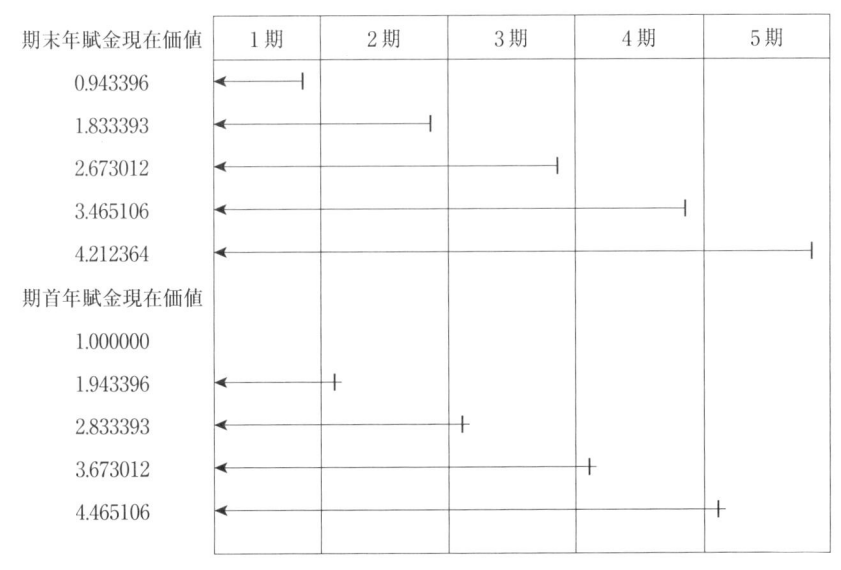

期末年賦金現在価値	1期	2期	3期	4期	5期
0.943396	←				
1.833393	←	—┤			
2.673012	←		—┤		
3.465106	←			—┤	
4.212364	←				—┤
期首年賦金現在価値					
1.000000					
1.943396	←	┤			
2.833393	←		┤		
3.673012	←			┤	
4.465106	←				┤

期首払経常年賦金の現在価値の場合，年賦金の毎回の支払（受取）が1期だけ早く到来するので，期首払経常年賦金の現在価値は期末払経常年賦金の現在価値より6%高くなる。したがって，期首払経常年賦金の現在価値係数は，期末払経常年賦金の現在価値係数に（利率＋1）を掛けて算定する。

利率＝i%，複利期間＝n，期末払経常年賦金1円の現在価値係数＝$[1-1/(1+i)^n]/i$ のときの期首払経常年賦金の現在価値係数は下記計算式である。

$$\text{期首払経常年賦金の現在価値係数} = \{[1-1/(1+i)^n]/i\} \times (1+i)$$

たとえば，利率6%で5期間の期首払経常年賦金1円の現在価値を求めるには，利率6%で5期間の期末払経常年賦金の現在価値係数4.212364を複利計算表より求め，これに1.06を掛ける。4.212364×1.06＝4.46510584。本章で解説した複利計算表は，590ページに掲載してある。

第2編　個別財務諸表項目の会計

第3章
現金預金

3-1 現金と預金

　商品売買における代金の支払いあるいは売掛金，買掛金，受取手形，支払手形等の信用取引における決済手段として現金及び当座預金が用いられる。現金・現金同等物として取扱われる貨幣性項目は，通貨と通貨代用証券である。通貨としての紙幣及び硬貨のほかに，金融機関に持参すれば通貨と交換することができる有価証券を通貨代用証券という。通貨代用証券には，他人振出小切手，利払日が到来した公社債の利札（利払期日到来の債務証券のクーポン券），約束手形・為替手形，株式配当金受領証，法人税等還付金通知書等がある。なお，他人振出小切手は通貨代用証券に該当するため，他人振出小切手を受取るかあるいは引渡したときに，現金預金勘定で処理する。これに対して，自己振出小切手は，銀行当座預金口座に対する振出人の預金支払請求書であるため，企業が小切手を振出したときに当座預金勘定貸方に記入し，自己振出小切手を受入れたときは当座預金勘定借方に記入する。

　なお，実際上の小切手振出日（作成日）より数日先の日付を振出日とする小切手を振出す場合があり，これを先日付小切手という。小切手の振出時点では小切手金額を支払うに足る当座預金残高が不足しているが，振出時より数日先の当座預金の受入が確実である場合は，小切手振出日以降に銀行へ呈示することを事前に小切手受取人と約束したうえ振出す。小切手支払呈示期間は，通常，振出日の翌日から10日間である。したがって，小切手振出日まで支払銀行に呈示しないという約束に反して振出日以前に受取人が銀行に対して支払呈

示を行なった場合，先日付小切手は，銀行側の支払拒絶により不渡になるリスクが高い。先日付小切手は決済手段というより，むしろ手形信用機能をもつため，受取手形勘定（資産の勘定）と支払手形勘定（負債の勘定）で処理する。

現金の実際残高と帳簿残高が一致しない場合は，実際残高に合わせて帳簿残高を修正する。帳簿残高に対する実際残高の不足額または過剰額は，暫定的に現金過不足勘定に記入しておき，後日，現金過不足の原因が判明したときに該当勘定に振替える。ただし，現金過不足の原因が期末に依然として不明である場合は，決算において現金不足額は雑損勘定に，現金過剰額は雑益勘定にそれぞれ振替える。

銀行預金として，定期預金，積立預金，普通預金，当座預金及び別段預金がある。定期預金と積立預金は，利殖目的のために銀行に長期間預けられる預金である。普通預金と当座預金は，預入と引出を頻繁に行なうための銀行預金である。これに対して，別段預金は，新株引受公募等により応募者から払い込まれた金銭を新株引受証拠金（新株申込証拠金）として銀行に一時的に預け入れる預金である。

3-2 小 口 現 金

通貨及び通貨代用証券の現金のほかに，日常的に頻繁に少額経費を支払うため企業が常時保有している現金を小口現金という。小口現金は，小口現金勘定で処理する。小口現金は，定額小口現金前渡制度（Imprest petty cash system）にしたがって処理する。定額小口現金前渡制度とは，事前に決められた一定期間に必要な現金支出額を用度係に支給しておき，用度係から支払の報告を受けて支払額と同額を補給するシステムをいう。

定額資金前渡制度を採用している場合の仕訳は，次の通りである。
小口現金前渡制を開始したとき
　（借）小口現金×× （貸）当座預金××
小口現金の支払報告を受けたとき
　（借）交通費等×× （貸）小口現金××
支払額と同額を補給したとき

（借）小口現金×× （貸）当座預金××

3-3　当座預金と当座借越

　当座預金とは，代金の決済を効率的に行なうため銀行と当座預金取引を契約し，随時，現金の預入と引出を行なう無利息の銀行預金をいう。企業は，銀行に当座預金口座を開設して，現金のほかに他人振出小切手，支払期日到来の公社債の利札，手形，株式配当金受領証，郵便為替証書等の通貨代用証券を預入れ，他方では，取引先に小切手を振出しこれを交付して取引先による銀行当座預金の引出を随時行なうことができる。

　他人振出小切手を売掛金の回収として受取ったとき
　　（借）現　　金×× （貸）売　掛　金××
　他人振出小切手を買掛金の返済として支払ったとき
　　（借）買　掛　金×× （貸）現　　金××
　自己振出小切手を備品購入のために振出したとき
　　（借）備　　品×× （貸）当座預金××
　自己振出小切手を売掛金回収として受取ったとき
　　（借）当座預金×× （貸）売　掛　金××

　小切手の振出は，銀行との当座預金取引契約により振出人の当座預金勘定残高を限度として行なう。このため，企業が支払を委託した支払銀行の当座預金勘定残高を超えて小切手を振出（過振りという）した場合，小切手の持参人より取立を依頼された取立銀行は，小切手を受取ると同時に，一時的に持参人の当座預金口座に振込入金があったとして処理する。しかし，手形交換所をつうじて小切手が振出人の支払銀行に呈示されたときに，支払銀行は振出人の当座預金勘定の残高不足を理由に支払を拒否するので，不渡になった小切手は取立銀行へ返却され，持参人の取立銀行の当座預金口座への振込入金は取消される。当座預金勘定残高を超過する小切手の振出により支払銀行から支払を拒否された小切手を不渡小切手という。

　しかし，あらかじめ銀行と当座借越契約を結び，有価証券や定期預金証書等を担保として銀行に差入れ（根抵当という）当座借越限度額を契約しておけば，

当座借越限度額まで当座預金残高を超えて小切手を振出すことができる。これを当座借越という。企業が担保として銀行に差入れた有価証券の法的所有権は企業側に残るが，差入れた有価証券を手許にある他の有価証券と区別するため差入有価証券勘定借方と有価証券勘定貸方に計上する。

当座借越は，実質上，短期借入金である。したがって，期末に当座借越勘定（負債の勘定）が貸方残高になった場合は，貸借対照表に当座借越を短期借入金として表示する。

当座借越を処理する方法として，当座借越勘定と当座預金勘定を一括した当座勘定で処理する一勘定制と，当座借越勘定と当座預金勘定の2つの勘定で処理する2勘定制がある。

2勘定制を適用する場合は，当座預金の引出や預入のつど当座借越と当座預金にそれぞれ区別して記帳するので，煩雑で不便である。

これに対して一勘定制を使用する場合は，当座預金への預入は当座勘定借方に，当座預金からの引出は当座勘定貸方にそれぞれ記入する。当座勘定残高が借方に生じた場合は，当座預金（資産）を示し，当座勘定残高が貸方に生じた場合は当座借越（負債）を示す。

当座借越を利用して小切手を振出したとき
　　（借）買掛金等×× （貸）当　　座×× （一勘定制）
　　（借）買掛金等×× （貸）当座預金×× （二勘定制）
　　　　　　　　　　　　　　当座借越××

売掛債権等回収により当座借越を返済したとき
　　（借）当　　座×× （貸）売掛金等×× （一勘定制）
　　（借）当座借越×× （貸）売掛金等×× （二勘定制）
　　　　　当座預金××

3-4　銀行勘定調整表

当座預金取引は，当座預金の預入と引出について企業と取引銀行の双方で記帳される。したがって，企業と取引銀行の双方の記録に誤りがない限り，企業の当座預金勘定は，銀行の当座預金勘定台帳に必ず一致する。しかし，双方で

当座預金の記帳時点が異なる場合，双方の勘定口座の残高が一致しない場合がある。このように，当座預金取引の連絡が企業と取引銀行とのあいだで未達のため，一方で記帳が終了しているのに，他方で未記帳になっている取引を未達取引という。そこで，企業は，期末決算において，自社の当座預金勘定残高と銀行側の当座預金勘定台帳残高との一致を確認するため，銀行に対し当座預金残高証明書の交付を依頼し，両者を照合する。

期末決算に際し銀行から取り寄せた当座預金勘定台帳の残高証明書と企業側の当座預金勘定残高とを照合して，当座預金残高の不一致の原因を明らかにするための一覧表を銀行勘定調整表という。銀行勘定調整表には，企業側の当座預金残高と銀行側の証明書残高を加減調整し，適正な当座預金残高を示す企業・銀行残高調整表，企業残高を加減調整して銀行残高に一致させる銀行勘定調整表，銀行残高を加減調整して企業残高に一致させる銀行勘定調整表の3種類がある。

(1) 企業・銀行残高調整表

当座預金残高＋不一致項目の金額の加減＝銀行証明書残高＋不一致項目の金額の加減

(2) 企業残高調整表

当座預金勘定残高＋（企業のみ引出記入額＋銀行のみ預入記入額）－（企業のみ預入記入額＋銀行のみ引出記入額）＝銀行証明書残高

(3) 銀行残高調整表

銀行証明書残高＋（企業のみ預入記入額＋銀行のみ引出記入額）－（企業のみ引出記入額＋銀行のみ預入記入額）＝当座預金勘定残高

当座預金取引において下記の原因により未達取引が生じた場合は，企業の当座預金勘定残高と銀行の残高証明書残高は一致しない。

(1) 銀行では当座振込があり当座預金口座に預入を記入したが，企業では振込通知未達のため預入未記入の場合。当座預金勘定残高に加算するために決算整理仕訳を要する。

　　（借）当座預金×× （貸）売掛金等××

(2) 銀行では当座引落があり当座預金口座に引出を記入したが，企業では引落通知未達のため引出未記入の場合。当座預金勘定残高の減算のため

に決算整理仕訳を要する。

(借) 支払手形等×× (貸) 当座預金××

(3) 企業では当座預金勘定に預入を記入したが，銀行では未記入の場合。企業が当座預金に銀行閉店後の営業時間外に預入れ，銀行が翌日に入金を処理する場合（時間外預入という）がその典型である。決算整理仕訳は不要。銀行勘定調整表の銀行証明書残高に加算。

(4) 企業では当座預金勘定に引出を記入したが，銀行では未記入の場合。例えば，企業が小切手を振出し支払先に交付したが，銀行に支払呈示がないため銀行では引出未記入の場合である。これを未取立小切手という。決算整理仕訳は不要。銀行勘定調整表の銀行証明書残高を減算。

これに対して，企業が費用支払のため小切手を振出したが支払先に引渡していない場合，これを未渡小切手という。この場合，決算整理として振戻仕訳を要する。銀行勘定調整表の当座預金勘定残高に加算。

(借) 当座預金×× (貸) 未払金××

(費用は当期発生として借方計上してあるので費用勘定に代え未払金勘定を貸方計上する)

(5) 企業が当座預金勘定に誤って金額を記入した場合は，決算整理仕訳を行ない，銀行勘定調整表の当座預金勘定残高を加減調整する。

設例：当社の決算日の当座預金勘定残高は1,000,000円，銀行の残高証明書残高は1,030,000円であった。当座預金勘定残高と残高証明書残高との不一致の原因について分析した結果，次の点が明らかになった。不一致の原因分析により3つの銀行勘定調整表を作成すれば以下のようになる。

(1) 得意先から取引銀行に売掛金15,000円の当座振込があったが，当社では振込通知が未達のため未記入である。

(2) 銀行では約束手形34,000円の代金引落があったが，当社では引落通知が未達のため未記入である。

(3) 当社が広告費25,000円と買掛金46,000円の支払のために振出した小切手71,000円が支払先に未渡しであった。

(4) 当社が買掛金の支払のために仕入先に振出した小切手23,000円は銀行に支払

呈示されていなかった。

(5) 当社は決算日に銀行の営業時間外に現金54,000円を預入れたが，銀行では翌日の入金として処理されていた。

(6) 得意先から売掛金10,000円が銀行に振込まれた際に，当社は1,000円と誤って記入していた。

不一致の原因分析

	企　業			銀　行	
	当座預金勘定残高 1,000,000			当座預金口座残高 1,210,000	
(1) 振込未達	預入未記入	+15,000	振込記入済		
(2) 引落未達	引出未記入	-34,000	引落記入済		
(3) 未渡小切手	引出記入済		──		
(4) 未取立小切手	引出記入済		引出未記入	-23,000	
(5) 時間外預入	預入記入済		預入未記入	+54,000	
(6) 誤記入	預入記入漏れ	+9,000	適正記入済		

銀行勘定調整表（企業・銀行残高調整表）

当座預金勘定残高		1,000,000	銀行証明書残高		1,030,000
加算：振込未達	15,000		加算：時間外預入		54,000
未渡小切手	71,000				
誤記入	9,000	95,000			
減算：引落未達		34,000	減算：未取立小切手		23,000
適正残高		1,061,000			1,061,000

企業残高調整表

当座預金勘定残高		1,000,000
加算：振込未達	15,000	
未渡小切手	71,000	
誤記入	9,000	
未取立小切手	23,000	
		1,118,000
減算：引落未達	34,000	
時間外預入	54,000	
		1,030,000

銀行残高調整表

銀行証明書残高		1,030,000
加算：時間外預入	54,000	
引落未達	34,000	
		1,118,000
減算：未取立小切手	23,000	
振込未達	15,000	
未渡小切手	71,000	
誤記入	9,000	
		1,000,000

決算整理仕訳

(1) (借) 当座預金 15,000　(貸) 売　掛　金 15,000

(2) (借) 支払手形 34,000　(貸) 当座預金 34,000

(3)（借）当座預金 71,000 　（貸）未 払 金 25,000
　　　　　　　　　　　　　　　買 掛 金 46,000
(6)（借）当座預金　9,000 　（貸）売 掛 金　9,000

なお，(4)と(5)の調整事項は企業側の当座預金勘定残高の加減調整と無関係であるため，決算整理仕訳は不要である。

第4章
債 権 と 債 務

4-1 売掛金と買掛金

　商品・サービスの売買における代金の決済は，通常の場合，商品・サービスの販売時ではなく一定期間が経過した後の約束した支払期日に行なわれる。また代金の決済は完了しているが，商品・サービスの引渡・提供が代金決済時点より遅れて行なわれる場合がある。このように，給付としての商品等の引渡時点と反対給付としての代金の決済時点が一致しない取引を信用取引という。

　商品・サービス売買の信用取引に伴う代金請求権と商品・サービスの引渡請求権を債権といい，売掛金，受取手形，貸付金，未収金，立替金，前渡金等の債権勘定を用いて処理する。売掛金，受取手形，貸付金，未収金，立替金は，短期金銭債権である。短期金銭債権のうち売掛金と受取手形を売上債権という。また，売上債権以外の貸付金，未収金および立替金をその他金銭債権という。前渡金は，商品・サービスに対する引渡請求権であるため，金銭債権に含めない。

　期末に存在する無利息の債権は，発生主義（Accrual basis）の原則により，その発生または取得価額から貸倒見積額を控除した金額を貸借対照表の価額とする。無利息の債権を取得した場合は，取得時に割引現在価値（Discounted present value）で債権の公正価値を計上し，期末に貨幣の時間的価値（金利相当額を指す）を毎期末に実効利息法で配分し期首帳簿価額に加算することができる。

　短期信用による商品売買から生じる代金支払義務と商品・サービス引渡義務

を簿記上債務といい，買掛金，支払手形，借入金，未払金，預り金，前受金等の債務の勘定を用いて処理する。買掛金，支払手形，借入金，未払金，預り金は，金銭債務であるが，前受金は，商品・役務の引渡義務であるから金銭債務に含めない。

商品・サービスの売却代金を後日受取る約束で販売した場合に生じる得意先に対する代金請求権を売掛金という。売掛金は，企業の主要な営業活動に伴う商品売買の代金の未収金であるから売掛金勘定を用いて処理する。これに対して，代金を後日支払う約束で商品を購入したときに生じる仕入先に対する代金支払義務は，買掛金という。買掛金は，主たる営業活動の商品売買による代金の未払金であり，買掛金勘定を用いて処理する。売掛金と買掛金は，代金の金額と支払期限を明記した手形証券ではなく，口頭で約束する商慣習上の帳簿債権・債務である。

なお，掛による売買から取引先が多くなる場合は，帳簿決算を容易にするため補助元帳の売掛金元帳・買掛金元帳に，得意先企業と仕入先企業の人名別勘定口座をそれぞれ設けて記帳する。元帳上の売掛金勘定と買掛金勘定は，その内訳明細を示すための補助元帳の人名別の勘定記録を統括して示すので，統制勘定という。

商品の掛売時：（借）売掛金×× （貸）売　上××
商品の掛買時：（借）仕　入×× （貸）買掛金××

4-2　未収金と未払金

主要な営業取引以外の取引による代金の未収金は，未収金勘定（資産の勘定）で処理する。たとえば，有価証券や固定資産の売却による代金の未収金は，主たる営業取引に伴なう売掛金として計上せず未収金勘定で処理する。これに対して，主たる営業取引以外の取引に伴なう代金の未払金は，買掛金として処理せず未払金勘定（負債の勘定）で処理する。たとえば，未払金は，有価証券・固定資産の購入，販売手数料，配当金，法人税等の主たる営業取引以外の取引から生じる。

不動産取得時：（借）建　　物×× （貸）未　払　金××

有価証券売却時：(借) 未 収 金×× (貸) 有 価 証 券××
　　　　　　　　　　売却手数料××　　　　有価証券売却益××

4-3　貸付金と借入金

　借用証書に基づいて他人に金銭を貸付けた場合は，貸付先に対する返済請求権を貸付金といい，貸付金勘定（資産の勘定）を用いて処理する。これに対して，借用証書に基づいて金融機関等から金銭を借入れた場合は，借入先に対して生じる返済義務を借入金といい，借入金勘定（負債の勘定）を用いて処理する。借入金には，借用証書による借入金のほかに，手形借入と当座借越がある。借入金は，返済期日が1年以内の借入金については流動負債の部に短期借入金として表示し，返済期日が1年以上の借入金については長期借入金として表示する。

4-4　前渡金と前受金

　商品の引渡に先だって代金の一部を手付金，内金，予約金などの名目で支払ったり受取ったりする場合がある。商品の仕入時に代金の一部を仕入先に前払いした場合は，前渡金勘定（資産の勘定）または前払金勘定で処理する。後日，商品を仕入れたときに，前渡金勘定から仕入勘定に振替える。前渡金は金銭支払請求権ではなく，商品・サービスの引渡請求権である。
　これに対して，商品を引渡す前に代金の一部を得意先から前受けした場合は，前受金勘定（負債の勘定）を用いて処理する。後日，商品を引渡したときに前受金勘定から売上勘定に振替える。前受金は金銭支払義務ではなく，商品・サービスの引渡義務である。

4-5　立替金と預り金

　役員，従業員および取引先に代わって企業が暫定的に現金で立替払いをした場合は，金銭債権が生じる。例えば，会社が役員の保険料を立替払いしたとき

は，これを立替金といい，立替金勘定（資産の勘定）で処理する。

これに対して，会社が支払いを代行するため，従業員の給与から源泉徴収所得税，住民税，健康保険料，厚生年金保険料等の従業員納付金を一時的に預かった場合は，預り金勘定（負債の勘定）で処理する。

設例：大東株式会社の一営業期間における一連の取引は次のとおりである。
(1) 得意先A社より商品65,000円を受注し，手付金25,000円を同社振出小切手で受取った。
(2) 上記商品を得意先A社に引渡し，商品代金と内金との差額を掛売とした。
(3) 得意先A社に対する売掛金40,000円を同店振出の約束手形で受取った。
(4) 有価証券（帳簿価額150,000円）を160,000円で売却し，手数料5,000円を差引かれ，手取代金は月末に受取ることにした。
(5) 得意先A社に対し借用証書により現金100,000円を貸付けた。
(6) 従業員Bの生命保険料の立替払いとして15,000円を現金で支払った。
(7) 機械500,000円を購入し，代金のうち400,000円は小切手を振出して支払い，残額は月末に支払うことにした。
(8) 取引銀行より現金500,000円を借入れた。
(9) 従業員Bの給料支払いに際し，給料450,000円から立替払いした生命保険料15,000円と源泉所得税80,000円を控除し，残額は現金で支払った。

仕訳 (1) （借）現　　金　　25,000　（貸）前受金　　　　25,000
　　　(2) （借）前受金　　　25,000　（貸）売　　上　　　65,000
　　　　　　　　売掛金　　　40,000
　　　(3) （借）受取手形　　40,000　（貸）売掛金　　　　40,000
　　　(4) （借）未収金　　 155,000　（貸）有価証券　　 150,000
　　　　　　　　売却手数料　 5,000　　　　有価証券売却損益 10,000
　　　(5) （借）貸付金　　 100,000　（貸）現　　金　　 100,000
　　　(6) （借）立替金　　　15,000　（貸）現　　金　　　15,000
　　　(7) （借）機　　械　 500,000　（貸）当座預金　　 400,000
　　　　　　　　　　　　　　　　　　　　　未払金　　　 100,000
　　　(8) （借）現　　金　 500,000　（貸）借入金　　　 500,000

(9) （借）給　料　　450,000　（貸）立替金　　　　　　15,000
　　　　　　　　　　　　　　　　　　源泉所得税預り金　80,000
　　　　　　　　　　　　　　　　　　現　金　　　　　355,000

4-6 仮　勘　定

　相手勘定科目と金額が不明なときに現金を支払った場合は，一時的に仮払金勘定（資産の仮勘定）で処理する。仮払金について相手勘定科目と金額が後日に判明したときに，仮払金勘定から該当する勘定科目に振替える。これに対して，相手勘定科目と金額が確定していないときに現金を受取った場合は，一時的に仮受金勘定（負債の仮勘定）で処理する。借受金について後日，相手勘定科目と金額が判明した場合は，仮受金勘定から該当する勘定科目に振替える。
　相手勘定科目と金額が確定していない場合に現金授受を行なわない取引については，未決算勘定で処理する。金額を含めて取引内容が後日に判明したときに，未決算勘定から該当する勘定に振替える。例えば，火災により焼失した船舶に火災損害保険が掛けられている場合は，一時的に保険未決算勘定で処理する。後日，保険会社の査定により，保険金の支払いを含む取引内容が確定したときに該当する勘定に振替える。

　設例　野崎株式会社の一連の営業取引は次のとおりである。
(1)　従業員Aの出張に際し旅費の概算額70,000円を現金で支払った。
(2)　出張中の従業員Aから200,000円の当座振込があったが，その内容は不明である。
(3)　従業員Aが帰社し，旅費の残額8,000円を現金で受取った。なお，従業員Aの報告により上記の当座振込は売掛金の回収であることが判明した。
(4)　当期（4月1日―3月31日）の8月26日に倉庫一棟と在庫商品を火災により焼失した。倉庫と商品は，それぞれ火災保険に加入している。
　　　倉庫：取得原価10,000,000円，耐用年数10年，残存価値10％，建物減価償却累計額4,500,000円，定額法，火災保険9,000,000円に加入済である。
　　　商品：取得原価4,000,000円
(5)　保険会社より焼失した倉庫と商品についてそれぞれ保険金5,000,000円，

3,800,000 円を支払う旨通知があった。

仕訳：(1)（借）仮払金　　　　　　　　70,000　（貸）現　金　　　　70,000
　　　(2)（借）当座預金　　　　　　　200,000　（貸）仮受金　　　200,000
　　　(3)（借）現　金　　　　　　　　　8,000　（貸）仮払金　　　 70,000
　　　　　　　旅　費　　　　　　　　 62,000
　　　　（借）仮受金　　　　　　　　200,000　（貸）売掛金　　　200,000
　　　(4)（借）建物減価償却累計額 4,500,000　（貸）建　物　 10,000,000
　　　　　　　建物減価償却費　　　　375,000
　　　　　　　保険未決算　　　　　5,125,000
　　　　　　　5ヶ月分減価償却費 375,000 ＝ 10,000,000 × 0.9 × 1/10 年 × 5/12 月
　　　　（借）保険未決算　　　　　4,000,000　（貸）仕　入　　4,000,000
　　　(5)（借）未収金　　　　　　　8,800,000　（貸）保険未決算 9,125,000
　　　　　　　火災損失　　　　　　　325,000

第5章
手 形 取 引

5-1 手形の目的と役割

　商品を購入したときに現金または小切手で代金を支払うことができない場合は，一定期間後に代金の支払を約束した信用証券として手形を発行し，商品の仕入先に引渡す場合がある。すなわち，取引先企業との信用関係に基づく商品売買の決済手段として手形が使用される。手形の表面に記載された手形金額の支払人（手形債務者）が支払期日に一定金額を受取人（手形債権者）に支払うことを約束した有価証券を手形という。手形は，売掛金・買掛金のように，信用取引から生じた売上債権・仕入債務を商慣習として口頭で約束したものではなく，手形法・小切手法に基づく信用秩序制度において手形の信用を保証するため，支払請求権と返済義務を有価証券として化体したものである。

　このため，支払人が代金の支払を約束して振出した手形が手形受取人により取立銀行へ引渡され，取立を依頼された取立銀行が手形交換所へ持込んだ手形が手形交換所をつうじて支払銀行に支払呈示されたときに，支払人の取引銀行の当座預金勘定残高が手形金額を超過している場合は，銀行間決済により支払銀行から取立銀行の当座預金勘定口座へ手形金額の振込入金があり，手形受取人は手形金額を無事に換金することができる。この場合は，手形債務者としての支払人は，支払銀行の当座預金勘定口座をつうじて手形金額の引落しと引換えに手形の返却を受け，役割を終えた手形は消却される。

　これに対して，支払銀行が当座預金口座の残高不足のため手形の受取りを拒否し不渡手形が手形交換所をつうじて取立銀行に返却される場合，手形債務者

は，手形信用秩序に違反した不渡手形振出人として銀行取引停止処分（半年に2回の不渡手形振出を行なった場合2年間の銀行取引停止処分）を受け，貸出及び当座取引を禁止される。このため，不渡手形の振出は，信用市場での取引禁止を意味し事実上の企業倒産になる。

12世紀初頭のイタリーで商業都市の両替商が送金・代金の決済手段として使用した手形は，世界貿易の発展に伴い近代的な手形制度になった。ハーグ手形法統一条約（1910年・1920年）の発効が第一次世界大戦勃発により挫折した後に，ジュネーブ手形・小切手法条約（1930年・1931年）が国際連盟主導のもとに国際的な統一手形法・小切手法として制定され，慣習法に制度上の根拠をもつ英米諸国以外の日本と，ドイツ，フランス，イタリー，スペイン等の大陸法に根拠をもつ欧州諸国が2つの条約を批准している。このような歴史的経緯において欧州大陸では為替手形による決済が企業実務の中心であるのに対して，わが国では約束手形が多用されている。わが国の現行手形・小切手法は，昭和9年1月，ジュネーブ統一手形法・小切手法を法源として国内法に転換されたものである。

法律で定められた手形関係者に基づく手形の種類として，約束手形と為替手形がある。企業会計では，約束手形と為替手形とを問わず，営業取引から生じる手形上の債権・債務は，受取手形勘定（資産勘定）と支払手形勘定（負債勘定）を用いて処理する。このように，通常の営業取引において使用される手形を営業手形という。

これに対して，手形決済による売買取引を除いて，手形決済による営業外取引から生じる手形債権と手形債務は，約束手形と為替手形のいかんを問わず，営業外受取手形勘定（資産の勘定）と営業外支払手形勘定（負債の勘定）を用いて処理する。手形決済による通常取引以外の取引で使用する手形を営業外手形という。なお，営業手形と営業外手形は，実需取引である商取引において使用される手形であるから，両者をまとめて商業手形という。

手形振出による固定資産売買取引

手形振出による機械購入時：(借) 機　械 ×× (貸) 当　座　預　金 ××
　　　　　　　　　　　　　　　　　　　　　　　機械購入支払手形 ××

手形支払期日：(借) 機械購入支払手形 ×× (貸) 当　座　預　金 ××

機械売却時の手形受取時：（借）機械売却受取手形×× （貸）機　械××
　　　　　　　　　　　　　　　機械売却損　　　××
　手形支払期日：（借）当座預金×× （貸）機械売却受取手形××

　資金を貸付けたときに貸付債権の回収を確実に行なうため，金銭消費貸借契約証書としての借用証書に代え資金の借主に手形を振出させる場合がある。これを金融手形といい，実需取引に使用される商業手形と区別する。資金の借主は満期までの金利を含めた額面金額の手形を資金の貸主に振出し，貸主は金利を差引いた元本で貸付ける。

　資金を貸付けるときに借用証書に代えて資金の借主に手形を振出させる理由は，資金の借主が不渡りによる銀行取引停止処分を恐れて資金返済に全力を傾注する点や満期日前の銀行における手形割引による換金である。しかし，金融手形は，不渡りリスクが高いため，通常，手形割引の対象にならない。手形振出に基づく資金貸借は，手形貸付金勘定（資産の勘定）と手形借入金勘定（負債の勘定）を用いて処理する。貸借対照表上，手形貸付金勘定と手形借入金勘定は，それぞれ短期の貸付金・借入金として表示する。

　資金に余裕のない当事者双方が手形の信用を利用して資金調達するため，互いに手形を振出し銀行割引を行なう場合，これを融通手形（実需取引による裏付けがないため馴れ合い手形，空手形という）という。当事者のA社とB社が共に資金繰りが悪化している場合，A社はB社に手形を振出してもらい，A社はB社から受取った手形を銀行で割引き，銀行から受取った資金を決済用資金に充当する。他方，A社がB社に対して振出した手形は，満期日までに手形代金相当額を返済すれば，他人振出手形を銀行で割引くことにより資金繰りは解決する。双方が互いに相手を受取人とする手形を振出し，互いに銀行で割引いて資金を捻出するので融通手形は馴合手形ともいう。融通手形は，実需取引による裏付けがないため，不渡りとなるリスクが高い。

金融手形振出による金銭貸借
　貸主の手形受取時：（借）手形貸付金×× （貸）現金預金　××
　　　　　　　　　　　　　　　　　　　　　　　受取利息　××
　借主の手形振出時：（借）現金預金　×× （貸）手形借入金××
　　　　　　　　　　　　　支払利息　××

融通手形振出による金銭貸借
　　双方の手形振出時：（借）融通受取手形　　××　（貸）融通支払手形××
　　双方の手形割引時：（借）現金預金　　　　××　（貸）融通割引手形××
　　　　　　　　　　　　　支払利息割引料××
　次のように対照勘定を用いて処理してもよい。
　　（借）現金預金　　　　　　××　（貸）融通受取手形　　××
　　　　　支払利息割引料　　　××
　　（借）融通手形裏書義務見返××　（貸）融通手形裏書義務××

5-2　約　束　手　形

　約束手形は，手形振出人（手形債務者）が名宛人（手形債権者）に対して手形振出人自ら，手形に記載された額面金額を一定期日に支払うことを約束した有価証券である。約束手形に係る手形関係者は，当初の手形振出時には振出人と名宛人との２人の当事者から構成されるが，手形信用の流通の拡大につれ増加する。

　名宛人が商品の売却代金または売掛金の代金回収として約束手形を受取ったときは，手形債権の取得を受取手形勘定借方に記入し，支払期日に取立銀行により手形交換所をつうじて支払呈示し支払銀行の当座預金口座から手形取立てを行なったときは，手形債権の消滅について受取手形勘定貸方に記入する。これに対して，手形振出人が商品仕入代金や買掛金支払いとして約束手形を振出したときは，手形債務の発生を支払手形勘定貸方に記入し，支払期日に手形金額を支払ったときは，手形債務の消滅を支払手形勘定借方にそれぞれ記入する。日本国内の取引に使用される手形の約８割以上が約束手形であり，為替手形は専ら輸出入取引の送金と遠隔地への代金決済手段として使用されている。

　　名宛人の約束手形の受取時：（借）受取手形××　（貸）売　上　××
　　　　手形金額の取立時：（借）当座預金××　（貸）受取手形××
　　振出人の約束手形の振出時：（借）仕　入　××　（貸）支払手形××
　　　　手形金額の支払時：（借）支払手形××　（貸）当座預金××

5-3 為 替 手 形

　手形振出人（手形作成人）が名宛人（手形債務者）に対して一定金額を一定期日に指図人（手形債権者）に支払うことを依頼した有価証券を為替手形という。為替手形の手形関係者は，当初の振出時では振出人，名宛人および指図人の当事者をもって構成されるが，手形信用の流通拡大とともに増加する。

　手形振出人より為替手形の引受呈示を受け，引受欄に署名押印して手形金額の支払義務を引受けたときに，名宛人は，手形債務の発生を支払手形勘定貸方に記入する。また，指図人が引受済為替手形を振出人から受取ったときに，指図人は，手形金額請求権の発生を受取手形勘定借方に記入する。これに対して，名宛人に対する振出人の売掛債権と指図人に対する振出人の買掛債務が相殺される結果，為替手形の振出人は，手形上の債権者でもなく債務者でもなくなる。

　しかし，為替手形の振出人は，為替手形の振出により手形債権者でもなく手形債務者でもなくなるが，手形の債権・債務関係から離脱し手形金額の支払義務を免除されるわけではない。名宛人が支払期日に手形金額を支払わなかった場合，つまり為替手形が不渡りになった場合に，名宛人に代わり手形振出人に支払義務が生じるからである。不渡手形について支払人より前の手形関係者に遡って負担させる手形債務の償還義務を遡求の義務という。手形支払人の支払拒絶により為替手形が不渡りになった場合，手形受取人は，支払人に代え裏書譲渡人，振出人，その他の手形債務者に対し遡及して手形金額の支払を請求できるため，これを手形の遡求権または償還請求権という（手形法第43条）。

　振出人の遡求義務は手形振出時に不渡りが生じていないので不確定債務であるが，将来の一定時点で不渡りが生じた場合，遡求の義務は確定債務になる恐れがある。このように，将来の支払期日に不渡りが発生し確定債務になるかもしれない遡及の義務を偶発債務という。偶発債務は，手形振出時に実際に発生していないため，財産と資本に増減変動をもたらす取引事象ではない。したがって，手形振出時に偶発債務の記録は原則上不要であるが，不渡リスクに備えて偶発債務を手形振出時に認識する会計方針をとる場合は，対照勘定を用い

て偶発債務を認識する。

　為替手形の振出時に偶発債務を帳簿上認識する場合は，振出人は売掛金と買掛金の相殺処理を行なうと同時に，為替手形振出義務勘定（受取人に対する遡求義務＝偶発債務または保証債務）と，これに貸借複記上形式的に対応するための為替手形振出義務見返勘定（支払人に対する遡求権＝偶発資産または保証債務見返）とをセットにした一組の勘定を用いて偶発債務（保証債務）を処理する。この一組の勘定を対照勘定（Contra account）という。対照勘定は，財産と資本に増減変動をもたらす不渡りに備えて設定される備忘勘定である。支払期日に為替手形が無事に決済された場合，対照勘定は，逆仕訳を行なって相殺する。

　振出人の手形振出時：（借）買掛金　　　××　（貸）売掛金　　　××
　　　　　　　　　　　（借）手形振出義務見返××（貸）手形振出義務××
　　　　支払期日：（借）手形振出義務××（貸）手形振出義務見返××
　名宛人の手形引受時：（借）買掛金　××　（貸）支払手形××
　　　　支払期日：（借）支払手形××　（貸）当座預金××
　指図人の手形受取時：（借）受取手形××　（貸）売掛金　××
　　　　支払期日：（借）当座預金××　（貸）受取手形××

　為替手形関係者は，当初は振出人，支払人および受取人の3者で構成されるが，振出人が自己を受取人にして為替手形を振出す場合がある。これを自己受為替手形または自己指図為替手形という（手形法第3条1項）。

　自己受為替手形（自己指図為替手形）は，振出人が自己を受取人にして為替手形を振出し，名宛人が手形債務を引受ける手形である。たとえば，得意先に対する売掛金を回収するため，自己を受取人として得意先の引受を得て自己受為替手形を振出す場合である。また，本支店会計において，本店が本店の得意先に対する売上債権を回収するため，支店を指図人（手形代金受取人）とする為替手形を振出し，本店の得意先の引受を得て為替手形を支店に交付する場合，これを自己受為替手形（自己指図為替手形）という。

　自己受為替手形は，振出人と受取人が同一人であるという点で形式上は約束手形と異なるが，実質上は約束手形と同等の役割を果たす。

　　自己受為替手形の振出時：（借）受取手形××　（貸）売　掛　金××
　　名宛人の手形債務引受時：（借）買　掛　金××　（貸）支払手形××

振出人が自己を支払人として為替手形を振出す場合は，これを自己宛為替手形という（手形法第3条2項）。自己宛為替手形は，実質上，約束手形と同様の役割を果たす。例えば，国内の輸入業者が海外の仕入先へ輸入代金を送金する場合は，国内銀行本店を振出人，海外銀行支店を支払人とする外貨建為替手形を買取りこれを仕入先へ送付すれば，仕入先は，外貨建為替手形を銀行支店に支払呈示して手形金額の支払を受けることができる。

また，掛買により発生した買掛金の支払のために振出人が自己を支払人として為替手形を振出し仕入先に交付する場合も，自己宛為替手形が使用される。さらに，本支店会計において，本店が仕入先に対する仕入債務を支払うため，支店を名宛人（手形債務者）とする為替手形を振出し，支店の引受を得て仕入先に為替手形を交付する場合，これを自己宛為替手形という。

為替手形は，約束手形と比較して国内取引において使用される割合が比較的少なく，自己宛為替手形，荷為替手形として輸出入代金の取立や遠隔地への送金手段として国際取引において使用されている。これに対して，手形発祥地である欧州大陸では，前述のように，為替手形が商取引の主要な決済手段として利用されている。

海外送金のための自己宛為替手形振出
　　銀行本店の為替手形振出時：(借) 買掛金　××（貸) 支　店　××
　　海外支店の為替手形引受時：(借) 本　店　××（貸) 支払手形××
　　仕入先の為替手形受取時：　(借) 受取手形××（貸) 売掛金　××
買掛金支払のための自己宛為替手形振出
　　自己宛為替手形振出時：(借) 買掛金　××（貸) 支払手形××
　　仕入先の受取時：　　　(借) 受取手形××（貸) 売掛金　××

5-4　荷為替手形

売主が商品を運送業者に委託して遠隔地の買主に輸送する場合は，輸送中の商品売却代金を早期回収するため，運送業者から受取った陸上運輸の貨物引換証あるいは海上運輸の船荷証券等の貨物代表証券を担保にして売主が自己を振出人，買主を名宛人（支払人），売主の荷為替取組銀行を指図人（受取人）とし

て為替手形を振出す場合がある。これを荷為替手形または荷付為替手形という。すなわち，荷為替手形とは，輸送中の商品に対して運送業者が発行した貨物代表証券を担保に，これを為替手形に添付し手形の引受と支払いを保証する為替手形のことである。具体的には貨物代表証券に保険証券，船積明細書，計算書，請求書等の商業送り状の船積書類を為替手形に添付したものが荷為替手形である。

手形支払期日の以前に商品の売却代金を早期に回収するために，売主が運送業者から受取った貨物代表証券を担保に信用リスクを考慮に入れ，売上代金の概ね70％〜80％に相当する額面金額の為替手形を発行し，荷為替取組銀行に買取りを依頼して為替手形を割引くことを荷為替の取組あるいは割引荷為替という。これに対して，売主が売上代金の全額について振出した荷為替手形の取立を取組銀行に依頼する場合は，これを取立荷為替という。

商品の船積みと荷為替の取組を終えたならば，貨物代表証券は，為替手形とともに発行人の運送業者から売主とその取組銀行を経由して買主の取引銀行へ送付される。買主は，買主の取引銀行から呈示された荷為替手形について，一覧払（手形金額の支払を請求する呈示日をもって支払期日とすることをいう）で手形金額を支払うか，あるいは為替手形を引受けると同時に貨物代表証券を受取る。買主は，貨物代表証券と引換えに運送業者から商品を引取る。

買主がその取引銀行から貨物代表証券を受取ると同時に荷為替手形を引受けたときに手形債務が生じるが，通常の場合，商品は未着である。したがって，買主が貨物代表証券を受取ったときの買主の処理は，未着の場合に限り一時的に，（借）未着品××（貸）支払手形××として処理しておき，商品受取時に未着品勘定から仕入勘定に振替える。

たとえば，売主A社が買主B社に商品を海上輸送する場合，A社は商品の船積後に運送業者から船荷証券を受取るとともに，自己を振出人，A社の取引銀行または自己を受取人，B社を支払人として振出した為替手形をA社の荷為替取組銀行で割引いてもらい，商品売上代金の7割程度を手取金として回収する。荷為替手形の取立および船荷証券の引渡についてA社の取組銀行から委託されたB社の取引銀行は，B社に荷為替手形を呈示し，B社の手形の引受または代金の支払いと同時にB社へ船荷証券を引渡す。B社は，船荷証

券と引換えに運送業者から商品を受取り，荷為替手形取引は一巡する。

荷為替手形取引の概念図

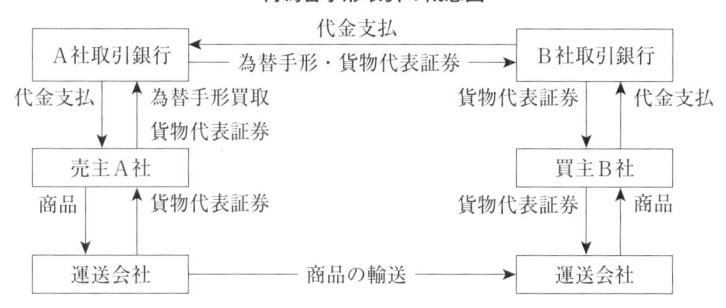

```
                        代金支払
        A社取引銀行 ←─────────────── B社取引銀行
              │   ↑  為替手形・貨物代表証券   ↑   │
    代金支払 │   │ 為替手形買取              │   │ 代金支払
              │   │ 貨物代表証券    貨物代表証券  │
              ↓   │                          │   │
          売主A社                          買主B社
              │   ↑                          ↑   │
         商品 │   │ 貨物代表証券   貨物代表証券 │   │ 商品
              ↓   │                          │   ↓
          運送会社 ──────商品の輸送──────→ 運送会社
```

売上収益の認識時点を実現主義（引渡基準）から発生主義へ転換する場合は，例外的処理として荷為替取組時に売上高を次のように計上する。

　荷為替取組時：（借）当 座 預 金　　　　××（貸）売　　　上××
　　　　　　　　　　支払割引料（手形売却損）××
　　　　　　　　　　売　掛　金　　　　　××

これに対して，売上収益の認識時点を原則的処理として商品引渡時点とする場合は，以下のように処理する。荷為替取組時に積送品は買主に未だ引渡されていないので，売上代金の一部前受金（負債の勘定）として処理する。

　荷為替取組時：（借）当 座 預 金××（貸）前 受 金　××
　　　　　　　　　　支払割引料××
　商品引渡時：　（借）前　受　金××（貸）売　　　上××
　　　　　　　　　　売　掛　金××

5-5　裏書譲渡に伴う偶発債務

　手形所持人は，支払期日前に手形裏面に一定事項を記入のうえ署名捺印して手形債権を他人に譲渡することができる。これを手形の裏書譲渡という。すなわち，手形は，支払期日前に銀行協会が制定した統一手形用紙に裏書文句，裏書人の署名，被裏書人の記名の3つの要件を裏書することにより振出人から受取人，第1裏書人（受取人）より第1被裏書人，第2裏書人（第1被裏書人）から第2被裏書人（手形所持人）へと順次手形上の権利を第3者に譲渡すること

ができる。

　裏書人が裏書し被裏書人に手形を譲渡したときに手形権利は被裏書人に移転する。この場合，手形振出人が支払呈示期間に支払を拒絶し手形が不渡りになった場合，裏書人は手形振出人に代わって，被裏書人と後続の全ての手形所持人に対して手形金額，支払拒絶証書作成費用，支払期日以降の延滞利息の支払を保証する義務を負う。被裏書人と後続の手形所持人の全てに対する裏書人の手形金額の支払義務を遡求の義務あるいは償還義務（または保証債務）という。つまり，手形が不渡りになった場合，手形所持人は，手形振出人に代えて，裏書人に対して手形金額，拒絶証書作成費用，法定上の遅滞利息の支払を請求することができる。これを裏書人に対する手形所持人の遡求権という。

　なお，裏書人が遡求の義務に応じて手形所持人に手形金額を支払った場合，裏書人は，自分より前の裏書人や振出人に対して手形金額に法定遅滞利息と通信関連費用を加えた金額を請求することができる。これを再遡求という。

　裏書人の遡求の義務は，不渡りが将来発生するか否かにより債務になるかもしれない不確定債務であるため，これを偶発債務という。偶発債務は当期の財産の増減に何ら影響を及ぼしていないので，帳簿上必ずしも認識する必要はない。しかしながら，将来の不渡リスクの発生に備えて偶発債務を事前に記録しておく場合は，次のように対照勘定または評価勘定（Contra account）を用いて偶発債務を計上する。

　裏書譲渡と偶発債務

　裏書時に偶発債務を計上しないとき：(借) 買掛金×× (貸) 受取手形××

　支払期日：仕訳不要

　裏書時に偶発債務を計上するとき

　対照勘定の適用：(借) 買掛金×× (貸) 受取手形××

　　　(借) 手形裏書義務見返（保証債務見返）×× (貸) 手形裏書義務（保証債務）××

　　　支払期日：(借) 手形裏書義務×× (貸) 手形裏書義務見返××

　評価勘定の適用：(借) 買掛金×× (貸) 裏書手形××

　　　支払期日：(借) 裏書手形×× (貸) 受取手形××

5-6 手形の割引

　手形所持人は，緊急に必要な資金を調達するため手形金額の支払期日の到来する以前に所有する手形に裏書して手形債権を銀行に譲渡し換金することができる。これを手形の割引という。手形を銀行で割引いてもらう場合は，手形金額から割引日から満期日までの利息相当額が銀行で差引かれる。割引かれる利息を手形割引料といい，支払利息割引料勘定（支払割引料勘定，支払利息勘定）または手形売却損勘定で処理する。受取手形の当初認識時点において手形金額に利息相当額を含めて計上する方法以外に，支払期日に受取る元利合計額を利子率で割引いた現在価値で受取手形を当初で認識し，利息相当額を受取手形の帳簿価額（償却原価）に期末に加算する実効利息法がある。割引料は，下記の計算式により求める。

　　　割引料＝手形額面金額×年利率×割引日数（両端入）／365日

銀行割引と偶発債務

　偶発債務の非認識

　　　割引時（借）当座預金　　　　　　　××（貸）受取手形××
　　　　　　　　支払利息割引料（手形売却損）××

　　支払日：仕訳不要

　偶発債務の認識

　　　割引時（借）当座預金　　××（貸）受取手形××
　　　　　　　　支払利息割引料××

　　　（借）手形割引義務見返（保証債務見返）××（貸）手形割引義務（保証債務）××

　　支払日：（借）手形割引義務××（貸）手形割引義務見返××

設例：当社は平成×1年4月1日に医療器械を売価1,000,000円でA社に販売し，A社から代金として額面1,040,400円（手形年利率2％，複利，支払期日平成×3年3月31日）の約束手形を受取ったが，平成×2年6月30日に銀行で割引率2.5％前払で割引き，割引手数料差引後の正味手取額を当座預金とした。

決算時に受取手形に1%の貸倒引当金を計上し，割引時に手形割引義務を額面の1%と評価し計上した。受取手形は支払期日の平成×3年3月31日に無事に決済された。当社の決算は年1回3月末日である。なお，利息相当額は，受取手形に含める方法と受取手形から分離し処理する利息法で処理する。

計算：手形取得時の現在価値1,000,000円＝将来受取価値（額面金額）1,040,400×
現在価値係数 $1/(1+0.02)^2$

額面金額に含まれる利息相当額40,400円＝手形元本1,000,000×将来価値係数
$(1+0.02)^2$－手形元本1,000,000

決算時（平成×2年3月31日）の受取利息20,000円＝手形取得現在価値
1,000,000×0.02

貸倒引当金10,404円＝額面金額1,040,400×0.01

割引料26,010＝額面金額1,040,400×0.025

手形割引義務10,404円＝額面金額1,040,400×0.01

仕訳

利息相当額を受取手形に含める方法

売上時（×1/4/1）	（借）受取手形	1,040,400	（貸）売 上	1,040,400
決算時（×2/3/31）	（借）貸倒引当金繰入額	10,404	（貸）貸倒引当金	10,404
割引時（×2/6/30）	（借）当座預金	1,014,390	（貸）受取手形	1,040,400
	受取手形割引義務見返	10,404	受取手形割引義務	10,404
	貸倒引当金	10,404	貸倒引当金戻入益	10,404
	手形売却損	26,010		
支払日（×3/3/31）	（借）受取手形割引義務	10,404	（貸）受取手形割引義務見返	10,404

実効利息法

売上時（×1/4/1）	（借）受取手形（現在価値）	1,000,000	（貸）売 上	1,000,000
決算時（×2/3/31）	（借）貸倒引当金繰入額	10,404	（貸）貸倒引当金	10,404
	（借）受取手形	20,000	（貸）受取利息	20,000
割引時（×2/6/30）	（借）当座預金	1,014,390	（貸）受取手形	1,020,000
	受取手形割引義務見返	10,404	受取手形割引義務	10,404
	貸倒引当金	10,404	貸倒引当金戻入益	10,404
	手形売却損	5,610		

支払日（×3/3/31）（借）受取手形割引義務 10,404 （貸）受取手形割引義務見返 10,404

5-7 手形の更改

　資金繰りの悪化により支払期日に手形決済の見通しが立たない場合は，手形の不渡りを避けるため，手形支払人は，手形所持人と合意のうえ，旧手形の支払期日を新手形の支払期日に書換え延長する場合がある。これを手形の更改または手形の書換えという。手形更改に伴う支払期日以降の延滞利息は，新手形の手形金額に含めるかあるいは別途支払う。

支払手形の更改時
　延滞利息を手形金額に算入するとき
　（借）支払手形（旧）　××　（貸）支払手形（新）　××
　　　　支払利息　　　　××
　延滞利息を別途金銭で支払ったとき
　（借）支払手形（旧）　××　（貸）支払手形（新）　××
　　　　支払利息割引料××　　　　当座預金　　　　××

5-8 手形の保証

　手形振出人，支払人または裏書人に対して手形の信用度を高めるために手形支払について，誰に対する保証人であるかを明確にする署名捺印を手形保証（手形法第31条第4項）という。手形保証人は，手形債務者が不渡手形を出したときに手形所持人に対して手形金額を支払う義務があるが，同時に手形振出人，支払人あるいは裏書人に対して償還請求権を取得する（手形法第32条3項）。手形保証人として署名するときは，一対の対照勘定として，不渡りになったときの手形金額支払義務を保証債務勘定に，これに対応する償還請求権を保証債務見返勘定としてそれぞれ計上する。手形債務者の支払拒絶により手形保証人が手形金額を支払ったときは，立替金勘定で処理するとともに対照勘定を相殺消去する。なお，手形保証人が手形債務を立替払したときに手形債務者に対して金融手形を担保として振出させる場合は，手形貸付金勘定で処理する。

手形保証の署名時： （借）保証債務見返 ×× （貸）保証債務　　××
手形金額の立替払時：（借）立替金　　　×× （貸）当座預金　　××
　　　　　　　　　　　　　保証債務　　　×× 　　　保証債務見返××
金融手形の受取時：（借）手形貸付金　×× （貸）立替金　　　××

5-9　不　渡　手　形

　手形所持人（手形受取人）は，取引銀行に手形金額の取立を依頼して支払呈示期間に手形金額を回収する。しかし，支払銀行における支払人の当座預金口座残高が手形金額に満たない場合は，支払銀行は手形交換所をつうじて手形金額の決済を拒否し取立銀行に手形を返却する。これを手形の不渡りという。手形が不渡りになったときに，手形所持人は，貸倒懸念がある手形債権を正常な手形債権から分離するために，いったん受取手形勘定から不渡手形勘定（資産の仮勘定であり未決算勘定という）に振替えておき，手形所持人の前の手形関係者の全ての裏書人および振出人に対して償還請求を行い，手形債務者が遡求に応じて支払えば手形金額を回収することができる。しかし，手形所持人の所有する不渡手形が裏書人や振出人の破産等で事実上回収不能になった場合は，不渡手形勘定から貸倒損失勘定に振替える。

　手形が不渡りになった場合，手形所持人は，手形金額に公証人に支払う支払拒絶証書作成費用と満期日以降の延滞利息を加えた金額を不渡手形勘定に記入しておき振出人と裏書人に対して請求することができる。

　手形振出人は，手形を振出すときに手形支払人が支払期日に支払わない場合に備えて，受取人に対して偶発債務を負う。また，手形裏書人は，手形の裏書譲渡や銀行割引を行なうときに，手形支払人が支払期日に支払を拒絶することを想定して，手形所持人に対して偶発債務を負う。

　企業が振出した手形や銀行割引または裏書譲渡手形で偶発債務を負う手形が不渡りになったときに銀行・譲渡先の償還請求に応じて手形金額を支払った場合，支払金額を不渡手形勘定で処理する。同時に偶発債務を計上している場合は，反対仕訳をして相殺消去する。

　不渡手形の貸借対照表上の表示区分は，不渡手形が１年基準（one yea rule）

に基づいて1年以内に回収の見込みがある場合，受取手形勘定で処理し流動資産の部に計上する。1年以内に回収の見込みのない不渡手形については，確定した貸倒損失分を除き会社更生法，民事再生法または銀行取引停止処分等により事実上破綻した企業の破産債権，更生債権に準ずる債権として投資その他資産に計上する。

手形が不渡りになったとき

　　所有する手形の不渡時：（借）不渡手形×× （貸）受取手形××

　　不渡手形金額の回収時：（借）当座預金×× （貸）不渡手形××
　　　　　　　　　　　　　　　　　　　　　　　　　受取利息××

　　割引・裏書手形の不渡時：（借）不　渡　手　形×× （貸）当　座　預　金××
　　　　　　　　　　　　　　　　　手形割引義務××　　　手形割引義務見返××
　　　　　　　　　　　　　　　　（割引手形　　××）　（受取手形　　　××）

　　不渡手形の回収不能時：（借）貸倒損失×× （貸）不渡手形××

第6章
金銭債権の期末評価

6-1 債権の区分

　企業が期末に所有する売上債権（受取手形，売掛金）とその他債権（貸付金，未収金）の勘定残高について取引先の経営破綻等により次期以降に貸倒れが予想される場合は，それぞれの債権について貸倒予想額を見積り，この貸倒見積額を当期の費用として貸倒引当金繰入額勘定と貸倒引当金勘定に計上し，売上債権の正味回収見込額を間接控除的に貸借対照表に表示する。金銭債権の回収不能見積額を間接控除的に表示するための貸倒引当金を評価性引当金という。評価性引当金に該当する引当金は，貸倒引当金のみである。

　これに対して，売上債権について毎期末に貸倒引当金を設定せず債権の貸倒れが生じたときに貸倒損失を計上し，売上債権帳簿価額を直接減額する会計処理を直接償却法という。しかし，売上債権の直接償却は次期以降に発生の恐れがある貸倒損失に備えて，期末に貸倒引当金を設定すべしという発生主義の原則に反するため，貸倒額の重要性に乏しい場合を除いて認められていない。このため，売上債権の期末評価において発生主義の原則（現金収支に関係なく，当期の実現収益に発生費用を対応させて期間損益計算を実施すべしという期間損益計算の基本原則）と費用・収益対応の原則（当期の実現収益とこれに関連する当期の発生費用を期間的に対応させるべしという期間損益計算の基本原則）にしたがって期間損益計算を行なうため，貸倒損失は未だ発生していないが，貸倒損失リスクの原因となる売掛金が当期に発生しているため貸倒損失額を見積り，これを貸倒引当金繰入額勘定に計上すると同時に同額を貸倒引当金勘定に計上する。

期末に債権の貸倒損失を予測する場合は，債権の信用状況すなわち貸付先企業の信用リスクと経営・財務状態を考慮して，債権を一般債権，貸倒懸念債権，破産更生債権の3つに区分する（「金融商品に係る会計基準の設定に関する意見書」，金融商品に係る会計基準，第四の一）。

(1) 一 般 債 権

一般債権とは，経営状態に重大な問題が生じていない貸付先企業に対する債権をいい，正常債権と要管理債権を含む。

(2) 貸 倒 懸 念 債 権

貸倒懸念債権とは，経営状態に重大な問題は発生していないが，債務の弁済に重大な問題が生じているか，あるいは重大な問題が生じる可能性の高い貸付先企業に対する債権のことをいい，破綻懸念のある貸倒リスク債権である。この場合，債務弁済の1年以上の延滞，弁済期間の延長，弁済の一時棚上げ，元金と利息の一部免除など弁済条件についての緩和は，債務弁済に影響を及ぼす重要な問題である。

(3) 破 産 更 生 債 権

破産・更生債権とは，法律上または実質上，経営破綻に陥っている貸付先企業に対する債権をいう。この場合，経営破綻に陥っている貸付先企業とは，破産，清算，会社整理，会社更生，和議，手形交換所における銀行取引停止処分等において法律上の経営破綻に陥っている貸付先企業のほかに，企業の継続が困難であるため会社更正の見通しが立たず，実質上，経営の破綻に陥っている貸付先企業をいう。

6-2 債権貸倒の見積り

貸倒れを見積もる方法として，計算単位を個別の債権あるいは全部の債権とするかにしたがって，貸倒懸念先の個別債権または破産・更生債権の別に見積もるための個別引当法と，経営状態は殆ど問題なく信用リスクの低い一般債権

の全部または同種グループを一括して1つの貸倒実績率で貸倒れを見積もる総括引当法がある。

このうち総括引当法とは，一般債権を信用リスクの格付けにしたがってグルーピング化し，金銭債権の別に，貸倒実績率法により貸倒見積額を算定する方法である。

これに対して，個別引当法とは，財務内容評価法またはキャッシュ・フロー見積法にしたがって，個別に，貸倒懸念先債権の貸倒見積額を算定する方法である。個別引当法は，財務内容評価法として，個別に破産更生債権の貸倒を見積もるためにも適用される。

(1) 貸倒実績率法

貸倒実績率法とは，一般債権について債権の全体または同一種類の債権グループごとに債権信用リスクに応じて求めた過去の貸倒実績率等の合理的な基準により貸倒見積高を算定する方法である。売掛金，受取手形，貸付金，未収金の別に区分した同一の債権を同種債権といい，営業債権と営業外債権の区分および長期と短期の債権区分を同類債権という。

債務者の財政状態と経営成績に基づいて債権の信用リスクのランク付けを行なう場合は，当該信用リスクのランクの別に区分して，過去の貸倒実績を基礎に算出された貸倒率を貸倒実績率という。貸倒実績率は，可能な限り，直近の営業年度における債権残高を分母とし，1年を最低限度とする平均回収期間に発生した当該債権に関する翌期以降の貸倒損失額を分子として算定する。

(2) 財務内容評価法とキャッシュ・フロー見積法

貸倒懸念債権は，信用リスクのランクに応じて，財務内容評価法またはキャッシュ・フロー見積法により貸倒見積額を算定する（前掲，金融商品に係る会計基準，第四の二，2）。

① 財務内容評価法

担保物件または保証が付されている信用リスクの高い貸倒懸念債権については，債権額から担保処分見込額および保証による回収見込額を控除し，その残額の一定割合に対して貸倒見積額を算定する方法を財務内容評価法という。例

えば，貸倒懸念債権として初めて認定された期に，担保物件の処分見込額と保証による回収見込額を控除した残額について70％程度を引き当て，次年度以降に毎期見直す方法である。

② キャッシュ・フロー見積法

債権元本の回収及び利息の受取に係るキャッシュ・フローを合理的に見積もることが可能な貸倒懸念債権について債権の発生時の当初の約定利子率または実効利子率で将来のキャッシュ・フロー見積額を割引計算した割引現在価値と債権の帳簿価額との差額を貸倒見積額とする会計処理をキャッシュ・フロー見積法という。

将来キャッシュ・フロー見積法を適用するときに契約当初の債権元本と利息について弁済不能の懸念が生じたため債権の発生後に弁済条件の緩和を当事者間で合意した場合は，条件緩和により修正後の将来キャッシュ・フロー見積額を債権発生当初の約定利子率または債権取得当初の実効利子率により割引く。条件の緩和により修正した将来キャッシュ・フロー見積額を条件緩和により引下げられた約定利子率で割引くのではなく，債権発生当初の約定利子率または債権取得当初の実効利子率で割引く根拠は，この処理の目的が見積時点の時価による債権評価ではなく，債権発生価額のうち弁済条件の緩和に伴う将来キャッシュ・フロー見積額の減収額を算定することにあるからである。なお，将来キャッシュ・フローの見積りは，毎期末に修正し貸倒見積額を洗替える。

(3) 破産更生債権の財務内容評価法

法律上あるいは実質上経営破綻に陥っている債務者に対する破産更生債権について，債権額から担保物件の処分見積額および保証による回収見込額を減額し，その残額の全額を貸倒見積額として処理する方法を財務内容評価法という（前掲，金融商品に係る会計基準，第四の二，3）。

設例：大東株式会社が当期末に保有する債権の区分および一般債権の貸倒見積額の算出基準は次のとおりである。一般債権は貸倒実績率法，貸倒懸念債権は財務内容評価法，破産更生債権は財務内容評価法によりそれぞれ貸倒見積額を以下のように算定する。

保有債権の状況

債権の区分	債務者	債権種類	帳簿価額
一般債権	A社	売掛金	600,000円
	B社	貸付金	800,000円
貸倒懸念債権	C社	貸付金	300,000円
	D社	売掛金	400,000円
破産更生債権	E社	受取手形	500,000円

備考
- (1) 一般債権の平均回収期間は3か月以上1年未満であり，一般債権の貸倒見積額の算定基準は貸倒実績率による。
- (2) C社に対する債権の担保として社債（額面200,000円）を，D社に対する債権の保証金として現金200,000円をそれぞれ受入れてある。
- (3) C社とD社の信用リスクの格付けにより，担保処分見込額と保証回収見込額を控除した残額に30％と50％を貸倒見積額としてそれぞれ引き当てた。
- (4) E社に対する債権の担保として社債（額面400,000円）を受入れてある。

一般債権の3営業期間における貸倒の発生状況

	n−3期	n−2期	n−1期	n期
元本期末残高	800,000	0		
当期貸倒損失		2,400		
元本期末残高		900,000	0	
当期貸倒損失			1,800	
元本期末残高			600,000	0
当期貸倒損失				2,800
元本期末残高				1,400,000
当期貸倒損失				

備考
- (1) 貸倒実績率は期首債権残高に対する翌期1年間の貸倒損失発生の割合である。
- (2) 当期の貸倒実績率は過去3年間の貸倒実績率の平均値である。
- (3) 貸倒実績率の算定基準年度は，n−3期，n−2期，n−1期である。

貸倒の計算と会計処理

(1) 一般債権の貸倒見積額の算定（貸倒実績率法）

3期の基準年度の各貸倒実績率は以下のようにして求める。

・n－3期の貸倒実績率＝貸倒損失 2,400÷期末残高 800,000＝0.3％
・n－2期の貸倒実績率＝貸倒損失 1,800÷期末残高 900,000＝0.2％
・n－1期の貸倒実績率＝貸倒損失 2,800÷期末残高 600,000＝0.46％
・n期に適用する貸倒実績率＝(0.3＋0.2＋0.46)÷3＝0.32％

当期貸倒引当金計上額：1,400,000 円×0.32％＝448,000 円

　　（借）貸倒引当金繰入額 448,000　（貸）貸倒引当金 448,000

(2) 貸倒懸念債権の貸倒見積額の算定（財務内容評価法）

C社に対する債権貸倒見積額 30,000 円＝(300,000－担保処分見込額 200,000)×0.3

D社に対する債権貸倒見積額 100,000 円＝(400,000－保証金回収見込額 200,000)×0.5

　　（借）貸倒引当金繰入額 130,000　（貸）貸倒引当金 130,000

(3) 破産更生債権の貸倒見積額の算定（財務内容評価法）

E社に対する債権の貸倒見積額 100,000 円＝(500,000－400,000)×1.0

　　（借）貸倒引当金繰入額 100,000　（貸）貸倒引当金 100,000

設例：梅田株式会社は，京橋株式会社に対して有する債権金額 1,000,000 円，約定利子率3％（年1回期末後払い），残存期間5年（期限一括返済）の債権について，平成×1年3月31日の利払後に約定利子率3％を年利率1％に引下げることを京橋株式会社と合意した。このため，キャッシュ・フロー見積法により貸倒引当金の計上と取崩を行なった。

①定期受取利息の現在価値 $10,000 \times \dfrac{1-\dfrac{1}{(1+0.03)^5}}{0.03} = 10,000 \times 4.5797 = 45,797$ 円

②債権元本の現在価値 $1,000,000 \times \dfrac{1}{(1+0.03)^5} = 1,000,000 \times 0.8626 = 862,600$ 円

　将来キャッシュ・フローの現在価値合計＝45,797 円＋862,600 円＝908,397 円

日付	現金受取額	受取利息	帳簿価額
×1/3/31	(30,000)		908,397
×2/3/31	10,000	27,252a	925,649b
×3/3/31	10,000	27,769	943,418
×4/3/31	10,000	28,303	961,721
×5/3/31	10,000	28,852	980,573
×6/3/31	10,000	29,417	1,000,000
	50,000	141,593	

27,252a＝908,397×0.03。925,649b＝908,397＋(27,252－10,000)。

会計処理

平成×1年3月31日（条件緩和時）

　　　　（借）貸倒引当金繰入額 91,603 （貸）貸倒引当金 91,603

　　　　　　貸倒引当金 91,603円＝債権金額 1,000,000円－将来キャッシュ・フロー割引現在価値 908,397円

平成×2年3月31日（貸付債権変動額の受取利息の処理）

　　　　（借）現金預金　10,000 （貸）受取利息 27,252

　　　　　　　貸倒引当金 17,252

　受取利息 27,252＝帳簿現在価値（元本）908,397×0.03。貸倒引当金取崩 17,252＝受取利息 27,252－現金預金 10,000。以降の各期も同様に処理する。

平成×6年3月31日（返済期日）

　　　　（借）現金預金　10,000 （貸）受取利息　　29,417
　　　　　　　　　　　　　　　　　　貸倒引当金　　19,417

　　　　（借）現金預金 1,000,000 （貸）債　権　1,000,000

貸倒引当金戻入益勘定を用いる場合は，下記のように処理する。

平成×1年3月31日（条件緩和時）

　　　　（借）貸倒引当金繰入額 91,603 （貸）貸倒引当金 91,603

平成×2年3月31日（貸付債権変動額を貸倒引当金戻入益として処理）

　　　　（借）現 金 預 金 10,000 （貸）受　取　利　息 10,000
　　　　　　　貸倒引当金 17,252　　　貸倒引当金戻入益 17,252

現金受取額 10,000円を受取利息として計上し，当期末現在価値 925,649と前期末

現在価値908,347との差額を貸倒引当金取崩として処理する。以降各期も同様に処理する。

平成×6年3月31日（返済期日）（借）現金預金　10,000　（貸）受取利息　10,000
　　　　　　　　　　　　　　　　　貸倒引当金 19,417　貸倒引当金戻入益 19,417
　　　　　　　　　　　　　　　（借）現金預金 1,000,000　（貸）債　権　1,000,000

6-3　貸倒引当金

　企業が金銭債権（貨幣性債権）として売掛金，受取手形，貸付金，未収金等を所有しているときに，取引先の経営破綻により次期以降に貸倒れが生じると予想される場合は，期末決算において，金銭債権の貸倒れに備えて貸倒引当金を設定する。貸倒見積額を算定する場合は，金銭債権の信用リスクを予測して，一般債権，貸倒懸念債権，破綻更生債権の別に区分し，貸倒引当金設定対象となる金銭債権を確定したうえ，総括引当法または個別引当法により貸倒見積額を算定して貸倒引当金を設定する。

　一般債権については，原則として総括引当法により貸倒引当金を設定する。この場合，金銭債権すなわち売上債権（受取手形・売掛金）およびその他債権（貸付金・未収金）の期末残高と貸倒実績率との積から算定された貸倒見積額を貸倒引当金繰入勘定に計上すると同時に同額を貸倒引当金に計上し次期以降の一般債権の貸倒れに備える。

　なお，期末に割引・裏書手形を保有している場合は，割引・裏書手形を貸倒引当金の設定対象にふくめるか否かを確定する必要がある。この場合，決算整理前受取手形勘定は，偶発債務の3つの処理方法（a．偶発債務の非計上，b．対照勘定による偶発債務の計上，c．評価勘定による偶発債務の計上）のうち，いずれの処理方法を適用するかにより，割引・裏書手形を含む場合と，割引・裏書手形を除外する場合がある。

　偶発債務の処理方法のうち方法aを適用している場合は，偶発債務を計上しない方法であるため，割引・裏書手形は決算整理前残高試算表の欄外に注記する。したがって，方法aの場合，受取手形勘定は，割引・裏書手形を除く受取手形手許有高を示す。

これに対して，方法 b を適用している場合は，偶発債務は，対照勘定（手形割引勘定・裏書義務勘定）に計上されるので，受取手形勘定は，割引・裏書手形残高を除外した受取手形手許有高を示す。

方法 c を適用する場合は，偶発債務は評価勘定（割引・裏書手形勘定）に計上されるため，受取手形勘定に割引・裏書手形残高がふくまれている。

したがって，例えば，偶発債務を対照勘定に計上するとき割引・裏書手形を貸倒引当金の設定対象にふくめる場合は，受取手形勘定残高に手形割引・裏書義務勘定残高を加算する必要がある。さらにまた，例えば，偶発債務を評価勘定に計上するときに割引・裏書手形を貸倒引当金の設定対象から除外する場合は，受取手形勘定残高から割引・裏書手形勘定残高を控除する必要がある。

貸倒懸念先債権に対して，個別引当法として，担保付債権の貸倒見積方法である財務内容評価法を適用する場合は，債権金額から担保物件または保証金を控除後の残額が貸倒引当金の設定対象になる。

これに対して，個別引当法としてのキャッシュ・フロー見積法は，債権金額の帳簿価額と将来の予測キャッシュ・フローの割引現在価値との差額から貸倒見積額を算定し，これを貸倒引当金として計上する。

(1) 総括引当法

総括引当法にしたがって一般債権について貸倒引当金を設定する場合は，貸倒引当金の設定対象になる売上債権およびその他債権に貸倒実績率を掛けて貸倒見積額を算定する。決算時に，一般債権に対して貸倒引当金を設定するときの処理法として，洗替法と差額補充法がある。

洗替法は，貸倒引当金期末残高の全額を貸倒引当金戻入勘定（収益の勘定）に振替え，当期債権期末残高に対して新しく貸倒見積額を貸倒引当金として計上する方法である。

これに対して，差額補充法は，決算整理前貸倒引当金期末残高が当期末の貸倒引当金設定額に満たないときは，不足額を貸倒引当金勘定に追加補充し，反対に多ければ，超過額を貸倒引当金戻入勘定に戻入れる方法である。

決算時の一般債権に対する貸倒引当金繰入

洗替法：(借) 貸倒引当金×× (貸) 貸倒引当金戻入益××

　　　　　　　　　　（特別利益）
　　（借）貸倒引当金繰入××（貸）貸倒引当金　××
　　　　　（販売費一般管理費または営業外費用）
差額補充法：貸倒見積設定高＞決算整理前貸倒引当金残高の場合
　　　（借）貸倒引当金繰入××（貸）貸倒引当金××
　　　　　（販売費・一般管理費または営業外費用）
　　　決算整理前貸倒引当金残高＞貸倒見積設定高の場合
　　　（借）貸倒引当金××（貸）貸倒引当金戻入益××
　　　　　　　　　　　（特別利益）
　なお，前期以前に発生した債権について当期中に貸倒れが発生した場合は，最初に前期末に設定した貸倒引当金を取崩し，それでもなお貸倒引当金が不足するときは，不足額をいったん当期の貸倒損失勘定で処理する。そして，期末決算に際し，期中の貸倒損失処理が前期末決算の貸倒引当金設定の見積誤差すなわち貸倒引当金設定不足による前期損益修正項目と判断された場合は，貸倒引当金でもって補填できなかった不足額（当期貸倒損失として処理した金額）を前期貸倒損失として過年度貸倒引当金繰入不足勘定または前期損益修正損勘定に振替え損益計算書上に特別損失として表示する。
　期中の処理：（借）貸倒引当金××（貸）受取手形等××
　　　　　　　　　貸倒損失　××（貸倒引当金残高不足の場合）
　決算整理：（借）過年度貸倒引当金繰入不足××（特別損失）（貸）貸倒損失××
　これに対して，当期販売取引から生じた売上債権について期中に貸倒れが生じた場合は，当期販売取引に係る売上債権は前期末に設定した貸倒引当金の対象ではないので，前期末に設定した貸倒引当金を取崩すことができない。したがって，当期に取得した債権について当期に発生した貸倒れは，全額を貸倒損失勘定に当期の費用として計上する。
　当期発生一般債権の処理：（借）貸倒損失××（貸）受取手形等××
　前期に貸倒償却として処理した債権が当期に回収される場合がある。この場合は，回収金額を償却債権取立益勘定（特別利益）に表示する。これに対して，当期に貸倒れとして処理した債権が当期に回収された場合，償却時の債権回収の仕訳として反対仕訳行なう。

前期償却債権の当期回収：(借) 現金預金　××　(貸) 償却債権取立益××
当期償却債権の当期回収：(借) 売掛金など××　(貸) 貸倒引当金　　××
　　　　　　　　　　　　(借) 現金預金　××　(貸) 売掛金等　　　××

(2) 将来キャッシュ・フロー見積法

　貸倒懸念債権の貸倒見積額を算定するため，将来キャッシュ・フロー見積法が適用される。将来キャッシュ・フロー見積法とは，将来の予測キャッシュ・フロー（債権元本回収額及び利息受取額）を元本・利息の受取時点から当期末までの期間にわたり債権発生当初または取得当初の利子率で割引いた現在価値と債権の帳簿価額との差額を貸倒見積額とする方法である。なお，将来のキャッシュ・フローの見積りは毎期末更新し貸倒見積額を洗替える。

　将来キャッシュ・フロー見積法は，満期保有目的債券の期末評価に使用される償却原価法（現在価値償却法）の考え方と同じである。償却原価法は，満期保有目的債券を額面金額より低い価額または高い価額で取得した場合に，取得価額と債券額面金額との取得差額について，債券の名目利子率（クーポンレート）と市場利子率との金利差異を加減調整するための取得差額とみなし，毎期末に債券期首帳簿価額に取得差額の各期償却額を加減した金額を貸借対照表価額とする方法である。したがって，額面価額より低い価額で満期保有目的債券を取得した場合は，金利調整差額を毎期末に債券期首帳簿価額に加算してゆくため，償還期日において取得価額は債券金額に一致する。

　設例：大東株式会社は，下記条件により鶴見株式会社に対して貸付金を有する。
　条件：(1)　貸付金1,000,000円，貸付日平成×1年4月1日，返済期日は平成×4年3月31日，利払日毎期末3月31日（年利率2％）
　　　　(2)　当期末（平成×2年3月31日）の利払後に鶴見株式会社より当初貸付条件の緩和につき要請があり，契約時の約定利子率2％を年利率1％に引下げることで合意した。

① 利息受取額（経常年賦金）の現在価値 $= 10,000 \times \dfrac{1 - \dfrac{1}{(1+0.02)^3}}{0.02}$
　　$= 10,000 \times 2.8839 = 28,839$

② 元金（一時金）の現在価値 = $1{,}000{,}000 \times \dfrac{1}{(1+0.02)^3}$ = $1{,}000{,}000 \times 0.9423 = 942{,}300$

将来のキャッシュ・フローの現在価値合計 = 28,839 + 942,300 = 971,139

貸倒見積額 28,861 = 債権金額 1,000,000 − 現在価値 971,139

日付	現金受取額	受取利息	帳簿価額
×1/3/31	(20,000)		971,139
×2/3/31	10,000	19,423	980,562
×3/3/31	10,000	19,611	990,173
×4/3/31	10,000	19,803	1,000,000
	30,000	58,837	

会計処理

平成×1年3月31日（条件緩和時）

　　（借）貸倒引当金繰入 28,861　（貸）貸倒引当金 28,861

　　貸倒引当金 28,861 = 債権金額 1,000,000 − 将来キャッシュ・フローの割引現在価値 971,139

平成×2年3月31日（債権変動額を貸倒引当金戻入益として処理）

　　（借）現金預金　　10,000　（貸）受取利息　　　　　10,000
　　（借）貸倒引当金　 9,423　（貸）貸倒引当金戻入益　 9,423

　現金受取額 10,000 円を受取利息として計上し，当期末現在価値と前期末現在価値との差額 9,423 円を貸倒引当金取崩として処理する。以降の各期も同様に処理する。

平成×4年3月31日（返済期日）

　　（借）現金預金　　10,000　（貸）受取利息　　　　　10,000
　　（借）貸倒引当金　 9,803　（貸）貸倒引当金戻入益　 9,803
　　（借）現金預金 1,000,000　（貸）債　権　　　　1,000,000

第7章
有 価 証 券

7-1 有価証券の期中売買

　一般の事業会社が利殖，その他有価証券に対する投資，あるいは子会社・関連会社との資本関係を提携する目的で保有する他企業発行の株式と社債を有価証券という。一般事業会社が発行する社債，転換社債，新株引受権付社債，コマーシャル・ペーパー以外に，政府と地方自治体が発行する国債，地方債，政府保証債は，公的債券に含まれる。

　有価証券のうち，株式発行企業の財産と利益配当に対する持分権（残余持分請求権），株主総会へ提出される取締役会議案に係る議決権と配当優先権が付与された有価証券を株式証券といい，議決権普通株式，優先株式，新株引受権（ワラント）等が含まれる。

　一般の事業会社が証券会社を通じて株式を購入した場合は，購入代価に買入手数料等の付随費用を加算した取得原価を有価証券勘定に計上する。ただし，一般事業会社が異なる銘柄の株式証券を多数保有しており市場価格の変動のために同一銘柄の株式証券を異なる市場価格で売買する場合は，有価証券勘定の銘柄別の内訳明細を示す補助元帳として有価証券元帳を設定し，株式証券の銘柄別に各勘定口座の受入欄，払出欄，残高欄にそれぞれ数量，単価，価額を区別して記入し，株式売却に備えて払出単価を算定する。この場合，払出単価は原価基準のうち移動平均法または総平均法により算定し，購入単価を修正して単価の付替を行なう。なお，一般事業会社が他企業の株式証券を保有しているときに，株式発行企業から配当金を受取った場合は，受取配当金勘定を用いて

処理する。

　株式売却時に，売却原価（払出原価）で有価証券勘定貸方に記入し，売却価額と売却原価との差額は有価証券売却益勘定または有価証券売却損勘定で処理する。なお，証券会社に支払う売却手数料と有価証券取引税は，売却価額に対する営業外費用として別建てにより対照表示する場合は，それぞれ売却手数料勘定と有価証券取引税勘定で処理する。これを総額主義または源泉区分表示法という。これに対して，売却価額から売却手数料と有価証券取引税を控除した残額の正味手取額と売却原価との差額を有価証券売却損益として処理する場合は，この記帳法を純額主義という。

株式購入時：　　（借）有価証券　　××（貸）現金預金　　××
株式売却時：　　（借）現金預金　　××（貸）有価証券　　××
総額主義適用時：（借）売却手数料　××（貸）有価証券売却益××
　　　　　　　　　　　有価証券取引税××
純額主義の適用時：（借）現金預金　　××（貸）有価証券　　××
　　　　　　　　　　　　　　　　　　　　　有価証券売却益××

　他企業発行の株式を保有しているときに，配当可能利益，利益準備金または資本準備金などの資本組入に伴う株式分割により新株の無償交付を受けた場合は，仕訳は不要である。その理由は，株式分割により株式発行総数は増加するが，出資額の変動はないからである。

　設例

（1）　当社は長岡株式会社の株式10,000株を1株500円で購入し，手数料20,000円とともに小切手を振出して支払った。

（3）　当社は前記取引に続いて長岡株式会社の株式20,000株を1株450円で追加購入し，手数料40,000円とともに現金で支払った。

（4）　長岡株式会社は配当可能利益の資本金組入にともない1株につき1.2株の比率で株式分割を実施し，当社は新株の無償交付を受けた。

（5）　当社は長岡株式会社の株式25,000株を1株当たり500円で売却し，手数料50,000円を差引かれ，残りの手取金は現金で受取った。

会計処理

(1) （借）有価証券 5,020,000 （貸）当座預金 5,020,000
　　1株当たり払出単価 @502＝5,020,000円÷10,000株。

(2) （借）有価証券 9,040,000 （貸）現　金 9,040,000
　　1株当たり払出単価 @468.6円＝(5,020,000円＋9,040,000円)÷(10,000株＋20,000株)。

(3) 仕訳不要。無償取得株式数 30,000株×0.2＝6,000株
　　　移動平均法：1株当たり払出単価 @391円＝14,060,000円÷36,000株。

(4) 総額主義：（借）現　金 12,450,000 （貸）有　価　証　券　9,775,000
　　　　　　　　　　売却手数料 50,000　　　　　有価証券売却損益 2,725,000

売却価額 12,500,000円＝@500×25,000株。売却原価 9,775,000円＝@391×25,000。
株式売却損益 2,725,000円＝売却価額 12,500,000円—売却原価 9,775,000円。

　　純額主義：（借）現　金 12,450,000 （貸）有　価　証　券　9,775,000
　　　　　　　　　　　　　　　　　　　　　　　有価証券売却損益 2,675,000

　期中の債券売買は，原則として，株式売買と同様に処理する。ただし，利付債券の売買の場合，債券の売主は，利付債券を前の利払日から次の利払日までの中途で売却したときに利息期間の経過日数に応じて買主から利息を受取ることができる。

　買主が前の利払日から次回の利払日までの中途で債券を購入した場合は，買主は，債券の発行会社に代わって，前利払日の翌日から購入日までの経過日数に応じて利息を売主に支払う必要がある。前の利払日の翌日から債券購入日までの売主に帰属する経過利息を端数利息という。端数利息の計算式は，次のとおりである。端数利息＝債券額面金額×年利率×(前利払日の翌日から購入日までの経過日数)／365日

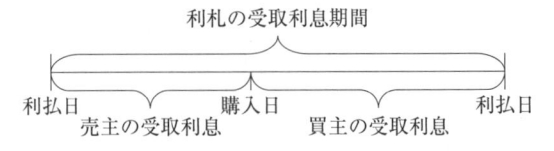

```
            利札の受取利息期間
    ┌─────────────────────────┐
  利払日      購入日              利払日
       売主の受取利息  買主の受取利息
```

　債券を購入したときは，売主に支払った経過利息を有価証券利息勘定借方に計上し，利払日に利札（クーポン）と引換えに債券利息を受取ったときは，有

価証券利息勘定貸方に計上する。したがって，債券の買主は利払日に利札と引換えに購入債券の利息を債券発行会社から受取り，この債券利息と債券購入時に売主に支払った経過利息とが相殺される結果，買主の正味受取利息は，債券購入日から次の利払日までの受取利息を示すことになる。

　これに対して，売主が前利払日から次の利払日までの中途で債券を売却した場合は，売主は，売却代金とともに経過利息を買主から受取る。なお，決算日と利払日とが不一致の場合は，発生主義原則により利払日の翌日から決算日までの未収利息について決算日に見越計上を行ない，次期の最初の日付で再振替仕訳を行なう。

有価証券利息

期首未収利息（再振替）　××	利札上の利払　　××
購入時経過利息　　　　　××	売却時経過利息××
	期末未収利息　　××

設例

(1) 平成×1年7月5日　年利率5％の社債（額面1,000,000円）を額面@100円につき@98円で買入れ，代金は端数利息とともに小切手を振出して支払った。利払日は3月末と9月末の年2回，決算日は年1回の12月末である。

(2) 平成×1年9月30日　利払日のため社債利息を当座預金とした。

(3) 平成×1年12月31日　決算日のため上記社債の3ヶ月分の未収利息を計上した。

(4) 平成×2年1月1日　前期末に計上した未収利息につき再振替を行なった。

(5) 平成×2年3月31日　利払日のため社債利息を当座預金とした。

(6) 平成×2年9月9日　上記社債の全額を額面@100円につき@98.5円で売却し，代金は端数利息とともに受取り当座預金とした。

会計処理

(1) （借）有　価　証　券 980,000 （貸）現　　金 993,151
　　　　　有価証券利息　13,151
　　端数利息 13,151 = 1,000,000×5％×96日／365日。

(2) （借）当座預金 25,000 （貸）有価証券利息 25,000
　　利息半年分 25,000 = 1,000,000×5％×6ヶ月／12ヶ月。

(3) （借）未収有価証券利息 12,500 （貸）有価証券利息 12,500

　　利息3ヶ月分 12,500 円＝1,000,000×5％×3ヶ月／12ヶ月。

(4) （借）有価証券利息 12,500 （貸）未収有価証券利息 12,500

(5) （借）当座預金 25,000 （貸）有価証券利息 25,000

　　利息半年分（×1/10/1〜×2/3/31）＝25,000。

(6) （借）当座預金 1,007,192 （貸）有　価　証　券 980,000
　　　　　　　　　　　　　　　　　　有価証券売却益　　5,000
　　　　　　　　　　　　　　　　　　有 価 証 券 利 息　22,192

有価証券売却益 5,000＝売価 @98.5×10,000－取得原価 980,000。
端数利息 22,19＝1,000,000×5％×162 日／365 日。

7－2　有価証券の差入と保管

　資金を借入れるため資金の借主が担保物件あるいは保証金代用物として有価証券を資金の貸主に差入れる場合がある。資金の借主が借入金の担保物件として有価証券を貸主に差入れる場合，有価証券の所有権は貸主側に移転せず担保を差入れた借主に残るが，有価証券は資金の貸主に引渡されるため借主の手許に残らない。そこで，資金の借主が借入金の担保として有価証券を差入れた場合，借主はこれを手許の有価証券と区別するため有価証券勘定から担保差入有価証券勘定（差入有価証券勘定）へ帳簿価額で振替える。

　これに対して，資金の貸主は，借主から貸付金の担保物件として有価証券を預かった場合，手許の有価証券と区分するため，保管有価証券勘定借方と担保預り有価証券勘定貸方（預り有価証券勘定）に時価で記入する。なお，借入金と貸付金の返済日に反対仕訳を行なう。

　資金借主が担保物件として有価証券を差入れた場合

　　（借）現　　　金　　　　　　××　（貸）借入金　　　　　××
　　（借）担保差入有価証券（簿価）××　（貸）有価証券（簿価）××

　資金貸主が担保物件として有価証券を受入れた場合

　　（借）貸付金　　　　　　　　××　（貸）現　　金　　　　××
　　（借）保管有価証券（時価）　××　（貸）担保預り有価証券（時価）××

7-3　有価証券の貸借取引

　資金調達手段として有価証券を貸付けるか，あるいは借入れる場合がある。たとえば，取引先から有価証券を借入れ，これを担保にして銀行から資金を借入れる場合や，借入れた有価証券をいったん売却して資金を調達し，後日，同一銘柄の有価証券を購入し返済に充当する場合である。借入れた有価証券は，原則として，同一銘柄と同一数量の有価証券をもって償還期日に返済する。

　有価証券の貸借取引は，借入れた有価証券自体，すなわち借入有価証券と同一の証券番号が記載された有価証券の返済を返済条件として同一銘柄・同一数量に加えるか否かにしたがって，使用貸借契約と消費貸借契約とに区分する。

　有価証券の返済は，原則上，借入有価証券と同一銘柄と同一数量で行なわれるが，借入有価証券の記載番号と異なる証券の番号を記載した有価証券の返済を消費貸借契約という。消費貸借契約にしたがう有価証券貸借取引は，有価証券の借主側に所有権と処分権が移転する。したがって，借主は消費貸借期間中に借入れた有価証券を売却し，後日，同一証券の番号ではないが同一銘柄の有価証券を購入し，これを貸主に返済することができる。

　これに対して，借入有価証券と同一銘柄，同一証券番号，同一数量の有価証券の返済条件を約定する契約を使用貸借契約といい，使用貸借期間のあいだ有価証券の借主側に占有権・使用権だけが移転し，所有権・処分権は貸主側に残る。したがって，使用貸借契約に基づく有価証券貸借取引の場合は，借主側に売却処分権が付与されていないため，有価証券の貸主と借主は，契約日に貸付有価証券勘定と借入有価証券勘定を用いて仕訳を行なう必要はなく，当該貸借取引について現金担保預り金（借入金）と現金担保差入金（貸付金）の注記だけしておく。そして，有価証券及び現金の受渡時点と返済時点において有価証券の貸主と借主は，現金担保の授受をそれぞれ借入金勘定（証券貸借）と貸付金勘定（証券貸借）で処理する。なお，有価証券と現金の受渡以降の決算日において，貸主は，有価証券を時価で再評価し有価証券運用損益を計上する。

　他方，有価証券の消費貸借契約については，有価証券の貸主は，貸借約定日に有価証券を有価証券勘定から貸付有価証券勘定借方に帳簿価額で振替える。

また，有価証券の借主は，所有権と売却処分権を取得するので，貸借契約日に保管有価証券借方と借入有価証券勘定貸方に市場価値で記入する。有価証券と現金の受渡時点で，有価証券の貸主と借主は，有価証券貸借取引に係わる現金担保の授受をそれぞれ借入金勘定（証券貸借）と貸付金勘定（証券貸借）に記入する。

有価証券の借主は取得した売却処分権にしたがって保管有価証券を第三者に売却し，他日，返済目的で新たに同一銘柄の有価証券を買付けた場合は，それぞれの有価証券売買時点において保管有価証券勘定，有価証券運用損益勘定，有価証券勘定を用いて処理する。

返済時点において，貸主と借主は，それぞれ借入金（証券貸借）と貸付金（証券貸借）について現金勘定を相手勘定科目にして受渡日の反対仕訳を行なうと同時に，貸付有価証券勘定と借入有価証券勘定についても有価証券勘定をそれぞれ相手勘定科目にして相殺仕訳を行なう。なお，有価証券の消費貸借期間中の決算日において，有価証券の貸主と借主は，貸付有価証券，保管有価証券および借入有価証券を期末時価で評価し，評価差額を有価証券運用損益として損益計算書に計上する。

有価証券の使用貸借契約
　　貸借約定日　貸主と借主は現金担保差入・預りの注記のみを行い仕訳は不要である。
　　証券・現金の受渡日　貸主：（借）現　金××（貸）借入金（債券貸借）××
　　　　　　　　　　　　借主：（借）貸付金（債券貸借）××（貸）現　金××
　　決算日　貸主：（借）有価証券（評価益）××（貸）有価証券運用損益××
　　　　　　借主：仕訳不要
　　返還日　貸主：（借）借入金（債券貸借）××（貸）現　金　　　　××
　　　　　　借主：（借）現　金　　　　××（貸）貸付金（債券貸借）××

有価証券の消費貸借契約
　　貸借約定日　貸主：（借）貸付有価証券（簿価）××（貸）有価証券　　××
　　　　　　　　借主：（借）保管有価証券（時価）××（貸）借入有価証券××
　　証券・現金受渡日　貸主：（借）現　金××（貸）借入金（債券貸借）××
　　　　　　　　　　　借主：（借）貸付金（債券貸借）××（貸）現　金××

第7章 有価証券　85

決算日　貸主：（借）貸付有価証券×× （貸）有価証券運用損益（評価益）××
　　　　借主：（借）保管有価証券×× （貸）有価証券運用損益（評価益）××
　　　　　　　（借）有価証券運用損益（評価損）×× （貸）借入有価証券××

売却約定日　貸主：仕訳不要
　　　　　　借主：（借）未収入金×× （貸）保管有価証券　××
　　　　　　　　　　　　　　　　　　　　有価証券運用損益××

受渡日　貸主：仕訳不要
　　　　借主：（借）現　金×× （貸）未収入金××

買付約定日　貸主：仕訳不要
　　　　　　借主：（借）有価証券×× （貸）未払金××

返還日　貸主：（借）有価証券　　　×× （貸）貸付有価証券　　××
　　　　　　　（借）借入金（債券貸借）×× （貸）現　金　　　　××
　　　　借主：（借）未払金　　　　×× （貸）現　金　　　　　××
　　　　　　　（借）借入有価証券　×× （貸）有価証券　　　　××
　　　　　　　　　　有価証券運用損益　××
　　　　　　　（借）現　金　　　　×× （貸）貸付金（債券貸借）××

7-4　現　先　取　引

　一定期間後に一定価格で売戻す（または買戻す）ことを前もって約束した公社債売買取引を現先取引（Repurchase agreement）という。現先取引の語源は，現物買いの先物売りあるいは現物売りの先物買いとして慣習化した穀物，原油，貴金属等の農産物や鉱工業生産品の商品の先物取引に由来する。現先取引は，短期資金運用のため社債，利付金融債，譲渡性定期預金証書（CD, Certificate of Deposit），コマーシャル・ペーパー（CP, 優良企業が発行する譲渡可能な短期支払手形），国債，地方債等を対象に行なわれている。

　現先取引のうち，余裕のある手許資金を運用して債券の買主が事前に約定した利息を得る目的で売戻条件付債券を購入する取引を買現先または現先という。これに対して，資金調達のために，買戻条件付債券を売却する取引を売現先または逆現先という。一般事業会社は，通常，資金運用の目的で証券会社あ

るいは銀行との間で売戻条件付証券売買取引（買現先）を行っている。なお，中央銀行が市中金利を調整するため都市銀行との間で行う現先オペレーションは，一般事業会社が行なう現先取引の目的と役割において異なる。

現先取引約定日に現先期間，取引額（買入価額と売戻価額），現先レート（短期金利を考慮に入れた現先利回り），買戻義務等の取引条件が事前に約定され，取引条件について記載した現先取引契約書が資金運用企業と証券会社または銀行との間で取り交わされる。この場合，現先スタート日の売買代金と現先エンド日の戻し売買代金との差額について現先期間の時間的価値を考慮し金利換算したものを現先レートという。

たとえば，X（スタート時の売買代金）＝100,000,000円，Y（エンド時の売買代金）＝101,000,000円，I（利息）＝1,000,000円，P（現先期間）＝100日，現先レート＝Rとした場合，2つの計算式として，Y－X＝I，I＝X×R×Pが成り立つ。2つの計算式からIを消去すれば，Y－X＝X×P×Rとなる。前記の金額を計算式に投入すれば，R（現先レート）＝（Y－X）÷（X×P）＝0.0001になる。これは100円につき日歩1銭の現先レートであり，年利換算現先レートは3.65％（0.0001×365日＝0.0365，100円につき年金利3円65銭）である。現先証券の買主（資金の貸し手）から見て，現先レート日歩1銭すなわち年利率3.65％で1億円を100日間融資した場合は，現先証券の売主から元本1億円の返済とともに100万円の貸付利息を受取ることになる。

利付有価証券を前の利払日から次の利払日までの利払対象期間の中途で購入する場合，買主は，有価証券自体の購入価額（約定価額）のほかに，証券発行企業に代わって売主の所有期間に帰属する有価証券利息（前利払日の翌日から購入時までの利息）を日割計算して前払いで売主に支払う。これを経過利息という。したがって，買主は利付有価証券を購入する場合，現先スタート時に購入価額に経過利子を加えた金額で貸付金を計上する。

現先取引約定日に，売戻（または買戻）単価は現先レートその他の計算要素により決められる。現先取引の当初の約定単価をスタート単価といい，売戻（買戻）単価をエンド単価という。現先期間中の債券利払日が到来するときのエンド単価は次の計算式より求める。

スタート単価×（1＋現先レート×現先期間／365）＋スタート時経過利息×

(1＋現先レート×スタート日から利払日までの日数／365日)＝エンド単価＋エンド時経過利息＋受取利息

　現先取引は，第二次世界大戦以降，公社債市場の拡大とともに発展してきた取引である。昭和51年3月，日本証券業協会に宛てた現先取引を売買取引とみなす旧大蔵省証券局長通達を契機に，現先取引は，所有権の譲渡・移転に伴う個別の売買取引として解釈された。このため，公社債の買主側は，現先スタート日に，（借）有価証券××（貸）現金××として有価証券購入による取得として計上し，現先エンド日に，（借）現金××（貸）有価証券××として売却による譲渡取引として認識された。このように，現先取引を所有権の譲渡・移転に伴う有価証券の売買取引として解釈する考え方を法形式優先主義という。

　ところが，時代が経過するにつれ，有価証券売買取引を法形式優先主義から観察するのではなく，資金貸借のため有価証券を担保とする譲渡担保信用取引として解釈する場合，現先取引は，経済的実態と実質優先主義の観点から金銭消費貸借取引として解釈されるようになった。現先取引は1年以内の短期取引であるから，有価証券の買主と売主の双方に，最終的に有価証券を譲渡あるいは購入する意思がまったくない。このため，現先取引は，取引開始日と終了日の2つの時点で所有権が移転する有価証券売買取引として解釈するのではなく，経済的実態から債券担保付金銭消費貸借取引として判断することができる取引形態である。現先取引の会計処理は，有価証券の所有権移転と売却処分権移転を買主側に認めない場合，次のように行なう。

　現先取引約定日に，有価証券の買主は，担保として受入れた有価証券を保管有価証券勘定借方と担保預り有価証券勘定貸方に時価で記入する。売主は，差入有価証券を簿価で有価証券勘定借方から担保差入勘定借方へ振替える。

　現先スタート日に，買主は，利付公社債を現先取引の対象（利付債方式）とする場合は購入代金に担保預り有価証券の経過利子を加算した受渡金額を，割引債を現先対象（割引債方式，利札は売主が保有するので買主側の経過利子計算は不要）とする場合は購入代金をそれぞれ現先貸付金勘定借方に記入する。これに対して，売主は，売却代金と経過利子の合計額（利付債方式）あるいは売却代金（割引債方式）をそれぞれ現先借入金勘定貸方に記入する。

決算日に，買主は，現先貸付金について現先スタート日の翌日から決算日までの未収利息を現先貸付金利息勘定（受取利息勘定）に記入する。なお，買主は，当該未収利息と現先貸付金を対象に貸倒引当金を計上する。これに対して，売主は，現先借入金について現先スタート日から決算日までの未払利息を現先借入金利息勘定（支払利息勘定）に記入する。翌期の最初の日付で，買主と売主は，未収利息と未払利息について再振替を行なう。

利払日に，買主は，利払対象期間（前利払日から当利払日まで）の利息総額をクーポン（利札）と引換えに現金で受取る。現先期間の利息のうち現先スタート日の翌日から利払日までの利息を現先貸付金利息勘定貸方に記入するとともに，これと利払対象期間の利息総額との差額を現先貸付金元本の一部返済とみなし現先貸付金勘定貸方に記入する。他方，売主は利息計算の根拠になるクーポンを買主に引渡してあるので仕訳は不要である。

現先エンド日に，買主は，現先期間利息のうち利払日の翌日からエンド日までの経過利息を現先貸付金利息勘定貸方に計上すると同時に，利払日に貸付金の一部返済額を控除した残りの貸付金の返済について現先貸付金勘定貸方に記入する。また，買主は，約定日の反対仕訳を行ない，担保預り有価証券勘定と保管有価証券勘定を相殺消去する。

これに対して，売主は，エンド日に受渡金額のうち約定金額（買戻代金）を借入金返済として現先借入金勘定借方に，利払日の翌日からエンド日までの経過利息を現先借入金利息勘定借方に記入する。同時に，売主は，買主より返却を受けた担保有価証券を担保差入有価証券勘定借方から有価証券勘定借方に振替える。

現先取引約定日（買主に証券の所有権・売却処分権の移転を認めないケース）
　　買主：(借) 保管有価証券（時価）　　××　(貸) 担保預り有価証券××
　　売主：(借) 担保差入有価証券（簿価）××　(貸) 有価証券　　　　××
現先スタート日
　　買主：(借) 現先貸付金××　(貸) 現 金 預 金××
　　売主：(借) 現 金 預 金××　(貸) 現先借入金××

決算日

　買主：（借）未収利息　　　××（貸）現先貸付金利息（受取利息）××

　　　　（借）貸倒引当金繰入××（貸）貸倒引当金　　　　　　　××

　売主：（借）現先借入金利息（支払利息）××（貸）未払利息××

翌期首の日付で再振替仕訳

　買主：（借）現先貸付金利息××（貸）未収利息　　　××

　売主：（借）未払利息　　××（貸）現先借入金利息××

利払日（買主が利息を受取る場合）

　買主：（借）現金預金××（貸）現先貸付金利息××

　　　　　　　　　　　　　　　現先貸付金××

　売主：仕訳不要

現先エンド日

　買主：（借）現金預金　　　　××（貸）現先貸付金××

　　　　　　　　　　　　　　　　　現先貸付金利息××

　　　　（借）担保預り有価証券××（貸）保管有価証券××

　売主：（借）現先借入金　　××（貸）現金預金　　××

　　　　　　　現先借入金利息××

　　　　（借）有価証券　　　××（貸）担保差入有価証券××

設例：大東株式会社は，平成×1年11月28日に野崎株式会社と現先取引の契約を締結し，同年11月30日に売戻し条件付で同社から利付国債額面1億円を額面100円当たり時価96円で購入した。その他の契約条件は次の通りである。国債利率年7.2％，利払日は4月と10月の末日，現先期間は平成×1年11月30日から平成×2年5月31日，現先レート3.65％（日歩1銭），決算日は3月末日。

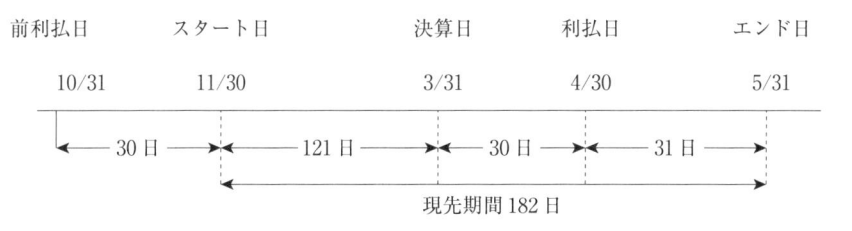

前利払日	スタート日	決算日	利払日	エンド日
10/31	11/30	3/31	4/30	5/31

←30日→　←121日→　←30日→　←31日→

現先期間182日

計算
- スタート単価＝額面100円当たり時価96円
- スタート約定金額96,000,000円＝スタート単価96円×額面100,000,000円／100円
- スタート時経過利息591,781円＝額面100,000,000円×年利率7.2％×前利払日からスタート日までの日数30日（片端入）／365日
- スタート受渡金額96,591,781円＝スタート約定金額96,000,000円＋スタート時経過利息591,781円

エンド単価（X）は，前述のように次の計算式から得られる。

スタート単価×（1＋現先レート×現先日数／365日）＋スタート時経過利息
×（1＋現先レート×スタート日から利払日までの日数（片端入）／365日）
＝エンド単価（X）＋受取利息＋エンド時経過利息

上記計算式に前掲の設例条件の数値を投入して，エンド単価が得られる。

96円×（1＋0.0365×182日／365日）＋7.2円×30日／365日×（1＋0.0365×151日／365日）＝エンド単価（X）＋7.2円／2＋（7.2円×31日／365日）

∴ エンド単価（X）＝94.137円（小数点4位以下切上げ）

- エンド約定金額94,137,000円＝エンド単価94.137円×額面100,000,000円／100円
- エンド時経過利子611,507円＝額面100,000,000円×年利率7.2％×（利払日からエンド日までの日数31日）（片端入）／365日
- エンド受渡金額94,748,507円＝エンド約定金額94,137,000円＋エンド時経過利子611,507円

会計処理

取引約定日：買主（借）保管有価証券（時価）96,000,000（貸）担保預り有価証券 96,000,000

現先スタート日：買主（借）現先貸付金96,591,781（貸）現金預金96,591,781
　　　　　　　スタート約定金額にスタート時経過利息を加算したスタート受渡金

決算日：買主（借）未収利息1,167,933（貸）現先貸付金利息1,167,933

現先期間利息1,756,726円＝エンド受渡金額94,748,507円－スタート受渡金額96,591,781円＋利払対象期間利息3,600,000円（額面金額1億円×年利率7.2％×6ヶ月／12ヶ月）。スタート日から決算日までの現先未収利息1,167,933.2円＝現先期間利息1,756,726円×121日／182日。なお，未収収益に貸倒引当金

を設定する。

翌期首の再振替仕訳：買主（借）現先貸付金利息 1,167,933（貸）未収利息 1,167,933

利払日：買主（借）現金預金 3,600,000（貸）現先貸付金利息 1,458,965
　　　　　　　　　　　　　　　　　　　　　現先貸付金　　　2,141,035

スタート日から利払日までの現先期間利息 1,458,965 円 = 現先期間利息 1,756,726 円 ×（1 億円 × 151 日 + スタート時経過利息 591,781 円 × 151 日）／（1 億円 × 182 日 + スタート時経過利息 591,781 円 × 151 日）。現先貸付金返済相当額 2,141,035 円 = 利払対象期間利息 3,600,000 円 − スタート日から利払日までの現先期間利息 1,458,965 円。

現先エンド日：買主（借）現金預金　　94,748,507（貸）現先貸付金　94,450,746
　　　　　　　　　　　　　　　　　　　　　　　　　　　現先貸付金利息 297,761
　　　　　　　（借）担保預り有価証券 96,000,000（貸）保管有価証券 96,000,000

現先貸付金返済額 94,450,746 円 = スタート時現先貸付金（受渡金額）96,591,781 円 − 現先貸付金一部返済額 2,141,035。

利払日からエンド日までの現先期間利息 297,761 円 = 現先期間利息 1,756,726 円 − スタート日から利払日までの現先期間利息 1,458,965 円。

7−5　有価証券の期末評価

　期末の評価基準を取得原価とする場合，期末に存在する有価証券は，著しい価格下落により価値回復の見込みが立たない場合の強制評価減を除いて，当初認識の取得原価または帳簿価額を貸借対照表の計上価額とする。このため，原価基準による場合，期末の有価証券は，市場価格を反映しない。

　国際財務報告基準は，期末の評価基準を原価基準から公正価値基準（市場価額及び現在価値）に転換する過程にある。我が国でも，金融商品の期末評価に関連して満期保有目的債券と子会社・関連会社株式以外の有価証券について公正価値評価を規定している（企業会計審議会「金融商品に係る会計基準の設定に関する意見書」（平成 11 年 1 月））。

　売買または投資による利益獲得のために他企業が発行した有価証券を購入する場合は，期末決算において保有目的の別に有価証券を区分し，公正価値評価

により貸借対照表価額及び評価損益を算定する。この場合，企業が保有する有価証券は，保有目的の別にしたがって，(1) 売買目的有価証券，(2) 満期保有目的債券，(3) 資本参加目的の子会社株式および関連会社株式，(4) その他有価証券の4つのグループに区分し，それぞれ保有目的の別に定めた期末評価基準により貸借対照表価額と評価損益を認識する。

(1) 売買目的有価証券の期末評価

市場価格の変動による売買差額の利鞘を得るため短期間保有する有価証券を売買目的有価証券という。すなわち，売買目的有価証券は，証券会社，銀行および保険会社等の金融機関が反復的な売買により利鞘を得るために短期間保有する債券と株式である。

売買目的有価証券は，期末の市場価値で貸借対照表に計上し，取得原価と期末時価との評価差額は，有価証券運用損益または有価証券評価損益（営業外損益）として当期損益に計上する。売買目的有価証券評価差額は未実現保有損益であるが，近い将来の有価証券売却から損益実現が確実に見込まれるため当期損益として計上する。

評価差額は，切放方式または洗替方式で処理する。切放方式とは，期末時価で評価した有価証券価額を継続して翌期首の帳簿価額とする方法である。したがって，切放方式による場合は，当期末の有価証券帳簿価額として計上された時価は，当期末から翌期首への貸借対照表価額の継続性原則を順守して翌期首の帳簿価額として引き継がれる。

これに対して，洗替方式は，期末に計上した有価証券時価を翌期首で再振替を行なって，時価評価を行なう前の帳簿価額に振戻す方法である。したがって，洗替方式による場合は，期末帳簿価額は時価であるが，翌期首の帳簿価額は時価評価を行なう前の取得原価に振戻される。なお，売買目的有価証券は減損会計処理の対象外であるので，時価の下落を認識する必要はない。時価の下落に伴う強制評価減は，客観的な市場価値を入手可能な満期保有目的債券，子会社・関連会社株式，その他有価証券に対して実施する。

切放方式による有価証券処理

当期末の決算整理仕訳

　　取得原価＞時価の場合（借）有価証券評価損益××（貸）有価証券　　　××

　　取得原価＜時価の場合（借）有価証券　　　××（貸）有価証券評価損益××

翌期首の再振替仕訳は不要

洗替方式による有価証券処理

　当期末の決算整理仕訳

　　取得原価＞時価の場合（借）有価証券評価損益××（貸）有価証券　　　××

　　取得原価＜時価の場合（借）有価証券　　　××（貸）有価証券評価損益××

　翌期首の再振替仕訳

　当期末決算整理仕訳の反対仕訳を行なう。

　　取得原価＞時価の場合（借）有価証券　　　××（貸）有価証券評価損益××

　　取得原価＜時価の場合（借）有価証券評価損益××（貸）有価証券　　　××

設例：当社は下記資料により保有する売買目的有価証券の期末評価と売却処理を行なった。

(1) 売買目的有価証券残高（平成×5年3月31日）

	取得原価	期末時価
有価証券残高	5,800,000円	6,000,000円
A社株	3,600,000円	4,200,000円
B社株	2,200,000円	1,800,000円

(2) 平成×6年10月10日上記有価証券についてA社株を4,450,000円，B社株を1,750,000円でそれぞれ売却し代金は現金で受け取った。

切放方式による会計処理

　平成×5年度末決算整理仕訳（時価評価額）

　A社株：（借）有価証券 600,000（貸）有価証券評価損益 600,000

　B社株：（借）有価証券評価損益 400,000（貸）有価証券 400,000

　　　　A社株の評価益 600,000円＝時価 4,200,000円－取得原価 3,600,000円

　　　　B社株の評価損 400,000円＝取得原価 2,200,000円－時価 1,800,000円

決算整理後試算表(平成×5年3月31日)

| 有価証券 6,000,000 | 有価証券評価損益 200,000 |

平成×6年度期首

　有価証券(A社株とB社株)の再整理仕訳は不要

　平成×6年10月10日売却 (借) 現　金 4,450,000 (貸) 有価証券　　　4,200,000
　　　　　　　　　　　　　　　　　　　　　　　　　　　　　有価証券売却損益 250,000

　　　　　　　　　　　　　(借) 現　金 1750,000 (貸) 有価証券　　　1,800,000
　　　　　　　　　　　　　　　　　　　　　　　　有価証券売却損益 50,000

　A社株の売却益 250,000円＝売却価額 4,450,000円－時価 4,200,000円。B社株の売却損 50,000円＝売却価額 1,750,000円－時価 1,800,000円。

洗替方式による会計処理

平成×5年度末決算整理仕訳(時価評価)

　A社株:(借) 有価証券　　　　　600,000 (貸) 有価証券評価損益 600,000

　B社株:(借) 有価証券評価損益 400,000 (貸) 有価証券　　　　400,000

　　A社株の評価益 600,000円＝時価 4,200,000円－取得原価 3,600,000円。B社株の評価損 400,000円＝取得原価 2,200,000円－時価 1,800,000。

決算整理後試算表(平成×5年3月31日)

| 有価証券 6,000,000 | 有価証券評価損益 200,000 |

平成×6年度期首

　再整理仕訳:A社株 (借) 有価証券評価損益 600,000 (貸) 有価証券　　　600,000
　　　　　　 B社株 (借) 有価証券　　　　　400,000 (貸) 有価証券評価損益 400,000

　A社株の取得原価 3,600,000円＝時価 4,200,000円－評価益 600,000円。B社株の取得原価 2,200,000円＝時価 1,800,000円＋評価損 400,000円。

　平成×6年10月10日売却 (借) 現　金 4,450,000 (貸) 有価証券　　　3,600,000
　　　　　　　　　　　　　　　　　　　　　　　　　　　　　有価証券売却損益 850,000

　　　　　　　　　　　　　(借) 現　金 1,750,000 (貸) 有価証券　　　2,200,000
　　　　　　　　　　　　　　有価証券売却損益 450,000

　A社株の売却益 850,000円＝売却価額 4,450,000円－取得原価 3,600,000円。B社株の売却損 450,000円＝売却価額 1,750,000円－取得原価 2,200,000円。

(2) 満期保有目的債券の期末評価

償還期日まで売却しないという意図でもって保有する公社債を満期保有目的証券という。満期保有目的証券は，償還期日に額面金額の償還義務がある債務証券のみである。償還義務のない株式証券は，満期保有目的証券に含めない。転換社債は，転換価格を超える株価上昇により償還期日より前に株式への転換を期待して購入される社債であるから，株価上昇が確実である場合，企業が償還期日まで転換社債を保有することは想定できないので，満期保有目的証券に含めない。

満期保有目的債券は，期末に取得原価を貸借対照表価額として計上する。ただし，債券を額面金額より低い価額または高い価額で取得したときに，額面金額と取得価額との取得差額が約定利率（クーポンレート）と市場利回りとの金利差を調整するための差額と認められる場合，償却原価法により算定した価額をもって貸借対照表価額とする。この場合，償還期日に至るまで原則処理法の実効利息法あるいは例外の定額法により取得差額の償却額を貸借対照表帳簿価額に加減する評価基準を償却原価法（現在価値償却法）という。

市場性のある満期保有目的有価証券の期末帳簿価額が50％を超えて著しく下落した場合は，帳簿価額は切放方式により下落した期末時価まで強制的に減額する。異常な価格下落により期首帳簿価額について価値回復の可能性がないと認められる場合は，それに伴う強制評価減は，満期保有目的債券のほかに，投資目的の子会社・関連会社株式および売却可能証券等の長期保有有価証券に対しても適用する。

投資企業が債券を取得するときに市場利子率（市場利回り，実効利子率）が債券に記載されたクーポンレート（債券の額面金額に対する券面利子率，名目利子率をいう）を上回る場合，債券投資を企画する企業は，市場利子率より利回りの低い債券は購入しないであろう。そこで，起債企業は，債券利息に金利差異を追加するために，投資を企画する企業の債券取得価額を額面金額より低く設定することにより，債券の市場利子率をクーポンレートより高く誘導する。これを債券の割引取得（ディスカウント）という。

これに対して，クーポンレートが市場利子率を上回っている場合は，起債企業は不利になる。したがって，債券額面金額より債券の取得価額を高く設定す

ることによりクーポン利息を打歩取得差額だけ減額して，債券のクーポンレートを低く誘導する必要がある。これを債券の打歩取得（プレミアム）という。

これ以外に，債券の取得価額が額面金額と同等になる場合が考えられる。これを平価または額面取得（パー）といい，市場利子率とクーポンレートが一致する。しかし，額面取得は理論上あり得るが，実務上はほとんど行なわれていない。

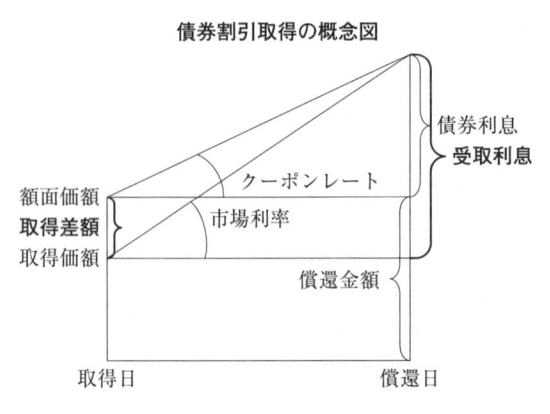

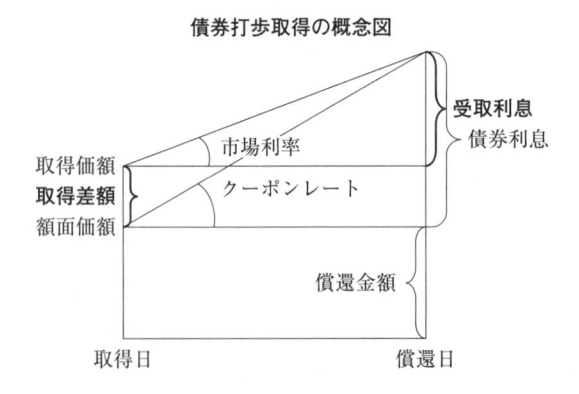

債券割引取得の概念図

債券打歩取得の概念図

割引取得により額金価額より低い価額で債券を取得した場合は，（借）投資有価証券（取得価額）××（貸）現金預金××として処理する。

債券取得価額は，将来価値を複利で割引いた現在価値として決定される。現在価値とは，利子率i%の複利でn期後に受取る金額を現在時点で受取ると仮定したときの金額である。いま，現在価値をPV（Present Value），将来価値

をFV (Future Value) として，n期にわたり利子率i%の複利計算により資金を運用する場合，次の計算式が成り立つ。

　　FV（将来価値）= PV（現在価値）× $(1+i)^n$

　　PV = FV × $[1 / (1+i)^n]$

債券の割引取得と打歩取得とを問わず，取得時点の現金支払額に市場利回り（実効利率）に基づく受取利息を加減調整した金額が将来価値としての現金受取額である。したがって，逆に将来価値から現在価値を算出する場合は，将来の各期に受取る債券利息と償還金額をそれぞれ市場利回りで割引計算した現在価値が取得価額である。

　　　債券取得価額 = 各期債券利息の現在価値の合計 + 償還金額の現在価値

この場合，債券利息の現在価値は，期末払経常年賦金1円の現在価値の計算式①で一括して算定するか，あるいは，期間数が多ければ計算は煩雑になるが，計算式②により，各期の債券利息現在価値を個別に計算し，その合計額として求めることもできる。

一時金の債券償還金額の現在価値は，一時金1円の現在価値係数②により算定する。

① 期末払経常年賦金1円の現在価値 = 経常年賦金 × $\dfrac{1 - \dfrac{1}{(1+i)^n}}{i}$

② 一時金1円の現在価値 = 一時金 × $\dfrac{1}{(1+i)^n}$

続いて，各利払日に，受取利息のうち割引取得差額の各期償却額を受取利息の発生とみなして投資有価証券勘定借方と有価証券利息勘定貸方に記入することにより，投資有価証券勘定の期首帳簿価額に毎期加算してゆき，償還期日に投資有価証券勘定の取得原価を額面金額に一致させる。同時に，受取利息のうち割引取得償却額を除くクーポン利息は，貸方の有価証券利息勘定を相手勘定科目にして現金預金勘定借方に記入する。

決算日が利払日と異なる場合は，受取利息のうちクーポン利息について前利払日の翌日から決算日までの既経過分クーポン利息を未収有価証券利息として認識し見越計上する同時に，既経過分のクーポン利息を差引いた受取利息（当期取得差額償却額のうち決算日までの既経過分）を貸方の有価証券利息勘定を相手科目にして投資有価証券勘定借方に記入する。なお，未収利息について翌期

首に再整理仕訳を行ない，有価証券利息勘定に振戻す。

これに対して，打歩取得により債券金額より高い価額で債券を取得した場合は，各利払日にクーポン利息から実際の受取利息を差引いた打歩差額償却額を投資有価証券勘定の期首取得原価より毎期減額してゆき，償還期日に投資有価証券勘定の取得原価を債券金額に一致させる。1年以内に償還期日が到来する投資有価証券は，有価証券勘定に振替える。

決算日が利払日と異なる場合は，クーポン利息の決算日までの既経過分について未収有価証券利息勘定借方に記入し，受取利息および打歩差額償却額の決算日までの既経過分について貸方の有価証券利息勘定と投資有価証券勘定にそれぞれ記入する。なお，未収有価証券利息について，翌期首の最初の日付で再整理仕訳を行なう。

実効利息法による計算の結果と大差がない場合に限り，例外的に簡便法として定額法が認められている。定額法による場合は，債券取得差額を取得日から償還期日までの月数期間で割って当期保有月数に帰属する金利調整差額償却額を求め，これを各期の有価証券利息勘定と投資有価証券勘定に加算または減算する。定額法を適用する場合は，債券取得差額償却は決算日に決算整理として行ない，実効利息法のように利払日に行なう必要はない。

　　当期償却額＝取得差額×（当期債券保有月数／取得日から償還日までの債券
　　　　　　　保有月数）

なお，満期保有目的債券のうち市場価格を有する債券について期末時価が期首帳簿価額の50％を超え下落し回復の見込がない場合は，切放方式により強制評価減を適用して時価で貸借対照表に計上し，評価差額は当期損失（特別損失）として処理する。

設例1：大東株式会社（3月期決算）は，満期保有目的でA社の社債を発行と同時に取得した。その他の条件は，下記資料が示す通りである。
　　1．社債取得日　　平成×1年1月1日
　　2．償還期日　　　平成×4年1月1日
　　3．利払日　　　　毎年6月末と12月末の年2回
　　4．額面金額　　　100,000円

5. クーポン利率　8％
6. 実効利率　10％

クーポン利息と償還金額の現在価値をそれぞれ算定して債券取得時の価額を求める。半年ごとの複利計算であるから，期間 n＝6期（2期×3年），実効利率 i＝5％（10％／2）である。各期クーポン利息4,000円＝100,000×クーポンレート0.08／2。

$$\text{取得価額} = 4,000 \times \left[\frac{1}{(1+0.05)^1} + \cdots \frac{1}{(1+0.05)^6}\right] + \frac{100,000}{(1+0.05)^6}$$

① 6期のクーポン利息合計額（期末払経常年賦金）の現在価値20,303＝各期クーポン利息 $4,000 \times [1-1/(1+0.05)^6]/0.05 = 4,000 \times 5.075692$

② 償還金額（一時金）の現在価値74,621＝償還金額 $100,000 \times 1/(1+0.05)^6 = 100,000 \times 0.746215$

債券取得価額94,924円＝6期クーポン利息（期末払経常年賦金）の現在価値20,303＋償還金額（一時金）の現在価値74,621

割引取得差額償却スケジュール				
日付	現金利息	受取利息	割引償却	帳簿価額
×1/1/1				94,924
×1/6/30	4,000[a]	4,746[b]	746[c]	95,670[d]
×1/12/31	4,000	4,784	784	96,454
×2/6/30	4,000	4,823	823	97,277
×2/12/31	4,000	4,864	864	98,141
×3/6/30	4,000	4,907	907	99,048
×3/12/31	4,000	4,952	952	100,000
	24,000	29,076	5,076	

注：$4000^a = 100,000 \times 0.08/2$　　$4,746^b = 94,924 \times 10\%/2$
　　$746^c = 4,746 - 4,000$　　$95,670^d = 94,924 + 746$

償却スケジュールに基づく仕訳は次の通りである。

　　債券取得時（×1/1/1）（借）投資有価証券　　94,924（貸）現　　金　　94,924
　　決算日（×1/3/31）　（借）未収有価証券利息2,000（貸）有価証券利息2,373
　　　　　　　　　　　　　　投資有価証券　　　373

利息計算期間3ヶ月分の既経過利息2,373（＝4,746×3/6）につきクーポン未収

利息 2,000（4,000×3/6）の見越計上と，当期償却額のうち決算日までの既経過分 373（＝746×3/6）を債券帳簿価額に加算する。未収利息は翌期首の日付で次の再整理仕訳を行なう。

　　4月1日（借）有価証券利息 2,000（貸）未収有価証券利息 2,000
　　利払日（×1/6/30）（借）現　　　金 4,000（貸）有価証券利息 4,373
　　　　　　　　　　　投資有価証券　373

　当期受取利息 4,746 のうち前期決算で計上した償却額 373 を控除した金額を有価証券利息として計上する。利札の現金利息 4,000 の計上と前期決算以降の償却額 373 を債券の帳簿価額に加算する。

利払日（×1/12/31）（借）現　　　金 4,000（貸）有価証券利息 4,784
　　　　　　　　　　　投資有価証券　784

　以下，各決算日と利払日に同様の仕訳を行なう。なお，償還期日直前の利払日（×3/6/30）に投資有価証券は1年以内に償還期日が到来するため，有価証券勘定に振替える。（借）有価証券 99,048（貸）投資有価証券 99,048
償還期日（×3/12/31）（借）現　　　金 4,000（貸）有価証券利息 4,952
　　　　　　　　　　　有価証券　952
最終回の受取利息と償却額の計上を行なう。

　　　　　　　　　（借）現　　　金 100,000（貸）有価証券 100,000
前記仕訳は，満期償還の会計処理である。

設例2：前掲設例1の前提条件のうち実効利率10%を6%に変更する（打歩取得のケース）。その他の条件は前掲設例1と同一とする。期間nは6期（＝2期×3年），利子率iは3%（＝6%／2期）になる。各期クーポン利息 4,000 ＝ 100,000×クーポンレート 8%／2。

$$\text{取得価額} = 4,000 \times \left[\frac{1}{(1+0.03)^1} + \cdots + \frac{1}{(1+0.03)^6} \right] + 100,000 \times \frac{1}{(1+0.03)^6}$$

① 6期クーポン利息（期末払経常年賦金）の現在価値 21,669 ＝ クーポン利息 $4000 \times [1 - 1/(1+0.03)^6] / 0.03\% = 4,000 \times 5.417191$

② 償還金額（一時金）の現在価値 83,748 ＝ 償還金額 $100,000 \times 1/(1+3\%)^6 =$
　　　　　　　　　　$100,000 \times 0.837484$

債券取得価額 105,417 ＝ 6 期クーポン利息の現在価値 21,669 ＋ 償還金額の現在価値 83,748

\<打歩取得差額償却スケジュール\>				
日付	現金利息	受取利息	打歩償却	帳簿価額
×1/1/1				105,417
×1/6/30	4,000[a]	3,163[b]	837[c]	104,580[d]
×1/12/31	4,000	3,137	863	103,717
×2/6/30	4,000	3,112	888	102,829
×2/12/31	4,000	3,085	915	101,913
×3/6/30	4,000	3,057	943	100,971
×3/12/31	4,000	3,029	971	100,000
	24,000	18,583	5,417	

注：4,000[a] ＝ 100,000 × 0.08/2　　3,163[b] ＝ 105,417 × 6％/2
　　837[c] ＝ 4,000 − 3,163　　104,580[d] ＝ 105,417 − 837

債券取得時（×1/1/1）（借）投資有価証券　105,417　（貸）現　金　　105,417
決算日（×1/3/31）　　（借）未収有価証券利息 2,000（貸）有価証券利息 1,581.5
　　　　　　　　　　　　　　　　　　　　　　　　　　投資有価証券　418.5

　利息計算期間 3 か月分の既経過利息 1,581.5（＝ 3,163 × 3/6）の計上と未収利息 2,000 の見越計上。打歩差額償却 837 のうち決算日までの償却額 418.5（＝ 837 × 3/6）を債券帳簿価額より減額。未収有価証券利息は翌期首に次の再振替仕訳を行なう。
4 月 1 日（借）有価証券利息 2,000（貸）未収有価証券利息 2,000
利払日（×1/6/30）（借）現　金 4,000（貸）有価証券利息 3,581.5
　　　　　　　　　　　　　　　　　　　　　投資有価証券　418.5

　利息計算期間の当期償却額 837 のうち前期決算の償却額 418.5 を控除した金額 418.5 を債券帳簿価額より減額する。クーポン利息 4,000 と投資有価証券 418.5 との差額を受取利息 3,581.5 として計上する（利払日の有価証券利息勘定貸方残高 1,581.5 ＝ 3,163 × 3/6 は，貸方 3,581.5 と再整理仕訳の借方 2,000 との差額である）。
利払日（×1/12/31）（借）現　金 4,000（貸）有価証券利息 3,137
　　　　　　　　　　　　　　　　　　　　　投資有価証券　863

以下,各決算日と利払日に同様の仕訳を行なう。なお,償還期日の前利払日（×3/6/30）に,投資有価証券は1年以内に償還期日が到来するため,次のように有価証券勘定に振替える。

(借) 有価証券 100,971　(貸) 投資有価証券 100,971

償還期日（×3/12/31）(借) 現　金　4,000　(貸) 有価証券利息　3,029
　　　　　　　　　　　　　　　　　　　　　　　　　有　価　証　券　　971
　　　　　　　　　(借) 現　金 100,000　(貸) 有　価　証　券 100,000

設例3：前掲の設例1（割引取得ケース）にしたがって償却原価法により定額法を適用する場合を仮定している。定額法による割引取得差額償却スケジュールは次の通りである。

取得差額償却スケジュール——定額法				
日付	現金利息	受取利息	均等償却	帳簿価額
×1/1/1				94,924
×1/3/31		423a	423b	95,347c
×1/6/30	4,000	……	……	……
×1/12/31	4,000			
×2/3/31	……	9,692	1,692	97,039
×2/6/30	4,000			
×2/12/31	4,000			
×3/3/31	……	9,692	1,692	98,731
×3/6/30	4,000	……	……	……
×3/12/31	4,000	9,269	1,269	100,000
	24,000	29,076	5,076	

注：423a = 423b = (100,000 − 94,924) × 3ヶ月／36ヶ月。
　　95,347c = 94,924 + 423。

定額法による取得差額償却スケジュールにより仕訳は次のように行なう。

債券取得時（×1/1/1）(借) 投資有価証券　94,924　(貸) 現　　　　金 94,924
決算日（×1/3/31）　(借) 未収有価証券利息 2,000　(貸) 有価証券利息　2,423
　　　　　　　　　　　　投資有価証券　　　423

利息計算期間3ヶ月分の既経過利息2,423につきクーポン未収利息2,000の見越計上と当期年間償却額1,692のうち決算日までの3ヶ月分423（1692×3/12）を債

券帳簿価額に加算する。未収有価証券利息は翌期首の日付で有価証券利息勘定に振戻す。

×1/4/1（借）有価証券利息 2,000（貸）未収有価証券利息 2,000。

各利払日（×1/6/30〜×3/6/30）（借）現　金　　　　4,000（貸）有価証券利息 4,000

各決算日（×2/3/31・×3/3/31）（借）未収有価証券利息 2,000（貸）有価証券利息 3,692
　　　　　　　　　　　　　　　　　投資有価証券 1,692

　　　　　　　　　　　　　　（借）有価証券　　 98,731（貸）投資有価証券 98,731

　3ヶ月分のクーポン未収利息 2,000 の見越計上と1年度償却額 1,692 を計上する。なお，翌期首の日付（×2/4/1×3/4/1）で未収有価証券利息を有価証券利息勘定に振戻しておく。また，投資有価証券は次期の12月末に満期償還されるため当期決算（×3/3/31）で投資有価証券勘定から有価証券勘定に振替える。

償還期日（×3/12/31）（借）現　金 104,000（貸）有価証券利息　 5,269
　　　　　　　　　　　　　　　　　　　　　　有価証券　　 98,731

　有価証券利息 5,269 ＝クーポン利息 4,000 ＋当期償却額（×3/4/1〜×3/12/31）9か月分 1,269。現金 104,000 ＝償還金額 100,000 ＋クーポン利息受取額 4,000。

(3)　子会社株式・関連会社株式の期末評価

　投資する企業が持株比率50％以上100％未満を保有する連結子会社の株式及び持株比率20％以上50％未満を保有する関連会社株式は，個別財務諸表の作成に際し帳簿価額を貸借対照表価額とする。したがって，個別財務諸表上，期末の時価評価は不要であり，決算整理は実施しない。ただし，子会社株式及び関連会社株式のうち市場価格を有する保有株式と満期保有目的債券について期末時価が期首帳簿価額の50％を超え著しく下落し，回復の見込が立たない場合に限り，強制評価減を実施し期末時価を貸借対照表価額として，切放方式にしたがって評価差損を特別損失として損益計算書に表示する。

　市場価格を入手できない子会社株式と関連会社株式の期末評価については，原則，帳簿価額を貸借対照表価額とし，株式市況の悪化により市場価格が期首帳簿価額の50％を超えて著しく下落すると予測される場合は，帳簿価額を市場価格まで切下げ，評価差損を切放方式により特別損失として表示する。この場合，実質価額は，次の計算式により求める。

評価差損＝（1株の取得原価－1株の実質価額）×保有株式数

1株の実質価額＝期末時価による資産・負債の純資産額／発行済株式総数。

なお，連結財務諸表の作成に際し，個別財務諸表上の親会社の投資勘定は，合算貸借対照表をベースに子会社の資本勘定のうち親会社持分と連結相殺消去仕訳を行なって，資本勘定に対する親会社持分を示す資産と負債に転換する。また，投資会社が保有する個別財務諸表上の関連会社株式（持株比率20％以上50％未満）については，連結財務諸表の作成に際し，持分法を適用して，関連会社の純資産の増減変動を投資会社の持株比率に応じて時価で計上する（一行連結，純額連結法という）。すなわち，関連会社に対する投資会社の株主持分が増加したときは投資勘定を増額し，投資会社の株主持分が減少したときは投資勘定を減額する。

(4) 売却可能証券の期末評価

企業が保有する売買目的有価証券，満期保有目的債券，子会社・関連会社株式を除く株式と債券をその他有価証券（国際財務報告基準の売却可能有価証券に相当）という。売却可能証券（日本基準のその他有価証券）は，市場価格の変動による売却益を得るため短期売買目的の有価証券ではなく，長期投資を目的とする株式・債券である。

売却可能証券を長期保有している場合は，毎期末に帳簿価額を期末時価に再評価する。売却可能証券の期末時価と期首簿価との評価差額としての未実現保有損益は，長期保有後の売却により損益が実現すると想定されるため当期損益として処理するのは適切ではない。そこで，売却可能証券の評価差額は，原則上，全部資本直入法により貸借対照表の純資産の部に直入するか，あるいは継続適用を条件に部分資本直入法で処理する。この場合，売却可能証券の評価差額は，全部資本直入法と部分資本直入法ともに洗替方式で処理するため，翌期首の日付で再振替仕訳を行ない，前期末の決算整理前帳簿価額へ振戻す。

売却可能証券についての評価差額の全額，すなわち評価差益と評価差損を相殺した純額で貸借対照表の純資産の部に「売却可能証券評価差額金」（表示科目：その他包括利益累積額 Accumulated other comprehensive income）として繰延計上すると同時に，包括損益計算書（Statement of Comprehensive Income）

にその他包括利益として計上し，当期の損益計算書の純利益から除外する会計処理を全部資本直入法という。

　これに対して，時価評価から生じる評価差損益のうち評価差益についてのみ貸借対照表における純資産の部のその他剰余金の下の科目「売却可能証券評価差額金」（表示科目：その他包括利益累積額）に繰延計上するが，評価損失は損益計算書の「売却可能証券評価損」または「投資有価証券評価損」として当期損失に算入する方法を部分資本直入法という。

　部分資本直入法は，一方では未実現評価益を当期の収益に計上せず，他方では未実現評価損を当期費用に計上する点で保守主義（慎重主義）に基づく不均等な会計処理である。

　FASB（米国財務会計基準審議会）は，公正価値評価に伴う未実現保有損益の測定・表示に関連して最も広い利益概念として包括利益概念を提唱し，会計基準書130号において，売却可能証券（日本基準ではその他有価証券）の未実現保有評価益は包括損益計算書上の新設科目「その他包括利益 Other comprehensive income」として計上するとともに貸借対照表の資本の部の利益剰余金の下部に過年度のその他包括利益繰延額に当期のその他包括損益の発生額を合算（相殺）した純額をその他包括利益累計額として表示するよう指示している。発生主義原則による損益計算書の実現損益としての純利益（Net income）に，株主の出資及び株主への配当以外のあらゆる要因から発生した未実現評価益を含む純資産変動額すなわちその他包括利益（売却可能証券の未実現保有評価損益 Unrealised gains/losses on available for sale securities，外貨換算調整勘定 Foreign currency translation adjustments，未認識過去勤務費用を超える追加最小年金負債 Excess of additional pension liability over unrecognized prior service cost）を加算した最も広い利益概念が包括利益（Comprehensive income）である。

　なお，売却可能証券は企業会計では期末時価と実効利息法で評価するが，税務会計では取得原価と定額法による償却原価法で評価するため，企業会計上の税引前当期純利益と法人税法上の課税所得との間に将来一時差異が生じる。したがって，評価差額のうち一時差異に該当する部分については，税効果会計を適用し，前払法人税費用または未払法人税費用を認識しそれぞれ繰延税金資産

または繰延税金負債として貸借対照表で次期に繰延べる。

評価差損について前払法人税（繰越税金資産）の発生を認識し，これを評価差損から控除し，残額は売却可能証券の評価差額金勘定の借方に計上する。これに対して，評価差益については，未払法人税（繰越税金負債）の発生を認識し，これを評価差益から控除し，残額は売却可能証券評価差額金勘定の貸方に計上する。

売却可能証券のうち市場価格があり，取得時の債券金額と取得原価との取得差額が金利調整差額として認められる売却可能債券について期末に時価評価を行なう場合は，最初に，償却原価法により金利調整差額の各期償却額を期首帳簿価額に加減して期末帳簿価額（期末償却原価）を算定する。次いで，期末時価と期末償却原価との評価差額を洗替方式で全部資本直入法あるいは部分資本直入法により処理する。

売却可能証券の期末評価（洗替方式と税効果会計を適用する事例）

(1) 全部資本直入法

当期末の決算整理

取得原価＞期末時価の場合

　　（借）売却可能証券評価差額金×× （貸）投資有価証券×× （売却可能証券）
　　　　　繰 延 税 金 資 産××

取得原価＜期末時価の場合

　　（借）投資有価証券××（売却可能証券）（貸）売却可能証券評価差額金××
　　　　　　　　　　　　　　　　　　　　　　　繰 延 税 金 負 債××

翌期首の再振替

取得原価＞期末時価の場合

　　（借）投資有価証券×× （貸）売却可能証券評価差額金××
　　　　　　　　　　　　　　　　繰 延 税 金 資 産××

取得原価＜期末時価の場合

　　（借）売却可能証券評価差額金×× （貸）投資有価証券××
　　　　　繰 延 税 金 負 債××

(2) 部分資本直入法

当期末の決算整理

取得原価＞期末時価の場合

　　（借）売却可能証券評価損×× （貸）投資有価証券××

取得原価＜期末時価の場合

　　（借）投資有価証券×× （貸）売却可能証券評価差額金××

　　　　　　　　　　　　　　　　繰　延　税　金　負　債××

翌期首の再振替

取得原価＞期末時価の場合（借）投　資　有　価　証　券××

　　　　　　　　　　　　　　　　　（貸）売却可能証券評価損益××

取得原価＜期末時価の場合（借）売却可能証券評価差額金××

　　　　　　　　　　　　　　　　　（貸）投　資　有　価　証　券××

　　　　　　　　　　　　　　　　　　　繰　延　税　金　負　債××

設例1：当社は業務提携を長期に維持するため証券取引所上場企業のA社，B社，C社およびD社の株式に投資し，それぞれ100,000株を保有している。保有する各株式銘柄は全てその他有価証券として分類してあり，各年度末の取得原価と期末時価は下記資料の通りである。

株式銘柄	平成×1年度		平成×2年度	
	取得原価	期末時価	売却時価	期末時価
A社株式	1,000	1,300	1,400	
B社株式	1,500	1,600		1,400
C社株式	800	380		500
D社株式	3,500	3,000		2,500
合計	6,800	6,280	1,400	4,400

条件

① A社株全部を平成×2年度の営業期間中に売却した。

② C社株は平成×1年度末の時価が簿価の50％を超えて下落し回復の見込が立たないため，減損処理を実施した。

③ 売却可能証券は，税務会計上は株式については取得原価，債券については償却原価法のうち定額法で期末評価を行なうが，企業会計上は株式については期末時価，債券については償却原価法のうち実効利息法で期末評価を行なうため，税法会計の投資有価証券計上価額と企業会計の投資有価証券計上価額との差額

を一時差異として認識し税効果会計(前払法人税の繰延資産計上及び未払法人税の繰延税金負債計上)を適用して処理した。法人税等実効税率は40%である。なお,前払法人税を繰延税金資産として計上するための前提条件として前払法人税に見合う次年度課税所得の獲得は確実であると判定された。

(1) 全部資本直入法

平成×1年度期末 (借) 売却可能証券 400 (貸) 繰 延 税 金 負 債 160
　　　　　　　　　　　　　　　　　　　売却可能証券評価差額金 240

A社株とB社株の評価差益合計400から未払法人税見越額160(=400×40%)を繰延税金負債として控除し残額240を純資産の部に売却可能証券評価差額金として計上する。

(借) 投資有価証券評価損益 420 (貸) 売却可能証券 420

C社株は×1年度期末時価が著しく下落し回復の見込がないため減損処理を行なった結果,評価差額420を当期損失として計上する。

(借) 売却可能証券評価差額金 300 (貸) 売却可能証券 500
　　　繰 延 税 金 資 産 200

D社株の評価差損△500(=3,000-3,500)のうち前払法人税繰延額△200(=50×40%)を繰延税金資産として計上する。評価差損のうち繰延税金資産控除後の残額△300は売却可能証券評価差額金として純資産の部のその他包括利益累計額に計上する。

平成×2年度期首 (借) 繰延税金負債 160 (貸) 繰 延 税 金 資 産 200
　　　　　　　　　　　売却可能証券 100　　　売却可能証券評価差額金 60

C社株は減損処理により切放方式に従って前期末時価を当期以降の帳簿価額とするため当期首で前期末決算整理前取得原価への再振替は実施しない。A社株,B社株,D社株の評価差額は,洗替方式により計上するため前期末計上の評価差額と繰延税金資産及び繰延税金負債について再振替を行ない帳簿価額を前期決算整理前の取得原価に振戻す。

平成×2年度期中 (借) 現 金 預 金 1,400 (貸) 売却可能証券 1,000
　　　　　　　　　　　　　　　　　　　有価証券売却損益 400

A社株の帳簿価額1,000と売価1,400との差額を売却損益として計上する。

平成×2年度期末 (借) 繰 延 税 金 資 産 440 (貸) 売却可能証券 1,100

　　　　　　　売却可能証券評価差額金 660

　B社株とD社株の評価差損合計△1,100と評価差損合計から前払法人税繰延額△440（＝1,100×40％）を控除した後の残額を売却可能証券評価差額金△660として純資産の部に計上する。

（借）売却可能証券 120　（貸）繰　延　税　金　負　債 48
　　　　　　　売却可能証券評価差額金 72

　前期末に減損処理を実施したC社株の時価が回復したので，評価差益120（500－380）から未払法人税見越額として繰延税金負債48（＝120×40％）を控除後，売却可能証券評価差額金72として計上する。

(2)　部分資本直入法

平成×1年度期末（借）売却可能証券 400　（貸）繰　延　税　金　負　債 160
　　　　　　　　　　　　　　　　　　　　売却可能証券評価差額金 240

　A社株とB社株の評価差益合計400から未払法人税見越額160（＝400×40％）を繰延税金負債として控除し残額240を純資産の部に売却可能証券評価差額金として計上する。

（借）有価証券評価損益 420　（貸）売却可能証券 420

　C社株は×1年度期末時価が著しく下落し回復の見込がないため減損処理を実施した結果，評価差額420を当期損失として計上した。

（借）有価証券評価損益 500　（貸）売却可能証券 500

　D社株の評価差損500を当期損失として計上した。

平成×2年度期首（借）繰　延　税　金　負　債 160　（貸）売却可能証券 400
　　　　　　　売却可能証券評価差額金 240

　A社株とB社株の評価差額は洗替方式により計上され当期首において前期末計上の評価差益と繰延税金負債につき再振替を行ない帳簿価額を前期決算前の取得原価に振戻した。なお，C社株は前期末に減損処理を実施し切放方式により前期末時価を当期以降の帳簿価額とするため前期決算整理前の取得原価への再振替は行なわない。

（借）売却可能証券 500　（貸）有価証券評価損益 500

　D社株の評価差損は洗替方式に従って再振替仕訳を行ない，売却可能証券の帳簿価額を取得原価に振戻す。

平成×2年度期中（借）現金預金 1,400 （貸）売却可能証券 1,000
　　　　　　　　　　　　　　　　　　　有価証券売却損益　400

A社株の売却により売却損益を計上した。

平成×2年度期末（借）繰延税金資産　　440 （貸）売却可能証券 1,100
　　　　　　　　　　　有価証券評価損益 660

B社株とD社株の評価差損合計△1,100（＝△100＋△1,000）から前払法人税繰越額440を控除後の残額を有価証券評価損660として計上した。

（借）売却可能証券 120 （貸）繰　延　税　金　負　債 48
　　　　　　　　　　　　　売却可能証券評価差額金 72

前期末に減損処理を実施したC社株の時価が回復したので，評価差益120（500－380）と評価差益120のうち繰延税金負債48（＝120×40％）を控除した後，売却可能証券評価差額金72を計上した。

設例2：当社は平成×1年4月1日にP社の社債を発行と同時に割引価額で取得し，その他有価証券として分類し保有している。その他の条件は下記の通りである。額面金額100,000円。償還期日平成×4年3月31日。クーポン利子率1％。実効利子率3％。取得差額は金利調整差額である。利払日は年1回の決算日（3月末日）。金利調整差額の償却は実効利息法による。P社債券（売却可能証券として分類）の帳簿価額と期末時価との評価差額の処理は全部資本直入法による。当該債券の評価差額は企業会計利益と税法課税所得との一時差異に該当するため税効果会計を適用する。法人税等実効税率40％。

取得原価＝クーポン利息1,000（期末払経常年賦金）の3期現在価値合計額＋償還金額100,000（一時金）の現在価値。

$$取得原価 = \frac{1,000}{(1+0.03)^1} + \cdots \frac{1,000}{(1+0.03)^3} + \frac{100,000}{(1+0.03)^3}$$

$$= 1,000 \times 2.82861 + 100,000 \times 0.91514 = 94,342.61$$

各利払日（決算日）の受取利息・償却原価・時価の計算表

年月日	クーポン利息	受取利息	金利差額償却額	償却原価	期末時価
×1/4/1				94,343	
×2/3/31	1,000	2,830ª	1,830ᵇ	96,173ᶜ	93,000
×3/3/31	1,000	2,885	1,885	98,058	99,000
×4/3/31	1,000	2,942	1,942	100,000	

注：2,830ª＝94,343×実効利率3％。1,830ᵇ＝2,830－1,000。96,173ᶜ＝94,343＋1,830

会計処理

債券取得日（×1/4/1）（借）売却可能証券 94,343 （貸）現　金 94,343
　　債券取得価額（割引現在価値）の計上。

決算日（×2/3/31）（借）現　　　金 1,000 （貸）有価証券利息 2,830
　　　　　　　　　　　売却可能証券 1,830

　　実効利息法で算定した受取利息 2,830（＝94,343×実効利子率3％）のうちクーポン利息 1,000 と金利調整差額の当期償却額 1,830（＝受取利息 2,830－クーポン利息 1,000）を計上する。

（借）繰　延　税　金　資　産 1,269 （貸）売却可能証券 3,173
　　　売却可能証券評価差額金 1,904

評価差損△3,173＝期末時価 93,000－期末帳簿価額 96,173。繰延税金資産△1,269＝△3,173×法人税率40％。売却可能証券評価差額金△1,904＝△3,173－△1,269。

翌期首（×2/4/1）（借）売却可能証券 3,173 （貸）繰　延　税　金　資　産 1,269
　　　　　　　　　　　　　　　　　　　　　　売却可能証券評価差額金 1,904

　　売却可能証券の評価差額の計上は洗替方式に基づくので，前期決算で計上した評価差額と繰延税金資産は再振替を行ない債券帳簿価額を元の取得原価 94,343 に振戻す。ただし，金利調整差額の前期償却額については再振替を実施しない。

決算日（×3/3/31）（借）現　　　金 1,000 （貸）有　価　証　券　利　息 2,885
　　　　　　　　　　　売却可能証券 1,885
　　　　　　　　　　（借）売却可能証券 942 （貸）繰　延　税　金　負　債 377
　　　　　　　　　　　　　　　　　　　　　　　売却可能証券評価差額金 565

評価差益 942＝期末時価 99,000－期末償却原価（帳簿価額）98,058。繰延税金負債 377＝942×法人税率40％。売却可能証券評価差額金 565＝942－377。

翌期首（×3/4/1）（借）繰　延　税　金　負　債 377 （貸）売却可能証券 942
　　　　　　　　　　　　　売却可能証券評価差額金 565

評価差益の振戻仕訳である。

第8章
棚卸資産

8-1 棚卸資産の種類

　製造，販売及び一般管理活動のために消費または販売され1年以内に費用として計上される資産を棚卸資産という。棚卸資産は，その取得原価または製造原価の全額を1年以内に費用として認識・計上されるため費用性資産という。これに対して，有形固定資産は，1年以上の耐用年数にわたり取得原価を各期に期間配分し各期の固定資産の償却費用として当期の費用に計上されるので償却性固定資産という。

　商品売買企業が販売目的で保有する商品，製造企業が加工中の完成品，半製品，仕掛品，原材料，部品，工場消耗品等は，棚卸資産に含める。また，販売活動及び一般管理活動のために1年以内に消費される事務用消耗品と貯蔵品等は，棚卸資産に含める。一般事業会社が1年以上保有する投資有価証券と投資不動産は固定資産に含める。また，証券会社等の金融機関が保有する売買目的有価証券あるいは不動産会社が販売目的で所有する住宅・土地等の不動産は，棚卸資産に含める。

8-2 棚卸資産の取得原価

　保有する棚卸資産のうち販売した棚卸資産の取得原価は，期末に当期売上原価に振替えられ，費用・収益対応の原則にしたがって，当期の売上収益に対応せしめられる。これに対して，期末の売残棚卸資産の取得原価は，貸借対照表

の期末棚卸資産原価として次期に繰延べられ，次期の売上収益に対応せしめられる。したがって，期末棚卸資産取得原価の範囲をどこまで限定するか，あるいは何を棚卸資産取得原価に算入し，何を原価外項目として費用計上するかにしたがって，当期損益計算書の純利益と貸借対照表の財政状態は大きな影響を受ける。以下，商業における棚卸商品の会計処理について解説する。

商品を仕入れるときの取得原価は，購入代価に附随費用として仕入諸掛を加算した金額である。仕入先へ支払った商品送り状に記載された価額から，値引・割戻・返品を差引いた金額を購入代価という。仕入諸掛の構成要素は，商品を引取るまで掛かった引取運賃，購入手数料，運送保険料，関税等の外部副費と，商品の受入れから販売までに掛かった購入事務費，検収費，保管費等の内部副費から成る。

　　取得原価＝購入対価（送り状価額－返品・仕入値引・割戻）＋外部副費（引取運賃，運送保険料，関税，購入手数料等）＋内部副費（購入事務費，検収費，保管費等）

品違い，損傷等の理由により，仕入先へ商品を送り返すことを返品という。仕入先への返品は仕入戻しといい，売上先からの返品は売上戻りという。返品したときは，仕入または売上の取引取消であるから仕入時または売上時の反対仕訳を行なって取引を解消する。

これに対して毀損，品質不良，数量・重量不足などの商品の欠陥による単価について減額することを仕入値引あるいは売上値引という。値引を行なったときは，単価を修正する。

あらかじめ約束された割戻契約により一定期間に基準額を超えて大量かつ多額の商品売買を行なった場合は，販売代金総額の一部返却額すなわち包括的な値引（Rebate，リベート）を割戻という。割戻金は，販売促進のための報奨金の一種である。割戻は販売代金総額について一定割合の値引を行なうことにより売買単価も減少するため，割戻があったときに売買単価を修正（単価の付替え）する。したがって，仕入値引・割戻は仕入高の一部減額になり，売上値引・割戻は売上高の一部減額になる。

　　当期純仕入高＝総仕入高－仕入戻し・値引・割戻
　　当期純売上高＝総売上高－売上戻り・値引・割戻

支払期日前に支払った掛売代金または手形金額の現金割引は，仕入・売上に関連する営業取引ではないので，現金割引は金融取引とみなし仕入割引勘定（営業外収益）と売上割引勘定（営業外費用）で処理する。現金割引は，代金決済日から支払期日までの利息相当額を減免するための金融取引に相当する取引である。このため，仕入割引と売上割引は，それぞれ受取利息，支払利息に準じて損益計算書の営業外損益として表示する。

3分法により掛による売買の仕訳は次の通りである。

A. 掛買時： 　　　　（借）仕　入×× （貸）買掛金××
　　仕入戻し時： 　　（借）買掛金×× （貸）仕　入××
　　仕入値引・割戻時：（借）買掛金×× （貸）仕　入××

B. 掛売時： 　　　　（借）売掛金×× （貸）売　上××
　　売上戻り時： 　　（借）売　上×× （貸）売掛金××
　　売上値引・割戻時：（借）売　上×× （貸）売掛金××

C. 決算日：（借）仕　入×× （貸）繰越商品××
　　　　　（借）繰越商品×× （貸）仕　入××

商品の仕入諸掛は，外部副費と内部副費から成る。この場合，仕入先から商品を引取るまで掛かった外部副費は，原則として，取得原価に算入する。これに対して，商品の引取から販売まで要した内部副費は，外部副費と同様に，原則，取得原価に算入する。しかし，内部副費は，仕入諸掛に算入するための合理的な根拠に欠ける場合あるいは内部副費の金額が重要性に乏しい場合は，取得原価に含めず販売費・一般経費に計上することができる。

得意先に商品を引渡すときに掛かる支出を販売諸掛という。販売諸掛のうち商品の発送に掛かった運賃は，販売に附随して発生する費用であるため，販売費として発送費勘定に記入し売上収益に対応させる。

前述したように，掛代金または手形金額を指定された支払期日以前に繰上げて支払った場合に与えられる現金割引を仕入割引という。商品を掛で購入したときの代金回収は取引日の現金決済に比べて支払期日まで遅れるため，代金は，通常の場合，決済日から支払期日までの金銭貸借期間の利息相当額として高く設定してある。したがって，支払期日以前に代金を早期に決済した場合に与えられる仕入割引は，金融取引上の受取利息と見なし，総額法または純額法

で処理し損益計算書の営業外収益として表示する。また，売上割引は支払利息と見なして損益計算書の営業外費用に表示する。

設例：当社は，商品の仕入代価 10,000 円，買掛金支払期日は商品引渡後 30 日を約定したが，仕入割引期間 10 日以内に買掛金のうち 4,000 円を現金決済したことにより 2％の現金割引を受け，残額は割引期間後に支払った。総額法と純額法により会計処理を行なう。

総額法

購入時（借）仕　入 10,000　（貸）買掛金 10,000
　　　　　　割引前の総額 10,000 で計上。
10 日以内の掛代金決済時（借）買　掛　金 4,000　（貸）現　　金 3,920
　　　　　　　　　　　　　　　　　　　　　　　　　　　仕入割引　　80
　　　　　　　　　　　　　　　　　　　　　　　　　　　（営業外収益）
10 日以降の掛代金決済時（借）買　掛　金 6,000　（貸）現　　金 6,000

純額法

購入時（借）仕　入 9,800　（貸）買　掛　金 9,800
　　　　　　割引後の買掛金の純額 9,800（＝ 10,000 － 10,000 × 2％）の計上。
10 日以内の掛代金決済時（借）買　掛　金 3,920　（貸）現　　金 3,920
10 日以降の掛代金決済時（借）買　掛　金 5,880　（貸）現　　金 6,000
　　　　　　　　　　　　　　　　仕入割引損　 120
　　　　　　　　　　　　　　　　（営業外費用）

　仕入諸掛は仕入に付随する支出であるため，原則上，商品の取得原価に算入する。仕入諸掛の会計処理として，仕入勘定を用いる方法と，仕入勘定から独立した仕入諸掛費勘定を用いる方法がある。仕入勘定から独立して仕入諸掛費勘定を設定するための主たる理由は，仕入に附随する多様な仕入諸掛について原価管理を行なうためである。

　仕入諸掛を仕入勘定だけで処理する場合，仕訳は次のようになる。商品を掛で仕入れ，仕入諸掛を現金で支払った場合は，仕入勘定に仕入諸掛を買掛金に含めて記入する結果，仕入代金が買掛金と現金で支払われたかのように記帳され，仕入諸掛費の現金による支払の実態は明らかにならない。

(借) 仕　入×× (貸) 買掛金××
　　　　　　　　　　現　金××

　これに対して，仕入勘定とは別に，仕入諸掛費勘定を用いて期中取引を処理する方法がある。期末に，仕入諸掛費勘定の前期繰越仕入諸掛費（繰延仕入諸掛費）と当期仕入諸掛費は，平均法や先入先出法等のコストフローの仮定条件にしたがって売上商品と売残り商品の期末棚卸商品とに按分される。この場合，売上商品に按分された仕入諸掛費は仕入勘定の仕入代価に加算され売上原価に含められるが，期末棚卸商品に按分された仕入諸掛費は，繰延仕入諸掛費勘定に記入され次期へ繰越される。

期首再振替仕訳：(借) 仕 諸 掛 費×× (貸) 繰延仕入諸掛費××
決算整理仕訳：　(借) 仕　　　　入×× (貸) 仕 入 諸 掛 費××
　　　　　　　　　　繰延仕入諸掛費××

設例：当社の商品売買は，下記資料により商品勘定3分法により処理している。仕入諸掛は，仕入勘定のみを用いる場合と，仕入諸掛費勘定を用いる場合に分けて処理する。なお，商品払出単価の決定は先入先出法による。

1. 期首商品棚卸高　商品50単位，@100円，期首仕入諸掛280円
2. 商品100単位を@104円で掛買し，引取運賃560円は現金で支払った。
3. 商品140単位を@120円で掛売し，発送運賃784円は現金で支払った。
4. 期末商品棚卸高　商品10単位

仕入勘定による会計処理

期中取引

2. (借) 仕　入 1,0960 (貸) 買掛金 10,400
　　　　　　　　　　　　 現　金　　560
3. (借) 売掛金 16,800 (貸) 売　上 16,800
　 (借) 発送費　　784 (貸) 現　金　　784

決算整理前試算表

繰越商品	5,280	買掛金	10,400
仕　入	10,960	現　金	1,344
売掛金	16,800	売　上	16,800
発送費	784		

決算整理仕訳

1. （借）仕　入 5,280（貸）繰越商品 5,280

　前期繰越商品の仕入代価 5,000 円と前期繰越仕入諸掛費 280 円との合計額を当期首の仕入勘定に振戻すための再振替仕訳。

2. （借）繰越商品 1,096（貸）仕　入 1,096

　先入先出法により仕入諸掛費をふくむ当期仕入高を期末棚卸商品に按分するための決算整理仕訳である。期末棚卸商品 1,096 円＝当期仕入高 10,960 円×期末棚卸数量 10 単位／当期仕入数量 100 単位。なお，売上原価は次の通りである。売上原価 15,144 円＝前期繰越商品 5,280 円＋当期仕入高 10,960 円×（引渡数量 90 単位／当期仕入数量 100 単位）。

仕　入（仕入代価＋仕入諸掛）―先入先出法

期　首 5,280（先入）	売上原価 15,144（先出）
仕　入 10,960（後入）	期　末 1,096（後出）

決算整理後試算表

繰越商品	1,096	買掛金	10,400
仕　入	15,144	現　金	1,344
売掛金	16,800	売　上	16,800
発送費	784		

損益計算書

Ⅰ	売上高		16,800
Ⅱ	売上原価		
	1. 期首商品棚卸高	5,280	
	2. 当期商品仕入高	10,960	
	合　計	16,240	
	3. 期末商品棚卸高	1,096	15,144（売上原価）
	売上総利益		1,656
Ⅲ	販売費及び一般管理費		
	1. 発送費	784	

貸借対照表

1. 流動資産
   商　品 1,096

仕入諸掛費勘定による会計処理

期中取引

2. （借）仕　　入　　10,400　（貸）買掛金 10,400
   （借）仕入諸掛費　　560　（貸）現　金　560
3. （借）売掛金　16,800　（貸）売　上 16,800
   （借）発送費　　784　（貸）現　金　784

決算整理前試算表

繰越商品	5,000	買掛金	10,400
繰延仕入諸掛費	280	現　金	1,344
仕　入	10,400	売　上	16,800
仕入諸掛費	560		
売掛金	16,800		

決算整理仕訳

1. （借）仕　　入　　5,000　（貸）繰越商品　　5,000
   （借）仕入諸掛費　280　（貸）繰延仕入諸掛費　280

   前期繰越商品を仕入勘定に振戻し前期繰延仕入諸掛費を当期首の仕入諸掛費勘定に振戻すための再振替仕訳である。

2. （借）繰越商品 10,40　（貸）仕　入 10,40

   先入先出法により按分計算した仕入代価に係る期末商品棚卸高 1,040 円の決算整理仕訳である。期末商品棚卸高 1,040 円＝当期仕入高 10,400 円×（期末棚卸数量 10 単位／当期仕入数量 100 単位）。仕入代価に係る売上原価 14,360 円＝前期繰越商品 5,000 円＋当当期仕入高 10,400 円×（引渡数量 90 単位／当期仕入数量 100 単位）。

仕入代価―先入先出法

期　首　5,000（先入）	売上原価 14,360（先出）
当　期 10,400（後入）	期　末　1,040（後出）

3. （借）仕　　入　　　784　（貸）仕入諸掛費 840
   　　　繰延仕入諸掛費　56

先入先出法により按分計算した前期と当期の仕入諸掛費合計840円の売上商品と期末商品への振替仕訳である。次期繰延仕入諸掛費56円＝当期仕入諸掛費560円×期末棚卸数量10単位／当期仕入数量100単位。なお，前期と当期の仕入諸掛費合計840円のうち売上商品原価への按分は次の通りである。売上原価784円＝前期繰越仕入諸掛費280円＋当期仕入諸掛費560円×（引渡数量90単位／当期仕入数量100単位）。

仕入諸掛―先入先出法

期　首　280（先入）	売上原価 784（先出）
当期諸掛 560（後入）	期末諸掛　56（後出）

決算整理後試算表

繰越商品	1,040	買掛金	10,400
繰延仕入諸掛費	56	現　金	1,344
仕　入	15,144	売　上	16,800
売掛金	16,800		
発送費	78		

損益計算書

Ⅰ　売上高　　　　　　　　　　　　　16,800
Ⅱ　売上原価
　　1.　期首商品棚卸高　　5,280
　　2.　当期商品仕入高　 10,960
　　　　合　計　　　　　 16,240
　　3.　期末商品棚卸高　　1,096　　15,144　（売上原価）
　　　　売上総利益　　　　　　　　　 1,656
Ⅲ　販売費及び一般管理費
　　1.　発送費　　　　　　　784

貸借対照表

1.　流動資産
　　　商　品 1,096

8-3　商品売買の期中処理

　期中の商品売買について記録し，期末に期末棚卸商品原価，売上原価，販売損益を計算する方法として，分記法，売上原価対立法，総記法，二分法，三分法，五分法等がある。

(1)　分　記　法

　商品勘定と商品販売益勘定を用いて商品売買を処理する方法を分記法という。すなわち，分記法とは，商品仕入時に仕入原価を商品勘定借方に記入し，商品売上時に売価を売上原価と販売益とに区分し，売上原価を商品勘定貸方に記入すると同時に，販売益を商品販売益勘定貸方に記入する方法である。商品売上のつど売価を売上原価と販売益とに区分して記録するので，この商品売買の記帳法を分記法という。

　分記法により売買取引を処理する場合は，商品勘定借方と貸方は同一評価基準の仕入原価で記入されるので，商品勘定は純粋の資産勘定であり，商品勘定期末残高は仕入原価による次期商品繰越高（期末商品棚卸高）を示す。このため，期末における繰越商品勘定の設定は不要である。また，商品売上のつど売上原価と商品販売益が期中で算定されるため，期末の決算整理仕訳は不要である。

　分記法による期中処理
　　仕入時：　　　　　　（借）商　品　　××（貸）買掛金　　××
　　仕入値引・戻し時：（借）買掛金　　××（貸）商　品　　××
　　売上時：　　　　　　（借）売掛金　　××（貸）商　品　　××
　　　　　　　　　　　　　　　　　　　　　　　　　商品販売益××
　　売上値引時：　　　（借）商品販売益××（貸）売掛金　　××
　　売上戻り時：　　　（借）商　品　　××（貸）売掛金　　××
　　　　　　　　　　　　商品販売益××
　決算：期中に売上原価と販売益が算定されるので整理仕訳は不要

商　品	
前期繰越	売上原価
総仕入高	
	仕入値引・割戻 仕入戻し・減耗損
売上戻り（原価）	
	次期繰越

商品販売益	
売上値引・割戻 売上戻り（利益）	総売上高（利益）
当期販売益	

設例：京橋商事株式会社は，当月の商品売買を分記法で処理している。商品払出単価の計算は先入先出法による。

(1) 期繰越高 120 単位　@1,000 円

(2) 掛仕入 600 単位　@1,100 円

(3) 上記取引の仕入戻し 20 単位，仕入値引 13,200 円，仕入割戻 10,000 円

(4) 掛売上 520 単位　@1,200 円（売価）

(5) 上記取引の売上戻り 10 単位，売上値引 8,000

期中取引

(2)　（借）商　品 660,000　（貸）買掛金 660,000

　　商品仕入原価 660,000 = 600 単位 × @1,100。

(3)　（借）買掛金 22,000　（貸）商　品 22,000

　　掛仕入取引を取消するための仕入時の反対仕訳。仕入原価 22,000 円 = 返品 20 単位 × @1,100

(3)　（借）買掛金 132,00　（貸）商　品 13,200

　　仕入値引による仕入原価減額の仕訳。

(3)　（借）買掛金 10,000　（貸）商　品 10,000

　　仕入割戻による仕入原価減額の仕訳。なお，仕入戻し，仕入値引，仕入割戻により仕入数量と仕入原価に変動が生じたため当期の仕入単価（払出単価）を修正する。（当期純仕入数量 580 単位 × @1,100 − 13,200 − 10,000）／（600 単位 − 20 単位）= @1,060

(4)　（借）売掛金 624,000　（貸）商　品　　544,000
　　　　　　　　　　　　　　　　商品販売益　80,000

前掲仕訳の内訳明細を示せば，下記の a と b である。

a．（借）売掛金 144,000　（貸）商　品　　120,000
　　　　　　　　　　　　　　　商品販売益　24,000

先入先出法により売上数量520単位のうち前期繰越分120単位を先に払出す。払出原価120,000＝120単位×@1,000。販売益24,000＝120単位×（@1,200－@1,000）

b.（借）売掛金 480,000（貸）商　　品　424,000
　　　　　　　　　　　　　商品販売益　56,000

先入先出法により売上数量520単位から前期繰越120単位を差引いた残額400単位の払出原価424,000＝400単位×修正仕入単価@1,060。販売益56,000＝400単位×（@1,200－@1,060）。

(5)（借）商　　品　10,600（貸）売掛金 12,000
　　　　　商品販売益　 1,400

売上戻りによる売上時の反対仕訳。仕入原価10,600円＝@1,060×返品10単位。商品販売益1,400＝返品10単位×（@1,200－@1,060）。

(5)（借）商品販売益 8,000（貸）売掛金 8,000

売上値引8,000の仕訳。

	商　　品				商品販売益		
(1)前期繰越	120,000	(3)買掛金	22,000	(5)売掛金	1,400	(4)売掛金	80,000
(2)買掛金	660,000	(3)買掛金	13,200	(5)売掛金	8,000		
(5)売掛金	10,600	(3)買掛金	10,000	当期損益	70,600		
		(4)売掛金	544,000		80,000		80,000
		次期繰越	201,400				
	790,600		790,600				

商品勘定の次期繰越高201,400円は商品勘定の貸借差額として求められるが，次のように受入数量，払出数量および払出単価から算定する。

前期繰越数量120単位＋当期総仕入数量600単位－仕入戻し20単位－当期総売上数量520単位＋売上戻り10単位＝次期繰越数量190単位。次期繰越数量190単位×払出単価@1,060円＝次期繰越高201,400円。

分記法による場合は，商品売上のつど売価を売上原価と販売益とに区分し，売上原価は商品勘定貸方に，販売益は商品勘定貸方にそれぞれ記入されるので，前掲の商品勘定の次期繰越高201,400円は貸借差額として常に商品現在有高を示し，商品販売益勘定の貸借差額70,600円は当期損益を示す。したがって，期末の決算整理仕訳は不要である。

(2) 売上原価対立法

　商品勘定，売上原価勘定および売上勘定を用いて商品売買を処理する方法を売上原価対立法という。商品を仕入れたときに商品の仕入原価を商品勘定借方に記入し，商品を販売したときは，売価（販売価額）を売上勘定貸方に記入すると共に，売上原価を商品勘定借方から売上勘定借方に振替える。商品の売上のつど，売上高と売上原価が算定され両者の比較から商品販売損益を算定するので，期末での商品勘定の修正は不要である。分記法が売上勘定と売上原価勘定を設定せず売上高と売上原価との差額として直接，商品販売益を算定するのに対して，売上原価対立法は，売上勘定（収益の勘定）と売上原価勘定（費用の勘定）との比較から商品販売益を算定する点に勘定処理上の特徴がある。

売上原価対立法による期中取引

仕入時：	（借）商　品 ××	（貸）買掛金 ××		
仕入値引・戻し時：	（借）買掛金 ××	（貸）商　品 ××		
売上時：	（借）売掛金 ××	（貸）売　上 ××		
	（借）売上原価××	（貸）商　品 ××		
売上値引：	（借）売　上 ××	（貸）売掛金 ××		
売上戻り時：	（借）売　上 ××	（貸）売掛金 ××		
	（借）商　品 ××	（貸）売上原価××		

決算：決算整理仕訳は不要

商　品		売上原価		売　上	
前期繰越 総仕入高 売上戻り（原価）	仕入値引・戻し 総売上原価 次期繰越	総売上原価	売上戻り（原価） 当期売上原価	売上値引 売上戻り 純売上高	総売上高

設例：前掲設例と同一条件とする。商品売買取引は売上原価対立法により処理する。

期中取引

(2) （借）商　品　660,000　（貸）買掛金　660,000

(3) （借）買掛金　 22,000　（貸）商　品　 22,000

(3) （借）買掛金　 13,200　（貸）商　品　 13,200

(3) （借）買掛金　 10,000　（貸）商　品　 10,000

(4) (借) 売掛金　624,000　(貸) 売　　上　624,000
(4) (借) 売上原価 544,000　(貸) 商　　品　544,000
(5) (借) 売　　上　 12,000　(貸) 売掛金　 12,000
　　(借) 商　　品　 10,600　(貸) 売上原価 10,600
(5) (借) 売　　上　 8,000　(貸) 売掛金　 8,000

決算：決算整理仕訳は不要

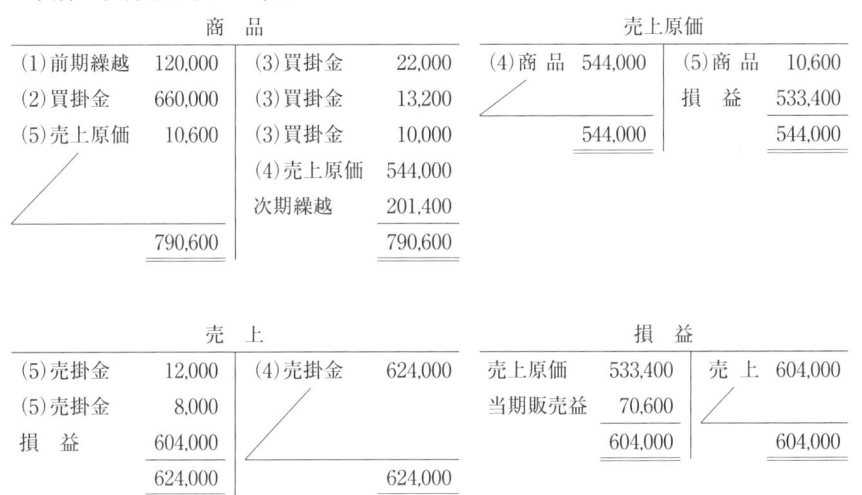

商　品

(1)前期繰越	120,000	(3)買掛金	22,000	
(2)買掛金	660,000	(3)買掛金	13,200	
(5)売上原価	10,600	(3)買掛金	10,000	
		(4)売上原価	544,000	
		次期繰越	201,400	
	790,600		790,600	

売上原価

(4)商品	544,000	(5)商品	10,600
		損　益	533,400
	544,000		544,000

売　上

(5)売掛金	12,000	(4)売掛金	624,000
(5)売掛金	8,000		
損　益	604,000		
	624,000		624,000

損　益

売上原価	533,400	売　上	604,000
当期販売益	70,600		
	604,000		604,000

(3) 総　記　法

　商品勘定のみで商品売買を処理する方法を総記法という。商品勘定借方に原価で記入するが，貸方は売価（販売価額）で記入するので総記法という。期中取引のつど，商品勘定の借方と貸方に異なる評価基準で記入されるため，決算整理前商品勘定の期末残高は，次期商品繰越高を示す金額でもなく，商品販売益を示す金額でもないので，意味不明の金額である。このように，資産勘定と損益勘定が入り混じった商品勘定を混合勘定という。決算整理前の商品勘定は，期中において次のように記録される。

商　品（期中）

前期繰越	総売上高（売価）
総仕入高（原価）	
売上戻り・値引	仕入戻し・値引

　総記法による場合は，商品勘定は混合勘定として記帳されるので，期末決算において商品勘定から商品販売益を算定すると同時に商品販売益勘定へ振替え，次期商品繰越高を示す純粋の資産勘定として商品勘定を修正する必要がある。そこで，決算において，次期商品繰越高を商品勘定の貸方に記入すれば，商品勘定は，自動的に売上原価を算定する結果，貸方の純売上高と売上原価との差額が販売益として明らかになる。すなわち，商品勘定借方合計額から貸方の次期商品繰越高を控除した残額は当期売上原価を示すので，当期売上高と売上原価との差額から自動的に商品販売益を算定することができる。次期商品繰越高を貸方記入後に自動的に商品勘定貸借差額として得られる当期販売益は，商品勘定貸方から商品販売益勘定へ振替え，商品勘定は貸借平均させて締切る。

　商品販売益は，計算上，次のように算定される。

(1)　商品販売益＝当期純売上高－売上原価
(2)　売上原価＝前期繰越高＋当期純仕入高－次期繰越高
(3)　商品販売益＝当期純売上高－（前期繰越高＋当期純仕入高－次期繰越高）
　　　　　　　＝当期純売上高＋次期繰越高－（前期繰越高＋当期純仕入高）

　計算式（3）は，決算整理前商品勘定残高すなわち当期純売上高－（前期繰越高＋当期純仕入高）に次期繰越高を加算すれば，商品販売益と売上原価を算定することができる仕組を示している。プラスとマイナスの混合する計算式（3）を転換すれば次の勘定式が得られる。

前期繰越高＋当期純仕入高＋商品販売益＝次期繰越高＋当期純売上高

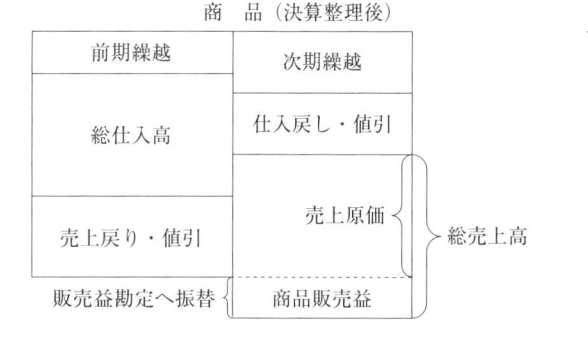

```
        商 品（決算整理後）              商品販売益
┌─────────────┬─────────────┐    ┌─────────────┐
│   前期繰越   │   次期繰越   │    │    販売益    │
│             ├─────────────┤    │             │
│   総仕入高   │  仕入戻し・値引 │
│             ├─────────────┤
│             │             │
│             │   売上原価   │┐
├─────────────┤             │├ 総売上高
│  売上戻り・値引│             │┘
│             ├─────────────┤
├─────────────┤             │
│販売益勘定へ振替│   商品販売益  │
└─────────────┴─────────────┘
```

総記法による期中処理

 仕入時   （借）商　品××（貸）買掛金 ××

 仕入値引・戻し時（借）買掛金××（貸）商　品 ××

 売上時   （借）売掛金××（貸）商　品 ××

 売上値引・戻り時（借）商　品××（貸）売掛金 ××

 決算整理   （借）商　品××（貸）商品販売益××

設例：京橋商事株式会社は，当月商品売買取引を総記法により処理している。なお，商品払出単価の計算は先入先出法による。

(1) 前期繰越高 120 単位　@1,000 円

(2) 掛仕入 600 単位　@1,100 円

(3) 上記取引の仕入戻し 20 単位，仕入値引 13,200 円，仕入割戻 10,000 円

(4) 掛売上 520 単位　@1,200 円（売価）

(5) 上記取引の売上戻り 10 単位，売上値引 8,000 円

  期末商品棚卸数量 190 単位

期中取引

(2) （借）商　品 660,000（貸）買掛金 660,000

  商品仕入原価 660,000 = 600 単位 × @1,100。

(3) （借）買掛金 22,000（貸）商　品 22,000

  返品による仕入取引取消の仕訳。

(3) （借）買掛金 13,200（貸）商　品 13,200

  仕入値引による仕入原価減額の仕訳。

(3) (借) 買掛金 10,000 (貸) 商 品 10,000

仕入割戻による仕入原価減額の仕訳。なお，仕入戻し，仕入値引，仕入割戻により仕入数量と仕入原価が変動したため当期仕入単価を修正し付替える。（当期純仕入数量 580 単位×@1,100 − 13,200 − 10,000）／（600 単位 − 20 単位）＝ @1,060 円

(4) (借) 売掛金 624,000 (貸) 商 品 624,000

販売価格で売上高を計上。売上高 624,000 ＝ 売上数量 520 単位×売価 @1,200。

(5) (借) 商 品 12,000 (貸) 売掛金 12,000

売上戻りによる売上時の反対仕訳。売上戻り高 12,000 ＝ 返品 10 単位×売価 @1,200。

(5) (借) 商 品 8,000 (貸) 売掛金 8,000

売上値引の仕訳。

決算整理仕訳

(6) (借) 商 品 70,600 (貸) 商品販売益 70,600

次期商品繰越高 201,400 円 ＝ 次期商品繰越数量 190 単位×当期修正仕入単価 @1,060。商品勘定貸方に次期商品繰越高 201,400 円を加算した貸方合計額と借方合計額との差額 7,060 円を商品勘定貸方から商品販売益勘定に振替える。

商　品				商品販売益			
(1)前期繰越	120,000	(3)買掛金	22,000	損　益	70,600	(6)商　品	70,600
(2)買掛金	660,000	(3)買掛金	13,200				
(5)売掛金	12,000	(3)買掛金	10,000				
(5)売掛金	8,000	(4)売掛金	624,000				
(6)商品販売益	70,600	次期繰越	201,400				
	870,600		870,600				

(4) 3 分 法

繰越商品勘定，仕入勘定および売上勘定を用いて商品売買を3つの勘定で処理する方法を3分法または3分割法という。期中の商品仕入時に，仕入原価を仕入勘定借方に記入し，商品販売時に，売価を売上勘定貸方に記入する。繰越商品勘定は，期首と期末の商品棚卸高を修正するための勘定であり，期中売買に伴う商品の増減変動を記録する勘定ではない。期中取引終了後の決算整理前の繰越商品勘定，仕入勘定および売上勘定の期末残高は，それぞれ前期商品繰

越高，当期商品純仕入高および当期商品純売上高を示すが，販売益を算定するために売上高から控除されるべき売上原価は不明である。

そこで，次のように売上原価計算式にしたがって仕入勘定を修正し売上原価を算定する必要がある。前期繰越高＋当期純仕入高－次期繰越高＝売上原価

プラスとマイナスが入り混じった売上原価計算式を会計上の勘定式に転換すれば，日常的な仕入計算式は次のようになる。前期繰越高＋当期純仕入高＝次期繰越高＋売上原価

したがって，決算整理仕訳として，最初に前期繰越高を繰越商品勘定借方から仕入勘定借方に振替える。次に商品有高帳期末帳簿残高に基づいて，次期繰越高（期末商品帳簿棚卸高）を仕入勘定から繰越商品勘定に振替え繰越商品勘定を期末帳簿棚卸高に修正する。

決算整理仕訳を終えたならば，次に決算振替仕訳として，仕入勘定借方合計額と次期帳簿繰越高との差額（＝売上原価）を仕入勘定から損益勘定に振替えると同時に，純売上高を売上勘定から損益勘定に振替える。

3分法による期中処理

仕入時　　　　　（借）仕　入××（貸）買掛金××
仕入値引・戻し時（借）買掛金××（貸）仕　入××
売上時　　　　　（借）売掛金××（貸）売　上××
売上値引・戻り時（借）売　上××（貸）売掛金××

決算整理前勘定残高

繰越商品	仕　入		売　上	
前期繰越高	当期総仕入高	仕入値引・戻し	売上値引・戻り	当期総売上高
		当期純仕入高	当期純売上高	

決算仕訳

　　決算整理仕訳（借）仕　入　××（貸）繰越商品××
　　　　　　　　（借）繰越商品××（貸）仕　入　××
　　決算振替仕訳（借）売　上　××（貸）損　益　××
　　　　　　　　（借）損　益　××（貸）仕　入　××

設例：京橋商事株式会社は，以下に示す当月の商品売買取引を3分法により処理している。

なお，商品の払出単価計算は先入先出法による。

(1) 前期繰越高 120 単位 @1,000 円
(2) 掛仕入 600 単位 @1,100 円
(3) 上記取引の仕入戻し 20 単位，仕入値引 13,200 円，仕入割戻 10,000 円
(4) 掛売上 520 単位 @1,200 円（売価）
(5) 上記取引の売上戻り 10 単位，売上値引 8,000 円
　　期末帳簿棚卸数量 190 単位

期中取引

(2)（借）仕　入 660,000 （貸）買掛金 660,000
(3)（借）買掛金 22,000 （貸）仕　入 22,000
(3)（借）買掛金 13,200 （貸）仕　入 13,200
(3)（借）買掛金 10,000 （貸）仕　入 10,000
(4)（借）売掛金 624,000 （貸）売　上 624,000
(5)（借）売　上 12,000 （貸）売掛金 12,000
(5)（借）売　上 8,000 （貸）売掛金 8,000

決算整理仕訳

(6)（借）仕　入 120,000 （貸）繰越商品 120,000
(7)（借）繰越商品 201,400 （貸）仕　入 201,400

　　次期帳簿棚卸高 201,400 = 次期帳簿棚卸数量 190 単位 × 修正仕入単価 @1,060。

決算振替仕訳

(8)（借）売　上 604,000 （貸）損　益 604,000
(9)（借）損　益 533,400 （貸）仕　入 533,400

繰越商品					仕　入			
(1)前期繰越	120,000	(6)仕　入	120,000		(2)買掛金	660,000	(3)買掛金	22,000
(7)仕　入	201,400	次期繰越	201,400		(6)繰越商品	120,000	(3)買掛金	13,200
	321,400		321,400				(3)買掛金	10,000
							(7)繰越商品	201,400
							(9)損　益	533,400
						780,000		780,000

売 上				損 益			
(5)売掛金	12,000	(4)売掛金	624,000	(9)仕 入	533,400	(8)売 上	604,000
(5)売掛金	8,000			当期販売益	70,600		
(8)損 益	604,000				604,000		604,000
	624,000		624,000				

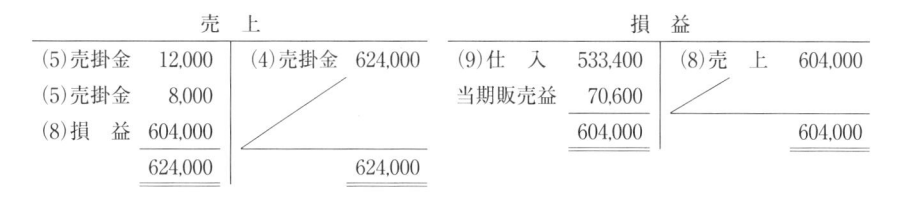

(5) 5 分 法

　3分法の繰越商品勘定，仕入勘定および売上勘定に，仕入値引割戻・戻し勘定と売上値引割戻・戻り勘定を加えた5つの勘定を用いて商品売買を会計処理する方法を5分法という。割引は値引割戻・返品とは異質の取引内容であるが，値引に準じて値引割戻・返品勘定で処理する。5分法による場合は，期中取引の値引割戻・返品は独立に設定した仕入値引割戻・戻し勘定と売上値引割戻・戻り勘定にそれぞれ記入されるので，取引終了後の決算整理前仕入勘定と売上勘定の期末残高は値引割戻・返品を含まず，総額表示される。

　それゆえ，5分法で処理する場合は，決算時に仕入勘定と売上勘定の期末残高について値引割戻・返品を控除するための修正仕訳を行ない純仕入高と純売上高を算定したうえ，次期商品繰越高を仕入勘定から繰越商品勘定に振替え売上原価を算定する。3分法では値引割戻・返品を仕入勘定と売上勘定に直接記入することにより貸借差額が常に純額を示すのに対して，5分法では独立の値引割戻・返品勘定に値引割戻・返品を別途記録し，期末に値引割戻・返品の勘定残高と仕入勘定残高および売上勘定残高とを相殺する。

　5分法による期中取引

　　　仕入時　　　　　　　（借）仕　入　　　　　××　（貸）買掛金　　　　　××
　　　仕入値引割戻・戻し時　（借）買掛金　　　　　××　（貸）仕入値引割戻・戻し××
　　　売上時　　　　　　　（借）売掛金　　　　　××　（貸）売　上　　　　　××
　　　売上値引割戻・戻り時　（借）売上値引割戻・戻り××　（貸）売掛金　　　　　××

　決算整理前勘定残高

繰越商品	仕　入	売　上
前期繰越	総仕入高	総売上高

第2編　個別財務諸表項目の会計

仕入値引割戻・戻し	売上値引割戻・戻り
値引割戻・戻し高	値引割戻・戻り高

決算整理仕訳

　　（借）仕入値引割戻・戻し ×× （貸）仕　入　　　　　××
　　（借）売　　上　　　　　×× （貸）売上値引割戻・戻り ××
　　（借）仕　入　　　　　　×× （貸）繰越商品　　　　　××
　　（借）繰越商品　　　　　×× （貸）売　　上　　　　　××

設例：前掲設例と同一の取引が行なわれたと仮定し，5分法により売買取引を処理する。

期中取引

(2) （借）仕　入　　660,000 （貸）買掛金　　660,000
(3) （借）買掛金　　 22,000 （貸）仕入戻し　 22,000
(3) （借）買掛金　　 13,200 （貸）仕入値引　 13,200
(3) （借）買掛金　　 10,000 （貸）仕入割戻　 10,000
(4) （借）売掛金　　624,000 （貸）売　上　　624,000
(5) （借）売上戻り　 12,000 （貸）売掛金　　 12,000
(5) （借）売上値引　 8,000 （貸）売掛金　　 8,000

決算整理仕訳

(6) （借）仕入値引割戻・戻し 45,200 （貸）仕　入　　　45,200
(7) （借）売　　上　　　　　20,000 （貸）売上値引・戻り 20,000
(8) （借）仕　入　　　　　 120,000 （貸）繰越商品　 120,000
(9) （借）繰越商品　　　　 201,400 （貸）仕　入　　 201,400

決算振替仕訳

(10) （借）売　上 604,000 （貸）損　益 604,000
(11) （借）損　益 533,400 （貸）仕　入 533,400

(6)　補助簿による棚卸計算法の補完

　3分法による場合，期末の実地棚卸により期末商品棚卸高を見積り，期首商品棚卸高に当期商品純仕入高を加えた額から期末商品棚卸高を差引き，商品売

上原価を間接的に算定する。すなわち，棚卸計算法による場合は，商品売上原価は下記計算式により算定される。

　　期首棚卸数量＋当期仕入数量－期末実地棚卸数量＝当期払出数量

　　当期払出数量×払出単価＝売上原価

　しかし，実際在庫数量を把握するため実地棚卸法により売上原価を間接的に算定する場合，商品払出数量について期中の継続記録は行なわれない。それゆえ，棚卸計算法のみで払出数量を測定するときに期中の紛失や消滅等により商品在庫数量が実際に減少していた場合，この減損数量を当期払出数量のなかに含めるため，売上原価を正確に計算することができない。この場合，帳簿棚卸数量と実地棚卸数量との数量差異を棚卸減耗損という。たとえば，前期繰越数量2単位，当期受入数量8単位，帳簿棚卸数量3単位，実地棚卸数量2単位，仕入単価＠￥100である場合，棚卸計算法による売上原価は800円（払出数量8単位×払出単価100円）になる。これに対して，継続記録法に基づく売上原価は，700円（払出数量7単位×払出単価100円）である。したがって，前期繰越数量と当期仕入数量の10単位のうち7単位は払出数量として売上高に対応する原価であるが，残る1単位は払出数量ではなく棚卸減耗数量であるから棚卸減耗費に含める必要がある。このように，棚卸計算法は，減耗数量を払出数量に含めて売上原価を算定するので，正確に売上原価を計算することができない。

　これに対して，継続記録法は，常時，受入数量，払出数量，帳簿棚卸数量を明確にすることは可能であるが，反面，紛失・消滅等を原因とする期中の実際減耗数量を把握できない。このため，棚卸計算法と継続記録法は，それぞれ一長一短がある。そこで，実務では，棚卸計算法の限界を補うため継続記録法を併用して期中の継続記録により売上原価を常時，算定する方法が採用されている。期中商品受入数量と払出数量の帳簿上の継続記録に基づいて売上原価と帳簿棚卸高を直接計算する方法を継続記録法または損益法という。継続記録法に基づく払出数量は，次のように直接的に計算される。

　　期首棚卸数量＋当期仕入数量－当期払出数量＝期末帳簿棚卸数量

　したがって，払出数量と帳簿棚卸数量にそれぞれ払出単価を乗じて，当期商品売上原価と帳簿棚卸高を算定する。以下，元帳における仕入勘定，売上勘定

および繰越商品勘定の内訳明細を示す補助簿として，それぞれ仕入帳，売上帳および商品有高帳を設定して，期中の商品売買取引を継続記録する処理について説明する。

(7) 仕入帳と売上帳

　仕入帳を補助簿として使用する場合は，期中の仕入取引の内訳明細を発生順に記録する。商品の仕入時に，仕入帳に，取引日付，仕入先の名称，代金支払方法，商品名，数量，単価，金額とともに仕入諸掛を記入する。仕入戻し品や仕入値引は，仕入高からの控除項目であることを明示するため特に朱記する。仕入帳の締切時に，総仕入高から仕入戻し高と仕入値引を差引いて純仕入高を算定する。その結果，仕入帳の総仕入高は元帳上の仕入勘定借方合計額に，仕入帳の純仕入高は仕入勘定借方残高にそれぞれ一致する。

　設例：野崎商会は，5月の商品有高帳と期中取引に基づいて期末に勘定記録の整理を行なった。期中売買取引はすべて掛による。なお，売上原価は総額法で算定している。

5月1日　期首商品棚卸高　A商品80単位，＠¥2,000
　　　　　　　　　　　　B商品50単位，＠¥1,500　計　235,000円

　　7日　奈良商店へ次の商品を掛で売上げた。A商品70単位，＠¥2,800

　　9日　奈良商店へ売上げた上記商品の一部に瑕疵があったので次の通り値引を行ない，売掛金から値引額を差引いた。A商品35単位，＠¥100

　12日　大津商店から次の商品を掛で仕入れた。A商品200単位，＠¥2,100，B商品60単位，＠¥1,550

　14日　大津商店から仕入れたA商品のうち，品違いのため次の商品を返品し，買掛金から返品代金を差引いた。A商品11単位，＠¥2,100

　18日　宇治商店へ次の商品を掛で売上げた。A商品75単位，＠¥2,950，B商品60単位，＠¥2,200。当方負担の発送運賃3,500円は小切手を振出して支払った

　22日　亀岡商店から次の商品を掛で仕入れた。A商品30単位，＠¥2,150。なお，引取運賃3,300円は現金で支払った

29日 奈良商店へ次の商品を売上げ，代金のうち300,000円は同店振出の小切手で受取，残額は掛とした。A商品150単位，@¥3,000，B商品40単位，@¥2,300

31日 本日決算　期末商品棚卸高　A商品4単位，@¥2,150，¥8,600
　　　　　　　　　　　　　　　　B商品10単位，@¥1,550，¥15,500

仕　入　帳

日	付	摘　　　要	内　訳	金　額
5	12	大津商店　　　　　　掛		
		A商品　200単位　@¥2,100	420,000	
		B商品　60単位　@¥1,550	93,000	513,000
	14	大津商店　　　　掛返品		
		A商品　11単位　@¥2,100		23,100
	22	亀岡商店　　　　　　掛		
		A商品　30単位　@¥2,150	64,500	
		引取運賃現金払い	3,300	67,800
	31	総仕入高		580,800
		仕入返品高		23,100
		純仕入高		557,700

売　上　帳

日	付	摘　　　要	内　訳	金　額
5	7	奈良商店　　　　　　掛		
		A商品　70単位　@¥2,800		196,000
	9	奈良商店　　　　　掛値引		
		A商品　35単位　@¥100		3,500
	18	宇治商店　　　　　　掛		
		A商品　75単位　@¥2,950	221,250	
		B商品　60単位　@¥2,200	132,000	353,250
	29	奈良商店　　小切手および掛		
		A商品　150単位　@¥3,000	450,000	
		B商品　40単位　@¥2,300	92,000	542,000
	31	総売上高		1,091,250
		売上値引高		3,500
		純売上高		1,087,750

売上帳を補助簿として用いる場合は，売上取引の内訳明細を歴史的発生順に記録する。すなわち，商品売上時に，売上帳に取引の日付，得意先の名称，代金受取方法，商品名，数量，単価および金額を記入する。売上戻り品と売上値引は，売上高からの控除項目であることを明示するため朱記する。売上帳の締切時は，総売上高から売上戻り高と売上値引を差引いて純売上高を算定する。その結果，売上帳の総売上高は，元帳の売上勘定貸方合計額に，売上帳の純売上高は，売上勘定貸方残高にそれぞれ一致する。

(8) 商品有高帳

　棚卸計算法による場合は，期末に一括して実地棚卸数量を把握するため，期中の払出数量と払出原価は，仕入勘定，売上勘定および繰越商品勘定からは算定できない。そこで，商品売買のつど，受入数量，払出数量および手許帳簿棚卸数量を帳簿に継続記録することにより商品在庫管理に役立てると同時に，常時，払出原価と手許帳簿棚卸高を記録するための補助簿として商品有高帳が使用される。商品有高帳の役割は，商品受入数量，払出数量および帳簿棚卸数量を継続記録することにより，帳簿棚卸と実地棚卸との数量差異を統制管理するとともに，常時，払出原価を算定することにある。

　この場合，商品種類ごとに設けられた各口座の受入欄，払出欄，残高欄にそれぞれ数量，単価，価額を区分して記録する。単価と価額は，すべて仕入原価で記入する。商品有高帳により商品売上数量と帳簿棚卸数量は継続的に記録されるので，両者に払出単価を乗じて，期中，つねに，売上原価と帳簿棚卸高を算定することができる。

　　払出単価×売上数量＝売上原価　　払出単価×帳簿棚卸数量＝帳簿棚卸高

　この場合，払出単価は，原則，取得原価で記録する。しかし，同一種類の商品を仕入れる場合でも仕入先や仕入時期が異なれば，仕入価格は必ずしも同一価格ではなく異なるのが普通である。そこで，商品払出時に，どの仕入単価をもって払出単価にするかを事前に決めておく。このため，商品を種類別に受入れ一旦在庫品として貯蔵されていた商品を払出す場合は，商品有高帳において事前に決定してある払出単価により商品売上原価と棚卸商品原価を算定する。

　商品売上原価を計算するときの払出単価の決定方法には，個別法，平均原価

法として総平均原価法と移動平均法，先入先出法，後入先出法および売価還元原価法がある。このうち売価還元原価法は，期中商品原価計算には使用されず期末棚卸商品の評価に使用される。

　個別商品の購入時に仕入単価を商品ごとに記録しておき，払出のつど個別商品の仕入単価をもって売上原価とする方法を個別法という。個別法は，一個一個の商品の仕入単価を算定しこれを払出単価にするため最も確実で理想的な方法であるが，大規模小売業のように多種多量の商品を反復して受入れ払出す場合は，記帳作業は煩雑になり事務コストもかさむため，一般の実務には不向きである。個別法は，小規模の貴金属販売業のような特定の小規模の小売業に適している。

　これに対して，コストフローを仮定することにより，払出単価と売上原価を算定する原価基準がある。コストフローの仮定条件に基づく原価基準には，平均原価法，先入先出法，後入先出法がある。国際財務報告基準では，後入先出法の適用は禁止されている。

　種類別に受入れた商品について平均原価を算出し，平均原価を払出原価とする方法を平均原価法という。平均原価法には，総平均原価法と移動平均原価法が含まれる。

　商品の受入のつど加重平均単価をもって払出単価とする方法を移動平均原価法という。すなわち，移動平均原価法は，商品を仕入れるたびに棚卸数量と受入数量との合計数量で棚卸高と受入高との合計額を割って平均単価を算定し，これを次の商品払出単価とする方法である。

　これに対して，期末に一括して算定した総平均単価をもって払出単価とする方法を総平均原価法という。すなわち，総平均原価法は，期末に期首棚卸数量と当期受入数量との合計数量で期首棚卸高と当期受入高との合計額を割って平均単価を算定し，これを払出単価とする方法である。

　先に受入れた商品の順から先に払出しを行ない，期末棚卸商品は後から受入れた商品から構成されるものと仮定して，売上原価と期末棚卸商品原価を算定する方法を先入先出法という。

　これに対して，後から受入れた商品の順から先に払出しを行なって，期末棚卸商品は先に受入れた商品から構成されているものと仮定して，売上原価と期

末棚卸商品原価を算定する方法を後入先出法という。後入先出法には，2つの方法がある。商品を払出すたびに，仕入日付の遅い商品の順から先に払出すと仮定したときの払出単価を決定する方法をそのつど後入先出法という。いま一つの後入先出として，期末に一括して仕入日付のいちばん最後の商品から払出すと仮定したときの一括期末後入先出法がある。なお，後入先出法は，国際財務報告基準では禁止されている。

設例：前掲の野崎商店の5月の商品売買取引のうちA商品の取引について（1）先入先出法，（2）後入先出法，（3）移動平均法，（4）総平均法により商品有高帳に記入すれば，次の通りになる。

商品有高帳

（先入先出法）　　　　　　　A 商 品　　　　　　　　単位：個／円

平成年	摘要	受入			払出			残高		
		数量	単価	金額	数量	単価	金額	数量	単価	金額
5月1日	前月繰越	80	2,000	160,000				80	2,000	160,000
7	奈良商店				70	2,000	140,000	10	2,000	20,000
12	大津商店	200	2,100	420,000				10	2,000	20,000
								200	2,100	420,000
14	大津商店戻し				11	2,100	23,100	10	2,000	20,000
								189	2,100	396,900
18	宇治商店				10	2,000	20,000			
					65	2,100	136,500	124	2,100	260,400
22	亀岡商店	30	2,260	67,800				124	2,100	260,400
								30	2,260	67,800
29	奈良商店				124	2,100	260,400			
					26	2,260	58,760	4	2,260	9,040
31	次月繰越				4	2,260	9,040			
		310		647,800	310		647,800			
6月1日	前月繰越	4	2,260	9,040				4	2,260	9,040

注：1. 仕入戻しは仕入単価で払出欄に記入する。
　　2. 仕入値引は値引額を払出欄に記入し，残高欄の単価と金額を修正する。
　　3. 仕入諸掛は仕入価額に加算し，これを仕入数量で割って仕入単価を修正する。
　　4. 売上戻りは払出単価で受入欄に記入する。売上値引は商品有高帳の記録に関連しないので記入しない。

<u>商品有高帳</u>

(後入先出法－払出のつど法) 　　　　A　商　品　　　　　　　単位：個／円

平成年	摘　要	受　入			払　出			残　高		
		数量	単価	金額	数量	単価	金額	数量	単価	金額
5月1日	前月繰越	80	2,000	160,000				80	2,000	160,000
7	奈良商店				70	2,000	140,000	10	2,000	20,000
12	大津商店	200	2,100	420,000				10	2,000	20,000
								200	2,100	420,000
14	大津商店戻し				11	2,100	23,100	10	2,000	20,000
								189	2,100	396,900
18	宇治商店				75	2,100	157,500	10	2,000	20,000
								114	2,100	239,400
22	亀岡商店	30	2,260	67,800				10	2,000	20,000
					114	2,100	239,400			
								30	2,260	67,800
29	奈良商店				30	2,260	67,800			
					114	2,100	239,400			
					6	2,000	12,000	4	2,000	8,000
31	次月繰越				4	2,000	8,000			
		310		647,800	310		647,800			
6月1日	前月繰越	4	2,000	8,000				4	2,000	8,000

注：5月18日の宇治商店への払出数量75単位の払出単価は，14日の商品在庫数量199のうち後から受入れた商品数量189の中から払出すという仮定により決定するので，2,100円である。売上原価157,500＝払出単価2,100×払出数量75

商品有高帳

(移動平均法)　　　　　　　　A　商　品　　　　　　　　　単位：個／円

平成年	摘要	受入			払出			残高		
		数量	単価	金額	数量	単価	金額	数量	単価	金額
5月1日	前期繰越	80	2,000	160,000				80	2,000	160,000
7	奈良商店				70	2,000	140,000	10	2,000	20,000
12	大津商店	200	2,100	420,000				210	2,095	440,000
14	大津商店戻し				11	2,100	23,100	199	2,095	416,900
18	宇治商店				75	2,095	157,123	124	2,095	259,777
22	亀岡商店	30	2,260	67,800				154	2,127	327,577
29	奈良商店				150	2,127	319,068	4	2,127	8,509
31	次月繰越				4	2,127	8,509			
		310		647,800	310		647,800			
6月1日	前月繰越	4	2,127	8,509				4	2,127	8,509

注：12日の仕入単価2,100円は前日の仕入単価2,000円と異なる仕入単価であるから，棚卸高に受入高を加えた440,000円を棚卸数量に受入数量を加えた210個で割って平均単価2095円を求め，これを18日の払出単価とする。22日の仕入のときも同様にして加重平均して29日の払出単価2,127円を算出する。

商品有高帳

(総平均法)　　　　　　　　A　商　品　　　　　　　　　単位：個／円

平成年	摘要	受入			払出			残高		
		数量	単価	金額	数量	単価	金額	数量	単価	金額
5月1日	前期繰越	80	2,000	160,000				80	2,000	160,000
7	奈良商店				70			10		
12	大津商店	200	2,100	420,000				210		
14	大津商店戻し				11			199		
18	宇治商店				75			124		
22	亀岡商店	30	2,260	67,800				154		
29	奈良商店				150			4	2,090	
31	次月繰越				4	2,090	8,360			
		310	2,090	647,800	310	2,090	647,800			
6月1日	前月繰越	4	2,090	8,360				4	2,090	8,360

注：1. 受入欄は数量，単価および金額をすべて記録し，払出欄と残高欄については数量のみ記録する。
　　2. 期末に総受入高647,800円を総受入数量310で割って平均単価2,090円を求め，これを当期の払出単価とする。なお，加重平均により誤差が生じる。

価格上昇期を前提に各方法を比較した場合，売上原価と期末棚卸高は次のようになる。

第8章 棚卸資産　*141*

払出単価決定の方法	売上原価	期末棚卸高
(1) 先入先出法	638,760 円	9,040 円
(2) 後入先出法	639,800 円	8,000 円
(3) 移動平均法	639,291 円	8,509 円
(4) 総平均法	639,440 円	8,360 円

注：国際会計基準と米国財務会計基準は，後入先出法を禁止している。

　一般物価上昇期にある場合，売上原価が高く期末棚卸高が低く算定される方法は，後入先出法を筆頭に，総平均法，移動平均法，先入先出法の順である。後入先出法は，価格上昇期に仕入日の遅い順から先に商品を払出すというコストフローの仮定にしたがって最新の仕入単価を払出単価とするため，物価上昇期には他の方法に比較して売上原価が高く，期末棚卸高は低く算定される。後入先出法は，国際会計基準では禁止されている。これに対して，一般物価下落期にある場合に売上原価が最も高く算定される方法は，先入先出法である。先入先出法は，仕入単価が下落する場合に商品の仕入順に最古の仕入単価を払出単価とするため，他の方法に比較して売上原価は高く，期末棚卸高は低く算定される。平均法は，後入先出法と先入先出法の中間にある。

8-4　棚卸商品の期末評価

　棚卸商品の期末評価は，原則，低価基準（Lower of sost or market）に基づく。なお，棚卸資産の原価計算が困難な小売販売業については，売価還元法が評価基準として認められている。取扱品目の種類が極めて多い小売販売業や小口受注生産の製造業・卸売業にとって，品目の別に先入先出法等の原価基準で期中受入・払出・残高を商品有高帳に継続記録しておき，払出単価に基づいて期末棚卸商品原価を計算する方法は，非常に煩雑になり実務に不向きである。このため，小売業販売業等に対して棚卸商品評価の簡便法として売価還元法が認められている。売価還元法を適用する場合は，形状，性質，等級などの自然的な属性に基づいて商品を同一の品目グループに分類するのではなく，値入率（仕入原価に占める利益の割合）や回転率の類似性にしたがって異なる品目を一つの商品グループにまとめ，当該商品グループの別に前期繰越商品と当期仕入

商品との売価の合計額から当期売上高を控除して次期繰越商品帳簿売価を算定したうえ，次期繰越商品帳簿売価に原価率（原価÷売価）を掛けて次期繰越商品帳簿原価を間接的に計算する。これを売価還元法という。

　低価基準は，期末棚卸資産取得原価と期末時価とを比較して，いずれか低い方の価額を棚卸資産の貸借対照表価額とする方法である。ただし，未実現評価益の計上は禁止されている。このため，期末棚卸資産の取得原価が貸借対照表上の上限価額である。

　棚卸資産は，期中受入・払出は取得原価で記録しておき，相場の変動・陳腐化等による帳簿価額の減損を財務諸表上で開示するため，期末に低価基準で評価する。棚卸資産を低価基準で評価するときの期末時価は，同一種類の棚卸資産を期末に購入する場合，いくら掛かるかと仮定したときの購入市場価格すなわち再調達原価（取替原価）である。したがって，期末棚卸資産を低価基準で評価する場合は，取得原価と再調達原価とを比較する必要がある。再調達原価として認められる時価の範囲は，棚卸資産を期末に市場に売却すれば売上収益はいくらになるかを仮定したときの売却時価（正味実現可能価額＝現金受取額）を上限に，売却時価から売上利益控除後の残額が下限である。

　再調達原価が上限の時価（売却時価）と下限の時価（＝売却時価－売上利益）との許容範囲に収まっていれば，再調達原価が取得原価と比較されるべき時価である。これに対して再調達原価が上限の売却時価を超える場合は，上限の売却時価が取得原価と比較されるべき時価である。逆に，再調達原価が下限の売上利益控除後の売却時価を下回る場合は，売上利益控除後の売却時価が取得原価と比較されるべき時価である。

　時価に上限を設定する根拠とは何か。それは，棚卸資産を次期以降に売却時価で売却したときの現金収入額を期末棚卸資産評価額の上限とするためである。次期以降に棚卸資産が売却された場合，売却時価により現金の収入が得られるので，売却時価を超える再調達原価で棚卸資産を評価する方法は合理的ではない。その理由は，上限の時価を超える再調達原価で棚卸資産を評価する場合は，棚卸資産原価の過大評価になり，当期費用は相対的に過少表示されるからである。原価を越える時価を認識しない点に低価基準の特質がある

　他方，時価に下限を設定する理由とは何か。それは，棚卸資産原価の過少表

示による当期費用の過大表示を回避するためである。なぜなら，売上利益控除後の売却時価を下限とする棚卸資産原価は，売上利益を計上するための分岐点になるからである。したがって，売上利益控除後の正味実現可能価額（売却時価）を下回る棚卸資産評価は，売上利益の縮小表示になる。

　　上限の売却時価（正味実現可能価額）＝売価－販売費等のアフターコスト

　　下限の売却時価＝上限の売却時価－売上利益

　期末の棚卸資産評価において低価基準を適用する場合に，期末時価が取得原価以下に下落したときは，棚卸資産の取得原価は低いほうの期末時価に減額されるため，当期費用は評価損だけ過大表示される結果，当期利益は相対的に過少表示される。このため，期末棚卸資産をどのような方法と評価基準によって評価するかが当期利益の金額を左右する。

　次期繰越商品原価を評価する第一の目的は，商品販売益を算定するために商品売買による受入，払出および残高の帳簿記録に基づいて当期売上高に対応する売上原価を算定することである。第二に，実地棚卸で確認された実地棚卸数量と帳簿棚卸数量との不一致に基づく棚卸減耗損を帳簿棚卸商品原価より控除して実地棚卸商品原価に一致させることが次期繰越商品評価の目的である。第三の目的は，次期繰越商品原価を低価基準で評価することにより商品低価による評価損と品質低下・陳腐化に伴う評価損を計上することである。なお，未実現保有評価益は，収益認識基準の実現主義及び保守主義・慎重主義の原則により計上は禁止される。

(1)　売上原価の計算

　前期繰越商品と当期仕入商品のうちの一部が期末に売れ残った場合は，商品販売益を算定するため，期間原価配分と費用収益対応の原則に従い，取得原価を当期売上高に対応する売上原価と次期繰越商品原価とに期間配分する。すなわち，前期繰越商品と当期仕入商品の取得原価の合計額は，当期売上高に対応する売上原価と次期売上高に対応すべき次期繰越商品原価とに区分され，後者は貸借対照表上の商品として次期に繰越される。

$$\text{受入数量}\times\text{受入単価}=\text{原価とその期間配分}\begin{cases}\text{払出数量}\times\text{払出単価}=\text{商品売上原価}\\\text{棚卸数量}\times\text{払出単価}=\text{棚卸商品原価}\end{cases}$$

3分法により売買取引を処理する場合は，決算整理仕訳において前期繰越高を繰越商品勘定から仕入勘定へ振替えるとともに，次期繰越高を仕入勘定から繰越商品勘定へ振替え売上原価を算定する。

商品有高帳により受入，払出，残高の継続記録をつうじて払出数量と払出原価を算定する方法を継続記録法または帳簿棚卸法という。したがって，継続記録法に従う場合は，商品有高帳の帳簿棚卸高から次期繰越数量が明らかになるので，次期繰越数量に払出単価を掛けて次期商品帳簿繰越高を算定する。

　　前期繰越数量＋当期受入数量－当期払出数量＝次期帳簿繰越数量

　　次期帳簿繰越数量×払出単価＝次期帳簿繰越高

　　前期繰越高＋当期純仕入高－次期帳簿繰越高＝売上原価

売上原価を算定するための決算整理仕訳

　　（借）仕　　入　　　　　　××（貸）繰越商品（期首残高）××
　　（借）繰越商品（期末残高）××（貸）仕　　入　　　　　　××

(2)　棚卸減耗費の計算

継続記録法により売上原価を帳簿で算定したならば，次に，繰越商品勘定に振替えられた次期商品繰越高を修正する。その理由は，帳簿上の次期商品繰越高は，実地商品棚卸高に必ずしも一致しないからである。このため，期末の次期商品帳簿繰越数量について実地棚卸を行なって実際商品棚卸数量を確認し，帳簿繰越高を実際棚卸高に一致させる。これを棚卸計算法（実地棚卸法）という。紛失，損傷等により在庫商品の実地棚卸数量が帳簿棚卸数量に満たない場合は，両者の差異として棚卸減耗数量に払出単価を掛けて棚卸減耗費を算定し，棚卸減耗費勘定に計上する。

　　棚卸減耗費＝（帳簿棚卸数量－実地棚卸数量）×払出単価

なお，棚卸減耗費は，原価性の有無に応じて処理し区分表示する。棚卸減耗費の一部が毎期経常的に発生する場合あるいは金額が重要性に乏しい場合は，これを仕入勘定に振替えるとともに，損益計算書に営業費として売上原価の内訳項目あるいは販売費及び一般管理費に表示する。これに対して，棚卸減耗費の一部が臨時的，非経常的に発生して原価性が無い場合，原価外処理を行ない損益計算書の営業外費用または特別損失として表示する。

棚卸減耗費の処理

　　（借）棚卸減耗費××（貸）繰越商品××

棚卸減耗費の一部を原価処理したとき

　　（借）仕　入××（貸）棚卸減耗損××

(3) 棚卸評価損の処理

　期末商品棚卸高が減少する原因は，商品の在庫数量の数量的要因による減少に限らない。市場価格の下落や商品価値の減少により商品の経済的価値が帳簿価額より減少している場合がある。在庫品の損傷，棚ざらしによる品質の低下，流行遅れ・販売シーズンから外れた陳腐化による評価損のほかに，低価基準を期末評価基準として適用する場合は，期首の帳簿価額より低い期末時価との評価差額を商品低価評価損として計上し，期首帳簿価額を修正して期末時価に一致させる。低価基準は，期末時価が取得原価より50％未満に下落した場合に，棚卸商品を低い方の期末時価で評価し低価評価損として計上する方法である。他方，期末時価が帳簿価額の50％を超えて著しく下落し回復の見込がない場合は，時価評価が必要である。これを強制評価減という。

　　品質低下・陳腐化評価損＝不良品数量×（払出単価－見積処分単価）

　　低価評価損・強制評価損＝良品数量×（払出単価－時価単価）

　なお，品質低下・陳腐化に伴う棚卸評価損の一部が毎期経常的に発生し原価性を有すると認められる場合は，仕入勘定へ振替えるとともに損益計算書の売上原価の内訳項目または販売費及び一般管理費として営業費用として計上する。他方，棚卸評価損の一部が臨時的に発生し原価性が無い場合は，原価外処理として損益計算書の営業外費用または特別費用として表示する。

　また，低価基準による棚卸評価損は，売上原価の内訳科目または営業外費用に表示する。これに対して，期末時価が著しく下落し回復の見込がない場合の強制評価減については，原価外処理として営業外費用または特別損失に表示する。

棚卸評価損の処理

a. 品質低下・陳腐化評価損の仕訳

　　（借）品質低下・陳腐化評価損××（貸）繰越商品××

品質低下・陳腐化評価損を原価処理したとき

　　　（借）仕　入××（貸）品質低下・陳腐化評価損××

b. 商品低価評価損・強制評価損の仕訳

　　　（借）商品低価評価損・強制評価損××（貸）繰越商品××

商品低価評価損を原価処理したとき

　　　（借）仕　入××（貸）商品低価評価損××

設例：当社の5月期の商品売買取引に関する資料は，次の通りである。期中の棚卸商品の払出単価は先入先出法により決定し，棚卸商品の期末評価は低価基準により行なう。

(1)　決算整理前勘定残高

　　　繰越商品 159,000，仕入 464,000，売上 700,000

(2)　当月の商品受入及び払出の明細は次の通りである。

1. 前期繰越商品 60 単位，@2,650 円　159,000 円
2. 仕入 80 単位，@2,550 円
3. 売上 90 単位
4. 仕入 100 単位，@2,600 円
5. 売上 105 単位

(3)　期末帳簿棚数量 45 単位。実地棚卸数量 22 単位。毎期経常的に発生する平均 20 単位の棚卸減耗損は販売費として処理し，その他の棚卸減耗損は営業外費用として原価外処理を行なう。実地棚卸高のうち損傷品 5 単位の見積処分額は @2000 円であり，品質低下評価損は売上原価の内訳科目として計上する。良品 17 単位の期末時価は @2200 円であり，商品低価評価損は営業外費用として原価外処理を行なう。

決算整理仕訳

　　（借）仕　入　159,000（貸）繰越商品 159,000

　　（借）繰越商品 117,000（貸）仕　入　117,000

　帳簿棚卸高により売上原価を算定するための前期繰越高と次期繰越高（帳簿棚卸数量 45 単位×@2,600 円）の整理仕訳。

　　（借）棚卸減耗損 59,800（貸）繰越商品 59,800

棚卸減耗損 59,800 円（販売費計上分 52,000（減耗数量 20 単位×@2,600）＋営業外費用計上分 7,800（減耗数量 3 単位×@2,600））の計上。

（借）品質低下評価損 3,000　（貸）繰越商品 3,000

品質低下評価損 3,000 円（＝損傷品 5 単位×(@2,600－@2000)）の計上。

（借）商品低価評価損 6,800　（貸）繰越商品 6,800

低価評価損 6,800 円（＝良品 17 単位×(@2,600－@2,200)）の計上（営業外費用）。

（借）仕　入 3,000　（貸）品質低下評価損 3,000

品質低下評価損 3,000 を売上原価に算入するための整理仕訳。

	繰越商品		
前期繰越	159,000	仕　入	159,000
仕　入	117,000	棚卸減耗損	59,800
		品質低下評価損	3,000
		商品低価評価損	6,800
		次期繰越	47,400
	276,000		276,000

	仕　入		
当期仕入高	464,000	次期繰越	117,000
繰越商品	159,000	損　益	509,000
品質低下評価損	3,000		
	62,6000		62,6000

	棚卸減耗損		
繰越商品	59,800	損　益	59,800

	品質低下評価損		
繰越商品	3,000	仕　入	3,000

	商品低価評価損		
繰越商品	6,800	損　益	6,800

損益計算書

I	売上高		700,000
II	売上原価		
	1 期首商品棚卸高	159,000	
	2 当期商品仕入高	464,000	
	合　計	623,000	
	3 期末商品棚卸高	117,000	
	差　引	506,000	
	4 品質低下評価損	3,000	509,000
	売上総利益		191,000
III	販売費及び一般管理費		
	1 棚卸減耗損		52,000
	営業利益		139,000
IV	営業外費用		
	1 棚卸減耗損	7,800	
	2 商品低価評価損	6,800	14,600
	経常利益		124,400

貸借対照表

商　品　47,400

8-5 売価還元法による棚卸資産評価

多種類の商品を取扱うデパート，チェーンストア等の小売販売業，卸売業，小口注文製造業の期末棚卸商品の評価方法として売価還元法（小売棚卸法，売価棚卸法）が認められている。売価還元法は，期中取引の受入・払出・残高を商品有高帳に継続記録しておき払出単価による棚卸商品の原価計算が困難な企業に認められた簡便法である。

売価還元法は，商品を形状，性質，等級などの自然的な特質に従って分類するのではなく，異なる品目を値入率（＝利益÷原価。原価に占める利益の割合をいう）や在庫回転率（＝売上原価÷平均棚卸商品原価。一定期間における在庫商品販売回数を示す指標）の類似性にしたがって適当な一商品グループに分類する。

次に，商品グループ別に前期繰越商品と当期仕入商品の売価合計額から当期売上高を控除して帳簿上の次期繰越商品売価を算定し，次期繰越商品帳簿売価に原価率を掛けて次期繰越商品帳簿原価を遡及的に計算する。したがって，売価還元法に基づく期末棚卸商品評価は，売価の決定及び原価率の設定が前提条件になる。

商品を販売する前に，通常の場合，売価は一定の販売価格（定価）として決定される。売価の決定により確定した売価合計（前期繰越商品売価と当期仕入商品売価の合計額）に対する原価合計（前期繰越商品原価と当期仕入商品原価の合計）の割合を当初原価率という。当初原価率を採用する場合は，当初原価率算式の分母に売上値引・割戻を含めない。その理由は，売上値引・割戻は売価決定後に行なわれる売価の修正であるからである。これに対して，当初原価率計算式の分母から売上値引・割戻を控除して売価修正後の原価率を最終原価率という。

当初原価率を設定したならば，帳簿上の次期繰越商品の売価を算定し，これに当初原価率を乗じて次期繰越商品原価を求める。次に，前期繰越商品原価と当期仕入商品原価の合計額から次期繰越商品帳簿原価を差引き売上原価を求める（「企業会計原則と関係諸法令との調整に関する連続意見書第四および第五について」連続意見書第四，棚卸資産の評価について，4. 売価還元法）。

平均原価法に基づいて当初原価率を計算する方法は2つある。第1は，仕入時に確定した前期繰越商品原価に当期純仕入原価を加えた原価合計額を，仕入時に決定した前期繰越商品売価に当期仕入商品売価を加えた売価合計額で割る方法である。第2は，仕入時に確定した前期繰越商品原価に当期純仕入原価を加えた原価合計額を，売上時に確定した当期売上高（＝総売上高－売上戻り高）に次期繰越商品帳簿売価を加えた売価合計額で割る方法である。

平均原価法による原価率計算式は，次の通りである。

　　平均法の原価率＝

$$\frac{\text{前期繰越商品原価}＋\text{当期純仕入原価}}{\text{前期繰越商品売価}＋\text{当期純仕入原価}＋\text{原始値入額}＋\text{純値上額}－\text{純値下額}}$$

あるいは，

$$平均法の原価率 = \frac{前期繰越商品原価 + 当期純仕入原価}{当期売上高 + 次期繰越商品帳簿売価}$$

次期繰越商品帳簿売価＝平均法原価率計算式分母（前期繰越商品売価＋当期純仕入原価＋原始値入額＋純値上額－純値下額）－当期売上高

次期繰越商品帳簿原価＝次期繰越商品帳簿売価×平均法原価率

売上原価＝前期繰越商品原価＋当期純仕入原価－次期繰越商品帳簿原価

　平均法原価率計算式から分かるように，総仕入高から仕入戻しと仕入値引・割戻を控除して純仕入原価が確定した時点で純仕入原価に正常利益を加算し，前期繰越商品と当期仕入商品の売価合計を決定する。この場合，値入率（利益÷原価。原価に占める利益の加算率をいう）と利益率（利益÷売価）を考慮して前期繰越商品と当期仕入商品の完売を仮定して売価を決定する。売上値引・割戻を行なう前の売価合計額に占める原価合計額の比率が当初原価率である。

　商品販売後の売上戻りは取引の取消であり，当初原価率にしたがって売上高と売上原価は同時に解消されるため売上戻り時に算定された原価率は当初の原価率と同一になる。

　しかし，原価率を売上値引・割戻時に算定する場合は，売価が修正されるため当初の原価率も修正される。なぜなら，売上値引・割戻により売価だけ修正されるが，売上原価は修正されないからである。したがって，売上高から売上値引・割戻を控除後に算定した場合の原価率は当初の原価率とは異なる。売上高から値引・割戻控除後の損益計算書上の純売上高（売上高－売上戻り・値引割戻）に対する売上原価の比率が最終原価率である。

　売価還元法には，平均法と平均法低価法のほかに，先入先出法と先入先出法低価法がある。この4種類の売価還元法原価率は，分母と分子の計算要素が異なるので，売価決定時に設定される当初の原価率もそれぞれ異なる。したがって，いかなる原価率を適用するかによって，棚卸商品評価額と当期の純利益の金額は左右される。

　売価還元平均法と，原則外処理法として売価還元低価法を適用する場合の原価率と次期繰越商品帳簿売価の原価への還元は，以下のように行なう。

(1) 売価還元平均法

平均法の原価率＝

$$\frac{\text{前期繰越商品原価}＋\text{当期純仕入原価}}{\text{前期繰越商品売価}＋\text{当期純仕入原価}＋\text{原始値入額}＋\text{値上額}－\text{値上取消額}－\text{値下額}＋\text{値下取消額}}$$

次に，平均法原価率計算式分母の売価合計から売上高（総売上高－売上戻り高）を控除して次期繰越商品帳簿売価を求め，これに平均法原価率を掛けて次期繰越商品帳簿原価を算定する。

次期繰越商品帳簿売価＝平均法原価率計算式分母（前期繰越商品売価＋当期純仕入原価＋原始値入額＋純値上額－純値下額）－当期売上高

次期繰越商品帳簿原価＝次期繰越商品帳簿売価×平均法原価率

実地棚卸により実地売価が帳簿売価を下回る場合は，その差額を棚卸減耗商品売価とみなして棚卸減耗費（原価）に還元する。すなわち，売価還元法では商品有高帳を用いて品目別の受入・払出の帳簿記録を行なわないので，帳簿上の次期繰越商品原価は分からない。そこで，実地棚卸による次期繰越商品実地売価と帳簿売価との差額を棚卸減耗商品売価として見積り，これに平均法原価率を掛けて棚卸減耗費を計算する。

棚卸減耗商品売価＝次期繰越商品帳簿売価－次期繰越商品実地売価

棚卸減耗費（原価）＝棚卸減耗商品売価×平均法原価率

平均法原価率による原価

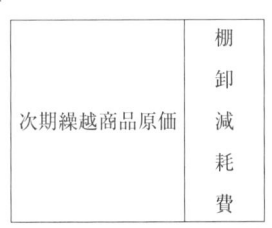

次期繰越商品原価	棚卸減耗費

実地売価　帳簿売価

設例1：伏見商事株式会社の月次決算資料は次の通りである。売価還元平均法により期末棚卸資産を評価している。なお，棚卸減耗費は売上原価の内訳項目に計上する。

1. 決算整理前試算表

<table>
<tr><td colspan="4">決算整理前試算表</td></tr>
<tr><td>繰越商品</td><td>50,000</td><td>売　上</td><td>200,000</td></tr>
<tr><td>仕　入</td><td>160,000</td><td>仕入戻し</td><td>800</td></tr>
<tr><td>売上戻り</td><td>1,000</td><td>仕入値引・割戻</td><td>3,200</td></tr>
<tr><td>売上値引・割戻</td><td>4,000</td><td></td><td></td></tr>
</table>

2. 売価と原価に関する資料は下記の通りである。

	原　価	売　価
前期繰越商品	50,000	65,000
当期純仕入高	156,000	202,800
原始値入額		46,800
値上額		3,800
値上取消額		300
値下額		5,500
値下取消額		1,500
当期純売上高		195,000
次期繰越商品実地売価		68,000

平均法原価率と売価還元：

受　入	棚卸商品（原価）	払　出		受　入	棚卸商品（売価）	払　出	
前期繰越商品	50,000			前期繰越商品	65,000	総売上高	200,000
総仕入高	160,000	売上原価	？	純仕入高	156,000	売上戻り	1,000
仕入戻し	800			原始値入額	46,800	売上高	199,000
仕入値引割戻	3,200			値上額	3,800	売上値引割戻	4,000
純仕入高	156,000	次期繰越商品	？	値上取消額	300	純売上高	195,000
原価合計	206,000			値下額	5,500	次期繰越商品帳簿売価	
				値下取消額	1,500		68,300
				売価合計	267,300	売価合計	267,300

　　平均法原価率分子の原価合計 206,000 ＝ 前期繰越商品原価 50,000 ＋ 当期純仕入原価 156,000

　　平均法原価率分母の売価合計 267,300 ＝ 前期繰越商品売価 65,000 ＋ 当期純仕入原価 156,000 ＋ 原始値入額 46,800 ＋ 純値上額 3,500 － 純値下額 4,000

　　平均法原価率 77％ ＝ 原価合計 206,000 ÷ 売価合計 267,300

　　次期繰越商品帳簿売価 68,300 ＝ 売価合計 267,300 － 売上高 199,000

　　次期繰越商品帳簿原価 52,591 ＝ 次期繰越商品帳簿売価 68,300 × 平均法原価率 77％

売上原価 153,409 = 原価合計 206,000 − 次期繰越商品帳簿原価 52,591

棚卸減耗費 231 = 棚卸減耗商品売価 300（= 次期繰越商品帳簿売価 68,300 − 次期繰越商品実地売価 68,000）× 平均法原価率 77%

次期繰越商品価額 52,360 = 次期繰越商品帳簿原価 52,591 − 棚卸減耗費 231

（次期繰越商品価額 52,360 = 次期繰越商品実地売価 68,000 × 平均法原価率 77%）

決算整理仕訳

仕入高と売上高の整理仕訳

（借）仕入戻し　　　　　800　（貸）仕　　入　　　　800
（借）仕入値引・割戻 3,200　（貸）仕　　入　　　3,200
（借）売　　上　　　1,000　（貸）売上戻り　　　1,000
（借）売　　上　　　4,000　（貸）売上値引・割戻 4,000

売上原価・棚卸減耗費算定のための整理仕訳

（借）仕　　入　　50,00　（貸）繰越商品　50,000
　　　繰越商品　52,591　　　仕　　入　52,591
（借）棚卸減耗費　　231　（貸）繰越商品　　　231

損益計算書（単位：円）

Ⅰ	売上高			195,000
Ⅱ	売上原価			
	1	期首商品棚卸高	50,000	
	2	当期商品仕入高	156,000	
		合　　計	206,000	
	3	期末商品棚卸高	52,591	
		差　　引	153,409	
	4	棚卸減耗費	231	153,640
		売上総利益		41,360

貸借対照表（単位：円）

商　品 52,360

(2) 売価還元低価法

時価の下落や品質の低下により商品の定価を値下げした場合に，市場価格の

減損処理を次期繰越商品原価に反映させるため，平均法原価率計算式の分母から控除項目である値下部分を除外した原価率計算式を売価還元低価法という。原価法である平均法原価率計算式分母から値下部分を除外することにより，平均原価法原価率に比較して低価法原価率は低くなるので，慎重主義と保守主義の原則（不確実な取引・事象について会計処理を慎重に行なうため収益は実現主義，費用は発生主義により不平等に計上して未実現評価利益の表示を禁じた会計慣習上の原則をいう）により次期繰越商品原価を縮小表示することができる。売価還元低価法による原価率と期末棚卸資産評価は，下記計算式により行なう。

$$低価法の原価率 = \frac{前期繰越商品原価 + 当期純仕入原価}{前期繰越商品売価 + 当期仕入原価 + 原始値入額 + 純値上額}$$

次期繰越商品帳簿売価 = 平均法原価率計算式分母（前期繰越商品売価 + 当期純仕入原価 + 原始値入額 + 純値上額 − 純値下額）− 当期売上高

商品低価評価損を計上する場合の次期繰越商品帳簿売価の還元

次期繰越商品帳簿原価 = 次期繰越商品帳簿売価 × 平均法原価率

商品低価評価損を計上しない場合の次期繰越商品帳簿売価の還元

次期繰越商品帳簿原価 = 次期繰越商品帳簿売価 × 低価法原価率

次に，売価還元低価法により商品低価評価損が生じた場合は，次期繰越商品帳簿原価を修正する。以下，棚卸減耗費および商品低価評価損を計上する場合と，棚卸減耗費は計上するが商品低価評価損は計上しない場合について解説する。

A. 商品低価評価損を計上する場合

次期繰越商品帳簿原価より減額される棚卸減耗費は，次期繰越商品帳簿売価と実地売価との差額に平均法原価率を掛けて算定する。次に，次期繰越商品実地売価に平均法原価率と低価法原価率との原価率の差額を掛けて商品低価評価損を算定する。また，次期繰越商品実地売価に低価法原価率を掛けて次期繰越商品の貸借対照表価額を算定する。

次期繰越商品帳簿原価 = 次期繰越商品帳簿売価 × 平均法原価率

棚卸減耗費 = 平均法原価率 × 減耗商品売価（= 次期繰越商品帳簿売価 − 実地売価）

商品低価評価損 = 次期繰越商品実地売価 ×（平均法原価率 − 低価法原価率）

次期繰越商品価額 = 次期繰越商品実地売価 × 低価法原価率

（または次期繰越商品価額＝次期繰越商品帳簿原価－棚卸減耗費－商品低価評価損）

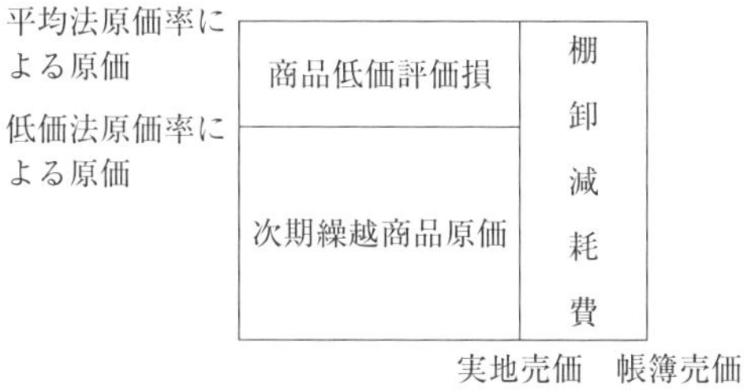

```
平均法原価率に
よる原価      ┌─────────────┬──┐
            │ 商品低価評価損 │棚│
低価法原価率に ├─────────────┤卸│
よる原価      │             │減│
            │ 次期繰越商品原価 │耗│
            │             │費│
            └─────────────┴──┘
              実地売価    帳簿売価
```

B. 商品低価評価損を計上しない場合（棚卸減耗費だけ計上する場合）

　商品低価評価損を計上しない場合は，平均法と低価法の原価率差異による商品低価評価損の算定が不要になるから下記のように処理する。

　最初に，次期繰越商品帳簿売価に低価法原価率を掛けて次期繰越商品帳簿原価を算定する。次に，次期繰越商品帳簿売価と実地売価との差額を棚卸減耗商品売価と見なして，これに低価法原価率を掛けて棚卸減耗費を算定する。さらに，次期繰越商品実地売価に低価法原価率を掛けて次期繰越商品の貸借対照表価額を算定する。

　　次期繰越商品帳簿原価＝次期繰越商品帳簿売価×低価法原価率
　　棚卸減耗費＝棚卸減耗商品売価（＝次期繰越商品帳簿売価－実地売価）×低価法原価率
　　次期繰越商品価額＝次期繰越商品実地売価×低価法原価率

```
低価法原価率に
よる原価      ┌─────────────┬──┐
            │             │棚│
            │             │卸│
            │ 次期繰越商品原価 │減│
            │             │耗│
            │             │費│
            └─────────────┴──┘
              実地売価    帳簿売価
```

設例2：設例1の取引と同一条件とする。伏見商事株式会社は期末棚卸商品評価に平均法と売価還元低価法を併用して期末棚卸資産を評価している。棚卸減耗費は売上原価の内訳項目に計上し，商品低価評価損は販売費及び一般管理費

に計上する。なお，商品低価評価損を計上しない場合の処理も行なう。

1. 決算整理前試算表

決算整理前試算表

繰越商品	50,000	売　上	200,000
仕　入	160,000	仕入戻し	800
売上戻り	1,000	仕入値引・割戻	3,200
売上値引・割戻	4,000		

2. 売価と原価に関する資料は下記の通りである。

	原　価	売　価
前期繰越商品	50,000	65,000
当期純仕入高	156,000	202,800
原始値入額		46,800
値上額		3,800
値上取消額		300
値下額		5,500
値下取消額		1,500
当期純売上高		195,000
次期繰越商品実地売価		68,000

低価法原価率と売価還元：

受　入	棚卸商品（原価）		払　出		受　入	棚卸商品（売価）		払　出	
前期繰越商品	50,000				前期繰越商品	65,000	総売上高	200,000	
総仕入高	160,000	売上原価	?		純仕入高	156,000	売上戻り	1,000	
仕入戻し	800				原始値入額	46,800	売上高	199,000	
仕入値引割戻	3,200				値上額	3,800	売上値引割戻	4,000	
純仕入高	156,000	次期繰越商品	?		値上取消額	300	純売上高	195,000	
原価合計	206,000				値下額	5,500	次期繰越商品帳簿売価		
					値下取消額	1,500		68,300	
					売価合計	267,300	売価合計	267,300	

平均法原価率分子の原価合計 206,000 ＝ 前期繰越商品原価 50,000 ＋ 当期純仕入原価 156,000

平均法原価率分母の売価合計 267,300 ＝ 前期繰越商品売価 65,000 ＋ 当期純仕入原価 156,000 ＋ 原始値入額 46,800 ＋ 純値上額 3,500 － 純値下額 4,000

低価法原価率分子の原価合計 206,000 ＝ 前期繰越商品原価 50,000 ＋ 当期純仕入原価 156,000

低価法原価率分母の売価合計 271,300 ＝ 前期繰越商品売価 65,000 ＋ 当期純仕入原価 156,000 ＋ 原始値入額 46,800 ＋ 純値上額 3,500

平均法原価率 77％ ＝ 原価合計 206,000 ÷ 売価合計 267,300

低価法原価率 75.9％ ＝ 原価合計 206,000 ÷ 売価合計 271,300

A. 商品低価評価損を計上する場合

次期繰越商品帳簿売価 68,300 ＝ 平均法原価率分母の売価合計 267,300 − 売上高 199,000

次期繰越商品帳簿原価 52,591 ＝ 次期繰越商品帳簿売価 68,300 × 平均法原価率 77％

売上原価 153,409 ＝ 原価合計 206,000 − 次期繰越商品帳簿原価 52,591

棚卸減耗費 231 ＝ 棚卸減耗商品売価 300（＝次期繰越商品帳簿売価 68,300 − 次期繰越商品実地売価 68,000）× 平均法原価率 77％

商品低価評価損 748 ＝（平均法原価率 77％ − 低価法原価率 75.9％）× 次期繰越商品実地売価 68,000

次期繰越商品価額 51,612 ＝ 次期繰越商品帳簿原価 52,591 − 棚卸減耗費 231 − 商品低価評価損 748)

（次期繰越商品価額 51,612 ＝ 次期繰越商品実地売価 68,000 × 低価法原価率 75.9％）

決算整理仕訳

1. 仕入高・売上高の決算整理仕訳

　　（借）仕 入 戻 し　　　　800　（貸）仕　　入　　　　800
　　（借）仕入値引・割戻 3,200　（貸）仕　　入　　　3,200
　　（借）売　　上　　　　1,000　（貸）売 上 戻 り　　　1,000
　　（借）売　　上　　　　4,000　（貸）売上値引・割戻 4,000

2. 売上原価・棚卸減耗費・商品低価評価損算定の決算整理仕訳

　　（借）仕　　入　　　　50,000　（貸）繰越商品　50,000
　　（借）繰越商品　　　　52,591　（貸）仕　　入　　52,591
　　（借）棚卸減耗費　　　　　231　（貸）繰越商品　　　231
　　（借）商品低価評価損　　　748　（貸）繰越商品　　　748

損益計算書（単位：円）

I 売上高		195,000
II 売上原価		
1 期首商品棚卸高	50,000	
2 当期商品仕入高	156,000	
合 計	206,000	
3 期末商品棚卸高	52,591	
差 引	153,409	
4 棚卸減耗費	231	153,640
売上総利益	41,360	
III 販売費及び一般管理費		
1 商品低価評価損		748
営業利益		40,612

貸借対照表（単位：円）

商 品 51,612

B. 商品低価評価損を計上しない場合

次期繰越商品帳簿売価 68,300 ＝ 平均法原価率の売価合計 267,300 － 売上高 199,000

次期繰越商品帳簿原価 51,840 ＝ 次期繰越商品帳簿売価 68,300 × 低価法原価率 75.9％

売上原価 154,160 ＝ 原価合計 206,000 － 次期繰越商品帳簿原価 51,840

棚卸減耗費 228 ＝ 棚卸減耗商品売価 300（＝ 次期繰越商品帳簿売価 68,300 － 次期繰越商品実地売価 68,000）× 低価法原価率 75.9％

次期繰越商品価額 51,612 ＝ 次期繰越商品帳簿原価 51,840 － 棚卸減耗費 228

（次期繰越商品原価 51,612 ＝ 次期繰越商品実地売価 68,000 × 低価法原価率 75.9％）

決算整理仕訳

1. 仕入高・売上高の決算整理仕訳

　　（借）仕入戻し　　　　800　（貸）仕　入　　　　800

　　（借）仕入値引・割戻 3,200　（貸）仕　入　　　3,200

　　（借）売　上　　　　1,000　（貸）売上戻り　　　1,000

　　（借）売　上　　　　4,000　（貸）売上値引・割戻 4,000

2. 売上原価・棚卸減耗費算定のための決算整理仕訳

(借) 仕　　入　　5,000　(貸) 繰越商品　5,000
　　　繰越商品　51,840　　　仕　　入　51,840
(借) 棚卸減耗費　　228　(貸) 繰越商品　　228

損益計算書（単位：円）
Ⅰ　売上高　　　　　　　　　　　　195,000
Ⅱ　売上原価
　1　期首商品棚卸高　　50,000
　2　当期商品仕入高　156,000
　　　合　　計　　　　206,000
　3　期末商品棚卸高　　51,840
　　　差　　引　　　　154,160
　4　棚卸減耗費　　　　　228　154,388
　　　売上総利益　　　　　　　　　40,612

貸借対照表（単位：円）
商　品 51,612

(3) 売価還元先入先出法

先入先出法では，先に受入れた商品の順から先に払出すと仮定し前期繰越商品は期末に全部売却済みであると考える。したがって，先入先出法によれば，前期繰越商品は次期繰越商品に含まれないことになり，次期繰越商品は当期仕入商品のみで構成されていることになる。このため，前期繰越商品は次期繰越商品の評価と無関係であるから，平均法原価率計算式の分母と分子から前期繰越商品の売価と原価を除外した原価率が先入先出法による原価率である。売価還元先入先出法の原価率は，以下の通りである。

先入先出法の原価率＝
$$\frac{当期純仕入原価}{当期仕入商品売価（当期純仕入原価＋原始値入額）＋純値上額－純値下額}$$

平均法原価率計算式の分母の売価合計から当期売上高（総売上高－売上戻り高）を控除して次期繰越商品帳簿売価を求め，これに先入先出法原価率を掛け

て次期繰越商品帳簿原価を算定する。

　　次期繰越商品帳簿売価＝平均法原価率計算式分母の売価合計（前期繰越商品売価＋当期純仕入原価＋原始値入額＋純値上額－純値下額）－当期売上高

　　次期繰越商品帳簿原価＝次期繰越商品帳簿売価×先入先出法原価率

　実地棚卸により棚卸数量減耗が確認された場合は，次期繰越商品帳簿原価を修正する。次期繰越商品帳簿売価に実地売価が満たない場合は，その差額を棚卸減耗商品売価として見積もり，これに先入先出法原価率を掛けて棚卸減耗費を算定する。

　　棚卸減耗商品売価＝次期繰越商品帳簿売価－次期繰越商品実地売価

　　棚卸減耗費（原価）＝棚卸減耗商品売価×先入先出法原価率

　設例3：設例1と同一条件とする。伏見商事株式会社は，売価還元先入先出法により月次決算報告書を作成している。なお，棚卸減耗費は売上原価の内訳項目に計上する。

1. 決算整理前試算表

決算整理前試算表

繰越商品	50,000	売　上	200,000
仕　入	160,000	仕入戻し	800
売上戻り	1,000	仕入値引・割戻	3,200
売上値引・割戻	4,000		

2. 売価と原価に関する資料は下記の通りである。

	原　価	売　価
前期繰越商品	50,000	65,000
当期純仕入高	156,000	202,800
原始値入額		46,800
値上額		3,800
値上取消額		300
値下額		5,500
値下取消額		1,500
当期純売上高		195,000
次期繰越商品実地売価		68,000

先入先出法原価率と売価還元：

受 入	棚卸商品（原価）		払 出
前期繰越商品	50,000	売上原価	?
総仕入高	160,000		
仕入戻し	800		
仕入値引割戻	3,200		
純仕入高	156,000	次期繰越商品	?
原価合計	206,000		

受 入	棚卸商品（売価）		払 出
前期繰越商品	65,000	総売上高	200,000
純仕入高	156,000	売上戻り	1,000
原始値入額	46,800	売上高	199,000
値上額	3,800	売上値引割戻	4,000
値上取消額	300	純売上高	195,000
値下額	5,500	次期繰越商品帳簿売価	
値下取消額	1,500		68,300
売価合計	267,300	売価合計	267,300

先入先出法原価率分子の原価合計 156,000 ＝ 当期純仕入原価 156,000

先入先出法原価率分母の売価合計 202,300 ＝ 当期純仕入原価 156,000 ＋ 原始値入額 46,800 ＋ 純値上額 3,500 － 純値下額 4,000

先入先出法原価率 77.1％ ＝ 原価合計 156,000 ÷ 売価合計 202,300

次期繰越商品帳簿売価 68,300 ＝ 平均法原価率の売価合計 267,300 － 当期売上高 199,000

次期繰越商品帳簿原価 52,659 ＝ 次期繰越商品帳簿売価 68,300 × 77.1％

売上原価 153,341 ＝ 原価合計 206,000 － 次期繰越商品帳簿原価 52,659

棚卸減耗費 231 ＝ 棚卸減耗商品売価 300（＝ 次期繰越商品帳簿売価 68,300 － 次期繰越商品実地売価 68,000）× 先入先出法原価率 77.1％

次期繰越商品価額 52,428 ＝ 次期繰越商品帳簿原価 52,659 － 棚卸減耗費 231

（次期繰越商品価額 52,428 ＝ 次期繰越商品実地売価 68,000 × 平均法原価率 77.1％）

決算整理仕訳

仕入高・売上高の決算整理仕訳

　　（借）仕入戻し　　　　800　（貸）仕　　　入　　　　800
　　（借）仕入値引・割戻 3,200　（貸）仕　　　入　　　3,200
　　（借）売　　　上　　1,000　（貸）売上戻り　　　　1,000
　　（借）売　　　上　　4,000　（貸）売上値引・割戻 4,000

売上原価・棚卸減耗費算定のための決算整理仕訳

　　（借）仕　　　入　　50,00　（貸）繰越商品　　50,000
　　（借）繰越商品　52,659　（貸）仕　　　入　52,659

(借) 棚卸減耗費　231　(貸) 繰越商品　231

損益計算書（単位：円）

Ⅰ　売上高　　　　　　　　　　　　　　195,000
Ⅱ　売上原価
　1　期首商品棚卸高　　50,000
　2　当期商品仕入高　　15,6000
　　　合　計　　　　　206,000
　3　期末商品棚卸高　　52,659
　　　差　引　　　　　153,341
　4　棚卸減耗費　　　　　231　　153,572
　　　売上総利益　　　　　　　　　　　 41,428

貸借対照表（単位：円）

商　品　52,428

(4) 売価還元低価法

　売価還元先入先出法の原則的処理法として売価還元低価法がある。売価還元先入先出法では，前期繰越商品を先に販売すると仮定して，前期繰越商品は期末に売残った次期繰越商品に含まれていないと考える。したがって，前期繰越商品は次期繰越商品の評価に無関係であるから，平均法原価率の分母と分子の計算要素から前期繰越商品売価と原価をそれぞれ除外した計算式が先入先出法の原価率計算式になる。

　これに対して，保守主義と慎重主義にしたがって棚卸資産を低く評価し当期純利益を縮小表示するために，売価還元先入先出法の原価率計算式の分母から控除項目の純値下額を除外した原価率が売価還元低価法である。

$$\text{低価法の原価率} = \frac{\text{当期仕入原価}}{\text{当期仕入商品売価（当期仕入原価＋原始値入額）＋純値上額}}$$

　次に，平均法原価率算式の分母から当期純売上高（総売上高－売上戻り高）を控除し次期繰越商品帳簿売価を求め，これに先入先出法原価率を乗じて次期繰越商品帳簿原価を算定する。

次期繰越商品帳簿売価＝平均法原価率分母（前期繰越商品売価＋当期仕入原価
　　　　　　　　　　　＋原始値入額＋純値上額－純値下額）－当期売上高
次期繰越商品帳簿原価＝次期繰越商品帳簿売価×先入先出法原価率

なお，実地棚卸による棚卸減耗費のほかに期末時価の下落により商品低価評価損を計上する場合は，次期繰越商品帳簿原価を数量減耗と価値減損の２つの側面から減額修正する。

この場合，次期繰越商品の帳簿売価に実地売価が満たない場合は，両者の差額の棚卸減耗商品売価に先入先出法の原価率を乗じて棚卸減耗費を算定する。

次に，先入先出法原価率と低価法原価率との原価率差異に次期繰越商品実地売価を乗じて商品低価評価損を算定する。また，次期繰越商品実地売価に低価法原価率を乗じて次期繰越商品の貸借対照表価額を算定する。売価還元先入先出法と低価法を併用する場合に商品低価評価損を計上する処理と計上しない処理は，以下のように行なう。

A. 商品低価評価損を計上する場合

　棚卸減耗商品売価＝次期繰越商品帳簿売価－次期繰越商品実地売価
　棚卸減耗費（原価）＝棚卸減耗商品売価×先入先出法原価率
　商品低価評価損（原価）＝次期繰越商品実地売価×（先入先出法原価率－低価法
　　　　　　　　　　　　　原価率）
　次期繰越商品価額＝次期繰越商品実地売価×低価法原価率

```
先入先出法原価率    ┌─────────┬───┐
による原価          │商品低価評価損│棚 │
低価法原価率に      ├─────────┤卸 │
よる原価            │              │減 │
                    │次期繰越商品原価│耗 │
                    │              │費 │
                    └─────────┴───┘
                       実地売価    帳簿売価
```

B. 商品低価評価損を計上しない場合（棚卸減耗費のみを計上する場合）

　次期繰越商品帳簿原価＝次期繰越商品帳簿売価×低価法原価率
　棚卸減耗商品売価＝次期繰越商品帳簿売価－次期繰越商品実地売価
　棚卸減耗商品費（原価）＝棚卸減耗商品売価×低価法原価率
　次期繰越商品価額＝次期繰越商品実地売価×低価法原価率

```
              低価法原価率に
              よる原価           ┌──────────┬────┐
                                │          │ 棚 │
                                │          │ 卸 │
                                │ 次期繰越  │ 減 │
                                │ 商品原価  │ 耗 │
                                │          │ 費 │
                                └──────────┴────┘
                                   実地売価  帳簿売価
```

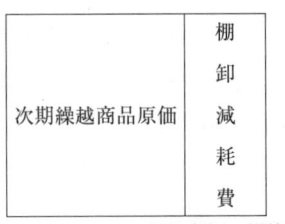

設例4：設例1と同一条件とする。伏見商事株式会社は，先入先出法と売価還元低価法を併用して期末棚卸資産を評価している。なお，棚卸減耗費は売上原価の内訳項目に計上する。商品低価評価損を計上する場合は，これを販売費及び一般管理費に計上する。商品低価評価損を計上しない場合の処理についても明示する。

1. 決算整理前試算表

決算整理前試算表

繰越商品	50,000	売　上	200,000
仕　入	160,000	仕入戻し	800
売上戻り	1,000	仕入値引・割戻	3,200
売上値引・割戻	4,000		

2. 売価と原価に関する資料は下記のとおりである。

	原　価	売　価
前期繰越商品	50,000	65,000
当期純仕入高	156,000	202,800
原始値入額		46,800
値上額		3,800
値上取消額		300
値下額		5,500
値下取消額		1,500
当期純売上高		195,000
次期繰越商品実地売価		68,000

低価法原価率と売価還元：

受入	棚卸商品（原価）		払出		受入	棚卸商品（売価）		払出	
前期繰越商品	50,000		売上原価	?	前期繰越商品	65,000	総売上高	200,000	
総仕入高	160,000				純仕入高	156,000	売上戻り	1,000	
仕入戻し	800				原始値入額	46,800	売上高	199,000	
仕入値引割戻	3,200		次期繰越商品	?	値上額	3,800	売上値引割戻	4,000	
純仕入高	156,000				値上取消額	300	純売上高	195,000	
原価合計	206,000				値下額	5,500	次期繰越商品帳簿売価		
					値下取消額	1,500		68,300	
					売価合計	267,300	売価合計	267,300	

先入先出法原価率分子の原価合計 156,000 ＝ 当期純仕入原価 156,000

先入先出法原価率分母の売価合計 202,300 ＝ 当期純仕入原価 156,000 ＋ 原始値入額 46,800 ＋ 純値上額 3,500 － 純値下額 4,000

低価法原価率分子の原価合計 156,000 ＝ 当期純仕入原価 156,000

低価法原価率分母の売価合計 206,300 ＝ 当期純仕入原価 156,000 ＋ 原始値入額 46,800 ＋ 純値上額 3,500

先入先出法原価率 77.1％ ＝ 原価合計 156,000 ÷ 売価合計 202,300

低価法原価率 75.6％ ＝ 原価合計 156,000 ÷ 売価合計 206,300

A. 商品低価評価損を計上する場合

次期繰越商品帳簿売価 68,300 ＝ 平均法原価率の売価合計 267,300 － 当期売上高 199,000

次期繰越商品帳簿原価 52,659 ＝ 次期繰越商品帳簿売価 68,300 × 先入先出法原価率 77.1％

売上原価 153,341 ＝ 原価合計 206,000 － 次期繰越商品帳簿原価 52,659

棚卸減耗費 231 ＝ 棚卸減耗商品売価 300（＝ 次期繰越商品帳簿売価 68,300 － 次期繰越商品実地売価 68,000）× 先入先出法原価率 77.1％

商品低価評価損 1,020 ＝ 次期繰越商品実地売価 68,000 ×（先入先出法原価率 77.1％ － 低価法原価率 75.6％）

次期繰越商品価額 51,408 ＝ 次期繰越商品帳簿原価 52,659 － 棚卸減耗費 231 － 商品低価評価損 1,020

（次期繰越商品原価 51,408 ＝ 次期繰越商品実地売価 68,000 × 低価法原価率 75.6％）

決算整理仕訳

1. 仕入高・売上高の決算整理仕訳

    (借) 仕入戻し　　　　　800　(貸) 仕　入　　　　800
    (借) 仕入値引・割戻 3,200　(貸) 仕　入　　　3,200
    (借) 売　上　　　　 1,000　(貸) 売上戻り　　 1,000
    (借) 売　上　　　　 4,000　(貸) 売上値引・割戻 4,000

2. 売上原価・棚卸減耗費・商品低価評価損算定のための決算整理仕訳

    (借) 仕　入　　　50,000　(貸) 繰越商品 50,000
    　　　繰越商品　　52,659　　　　仕　入　 52,659
    (借) 棚卸減耗費　　　231　(貸) 繰越商品　　231
    (借) 商品低価評価損 1,020　(貸) 繰越商品　1,020

損益計算書（単位：円）

Ⅰ	売上高		195,000
Ⅱ	売上原価		
1	期首商品棚卸高	50,000	
2	当期商品仕入高	156,000	
	合　計	206,000	
3	期末商品棚卸高	52,659	
	差　引	153,341	
4	棚卸減耗費	231	153,572
	売上総利益		41,428
Ⅲ	販売費及び一般管理費		
1	商品低価評価損		1,020
	営業利益		40,408

貸借対照表（単位：円）

商　品 51,408

B. 商品低価評価損を計上しない場合

次期繰越商品帳簿売価 68,300 ＝ 平均法原価率の売価合計 267,300 － 売上高 199,000

次期繰越商品帳簿原価 51,635 ＝ 次期繰越商品帳簿売価 68,300 × 低価法原価率 75.6％

売上原価 154,365 ＝ 原価合計 206,000 － 次期繰越商品帳簿原価 51,635

棚卸減耗費 227 = 棚卸減耗商品売価 300（＝次期繰越商品帳簿売価 68,300 − 次期繰越商品実地売価 68,000）× 低価法原価率 75.6％

次期繰越商品価額 51,408 = 次期繰越商品帳簿原価 51,635 − 棚卸減耗費 227

（次期繰越商品価額 51,408 = 次期繰越商品実地売価 68,000 × 低価法原価率 75.9％）

決算整理仕訳

1. 仕入高・売上高の決算整理仕訳

　　（借）仕入戻し　　　　800　（貸）仕　　入　　　　800
　　（借）仕入値引・割戻 3,200　（貸）仕　　入　　　3,200
　　（借）売　　上　　　1,000　（貸）売上戻り　　　1,000
　　（借）売　　上　　　4,000　（貸）売上値引・割戻 4,000

2. 売上原価・棚卸減耗費算定のための決算整理仕訳

　　（借）仕　　入　　5,000　（貸）繰越商品　　5,000
　　　　　繰越商品　 51,635　　　　仕　　入　 51,635
　　（借）棚卸減耗費　227　（貸）繰越商品　　227

損益計算書（単位：円）

```
Ⅰ 売上高                           195,000
Ⅱ 売上原価
   1 期首商品棚卸高    50,000
   2 当期商品仕入高   156,000
     合　　計         206,000
   3 期末商品棚卸高    51,635
     差　　引         154,365
   4 棚卸減耗費          227    154,592
     売上総利益                  40,408
```

貸借対照表（単位：円）

商　品 51,408

第9章
特殊販売と収益認識

9-1 特殊販売の収益認識基準

　期中の営業取引は，現金の収入・支出にしたがって処理される。期中の営業取引についての会計処理を現金主義会計という。したがって，一定の会計期間の損益計算を行なうため，決算において営業取引の現金主義による会計処理を期間計算目的の発生主義による会計に転換し，当期発生費用と実現収益を対応させて当期純利益を算定する。

　費用は，発生主義の原則と保守主義の原則により認識し財務諸表に計上する。たとえば，貸倒引当金や退職年金給付のように金銭の支出は未だ行なわれていないが，将来の損失リスクの予測により金銭の支出要因となる取引事象が当期に発生している場合，あるいは償却性固定資産のように支出済みの取得原価を耐用年数にわたりを期間配分し，これを各期の減価償却費として計上する場合は，貸倒引当金・退職年金給付あるいは減価償却費について費用の発生額または消費額を見積もり，現金の収入・支出に関係なく当期費用として計上する。現金主義会計を期間損益計算に転換するため，費用・収益を帳簿上認識する基準を発生主義という。

　これに対して，収益の認識は，費用の認識が発生主義原則に基づくのとは異なり，発生主義原則を狭く限定した実現主義の原則（Realization principle）と，保守主義の原則（Conservatism principle，不確実な取引事象に関する会計処理は慎重に行なう慣習上の原則をいう）にしたがう。収益認識は，通常の商品売買の場合，収益実現及収益稼得の2つの要件により帳簿に記録される。収益の実

現とは，売主の所有する商品・サービスの非貨幣性資産が売掛金，受取手形等の貨幣性資産と交換される時点つまり売主が金銭債権所有権を取得した時点をいう。すなわち，商品・サービスの売主が商品・サービスの非貨幣性資産を買主に引渡し，同時に販売対価の代金請求権取得時点を収益の実現という。

　他方，収益の稼得とは，売主が商品・サービスの提供を完全に履行する義務をいう。売主が給付義務が完全履行した時点で，売主は反対給付の対価を受取る権利つまり代金請求権を取得することになる。

　収益の認識基準は，原則，実現主義の原則である。具体的に言えば，収益認識の要件は，商品・サービスの販売時点すなわち引渡時点（At the point of sale and delivery）である。販売時点で収益を認識する基準を販売基準（引渡基準 Sales basis）という。

　しかしながら，通常の販売取引以外の特殊販売に対して一律に販売時点をもって収益を認識・計上する会計処理は，実務上困難を伴う場合が多い。農産物のように生産段階（During production）で収穫物の収益を認識する場合，長期請負工事のように受注建物・施設の収益認識を完成品引渡時点より前に早める場合，割賦販売において販売以降の代金回収について収益認識のタイミングを現金回収時（Cash collection basis）まで遅らせる取引が多々存在するからである。次の取引が特殊販売取引に含まれる。1. 長期請負工事，2. 割賦販売，3. 試用販売，商品の委託・受託販売，未着品販売，フランチャイズチェーン契約等。

9-2　長期請負工事の会計

(1) 工事進行基準

　長期建設請負工事において請負企業が建物，港湾施設，ダム等の建設について顧客と長期請負工事契約を締結し，長期工事が完了して完成品引渡時に実現主義の原則に基づいて収益を認識する場合は，工事期間中に収益を認識することはできない。長期工事請負契約において実現主義の原則を収益認識基準とする会計処理基準を工事完成基準（Completed contract method）という。しかしながら，長期工事請負企業が契約上の給付義務を履行する過程で材料費，労務

費，経費が消費され，未完成品について経済的価値の累積的な増加が発生主義原則から確認されるにもかかわらず，各期の給付義務履行に対する代金請求権を各期の発生収益として認識しない方法は，長期請負工事の実態と未完成品の経済的価値の累増を財務諸表に忠実に反映しているとはいえない。

このため，原価計算システムと工事進捗率の測定について信頼性が高く，各期の工事収益が合理的に測定可能である場合に限り，実現主義の原則から離脱して，発生主義の原則にしたがって各工期に未成品工事収益を計上する方法がある。この場合，長期請負工事について一定の要件を満たす場合に限り，発生主義の原則に基づく工事進行基準（Percentage of completion method）が，長期請負工事の収益認識基準になる。

長期請負工事について工事進行基準を適用する場合は，下記要件を充足する必要がある。

1. 工事請負契約により契約価格が確定しており，その現金回収が確実であること
2. 信頼性のある原価計算制度が設定されており，工事進捗度と完成に至る工事原価が測定可能であること

工事進行基準に基づく場合，各期工事収益と工事利益は，それぞれに工事進捗率（Cost to cost method）を掛けて見積もる。完成品に含まれる原価を100%とみなし，完成品原価に対する未成工事原価の割合を工事進捗率といい，未成工事進捗率（工事完成度）を表す。

工事進捗率は，見積総工事原価（分数式の分母）に対する実際発生原価累計額（分数式の分子）の割合として求める。見積総工事原価は，工事開始から完成までに掛かる見積工事原価総額である。実際発生原価累計額は，工事開始から当期末までに発生した実際工事原価合計額である。

工事の進捗状況や建設用資材の価格高騰等により，着工前の当初の見積総工事原価が変更される場合がある。この場合，当初に設定した見積総工事原価は，「実際発生原価累計額＋次期以降完成日までの見積原価」に変更する。

　　当期の工事収益＝当期までの工事収益累計額－前期までの工事収益累計額
　　当期までの工事収益累計額＝契約価格×［実際発生原価累計額÷（実際発生原価累計額＋次期以降原価見積額）］

工事進行基準により請負工事を会計処理する場合は，未成工事支出金勘定（Construction in progress，製造企業の仕掛品勘定 Work in process に相当）と未成工事前受金勘定のほか，工事未収金勘定（売掛金勘定に相当）と工事未払金勘定（買掛金勘定に相当）を用いる。

設例：大東建設株式会社は 2××7 年 6 月から工事を開始し 2××9 年 9 月末引渡日，契約価格 55,000（単位：万円）の条件でビルディング建設請負工事を契約した。2××7 年着工前の見積総工事原価は 50,000 であったが，建設資材の市場価格の騰貴により 2××8 年末に見積総工事原価を 50,500 に変更した。その他の資料は下記の通りである。

	2××7 年	2××8 年	2××9 年	（単位：万円）
当期実際発生原価累計額	10,000	31,800	50,500	
当期以降見積工事原価	40,000	18,700		
未成工事前受金	10,000	23,000	19,000	
実際発生原価：材料費	6,500	14,000	12,500	
労務費	2,500	6,500	5,000	
経　費	1,000	1,300	1,200	

工事進捗率の計算

	2××7 年	2××8 年	2××9 年
契約価格	55,000	55,000	55,000
当期実際発生原価累計額	10,000	31,800	50,500
当期以降見積工事原価	40,000	18,700	
見積完成工事総原価	50,000	50,500	50,500
見積完成工事総利益	5,000	4,500	4,500
工事進捗率	10,000	31,800	50,500
	50,000	50,500	50,500
	(20%)	(63%)	(100%)

2××7 年：代金前受時（借）現　金 10,000（貸）未成工事前受金 10,000
　　　　　決算時（借）未成工事支出金 10,000（貸）材料費 6,500
　　　　　　　　　　　　　　　　　　　　　　　　　労務費 2,500
　　　　　　　　　　　　　　　　　　　　　　　　　経　費 1,000
　　　　　　　（借）工事原価　　　10,000（貸）未成工事支出金 10,000

　　　　　　　　　（借）未成工事前受金 10,000（貸）工事収益　　　11,000
　　　　　　　　　　　　工事未収金　　 1,000
　　　　　　　　　当期工事収益 11,000＝契約価格 55,000×工事進捗率 20%
　　　　　　　　　（借）工事収益 11,000（貸）損　益　　11,000
　　　　　　　　　（借）損　　益　10,000（貸）工事原価 10,000

未成工事支出金		工事原価	
材料費 6,500	工事原価 10,000	未成工事支出金 10,000	損　益 10,000
労務費 2,500			
経　費 1,000			

工事収益		未成工事前受金	
損　益 11,000	未成工事前受金 10,000	工事収益 10,000	工事代金 10,000
	工事未収金 1,000		

工事未収金	
工事収益 1,000	次期繰越 1,000

損益計算書（単位：万円）			貸借対照表（単位：万円）	
Ⅰ	工事収益	11,000	Ⅰ　流動資産	
Ⅱ	工事原価	10,000	工事未収金 1,000	
	工事利益	1,000		

2××8年：代金前受時（借）現　金 23,000（貸）工事未収金　　　　1,000
　　　　　　　　　　　　　　　　　　　　　　　未成工事前受金 22,000
決算時（借）未成工事支出金 21,800（貸）材料費 14,000
　　　　　　　　　　　　　　　　　　　　労務費　6,500
　　　　　　　　　　　　　　　　　　　　経　費　1,300
　　　　（借）工事原価　　　　21,800（貸）未成工事支出金 21,800
　　　　（借）未成工事前受金 22,000（貸）工事収益　　　23,650
　　　　　　　　工事未収金　　 1,650
工事収益累計額 34,650＝契約価格 55,000×工事進捗率 63%（2008 年度）。
当期工事収益 23,650＝工事収益累計額 34,650－前期工事収益 11,000。

(借) 工事収益 23,650 (貸) 損　益　23,650

(借) 損　益　21,800 (貸) 工事原価 21,800

損益勘定への振替仕訳。

未成工事支出金			工事原価	
材料費 14,000	工事原価 21,800		未成工事支出金 21,800	損　益 21,800
労務費 6,500				
経　費 1,300				

工事収益			未成工事前受金	
損　益 23,650	未成工事前受金 22,000		工事収益 22,000	現　金 22,000
	工事未収金　　1,650			

工事未収金	
前期繰越 1,000	現　金　1,000
工事収益 1,650	次期繰越 1,650

損益計算書（単位：万円）

Ⅰ　工事収益　23,650
Ⅱ　工事原価　21,800
　　工事利益　 1,850

貸借対照表（単位：万円）

Ⅰ　流動資産
　　工事未収金 1,650

2××9年：代金前受時 (借) 現　金 19,000 (貸) 工事未収金　　　1,650
　　　　　　　　　　　　　　　　　　　　　　未成工事前受金 17,350

決算時 (借) 未成工事支出金 18,700 (貸) 材料費 12,500
　　　　　　　　　　　　　　　　　　　　労務費　5,000
　　　　　　　　　　　　　　　　　　　　経　費　1,200

(借) 工事原価　　　　　18,700 (貸) 未成工事支出金 18,700

(借) 未成工事前受金 17,350 (貸) 工事収益　　　20,350
　　　工事未収金　　 3,000

当期工事収益 20,350 ＝ 契約価格 55,000 － 工事収益累計（11,000 ＋ 23,650）。

(借) 工事収益 20,350 (貸) 損　益　20,350

(借) 損　益　18,700 (貸) 工事原価 18,700

174　第2編　個別財務諸表項目の会計

```
         未成工事支出金              　　　工事原価
材料費 12,500 │ 工事原価 18,700     未成工事支出金 18,700 │ 損　益 18,700
労務費  5,000 │
経　費  1,200 │


            工事収益                        未成工事前受金
損　益 20,350 │ 未成工事前受金 17,350    工事収益 17,350 │ 現　金 17,350
              │ 工事未収金     3,000


            工事未収金
前期繰越 1,650 │ 現　金   1,650
工事収益 3,000 │ 次期繰越 3,000


   損益計算書（単位：万円）        貸借対照表（単位：万円）
 Ⅰ　工事収益  20,350           Ⅰ　流動資産
 Ⅱ　工事原価  18,700               工事未収金 3,000
     工事利益   1,650
```

(2) 工事完成基準

　長期請負工事完成以降の完成品の引渡時点において売上収益を認識する会計処理方法を工事完成基準という。工事完成基準は，完成品である商品・サービスの引渡時点をもって実現基準とする実現主義の原則を長期請負工事に適用した会計基準である。工事完成基準にしたがう場合は，各期の未成工事支出金勘定（仕掛品勘定に相当する）の借方に前期繰越高に材料費，労務費，経費等の当期投入原価を加えた工事原価を未成工事支出金（未完成品工事原価）として次期未成工事支出金勘定へ繰越す。完成年度の完成工事原価は，前期繰越高に当期発生原価を加えた各期発生原価の累計額である。各期末において未成工事支出金勘定残高は，未完成品（仕掛品）として貸借対照表の流動資産の部に計上し，前受金は未成工事前受金として流動負債の部に計上する。

　設例：前掲設例と同一とする。ただし，本設例では，工事完成基準により会計処

理を行なうため，工事原価の見積りと進捗率の計算は実施しないものとする。

	2××7年	2××8年	2××9年	（単位：万円）
当期実際発生原価累計額	10,000	31,800	50,500	
未成工事前受金	10,000	23,000	19,000	
実際発生原価				
材料費	6,500	14,000	12,500	
労務費	2,500	6,500	5,000	
経　費	1,000	1,300	1,200	

2××7年：代金前受時（借）現　金　　　　10,000　（貸）未成工事前受金 10,000

　　　　　決　算　時（借）未成工事支出金 10,000　（貸）材料費　　　　 6,500
　　　　　　　　　　　　　　　　　　　　　　　　　　労務費　　　　 2,500
　　　　　　　　　　　　　　　　　　　　　　　　　　経　費　　　　 1,000

未成工事支出金			未成工事前受金	
材料費 6,500	次期繰越 10,000		次期繰越 10,000	現　金 10,000
労務費 2,500				
経　費 1,000				

貸借対照表（単位：万円）

Ⅰ　流動資産	Ⅰ　流動負債
未成工事支出金 10,000	未成工事前受金 10,000

2××8年：代金前受時（借）現　金　　　　23,000　（貸）未成工事前受金 23,000

　　　　　決　算　時（借）未成工事支出金 21,800　（貸）材料費　　　　14,000
　　　　　　　　　　　　　　　　　　　　　　　　　　労務費　　　　 6,500
　　　　　　　　　　　　　　　　　　　　　　　　　　経　費　　　　 1,300

未成工事支出金			未成工事前受金	
前期繰越 10,000	次期繰越 31,800		次期繰越 33,000	前期繰越 10,000
材料費　 14,000				現　金　 23,000
労務費　 6,500				
経　費　 1,300				

貸借対照表（単位：万円）

Ⅰ　流動資産	Ⅱ　流動負債
未成工事支出金 318,00	未成工事前受金 33,000

2××9年：代金前受時（借）現　金　　　　19,000（貸）未成工事前受金 19,000
　　　　　決　算　時（借）未成工事支出金 18,700（貸）材料費　　　　12,500
　　　　　　　　　　　　　　　　　　　　　　　　　労務費　　　　 5,000
　　　　　　　　　　　　　　　　　　　　　　　　　経　費　　　　 1,200

未成工事支出金		未成工事前受金	
前期繰越 31,800	工事原価 50,500	工事収益 52,000	前期繰越 33,000
材料費　12,500			現　金　19,000
労務費　 5,000		工事未収金	
経　費　 1,200		工事収益 3,000	次期繰越 3,000

工事原価		工事収益	
未成工事支出金 50,500	損　益 50,500	損　益 55,000	未成工事前受金 52,000
			工事未収金　　 3,000

損益計算書（単位：万円）　　　貸借対照表（単位：万円）
　Ⅰ　工事収益　55,000　　　　Ⅰ　流動資産
　Ⅱ　工事原価　50,500　　　　　　工事未収金 3,000
　　　工事利益　 4,500

9-3　割　賦　販　売

(1)　割賦販売と回収基準

　実現主義の原則に基づいて商品販売益を認識する場合は，商品・サービスの引渡しの事実の存在と，対価として現金受取あるいは売上債権発生の要件を充足する必要がある。

　割賦販売（Installment method）に基づいて商品の引渡後に月賦等により売上代金を均等分割して定期的に回収する販売形態を割賦販売という。割賦販売の収益認識基準は，一般販売と同様に実現主義に基づく販売基準（引渡基準）である。しかしながら，割賦販売は，商品引渡後の代金回収が長期分割払によるため代金回収は不確実であり，貸倒れになる可能性がある。代金回収が不確実である場合は，収益認識を慎重に行なう必要があるため，通常の販売基準（実

現主義の原則）から離脱し，割賦販売の収益認識基準として回収基準（Cash collection basis）または支払期日到来基準が認められている。

　現金の回収額に対応する金額の部分について売上収益を認識する方法を回収基準という。これに対して，割賦販売契約で約束された支払期日の割賦代金に対応する金額の部分について売上収益と売上利益とを計上する方法を支払期日到来基準（履行日到来基準または代金請求権確定基準）という（「企業会計原則注解」注6，(4)）。

　割賦販売による売上収益を販売基準に基づいて計上する場合は，一般商品販売と同様に，仕入勘定，売上勘定および繰越商品勘定の3分法を用いて処理する。これに対して，割賦販売による売上収益を割賦基準としての回収基準あるいは支払期日到来基準に基づいて計上する場合は，未実現利益繰延（繰延売上利益勘定 Deferred gross profit）または対照勘定を用いて処理する。

　未実現利益繰延法と割賦基準を用いて割賦販売について会計処理を行なう場合は，期中の割賦販売取引は，一般販売と同様に，販売基準と3分法を用いて処理しておく。そして期末の決算では，販売基準により計上された割賦売掛金の期末未回収高（期末支払期日未到来高）に含まれている未実現利益を販売基準で計上された売上総利益から控除すると同時に，同額を繰延割賦売上利益として貸借対照表上で次期へ繰延べる。

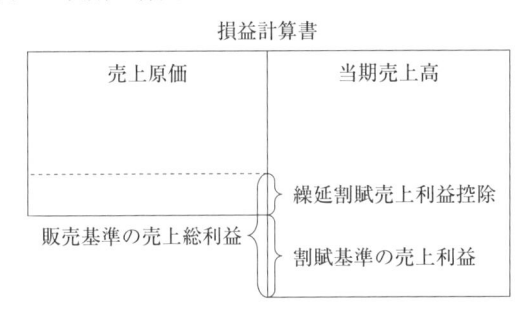

損益計算書

売上原価	当期売上高
	繰延割賦売上利益控除
販売基準の売上総利益	割賦基準の売上利益

　すなわち，損益計算書において販売基準に基づく売上総利益から割賦売掛金の期末未回収高（期末支払期日未到来高）に含まれている未実現売上利益を控除し，これを貸借対照表上の繰延割賦売上利益として次期へ繰延べ，回収基準により売上総利益を算定する。この場合，繰延割賦売上利益は，割賦売掛金期末未回収高（期末支払期日未到来高）に利益率（利益÷売価）を掛けて算定する。

これに対して，対照勘定法と割賦基準を用いて割賦販売を処理する場合は，商品の引渡時点で，まず，借方科目（割賦売掛金，割賦販売契約）と貸方科目（借方科目に対応する割賦仮売上，割賦販売など）から成る一組の対照勘定に売価で記入する。そして代金として現金の回収時（支払期日到来時）に，回収高（支払期日到来高）を売上収益として計上すると同時に対照勘定について同額の反対仕訳を行なってこれを相殺消去する。

期末決算に際し，割賦販売による売上原価の計算は，棚卸商品の売上原価計算と同様に，割賦売掛金回収高（支払期日到来高）に対応する回収売上原価（支払期日到来売上原価）を仕入勘定を修正して算定する。すなわち，当期回収売上原価（支払期日到来売上原価）を仕入勘定上で算定するために，期末未回収高（期末支払期日未到来高）に含まれる未回収売上原価（支払期日未到来原価）を次期繰越割賦商品原価として算定し，これを割賦繰越商品勘定に振替え次期に繰越す。この場合，期末未回収原価（期末支払期日未到来原価）は，対照勘定の割賦売掛金期末残高（期末未回収高または期末支払期日未到来高）に原価率（原価÷売価）を掛けて求め，これを次期割賦商品原価として仕入勘定から繰越割賦商品勘定借方に振替え次期に繰越す。

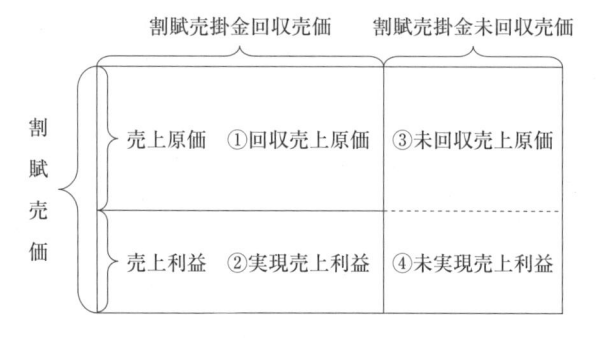

	割賦売掛金回収売価	割賦売掛金未回収売価
割賦売価 { 売上原価	①回収売上原価	③未回収売上原価
売上利益	②実現売上利益	④未実現売上利益

要するに，未実現利益繰延法は，期末決算において期中割賦販売を販売基準により概念図の①②③④の全部を合計した割賦売価総額と，これに対応する売上原価総額（①＋③）ならびに両者の差額の売上総利益（②＋③）を損益計算書に計上すると同時に，割賦売掛金未回収売価に含まれる未実現利益④を割賦売上総利益（②＋④）から控除し，未実現利益④を繰延割賦売上利益として次期に繰延べる。販売基準による売上総利益から繰延割賦未実現売上利益を控除

することにより，割賦基準による実現利益を算定する方法である。未実現利益繰延法を適用する場合は，割賦売掛金期末残高の未回収売価に利益率（利益÷売価）を掛けて繰延割賦売上利益を算定する。

これに対して，対照勘定法は，割賦売掛金回収売上高（①＋②）とこれに対応する回収売上原価①を損益計算書に計上しその差額を割賦基準による実現利益②として表示する方法である。対照勘定法を適用する場合は，対照勘定の割賦売掛金期末未回収売上高に原価率（原価÷売価）を掛けて期末割賦商品原価を算定し，これを仕入勘定から繰越商品勘定に振替え次期に繰越す。

(1) 販売基準による割賦販売の処理

　　期中：商品仕入時（借）仕　入　　××（貸）買掛金　　××
　　　　　商品販売時（借）割賦売掛金××（貸）割賦売上　××
　　　　　代金回収時（借）現　金　　××（貸）割賦売掛金××
　　期末：決算整理仕訳（借）仕　入　　××（貸）繰越商品××
　　　　　　　　　　　（借）繰越商品××（貸）仕　入××
　　　　　決算振替仕訳（借）割賦売上××（貸）損　益××
　　　　　　　　　　　（借）損　益　××（貸）仕　入××

(2) 割賦基準と未実現利益繰延法による割賦販売の処理

①回収基準と未実現利益繰延法による割賦販売処理

　　期中：商品仕入時（借）仕　入　　××（貸）買掛金　　××
　　　　　商品引渡時（借）割賦売掛金××（貸）割賦売上　××
　　　　　代金回収時（借）現　金　　××（貸）割賦売掛金××
　　期末：決算整理仕訳（借）仕　入　　××（貸）繰越商品××
　　　　　　　　　　　（借）繰越商品××（貸）仕　入　××
　　　　　　　販売基準による販売商品売上原価の算定。
　　　　　　　　　　　（借）繰延割賦売上利益××（貸）繰延割賦売上利益戻入××
　　　　　期首割賦売掛金に含まれる繰延割賦売上利益のうち当期回収高に対応する実現利益（＝期首割賦売掛金当期回収高×前期利益率）を当期利益に戻入れる。
　　　　　　　　　　　（借）繰延割賦売上利益控除××（貸）繰延割賦売上利益××
　　　　　回収基準による繰延割賦売上利益（＝割賦売掛金期末未回収高×

当期利益率）を未実現利益として販売基準による当期売上利益から控除し繰延べる。

　　　決算振替仕訳（借）割賦売上××（貸）損　益　　　　××
　　　　　　　　　　（借）損　益　　××（貸）仕　入　　　　××
　　　　　　　　　　　　　　　　　　　　　繰延割賦売上利益控除××
　　　　　　　　　　（借）繰延割賦売上利益戻入××（貸）損　益　××

②支払期日到来基準と未実現利益繰延法による割賦販売の処理
　期中：商品仕入時　　（借）仕　入　　××（貸）買掛金　　××
　　　　商品引渡時　　（借）割賦売掛金××（貸）割賦売上　××
　　　　支払期日到来時（借）現　金　　××（貸）割賦売掛金××
　期末：決算整理仕訳（借）仕　入　　××（貸）繰越商品　××
　　　　　　　　　　（借）繰越商品××（貸）仕　入　　　××
　　　　　　　　　　（借）売掛金　××（貸）割賦売掛金××

未回収の支払期日到来高は一括して売掛金に振替える。

　　　　　　　　　　（借）繰延割賦売上利益××（貸）繰延割賦売上利益戻入××

繰延割賦売上利益（＝期首割賦売掛金当期到来高×前期利益率）を実現利益として当期利益に戻入れる。

　　　　　　　　　　（借）繰延割賦売上利益控除××（貸）繰延割賦売上利益××

繰延割賦売上利益（当期割賦売掛金期末未到来高×当期利益率）を当期利益から控除し，損益計算書の割賦売掛金から控除するかあるいは貸借対照表の流動負債（繰延収益）として繰延べる。

　　　決算振替仕訳（借）繰延割賦売上利益××（貸）損　益　　　××
　　　　　　　　　　　　割賦売上　　××
　　　　　　　　　　（借）損　益　　××（貸）仕　入　　　　××
　　　　　　　　　　　　　　　　　　　　　繰延割賦売上利益控除××

(3)　割賦基準と対照勘定法による割賦販売の処理
①回収基準と対照勘定による割賦販売処理
　期中：商品仕入時（借）仕　入　　　　××（貸）買掛金　　××
　　　　商品引渡時（借）割賦売掛金（対照勘定）××（貸）割賦仮売上××

代金回収時（借）現　金　　　　　　　××（貸）割賦売上　××
　　　　　　（借）割賦仮売上　　　　××（貸）割賦売掛金××
　　　回収額について対照勘定を相殺消去するための反対仕訳。
期末：決算整理仕訳（借）仕　入　××（貸）繰越商品××
　　　　　　　　　（借）繰越商品××（貸）仕　入　××
　　　一般販売商品の販売基準による売上原価算定。
　　　　　　　　　（借）仕　入　　××（貸）繰越割賦商品××
　　　　　　　　　（借）繰越割賦商品××（貸）仕　入　　××
　　　回収基準による回収売上原価の算定。次期繰越割賦商品原価＝割賦売
　　　掛金期末未回収高（前期分未回収高・当期分未回収高）×割賦原価率。
　　　決算振替仕訳（借）一般売上××（貸）損　益××
　　　　　　　　　（借）割賦売上××（貸）損　益××
　　　　　　　　　（借）損　益　××（貸）仕　入××

②支払期日到来基準と対照勘定による割賦販売の処理
期中：商品仕入時　　（借）仕　入　　　　　××（貸）買掛金　××
　　　商品引渡時　　（借）割賦売掛金（対照勘定）××（貸）割賦仮売上××
　　　支払期日到来時（借）現　金　　　　　××（貸）割賦売上　××
　　　　　　　　　　（借）割賦仮売上　　　××（貸）割賦売掛金××
　　　支払期日到来高について対照勘定を相殺消去するための反対仕訳。
　　　　　　　　　（借）売掛金××（貸）割賦売上××
　　　未回収の支払期日到来高を売掛金と割賦売上に計上。
　　　　　　　　　（借）割賦仮売上××（貸）割賦売掛金××
　　　未回収の支払期日到来高について対照勘定を相殺消去するため反対
　　　仕訳。
期末：決算整理仕訳（借）仕　入　××（貸）繰越商品××
　　　　　　　　　（借）繰越商品××（貸）仕　入　×
　　　一般販売の販売基準による売上原価算定のための決算整理仕訳。
　　　　　　　　　（借）仕　入　　××（貸）繰越割賦商品××
　　　　　　　　　（借）繰越割賦商品××（貸）仕　入　　××
　　　支払期日到来基準による売上原価算定のための決算整理仕訳。期末

繰越割賦商品原価＝割賦売掛金期末未到来高（前期未到来高・当期未到来高）×割賦原価率。

設例1：当社の割賦販売は，下記資料に示す通りである。収益認識基準として販売基準を，会計処理法として3分法をそれぞれ採用している。期首商品棚卸高60,000円。期首割賦売掛金100,000円。

期首試算表

繰越商品 60,000	
割賦売掛金 100,000	

期中取引

(1) 商品120,000円を掛で仕入れた。
(2) 商品140,000円を売価200,000円で10回払いの月賦により割賦販売した。
(3) 期首割賦売掛金回収高40,000円と当期割賦売掛金回収高120,000円を現金で回収した。

決算整理事項

期末商品棚卸高40,000円。

期中仕訳

(1) 商品仕入時（借）仕　入　　120,000（貸）買掛金　　120,000
(2) 商品引渡時（借）割賦売掛金 200,000（貸）割賦売上　200,000
(3) 代金回収時（借）現　金　　160,000（貸）割賦売掛金 160,000

決算整理前試算表

繰越商品　　60,000	割賦売上 200,000
割賦売掛金 140,000	
仕　入　　120,000	

決算整理仕訳

（借）仕　入　60,000（貸）繰越商品 60,000

（借）繰越商品 40,000（貸）仕　入　40,000

決算整理後試算表

繰越商品　　40,000	割賦売上 200,000
割賦売掛金 140,000	
仕　入　　140,000	

損益計算書			貸借対照表	
Ⅰ 売上高		200,000	Ⅰ 流動資産	
Ⅱ 売上原価			商　品	40,000
1. 期首商品棚卸高	60,000		割賦売掛金	140,000
2. 当期仕入高	120,000			
合　計	180,000			
3. 期末商品棚卸高	40,000	140,000		
売上総利益		60,000		

設例2-1：大東商事株式社の平成×1年における割賦販売は，下記資料に示す通りである。収益認識基準として回収基準を，会計処理法として未実現利益繰延法をそれぞれ採用している。期首商品棚卸高60,000円。

<u>　　　　期首試算表　　　　</u>
繰越商品 60,000 ｜

期中取引
（1）　商品 120,000 円を掛で仕入れた。
（2）　商品 160,000 円を売価 200,000 円で 10 回払いの月賦により割賦販売した。
（3）　当期中に割賦代金 6 回分 120,000 円を現金で回収した。

決算整理事項
　期末商品棚卸高 20,000 円

期中仕訳
　（1）　商品仕入時　（借）仕　入　　120,000　（貸）買掛金　　120,000
　（2）　商品販売時　（借）割賦売掛金 200,000　（貸）割賦売上　200,000
　（3）　代金回収時　（借）現　金　　120,000　（貸）割賦売掛金 120,000

<u>　　　　決算整理前試算表　　　　</u>
繰越商品　　 60,000 ｜ 割賦売上 200,000
割賦売掛金　 80,000 ｜
仕　入　　　120,000 ｜

決算整理仕訳（借）仕　入　　　　　　60,000　（貸）繰越商品　　　　60,000
　　　　　　（借）繰越商品　　　　　20,000　（貸）仕　入　　　　　20,000
　　　　　　（借）繰延割賦売上利益控除 16,000　（貸）繰延割賦売上利益 16,000

　　繰延割賦売上利益 16,000 ＝ 割賦売掛金期末残高 80,000 × 当期割賦利益率 0.2。

当期割賦利益率 0.2 ＝ 原価 160,000 円 ÷ 売価 200,000。

決算整理後試算表

繰越商品	20,000	割賦売上	200,000
割賦売掛金	80,000	繰延割賦売上利益	16,000
仕　入	160,000		
繰延割賦売上利益控除	16,000		

損益計算書

Ⅰ　売上高		200,000
Ⅱ　売上原価		
1. 期首商品棚卸高	60,000	
2. 当期商品仕入高	120,000	
合　計	180,000	
3. 期末商品棚卸高	20,000	160,000
売上総利益		40,000
繰延割賦売上利益控除		16,000
修正後売上総利益		24,000

（控除方式）貸借対照表

Ⅰ　流動資産			
商　品		20,000	
割賦売掛金		80,000	
繰延割賦売上利益		16,000	64,000

（繰延方式）貸借対照表

Ⅰ　流動資産		Ⅰ　流動負債	
商　品	20,000	繰延割賦売上利益	16,000
割賦売掛金	80,000		

設例 2-2：大東商事株式会社の平成×1年度に続く年平成×2年度における割賦販売は，下記資料に示す通りである。前期同様に回収基準と未実現利益繰延法を適用する。

期首試算表

繰越商品　20,000	繰延割賦売上利益 16,000
割賦売掛金 80,000	

期中取引

(1) 商品 180,000 円を掛で仕入れた。

(2) 商品 165,000 円を売価 220,000 円で 10 回払い月賦により割賦販売した。

(3) 当期において前期割賦売掛金残高 80,000 円のうち 2 回分 40,000 円と当期割賦売掛金期末残高のうち 7 回分 154,000 円を現金で回収した。

決算整理事項

(4) 期末商品棚卸高 35,000 円。

(5) 期末割賦売掛金 106,000 円。

期中仕訳

(1) 商品仕入時　（借）仕　入　　180,000　（貸）買掛金　　180,000

(2) 商品販売時　（借）割賦売掛金 220,000　（貸）割賦売上　220,000

(3) 現金回収時　（借）現　金　　194,000　（貸）割賦売掛金　40,000（前期分）
　　　　　　　　　　　　　　　　　　　　　　　割賦売掛金 154,000（当期分）

決算整理前試算表

繰越商品　　 20,000	繰延割賦売上利益　16,000
割賦売掛金 106,000	割賦売上　　　　 220,000
仕　入　　 180,000	

決算整理仕訳

(4) （借）仕　入　　　　　20,000　（貸）繰越商品　　　　　20,000

　　（借）繰越商品　　　　35,000　（貸）仕　入　　　　　35,000

(5) （借）繰延割賦売上利益　8,000　（貸）繰延割賦売上利益戻入　8,000

当期実現売上利益戻入 8,000 円＝前期割賦売掛金期末回収高 40,000 円×前期利益率 0.2

　　（借）繰延割賦売上利益控除 16,500　（貸）繰延割賦売上利益 16,500

繰延割賦売上利益控除 16,500 円＝当期割賦売掛金期末未回収高 66,000×当期利益率 0.25。当期割賦利益率 0.25＝原価 165,000 円÷売価 220,000 円。

割賦売掛金		売価の利益換算
期首分 80,000	期首分回収高 40,000	期首分回収高 40,000 × 前期利益率 0.2 = 売上利益戻入 8,000
	期首分未回収高 40,000	期首分未回収高 40,000 × 前期利益率 0.2 = 繰延売上利益 8,000
当期分 220,000	当期分回収高 154,000	当期分回収高 154,000 × 当期利益率 0.25 = 当期実現利益 38,500
	当期分未回収高 66,000	当期分未回収高 66,000 × 当期利益率 0.25 = 繰延売上利益 16,500

繰延割賦売上利益

繰延割賦売上利益戻入 8,000	期首残高 16,000
次期繰越 24,500	繰延割賦売上利益控除 16,500

損　益

売上原価 165,000	売上高 220,000
繰延割賦売上利益控除 16,500	
回収基準による売上総利益 46,500	繰延割賦売上利益戻入 8,000

決算整理後試算表

繰越商品	35,000	繰延割賦売上利益	24,500
割賦売掛金	106,000	割賦売上	220,000
仕　入	165,000	繰延割賦売上利益戻入	8,000
繰延割賦売上利益控除	16,500		

損益計算書

Ⅰ	売上高		220,000
Ⅱ	売上原価		
	1. 期首商品棚卸高	20,000	
	2. 当期商品仕入高	180,000	
	合　計	200,000	
	3. 期末商品棚卸高	35,000	165,000
	売上総利益		55,000
	繰延割賦売上利益戻入		8,000
	繰延割賦売上利益控除		16,500
	修正後売上総利益		46,500

第9章　特殊販売と収益認識　　187

（控除方式）貸借対照表		
I　流動資産		
商　品		35,000
割賦売掛金	106,000	
繰延割賦売上利益	16,500	89,500

（繰延方式）貸借対照表	
I　流動資産	I　流動負債
商　品　35,000	繰延割賦売上利益 16,500
割賦売掛金 106,000	

設例3-1：大東商事株式会社の平成×1年における割賦販売は，下記資料に示す通りである。収益認識基準として支払期日到来基準を，会計処理法として未実現利益繰延法をそれぞれ採用している。期首商品棚卸高 60,000 円。

期首試算表
繰越商品 60,000

期中取引

（1）　商品 120,000 円を掛で仕入れた。

（2）　商品 160,000 円を売価 200,000 円で 10 回払いの月賦により割賦販売した。

（3）　当期割賦売掛金のうち 8 回分 160,000 円は期末支払期日到来高であり，そのうち 6 回分 120,000 円を現金で回収した

決算整理事項

（1）　期末商品棚卸高 20,000 円。

（2）　割賦売掛金期末支払期日未到来高 40,000 円。

（3）　割賦売掛金期末支払期日到来高のうち未回収の到来高は売掛金勘定に振替える。

期中仕訳

（1）　商品仕入時　（借）仕　　入　120,000　（貸）買掛金　　　120,000

（2）　商品引渡時　（借）割賦売掛金 200,000　（貸）割賦売上　　200,000

（3）　履行日到来時（借）現　　金　120,000　（貸）割賦売掛金　120,000

決算整理前試算表
繰越商品　　60,000　｜割賦売上 200,000
割賦売掛金　80,000
仕　　入　120,000

決算整理仕訳

（1）　（借）仕　入 60,000　（貸）繰越商品 60,000

　　　（借）繰越商品 20,000　（貸）仕　入 20,000

(2) （借）繰延割賦売上利益控除 8,000 （貸）繰延割賦売上利益 8,000

繰延割賦売上利益 8,000 円＝割賦売掛金支払期日未到来高 40,000×当期割賦利益率 0.2。当期割賦利益率 0.2＝原価 160,000 円÷売価 200,000 円。

(3) （借）売掛金 40,000 （貸）割賦売掛金 40,000

支払期日到来高・未回収高 40,000 円＝支払期日到来高 160,000 円－現金回収高 120,000 円。

決算整理後試算表

繰越商品	20,000	繰延割賦売上利益	8,000
売掛金	40,000	割賦売上	200,000
割賦売掛金	40,000		
仕　入	160,000		
繰延割賦売上利益控除	8,000		

損益計算書

Ⅰ　売上高			200,000
Ⅱ　売上原価			
1. 期首商品棚卸高		60,000	
2. 当期商品仕入高		120,000	
合　計		180,000	
3. 期末商品棚卸高		20,000	160,000
売上総利益			40,000
繰延割賦売上利益控除			8,000
修正後売上総利益			32,000

（控除方式）貸借対照表

Ⅰ　流動資産			
商　品			20,000
売掛金			40,000
割賦売掛金		40,000	
繰延割賦売上利益		8,000	32,000

(繰延方式）貸借対照表

I 流動資産	I 流動負債
商　品　　20,000	繰延割賦売上利益 8,000
売掛金　　40,000	
割賦売掛金 40,000	

設例3-2：大東商事株式会社の平成×1年度に続く年平成×2年度における割賦販売は，下記資料の通りである。前期同様に支払期日到来基準と未実現利益繰延法を適用する。

期首試算表

繰越商品　20,000	繰延割賦売上利益 8,000
売掛金　　40,000	
割賦売掛金 40,000	

期中取引

(1) 商品 180,000 円を掛で仕入れた。

(2) 商品 165,000 円を売価 220,000 円で 10 回払い月賦により割賦販売した。

(3) 当期において売掛金期首残高 40,000 円と期首割賦売掛金の期末支払期日到来高 40,000 円を現金で回収した。また，当期割賦売掛金期末支払利期日到来高 8 回分 176,000 円のうち 7 回分 154,000 円を現金で回収した。

決算整理事項

(1) 期末商品棚卸高 35,000 円。

(2) 割賦売掛金期末支払期日未到来高 44,000 円。

(3) 当期割賦売掛金期末支払期日到来高 8 回分のうち未回収高を売掛金勘定に振替える。

期中仕訳

(1) 商品仕入時　　（借）仕　入　　180,000　（貸）買掛金　　180,000

(2) 商品販売時　　（借）割賦売掛金 220,000　（貸）割賦売上 220,000

(3) 支払期日到来時（借）現　金　　234,000　（貸）売掛金　　 40,000
　　　　　　　　　　　　　　　　　　　　　　　　割賦売掛金 40,000（期首分）
　　　　　　　　　　　　　　　　　　　　　　　　割賦売掛金 226,000（当期分）

決算整理前試算表

繰越商品	20,000	繰延割賦売上利益	8,000
売掛金	0	割賦売上	220,000
割賦売掛金	66,000		
仕入	180,000		

決算整理仕訳

(1) （借）仕　入　　　　　　　20,000　（貸）繰越商品　　　　　20,000
　　（借）繰越商品　　　　　　35,000　（貸）仕　入　　　　　　35,000

(2) （借）繰延割賦売上利益　8,000　（貸）繰延割賦売上利益戻入　8,000

当期実現売上利益戻入 8,000 円＝期首割賦売掛金支払期日到来高 40,000 円×前期利益率 0.2。

　　（借）繰延割賦売上利益控除 11,000　（貸）繰延割賦売上利益 11,000

繰延割賦売上利益控除 11,000 円＝当期売掛金支払期日未到来高 44,000×当期利益率 0.25。当期割賦利益率 0.25＝原価 165,000 円÷売価 220,000 円。

(3) （借）売掛金 22,000（当期 1 回分）（貸）割賦売掛金 22,000

割賦売掛金		売価の利益換算
期首分 40,000	期首分到来高　40,000　：	期首分到来高 40,000×前期利益率 0.2＝売上利益戻入 8,000
	期首分未到来高　　　 0	
当期分 220,000	当期分到来高　176,000　：	当期分到来高 176,000×当期利益率 0.25＝実現売上利益 44,000
	当期分未到来高　44,000　：	当期分未到来高 44,000×当期利益率 0.25＝繰延売上利益 11,000

繰延割賦売上利益			損　益		
繰延割賦売上利益戻入　8,000	期首残高　　　8,000		売上原価　165,000	売上高　220,000	
次期繰越　11,000	繰延割賦売上利益控除　11,000		繰延割賦売上利益控除　16,500		
			支払期日到来基準による売上総利益　52,000	繰延割賦売上利益戻入　8,000	

決算整理後試算表

繰越商品	35,000	繰延割賦売上利益	11,000
売掛金	22,000	割賦売上	220,000
割賦売掛金	44,000		
仕　入	165,000		
繰延割賦売上利益控除	11,000		

損益計算書

Ⅰ　売上高		220,000
Ⅱ　売上原価		
1.　期首商品棚卸高	20,000	
2.　当期商品仕入高	180,000	
合　　計	200,000	
3.　期末商品棚卸高	35,000	165,000
売上総利益		55,000
繰延割賦売上利益戻入		8,000
繰延割賦売上利益控除		11,000
修正後売上総利益		52,000

（控除方式）貸借対照表

Ⅰ　流動資産			
商　品			35,000
売掛金			22,000
割賦売掛金		44,000	
繰延割賦売上利益		11,000	33,000

（繰延方式）貸借対照表

Ⅰ　流動資産			Ⅰ　流動負債	
商　品		35,000	繰延割賦売上利益	11,000
売掛金		22,000		
割賦売掛金	44,000			

設例4-1：大東商事株式社の平成×1年における割賦販売は，下記資料に示す通りである。収益認識基準として回収基準を処理法として対照勘定法をそれぞれ採用している。期首商品棚卸高 60,000円。

期首試算表

繰越商品 60,000	

期中取引

(1)　商品 120,000 円を掛で仕入れた。

(2)　商品 160,000 円を売価 200,000 円で 10 回払い月賦により割賦販売した。

(3) 当期中に割賦代金 6 回分 120,000 円を現金で回収した。

決算整理事項

(1) 期末商品棚卸高 20,000 円。

(2) 期末割賦売掛金残高 80,000 円。当期割賦原価率 80％。

期中仕訳

(1) 商品仕入時（借）仕　入　　　120,000（貸）買掛金　　　120,000

(2) 商品引渡時（借）割賦売掛金 200,000（貸）割賦仮売上 200,000

(3) 代金回収時（借）現　金　　　120,000（貸）割賦売上　　120,000

　　　　　　（借）割賦仮売上 120,000（貸）割賦売掛金 120,000

決算整理前試算表

繰越商品	60,000	割賦売上	120,000
割賦売掛金	80,000	割賦仮売上	80,000
仕　入	120,000		

決算整理仕訳

(1) （借）仕　入 60,000（貸）繰越商品 60,000

　　（借）繰越商品 20,000（貸）仕　入 20,000

棚卸商品売上原価を算定するための繰越商品の決算整理仕訳。

(2) （借）繰越商品 64,000（貸）仕　入 64,000

割賦商品売上原価を算定するための次期繰越割賦商品の決算整理仕訳。次期繰越割賦商品原価 64,000 円＝割賦売掛金期末残高 80,000×当期割賦原価率 0.8。当期割賦原価率 0.8＝当期割賦売価 1－当期割賦利益率 0.2。

決算整理後試算表

繰越商品	84,000	割賦売上	120,000
割賦売掛金	80,000	割賦仮売上	80,000
仕　入	96,000		

※試算表の割賦売掛金勘定と割賦仮勘定は備忘勘定記録として次期へ繰越し，資産・負債勘定ではないので当期末財務諸表へは表示しない。

損益計算書			貸借対照表
I 売上高	120,000	I	流動資産
II 売上原価			商　品 84,000
1. 期首商品棚卸高　60,000			
2. 当期商品仕入高　120,000			
合　　計　　　　180,000			
3. 期末商品棚卸高　84,000	96,000		
売上総利益	24,000		

設例4-2：大東商事株式会社の平成×1年度に続く年平成×2年度における割賦販売は，下記資料に示す通りである。前期と同様に回収基準と対照勘定法を適用する。

期首試算表

繰越商品　84,000	割賦仮売上 80,000
割賦売掛金 80,000	

期中取引
(1) 商品180,000円を掛で仕入れた。
(2) 商品165,000円を売価220,000円で10回払い月賦により割賦販売した。
(3) 当期において期首売掛金残高80,000円のうち2回分40,000円と当期割賦売掛金期末残高のうち7回分154,000円を現金で回収した。

決算整理事項
(1) 期末商品棚卸高35,000円。
(2) 期末割賦売掛金残高106,000円を次期繰越割賦商品原価に換算する。

期中仕訳
(1) 商品仕入時 （借）仕　入　　180,000 （貸）買掛金　　　180,000
(2) 商品販売時 （借）割賦売掛金 220,000 （貸）割賦仮売上 220,000
(3) 代金回収時 （借）現　金　　194,000 （貸）割賦売上　　194,000
　　　　　　　 （借）割賦仮売上 194,000 （貸）割賦売掛金 194,000

決算整理前試算表

繰越商品　84,000	割賦仮売上 106,000
割賦売掛金 106,000	割賦売上　194,000
仕　入　　180,000	

決算整理仕訳

(1) （借）仕　入　84,000　（貸）繰越商品 84,000

　　（借）繰越商品 35,000　（貸）仕　入　35,000

商品売上原価算定のための決算整理仕訳。

(2) （借）繰越商品 81,500　（貸）仕　入 81,500

時期繰越割賦商品原価 81,500 円＝前期分繰越商品 32,000＋当期分繰越商品 49,500。前期分繰越割賦商品原価 32,000 円＝前期割賦売掛金期末残高 40,000×前期割賦原価率 0.8。当期分繰越割賦商品原価 49,500 円＝当期割賦売掛金期末残高 66,000 円×当期割賦原価率 0.75。

割賦売掛金			売価の原価換算
前期分 80,000	前期分回収高　40,000	:	前期分回収高 40,000×前期原価率 0.8＝回収原価 32,000
	前期分未回収高 40,000	:	前期分未回収高 40,000×前期原価率 0.8＝未回収原価 32,000
当期分 220,000	当期分回収高　154,000	:	当期分回収高 154,000×当期原価率 0.75＝回収原価 115,500
	当期分未回収高 66,000	:	当期分未回収高 66,000×当期原価率 0.75＝未回収原価 49,500

決算整理後試算表

繰越商品　116,500	割賦売上　194,000
割賦売掛金 106,000	割賦仮売上 106,000
仕　入　147,500	

※対照勘定の割賦売掛金勘定と割賦仮売上勘定は備忘勘定記録として次期へ繰越し，資産・負債の勘定ではないので期末財務諸表へは表示しない。

損益計算書		貸借対照表	
Ⅰ　売上高	194,000	Ⅰ　流動資産	
Ⅱ　売上原価		商　品 116,500	
4.　期首商品棚卸高　84,000			
5.　当期商品仕入高 180,000			
合　計　　　　264,000			
6.　期末商品棚卸高 116,500	147,500		
売上総利益	46,500		

設例 5-1：大東商事株式会社の平成×1年度における割賦販売は，下記資料の通りである。収益認識基準として支払期日到来基準を，会計処理法として対照勘定法をそれぞれ採用している。期首商品棚卸高 60,000 円。

期首試算表

繰越商品 60,000	

期中取引
(1) 商品120,000円を掛で仕入れた。
(2) 商品160,000円を売価200,000円で10回払いの月賦により割賦販売した。
(3) 当期割賦売掛金のうち8回分160,000円は支払期日到来高であり，そのうち6回分120,000円を現金で回収した。

決算整理事項
(1) 期末商品棚卸高20,000円。
(2) 割賦売掛金期末支払期日未到来高40,000円。
(3) 当期割賦売掛金期末支払期日到来高のうち未回収高40,000円を売掛金勘定に振替える。

期中仕訳
(1) 商品仕入時　　（借）仕　　入　　120,000　（貸）買掛金　　120,000
(2) 商品引渡時　　（借）割賦売掛金 200,000　（貸）割賦仮売上 200,000
(3) 支払期日到来時（借）現　　金　　120,000　（貸）割賦売上　120,000
　　　　　　　　　（借）割賦仮売上 120,000　（貸）割賦売掛金 120,000

決算整理前試算表

繰越商品　　60,000	割賦売上　　120,000
割賦売掛金　80,000	割賦仮売上　 80,000
仕　入　　 120,000	

決算整理仕訳
(1) （借）仕　　入　60,000　（貸）繰越商品 60,000
　　（借）繰越商品 20,000　（貸）仕　　入　20,000
　商品売上原価算定のための決算整理仕訳。
(2) （借）繰越商品 32,000　（貸）仕　入 32,000
　割賦商品売上原価算定のための決算整理仕訳。次期繰越割賦商品原価 32,000 円＝割賦売掛金期末履行日未到来高 40,000×当期割賦原価率 0.8。当期割賦原価率 0.8＝当期割賦売価 1－当期割賦利益率 0.2。
(3) （借）売掛金　　 40,000　（貸）割賦売上　 40,000
　　（借）割賦仮売上 40,000　（貸）割賦売掛金 40,000

決算整理後試算表

繰越商品	52,000	割賦売上	160,000
割賦売掛金	40,000	割賦仮売上	40,000
売掛金	40,000		
仕　入	128,000		

※試算表の割賦売掛金勘定と割賦仮勘定は備忘勘定記録として次期へ繰越すが，資産・負債勘定ではないため当期末の財務諸表へは表示しない。

損益計算書

Ⅰ　売上高		160,000
Ⅱ　売上原価		
1．期首商品棚卸高	60,000	
2．当期商品仕入高	120,000	
合　計	180,000	
3．期末商品棚卸高	52,000	128,000
売上総利益		32,000

貸借対照表

Ⅰ　流動資産
　商　品　52,000
　売掛金　40,000

設例5-2：大東商事株式会社の平成×1年度に続く平成×2年度における割賦販売は，下記資料に示す通りである。前期同様に支払期日到来基準と対照勘定法を適用する。

期首試算表

繰越商品	52,000	割賦仮売上	40,000
割賦売掛金	40,000		
売掛金	40,000		

期中取引

（1）　商品180,000円を掛で仕入れた。

（2）　商品165,000円を売価220,000円で10回払い月賦により割賦販売を行なった。

（3）　当期において期首売掛金残高40,000円および期首割賦売掛金の期末支払期日到来高40,000円を現金で回収した。また，当期の割賦売掛金期末支払期日到来高8回分176,000円のうち7回分154,000円を現金で回収した。

決算整理事項

（1）　期末商品棚卸高35,000円。

（2）　期末割賦売掛金残高44,000円。

（3）　当期割賦売掛金期末支払期日到来高のうち未回収高は売掛金勘定に振替え

る。

期中仕訳

(1) 商品仕入時 （借）仕 入 180,000 （貸）買掛金 180,000
(2) 商品販売時 （借）割賦売掛金 220,000 （貸）割賦仮売上 220,000
(3) 代金回収時 （借）現 金 40,000 （貸）売掛金 40,000
　　　　　　　（借）現 金 194,000 （貸）割賦売上 40,000（期首分）
　　　　　　　　　　　　　　　　　　　　割賦売上 154,000（当期分）
　　　　　　　（借）割賦仮売上 194,000 （貸）割賦売掛金 194,000

決算整理前試算表

繰越商品	52,000	割賦仮売上	66,000
割賦売掛金	66,000	割賦売上	194,000
仕　入	180,000		

決算整理仕訳

(1) （借）仕 入 52,000 （貸）繰越商品 52,000
　　（借）繰越商品 35,000 （貸）仕 入 35,000

商品売上原価算定のための決算整理仕訳。

(2) （借）繰越商品 33,000 （貸）仕 入 33,000

次期繰越割賦商品原価 33,000 円＝当期割賦売掛金期末残高 44,000 円×当期割賦原率 0.75。

割賦売掛金		売価の原価換算
期首分 40,000	期首分回収高 40,000	期首分回収高 40,000×前期原価率 0.8＝回収原価 32,000
	当期分回収高 154,000	当期分回収高 154,000×当期原価率 0.75＝回収原価 115,500
	当期分未回収高 44,000	当期分未回収高 44,000×当期原価率 0.75＝未回収原価 33,000

(3) （借）売掛金 22,000 （貸）割賦売上 22,000
　　（借）割賦仮売上 22,000 （貸）割賦売掛金 22,000

決算整理後試算表

繰越商品	68,000	割賦売上	216,000
割賦売掛金	44,000	割賦仮売上	44,000
仕　入	164,000		

※対照勘定の割賦売掛金勘定と割賦仮売上勘定は次期へ繰越すが，資産・負債の勘定ではないので当期末の財務諸表へは表示しない。

損益計算書			貸借対照表	
I 売上高		216,000	I 流動資産	
II 売上原価			商　品 68,000	
期首商品棚卸高	52,000			
当期商品仕入高	180,000			
合　計	232,000			
期末商品棚卸高	68,000	164,000		
売上総利益		52,000		

(2) 割賦売掛金の貸倒処理

割賦代金が貸倒れになった場合は，次のように処理する。割賦販売は，月賦等により販売価額を分割して定期的に割賦代金を受取る販売形態である。以下，回収基準と，未実現利益繰延法または対照勘定法を使用したときの割賦代金の貸倒処理について説明する。

割賦代金が回収不能になった場合は，割賦販売契約に従って顧客から商品を取り戻す。割賦代金の貸倒れにより販売主へ返品された商品を戻り商品という。割賦代金の貸倒れによる販売商品の返品は，顧客が代金に代えて商品により履行する弁済行為（代物弁済）であるから，販売主の責任になる品質損傷・品違いを理由とする売上戻しに該当しない。貸倒れによる戻り商品は，顧客の使用に伴う原価の低下評価損を控除し売却価値を見積もる。

回収基準と未実現利益繰延法を適用するときに割賦売掛金期首残高について期中に貸倒れが発生した場合は，割賦売掛金勘定貸方に回収不能額を記入する。同時に，回収不能額の原因を区分して，借方勘定科目として繰延割賦売上利益勘定，戻り商品勘定および戻り商品損失勘定にそれぞれ記入する。すなわち，期首割賦売掛金に含まれる未実現利益の消滅は，繰延割賦売上利益勘定借方に記入する。また，戻り商品の評価額は戻り商品勘定借方に，割賦売掛金期首貸倒高に含まれる割賦商品原価と戻り商品評価額との差額は戻り商品損失勘定借方にそれぞれ記入する。この場合，期首割賦商品原価は，割賦売掛金期首残高の貸倒高に前期原価率を掛けて算定する。戻り商品が販売可能良品である場合は，期末に戻り商品勘定から仕入勘定に振替える。

割賦売掛金の貸倒れと戻り商品の処理

回収基準と未実現利益繰延法を使用する場合

期中：商品仕入時　（借）仕　　入　　　××　（貸）買掛金　　　　××
　　　商品販売時　（借）割賦売掛金　　××　（貸）割賦売上　　　××
　　　代金回収時　（借）現　　金　　　××　（貸）割賦売掛金　　××
　　　回収不能時　（借）戻り商品（評価額）××　（貸）割賦売掛金（売価）××
　　　　　　　　　　　繰延割賦売上利益　××
　　　　　　　　　　　戻り商品損失　　　××

戻り商品損失＝割賦売掛金期首残高に含まれる期首割賦商品原価−戻り商品評価額。期首割賦商品原価＝割賦売掛金期首貸倒高×前期割賦原価率。

期末：決算整理仕訳（借）仕　　入　××　（貸）繰越商品××
　　　　　　　　　　　　　　　　　　　　　戻り商品××
　　　　　　　　　（借）繰越商品××　（貸）仕　　入　××

売上原価算定のための決算整理仕訳。

　　　　　　　　　（借）繰延割賦売上利益　　××　（貸）繰延割賦売上利益戻入××
　　　　　　　　　（借）繰延割賦売上利益控除××　（貸）繰延割賦売上利益　　××

未実現売上利益の当期戻入と次期繰延仕訳。

設例6：大東商事株式会社の平成×1年度に続く年平成×2年度における割賦販売は，下記資料に示す通りである。回収基準と未実現利益繰延法を適用している。

期首試算表

繰越商品　20,000	繰延割賦売上利益 16,000
割賦売掛金 80,000	

期中取引

(1)　商品 180,000 円を掛で仕入れた。

(2)　商品 165,000 円を売価 220,000 円で 10 回払いの月賦により割賦販売した。

(3)　当期において前期割賦売掛金残高 80,000 円のうち 1 回分 20,000 円は現金で回収したが，3 回分 60,000 円は回収不能になった。当期割賦売掛金残高のうち 7 回分 154,000 円は現金で回収した。取戻し商品評価額は 24,000 円である。

決算整理事項

(1) 期末商品棚卸高 35,000 円。
(2) 期末戻り商品棚卸高（評価額）24,000 円。

期中仕訳

(1) 商品仕入時 （借）仕　　入　　　　　180,000 （貸）買掛金　　　180,000
(2) 商品販売時 （借）割賦売掛金　　　　220,000 （貸）割賦売上　　220,000
(3) 代金回収時 （借）繰延割賦売上利益　 12,000 （貸）割賦売掛金　 60,000
　　　　　　　　　　戻り商品　　　　　　24,000
　　　　　　　　　　戻り商品損失　　　　24,000

繰延割賦売上利益 12,000 円＝割賦売掛金 60,000×前期割賦利益率 0.2。戻り商品原価 48,000 円＝貸倒割賦売掛金 60,000×前期割賦原価率 0.8。戻り商品評価損 24,000 円＝戻り商品原価 48,000−戻り商品評価額 24,000。

　　　（借）現　　金　 20,000 （貸）割賦売掛金　 20,000
　　　（借）現　　金　154,000 （貸）割賦売掛金　154,000

決算整理前試算表

繰越商品	20,000	繰延割賦売上利益	12,000
割賦売掛金	66,000	割賦売上	220,000
戻り商品	24,000		
仕　入	180,000		
戻り商品損失	24,000		

決算整理仕訳

　　　（借）仕　　入　 44,000 （貸）繰越商品 20,000
　　　　　　　　　　　　　　　　　　戻り商品 24,000

前期繰越商品・戻り商品を仕入勘定に振替える。

　　　（借）繰越商品 35,000 （貸）仕　　入　 35,000
　　　（借）繰越商品 24,000 （貸）仕　　入　 24,000

期末繰越商品・戻り商品棚卸高を仕入勘定から繰越商品勘定に振替える。

割賦売掛金		売価の利益換算
期首残高 80,000	当期回収 20,000 :	当期回収 20,000 円×前期利益率 0.2＝戻入利益 4,000 円
	回収不能 60,000 :	回収不能 60,000 円×前期利益率 0.2＝回収不能利益 12,000 円
当期売上 220,000	当期回収 154,000 :	当期回収 154,000 円×当期利益率 0.25＝回収利益 38,500 円
	期末未回収 66,000 :	未回収 66,000 円×当期利益率 0.25＝繰延売上利益 16,500 円

（借）繰延割賦売上利益 4,000 （貸）繰延割賦売上利益戻入 4,000

当期売上利益戻入 4,000 円＝前期割賦売掛金当期回収高 20,000 円×前期利益率 0.2

（借）繰延割賦売上利益控除 16,500 （貸）繰延割賦売上利益 16,500

繰延割賦売上利益控除 16,500 円＝当期割賦売掛金期末未回収高 66,000×当期利益率 0.25。当期利益率 0.25＝原価 165,000 円÷売価 220,000 円。

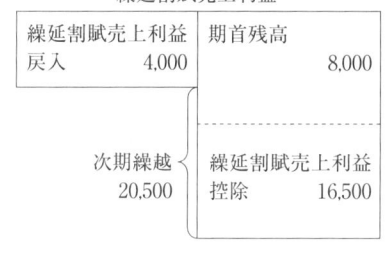

繰延割賦売上利益			損　　益		
繰延割賦売上利益戻入 4,000	期首残高 8,000		売上原価 165,000	売上高 220,000	
次期繰越 20,500	繰延割賦売上利益控除 16,500		繰延割賦売上利益控除 16,500		
			戻り商品損失 8,000		
			回収基準による売上利益 34,500	繰延割賦売上利益戻入 4,000	

決算整理後試算表

決算整理後試算表			
繰越商品	59,000	繰延割賦売上利益	20,500
割賦売掛金	66,000	割賦売上	220,000
仕　入	165,000	繰延割賦売上利益戻入	4,000
戻り商品損失	24,000		
繰延割賦売上利益控除	16,500		

損益計算書

I	売上高		220,000
II	売上原価		
	1. 期首商品棚卸高	20,000	
	2. 戻り商品受入高	24,000	
	3. 当期商品仕入高	180,000	
	合　計	224,000	
	3. 期末商品棚卸高	59,000	165,000
	修正前売上総利益		55,000
	繰延割賦売上利益戻入		4,000
	戻し商品損失		24,000
	繰延割賦売上利益控除		16,500
	売上総利益		18,500

（控除方式）貸借対照表

I　流動資産
　商　品　　　　　　　　59,000
　割賦売掛金　66,000
　繰延割賦売上利益　16,500　　49,500

（繰延方式）貸借対照表

I　流動資産　　　　　　　　I　流動負債
　商　品 59,000　　　　　　　繰延割賦売上利益 16,500
　割賦売掛金 66,000

　回収基準と対照勘定法を併用するときに前期割賦売掛金の全部または一部が当期に貸倒れになった場合は，次のように処理する。貸倒れにより商品を取戻したときは，回収不能になった期首割賦商品原価を仕入勘定貸方に計上するとともに戻り商品勘定借方に戻り商品評価額（販売価額）を，戻り商品損失勘定借方に評価損（販売費・補修費）をそれぞれ計上する。この場合，期首割賦商品原価は，割賦売掛金期首残高の貸倒額（未回収売価）に前期原価率を掛けて算定する。なお，回収不能額だけ対照勘定について反対仕訳を行ない相殺消去する。

　割賦売掛金の貸倒れと戻り商品の会計処理
　回収基準と対照勘定法を使用する場合

　期中：商品仕入時　（借）仕　入　　　　××　（貸）買掛金　　　　××
　　　　商品販売時　（借）割賦売掛金　　××　（貸）割賦仮売上　××
　　　　代金回収時　（借）現　金　　　　××　（貸）割賦売上　　××
　　　　　　　　　　（借）割賦仮売上　　××　（貸）割賦売掛金　××

回収不能時（借）戻り商品（評価額）××（貸）仕　入（期首割賦商品原価）××
　　　　　　　　戻り商品損失　××
　　　　期首割賦商品原価＝期首割賦売掛金貸倒高×前期割賦原価率。戻り
　　　　商品損失＝期首割賦商品原価－戻り商品評価額。
　　　　　　　（借）割賦仮売上　　××（貸）割賦売掛金　　　　××
期末：決算整理仕訳（借）仕　入　××　　　（貸）繰越手許商品××
　　　　　　　　　　　　　　　　　　　　　　繰越割賦商品××
　　　　　　　　　　　　　　　　　　　　　　繰越戻り商品××
　　　　　　　（借）繰越商品××　（貸）仕　入　　××
　　　売上原価算定のための決算整理仕訳。

設例7：大東商事株式会社の平成×1年度に続く年平成×2年度における割賦販売
　　　は，下記資料に示す通りである。回収基準と対照勘定法を適用している。

期首試算表

繰越商品　84,000	割賦仮売上 80,000
割賦売掛金 80,000	

期中取引
　(1)　商品180,000円を掛で仕入れた。
　(2)　商品165,000円を売価220,000円で10回払い月賦により割賦販売した。
　(3)　当期において前期売掛金残高80,000円のうち1回分20,000円は現金で回
　　　収したが，3回分60,000円は回収不能になった。当期割賦売掛金期末残高の
　　　うち7回分154,000円は現金で回収した。戻り商品評価額は24,000円であ
　　　る。

決算整理事項
　(1)　期末商品棚卸高35,000円。
　(2)　期末戻り商品棚卸高（評価額）24,000円。
　(3)　割賦売掛金期末残高66,000円。前期割賦原価率80％。

期中仕訳
　(1)　商品仕入時（借）仕　入　　　180,000（貸）買掛金　　　180,000
　(2)　商品販売時（借）割賦売掛金　220,000（貸）割賦仮売上 220,000

(3) 代金回収時　（借）現　金　　20,000　（貸）割賦売上　20,000
　　　　　　　　（借）割賦仮売上　20,000　（貸）割賦売掛金　20,000
　　回収不能時　（借）戻り商品　24,000　（貸）仕　入　　48,000
　　　　　　　　戻り商品損失　24,000

期首割賦商品原価 48,000 円＝割賦売掛金未回収高 60,000×前期割賦原価率 0.8。戻り商品損失 24,000 円＝期首割賦商品原価 48,000－戻り商品評価額 24,000。

　　　　　　　　（借）割賦仮売上　　60,000　（貸）割賦売掛金　60,000
　　　　　　　　（借）現　金　　　 154,000　（貸）割賦売上　 154,000
　　　　　　　　（借）割賦仮売上　 154,000　（貸）割賦売掛金 154,000

決算整理前試算表

繰越商品	84,000	割賦売上	174,000
割賦売掛金	66,000	割賦仮売上	66,000
仕　入	132,000		
戻り商品	24,000		
戻り商品損失	24,000		

決算整理仕訳

(1)　（借）仕　入　　108,000　（貸）繰越商品　84,000
　　　　　　　　　　　　　　　　　　戻り商品　24,000
(2)　（借）繰越商品　　35,000　（貸）仕　入　108,500
　　　　繰越商品　　49,500
　　　　繰越戻り商品　24,000

割賦売掛金			売価の原価換算
前期分 80,000	回収高	20,000	前期分回収高 20,000×前期原価率 0.8＝回収原価 16,000
	回収不能高	60,000	前期分回収不能高 60,000×前期原価率 0.8＝回収不能原価 48,000
当期分 220,000	回収高	154,000	当期分回収高 154,000×当期原価率 0.75＝回収原価 115,500
	未回収高	66,000	当期分未回収高 66,000×当期原価率 0.75＝未回収原価 49,500

繰越割賦商品 108,500 円＝手許商品棚卸高 35,000 円＋割賦商品棚卸高 49,500 円＋戻り商品棚卸高 24,000 円

決算整理後試算表

繰越商品	108,500	割賦売上	174,000
割賦売掛金	66,000	割賦仮売上	66,000
仕　入	131,500		
戻り商品損失	24,000		

※対照勘定の割賦売掛金・割賦仮売上勘定は備忘勘定として次期へ繰越すが，正式の資産・負債の勘定ではないので当期財務諸表へは表示しない。

損益計算書

I	売上高		174,000
II	売上原価		
	期首商品棚卸高	84,000	
	戻り商品受入高	24,000	
	当期商品仕入高	132,000	
	合　計	240,000	
	期末商品棚卸高	108,500	131,500
	売上総利益		42,500
III	販売費及び一般管理費		
	戻り商品損失		24,000
	営業利益		18,500

貸借対照表

| I | 流動資産 | |
| | 商　品 | 108,500 |

9-4　試 用 販 売

　販売主が顧客に引渡した商品を試用期間中に試用させて，顧客が購入の意思を表明したときに売買契約の成立として販売主は売上収益を計上するが，顧客が購入を断念したときに商品を返却させる取引形態を試用販売という。したがって，試用販売の場合は，一般販売のように商品の引渡時点をもって売上収益を計上するのではなく，顧客が試用期間内に販売主に対して購入の意思を表明したときに初めて代金請求権が成立し売上収益を計上する。このため，顧客による購入の意思決定が販売主において確認されない限り，販売主は，発送した商品を当期売上高として計上してはならない（企業会計原則注解，注6 (2)）。

　試用販売を処理する方法は二つある。第一は，手許在庫商品を処理する繰越商品勘定から手許不在商品を処理するための試用品勘定を分離した手許商品区

分法（3分法，分記法，総記法，売上原価対立法）である。

手許商品区分法は，商品仕入時に（借）仕入××（貸）買掛金××として処理し，試用品発送時に（借）試用品××（貸）仕入××として仕入勘定から試用品勘定に振替える。

第二の処理方法は，対照勘定法である。試用品発送時に，対照勘定として試用売掛金勘定（試用販売売掛金勘定，試用仮売掛金勘定）と試用仮売上勘定（前掲借方科目に対応する貸方科目は，試用販売仮売上勘定，試用販売勘定）に売価で両建計上し，商品引渡時に試用販売を当期収益として認識しない方法である。したがって，顧客が販売主に対して試用品購入の意思を明らかにした時点で初めて，販売主は，これを売上収益の実現とみなして，売上収益を計上すると同時に対照勘定について反対仕訳を行なう。

(1) 分記法・手許商品区分法

　　期中：商品仕入時（借）商　品（原価）××（貸）買掛金　　　　××
　　　　　商品試送時（借）試用品　　　　××（貸）仕　入　　　　××
　　　　　購入決定時（借）試用売掛金　　××（貸）試用品（売上原価）××
　　　　　　　　　　　　　　　　　　　　　　　　　試用品販売益　××
　　　　　商品返却時（借）仕　入　　　　××（貸）試用品　　　　××
　　期末：試用品売上原価は期中で算定されるため決算整理不要

(2) 総記法・手許商品区分法

　　期中：商品仕入時（借）商　品（原価）××（貸）買掛金　　　　×
　　　　　商品試送時（借）試用品　　　　××（貸）仕　入　　　　××
　　　　　購入決定時（借）試用売掛金　　××（貸）試用品（売価）××
　　　　　商品返却時（借）仕　入　　　　××（貸）試用品　　　　××
　　期末：混合勘定の決算整理仕訳（借）試用品××（貸）試用品販売益××

(3) 売上原価対立法・手許商品区分法

　　期中：商品仕入時（借）商　品（原価）××（貸）買掛金　××
　　　　　商品試送時（借）試用品　　　　××（貸）仕　入　××
　　　　　購入決定時（借）試用売掛金　　××（貸）試用売上××
　　　　　　　　　　（借）試用品売上原価××（貸）試用品　××
　　　　　商品返却時（借）仕　入　　　　××（貸）試用品　××

期末：試用品売上原価は期中で算定されるため決算整理不要

(4) 3分法・手元商品区分法

A. 期末一括法

期中：商品仕入時（借）仕　入×× （貸）買掛金××

　　　商品試送時（借）試用品×× （貸）仕　入××

　　　　手許商品と区分するため試用品を仕入勘定から試用品勘定に振替える。

　　　購入決定時（借）試用売掛金×× （貸）試用売上××

　　　一般販売時（借）売掛金　　×× （貸）一般売上××

　　　商品返却時（借）仕　入　　×× （貸）試用品　××

期末：決算整理仕訳（借）仕　入×× （貸）試用品（期首残高・当期試送高）××

　　　　　　　　　　試用品（期末残高）××　　仕　入　　　　　　　　　××

　　　　試用品売上原価算定のための整理仕訳。期末試用品原価＝期首試用品棚卸高＋当期試用仕入高－試用品売上原価。試用品売上原価＝決算整理前試用売上勘定残高×試用販売原価率。

　　　　　　（借）仕　入　×× （貸）繰越商品××

　　　　　　　　　繰越商品×× 　　　仕　入　××

　　　　一般販売商品売上原価算定のための整理仕訳。

B. その都度法

期中：商品仕入時（借）仕　入　　　　　　×× （貸）買掛金　××

　　　商品試送時（借）試用品　　　　　　×× （貸）仕　入　××

　　　購入決定時（借）試用売掛金　　　　×× （貸）試用売上××

　　　　　　　　（借）仕　入（試用品売上原価）×× （貸）試用品　××

　　　　期中で買取意志の表明があった時点でその都度売上原価を算定し、試用品勘定から仕入勘定に振替える。試用品売上原価＝試用売上勘定残高×試用販売原価率。

　　　一般販売時（借）売掛金×× （貸）一般売上××

　　　商品返却時（借）仕　入×× （貸）試用品　××

期末：試用品の売上原価は期中販売のつど算定されるため決算整理は不要

(5) 対照勘定法

期中：商品仕入時（借）仕　入（一般・試用）××（貸）買掛金　　　　　　××
　　　商品試送時（借）試用売掛金（対照勘定）××（貸）試用仮売上（対照勘定）××
　　　購入決定時（借）売掛金　　　　　　××（貸）試用売上　　　　　　××
　　　　　対照勘定の試用売掛金勘定と区別するため試用品の掛売は売掛金勘定で処理する。
　　　　　　　　（借）試用仮売上××（貸）試用売掛金××
　　　一般販売時（借）売掛金　　××（貸）一般売上　××
　　　商品返却時（借）試用仮売上××（貸）試用売掛金××
期末：決算整理仕訳（借）仕　入　　　　　××（貸）繰越商品（期首残高）××
　　　　　　　　　　　試用品（期首残高）××
　　　　　　　　（借）繰越商品（期末残高）××（貸）仕　入　　　　　××
　　　　　　　　　　　試用品（期末残高）××
　　　　一般販売・試用品の売上原価算定。期末試用品棚卸原価＝決算整理前試用売掛金勘定残高（対照勘定）×試用販売原価率。

設例：大東商事株式会社は，下記資料に示すように，一般販売のほかに試用販売を営業している。以下，3分法（期末一括法，その都度法，対照勘定法）により試用販売の処理を示す。決算整理前勘定残高：前期繰越商品 2,000 円（20 単位，@100 円），前期繰越試用品 1,000 円（10 単位，@100 円）

期首試算表

繰越商品	2,000	
試用品	1,000	

期中取引

(1) 商品 14,000 円（140 単位，@100 円）を掛で仕入れた。

(2) 商品 110 単位を売価 @125 円で掛売りした（一般販売原価率 80％）。

(3) 試用販売のため試用品 40 単位（原価 @100 円，売価 @135 円）を発送した（試用販売売価は一般販売売価 @125 円に 8％上乗せした。試用販売原価率 74％＝一般販売原価率 0.8／試用販売売価加算率 1.08 あるいは原価 @100 円／試用販売売価 @135 円）。

(4) 試送先より試用品 38 単位を購入する旨連絡を受けた。

決算整理事項：期末手許商品 5,000 円（50 単位，@100 円），期末試用品 1,200 円（12 単位，@100 円）

1. 期末一括法

期首試算表

繰越商品 2,000	
試用品 1,000	

期中：(1) 商品仕入時（借）仕　入 14,000 （貸）買掛金 14,000
　　　(2) 一般販売時（借）売掛金 13,750 （貸）一般売上 13,750
　　　(3) 商品試送時（借）試用品 4,000 （貸）仕　入 4,000
　　　(4) 購入決定時（借）試用売掛金 5,130 （貸）試用売上 5,130

決算整理前試算表

繰越商品　2,000	買掛金　　14,000
試用品　　5,000	一般売上　13,750
売掛金　 18,880	試用売上　 5,130
仕　入　 10,000	

期末：決算整理仕訳（借）仕　入　　2,000 （貸）繰越商品　　　　　　　2,000
　　　　　　　　　　　　繰越商品 5,000　　　仕　入　　　　　　　　5,000
　　　　　　　　　（借）仕　入　　5,000 （貸）試用品（期首・当期仕入高）5,000
　　　　　　　　　　　　試用品　 1,200　　　仕　入　　　　　　　　1,200

決算整理後試算表

繰越商品　5,000	買掛金　　14,000
試用品　　1,200	一般売上　13,750
売掛金　 18,880	試用売上　 5,130
仕　入　 10,800	

損益計算書

I　売上高　　　　　　　　　　　18,880
II　売上原価
　　1.　期首商品棚卸高　　3,000
　　2.　当期商品仕入高　14,000
　　　　合　計　　　　　17,000
　　3.　期末商品棚卸高　　6,200　　10,800
　　　　売上総利益　　　　　　　　8,080

貸借対照表

商　品　6,200	買掛金 14,000
売掛金 18,880	

2. その都度法

期首試算表

繰越商品 2,000	
試用品　1,000	

期中：(1)　商品仕入時　（借）仕　入　　14,000　（貸）買掛金　14,000
　　　(2)　一般販売時　（借）売掛金　　13,750　（貸）一般売上 13,750
　　　(3)　商品試送時　（借）試用品　　 4,000　（貸）仕　入　 4,000
　　　(4)　購入決定時　（借）試用売掛金 5,130　（貸）試用売上　5,130
　　　　　　　　　　　（借）仕　入　　 3,800　（貸）試用品　　3,800

試用品売上原価3,800円を試用品勘定から仕入勘定に振替える。

決算整理前試算表

繰越商品　2,000	買掛金　　14,000
試用品　　5,000	一般売上 13,750
売掛金　 18,880	試用売上　5,130
仕　入　 13,800	

期末：決算整理仕訳（借）仕　入　2,000　（貸）繰越商品 2,000
　　　　　　　　　　　繰越商品 5,000　　　　仕　入　5,000

決算整理後試算表

繰越商品　5,000	買掛金　　14,000
試用品　　5,000	一般売上 13,750
売掛金　 18,880	試用売上　5,130
仕　入　 10,800	

損益計算書

I 売上高　　　　　　　　　　　　18,880
II 売上原価
　　1. 期首商品棚卸高　3,000
　　2. 当期商品仕入高　14,000
　　　　合　計　　　　　17,000
　　3. 期末商品棚卸高　6,200　　10,800
　　　　売上総利益　　　　　　　　8,080

貸借対照表

商　品　6,200	買掛金 14,000
売掛金 18,880	

3. 対照勘定法

期首試算表

繰越商品　2,000	試用仮売上 1,350
試用品　　1,000	
試用売掛金 1,350	

期首試用品 10 単位 × 売価 @135 円 = 試用売掛金 1,350。試用販売原価率 = 74%。

期中：(1)　商品仕入時（借）仕　入　　　14,000　（貸）買掛金　　　14,000
　　　(2)　一般販売時（借）売掛金　　　13,750　（貸）一般売上　　13,750
　　　(3)　商品試送時（借）試用売掛金　 5,400　（貸）試用仮売上　 5,400
　　　(4)　購入決定時（借）売掛金　　　 5,130　（貸）試用売上　　 5,130

対照勘定の試用売掛金勘定と区別するため試用品の掛売は売掛金勘定で処理する。

　　　　　　　　　　　（借）試用仮売上　5,130　（貸）試用売掛金　5,130

決算整理前試算表

繰越商品　　2,000	買掛金　　14,000
試用品　　　1,000	一般売上　13,750
売掛金　　 18,880	試用売上　 5,130
試用売掛金　1,620	試用仮売上　1,620
仕　入　　 14,000	

期末：決算整理仕訳（借）仕　入　　3,000　（貸）繰越商品 2,000
　　　　　　　　　　　　　　　　　　　　　　　試用品　　1,000

(借) 繰越商品 5,000 (貸) 仕 入 6,200
試用品 1,200

期末試用品棚卸原価1,200円は，決算整理前対照勘定残高に試用販売原価率を掛けて算定する。設例では，資料の売残り数量12単位と＠100円から期末試用品棚卸原価を算定した。

決算整理後試算表

繰越商品	5,000	買掛金	14,000
試用品	1,200	一般売上	13,750
売掛金	18,880	試用売上	5,130
試用売掛金	1,620	試用仮売上	1,620
仕 入	10,800		

※対照勘定であり試用売掛金・試用仮売上は資産・負債勘定ではないので，財務諸表へは記載しない。

損益計算書

Ⅰ	売上高		18,880
Ⅱ	売上原価		
	1. 期首商品棚卸高	3,000	
	2. 当期商品仕入高	14,000	
	合 計	17,000	
	3. 期末商品棚卸高	6,200	10,800
	売上総利益		8,080

貸借対照表

商 品	6,200	買掛金	14,000
売掛金	18,880		

9-5 委 託 販 売

委託販売業者が自ら商品を販売する代わりに，受託販売業者に販売手数料を支払い商品販売を代行させる取引形態を委託販売という。委託販売については，原則として，受託者が商品を販売した日をもって委託者は売上収益を計上する（受託者販売日基準）。したがって，決算日から財務諸表作成日までの決算

手続期間に売上計算書（仕切精算書）が到着する等によって決算日までに販売された事実関係が確認された取引を当期売上高として計上する。他方，例外的な売上収益認識基準として，売上計算書が販売のつど送付される場合に限り，当該売上計算書の到着日をもって売上収益の実現時点とする処理が認められている。したがって，決算日から財務諸表作成日までの決算手続期間中に委託販売の受託業者より売上計算書を受取った場合は，当期売上高を売上計算書到着日の属する次期営業年度の売上高として計上することができる（「企業会計原則注解」注6）。

委託販売と試用販売は，販売形態上の相違を除けば，当該の2つの勘定の役割は類似している。委託販売を3分法で処理する場合は，手許商品と区分するため試用販売における試用品勘定と同様に積送品勘定を使用する。委託販売のために委託者が発送した商品を積送品といい，受託者が期末に保有する売れ残り商品のことである。積送品の所有権を有する販売委託者は，受託者から売上後に送付された売上計算書により売上収益を計上すると同時に，売上計算書到着のつど売上原価を計上するか，あるいは期末に一括して売上原価を計上する。

なお，委託販売において，委託者は，売上代金を早期回収するため，商品積送時に運送業者から受取った貨物代表証券（貨物引換証・船荷証券）を担保にして荷為替を取組み，取組（取立）銀行を受取人，受託者を支払人（名宛人）とする為替手形を振出し，取組銀行で利息相当額を割引き換金する場合がある。これを荷為替の取組または割引荷為替という。この場合，委託者が貨物代表証券を担保に振出す為替手形を荷為替手形という。実務では，通常，貸倒リスクを考慮に入れ売上代金の8割程度について荷為替を取組む。このため，収益計上時に売上代金と割引荷為替による手取額との差額は売掛金勘定に記入する。

貨物代表証券を添付した荷為替手形は，委託者の取組（取立）銀行を通じて受託者の取引銀行に送付される。取立を依頼された受託者の取引銀行は，受託者に荷為替手形・貨物代表証券の支払について呈示し，受託者が荷為替手形を引受けるか，あるいは支払を実施したときに貨物代表証券を受託者へ引渡す。積送品引取時に，受託者は，貨物代表証券と引換えに運送業者から積送品を受取る。

受託者に対する委託者の売上代金送金請求権と立替金（立替諸掛・手数料・荷為替引受額）支払義務の処理には，2つの方法がある。第1の方法は，前受

金勘定と積送売掛金勘定を使用する方法であり，第2の方法は，荷為替取組時の前受金と積送売掛金を一括し委託販売勘定を使用する方法である。第1の方法による場合は，積送時に振出した荷為替手形を取立銀行で割引くときに積送品は受託者に未だ引渡されていないので，委託者は，荷為替手形（割引荷為替）は売上代金の一部前受金とみなして前受金勘定で処理する。

1. 前受金・売掛金勘定による債権・債務の処理

荷 為 替 取 組 時 （借）当座預金　　　　　　××　（貸）前受金（負債の勘定）××
　　　　　　　　　　　　支払割引料（手形売却損）××

売上計算書受取時（借）前受金　　　　　　　　××　（貸）積送品売上　　　××
　　　　　　　　　　　　積送諸掛　　　　　　　××
　　　　　　　　　　　　積送売掛金　　　　　　××

第2の方法による場合，荷為替取組時に委託販売勘定貸方に荷為替取組による手形債務を記入し，売上計算書受取時に委託販売勘定借方に売上代金請求権を記入する。期末に委託販売勘定借方残のときは売上代金請求権を示し，貸方残のときは手形債務を示す。

2. 委託販売勘定による債権・債務の処理

荷 為 替 取 組 時 （借）当座預金　　　　　　××　（貸）委託販売　××
　　　　　　　　　　　　支払割引料（手形売却損）××

売上計算書受取時（借）積送諸掛　　　　　　　××　（貸）積送品売上××
　　　　　　　　　　　　委託販売　　　　　　　××

なお，積送諸掛を積送品勘定に含めて商品を発送したときに受託者より積送品が返品された場合，委託者は，積送品勘定から積送諸掛を分離して当期の販売費として計上する。返品された積送品諸掛は，次期以降の売上収益に対応する売れ残り積送品の原価ではないため，当期の販売費として計上する。

（借）仕　入　　　　　　　　××　（貸）積送品××
　　　積送諸掛（荷造費・発送運賃）××

委託販売に係る諸掛費は，委託販売の会計処理において重要な意義を有する。その理由は，委託販売諸掛費のうち一定の原価費目を積送品原価に含めるか，あるいは原価外の販売費として期間費用に計上するかにより当期純利益が影響を受けるからである。

委託者が負担する委託販売諸掛費を区分する場合は，委託者が直接負担する積送諸掛（荷造費・発送運賃等）のほかに，受託者が肩代わりで負担する受託者立替諸掛（引取運賃・発送運賃・在庫保管料等）および受託者に報酬として支払われる販売手数料がある。この３つの委託販売諸掛のうち委託者積送諸掛については，原則処理として積送時に積送品原価に算入するか，例外処理として積送諸掛費勘定に販売費として計上する。

　委託販売は，企業に適合する環境条件に従って下記の方法で処理する。

(1)　分記法・手許商品区分法

　　期中：商品仕入時（借）仕　入（手許商品原価）××（貸）買掛金××

　　　　　商品積送時（借）積送品　　　　　　××（貸）仕　入（手許商品原価）××

　　　　　　　手許商品と区分するため積送品を仕入勘定から積送品勘定に振替える。

　　　　　荷為替取組時　　（借）当座預金　××（貸）前受金　　　　　××
　　　　　　　　　　　　　　　　支払割引料××

　　　　　売上計算書到着時（借）前受金　　××（貸）積送品（売上原価）××
　　　　　　　　　　　　　　　　売掛金　　××　　　積送品販売益　　　××

　　　　　商品返却時　　　（借）仕　入　　××（貸）積送品　　　　　××
　　　　　　　　　　　　　　　　積送諸掛（販売費）××

　　　　　　　返品された積送品の原価のうち積送諸掛（荷造費・発送運賃）は，仕入勘定の積送品原価から分記し販売費として計上する。

　　期末：積送品売上原価は期中で算定されるため決算整理は不要である。

(2)　総記法・手許商品区分法

　　期中：商品仕入時　　　（借）仕　入（手許商品原価）××（貸）買掛金　　　　××

　　　　　商品積送時　　　（借）積送品　　　　××（貸）仕　入（手許商品原価）××

　　　　　荷為替取組時　　（借）当座預金　　××（貸）前受金××
　　　　　　　　　　　　　　　　支払割引料　××

　　　　　売上計算書到着時（借）前受金　　　××（貸）積送品（売価）　××
　　　　　　　　　　　　　　　　売掛金　　　××

　　　　　商品返却時　　　（借）仕　入　　　××（貸）積送品（原価）　××
　　　　　　　　　　　　　　　　積送諸掛（販売費）××

期末：混合勘定の決算整理仕訳（借）積送品×× （貸）積送品販売益××

(3) 売上原価対立法・手許商品区分法

期中：商品仕入時　　　（借）仕　入（手許商品原価）×× （貸）買掛金　　　　　××

　　　商品積送時　　　（借）積送品　　　　×× （貸）仕　入（手許商品原価）××

　　　荷為替取組時　　（借）当座預金　　　×× （貸）前受金　　　　　××

　　　　　　　　　　　　　　支払割引料　　××

　　　売上計算書到着時（借）前受金　　　　×× （貸）積送品売上　　　××

　　　　　　　　　　　　　　売掛金　　　　××

　　　　　　　　　　　（借）積送品売上原価××（貸）積送品　　　　　××

　　　商品返却時　　　（借）仕　入　　　　×× （貸）積送品　　　　　××

　　　　　　　　　　　　　　積送諸掛（販売費）××

期末：積送品売上原価は期中で算定されるため決算整理は不要

(4) 3分法・手許商品区分法

A. 期末一括法

期中：商品仕入時　　　（借）仕　入（手許商品原価）×× （貸）買掛金　　　　　××

　　　商品積送時　　　（借）積送品　　　　×× （貸）仕　入（手許商品原価）××

　　　　手許商品と区分するため積送品を仕入勘定から積送品勘定に振替える。

　　　荷為替取組時　　（借）当座預金　　　×× （貸）前受金　　　　　××

　　　　　　　　　　　　　　支払割引料　　××

　　　売上計算書到着時（借）前受金　　　　×× （貸）積送品売上　　　××

　　　　　　　　　　　　　　売掛金　　　　××

　　　一般販売時　　　（借）売掛金　　　　×× （貸）一般売上　　　　××

　　　商品返却時　　　（借）仕　入　　　　×× （貸）積送品　　　　　××

　　　　　　　　　　　　　　積送諸掛（販売費）××

期末：決算整理（借）仕　入　　　　×× （貸）積送品（期首残高・当期積送高）××

　　　　　　　　積送品（期末残高）×× 　　仕　入　　　　　××

　　　積送品売上原価算定のための整理仕訳。期末積送品棚卸原価＝期首積送品残高＋当期積送仕入高－積送品売上原価。積送品売上原価＝決算整理前積送品売上勘定残高×委託販売原価率。

第9章　特殊販売と収益認識　　217

　　　　（借）仕　　入　　　××（貸）繰越商品　　　　××
　　　　　　　繰越商品　　　××　　 仕　　入　　　　××
　　　一般商品の売上原価算定のための決算整理仕訳。
B．その都度法
　　期中：商品仕入時　　　　（借）仕　　入　　　　××（貸）買掛金　　　××
　　　　　商品積送時　　　　（借）積送品　　　　　××（貸）仕　　入　××
　　　　　荷為替取組時　　　（借）当座預金　　　　××（貸）前受金　　　××
　　　　　　　　　　　　　　　　　支払割引料　　　××
　　　　　売上計算書到着時　（借）前受金　　　　　××（貸）積送品売上××
　　　　　　　　　　　　　　　　　売掛金　　　　　××
　　　　　　　　　　　　　　（借）仕　入（積送品売上原価）××（貸）積送品　　××
　　　　　仕切精算書到達のつど売上原価を算定し積送品勘定から仕入勘定
　　　　　に振替える。積送品売上原価＝積送品売上勘定残高×委託販売原
　　　　　価率。
　　　　　一般販売時　　　　（借）売掛金　　　　　××（貸）一般売上　××
　　　　　商品返却時　　　　（借）仕　　入　　　　××（貸）積送品　　××
　　　　　　　　　　　　　　　　　積送諸掛（販売費）××
　　期末：積送品売上原価は精算書の到達のつど算定されるため決算整理は不要で
　　　　　ある。一版の販売は3分法で処理しており，仕入勘定で売上原価の算定
　　　　　のため決算整理仕訳を行なう。
(5)　対照勘定法
　　期中：商品仕入時　　　　（借）仕　　入　　　　××（貸）買掛金　　　××
　　　　　商品積送時　　　　（借）積送売掛金（対照勘定）××（貸）積送仮売上（対照勘定）××
　　　　　荷為替取組時　　　（借）当座預金　　　　××（貸）前受金　　　××
　　　　　　　　　　　　　　　　　支払割引料　　　××
　　　　　売上計算書到着時　（借）前受金　　　　　××（貸）積送品売上　××
　　　　　　　　　　　　　　　　　売掛金　　　　　××
　　　　　　　　　　　　　　（借）積送仮売上　　　××（貸）積送売掛金　××
　　　　　一般販売時　　　　（借）売掛金　　　　　××（貸）一般売上　　××
　　　　　商品返却時　　　　（借）積送仮売上　　　××（貸）積送売掛金　××

　　　　　　　　　　　積送諸掛（販売費）××
期末：決算時（借）仕　　入　　　　××（貸）積送品（期首残高・当期積送高）××
　　　　　　　　　　積送品（期末残高）××　　　　仕　　入　　　　　　　　　××
　　　　　　　（借）仕　　入　　　　××（貸）繰越商品（期首残高）　　　　××
　　　　　　　　　　繰越商品（期末残高）××　　　仕　　入　　　　　　　　　××
　　　　一般商品と積送品の売上原価算定。期末積送品棚卸原価＝決算整理前積送売掛金勘定残高（対照勘定）×委託販売原価率。

設例：野崎商事株式会社は、一般販売と委託販売を営業している。下記資料により3分法・手許商品区分法（期末一括法、その都度法）と対照勘定法により委託販売の処理を示す。

決算整理前勘定残高：前期繰越商品 2,000 円（20 単位、原価 @100 円、一般販売売価 @125 円）、前期繰越積送品 1,000 円（10 単位、原価 @100 円、委託販売売価 135 円）

　　　　　　　　期首試算表
　　　　繰越商品 2,000 ｜
　　　　積送品　 1,000 ｜

期中取引
(1)　商品 14,000 円（140 単位、原価 @100 円）を掛で仕入れた。
(2)　商品 110 単位を売価 @125 円で掛売りした（一般販売原価率 80%）。
(3)　委託販売のため商品 40 単位（原価 @100 円、売価 @135 円）を積送した（委託販売売価は一般販売売価 @125 円に 8% 上乗せした。委託販売原価率 74% ＝ 一般販売原価率 0.8／委託販売売価加算率 1.08 あるいは原価 @100 円／委託販売売価 @135 円）。
(4)　販売委託先より売上済み積送品 38 単位に関する売上計算書を受取った。

決算整理事項：期末手許商品 5,000 円（50 単位、原価 @100 円）、期末積送品 1,200 円（12 単位、原価 @100 円）

1. 3分法・期末一括法

期首試算表

繰越商品 2,000	
積送品 1,000	

期中：(1) 商品仕入時　　　　（借）仕　入 14,000　（貸）買掛金　　　14,000
　　　(2) 一般販売時　　　　（借）売掛金 13,750　（貸）一般売上　　13,750
　　　(3) 商品積送時　　　　（借）積送品 4,000　（貸）仕　入　　　　4,000
　　　(4) 売上計算書到着時（借）売掛金 5,130　（貸）積送品売上　5,130

決算整理前試算表

繰越商品	2,000	買掛金	14,000
積送品	5,000	一般売上	13,750
売掛金	18,880	積送品売上	5,130
仕　入	10,000		

期末：決算整理仕訳（借）仕　入　　2,000　（貸）繰越商品　　　　　　　　2,000
　　　　　　　　　　　　　繰越商品 5,000　　　　仕　入　　　　　　　　　5,000
　　　　　　　　（借）仕　入　　5,000　（貸）積送品（期首・当期仕入高）5,000
　　　　　　　　　　　　　積送品 1,200　　　　　仕　入　　　　　　　　　1,200

決算整理後試算表

繰越商品	5,000	買掛金	14,000
積送品	1,200	一般売上	13,750
売掛金	18,880	積送品売上	5,130
仕　入	10,800		

損益計算書

Ⅰ　売上高			18,880
Ⅱ　売上原価			
1.　期首商品棚卸高	3,000		
2.　当期商品仕入高	14,000		
合　計	17,000		
3.　期末商品棚卸高	6,200	10,800	
売上総利益		8,080	

貸借対照表

商　品　5,000	買掛金 14,000
積送品　1,200	売　　上
売掛金 18,880	
（内：積送売掛金 5,130）	

2．3分法・その都度法

期首試算表

| 繰越商品 2,000 | |
| 積送品　1,000 | |

期中：(1) 商品仕入時　　　（借）仕　入 14,000 （貸）買掛金　　14,000
　　　(2) 一般販売時　　　（借）売掛金 13,750 （貸）一般売上　13,750
　　　(3) 商品積送時　　　（借）積送品　4,000 （貸）仕　入　　4,000
　　　(4) 売上計算書到着時（借）売掛金　5,130 （貸）積送品売上　5,130
　　　　　　　　　　　　　（借）仕　入　3,800 （貸）積送品　　　3,800

　　　　　積送品売上原価 3,800 円を積送品勘定から仕入勘定に振替える。

決算整理前試算表

繰越商品　2,000	買掛金　　　14,000
積送品　　5,000	一般売上　　13,750
売掛金　 18,880	積送品売上　 5,130
仕　入　 13,800	

期末：決算時（借）仕　入　2,000 （貸）繰越商品 2,000
　　　　　　　　繰越商品 5,000　　　　仕　入　 5,000

　　一般商品売上原価を算定するための決算整理仕訳。積送品売上原価算定の決算整理仕訳は不要である。

決算整理後試算表

繰越商品　5,000	買掛金　　　14,000
積送品　　1,200	一般売上　　13,750
売掛金　 18,880	積送品売上　 5,130
仕　入　 10,800	

損益計算書

I　売上高　　　　　　　　　　　　18,880
II　売上原価
　　1. 期首商品棚卸高　　3,000
　　2. 当期商品仕入高　14,000
　　　　合　計　　　　　17,000
　　3. 期末商品棚卸高　　6,200　　10,800
　　　　売上総利益　　　　　　　　 8,080

貸借対照表

商　品　5,000	買掛金 14,000
積送品　1,200	
売掛金 18,880	

3. 対照勘定法

期首試算表

繰越商品　2,000	積送仮売上 1,350
積送品　　1,000	
積送売掛金 1,350	

※積送売掛金・積送仮売上（対照勘定）1,350円＝積送品期首残高10単位×売価＠135円。委託販売原価率＝74％

期中取引：(1)　商品仕入時　　　（借）仕　入　　　14,000　（貸）買掛金　　　14,000
　　　　　(2)　一般販売時　　　（借）売掛金　　　13,750　（貸）一般売上　　13,750
　　　　　(3)　商品積送時　　　（借）積送売掛金　 5,400　（貸）積送仮売上　 5,400
　　　　　(4)　売上計算書到着時（借）売掛金　　　 5,130　（貸）積送品売上　 5,130
積送売掛金勘定（対照勘定）と区別するため積送品掛売は売掛金勘定で処理する。

　　　　　　　　　　　　　　　　（借）積送仮売上　 5,130　（貸）積送売掛金　 5,130

決算整理前試算表

繰越商品　　2,000	買掛金　　　14,000
積送品　　　1,000	一般売上　　13,750
売掛金　　 18,880	積送品売上　 5,130
積送売掛金　1,620	積送仮売上　 1,620
仕　入　　 14,000	

期末決算時（借）仕　入　　3,000　（貸）繰越商品　2,000
　　　　　　　　　　　　　　　　　　　　積送品　　1,000

(借）繰越商品 5,000 （貸）仕　入　6,200
　　　　積送品　1,200

　期末積送品原価1,200円は，決算整理前対照勘定の積送売掛金残高に委託販売原価率を掛けて算定する。ただし，本設例では，前掲資料の売残り積送品数12単位，原価@100円から期末積送品原価を算定してある。

決算整理後試算表

繰越商品	5,000	買掛金	14,000
積送品	1,200	一般売上	13,750
売掛金	18,880	積送品売上	5,130
積送売掛金	1,620	積送仮売上	1,620
仕入	10,800		

※積送売掛金・積送仮売上は対照勘定であり資産・負債勘定ではないため，財務諸表へは記載しない。

損益計算書

Ⅰ	売上高		18,880
Ⅱ	売上原価		
1.	期首商品棚卸高	3,000	
2.	当期商品仕入高	14,000	
	合　計	17,000	
3.	期末商品棚卸高	6,200	10,800
	売上総利益		8,080

貸借対照表

商　品	5,000	買掛金	14,000
積送品	1,200		
売掛金	18,880		

9-6　委託販売諸掛

　委託販売において委託者が負担する委託販売経費を積送諸掛という。積送諸掛に含める経費として，委託者が発送するときに委託者が直接負担する積送諸掛（荷造費，発送運賃等），受託者が肩代わりで支払う立替諸掛（保管料，運賃等）および受託者に報酬として支払う販売手数料がある。

委託者が直接負担する積送諸掛の処理には2つの方法がある。第1は，商品積送時に積送諸掛を積送品原価に加算する方法である。したがって，期末における売残り商品の積送品棚卸原価は，当初の積送品仕入原価に積送諸掛を加えた金額である。

第2は，積送時に積送諸掛を積送品原価に算入せず販売費として積送諸掛勘定（費用の勘定）に記入する方法である。したがって，期末積送品棚卸原価に対応する積送諸掛費は繰延積送諸掛勘定（前払費用）に振替え，貸借対照表の流動資産としてし次期に繰延べる。

受託者は，積送品販売時に立替諸掛・販売手数料等について計算した売上計算書を作成し委託者に送付する。委託者は，受取った売上計算書に基づいて積送品の売上高と売上原価を計上する。

<u>売上計算書</u>

売上高		××
諸　掛		
引取運賃	××	
保管料	××	
発送運賃	××	
手数料	××	××
差　引		××
荷為替立替額		××
正味手取額		××

受託者が肩代わりで負担する立替諸掛・販売手数料の会計処理には，2つの方法がある。第1は，受託者立替諸掛・販売手数料は積送諸掛勘定（販売費）に計上するとともに，受託者の売上高を売上収益に計上する方法である。これは，売上収益と立替諸掛費を発生原因別に表示するので，総額表示法という。期末に積送品が売れ残った場合は，期末積送品棚卸高に対応する積送諸掛費を繰延積送諸掛勘定（前払費用）に振替え貸借対照表の流動資産として表示し次期へ繰延べる。

第2は，積送品売上高から受託者立替諸掛（支払運賃・支払保管料・支払手数料）と販売手数料を控除し，委託者の正味手取額を売上高として計上する方法であり純額表示法という。この処理法は，売上高が立替諸掛を控除して純額で

表示される結果，売上収益と積送諸掛に関する会計情報は不明である。

委託者積送諸掛の会計処理（3分法・期末一括法による場合）

(1) 原価算入法－原則処理法

期中：商品仕入時　　　（借）仕　入　　　　　　××　（貸）買掛金　　　　××
　　　商品積送時　　　（借）積送品（積送高）　　××　（貸）仕　入　　　　××
　　　　　　　　　　　　　　積送品（委託者積送諸掛）××　　　現　金　　　　××
　　　荷為替取組時　　（借）当座預金　　　　　　××　（貸）前受金　　　　××
　　　　　　　　　　　　　　支払割引料××
　　　売上計算書到着時（借）前受金　　　　　　　××　（貸）積送品売上××
　　　　　　　　　　　　　　売掛金　　××
　　　　　　　　　　　　　　積送諸掛（立替諸掛）××
　　　期末：決算整理仕訳（借）仕　入××　（貸）積送品（期首残高・当期積送高）××
　　　　　　　　　　　　　　積送品××　　　　仕　入　　　　　　　　　　××
　　　　　積送品売上原価算定の決算整理仕訳。

(2) 販売費計上法－例外処理法

期首：再振替（借）積送諸掛（販売費へ再振替）××（貸）繰延積送諸掛（前払費用）××
期中：商品仕入時　　　（借）仕　入　　　　　　××　（貸）買掛金　　　　××
　　　商品積送時　　　（借）積送品（積送高）　　××　（貸）仕　入　　　　××
　　　　　　　　　　　　　　積送諸掛（販売費）　××　　　現　金　　　　××
　　　荷為替取組時　　（借）当座預金　　　　　　××　（貸）前受金　　　　××
　　　　　　　　　　　　　　支払割引料　　××
　　　売上計算書到着時（借）前受金　　　　　　　××　（貸）積送品売上××
　　　　　　　　　　　　　　売掛金　　××
　　　　　　　　　　　　　　積送諸掛（立替諸掛）××
　　　期末：決算整理仕訳（借）仕　入（期首残高・当期積送高）××（貸）積送品××
　　　　　　　　　　　　　　積送品（期末残高）　　　　　××　　仕　入××
　　　（借）繰延積送諸掛（繰延費用）××（貸）積送諸掛（販売費の振替）××
　　　　　当期売残積送品に対応する積送諸掛の繰延計上。

受託者立替諸掛・販売手数料の会計処理（3分法・期末一括法による場合）
(1) 販売費計上法（総額表示法）
　　期首：再振替仕訳（借）積送諸掛（販売費への再振替）××（貸）繰延積送諸掛××
　　期中：売上計算書到着時（借）前受金　　　　　　　××（貸）積送品売上××
　　　　　　　　　　　　　　　売掛金　　　　　　　　××
　　　　　　　　　　　　　　　積送諸掛・販売手数料（販売費）××
　　　決算整理仕訳　　（借）繰延積送諸掛（繰延費用）××
　　　　　　　　　　　　　　　　　　　　　　　　（貸）積送諸掛（販売費の振替）××
(2) 手取計上法（純額表示法）
　　期中：売上計算書到着時（借）売掛金（手取金）××（貸）積送品売上××

設例：当社は下記資料のとおり委託販売を期末一括法（3分法）により処理している。委託者積送諸掛は積送品勘定を立替諸掛・販売手数料は積送諸掛勘定（販売費）をそれぞれ用いて処理する。期首棚卸商品と積送品はない。売上高の計上は、受託者売上高による。

期中取引
(1) 商品100,000円（100単位，原価@1000円）を掛で仕入れた。
(2) 委託販売のため商品100単位（原価@1,000円，委託販売売価@1,350円）を受託者へ積送し，同時に荷造費5,000円を現金で支払った（積送諸掛費の原価算入後の原価@1,050円＝（積送品原価100,000円＋荷造費5,000円）÷積送品100単位）。委託販売売価は一般販売売価@1,250円に8％上乗せしてある。委託販売原価率74％＝一般販売原価率0.8／委託売価加算率1.08）
(3) 上記積送品100単位につき94,500円の荷為替（売上代金の70％相当額）を取組み，割引料3,780円（手形代金の4％相当額）を差引かれ残額は当座預金に預入れた。
(4) 受託者より販売済み積送品90単位（売価@1,350円，手数料は売上代金の5％相当額）について売上計算書を受取った。

売上計算書

売上高		121,500
諸　掛		
引取運賃（積送品 100 単位分）	2,000	
保管料（積送品 100 単位分）	400	
発送運賃（販売高 90 単位分）	600	
手数料（販売高 90 単位分）	6,075	9,075
差　引		112,425
荷為替立替料		94,500
正味手取額		17,925

(5)　受託者より売掛金 17,925 円を小切手で受取った。

決算整理事項：1. 期末積送品棚卸高 10,500 円（売残り棚卸数量 10 単位，原価@105）

　　　　　　2. 積送諸掛（引取運賃・保管料）の繰延計上

期中：(1)　商品掛仕入時　　（借）仕　入　100,000　（貸）買掛金　100,000
　　　(2)　商品積送時　　　（借）積送品　105,000　（貸）仕　入　100,000
　　　　　　　　　　　　　　　　　　　　　　　　　　　　現　金　　5,000

　　　　　委託者積送諸掛を積送品原価に算入するための仕訳。

　　　(3)　荷為替取組時　　（借）当座預金　90,720　（貸）前受金　94,500
　　　　　　　　　　　　　　　　　支払割引料　3,780
　　　(4)　売上計算書到着時（借）前受金　　94,500　（貸）積送品売上　121,500
　　　　　　　　　　　　　　　　　売掛金　　17,925
　　　　　　　　　　　　　　　　　積送諸掛　 9,075
　　　(5)　売掛金回収時　　（借）現　金　　17,925　（貸）売掛金　17,925

決算整理前試算表

現　金	12,925	買掛金	100,000
当座預金	90,720	前受金	──
売掛金	──	積送品売上	121,500
積送品	105,000		
積送諸掛	9,075		
支払割引料	3,780		
仕　入	──		

決算時（借）仕　入　105,000　（貸）積送品　105,000

積送品　　　　10,500　　　仕　入　　10,500

積送品売上原価算定のための決算整理仕訳。

　　（借）繰延積送諸掛　240（貸）積送諸掛　240

売残り積送品10単位に対応する立替諸掛費を繰延計上するための決算整理仕訳。繰延積送諸掛240円＝売残り積送品10単位×積送諸掛24円（引取運賃＠20円＋保管料＠4円）。

決算整理後試算表

現　金	12,925	買掛金	100,000
当座預金	90,720	積送品売上	121,500
積送品	10,500		
積送諸掛	8,835		
繰延積送諸掛	240		
支払割引料	3,780		
仕　入	94,500		

損益計算書

Ⅰ	売上高		121,500
Ⅱ	売上原価		
	1．期首商品棚卸高	0	
	2．当期積送仕入高	105,000	
	合　計	105,000	
	3．期末積送品棚卸高	10,500	94,500
	売上総利益		27,000
Ⅲ	販売費及び一般管理費		
	1．積送諸掛		8,835
	営業利益		18,165
Ⅳ	営業外費用		
	1．支払割引料		3,780
	経常利益		14,385

貸借対照表

現　金	12,925	買掛金	100,000
当座預金	90,720		
積送品	10,500		
繰延立替諸掛	240		

9-7 受託販売

　委託販売業者より委託された商品販売を代行し，その報酬として販売手数料を受取る取引形態を受託販売という。委託業者から販売を委託された商品の受託業者への積送は，受託業者が所有する財産の増減変動を意味しないので，受託業者による積送品受取時の仕訳は不要である。ただし，受託業者が保有する手許商品と積送品を区分する場合は，積送品受取時に対照勘定として受託品勘定と委託引受勘定を設定する。委託販売による売上収益と費用は全て売上計算書に基づいて委託者側で計上されるが，受託業者は販売手数料を収益として計上する。

　他方，受託業者側に，委託業者に対して売上代金送金義務と立替諸掛・販売手数料・荷為替手形代金の支払請求権が発生する。そこで，委託業者に対する受託業者の債権・債務を処理するために受託販売勘定を用いる。立替諸掛，荷為替手形代金等の立替金に対する支払請求権は受託販売勘定借方に記入し，積送品売上代金の預り金は受託販売勘定貸方に記入する。期末に，受託販売勘定が借方残高であれば受託販売立替金を，貸方残高であれば受託販売預り金をそれぞれ貸借対照表に表示する。

　受託業者の受託販売勘定による会計処理
　　荷為替引受時（貨物代表証券受取時）（借）受託販売×× （貸）支払手形××
　　積送品受取時：受託品は受託業者が販売目的で購入し所有する商品ではないので仕入記帳は不要である。ただし，受託業者の所有手許商品と受託商品を区分する場合は次の対照勘定を使用する。
　　　　　　　　（借）受託品×× （貸）委託引受×× （対照勘定）
　受託品販売時（借）現金預金×× （貸）受託販売××
　立替諸掛支払時（借）受託販売×× （貸）現金預金××
　手数料計上時（精算書作成時）（借）受託販売×× （貸）受取手数料××
　手取金送付時（借）受託販売×× （貸）現金預金××

　設例：当期における委託業者A社と受託業者B社との委託・受託販売は次の通り

である。受託業者 B 社は委託業者 A 社に対する債権・債務を受託販売勘定で処理している。委託業者 A 社は B 社に対する債権・債務を荷為替取組時に前受金勘定で，委託業者積送諸掛を積送品勘定で，受託業者立替諸掛・販売手数料を積送諸掛勘定（販売費勘定）でそれぞれ処理している。なお，積送品売上原価は期末一括法により算定する。A 社の売上高の計上は B 社の売上高に基づく。期首積送品・一般繰越商品はない。期末積送品棚卸高は 10 単位（原価 @1,050 円）である。

期中取引
(1) A 社は商品 100,000 円（100 単位，仕入原価 @1000 円）を B 社へ積送し，荷造費 5,000 円を現金で支払った（当初認識仕入原価に荷造費を算入後の原価 @1,050 円＝（積送品原価 100,000 円＋荷造費 5,000 円）÷積送品 100 単位。A 社指示の売価 @1350 円。一般販売原価率＝80％。委託販売原価率 74％＝一般販売原価率 0.8／委託売価加算率 1.08）。同時に，A 社は上記積送品 100 単位につき 94,500 円の荷為替（売上代金の 70％相当額）を取組み，割引料 3,780 円（手形代金の 4％）を差し引かれ残額を当座預金に預入れた。
(2) B 社は取引銀行より荷為替手形を呈示され，これを引受けると同時に貨物代表証券を受取った。
(3) B 社は積送品 100 単位を受取ると同時に引取運賃 2,000 円を現金で支払った。
(4) B 社は積送品 90 単位を販売し代金を現金で受取った。
(5) B 社は立替諸掛 1,000 円（保管料 400 円，発送運賃 600 円）を現金で支払った。
(6) B 社は受取手数料を計上するとともに売上計算書を作成し A 社へ送付した。

売上計算書

売上高		121,500
諸　掛		
引取運賃（積送品 100 単位分）	2,000	
保管料（積送品 100 単位分）	400	
発送運賃（販売高 90 単位分）	600	
手数料（販売高 90 単位分）	6,075	9,075
差　引		112,425
荷為替立替料		94,500
手取金		17,925

(4) A社は売上計算書を受取った。
(5) B社は手取金を現金でA社へ送付し，A社はこれを受取った。
　B社決算整理事項：1. 期末積送品棚卸高 10,500 円（期末積送品棚卸数量 10 単位，原価 @105）
　　　　　　　　　2. 受託業者立替諸掛（引取運賃・保管料）の繰延計上
期中：A社仕訳
　　　(1) 商品積送時 （借）積送品 105,000 （貸）仕　入 100,000
　　　　　　　　　　　　　　　　　　　　　　　　　現　金　 5,000
　　　委託者積送諸掛を積送品原価に算入するための仕訳。
　　　(1) 荷為替取組時 （借）当座預金　90,720 （貸）前受金 94,500
　　　　　　　　　　　　　　支払割引料　3,780
B社仕訳
(2) 荷為替引受時 （借）受託販売 94,500 （貸）支払手形 94,500
(3) 運賃支払時（積送品受取時）（借）受託販売 2,000 （貸）現金 2,000
(4) 積送品売上時 （借）現金 121,500 （貸）受託販売 121,500
(5) 立替書掛支払時 （借）受託販売（保管料・発送運賃）1,000 （貸）現金 1,000
(6) 売上計算書作成・受取手数料計上 （借）受託販売 6,075 （貸）受取手数料 6,075
A社仕訳
(7) 売上計算書受取時 （借）前受金　　　94,500 （貸）積送品売上 121,500
　　　　　　　　　　　　　支払運賃　　　 2,600
　　　　　　　　　　　　　支払保管料　　　 400
　　　　　　　　　　　　　支払手数料　　 6,075
　　　　　　　　　　　　　積送売掛金　17,925
B社仕訳
(6) 手取金送金時 （借）受託販売 17,925 （貸）現金 17,925
A社仕訳
(8) 手取金受取時 （借）現　金 17,925 （貸）積送売掛金 17,925
期末：A社決算整理 （借）仕　入　　94,500 （貸）積送品　　94,500
　　　　積送品売上原価を積送品勘定から仕入勘定に振替える。積送品売上原価 94,500＝決算整理前積送品 105,000－期末売残り積送品 10,500

（借）繰延積送諸掛　240　（貸）積送諸掛　240
期末売残積送品に対応する前払費用（受託者立替諸掛費）240円を当期積送諸掛勘定から繰延積送諸掛勘定に振替える。

9-8　未着品販売

　遠隔地の販売業者から商品を仕入れる場合，購入業者は商品到着の前に運送業者発行の貨物代表証券（陸上運送では貨物引換証，海上運送では船荷証券）を受取るのが普通である。貨物代表証券に記載された運送中の商品を未着品という。貨物代表証券は商品引渡請求権を証券化したものである。貨物代表証券の取得から商品受取りまでを未着品取引という。商品を受取る前に貨物代表証券を第三者に転売した場合，これを未着品販売という。
　販売業者または購入業者の取引銀行から貨物代表証券を受取った場合，商品は未着のため未着品勘定借方に記入しておく。商品が到着して貨物代表証券と引換えに商品を運送業者から受取った場合は，受取った商品を未着品勘定から仕入勘定に振替える。
　遠隔地の購入業者に販売業者が商品を販売する場合，売却代金の早期回収のために購入業者を名宛人（支払人），販売業者の取立銀行を指図人とする荷為替手形を振出し，運送業者発行の貨物代表証券を担保に添え荷為替手形を取組銀行で割引き換金する場合がある。販売業者の荷為替取組銀行から手形代金取立を依頼された購入業者の取引銀行は，荷為替手形を購入業者に支払呈示し，購入業者が荷為替手形を引受ける際に貨物代表証券を購入業者に引渡す。購入業者は貨物代表証券と引換えに商品を運送業者から受取り，未着品取引は終了する。

(1)　分記法・手許商品区分法

　以下，未着品販売について分記法を含む各会計処理法を解説するが，各会計処理法の一般商品売買については3分法による会計処理を前提条件としている。
　期中：一般商品仕入時（借）仕　入（手許商品）××（貸）買掛金××

貨物代表証券受取・為替引受時（借）未着品（貨物代表証券）××（貸）買掛金 ××
　　　　　　　　　　　　　　　　　　　　　　　　　　　　　　　　　支払手形××
未着品受取時（借）仕　入（手許商品）××（貸）未着品（貨物代表証券）××
一般商品販売時（借）売掛金××（貸）売　上（一般売上）××
貨物代表証券売却時（借）売掛金××（貸）未着品（売上原価）××
　　　　　　　　　　　　　　　　　　　　　未着品販売益　　　××

期末：未着品販売については期中で売上原価と販売益を算定しており決算整理
　　　仕訳は不要。一般商品販売は3分法の仕入勘定で売上原価を算定するため
　　　決算整理仕訳を行なう。
一般商品の決算整理：（借）仕　入　××（貸）繰越商品××
　　　　　　　　　　（借）繰越商品××（貸）仕　入　××

(2) 総記法・手許商品区分法

期中：一般商品仕入時（借）仕　入（手許商品）××（貸）買掛金××
貨物代表証券受取・荷為替引受時（借）未着品（貨物代表証券）××（貸）買掛金 ××
　　　　　　　　　　　　　　　　　　　　　　　　　　　　　　　　　支払手形××
未着品受取時（借）仕　入（手許商品）××（貸）未着品（貨物代表証券）××
一般商品販売時（借）売掛金××（貸）売　上（一般売上）××
貨物代表証券売却時（借）売掛金××（貸）未着品（売価）××
期末：未着品勘定（混合勘定）の決算整理仕訳：
　　　　　　　　　　　　　（借）未着品　××（貸）未着品販売益××
　　　一般商品の決算整理仕訳：（借）仕　入　××（貸）繰越商品　××
　　　　　　　　　　　　　　　（借）繰越商品××（貸）仕　入　　××

(3) 3分法・その都度法・手許商品区分法

期中：一般商品仕入時（借）仕　入（手許商品）××（貸）買掛金××
貨物代表証券受取・荷為替引受時（借）未着品（貨物代表証券）××（貸）買掛金 ××
　　　　　　　　　　　　　　　　　　　　　　　　　　　　　　　　　支払手形××
未着品受取時（借）仕　入（手許商品）××（貸）未着品（貨物代表証券）××
一般商品販売時（借）売掛金××（貸）売　上（一般売上）××

貨物代表証券売却時（借）売掛金　　　××（貸）未着品売上××
　　　　　　　　　　　　仕　入（売上原価）××　　　未着品　　××
期末：未着品の期中販売のつど，売上原価を仕入勘定に振替えるので決算整理不要。一般販売の手許商品についてのみ決算整理仕訳を行なう。
　一般商品の決算整理：（借）仕　入　××（貸）繰越商品××
　　　　　　　　　　　　（借）繰越商品××（貸）仕　入　××
なお，未着品の決算整理仕訳は次のように処理する。
　　　（借）仕　入　　　　　××（貸）未着品（期末未着品）××
　　　（借）未着品（期末未着品）××（貸）仕　入　　　　　××

(4) 3分法・期末一括法・手許商品区分法

期中：一般商品仕入時（借）仕　入（手許商品）××（貸）買掛金××
　　　貨物代表証券・荷為替引受時（借）未着品（貨物代表証券）××（貸）買掛金　××
　　　　　　　　　　　　　　　　　　　　　　　　　　　　　　　　　支払手形××
　　　未着品受取時（借）仕　入（手許商品）××（貸）未着品××
　　　一般商品販売時（借）売掛金××（貸）売　上（一般売上）××
　　　貨物代表証券売却時（借）売掛金××（貸）未着品売上××
期末：未着品売上原価を算定するための決算整理仕訳
　　　（借）仕　入　　　　　××（貸）未着品（期首未着品・当期仕入高）××
　　　（借）未着品（期末未着品）××（貸）仕　入　　　　　××
　　　一般商品売上原価算定のための決算整理仕訳
　　　（借）仕　入　　　　　××（貸）商　品（期首商品棚卸高）××
　　　（借）商　品（期末商品棚卸高）××（貸）仕　入　　　　　××

設例：当社の期首試算表と期中取引は，下記の通りである。以下，手許商品区分法を併用する分記法，総記法，3分法（その都度法および期末一括法）の各処理法を示す。

期首試算表

繰越商品	20,000
未着品	14,000

期中取引
　(1)　商品 80,000 円を掛で仕入れた。
　(2)　未着品 76,000 円を貨物代表証券で購入すると同時に荷為替手形 53,200 円（売価の 70％）を引受け，残額の仕入代金は掛とした。
　(3)　貨物代表証券 24,000 円と引換えに運送業者から商品を受取った。
　(4)　得意先へ商品 96,000 円を売価 120,000 円で掛売した（商品販売原価率 80％）。
　(5)　未着品手許有高のうち 44,800 円を売価 64,000 円で掛売した（未着品販売原価率 70％）。

決算整理事項
　(1)　期末手許商品棚卸高 32,000 円
　(2)　期首未着品原価は 14,000 円。未着品販売原価率は 70％。

① 分記法・手許商品区分法

　　　　　　　　　期首試算表
　　　　　繰越商品 20,000
　　　　　未着品　 14,000

期中取引：(1)　商品仕入時（借）仕　入 80,000（貸）買掛金 80,000
　　　　　(2)　貨物代表証券受取時（荷為替引受時）
　　　　　　　　　　　　　　　　（借）未着品 76,000（貸）支払手形 53,200
　　　　　　　　　　　　　　　　　　　　　　　　　　　　　買掛金　 22,800
　　　　　(3)　未着品受取時（借）仕　入 24,000（貸）未着品 24,000
　　　　　(4)　商品販売時（借）売掛金 120,000（貸）売　上 120,000
　　　　　(5)　貨物代表証券売却時（借）売掛金 64,000（貸）未着品　　44,800
　　　　　　　　　　　　　　　　　　　　　　　　　　　　未着品販売益 19,200

繰越商品	未着品		仕　入	
期首棚卸高 20,000	期首棚卸高 14,000	仕　入　　24,000	買掛金 80,000	
	諸　口　　76,000	売掛金　　44,800	未着品 24,000	
		期末棚卸高 21,200		

決算整理前試算表

繰越商品	20,000	売　上	120,000
未着品（期末残高）	21,200	未着品販売益	19,200
仕　入	104,000		

期末：一般商品売上原価算定のための決算整理：

（借）仕　入　20,000　（貸）繰越商品 20,000

（借）繰越商品 32,000　（貸）仕　入　32,000

未着品販売の売上原価と販売益は期中で算定されているので決算整理仕訳は不要である。

	未着品	一般商品	合　計
期首棚卸高	14,000	20,000	34,000
当期仕入高	52,000 ※	104,000	156,000
合　計	66,000	124,000	190,000
期末棚卸高	21,200	32,000	53,200
売上原価	44,800	92,000	136,800

※当期未着品純仕入高 52,000 円＝当期仕入高 76,000 円－仕入勘定振替高 24,000 円。未着品売上高 64,000 円＝未着品販売益 19,200 円÷未着品利益率 30％（＝未着品売価 100％－未着品原価率 70％）。未着品売上原価 44,800 円＝未着品売上高 64,000 円×未着品原価率 70％

決算整理後試算表

繰越商品	32,000	売　上	120,000
未着品	21,200	未着品販売益	19,200
仕　入	92,000		

損益計算書

I 売上高
1. 一般商品売上高　　　120,000
2. 未着品売上高　　　　 64,000　　184,000

II 売上原価
1. 期首商品棚卸高（一般・未着品）　34,000
2. 当期商品仕入高（一般・未着品）　156,000
　　合　計　　　　　　　　　　　　190,000
3. 期末商品棚卸高（一般・未着品）　53,200　　136,800
　　売上総利益　　　　　　　　　　　　　　　 47,200

貸借対照表

商　品　53,200

② 総記法・手許商品区分法

期首試算表

繰越商品　20,000
未着品　　14,000

期中取引：(1) 商品仕入時（借）仕　入 80,000（貸）買掛金 80,000

(2) 貨物代表証券受取（荷為替引受時）（借）未着品 76,000

（貸）支払手形 53,200

買掛金　22,800

(3) 未着品受取時（借）仕　入 24,000（貸）未着品 24,000

(4) 商品販売時（借）売掛金 120,000（貸）売　上 120,000

(5) 貨物代表証券売却時（借）売掛金 64,000（貸）未着品 64,000

繰越商品		未着品		仕　入	
期首棚卸高 20,000		期首棚卸高 14,000	仕　入　　　　　24,000	買掛金 80,000	
		諸　口　　76,000	売掛金（売価）64,000	未着品 24,000	

決算整理前試算表

繰越商品　　　　　20,000	売　上（未着品・一般）184,000
未着品（混合勘定） 2,000	
仕　入　　　　　104,000	

期末：総記法では，期末棚卸高を未着品勘定貸方（混合勘定）に記入すれば自動的に売上原価と販売益は算定される。未着品販売益＝売上高－売上原価（期首棚卸高＋当期純仕入高－期末棚卸高）。この未着品販売益の計算式を未着品の勘定式に転換すれば，借方（未着品販売益＋期首棚卸高＋当期仕入高）＝貸方（売上高＋期末棚卸高）となる。

未着品勘定の決算整理：未着品売上高に未着品原価率を乗じて求めた未着品売上原価と未着品勘定借方合計額との貸借差額として未着品期末棚卸高を算定する。未着品期末棚卸高 21,200 円＝未着品勘定借方合計額 66,000 円－未着品売上原価 44,800 円（未着品売上高 64,000 円×未着品販売原価率 70％）。未着品販売益 19,200 円＝未着品売上高 64,000 円－未着品売上原価 44,800 円。未着品販売益を混合勘定から販売益勘定へ振替える。

（借）未着品 19,200 （貸）未着品販売益 19,200

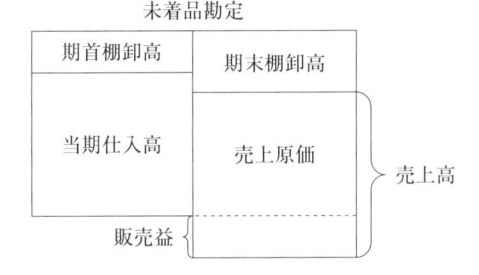

未着品勘定

期首棚卸高	期末棚卸高	
当期仕入高	売上原価	売上高
	販売益	

一般商品売上原価算定のための決算整理：（借）仕　入　20,000　（貸）繰越商品 20,000
　　　　　　　　　　　　　　　　　　（借）繰越商品 32,000　（貸）仕　入　32,000

決算整理後試算表

繰越商品 32,000	売　上　　184,000
未着品　21,200	未着品販売益　19,200
仕　入　92,000	

損益計算書

Ⅰ	売上高		
	1 一般商品売上高	120,000	
	2 未着品売上高	64,000	184,000
Ⅱ	売上原価		
	1 期首商品棚卸高（一般・未着品）	34,000	
	2 当期商品仕入高（一般・未着品）	156,000	
	合　計	190,000	
	3 期末商品棚卸高（一般・未着品）	53,200	136,800
	売上総利益		47,200

貸借対照表

商　品 53,200	

③ 3分法・その都度法・手許商品区分法

期首試算表

繰越商品 20,000	
未着品　14,000	

期中取引：(1) 商品仕入時（借）仕　入 80,000（貸）買掛金 80,000

(2) 貨物代表証券受取（荷為替引受時）（借）

　　　　　　　　　　　　　　未着品 76,000（貸）支払手形 53,200

　　　　　　　　　　　　　　　　　　　　　　　　買 掛 金 22,800

(3) 未着品受取時（借）仕　入　24,000（貸）未着品　24,000

(4) 商品販売時　（借）売掛金 120,000（貸）売　上 120,000

(5) 貨物代表証券売却時（借）売掛金 64,000（貸）未着品売上　64,000

　　　　　　　　　　（借）仕　入 44,800（貸）未着品（売上原価）44,800

未着品売上原価 44,800 円＝未着品売上高 64,000 円×未着品販売原価率 70%。

繰越商品		未着品			仕　入	
期首棚卸高 20,000		期首棚卸高 14,000	仕　入 24,000		買掛金 80,000	
		諸　口　　76,000	仕　入 44,800		未着品 24,000	
					未着品 44,800	

決算整理前試算表

繰越商品	20,000	一般売上	120,000
未着品（期末残高）	21,200	未着品売上	64,000
仕入（未着品・一般）	148,800		

期末：

	未着品	一般商品	合　計
期首商品棚卸高	14,000	20,000	34,000
当期純仕入高	52,000	104,000	156,000
合　計	66,000	124,000	190,000
期末商品棚卸高	21,200	32,000	53,200
売上原価	44,800	92,000	136,800

未着品売上原価は期中で仕入勘定に振替えてあるので，決算整理仕訳は不要である。

一般商品販売の決算整理 （借）仕　入　20,000 （貸）繰越商品 20,000

　　　　　　　　　　　（借）繰越商品 32,000 （貸）仕　入　32,000

決算整理後試算表

繰越商品	32,000	一般売上	120,000
未着品	21,200	未着品売上	64,000
仕入（未着品・一般）	136,800		

損益計算書

Ⅰ	売上高		
	1　一般商品売上高	120,000	
	2　未着品売上高	64,000	184,000
Ⅱ	売上原価		
	1　期首商品棚卸高（一般・未着品）	34,000	
	2　当期商品仕入高（一般・未着品）	156,000	
	合　計	190,000	
	3　期末商品棚卸高（一般・未着品）	53,200	136,800
	売上総利益		47,200

貸借対照表

商　品 53,200

④ 3分法・期末一括法・手許商品区分法

期首試算表

繰越商品 20,000	
未着品 14,000	

期中取引：(1) 商品仕入時 （借）仕　入 80,000 （貸）買掛金 80,000
　　　　　(2) 貨物代表証券受取（荷為替引受時）（借）未着品 76,000 （貸）支払手形 53,200
　　　　　　　　　　　　　　　　　　　　　　　　　　　　　　　　　　　　　買掛金 22,800
　　　　　(3) 未着品受取時　　　　（借）仕　入 24,000 （貸）未着品 　　24,000
　　　　　(4) 商品販売時　　　　　（借）売掛金 120,000 （貸）売　上 　120,000
　　　　　(5) 貨物代表証券売却時　（借）売掛金 64,000 （貸）未着品売上 64,000

繰越商品	未着品	仕　入
期首棚卸高 20,000	期首棚卸高 14,000 ｜ 仕　入 24,000	買掛金 80,000
	諸　口　　76,000 ｜	未着品 24,000

決算整理前試算表

繰越商品	20,000	一般売上　　120,000
未着品	66,000	未着品売上　 64,000
仕　入	104,000	

期末：	未着品	一般商品	合　計
期首商品棚卸高	14,000	20,000	34,000
当期純仕入高	52,000	104,000	156,000
合　計	66,000	124,000	190,000
期末商品棚卸高	21,200	32,000	53,200
売上原価	44,800	92,000	136,800

未着品売上原価 44,800 円＝未着品売上高 64,000 円×未着品販売原価率 70％。
　一般商品販売の決算整理　（借）仕　入 　20,000 （貸）繰越商品 20,000
　　　　　　　　　　　　　（借）繰越商品 32,000 （貸）仕　入 　32,000
　未着品販売の決算整理　　（借）仕　入 　66,000 （貸）未着品 　66,000
　　　　　　　　　　　　　　　　　　　　　　　　　（期首分＋当期純仕入高）
　　　　　　　　　　　　　（借）未着品 　21,200 （貸）仕　入 　21,200

決算整理後試算表

繰越商品	32,000	一般売上	120,000
未着品	21,200	未着品売上	64,000
仕入（未着品・一般）	136,800		

損益計算書

Ⅰ 売上高			
1　一般商品売上高		120,000	
2　未着品売上高		64,000	184,000
Ⅱ 売上原価			
1　期首商品棚卸高（一般・未着品）		34,000	
2　当期商品仕入高（一般・未着品）		156,000	
合　計		190,000	
3　期末商品棚卸高（一般・未着品）		53,200	136,800
売上総利益			47,200

貸借対照表

商　品　53,200	

9-9　フランチャイズ契約

　特定の商標権を所有する事業を営むフランチャイズ事業本部がフランチャイズ・チェーン契約を締結したフランチャイズ・チェーン加盟店に対して，当該商標権の使用と商品販売権とを譲渡し，対価のロイヤルティー（営業免許権使用料）として初期フランチャイズ料と開店後の継続フランチャイズ料とを受取る業務形態をフランチャイズという。フランチャイズ契約に基づく業務形態として，コンビニエンス・ストア，不動産賃貸仲介業，ガソリンスタンド，飲食店・レストラン等多種多様な企業形態のチェーンストアがある。

　フランチャイズ・チェーン加盟店とフランチャイズ・チェーン契約を締結した場合，フランチャイズ事業本部は，加盟店の営業活動を開始するための準備期間において立地選定，利益計画，建設工事の監督監理，器具備品の調達，開業資金の融資，財務会計システムに係る設計・支援，経営管理者と従業員の教

育訓練，商品の品質管理等の初期サービス等を加盟店に提供し，その報酬として加盟店から初期フランチャイズ料を受取る。

　フランチャイズ事業本部が初期フランチャイズ料を収益として認識・計上する時点は，初期フランチャイズ料に対応する初期サービス提供が事実上完了する時点である。すなわち契約時に受取った初期フランチャイズ料のうち初期サービスを未だ提供していない初期サービスの未履行部分に対応する返金義務が消滅した時点で初期フランチャイズ料を収益として認識・計上する。したがって，初期サービスの未履行部分に対応する初期フランチャイズ料は前受収益（負債の勘定）として処理し次期に繰延べる。初期サービス提供を全て完了した時点において前受収益を当該期間の実現収益に振替える。なお，現金及び受取手形で初期フランチャイズ料を受取った場合は，受取手形は複利の割引計算により現在価値を測定し，現在価値と手形金額との差額を前受利息として計上する。

　加盟店の開業後，継続的に経営するための営業権の行使，経営者の指導，財務・法務問題等の支援サービスに対する報酬を継続フランチャイズ料という。継続フランチャイズ料として，通常の場合，各期売上高の一定割合の報酬が加盟店から事業本部に支払われる。

　初期フランチャイズ料の収益の認識
　　イ．初期サービスの提供が未履行であり初期フランチャイズ料の返金可能性がある場合
　（借）現　金　××　（貸）前受フランチャイズ料（割引現在価値）××
　　　　受取手形××　　　　前受利息　　　　　　　　　　　　　　××
　　ロ．初期サービスの提供が履行され初期フランチャイズ料の返金義務が消滅した場合
　（借）前受フランチャイズ料××　（貸）フランチャイズ料収入（割引現在価値）××
　　　　前受利息　　　　　××　　　　　受取利息　　　　　　　　　　　　××
　継続フランチャイズ料の収益認識
　　（借）現　金××　（貸）フランチャイズ料収入××

　設例：京橋食品販売チェーン株式会社（フランチャイズ事業本部）は，2××5年4

月1日に大東株式会社とフランチャイズ契約を結んで営業権を譲渡し，契約締結時に対価として頭金の初期フランチャイズ料5,000,000円のうち2,000,000円を現金で受取ったが，残額は5年分割払いで毎期末に受取る契約を結んだ。決算日は3月末日。開業予定日は2××6年4月1日。利子率8%。

計　算

定期受取金1円の5期，期末受取金現在価値係数 $3.99271 = 1 - [1/(1+0.08)^5]/0.08$。手形現在価値2,395,626円=定期受取金1円の期末現在価値係数3.99271×期末受取額600,000円。手形金額3,000,000円－手形現在価値2,395,626円＝利息収入604,374円。

ケースA：2××5年4月1日の契約時に初期サービスの追加の提供はなく，着手金の返金義務はない。手形の回収可能性は確実である。よって，初期フランチャイズ料5,000,000円を全額，収益に計上する。

（借）現　金　2,000,000　（貸）フランチャイズ料収入　5,000,000
　　　受取手形　3,000,000

ケースB：①2××5年4月1日の契約時に将来履行すべきサービスの提供が未だ残っており，着手金について返金義務がある。

（借）現　金　2,000,000　（貸）前受フランチャイズ料収入　4,395,626
　　　受取手形　3,000,000　　　前受利息　　　　　　　　　　604,374

②2××6年3月31日初期サービス提供を全部履行し，初回の分割代金を受取った。

（借）前受フランチャイズ料収入　4,395,626　（貸）フランチャイズ料収入　4,395,626
初期サービス提供の完全履行により前受収益勘定から収益勘定へ振替える。

（借）前受利息　120,875　（貸）受取利息　120,875。

経過受取利息120,875＝前受利息604,374×12ヶ月／60ヶ月。

（借）現　金　　600,000　（貸）受取手形　600,000

第10章
固 定 資 産

10-1 有形固定資産

　固定資産には，有形固定資産，無形固定資産および投資としてその他固定資産がある。固定資産のうち，企業が営業活動のために1年以上の長期にわたって使用する固定資産を有形固定資産という。有形固定資産には土地，建設仮勘定，建物，設備，機械装置，車両運搬具，工具器具備品等が含まれる。

　有形固定資産の経済的価値は耐用年数（使用期間）の経過に伴い減少するため，取得原価の期間配分原則と費用・収益対応原則にしたがって有形固定資産の期首帳簿価額について毎期末に減価償却費を見積もり各事業年度の費用として計上する。ただし，土地は，非償却性資産であるため毎期の償却は不要であり，土壌汚染等による機能的価値の減少や将来の収益力の減少に関する減価要因が認められる場合に限り減損処理を行なう。建設仮勘定もまた非償却性資産であり，建物，工場等の有形固定資産が完成する前の建設中に支払われた建築資材等の購入対価，建設手付金，前払金等を一時的に記録しておく仮勘定であるので，完成時に資産勘定に振替える。

　物理的な有形物として目に見えない固定資産を無形固定資産といい，特許権，意匠権，実用新案権，商標権，借地権，鉱業権，開発採掘権，漁業権，施設利用権，電話加入権，営業権，暖簾等がこれに含まれる。

10-2　有形固定資産の取得原価

(1)　取得原価の構成要素

　有形固定資産は，一般的な購入，自社建設，延払契約，現物出資，現物交換，贈与等により取得した場合に市場価格に基づいて取得原価を決定し，この取得原価をもって有形固定資産の貸借対照表価額とする。したがって，当初の取得原価を超える価額で固定資産価値を評価し貸借対照表に計上してはならない。ただし，市場価格を入手できない場合は，公正な交換価値を測定するため，買掛金，借入金，手形，債券等の交換手段に基づいて将来の現金支払額を見積もり，この将来の予測現金支払額から複利計算により金利相当額だけ割引いた現在価値を現在時点の現金購入価額として貸借対照表に計上する。

(2)　一般購入による取得

　有形固定資産を市場から購入したときの取得原価は，有形固定資産を設置し使用可能な状態にするまで掛かった付随費用を，取得価額から値引・割戻を控除した純取得価額に加算した金額である。すなわち，消費税，運送費，手数料，組立・据付費，試運転費，運送損害保険料，不動産会社への手数料，解体・撤去費用，固定資産建設中の利息費用，契約・登記の弁護士費用等の付随費用を純取得価額に加算した金額が取得原価である。ただし，合理的な理由があり，金額が重要性に乏しい場合に限り，付随費用の一部を例外的に貸借対照表の資産原価に計上せずに当期費用として計上することができる。

(3)　自社建設による取得

　電気・ガス等に係る公益事業が自社で使用する目的で長期固定資産を自家建設する場合は，契約価額または市場価格は存在しないので，長期固定資産の取得価額は不明である。この場合，合理的な原価計算システムの適用を前提条件として，長期固定資産の製造原価を変動費・直接費と固定費・間接費に区分し，変動費と直接費は製造原価へ直課するとともに，労務費，電力費・光熱費，減価償却費，租税公課等の固定費と間接費は，一定の配賦基準に基づいて

製造原価に配賦する。

(4) 手形発行・延払契約による取得

　固定資産のような非貨幣性資産を購入するため取得対価として長期延払契約を締結し手形（または債務証券，担保付借入金等）を振出す場合がある。手形の発行による延払契約を締結する場合，固定資産は，取引契約時の予測現金購入価額を手形金額の割引現在価値でもって計上する。割引現在価値で取得資産を計上する目的と理由は，手形・債券による延払取引において取得する資産の公正市場価格を入手できない場合や手形の額面金額が取得資産の現金購入価額から異常にかけ離れている場合，あるいは活発な手形市場が存在しないため名目上の手形約定金利が市場の実効金利より異常に低い場合があるため，手形発行時点のプライムレート（銀行間の融資における最優遇貸出金利）を参考にしたうえ名目金利を実効金利（市場利率）に一致させて，両者の金利差異を加減調整した財務情報の提供が必要になるからである。

　　設例：当社は，工場用設備を2××5年12月31日に頭金として5,000,000円を現金で支払い，残額を毎年12月末に各25,00,000円を4回分割払いで購入するため無利息の長期延払契約を結び，期間4年の無利息の約束手形10,000,000円を振出し発注先に引渡した。購入価格の市場利子率＝10％。支払手形の発行割引差額の償却は実効利息法による。

　2××5年12月31日（借）設　備　　　12,924,750（貸）現　金　　5,000,000
　　　　　　　　　　　　　　支払手形割引　2,075,250　　　支払手形10,000,000
　　　　　　　　　　　　　（前払支払利息勘定）

　　　設備計上価額12,924,750円＝支払手形現在価値7,924,750円＋頭金支払額5,000,00円。利率10％，4回の経常年賦金2,500,000円の現在価値7,924,750円＝経常年賦金2,500,000円×（経常年賦金1円の4期，年利率10％の割引現在価値係数31,699）

第10章　固定資産　247

支払手形割引償却スケジュール				
支払日	支払利息	割引償却	現金支払	手形計上額
×5/12/31				7,924,750
×6/12/31	792,475	792,475	2,500,000	6,217,225[1)
×7/12/31	621,723	621,723	2,500,000	4,338,945
×8/12/31	433,895	433,895	2,500,000	2,272,842
×9/12/31	227,158[2)	227,158[3)	2,500,000	0

注：1）手形計上額 6,217,225 = 前期手形計上額 7,924,750 + 割引償却 792,475 − 現金支払額 2,500,000。2）支払利息 = 3）割引償却 = 227,158 は端数 126 を整理した金額である。

2××6年12月31日　（借）支払手形 2,500,000　（貸）現　金　　　2,500,000）
　　　　　　　　　（借）支払利息　792,475　（貸）支払手形割引　792,475
2××7年12月31日　（借）支払手形 2,500,000　（貸）現　金　　　2,500,000
　　　　　　　　　（借）支払利息　621,723　（貸）支払手形割引　621,723
2××8年12月31日　（借）支払手形 2,500,000　（貸）現　金　　　2,500,000
　　　　　　　　　（借）支払利息　433,895　（貸）支払手形　　　433,895
2××9年12月31日　（借）支払手形 2,500,000　（貸）現　金　　　2,500,000
　　　　　　　　　（借）支払利息　227,158　（貸）支払手形割引　227,158

(5) 株式発行による固定資産の取得

固定資産の取得対価として金銭に代わる株式の発行により固定資産の売主に株式を交付する場合は，これを現物出資という。企業が株式発行により固定資産を取得する場合は，原則上，株式発行時の株価を固定資産取得原価として計上する。額面価額あるいは発行価額は，固定資産取得時の市場価値を必ずしも反映していないので，例外的に適用する。

（借）固定資産××　（貸）普通株式　××（払込資本の2分の1の資本金組入）
　　　　　　　　　　　　資本準備金××（払込資本のうち資本金に組入れない額）

(6) 資産と資産の等価交換による取得

企業が対価として現金の代わりに非貨幣性資産と引換えに，他企業の非貨幣性資産を取得し受入れる取引がある。いわゆる物々交換である。資産と資産の交換取引が成立するための前提条件は，資産の市場価額が同等であり，等価交

換であるという点と，資産を市場価額で評価することにより資産の等価性を保証する点である。ただし，交換する資産の市場価額が同等でない場合に限り，差額が生じ等価交換は成立しないので，差額を調整するために追加金を金銭で支払う。この差額を交換差金という。

交換による取得を通じて他社から受入れた資産は，原則上，当社が他社に引渡した自己資産の市場価額で計上する。ただし，受入資産の市場価額が引渡した自己資産の市場価額に比較してより合理的である場合は，受入資産の市場価額を受入資産の取得原価とする。受入資産を市場価額で計上する場合は，引渡資産の市場価額とその帳簿価額との差額から未実現交換利益または交換損失が生じる。

　　　交換損益＝引渡資産市場価額－引渡資産帳簿価額

交換による取得で資産を受入れる場合は，引渡した資産が収益稼得活動を終了しているか否かにより収益の実現を判断するため，異種資産の交換かあるいは同種資産の交換かに区別して会計処理を行なう。異種資産，たとえば車両を土地と交換する場合は，引渡した車両の収益稼得活動は終了しているとみなし交換損益を全て期間損益に計上する。

これに対して，同種資産たとえば当社が保有する棚卸資産を同業の取引先の同種棚卸資産と交換する場合は，同種棚卸資産の交換により当社の収益稼得活動は継続すると考えられるため，交換差益（未実現保有評価益）は実現主義の原則により収益として認識すべきではない。これに対して，交換差損（未実現保有評価損）は，保守主義・慎重主義の原則により期間費用に計上する。以下，交換資産のタイプの別による資産取得の処理について解説する。

(1) 異種資産の交換取引：異種資産の交換から生じる交換差損または交換差益は全額，期間費用または期間収益に計上する。異種資産の交換による評価損益を期間損益に全額計上するのは，交換資産は役割を達成し収益稼得を終了したとみなされるからである。

設例：当社は2××5年末に所有する建物（取得原価50,000,000円，減価償却累計額20,000,000円，市場価額30,500,000円）を他社の土地と交換した。建物の市場価額が土地の市場価額を下回ったので，交換差金5,000,000円を現金で支

払った。

計算：引渡建物帳簿価額30,000,000円＝引渡建物取得原価50,000,000円－減価償却累計額20,000,000円。建物交換差益500,000円＝引渡建物市場価額30,500,000円－引渡建物帳簿価額30,000,000円。受入土地取得原価35,500,000円＝引渡建物市場価額30,500,000円＋現金支払額5,000,000円。設例1では異種資産の交換により引渡建物の収益稼得活動は終了したと見なし，交換差益500,000円は期間収益に計上する。

仕訳（借）土　地　　　　　　35,500,000　（貸）建　　物　　　50,000,000
　　　　　減価償却累計額 20,000,000　　　　建物交換差益　　　500,000
　　　　　　　　　　　　　　　　　　　　　　現　金　　　　　5,000,000

(2) 同種資産の交換取引：同種資産の交換取引は収益認識基準の実現主義の原則（販売基準＝引渡基準）を充たしていないので，交換差金の支払の有無に関係なく，譲渡資産の引渡から生じた交換差益（未実現保有評価益）は期間収益に計上してはならない。すなわち，同種資産の交換から交換差益が発生した場合の，A．交換差金の授受がないケース（交換資産の市場価額が同等のケース）と，B．交換差金を支払うケースについては，交換差益を期間収益として認識しない。その理由は，同種資産の交換は収益稼得のために活動中の自己資産を他企業の同種資産と交換したにすぎず，交換資産を使用して収益稼得活動を今後も継続する経済的実態に変化はないからである。ただし，同種資産の交換により発生した交換差損は，未実現保有評価損であるが保守主義と慎重主義の原則により当期費用に計上する。

　同種資産の交換から交換差益が生じる場合は，A．交換差金の授受がないケース，B．交換差金を支払うケース，C．交換差金を受取るケースに区分する。

　同種資産の交換から交換差益（未実現評価益）が発生した場合，C．交換差金を現金で受取るケースについては，交換差益のうち現金受取額に対応する金額部分を資産譲渡による収益の実現部分として収益に計上する。収益の計算式は，以下の通りである。

収益計上額＝交換差益×交換差金受取額／（受入資産の市場価額＋交換差

金受取額）。

設例1：当社は2××5年末に所有建物（取得原価50,000,000円，減価償却累計額20,000,000円，市場価額30,500,000円）を他社の建物と交換した。交換差金の授受はない。

計算：同種資産の交換により収益稼得活動は継続されるとみなし，交換差益は期間収益に計上しない。交換差益500,000円＝引渡建物市場価額30,500,000円－引渡建物帳簿価額30,000,000円（＝取得原価50,000,000円－減価償却累計額20,000,000円）。交換差益は建物譲渡収益に計上しないので，受入建物の取得原価は引渡建物の簿価で計上する。

仕訳（借）建　物（新）　　30,000,000　（貸）建　物（旧）50,000,000
　　　　　　減価償却累計額 20,000,000

設例2：当社は2××5年末に所有車両（取得原価50,000,000円，減価償却累計額20,000,000円，市場価額30,500,000円）を他社の車両と交換した。取得した受入車両の市場価額が35,500,000円であったので，交換差金5,000,000円を現金で支払った。

計算：同種資産の交換であるので，交換差益は収益に計上しない。交換差益500,000円＝引渡車両市場価額30,500,000円－引渡車両帳簿価額30,000,000円。受入車両（新）35,000,000円＝引渡車両帳簿価額30,000,000円＋交換差金支払額5,000,000円。

仕訳（借）車　両（新）　　35,000,000　（貸）車　両（旧）50,000,000
　　　　　　減価償却累計額 20,000,000　　　　　現　金　　　 5,000,000

設例3：当社は2××5年末に所有車両（取得原価30,000,000円，減価償却累計額17,400,000円，市場価額15,000,000円）を他社の車両と交換した。受入車両の市場価額が12,000,000円であったので，交換差金3,000,000円を現金で受取った。

計算：交換差益2400,000円（＝市場価額15,000,000円－帳簿価額12,600,000円）のうち交換差金受取額3,000,000円に対応する金額部分を資産の譲渡による実

現収益として算定する。計上する実現収益 480,000 円＝交換差益 2400,000 円×交換差金受取額 3,000,000 円／（受入車両市場価額 12,000,000 円＋交換差金受取額 3,000,000 円）。受入車両市場価額から未実現評価益控除後の金額 10,080,000 円＝受入車両市場価額 12,000,000 円－（未実現評価益 2,400,000 円－実現収益 480,000 円）。

仕訳：（借）現　　金　　　　3,000,000　（貸）車　両（旧）30,000,000
　　　　　車　両（新）　10,080,000　　　　資産売却益　　　480,000
　　　　　減価償却累計額 17,400,000

(7) 贈与による取得と圧縮記帳

　企業は，現金や有価証券のほかに，土地，建物，特許権等の有形無形の固定資産を寄付行為により無償で取得する場合がある。固定資産の無償取得を贈与による取得という。企業が株主等から贈与により固定資産を取得した場合は，対価としての取得原価はゼロである。しかし，取得した資産の経済的価値を財務諸表に適正表示するため固定資産の贈与を受けたときは，市場価額で固定資産勘定と収益勘定に計上する。

　設例：当社は，筆頭株主から市場価額 100,000,000 円の土地の贈与を受けた。
　　（借）土　　地 100,000,000　（貸）固定資産受贈益 100,000,000

　企業が国や地方自治体から交付された国庫補助金（電話会社等の利用者から受取った工事負担金，損害保険等から受取った保険差益を含む）で固定資産を取得した場合は，期末決算で国庫補助金相当額を固定資産圧縮損として費用に計上し，当該固定資産の取得原価から国庫補助金相当額を控除した帳簿価額を貸借対照表に計上する。この会計処理を圧縮記帳という。

　国庫補助金は，国家が無償で企業を援助することを目的とするが，税法上所得として取扱われ課税対象になる。それゆえ，税法上特例措置を認めない限り，国庫補助金の目的と意義は失われることになる。そこで，税務上の処理として，期末に固定資産の取得原価を国庫補助金相当額だけ縮小すると同時に同額を固定資産圧縮損として費用計上することにより，国庫補助金の交付時に一度に掛かる税負担を回避し税額を次期以降に繰延べる。

圧縮記帳の方法として，期末決算で国庫補助金を固定資産圧縮損として費用計上すると同時に固定資産取得原価を減額する方法のほかに，定時株主総会で繰越利益剰余金（旧未処分利益）を確定する際に国庫補助金を内部留保するため固定資産圧縮積立金に計上すると同時に，圧縮額に対応する減価償却費相当額を固定資産圧縮積立金から取崩す方法がある。

(1) 直接減額方式

補助金交付時（借）現　金××（貸）国庫補助金収入（特別利益）××

固定資産取得時（借）固定資産××（貸）現　金××

決算整理（借）固定資産圧縮損××（貸）固定資産　　××

　　　　（借）減価償却費　××（貸）減価償却累計額××

(2) 利益処分方式

補助金交付時（借）現　金　××（貸）国庫補助金収入（特別利益）××

　　　　　　（借）固定資産××（貸）現　金　　　　　　　　　××

決算整理（借）減価償却費××（貸）減価償却累計額××

利益処分時（借）繰越利益剰余金　××（貸）固定資産圧縮積立金（純資産の部）××

　　　　　（借）固定資産圧縮積立金××（貸）繰越利益剰余金　　　　　　　××

設例：当社は，2××5年4月1日に交付された国庫補助金5,000,000円に自己資金を追加して機械（取得原価30,000,000円，耐用年数3年，残存価額＝取得価額の10％相当額，定額法償却）を購入し代金は現金で支払った。

(1) 直接減額方式

1. 国庫補助金による取得時（借）現　金　5,000,000（貸）国庫補助金収入 5,000,000

　　　　　　　　　　　　　（借）機　械 30,000,000（貸）現　金　　　　30,000,000

2. 決算整理

（借）機械圧縮損　　5,000,000（貸）機　械　　　　　5,000,000

（借）機械減価償却費 7,500,000（貸）機械減価償却累計額 7,500,000

機械減価償却費 7,500,000円＝（原価30,000,000－国庫補助金5,000,000）×90％×1年／3年。

3. 決算整理後試算表

決算整理後試算表

機　械	25,000,000	機械減価償却累計額	7,500,000
機械減価償却費	7,500,000	国庫補助金収入	5,000,000
機械圧縮損	5,000,000		

(2) 利益処分方式

1. 国庫補助金による取得時　（借）現　金　5,000,000　（貸）国庫補助金収入 5,000,000
　　　　　　　　　　　　　　（借）機　械 30,000,000　（貸）現　金　　　　30,000,000
2. 決算整理　（借）機械減価償却費 9,000,000　（貸）機械減価償却費累計額 9,000,000

　　機械減価償却費 9,000,000 円＝原価 30,000,000×90％×1 年／3 年。

3. 決算整理後試算表

決算整理後試算表

機　械	30,000,000	機械減価償却累計額	9,000,000
機械減価償却費	9,000,000	国庫補助金収入	5,000,000

4. 利益処分時（定時株主総会）

　　（借）繰越利益剰余金 5,000,000　（貸）機械圧縮積立金 5,000,000

　　（借）機械圧縮積立金 1,500,000　（貸）繰越利益剰余金 1,500,000

　　機械圧縮積立金取崩 1,500,000 円＝機械圧縮積立金 5,000,000×90％×1 年／3 年。

(8) 利息費用の資産計上

　有形固定資産を取得，製造または建設する資金を借入金で調達する場合，当該有形固定資産の建設期間中に発生する借入費用として，利息費用を有形固定資産の取得原価に算入すべきか，あるいは費用に計上すべきかが問題になる。

　国際会計基準と米国財務会計基準は，利息費用の資産計上を原則として指示し，利息費用の費用計上を禁止している。したがって，特定の有形固定資産を取得，製造または建設するための支出を特定目的借入金とその他一般目的借入金で充当する場合，借入費用の資産化について一定条件を充足する場合に限り，利息費用を取得原価に算入する。

　利息費用の資産計上について必要な資格要件を充たす特定の有形固定資産を適格資産という。自社使用の目的で取得，製造または建設する場合に長期間を要する建物，工場，設備プラント，機械装置，長期請負工事，販売・リース目

的のために取得あるいは建設される不動産，船舶等の長期プロジェクトは，利息費用資産化の適格資産に含まれる。

　これに対して，大量生産を短期間で反復する通常の棚卸資産は，投資から投資回収までの期間が極めて短いため，利息費用資産化を容認される適格資産に含めない。したがって，特定の有形固定資産の取得・建設期間中の支出と借入費用とが直接的な因果関係を有する場合に限り，利息費用を取得原価・製造原価に算入する。

　支払利息の原価性とその会計処理の方法について従来から異論があり，次のように整理することができる。1. 借入金の利息費用は資産原価ではなく金融費用と見なして費用に計上する。2. 利息費用は，借入金，社内資金または株式発行等の方法を問わず，全て製造・取得原価と見なして資産に計上する。

　米国財務会計基準ステートメント34号「利息費用の資本化」（1979年10月）と国際会計基準改訂23号公開草案「借入費用」（1993年会計基準「借入費用の費用計上」の2006年5月改訂23号公開草案）にしたがって利息費用資産化について説明する。

　米国財務会計基準ステートメント34号は，建設期間中の有形固定資産は収益を生まないため，建設中の支出を発生原因とする借入金の利息費用は，建設期間の損益に反映させるべきではなく，むしろ製造・建設原価に含めて資産計上して次期以降に繰り延べ，完成後の有形固定資産の稼動による収益に対応させるため利息費用を減価償却費として費用計上しなければならない，という見解である。

　利息費用の資産計上は，適格資産の製造・建設について下記の3つの条件の全部を充たす場合に限り，利息費用の資産計上を開始し，適格資産の製造・建設活動の完了時に引渡され，適格資産が運転開始または販売可能時点で資産計上を終了しなければならない。①適格資産の製造・建設のために支出が実際に発生していること。②適格資産の製造・建設活動が進行中であること。③利息費用が発生していること。

　利息費用資産計上額は，実際上の利息費用と理論上の回避可能利息とを比較した場合にどちらか低い方の金額である。回避可能利息は，有形固定資産の製造・建設のために支出しなければ，回避されたであろう利息費用のことであ

る。資産計上利息費用は，実際に発生した利息費用を上限とし，上限を超えることは禁止されている。

回避可能利息の計算は，以下のように行なう。第一に，建設のために通常，数回に分けて行なわれた支出を支払日から利息費用資産化の終了日までの利息発生期間に対応する支出累計額の加重平均として算定する。第二に，支出累計加重平均額のうち，特定目的（建設目的）借入金より充当した支出について，当該支出に特定目的借入金の利子率を掛けて資産化利息費用を算定する。さらに，支出累計加重平均額のうち特定目的借入金より充当した支出額をのぞく他の支出額は，一般目的借入金の一部分より充当される支出として，当該支出額に一般目的借入金の加重平均利子率を掛けて資産化可能利息費用を算定する。

したがって，回避可能利息は，適格資産の製造・建設活動と密接な結合関係を有する特定目的借入金の利息費用と，支払日から利息費用資産化終了日までの支出累計平均額のうち特定目的借入金充当の支出額を超える支出額について発生する一般目的借入金の利息費用との合計である。

回避可能利息費用＝①特定目的借入金の利息費用＋②特定借入金充当による支出額を超える支出額×一般目的借入金の加重平均利子率

設例：野崎不動産株式会社は，2××5年12月1日に販売用分譲マンションの建設を発注した。契約価格1,150,000,000円。引渡日2××6年12月31日。代金支払と借入金の明細は，次のとおりである。

代金総額1,150,000,000円の支出の内訳明細
　2××6年1月1日：250,000,000円
　2××6年3月1日：360,000,000円
　2××6年7月1日：540,000,000円

借入金
　2××5年12月31日：特定目的借入金500,000,000円，年利率12％，期間2年
　2××4年12月31日：一般目的借入金400,000,000円，年利率10％，期間4年
　2××3年12月31日：社債500,000,000円，期間10年，年利率8％

利息資産化期間支出累計平均の計算

	実際支出額		利息資産化期間		資産化期間支出平均
2××6年1月1日：	250,000,000円	×	12ヶ月／12ヶ月	＝	250,000,000円
2××6年3月1日：	360,000,000円	×	10ヶ月／12ヶ月	＝	300,000,000円
2××6年7月1日：	540,000,000円	×	6ヶ月／12ヶ月	＝	270,000,000円
実際支出累計	1,150,000,000円		資産化期間支出累計平均		820,000,000円

回避可能利息の計算

資産化期間支出額		利率		回避可能利息
500,000,000円	×	特定利率12％	＝	60,000,000円
320,000,000円	×	平均利率8.9％	＝	28,480,000円
820,000,000円		回避可能利息合計		88,480,000円

注：資産化期間支出額 500,000,000 円＝特定借入金全額充当による支出額。資産化期間支出額 320,000,000 円＝資産化期間支出累計平均 820,000,000 円－特定借入金充当による支出額 500,000,000 円。一般目的借入金平均利率 8.9％＝（一般目的借入金利息 40,000,000 円＋社債利息 40,000,000 円）÷（一般目的借入金 400,000,000 円＋社債 500,000,000 円）。

実際利息費用の計算

特定目的借入金 500,000,000 円×12％＝ 60,000,000 円
一般目的借入金 400,000,000 円×10％＝ 40,000,000 円
社債 500,000,000 円×8％　　　　＝ 40,000,000 円
　　　　　　　　　実際利息費用合計＝140,000,000 円

実際利息費用合計額と回避可能利息費用とを比較して，低い方の回避可能利息費用 88,480,000 円を資産計上する。

期中仕訳

2××6年1月1日	（借）建設仮勘定 250,000,000	（貸）現　　金	250,000,000
2××6年3月1日	（借）建設仮勘定 360,000,000	（貸）現　　金	360,000,000
2××6年7月1日	（借）建設仮勘定 540,000,000	（貸）現　　金	540,000,000
2××6年12月31日	（借）建　　物　1,150,000,000	（貸）建設仮勘定	1,150,000,000

　　　　　　　　　　（借）建　　物　　88,480,000　（貸）現　　金　　140,000,000
　　　　　　　　　　　　　支払利息　　51,520,000

注：建物 88,480,000 は建物原価に算入された利息費用である。現金 140,000,000 円＝実際支払利息

140,000,000円（特定借入金利息60,000,000円＋一般借入金利息40,000,000円＋社債利息40,000,000円）。

(9) 資本的支出と収益的支出

有形固定資産の取得後に行なわれる金銭支出として，改良目的の支出と修理目的の支出がある。改良目的の支出により有形固定資産の残存耐用年数が延長する場合，あるいは改良目的の支出により有形固定資産の経済的価値が増加し生産効率が向上する場合は，これを資本的支出という。資本的支出は，有形固定資産の取得原価に算入し，支出時以降の毎期末に減価償却費として費用計上する。

これに対して，有形固定資産について定期点検により規則的，経常的に修理を行ない現在稼動中の有形資産の機能と品質を継続的に維持するための支出を収益的支出という。収益的支出は，支出年度の修繕費として費用計上する。

資本的支出により支出前の残存耐用年数は延長するため，支出額と支出後の残存耐用年数（支出前残存耐用年数＋支出後延長耐用年数）に占める延長耐用年数の比率との積が資本的支出額になる。支出により残存耐用年数が延長する場合は，支出を収益的支出と区別するために，資本的支出と収益的支出の金額は，それぞれ次のように算定する。

　　資本的支出＝支出額×支出後延長耐用年数／支出後残存耐用年数（支出前
　　　　　　　　残存耐用年数＋支出後延長耐用年数）

　　収益的支出＝支出額×支出前残存耐用年数／支出後残存耐用年数

設例：当社は，2××7年4月1日に稼働中の機械（取得原価5,000,000円，減価償却累計額2,700,000円，経過耐用年数6年，耐用年数10年，備忘残存価額＝取得原価の10％相当額，定額法）の性能を改良するために改良費1,200,000円を小切手で支払った。改良の結果，見積延長耐用年数は2年である。

(1) 改良による支出時

　（借）機　械 400,000　（貸）当座預金 1,200,000
　　　　修繕費 800,000

　資本的支出額400,000円＝支出額1,200,000円×支出後延長耐用年数2年／支出

後残存耐用年数6年（支出前残存耐用年数4年＋支出後延長耐用年数2年）。修繕費800,000円＝支出額1,200,000×支出前残存耐用年数4年／支出後残存耐用年数6年。

決算整理前試算表

機　械	5,400,000	機械減価償却累計額	2,700,000
修繕費	800,000		

(2)　決算整理仕訳（借）機械減価償却費 360,000（貸）機械減価償却累計額 360,000　機械減価償却費 360,000円＝支出前簿価償却費 300,000（＝5,000,000×0.9×4（支出前残存耐用年数）／10（支出前耐用年数）×1／6（支出後残存耐用年数）＋資本的支出償却費 60,000円（＝資本的支出 400,000×0.9／6（支出後残存耐用年数）。

決算整理後試算表

機　械	5,400,000	機械減価償却累計額	3,060,000
機械減価償却費	360,000		
修繕費	800,000		

10-3　固定資産の減価償却

(1)　減価償却の目的と意義

　有形固定資産は，土地・建設仮勘定を除いて，耐用年数の経過とともに品質と機能の低下あるいは陳腐化等の物理的，機能的な価値の減少に伴い経済的価値は次第に減少する。そこで，有形固定資産の市場価値を財務諸表に適正表示するために，有形固定資産の取得原価の期間配分と，費用収益対応の原則に従って有形固定資産の取得原価を耐用年数の枠内（取得原価から備忘記録として残存価値1円以上の金額を控除した要償却総額）で各期に配分する手続きが必要になる。この原価の配分手続きを減価償却という。減価償却により各期の費用として配分される固定資産取得原価を減価償却費という。有形固定資産の期首帳簿価額から当期に見積もられた経済的価値の減少額として減価償却費を控除した金額が期末有形固定資産の貸借対照表価額である。

(2)　減価償却費の計算方法

　減価償却費の計算方法のうち，個々の有形固定資産ごとに減価償却費を計算

する方法として定額法，定率法，級数法，生産高比例法がある。これに対して，個々の有形固定資産を一つのグループにまとめ一括して減価償却費を計算する方法を総合償却法という。

減価償却費の計算要素は，取得原価（＝購入対価＋付随費用），耐用年数及び残存価額（備忘勘定）の３つからなる。

(1) 定　額　法

取得原価から備忘勘定の残存価額（１円を下限とする見積残存処分価値）を控除した金額（要償却額または減価償却総額という）を耐用年数で割って毎期均等の減価償却費を算定する方法を定額法という。たとえば，耐用年数が５年の場合，定額法償却率は１／５＝20％である。減価償却費＝要償却額（＝取得原価－備忘残存価値）／耐用年数

(2) 定　率　法

有形固定資産の期首帳簿価額に一定償却率を掛けて減価償却費を計算する方法を定率法という。定率法は，減価償却費を早期に高く計上し，耐用年数の経過とともに加速的に減価償却費が逓減する方法である。

　　減価償却費＝期首帳簿価額（取得原価－期首減価償却累計額）×

　　一定償却率（$1 - \sqrt[耐用年数]{残存価額／取得原価}$）

定率法による減価償却を２次曲線で表示すると，早期ほど減価償却費が高く計上される。

(3) 級　数　法

級数法は，等差級数の総和を分母とし，各期首残存耐用年数を分子とする計算式から償却率を算定し，これに要償却総額を掛けて減価償却費を計上する方法である。定率法は加速的な逓減償却法であるが，級数法は，毎期一定額の減価償却費が減少する方法である。級数の総和は次のように計算する。耐用年数＝nとする。

　　$n \times (n+1) / 2$＝級数の総和。級数法による減価償却費＝(取得原価－備忘勘定の残存価値)×期首残存耐用年数（＝n＋1－当該年度）／級数の総和。

級数法による計算表

6				
5				
4	4			
3	3	3		
2	2	2	2	
1	1	1	1	1
1年	2年	3年	4年	5年

例えば耐用年数5年の場合は，級数の総和 15＝5×(5＋1)／2 であるから，2年度の償却率は 0.26666 ［＝期首残存耐用年数4（＝5＋1－2）／級数の総和15］である。

(4) 生産高比例法

生産高比例法には，使用時間比例基準と生産高比例基準の2つがある。航空機，自動車等の機械・設備の総稼働時間に対する当期操業時間の占める比率を基礎に償却率を決定し減価償却費を算定する。減価償却費＝(取得原価－備忘勘定残存価値)×当期操業時間／総稼働時間。他方，鉱業用設備の場合は，鉱山の推定埋蔵量に対する鉱物生産量の比例生産高を基礎に償却率を決定し，これに未償却残高を掛けて減価償却費を算定する。

(5) 総 合 償 却

前記の4つの方法は，個別の有形固定資産に関する減価償却費の計算方法である。これに対して，2つ以上の有形固定資産を一つのグループにまとめ，当該資産グループを定額法により一括償却する方法を総合償却という。総合償却では，資産グループの①平均耐用年数もしくは②総合償却率により年間減価償却費を算定する。

① 平均耐用年数＝個別資産要償却額（取得原価－残存備忘記録価値）の合計／
　　　　　　　　個別資産年間減価償却費の合計（定額法）

　年間減価償却費＝個別資産要償却額の合計／平均耐用年数

② 総合償却率＝個別資産年間減価償却費の合計／個別資産取得原価の合計

　年間減価償却費＝個別資産取得原価の合計×総合償却率

なお，総合償却法を採用しているときに2つ以上の複数資産の一部を中途売却する場合，個々の有形固定資産の減価償却累計額は記録されていない。この

ため，個々の有形固定資産の帳簿価額は不明であるから，売却損益を計上することはできない。したがって，売却有形固定資産の帳簿価額と売価との差額は，減価償却累計額勘定借方に含まれている。

(3) 減価償却費の記帳方法

　減価償却費の記帳方法として，間接控除法（間接償却法）と直接控除法（直接償却法）がある。間接控除法は，有形固定資産勘定の借方に当初の取得原価を継続記録しておき，毎期，減価償却費を減価償却費勘定と減価償却累計額勘定に計上して，有形固定資産の期末帳簿価額（未償却残高）を間接的に評価する方法である。この場合，減価償却累計額勘定は，有形固定資産勘定の帳簿価額を間接的に示す評価勘定としての役割をはたす。

（借）減価償却費×× （貸）減価償却累計額××

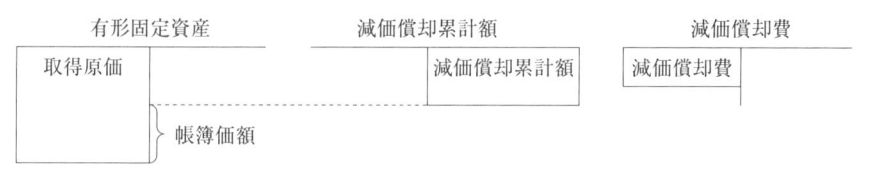

有形固定資産	減価償却累計額	減価償却費
取得原価	減価償却累計額	減価償却費
帳簿価額		

　これに対して，直接控除法は，有形固定資産勘定の期首帳簿価額から毎期減価償却費を直接控除する勘定記入法である。直接控除法による場合は，決算整理後有形固定資産勘定は期末帳簿価額を示すが，当初の取得原価と減価償却累計額は不明である。

（借）減価償却費×× （貸）有形固定資産××

有形固定資産	減価償却費
帳簿価額　減価償却費	減価償却費
帳簿価額	

　減価償却の記帳方法を直接控除法から間接控除法に変更する場合は，最初に，減価償却累計額を算定し，これにに基づいて取得原価を算定する。

　　定額法の場合

　　　　期首減価償却累計額＝(取得原価－備忘勘定残存価値)×償却済年数／耐用年数

期首減価償却累計額＋期首帳簿価額（決算整理前未償却残高）＝取得原価

定率法の場合

期首減価償却累計額＝取得原価－期首帳簿価額

期首帳簿価額＝取得原価×(1－定率法償却率)^{償却済年数}

設例1：下記の資料により平成×5年度から平成×7年度の減価償却費をそれぞれ定額法，定率法，級数法，生産高比例法により計上する。決算日は，毎年4月31日である。

資料：(1) 平成×5年4月1日（期首）に機械4,000,000円を取得し使用中である。
(2) 耐用年数＝5年，残存価額＝取得原価の10％
(3) 定率法償却率 $0.369 = 1 - \sqrt[5]{残存価値 0.1 / 取得原価 1}$
(4) 見積総稼働時間20,000時間，実際操業時間＝平成×5年度3,800時間，平成×6年度4,100時間，平成×7年度3,900時間

減価償却費の計算

定額法：平成×5年度計上額 $720,000 = 4,000,000 \times 0.9 \times 1/5$
　　　　平成×6年度計上額 $720,000 = 4,000,000 \times 0.9 \times 1/5$
　　　　平成×7年度計上額 $720,000 = 4,000,000 \times 0.9 \times 1/5$

定率法：平成×5年度計上額 $1,476,000 = 4,000,000 \times 0.369$
　　　　平成×6年度計上額 $931,356 = (4,000,000 - 1,476,000) \times 0.369$
　　　　平成×7年度計上額 $587,686 = (4,000,000 - 1,476,000 - 931,356) \times 0.369$

級数法：平成×5年度計上額 $600,000 = 4,000,000 \times 0.9 \times 5/5 \times (5+1)$
　　　　平成×6年度計上額 $480,000 = 4,000,000 \times 0.9 \times 4/5 \times (5+1)$
　　　　平成×7年度 $360,000 = 4,000,000 \times 0.9 \times 3/5 \times (5+1)$

生産高比例法：平成×5年度計上額 $684,000 = 4,000,000 \times 0.9 \times 3,800$時間$/20,000$時間
　　　　　　　平成×6年度計上額 $738,000 = 4,000,000 \times 0.9 \times 4,100$時間$/20,000$時間
　　　　　　　平成×7年度計上額 $702,000 = 4,000,000 \times 0.9 \times 3,900$時間$/20,000$時間

設例2：当社は，当期（平成×5年4月1日～平成×6年3月31日）から減価償却方法を直接控除法より間接控除法に変更する。機械取得日は平成×1年4月1

日，機械の期首帳簿価額640,000円，耐用年数10年，残存価額＝取得原価の10％，前期末まで定額法で償却。備品取得日は平成×2年4月1日，備品の期首帳簿価額225,000円，定率法償却率25％。

計算：機械帳簿価額640,000＝X（取得原価）－0.9×X（取得原価）×4年／10年

∴　X（取得原価）＝1,000,000

期首減価償却累計額360,000＝取得原価1,000,000－期首帳簿価額640,000

当期減価償却費90,000＝取得原価1,000,000×0.9／10年

備品帳簿価額225,000＝X（取得原価）（1－定率法償却率0.25）^(償却済年数2年)

∴　X（取得原価）＝400,000

期首減価償却累計額175,000＝取得原価400,000－帳簿価額225,000

当期減価償却費56,250＝（取得原価400,000－期首減価償却累計額175,000）×0.2

（4）減価償却方法の変更

前期まで適用していた定額法を当期において定率法に変更する場合，あるいは前期まで適用していた定率法を当期に定額法に変更する場合がある。

① 定額法から定率法に変更する場合

当期減価償却費＝（取得原価－定額法減価償却累計額）×残存耐用年数（当初耐用年数）による定率法償却率

なお，定額法から定率法に変更する場合は，過年度減価償却不足額（修正損）を処理してから当期減価償却費を計上してもよい。

過年度減価償却修正損＝定率法減価償却累計額－定額法減価償却累計額

当期減価償却費＝（取得原価－定率法減価償却累計額）×当初耐用年数（残存耐用年数）による定率法償却率

③ 定率法から定額法に変更する場合

当期減価償却費＝（取得原価－定率法減価償却累計額－備忘勘定残存価額）／残存耐用年数（当初耐用年数）

設例：当社は，当期決算で機械の減価償却方法を変更した。取得原価1,000,000円，耐用年数6年，残存価額＝取得原価の10％，経過年数2年，当初耐用年数6

年の場合は定率法償却率30％，残存耐用年数4年の場合は定率法償却率38％

(1) 定額法から定率法に変更する場合

定額減価償却累計額300,000＝0.9×取得原価1,000,000×償却済年数2年／耐用年数6年

当期減価償却費266,000＝残存耐用年数償却率38％×（取得原価1,000,000－減価償却累計額300,000）

当期減価償却費210,000＝当初耐用年数償却率30％×（取得原価1,000,000－減価償却累計額300,000）

(2) 定率法から定額法に変更する場合

定率減価償却累計額510,000＝300,000（取得原価1,000,000×償却率30％）＋210,000（帳簿価額700,000×償却率30％）

当期減価償却費97,500＝（取得原価1,000,000－定率減価償却累計額510,000－残存価額100,000）／4年

(5) 過年度減価償却の過不足

過年度（前期以前の営業年度）に計上された有形固定資産の減価償却費について計算上の誤りが当期に明らかになった場合は，期末に減価償却費を計上する前に，過不足額について過年度減価償却過不足額勘定（前期損益修正損益勘定）を用いて処理する。過年度に計上した減価償却累計額が適正な減価償却累計額より多い場合は，償却過大である。逆に，過年度計上の減価償却累計額が適正な減価償却累計額より少ない場合は，償却不足である。

償却過大の決算整理仕訳

　（借）固定資産減価償却累計額×× （貸）過年度減価償却過大額（特別利益）××

償却不足の決算整理仕訳

　（借）過年度減価償却不足額（特別損失）×× （貸）固定資産減価償却累計額××

設例：当社は，当期会計期間（平成×4年4月1日〜平成×5年3月31日）において平成×1年4月1日に取得した設備について減価償却費の計上を修正する。設備の取得原価1,000,000円。残存価額は取得原価の10％。定率法償却率25％。平成×4年4月1日の期首減価償却累計額600,000円。過年度の減価償却過不

足が判明したため当期決算で修正した。

適正減価償却累計額の計算

　平成×2年3月31日：償却費 250,000 ＝ 取得原価 1,000,000 × 定率法償却率 0.25

　平成×3年3月31日：償却費 187,500 ＝ 簿価（1,000,000 − 250,000）× 0.25

　平成×4年3月31日：償却費 140,625 ＝ 簿価（1,000,000 − 250,000 − 187,500）× 0.25

　適正な減価償却累計額 578,125 − 期首減価償却累計額 600,000 ＝ △21,875（償却過大額）

　当期減価償却費 105,469 ＝（取得原価 1,000,000 − 適正減価償却累計額 578,125）× 0.25

決算整理仕訳：（借）設備減価償却累計額 21,875 （貸）過年度減価償却過大額 21,875
　（借）減価償却費（販売費及び一般管理費）105,469 （貸）減価償却累計額 105,469

10−4　臨　時　償　却

　有形固定資産の経済的価値が減少する要因として，物理的要因と機能的要因がある。会社の事前の減価償却計画に基づいて毎期計上される減価償却費は，使用による摩滅や時間経過等の物理的要因による経済的価値の減少を示している。これに対して，臨時償却は，技術革新による所有する資産の陳腐化などを背景とする非経常的な減価償却である。新しい技術の開発により固定資産が機能的に陳腐化した場合は，当該固定資産の帳簿価額について臨時償却を実施する。物理的要因に基づく計画的，経常的な減価償却と区別するため，機能的要因による減価償却を臨時償却という。臨時償却は，過年度償却不足修正になるため，損益計算書上特別損失として表示する。臨時償却費の計算式は，下記の通りである。

　臨時償却費 ＝ 新耐用年数による期首減価償却累計額 − 旧耐用年数による期首減価償却累計額

　設例：使用中の機械（取得原価 1,000,000 円，耐用年数 8 年，残存価額は取得原価の 10％，定額法により前期末まで 4 年間償却済み）。機械の陳腐化により当期首以降の残存耐用年数を 2 年に変更し臨時償却を実施する。

減価償却累計額の比較計算

旧耐用年数による減価償却累計額 450,000 ＝ 取得原価 1,000,000×0.9／旧耐用年数 8×4

新耐用年数による減価償却累計額 600,000 ＝ 取得原価 1,000,000×0.9／新耐用年数 6×4

臨時償却費 150,000 ＝ 600,000 − 450,000

当期減価償却費 150,000 ＝ 取得原価 1,000,000×0.9／新耐用年数 6

決算整理仕訳：（借）臨時償却費（特別損失）150,000（貸）減価償却累計額 150,000
　　　　　　　（借）減価償却費（販売費・一般管理費）150,000（貸）減価償却累計額 150,000

10-5　有形固定資産の売却・除却・買換

(1)　有形固定資産の売却

　有形固定資産を売却した場合は，売却代金と帳簿価額との差額を有形固定資産売却損益勘定で処理する。有形固定資産の売却損益は臨時損益になるため，損益計算書上において固定資産売却益は特別利益，固定資産売却損は特別損失としてそれぞれ区分表示する。

売却時（借）減価償却累計額　××　（貸）有形固定資産　　××
　　　　　　減価償却費　　　××　　　　固定資産売却益××
　　　　　　現金預金　　　　××
　　　（借）減価償却累計額　××　（貸）有形固定資産　　××
　　　　　　減価償却費　　　××
　　　　　　固定資産売却損××
　　　　　　現金預金　　　　××

(2)　有形固定資産の除却

　有形固定資産を事業用途から除外することを除却という。有形固定資産は，スクラップとして売却処分するか，あるいは廃棄処分する。

　有形固定資産を除却する場合は，見積売却価額でいったん貯蔵品勘定（流動資産）に振替え，見積売却価額と帳簿価額との差額は固定資産除却損益勘定に計上し，損益計算書では特別損益として表示する。その後，貯蔵品を売却したと

きに，貯蔵品の帳簿価額と売却価額との差額を貯蔵品売却損益として処理する。

A. 売却する場合

除却時　（借）減価償却累計額×× （貸）有形固定資産　　　　　××
　　　　　　　減価償却費　　××　　　固定資産除却益（特別利益）××
　　　　　　　貯蔵品　　　　××

　　　　（借）減価償却累計額　　　　××（貸）有形固定資産××
　　　　　　　減価償却費　　　　　××
　　　　　　　貯蔵品　　　　　　　××
　　　　　　　固定資産除却損（特別損失）××

売却時　（借）現金預金　　××（貸）貯蔵品　　　××
　　　　　　　　　　　　　　　　　　貯蔵品売却益××

　　　　（借）現金預金　　××（貸）貯蔵品　　　××
　　　　　　　貯蔵品売却損××

B. 廃棄する場合

　有形固定資産の帳簿価額の評価額がゼロの場合は，帳簿価額を固定資産廃棄損勘定に計上し損益計算書に特別損失として表示する。

（借）減価償却累計額　　　　××（貸）有形固定資産××
　　　減価償却費　　　　　　××
　　　固定資産廃棄損（特別損失）××

(3) 有形固定資産の買換え

　中古有形固定資産を下取りに出し，同一種類の有形固定資産を購入する売買取引を買換えという。旧固定資産から新固定資産への買換えを促進するため，新固定資産の購入価格に対する値引額を旧固定資産の時価に上乗せした販売価格が下取り価額である。

　　新有形固定資産の取得価額＝新有形固定資産の市場価額－値引額（＝旧有形固定
　　　　　　　　　　　　　　　資産の下取り価額－旧有形固定資産の時価）

設例：当社は，以下の条件で当期（平成×1年4月1日〜平成×2年3月31日）に使用中の中古機械を平成×1年6月末日に下取りに出し同種の機械に買換えた。

新機械の購入代金 4,000,000 円と下取価格との差額は現金支払とする。期首残高：旧機械取得原価 3,000,000 円，旧機械期首減価償却累計額 1,800,000 円，旧機械残存価額＝取得原価の 10%，耐用年数 9 年。時価 1,300,000 円。下取り価格 1,400,000 円。

旧機械売却時（借）減価償却累計額　　1,800,000（貸）機　械（旧）3,000,000
　　　　　　　　　　減価償却費　　　　　 75,000　　　機械売却益　　 175,000
　　　　　　　　　　現　金（売却時価）1,300,000

　　　　　　減価償却費 75,000＝3,000,000×0.9／9 年×3ヶ月／12ヶ月。

新機械購入時　　　　（借）機　械（新）4,000,000（貸）現　金　　　4,000,000
新機械購入時値引（借）現　金　　　　 100,000（貸）機　械（新）　 100,000

　　　　　　新機械購入代金値引額 100,000＝下取り価格 1,400,000－時価 1,300,000。

10-6　臨時損失と圧縮記帳

　火災・地震等の自然災害や事故により有形固定資産の経済的価値が失われた場合は，当該有形固定資産の帳簿価額をゼロに切下げる。この会計処理を臨時損失という。災害に備え損害補償保険に加入していない場合は，被災前の有形固定資産の帳簿価額を臨時損失勘定に振替え，損益計算書に特別損失として表示する。他方，損害補償保険に加入している有形固定資産が被災し，支払われた保険金が被災以前の帳簿価額を超過した場合，この差額を保険差益という。保険差益は，企業会計上の利益であり税務上，課税対象になる。このため，法人税法上，被災時の保険差益に対する一括課税を避け次期以降に繰延経理を行なうため，保険差益相当額だけ代替有形固定資産の取得原価を圧縮記帳する処理が認められている。

　　損害保険付有形固定資産の臨時損失処理
　　　　被災時（借）減価償却累計額×× （貸）有形固定資産××
　　　　　　　　　　減価償却費　　××
　　　　　　　　　　保険未決算　　××（簿価）
　　保険金確定時（借）未収金×× （貸）保険未決算　　　××
　　　　　　　　　　　保険差益（特別利益）××

確定保険金が保険未決算額に満たない場合は，差額を保険損失勘定借方に計上する。

代替固定資産取得時（借）有形固定資産　　　××（貸）当座預金　　××
　　　　　　　　　　　　有形固定資産圧縮損（特別損失）××（貸）有形固定資産××

設例：当社所有の火災保険付建物（取得原価 40,000,000 円，耐用年数 20 年，残存価額は取得原価の 10%，期首減価償却累計額 28,800,000 円，保険契約額 30,000,000 円）が平成×5 年 11 月 30 日に火災により全焼した。同年 10 月 5 日保険会社より保険契約金について全額支払う旨の通知を受けた。同年 10 月 31 日，代替建物の購入代金として 44,000,000 円を小切手で支払うと同時に，直接減額法により保険差益相当額の圧縮記帳を行なった。当期決算期は平成×5 年 4 月 1 日〜平成×6 年 3 月 31 日である。

期中仕訳（借）減価償却累計額 28,800,000（貸）建　物 40,000,000
　　　　　　　減価償却費　　　　1,200,000
　　　　　　　火災未決算　　　　10,000,000
　　減価償却費 1,200,000 ＝ 40,000,000 × 0.9 ／ 20 年 × 8ヶ月 ／ 12ヶ月。
　　（借）未収金 30,000,000（貸）火災未決算 10,000,000
　　　　　　　　　　　　　　　　保険差益　　 20,000,000
　　（借）建　物　　44,000,000（貸）当座預金 44,000,000
　　　　　建物圧縮損 20,000,000　　建　物　 20,000,000

10-7　無形固定資産

　物理的な有形物として実体のない固定資産であり，法律上の排他的特権あるいは経済的な優位性を取得し占有することにより将来における経済的便益とキャッシュ・フローが期待される資産を無形固定資産という。製造・販売・発明・開発・先端技術について法律上の独占的排他特権を認められた営業権，特許権，商標権，実用新案権，意匠権，借地権，実用新案権，鉱業権，魚業権，フランチャイズ権，著作権，ソフトウェア権等は，法律上の無形固定資産である。
　これに対して，吸収合併・買収・吸収分割等の企業組織再編行為に伴う有償

取得による暖簾は、無形固定資産として貸借対照表に計上する。有償取得による暖簾は、ブランド品の使用、独占的技術、研究開発力等により同業他社の平均的収益力を上回る被買収企業の超過収益力すなわち被買収企業の総合的な経済的優位性を資産化した無形固定資産であり、買収企業による対価が被買収企業の純資産の時価評価額を超過した場合の投資差額である。合併・買収による暖簾は、国際財務報告基準では、回収可能性に関連して帳簿価額と税引前将来キャッシュ・フロー総額（Undiscounted expected future cash flows）の比較により減損テスト（Impairment test）を実施し、減損の必要がない限り定期償却は認めていない。他方、合併・買収による負の暖簾は、発生時に一括して特別利益として表示する。なお、自己創設暖簾は、自社の営業活動により無償取得した無形固定資産であり、公正市場価格に基づく取得原価を入手できないため資産計上を認められていない。

　無形固定資産を取得するための支出額は、経済的便益が存続する20年以内の使用期間にわたり償却する。無形固定資産の取得原価から定額法による当期減価償却費を含む減価償却累計額を控除した金額が貸借対照表価額である。すなわち無形固定資産については残存価額をゼロとして見積り、定額法で減価償却費を算定するとともに無形固定資産を直接控除法で減額する。なお鉱業権（鉱区埋蔵物の採掘調査のために行なう試掘権、埋蔵物採掘を認可された採掘権をいう）については、原則として定額法のほか生産高比例法を選択適用することができる。

　暖簾の評価には、以下のような算定方法がある。
　(1)　収益還元価値法
　　　第一法：暖簾評価額＝当該企業過年度平均利益額／他企業資本還元利益率
　　　　　　　　　　　　－純資産額
　　　第二法：暖簾評価額＝超過利益額／資本還元利益率
　(2)　株価基準法
　　　暖簾評価額＝1株当り時価×発行済株式総数－純資産額
　(3)　年買法
　　　暖簾評価額＝平均利益額または超過利益額×その継続する年数
　(4)　将来キャッシュ・フロー割引計算法

暖簾評価額＝将来予測キャッシュ・フローの割引現在価値－純資産額

設例：当社は，A社を吸収合併した。合併前の当社とA社の貸借対照表はそれぞれ下記の通りである。合併時のA社の資産と負債の時価評価額は，有価証券7,000,000円，機械15,000,000円，建物50,000,000円，買掛金10,000,000円である。合併時に時価評価したA社の純資産時価に対し対価として63,000,000円を小切手で支払い，差額を暖簾に計上した。

当社貸借対照表（単位：万円）				A社貸借対照表（単位：万円）			
売掛金	2,500	買掛金	4,000	有価証券	500	買掛金	1,000
機　械	8,500	資本金	10,000	機　械	1,500	資本金	3,800
建　物	6,000	利益剰余金	3,000	建　物	5,000	利益剰余金	2,200
	17,000		17,000		7,000		7,000

合併時（借）有価証券　7,000,000　（貸）買掛金　10,000,000
　　　　　　機　械　15,000,000　　　　当座預金　63,000,000
　　　　　　建　物　50,000,000
　　　　　　暖　簾　　1,000,000

暖簾1,000,000円＝合併の対価63,000,000円－A社純資産の時価62,000,00（＝諸資産の時価72,000,000円－諸負債の時価62,000,000円）。

10-8　繰延資産

　繰延資産とは，サービスの対価の支払が完了し又は支払義務が確定しており，これに対応するサービスの提供を既に受けているにもかかわらず，支出の経済的便益が将来にわたって発現するものと期待される特定の費用をいう。すなわち，費用・収益対応の原則と費用配分の原則にしたがって将来の期間収益に対応する費用として次期以降の期間に繰延べるため貸借対照表に記載される費用を繰延資産という。繰延資産は，有形固定資産のように換金することができない無形資産である。繰延資産の特質は，期間損益計算における支出の適正な期間配分の考え方による費用の繰延にあり，棚卸資産や固定資産のように換金性を有する資産ではないため，貸借対照表上の資産計上能力の視点を重視す

る限り真の資産ではない。

　繰延資産は，第一に，支出の効果が次期以降の数期間にわたって発現するであろうという期待と，第二に，支出額が支払時の期間収益に貢献せず，次期以降の損益に対応することが予測される2点を考慮する場合は，支出時に支出全額を費用に計上せず，財産の属性と資産計上能力について欠如しているが，擬制的な資産として貸借対照表上で次期以降に繰延べ，支出効果の及ぶ各期収益に一定金額を対応させるため費用に計上する。

　繰延資産に含まれる項目は次の通りである。

① 株式交付費（新株発行費・自己株式処分費用）＝新株発行又は自己株式処分のために支出した株式募集広告費，証券会社へ支払った取扱手数料，目論見書・株券等の印刷費，変更登記の登録免許税，その他株式交付等のために支払った費用。株式交付費は，原則，支出時に営業外費用に計上するが，企業組織再編に係る新株発行費に限り，繰延資産に計上し3年以内に定額償却することができる。

② 社債発行費（新株予約権付社債発行費を含む）＝社債募集広告費，証券会社へ支払った取扱手数料，目論見書・社債券等の印刷費，社債登記の登録免許税，その他社債発行のために支出した費用。社債発行費は，原則，繰延資産に計上し3年以内に均等額以上の償却額を営業外費用に計上する。

③ 社債発行差金＝社債額面金額と発行価額との差額（金利調整差額に相当）。社債発行差金は，原則，償還期間内に月割均等償却により営業外費用に計上する。

④ 創立費＝会社設立時に生じた諸費用として，定款・社内規則の作成費用，株式募集・その他の募集広告費，目論見書・株券等の印刷費，創立事務所の賃借料，設立事務に従事する使用人の給料，証券会社への取扱手数料，創立総会に関する費用その他会社設立事務に係る諸費用，定款に記載され創立総会で承認された発起人の報酬を含む。創立費は，原則，支出時に営業外費用として処理するか，任意に資産計上し会社設立から5年以内に定額償却することができる。

⑤ 開業費＝会社設立から本格的な営業活動の開始までに支出した開業準備費として，土地建物の賃借料，広告宣伝費，通信交通費，事務用消耗品

費，支払利子，使用人の給料，保険料・電気・ガス・水道料等を含む。開業費は，原則，発生年度の営業外費用又は販売費・一般管理費に計上するが，任意に繰延資産に計上し5年以内に定額償却することができる。
⑥ 研究開発費＝新製品及び新しい知識，技術又は資源の研究開発費，生産効率の向上または生産計画の変更費用，代替製品・代替製造工程の試験研究費，組織再編，製品・製造工程の設計変更等により設備の大規模な配置換えに伴う諸費用をいう。ただし，日常的，定期的な業務に伴う経常費の性格を有するものは研究開発費として取扱わない。研究開発費は，ソフトウェア制作原価を除いて，原則上，支出時に全額を発生年度費用（売上原価または販売費・一般管理費）に計上し，例外として繰延資産に計上し5年以内に定額償却することができる。
⑦ 自然災害等による巨額損失。巨額損失の発生時に，全額を特別損失として計上するか，あるいは繰延資産に計上し償却する。

繰延資産の会計処理方法は，次の通りである。
① 株式交付費（新株発行費・自己株式処分費用）の会計処理
　イ．株式発行費を資本から控除する処理（米国会計会計基準）

　例えば，無額面普通株式1株を1500円で発行し払込金額のうち1,000円を資本金に，残りの500円を資本剰余金にそれぞれ計上し，株式発行費100円を現金で支払った場合に，株式発行費を払込資本の控除項目として認識する場合は，仕訳は次の通りである。
　（借）現　　金　　1,500　（貸）普通株式　　1,000
　　　　　　　　　　　　　　　　資本剰余金　　 500
　（借）資本剰余金　　100　（貸）現　　金　　　100

　上記仕訳のように，株式発行費を資本取引の付随費用として処理する場合は，株式発行費を当期の損益として認識せず資本剰余金の減少として処理する。この方法は株式発行費の発生により株主による払込金額が減少したものとみなして，資本の控除（資本剰余金の減少）として処理する。株式発行費は，企業の主たる営業活動に伴う費用ではないため，上記仕訳の借方は費用勘定ではなく資本勘定をもって計上する。
　ロ．支出時に株式発行費を営業外費用として処理

支出時（借）株式発行費×× (営業外費用) （貸）現金預金××

ハ．株式発行費を繰延資産に計上する処理

合併・買収等の企業再編行為の株式交換に係る株式交付費（新株発行費）に限り，繰延資産として計上し，株式交付時から３年以内に定額法により償却することができる。

支出時（借）株式交付費（繰延資産）××　　　（貸）現金預金　××
償却時（借）株式交付費償却×× (営業外費用) （貸）株式交付費××

② 社債発行費の会計処理

イ．支出時に社債発行費を営業外費用に計上する。

原　則．支出時（借）社債発行費×× (営業外費用) （貸）現金預金××

ロ．社債発行費を繰延資産に計上し社債の償還期間にわたり定額法により均等償却する。

支出時（借）社債発行費（繰延資産）××（貸）現金預金　××
償却時（借）社債発行費償却　　　××（貸）社債発行費××

ロ．社債（割引発行の場合）を実効利息法により償却原価で測定する場合は，社債発行費を割引社債発行差額（金利調整差額相当額）に含めて社債の償還期間にわたり支払利息として費用計上する。

発行時（借）社債発行差額××　　　　　（貸）社　　　　　債××
　　　　　　現　金　預　金××
償却時（借）支　払　利　息×× (実効利息) （貸）現　金　預　金××
　　　　　　　　　　　　　　　　　　　　　　社債発行差額償却××

③ 社債発行差金の会計処理

社債発行差金は，社債額面価額と発行価額との差額である。社債を割引発行する場合，社債発行差金を繰延資産に計上し，実効利息法により実効利息（＝社債期首簿価×実効利率）と社債利息（＝社債額面価額×社債利率）との社債発行差金について毎期償却し，当該償却額が社債簿価に加算される結果，償還期日に社債簿価は額面価額に一致する。

発行時（借）現金預金　　××（貸）社　債　　　××
　　　　　　社債発行差金×× (繰延資産)

償却時　（借）支払利息　　××　（貸）現金預金　　　××
　　　　　　　　　　　　　　　　　　社債発行差金償却××

④　創立費の会計処理

原則として支出時に営業外費用に計上するが，任意に繰延資産に計上し会社設立から5年以内に定額法により均等償却することができる。

原　　則　　（借）創立費（営業外費用）××（貸）現金預金××
任意支出時（借）創立費（繰延資産）　　××（貸）現金預金××
償却時　　　（借）創立費償却　　　　　　××（貸）創立費　××

⑤　開業費の会計処理

原則として支出時に営業外費用又は販売費・一般管理費に計上するが，任意に繰延資産に計上し開業時から5年以内に均等償却することができる。

原　　則　　（借）開業費（営業外費用又は販売費・一般管理費）××（貸）現金預金××
任意支出時（借）開業費（繰延資産）　　　　　　××（貸）現金預金××
償却時　　　（借）開業費償却　　　　　　　　　××（貸）開業費　××

⑥　開発費の会計処理

開発費は，原則，支出時に売上原価又は販売費・一般管理費として計上するが，任意に繰延資産として計上し，支出時の事業年度から5年以内に償却することができる。

原　　則　　（借）開発費　××（販売費・一般管理費）（貸）現金預金××
任意支出時（借）開発費　　××　　　　　　　　　　　（貸）現金預金××
償却時　　　開発費償却××　　　　　　　　　　　　　　開発費　××

10-9　研究開発費とソフトウェア制作費

(1)　研究開発費の目的と意義

新製品の開発，商品ライフサイクルの短縮化，研究開発活動の競争激化等を背景に，企業の将来の収益力と成長力を左右する研究開発費に係る財務情報は，企業の利害関係者にとって重要な判断材料になる。研究開発費は，社内での基礎的な研究開発において新製品と革新的な生産方法を開発するために要する費用である。新しい知識を発見するための計画的な調査・探求を研究とい

う。新製品，サービス，生産方法についての研究成果とその他知識を具体化する活動を開発という（「研究開発費等に係る会計基準」一・1）。

研究開発費は，次のような研究開発活動から発生する。

① 従来にはない製品・サービスに関する発想を導き出す調査・探求
② 新しい知識の調査・探求の結果を受け，製品化または業務化等を行なうための活動
③ 従来の製品に比較して，著しい違いを生み出す製造方法の具体化
④ 従来と異なる原材料の使用方法または部品の製造方法の具体化
⑤ 既存製品，部品に係る従来と異なる使用方法の具体化
⑥ 工具，冶具，金型等について従来と異なる使用方法の具体化
⑦ 新製品の試作品の設計・製作および実験
⑧ 商業生産化するために行なうパイロットランプの設計，建築等の計画
⑨ 取得した特許権に基いて販売可能な製品を製造するための技術

研究開発費には，人件費，原材料費，固定資産減価償却費及び間接費用の配賦額等，研究開発のために費消された全ての原価が含まれる。研究開発費には，資産計上能力（収益獲得能力・換金性）及び原価性が無い。このため，研究開発費は，その発生時に全額を費用（販売費・一般管理費）計上しなければならない。なお，研究開発に限定したソフトウェア制作費および市場販売目的のソフトウェア制作費のうち研究開発段階に該当する部分については，研究開発費として費用計上（一般管理費）する。

　研究開発費の発生時：(借) 研究開発費（販売費・一般管理費）×× (貸) 現金預金××

(2) ソフトウェア制作費

ソフトウェアとは，コンピューターに特定の業務を実施させる目的で，コンピューターを機能させるために指令を組み合わせて表現するプログラム等をいう。ソフトウェアには，コンピューターに特定の業務活動を実施させるためのプログラムやシステム仕様書等の文書が含まれているが，ソフトウェアの処理対象になる特定の映像データ，音楽データ，文書データ等の情報それ自体（コンテンツ）は含まれない。

ソフト制作費は，期待される収益との対応関係を考慮し，制作目的の別に販

売目的ソフトと自社利用ソフトとに大別し，さらに販売目的ソフトについては受注制作ソフトと市場販売目的ソフトとに細分する。

(1) 受注制作ソフトの会計処理

受注制作目的のソフトウェアは，受注制作品の内容と請負価額が契約により事前に確定されるため，長期請負工事の工事進行基準に準じて処理する。したがって，工事進行基準に準じてソフト制作の進捗率により，受注品引渡時点までの各期の未成品について収益を見積りこれに実際制作費を対応させる。未成品を計上するため減価償却は行なわない。

(2) 市場販売目的のソフトウェアの会計処理

市場販売目的のソフトは，商品化の目途が立つ技術的な開発終了時点までの初期の研究開発段階を出発点にして，商品の生産化に向けた製品マスター（ハードウェアへインスツール可能な完成品）の制作段階を経て，製品マスターの使用に基づくソフト製造段階の順に経済的価値が形成されるため，それぞれの段階の別にソフト制作費を処理する。

① 研究開発終了時までの会計処理

ソフトウェアについて研究開発するために支出した費用は，技術的な開発可能性が確実になり商品化の目途が立つ研究開発終了まで収益の獲得が不確実であるため，全額を研究開発費として費用計上する。

(借) 研究開発費×× (貸) 現金預金××

② 研究開発終了以降製品マスター完成時までの会計処理

技術的開発可能性が確実になり商品化の目途が立つ研究開発終了時に，オリジナル版として最初に製品マスターが製造される。製品マスターはこれを複写して販売可能な製品を大量制作することができるうえ，他人によるコピーを禁止した排他的特権として著作権を有するので，研究開発終了時点から販売可能時点までに掛かった制作原価（製品マスター制作費，データ・プログラムを符号化するためのコーディング費用，テスト費用等）は，無形固定資産の部に「ソフトウェア」として区分表示する。なお，制作途上にあるソフト制作費は，無形固定資産仮勘定に計上する。無形固定資産として計上されたソフト原価は，後述するように，販売可能時点の帰属する期から売上収益に対応させるため償却する。

無形固定資産に計上時（借）ソフト（無形固定資産）××（貸）現金預金××

なお，製品マスターの機能の改良・強化（バージョンアップ）に掛かった費用は，発生時に無形固定資産として計上する。製品マスターのバージョンアップを超える水準の，著しい改良に掛かった費用については，研究開発費（一般管理費）として計上する。また，製品マスターの機能維持のために掛かった費用とエラーやミスを取除くためのバグ除去費は，費用計上する。

製品マスターの機能改良（借）ソフト（無形固定資産）××（貸）現金預金××
製品マスターの著しい改良（借）研究開発費××（貸）現金預金××
製品マスターの機能維持費（借）費　用××（貸）現金預金××

③　販売可能時点以降の会計処理

商品化するために要した製品マスターの複写費・梱包費は，棚卸資産原価に算入する。

完成品制作費の計上時（借）棚卸資産××（貸）現金預金××

(3)　自社利用目的のソフトの会計処理

ソフトを用いて業務処理等のサービスを顧客に提供する契約が締結されている場合は，ソフトによるサービス提供を通じて収益獲得が確実であると認められる場合に限り，ソフト制作費は，無形固定資産に計上する。ただし，制作途中のソフト制作費は無形固定資産仮勘定に計上する。

サービス提供時（借）ソフト（無形固定資産）××（貸）現金預金××

また，社内で利用するためのソフトを購入・自社制作・委託制作により取得した場合のソフト制作原価は，社内利用により費用削減または収益獲得が確実である場合に限り無形固定資産に計上し，費用削減または収益獲得が不確実な場合は費用処理する。

社内利用ソフト制作原価（借）ソフト（無形固定資産）××（貸）現金預金××

自動車，金型射出成型機，携帯電話のような機械装置・器具等に制御システムとして組み込まれたソフト制作原価は，当該機械装置等の取得原価に算入する。

(4)　ソフトの減価償却

無形固定資産として計上されたソフトウェアは，ソフト制作目的の別にしたがって減価償却を行なう必要がある。

ソフト償却時（借）ソフト償却××（貸）ソフト××

① 市場販売目的のソフト償却

市場販売目的のソフトの制作原価は，販売可能時点以降の毎期末に売却時価（正味実現可能価値）と未償却残高とのいずれか低い方の金額で貸借対照表に計上する。未償却残高が売却時価より高い場合は，未償却残高の評価額を売却時価まで減額する。ソフト原価の毎期の償却額は，定額法による均等償却額を下回ってはならない。このため，毎期償却額は，次のAとBの2つのうち，どちらか大きい方の金額を採用する。

A. 定額法償却額＝未償却残高／残存有効期間（3年以内）
B. 見込販売収益基準償却額＝未償却残高×当期実際販売収益／（当期実際販売収益＋次期以降見込販売収益），または

見込販売数量基準償却額＝未償却残高×当期実際版売数量／（当期実際販売数量＋次期以降見込販売数量）

② サービス提供目的のソフトウェア

サービス提供を目的とするソフトは，ソフトの使用によるサービス提供から収益が期待される無形資産であるから，見込販売収益基準による償却額を適用し，これと定額法による償却額とを比較して大きい方の償却額を採用する。

A. 定額法償却額＝未償却残高／残存有効期間（3年以内）
B. 見込販売収益基準償却額＝未償却残高×当期実際販売収益／（当期実際販売収益＋次期以降見込販売収益）

③ 社内利用目的のソフト償却

社内で利用するソフトウェアは，収益を獲得するためではなく，費用削減のために利用されるソフトであり，5年以内に定額法で均等償却する。

なお，いずれの償却方法を採用する場合でも，毎期末に予測販売数量（予測販売収益）の見直しを行ない，見直し後の予測販売数量により販売数量の減少に相当する取得原価は，費用または損失として処理しなければならない（「研究開発費等に係る会計基準注解」注5）。

予測販売数量見直後のソフト償却修正＝未償却残高×当期実際販売数量／（当期実際販売数量＋見直後の予測販売数量）

したがって，ソフト未償却残高は，市場価格下落または陳腐化により毎期末

の未償却残高が次期以降の予測販売収益（売却時価＝正味実現価額）を超えた場合は，差額を毎期経常的に生じる減価償却費の修正として処理するかあるいは臨時損失（特別損失）として処理する。

設例：当社は，2××1年度期首に残存有効期間3年のソフト制作費50,000,000円を無形固定資産として計上し，販売開始時点で各年度の予測販売数量，予測販売単価，予測販売収益を見積もった。初年度の予測販売数量と実際販売数量は一致したが，初年度以降の各年度は下記資料の通り一致していない。なお，各年度の予測販売単価は実際販売単価と一致しており，ソフトの残存有効期間の変更はない。予測販売数量基準によりソフトの減価償却を行なう。

年　度	予測販売数量	実際販売数量	予測販売単価	予測販売収益	実際販売収益
2××1	3,400	3,400	10,000	34,000,000	34,000,000
2××2	2,800	2,600	8,000	22,400,000	20,800,000
2××3	1,800	1,400※	5,000	9,000,000	7,000,000
合　計	8,000	7,400		65,400,000	61,800,000

予測販売数量基準による減価償却

　2××1年度期首　（借）ソフト（無形固定資産）50,000,000　（貸）現金預金 50,000,000
　2××1年度期末　（借）ソフト償却 21,250,000　（貸）ソフト 21,250,000
　　定額償却費16,666,667円＝50,000,000／3年。予測販売数量基準償却費21,250,000円＝50,000,000×3,400／(3,400＋2,800＋1,800)。
　2××2年度期末　（借）ソフト償却 18,687,500　（貸）ソフト 18,687,500
　　期首未償却残高28,750,000円＝50,000,000－21,250,000。定額法償却費14,375,000円＝28,750,000／2年。見直後の販売数量基準償却費18,687,500円＝28,750,000×2,600／(2,600＋1,400)。
　※2003年度の予測販売数量1,800を2002年度末に見直後1,400に変更したが，実績販売数量は見直後の予測販売数量に一致した。
　2××3年度期末　（借）ソフト償却 10,062,500　（貸）ソフト 10,062,500
　　期首未償却残高10,062,500円＝28,750,000－18,687,500を全額当期償却費に計上。

10-10 リース会計

(1) 国際財務報告基準「リース会計公開草案」の概要

　リース会社のリース賃貸人がリース資産の使用権（Right to use）を一定期間リース賃借人に譲渡し，リース賃借人から資産使用権の購入対価としてリース料を定期的に受取る取引をリース取引という。

　国際会計基準審議会（IASB）は，2010年8月17日，米国財務会計基準審議会（FASB）との共同作業の成果として，国際財務報告基準（IFRS）における新しいリース会計基準の公開草案を公表した。公開草案のポイントは，リース取引をファイナンスリースとオペレーティングリースとに分類する基準を廃止し，全てのリース取引から生じるリース債権とリース債務を資産及び負債として貸借対照表に計上する点である。現行IAS第17号は，リース取引を所有権の移転を伴うファイナンスリースと所有権が移転しないオペレーティングリースに分類し，オペレーティングリースのリース賃借人にリース資産とリース負債の貸借対照表計上を認めず，支払リース料についてのみ損益計算書上の計上を規定している。公開草案は，オペレーティングリースのリース賃借人の会計処理についても，ファイナンスリースと同様に，リース資産とリース負債の貸借対照表計上を指示している。IASBとFASBによって公表されたリース会計基準「公開草案」の概要について解説する。

公開草案の公表理由

　現行リース会計基準は，リース取引をファイナンスリースとオペレーティングリースの2つに分類したうえ，特にオペレーティングリースのリース賃借人の会計処理に関連して，リース資産とリース負債を貸借対照表に計上しないため利害関係者に有用な情報を提供していないとして批判されてきた。その理由は，リース賃借人は，オペレーティングリースから生じるリース債権（rights）とリース債務（obligations）がIASBの「概念フレームワーク」に規定された資産及び負債の定義に該当するにもかかわらず，貸借対照表上の認識を容認しなかったからである。現行リース会計モデルは，ファイナンスリースとオペレーティングリースとに明確に区分し，それぞれについて異なる会計処理を規

制しているため,比較可能性が損なわれ複雑な処理になった。公開草案は,こうした多くの矛盾と障害を解決するため,ファイナンスリースとオペレーティングリースの分類基準を廃止し,全てのリース取引についてリース賃借人と賃貸人が単一の資産と負債を認識し,両者の会計処理に統一的な整合性を与えることを目的とする。

公開草案の会計モデルと会計アプローチ

公開草案は,リース賃借人の会計処理について使用権モデル(a right of-use model)を適用する。リース賃借人は,使用権アプローチに基づいて,ファイナンスリースとオペレーティングリースの分類に関係なく,全てのリース契約についてリース開始日に,原資産(the underlying asset)の使用権を表す専門用語の使用権資産(the right-of-use asset)と,これに対応するリー料支払債務(a liability to make lease paymennts)を貸借対照表に計上する。

これに対して,リース賃貸人の会計処理は,リースされる原資産と関連する重大なリスク・便益をリース賃貸人が留保(retain)するか否かの事前評価に基づいて2つの会計アプローチにしたがう。重大なリスク・便益の留保に係る事前評価において,リースされる原資産と関連する重大なリスク・便益をリース賃貸人が留保すると判定された場合は,履行義務アプローチ(performance obligation approach)により,リース料を受け取る権利(a right to receive lease payments)を表すリース債権及びリース賃借人に原資産を引渡し使用させる履行義務としてリース債務(lease liability,会計上は借方の未収リース料に対応する繰延収益)を貸借対照表に計上する。

履行義務アプローチによる場合,リース前と同様に,リース賃貸人は,原資産を引き続きリース賃貸人の貸借対照表に計上し定期償却する。リース賃貸人は,リース料を受取る権利に対応する科目としてリース資産を使用させる履行義務をリース債務として認識する。履行義務は,当初,リース債権と同額で認識し,当初認識以降,リース期間にわたり履行義務(未収収益=未収リース料に対応する繰延収益=前受リース料)の償却に伴って実現収益を認識する。

これに対して,リース賃貸人がリース期間とその終了後も原資産に関連する重大なリスクを負担せず経済手便益も留保しないと判定された場合,リース賃貸人は,認識中止アプローチ(derecognition approach)にしたがって,リース

開始日に，原資産の帳簿価額の部分について販売型リースとして処理し，原資産を貸借対照表から除外（認識中止）する。

　リース賃借人とリース賃貸人により計上される資産と負債は，次の方法により測定する。

　（a）　発生の確率50％以上のリース期間を想定し，リースの延長または終了によるオプション効果を考慮する。

　（b）　前期以降に資産または負債に重大な変動がある場合，資産または負債を再評価する。

IFRSとUS-GAAPに与える公開草案の影響

➤リース賃借人会計の変更

　オペレーティングリースによりリース賃借人が固定資産を使用する場合，公開草案により大きな影響を受けるのは，リース賃借人である。IFRSとUS-GAAPは，これまで，オペレーティングリースから生じるリース債権とリース債務をリース賃借人の貸借対照表に計上せず，支払リース料のみを損益計算書に計上する方法を規定していたが，公開草案では，ファイナンスリースと同様，リース賃借人にオペレーティングリースから生じるリース債権とリース債務の貸借対照表計上を要求している。ファイナンスリースについて，会計処理上，根本的な変更はない。

➤リース賃貸人会計の変更

　リース賃貸人の会計処理に関する公開草案は，現行のIFRS及びUS-GAAPとは異なり，原資産と関連するリスクと便益を留保するか否かについて事前に判定し，判定の結果に基づいて，リース賃貸人は，履行義務アプローチと認識中止アプローチのいずれかで会計処理する。

　原資産に関連するリスクと便益がリース賃貸人側に留保されると判定された場合，リース賃貸人は，リース開始日に，リース資産を使用させる履行義務をリース負債として認識する。リース賃貸人は，リースされる原資産を引き続きリース賃貸人の貸借対照表で認識し定期的に償却する。リース賃貸人は，リース資産を使用させる履行義務としてのリース債務（前受収益）と，これに対応するリース料を受取る権利を計上する。リース債務は，リース賃借人がリース機械による生産単位数に基づく産出高法，機械運転時間の投入高法など原資産

の使用パターンに応じて，合理的な方法で測定した金額で償却し，これに応じて受取リース料（lease income）を認識する。

(2) 公開草案「リース会計」の会計処理

目的

　国際財務報告基準「リース会計」の公開草案は，リース賃借人の会計処理として，リース資産の使用権をリース資産，これに対応するリース料支払債務をリース負債として認識する。現行のIAS第17号「リース会計」は，リース資産の所有に伴うリスクと便益が事実上リース賃借人に移転する場合，リース取引をファイナンスリース（割賦購入の資金融資）として分類し，リース賃借人は，リース開始日に，最低リース料（現在価値）とリース資産（公正価値）のいずれか低いほうの金額でリース資産を計上し，同額をリース負債として計上した。

　これに対して，リスク・便益が事実上移転しないと判定されたオペレーティングリースのリース賃借人は，リース期間終了後，リース資産を返却し，リース資産のリスク・便益を保持しないため，リース資産と負債を貸借対照表に計上せず，支払リース料を計上するのみであった。オペレーティングリースの場合，リース資産の使用権とリース料支払債務が国際財務報告基準の「概念フレームワーク」の資産・負債の定義に合致するにもかかわらず貸借対照表上認識されなかった。公開草案は，ファイナンスリースとオペレーティングリースに関係なく，リース資産の使用権とリース料支払債務について借対照表上計上を規定した。

会計処理

<u>リース賃借人の会計処理</u>

認識

　リース賃借人は，リース開始日に，使用権資産（a right-of-use asset）及びリース料支払債務（a liability to make lease payments）を貸借対照表上で認識し，下記項目を包括損益計算書において認識しなければならない。

(a)　リース料支払債務の利息費用

(b)　使用権資産の償却額

(c) 使用権資産を再評価した場合の評価損益
(d) 条件付リース料，契約更新違約金，保証残存価額の再評価から生じたリース料支払債務の変動額
(e) 使用権資産の減損損失額

測定

当初測定

リース開始日に，リース賃借人は，下記項目を測定する。
(a) リース料支払債務はその割引現在価値で測定し，割引計算の割引率は，リース賃借人の追加借入利子率を適用する。
(b) 使用権資産は，当初，リース料支払債務の金額で測定し直接費を加算する。

事後測定

リース開始日以降，リース賃借人は，下記項目を測定する。
(a) リース料支払債務を実効利息法（the effective interest method）により償却原価（amortised cost）で測定する。
(b) 使用権資産を償却原価で測定する。

リース料支払債務の再評価

　リース開始日以降，リース賃借人は，前期以降に負債に重大な変動があるという事実や状況が明らかになる場合，リースから生じるリース料支払債務の帳簿価額を再評価する。下記の指標が存在する場合，リース賃借人は，当該指標について再評価する。
(a) リース期間の長さについて再評価し，リース期間の変更から生じたリース料支払債務の変動を使用権資産に反映させるため使用権資産を修正する。
(b) 偶発リース料（条件付リース料）の見積額と，オプション解約違約金及び保証残存価額を条件とする当初の見積支払料を再評価する。

　リース賃借人は，使用権資産を償却原価で測定する場合，リース期間にわたって，使用権資産の償却を行う。また，リース賃借人は，使用権資産から減価償却費と減損費用を控除後の再評価日の公正価値で使用権資産を再評価することができる。

リース賃貸人の会計処理

リース開始日に，リース賃貸人は，リース期間中またはリース期間終了後も原資産の再リース又は原資産の販売により重要な利益（return）を生む期待又は可能性があるため，リース賃貸人が原資産（Underlying asset）に関連する重大なリスク・便益を留保（retain）するか否かを判定し，その結果により履行義務アプローチ（performance obligation approach）と認識中止アプローチ（derecognition approach）のいずれかを適用する。

リース賃貸人が原資産と関連する重大なリスクに晒され，あるいは経済的な利益を享受すると判定された場合は，履行義務アプローチを適用する。履行義務アプローチの場合，リース賃貸人は，原資産をリース前と同様に，引き続きリース賃貸人の貸借対照表に計上し，当初認識以降，定期償却する。リース開始日に，リース賃貸人は，リース料を受取る権利（a right to receive lease payments，未収益）とリース債務（lease liability，繰延収益）を認識する。

他方，リース賃貸人が原資産と関連するリスクに晒されず，あるいは便益も享受していないと判定される場合，リース賃貸人は，認識中止アプローチを適用する。認識中止アプローチによる場合，貸借対照表上の認識が中止される原資産は，リース賃借人への原資産の販売として処理するため販売収益と売上原価を認識する。認識中止アプローチによるリースの会計処理は，機械メーカーと機械リースを兼業する同一会社による割賦販売と機械購入資金の融資を目的とする販売型リースに類似している。

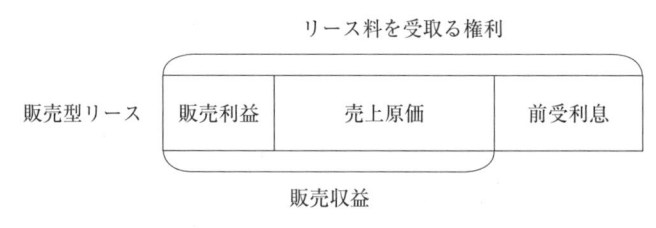

	リース料を受取る権利		
販売型リース	販売利益	売上原価	前受利息
	販売収益		

販売型リースのリース賃貸人の処理
　　（借）リース債権×× （貸）販売収益××
　　　　　　　　　　　　　　　前受利息××
　　（借）売上原価　×× （貸）棚卸資産××

上記仕訳において貸方の販売収益と借方の売上原価が認識される結果，販売

型リースによる販売利益が認識される。

　リース開始日に，原資産と関連する重大なリスク・便益をリース賃貸人が留保すると判定される場合，リース賃貸人は，貸借対照表において原資産の使用を許可しこれを引き渡す義務と支払リース料を受取る権利を貸借対照表に計上する。さらに，リース賃貸人は，原資産をリース前と同様に貸借対照表に計上し毎期償却する。

　リース賃貸人は，下記項目を損益として認識する。

(a) リース料受取権の受取利息
(b) リース債務が履行されるときの受取リース料
(c) 条件付リース料（偶発リース料），オプション解約違約金，保証残存価額の再評価から生じるリース債務の変動額
(d) リース料を受取る権利減損費用

測定：履行義務アプローチ

当初測定

リース開始日に，リース賃貸人は，下記項目を測定する。

(a) 支払リース料の割引現在価値でリース料を受取る権利。割引率は追加借入利子率を適用する。
(b) リース料を受取る権利の金額でリース債務。

事後測定

リース開始日後，リース賃貸人は，下記項目を測定する。

(a) 実効利息法を用いた償却原価で支払リース料を受取る権利。
(b) リース賃借人による原資産の使用パターンに基づいて決定した残存リース債務。リース賃貸人が合理的な方法により残余リース債務を決定できない場合は，定額法を適用する。

リース料を受取る権利の再評価

　リース開始日以降，支払リース料を受取る権利に重大な変動があるという事実または状況が明らかになる場合，リース賃貸人は，変動を示す指標によりリース料を受取る権利の帳簿価額について再評価する。当該指標が存在する場合，リース賃貸人は，下記項目について再評価する。

(a) リース期間の長さを再評価し，リース期間の変更によりリース料を受取

る権利の変動をリース債務に反映させるため，リース債務を調整する。
(b) 条件付リース料の予測額と保証残存価額に基づく見積リース料を再評価する。リース賃貸人は，再評価の結果生じた支払リース料を受取る権利の変動を認識する。

表示：履行義務アプローチ

リース賃貸人は，下記項目を貸借対照表に表示する。

(a) 原資産 (b) リース料を受取る権利 (c) リース債務（履行義務）

認識：認識中止アプローチ

リース開始日に，リース賃貸人は，下記項目について認識する。

(a) 　貸借対照表においてリース料を受取る権利の認識
(b) 　リース期間においてリース賃借人の原資産の使用権を表す原資産の帳簿価額の部分を貸借対照表から除外（認識中止）する
(c) 　リース賃貸人に残留する原資産の諸権利を表す原資産の帳簿価額の残存部分を残存資産（residual asset）として再分類する

リース賃貸人は，下記項目を損益として認識する。

(a) 　支払リース料の割引現在価値を表す受取リース料と，リース開始日に貸借対照表から除外された原資産部分の販売原価を表すリース費用
(b) 　リース料を受取る権利の受取利息
(c) 　リース期間の再評価による受取リース料と支払リース料
(d) 　条件付リース料の金額，オプション解約違約金及び保証残存価額を条件とする各種支払金の再評価から生じたリース料を受取る権利の変動
(e) 　リース料を受取る権利又は残存資産の減損損失

リース賃貸人は，受取リース料を販売収益，支払リース料を販売原価として分類する。

測定：認識中止アプローチ

当初測定

リース開始日に，リース賃貸人は，下記項目について測定する。

(a) 　支払リース料の現在価値でリース料を受取る権利。割引率は，リース賃貸人がリース賃借人に課す利子率を適用する。当初リース賃貸人に生じた直接費用。

(b) 原資産の帳簿価額より配分した金額で残存資産

リース賃貸人は，リース開始日に，移転した諸権利の公正価値とリース賃貸人に留保された諸権利との割合に応じて原資産の帳簿価額を配分することにより，貸借対照表から除外される原資産の金額と，認識中止しない原資産の残りの部分つまり残存資産の帳簿価額を決定する。したがって，リース賃貸人によって貸借対照表の認識中止になる金額は，原資産の帳簿価額にリース料を受取る権利の公正価値を乗じ，原資産の公正価値で割った金額である。

リース開始日に認識中止される原資産の金額＝原資産の帳簿価額×（リース料を受取る権利の公正価値÷原資産の公正価値）

事後測定

リース開始日後，リース賃貸人は，実効利息法により償却原価でリース料を受取る権利を測定する。

リース賃貸人は，残存資産の再測定は行なわない。

リース料総額を受取る権利の再評価

リース開始日後，リース料を受取る権利に重大な変動があることを下記事実または指標が示す場合，リース賃貸人は，リース料を受取る権利の帳簿価額を再評価する。

(a) リース期間の変更。再評価により残存資産が変動する場合，リース賃貸人は，この変動を認識中止した権利と残存資産に配分する。

(b) 条件付リース料，保証残存価額，オプション解約違約金に伴う支払金の再評価

下記の設例は，当初認識・測定以降リース期間を変更する場合，リース賃貸人が履行義務アプローチを適用するケースである。

説例1――再評価によりリース期間を短縮する場合

契約条件

　A社は，15年の耐用年数の機械の5年リースを契約する。リース契約には3年後に終了する更新オプション権が含まれている。

年間リース料は，1,000（未払金）である。

リース賃貸人のリースに適用する利子率は，8％である。

リース開始日の機械の帳簿価額は，15,000 である。

リース賃貸人は，当初，5年のリース期間を見積もる。

　リース賃貸人は，リース期間終了後，原資産に関連する重大なリスクと便益を留保するものと判定し，履行義務アプローチによりリース取引を会計処理する。5年間のリース料の割引現在価値は，3,993 である。

リース賃貸人は，リース債務を定額法で償却する。

　第1年度末に，リース賃貸人は，リース期間について再評価し，オプション権を行使して第3年度の末のリース期間終了を決定する。残存期間2年のリース料の割引現在価値は，1,783 である。

　リース開始日に，リース賃貸人は，リース料を受取る権利（リース債権）とリース債務を認識する

　（借）リース債権 3,993 （貸）リース債務 3,993（現在価値）

　第1年度末に，リース賃貸人は，①リース料の現金受取り，②リース債権の利息，③リース債務の履行による受取リース料，④原資産の減価償却費を認識する。

　（借）現　　金　　1,000　（貸）リース債権　　　1,000
　（借）リース債権　 319　（貸）受取利息　　　　 319
　　　　319＝3,993×8％
　（借）リース債務　 799　（貸）受取リース料　　 799
　　　　799＝3,993÷5
　（借）減価償却費 1,000　（貸）減価償却累計額 1,000
　　　　1,000＝15,000÷15 年

　以上の仕訳後，リース債権の帳簿価額は，3,312（＝3,993－1,000＋319）である。リース債務の帳簿価額は，3,194（＝3,993－799）である。損益として認識された純額は，利益 118（＝受取リース料 799＋受取利息 319－減価償却費 1,000）である。

　第1年度末に，リース賃貸人は，リース期間を再評価し，新しく見積もった残存2年のリース料を反映させるためリース債権を減少させる。リース賃貸人は，リース期間の短縮を反映させるため，リース債権に対応するリース債務を減少させる。

　（借）リース債務 1,529　（貸）リース債権 1,529

リース債務1,529＝リース債権帳簿価額3,312－残存期間2年リース料現在価値
　　　　　　　　　　　　　1,783

　リース債権・債務の修正後，リース債権の帳簿価額は，1,783である。これは，2年間の年間リース料1,000の現在価値を表す。リース債務の帳簿価額は，1,665である。これは，リース債権1,529の減少について調整されたリース債務の帳簿価額3,194を表す。

　第2年度の末に，リース賃貸人は，①リース料の受取り，②リース債権の利息，③リース債務の履行による受取リース料，④原資産の減価償却費を認識する。

（借）現　金　　　1,000　（貸）リース債権　　　1,000
（借）リース債権　　143　（貸）受取利息　　　　143
　　　143＝1,783×8％
（借）リース債務　　832　（貸）受取リース料　　832
　　　832＝1,665÷2年
（借）減価償却費 1,000　（貸）減価償却累計額 1,000
　　　1,000＝15,000÷15年

　以上の仕訳の後，リース債権の帳簿価額は，926（＝1,783－1,000＋143）である。リース債務の帳簿価額は，833（＝1,665－832）である。認識された純損失は，25（＝受取リース料832＋受取利息143－減価償却費1,000）である。

設例2：再評価によりリース期間を延長する場合
契約条件
A社は，耐用年数15年の機械の3年リースを契約する。リース契約には3年後の更新オプション権が含まれている。
年間リース料は，1,000（未払金）である。
リース賃貸人のリースに適用する利子率は，8％である。
リース開始日の機械の帳簿価額は，15,000である。
リース賃貸人は，当初，3年のリース期間を見積もる。
リース賃貸人は，リース期間終了後，原資産に関連する重大なリスクと便益を留保すると判定し，履行義務アプローチによりリース取引を会計処理する。
3年間のリース料の割引現在価値は，2,577である。

リース賃貸人は，リース債務を定額法で償却する。

第1年度末に，リース賃貸人は，リース期間について再評価し，リース期間を5年延長することを決定する。残る4年間のリース料の割引現在価値は，3,312である。

リース開始日に，リース賃貸人は，リース料を受取る権利（リース債権）とリース債務を認識する

（借）リース債権 2,577 （貸）リース債務 2,577（現在価値）

第1年度末に，リース賃貸人は，①リース料の現金での受取り，②リース債権の利息，③リース債務の履行による受取リース料，④原資産の減価償却費を認識する。

（借）現　金　　　　1,000 （貸）リース債権　　　1,000
（借）リース債権　　　206 （貸）受取利息　　　　206
　　　206＝2,577×8％
（借）リース債務　　　859 （貸）受取リース料　　859
　　　859＝2,577÷3年
（借）減価償却費 1,000 （貸）減価償却累計額 1,000
　　　1,000＝15,000÷15年

以上の仕訳後，リース債権の帳簿価額は，1,783（＝2,577－1,000＋206）である。リース債務の帳簿価額は，1,718（＝2,577－859）である。認識された純損益は，利益65（＝受取リース料859＋受取利息206－減価償却費1,000）である。

第1年度末に，リース賃貸人は，リース期間を再評価し，新しく見積もった残存4年間のリース料を反映させるためリース債権を増大させる。リース賃貸人は，リース期間の延長を反映させるため，リース債権に対応するリース債務を増大させる。

（借）リース債務 1,529 （貸）リース債権 1,529
　　　1,529＝3,312－1,783

リース債権・債務の修正後，リース債権の帳簿価額は，3,312である。これは，4年間分の年間リース料1,000の現在価値を表す。リース債務の帳簿価額は3,247である。これは，リース債権1,529の増大について調整したリース債務の帳簿価額1,718を表す

第2年度の末に，リース賃貸人は，①リース料の現金での受取り，②リース債権の利息，③リース債務の履行による受取リース料，④原資産の減価償却費を認識する。

（借）現　金　　　1,000　（貸）リース債権　　　1,000
（借）リース債権　　 265　（貸）受取利息　　　　 265
　　　265＝3,312×8％
（借）リース債務　　 812　（貸）受取リース料　　 812
　　　812＝3,247÷4年
（借）減価償却費 1,000　（貸）減価償却累計額 1,000
　　　1,000＝15,000÷15年

以上の仕訳後，リース債権の帳簿価額は，2,577（＝3,312－1,000＋265）である。リース債務の帳簿価額は，2,435（＝3,247－812）である。損益として認識された純額は，利益77（＝受取リース料812＋受取利息265－減価償却費1,000）である。

<u>リース賃貸人：認識中止アプローチ</u>

リース期間変更の会計処理

下記の設例は，当初の認識・測定以降，リース期間を延長又は短縮場合にリース賃貸人が認識中止アプローチを適用する事例を示す。

設例3：再評価によりリース期間を短縮する場合

契約条件

A社は，耐用年数10年の機械の10年リースを契約する。リース契約には8年後に終了する更新オプション権が含まれている。

年間リース料は，1,000（未払金）である。

リース賃貸人がリースに適用する利子率は，8％である。

リース開始日の機械の公正価値は7,000であり，機械の帳簿価額は5,000である。

リース賃貸人は，当初，10年のリース期間を見積もる。

　リース賃貸人は，リース期間中もリース期間終了後も原資産に関連する重大なリスクと便益を留保しないと判定し，認識中止アプローチによりリース取引を処理する。

　10年間のリース料の割引現在価値（公正価値）は，6,710である。

第1年度末に，リース賃貸人は，リース期間を再評価し，オプション権を行使して第8年度末のリース期間終了を決定する。

第1年度末の機械の割引現在価値（公正価値）は，6,250 である。

7年間のリース料の割引現在価値（公正価値）は，5,206 である。

リース開始日に，リース賃貸人は，リース賃借人に移転した資産部分の認識を中止し，リース債権を認識し，販売収益及び売上原価を認識する。

（借）リース債権 6,710 （貸）原資産　　4,793
　　　 売上原価　 4,793 　　　 販売収益 6,710

認識中止の原資産 4,793 ＝機械の帳簿価額 5,000×（リース債権公正価値 6,710÷機械の公正価値 7,000）

リース開始日にリース賃貸人は，原資産の販売利益 1,917（＝6,710－4,793）を認識する。

第1年度末に，リース賃貸人は，リース料の現金の受取りとリース債権の受取利息を認識する。

（借）現　　金　　1,000 （貸）リース債権 1,000
（借）リース債権　 537 （貸）受取利息　　 537
　　　537＝6,710×8％

以上の仕訳により，残存資産の帳簿価額は，207（＝5,000－4,793）である。リース債権の帳簿価額は，6,247（＝6,710－1,000＋537）である。

第1年度末に，リース賃貸人は，リース期間を再評価し，資産の部分を回復させ，リース債権，販売収益，売上原価について修正仕訳する。

（借）収　　益　　1,041 （貸）売上原価　　　34
　　　残存資産　　 34 　　　 リース債権 1,041

残存資産 34＝残存資産の帳簿価額 207×（リース債権の公正価値 1,041÷機械の公正価値 6,250）

リース債権 1,041（＝リース債権の帳簿価額 6,247－7年間のリース料の割引現在価値 5,206）

リース期間を再評価した結果，純損失は，1,007（＝34－1,041）である。以上の修正後，リース債権の帳簿価額は，5,206 である。これは，7年間の残存リース料 1,000 の割引現在価値を表す。残存資産の帳簿価額は，241（＝207＋34）である。

第1年度末に,認識された純損益は,利益1,447(=当初受取リース料1,917+受取利息537－リース期間の再評価による損失1,007)である。

設例4:設例4は,リース賃貸人が当初,リース期間を8年と見積もることを除いて,設例3と同一の事実を用いる。リース賃貸人は,リース期間中もリース終了後も原資産と関連する重大なリスクまたは便益を留保しないと判定し,認識中止アプローチを適用して会計処理する。

8年間のリース料を受取る権利の割引現在価値は,5,747である。

第1年度末に,リース賃貸人は,リース期間について再評価し,リース期間を10年と判定する。9年間のリース料を受取る権利(リース債権)の現在価値は,6,247である。

リース開始日に,リース賃貸人は,リース賃借人に移転した資産の部分を貸借対照表上認識を中止し,リース債権,販売収益,販売原価を認識する。

(借)リース債権 5,747 (貸)原資産 4,105
　　　販売原価 4,105 　　　販売収益 5,747

認識中止の原資産の部分4,105=原資産の帳簿価額5,000×(リース料を受取る権利の公正価値5,747÷原資産の公正価値7,000)

リース開始日に,リース賃貸人は,リースによる利益1,642(=販売収益5,747－販売原価4,105)を認識する。

第1年度末に,リース賃貸人は,リース料の現金の受取りとリース債権の受取利息を認識する。

(借)現　金　　1,000 (貸)リース債権 1,000
(借)リース債権 460 (貸)受取利息　　460

受取利息460=リース債権5,747×8%

以上の取引の結果,残存資産の帳簿価額は,895(=原資産帳簿価額5,000－認識中止の原資産4,105)。リース債権の帳簿価額は,5,207(=リース債権5,747－受取リース料1,000+受取利息460)。

リース期間を再評価する時に,リース賃貸人は,リース賃借人に移転した資産の部分について貸借対照表上の認識を中止し,リース債権と販売収益,販売原価を認識する。

(借) リース債権 1,040 　(貸) 残存資産　149
　　　　販売原価　　149　　　　販売収益 1,040

リース債権 1,040（＝9年間のリース料の現在価値 6,247－リース債権の帳簿価額 5,207）。

残存資産 149＝残存資産の帳簿価額 895×（リース料を受取る権利の公正価値 1,040÷原資産（機械）の帳簿価額 6,250）。

（出典：www.ifrs, org.: Exposure Draft Leases, and separate booklet: Basis for Conclusions on Exposure Draft Leases: IFRS, 2010, August）

10-11　長期固定資産の減損会計

　個別の固定資産または固定資産グループの帳簿価額（＝取得原価－減価償却累計額）に減損の可能性の兆候がある場合は，回収可能額を見積もらねばならない。個別の固定資産について回収可能額の見積りが不可能な場合は（たとえば鉱山会社の私設鉄道），企業は，当該固定資産が所属する資金生成単位（Cash generating units. 他の個別固定資産または固定資産グループが生み出す純キャッシュ・フローから独立した純キャッシュ・フローを生成する固定資産グループをいう）の回収可能額を算定しなければならない。減損の対象になる固定資産は，有形固定資産，無形固定資産及び投資その他の資産である。固定資産の減損対象から除外される長期資産は，減損処理について独自の規定を定めた金融商品，繰延税金資産，退職給付における前払年金費用である（IAS 第36号）。

　長期の固定資産が減損している兆候があるか否かを評価する場合，企業は，固定資産の減損に影響を及ぼしている内外の環境状況について情報を収集する必要がある。

(1)　外 部 の 情 報 源

　(a) 資産の市場価格の著しい低下，(b) 資産の使用状況の変化，法律上の規制・ビジネス環境の変化，(c) 市場利率の上昇に伴う割引率の変動による固定資産の回収可能額の著しい減少，(d) 企業の純資産の帳簿価額が当該企業株式の時価総額を超過していること。

(2) 企業内部の情報源

（a）資産の陳腐化と物的障害の証拠の入手，（b）固定資産が使用されている事業に関連して経営環境が著しく悪化し，あるいは悪化の見込がある場合，（c）固定資産の使用から生ずる営業損益が悪化し，あるいは悪化の見込がある場合。

企業の経営者は，中長期の財務・資本計画の設定に際し，減損兆候を生み出す内外の情報を収集する時に，固定資産について減損が発生したか否かを占う減損テストが減損会計の第一ステップになる。減損テストは，固定資産の帳簿価額の回収可能性 (Recoverability of carrying amount) について，将来の期待キャッシュ・フローと貸借対照表上の帳簿価額の大小関係を比較するテストであり，下記のように行なう。

① 固定資産の帳簿価額＞割引前将来純キャッシュ・フローの場合
　帳簿価額を割引前将来キャッシュ・フローが下まわるため減損の発生が認められる。

② 固定資産の帳簿価額＜割引前将来純キャッシュ・フローの場合
　帳簿価額を割引前将来純キャッシュ・フローが上まわるため減損は発生していない。

固定資産の帳簿価額は，取得原価マイナス減価償却累計額である。

割引前の将来純キャッシュ・フロー (Undiscounted net cash flows) は，固定資産の継続使用 (Use) または売却処分 (Disposal) による収益から得られる将来の純キャッシュ・フロー（予測現金収入額と予測現金支出額との差額）をいう。減損テストで使用される将来純キャッシュ・フローは，金利要素を割引く前の将来価値であり，割引後の現在価値ではない。

固定資産の公正価値（帳簿価額）及び公正価値の回収可能性を判定するため，企業経営者は，中長期計画に基づいて将来キャッシュ・フローを見積もる。将来キャッシュ・フローの見積りは，残存期間の中から確率の最も高い将来キャッシュ・フローの金額を選択して，これを各残存期間に共通する将来キャッシュ・フロー金額とする方法と，複数の将来キャッシュ・フローをそれぞれ固有の確率で加重平均した金額を各残存期間に共通する将来キャッシュ・フローとする期待キャッシュ・フロー法（期待価値アプローチ，Expected value approach）がある。

たとえば，使用中の機械（取得原価1,000,000円，減価償却累計額400,000円，残存耐用期間3年）について減損の兆候が見られたため，2××1年度に減損テストを実施すると仮定する。割引率は利子率5%とする。

	将来キャッシュ・フロー	確率
2××1年	190,000	60%
2××2年	180,000	30%
2××3年	180,000	10%

最も高い確率の将来キャッシュ・フローを選択して，これを残存期間の将来キャッシュ・フローとする場合は，2××1年度の確率60％の将来キャッシュ・フロー190,000が残存期間3年の各年度の将来キャッシュ・フロー見積額になる。3年間の将来キャッシュ・フロー合計額570,000円＝確率60％の190,000円×3年。減損テスト：帳簿価額600,000＞割引前将来キャッシュ・フロー570,000。減損テストにより，帳簿価額より割引前将来キャッシュ・フローが下まわっているため減損が発生していると判定される。帳簿価額と対比される使用価値または売却可能価額を算定する必要が生じる。市場価値の売却可能価額を入手できない場合，企業経営者の主観的な評価技法の割引現在価値に基づく。

最も高い確率による使用価値の計算

$190,000 \times [1/(1+0.05) + 1/(1+0.05)^2 + 1/(1+0.05)^3] = 517,416.74$。

減損損失82,583＝帳簿価額600,000－使用価値517,416.74

他方，期待価値アプローチによる場合は，加重平均した期待キャッシュ・フローを見積もる。190,000×60％＋180,000×30％＋180,000×10％＝期待キャッシュ・フロー186,000。3年間の期待キャッシュ・フロー合計額558,000＝期待キャッシュ・フロー186,000×3年。帳簿価額600,000＞期待キャッシュ・フロー558,000。

期待価値アプローチによる使用価値の計算

$186,000 \times [1/(1+0.05) + 1/(1+0.05)^2 + (1+0.05)^3] = 506,524$。

減損損失93,476＝帳簿価額600,000－使用価値506,524。

減損テストによる判定の結果，減損の発生が認められた場合は，減損による

損失を算定するため第二のステップに入る。第二の減損会計のステップでは，減損による損失を算定して，固定資産の帳簿価額を回収可能価額まで減額し，減損損失を損益計算書に計上すると同時に切放方式により貸借対照表に新しい帳簿価額を計上する。

　回収可能額（Recoverable amount）とは，市場で固定資産を売却処分するケースと，固定資産を継続使用するケースの2つを仮定して，企業経営者が合理的な意思決定を行なう場合に採択するとみなされる，売却処分に係る販売費控除後の公正価値（Fair value less costs to sell）と継続使用に係る使用価値（Value in use）とのいずれか高い方の金額をいう。公正価値（正味売却価額）と使用価値（割引現在価値）のうち，現金回収額の多い方の価値が，合理的な意思決定をする企業にとって有利な回収可能額になる。

　市場価格の存在を前提とする公正価値は，売却契約が存在しない場合，観察可能な固定資産の市場価額から販売費控除後の売却価額である。売却契約が存在する場合は，公正価値は，契約価額から販売費用控除後の公正価値である。他方，土地のように市場価額を入手できない場合，公正価値は，見積売却価額から販売費用控除後の見積売却価額である。しかしながら，長期固定資産の場合，実務では市場価格の入手が極めて困難であるため，使用価値を回収可能価額とする方法を採用するケースが少なくない。

　使用価値は，市場価格を入手できない場合，固定資産から生じると予測される将来キャッシュ・フローの割引計算後の現在価値である。

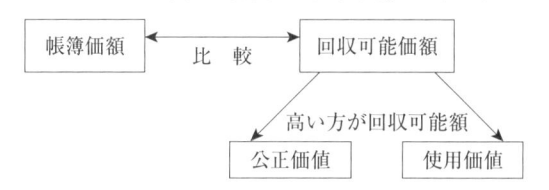

```
  帳簿価額  ←比　較→  回収可能価額
                        ↙高い方が回収可能額↘
                    公正価値              使用価値
```

使用価値の算定には，以下の計算要素を反映させなければならない。
(a)　固定資産から得られると期待される見積将来キャッシュ・フロー
(b)　将来キャッシュ・フローの金額又は実現時期に生じうる変動についての期待
(c)　無リスクの利子率で表される貨幣の時間的価値

(d) 固定資産固有の不確実性の負担に係る対価
(e) 非流動性や市場の不完全性を含めたその他の要因（国際会計基準，IAS 第36号「資産の減損」，パラグラフ30「使用価値」）

使用価値の計算上の要件のうち，(a)は，将来キャッシュ・フローの金額を見積もる場合，複数の確率の中から最も高い確率を選んで当該確率の金額を将来キャッシュ・フローの金額とする規定である。(b)は，将来キャッシュ・フローの金額を見積もる場合，期待価値アプローチ（Expected value approach）にしたがって，キャッシュ・フローの金額に確率性を含めることにより，複数の将来キャッシュ・フロー金額に異なる確率を掛けた加重平均値（期待価値）を将来キャッシュ・フローの金額とする規定である。事例：企業は，将来キャッシュ・フローについて2つのシナリオがあると見積もる。将来キャッシュ・フローの最初の可能性は，40％の確率で120である。2番目の可能性は，60％の確率で80である。最も可能性の高い将来キャッシュ・フローは80であるが，予測将来キャッシュ・フローは，96（＝80×0.6＋120×0.4）となる（IAS第36号，期待価値アプローチ，BCZ41）。

設例1：当社は，2××7年4月1日に工場（取得原価1,000,000）と機械（取得原価3,000,000）を購入した。耐用年数は工場が20年，機械が10年であり，それぞれの残存価値はゼロである。定額法により償却している。2×11年度において産業の技術革新と競争の激化により，当社製品の販売価額を引下げた結果，当社の固定資産に減損の兆候が認められた。工場と機械から生じるキャッシュ・フローは分割できないため工場と機械を一つの資金生成単位としてグルーピングした。減損テストを行なうため，当社は，工場と機械から成る固定資産グループが5年間で将来キャッシュ・インフロー700,000を生成し，5年間で将来キャッシュ・アウトフロー300,000を生成すると見積もった。当社は，減損テストを実施し，減損の発生が確認されたので減損による損失を計上した。（出典：Intermediate Accounting, 9th ed., Loren A. Nikolai, John D. Bazley, pp. 431-432.）

減損テスト
　　2×11年3月31日
　　工場取得原価　　　　　　　　　　　1,000,000
　　工場減価償却累計額（4年×50,000）　(200,000)
　　工場の帳簿価額　　　　　　　　　　　　　　　800,000
　　機械取得原価　　　　　　　　　　　3,000,000
　　機械減価償却累計額（4年×300,000）(1,200,000)
　　機械帳簿価額　　　　　　　　　　　　　　　1,800,000
　　工場・機械帳簿価額合計　　　　　　　　　　2,600,000

　　　将来純キャッシュ・フロー＝5年×(現金収入700,000－現金支出30,000)
　　　　　　　　　　　　　　　＝5年×純現金収入400,000
　　　　　　　　　　　　　　　＝2,000,000

将来純キャッシュ・フロー2,000,000は，帳簿価額1,800,000を下まわっているため，当社は，減損による損失を認識する。

続いて減損損失を算定するため，帳簿価額と対比される回収可能額を決定する。しかし，当社は，工場と機械の販売市場価格に基づく公正価値を入手できないため，公正価値に代えて現在価値測定法（Present value method）を用いる。現在価値計算法を使用するため，当社は，資本予算を決定する際に用いる利回り16％を割引率として採用した。

減損による損失の測定
　　将来の期待キャッシュ・フローの現在価値＝400,000×複利表による現在価値係
　　　　　　　　　　　　　　　　数3.274294（期間＝5期，割引率i
　　　　　　　　　　　　　　　　＝16％）＝1,309,718

割引現在価値は，複利表の現在価値係数によらない場合，下記のように各期公正価値の総和として求める。

$400,000/(1+0.16)+400,000/(1+0.16)^2+400,000/(1+0.16)^3+400,000/(1+0.16)^4+400,000/(1+0.16)^5$＝将来の期待キャッシュ・フローの現在価値1,309,718

減損による損失（1,290,282）＝現在価値1,309,718－帳簿価額2,600,000

当社の工場及び機械に係る減損の会計処理は，次のようになる。

(借) 減損損失	1,290,282	(貸) 工場(旧原価)	1,000,000
工場減価償却累計額	200,000	機械(旧原価)	3,000,000
機械減価償却累計額	1,200,000		
工場(新帳簿価額)	327,429		
機械(新帳簿価額)	982,289		

　上記の仕訳において固定資産グループの現在価値(公正価値)1,309,718を工場と機械へ適正配分する。固定資産グループ公正価値1,309,718×[1,000,000÷(3,000,000+1,000,000)]=工場の新しい原価327,429。固定資産グループの現在価値1,309,718×[3,000,000÷(3,000,000+1,000,000)]=機械の新しい原価982,289。

　当社は，2011年度の期末決算において損益計算書に減損損失1,290,282を計上し，貸借対照表に固定資産グループの現在価値1,309,718の内訳として工場の新しい帳簿価額327,429と機械の新しい帳簿価額982,289をそれぞれ計上する。

設例2：当社は，2××7年4月1日に機械(取得原価1,200,000)を取得した。耐用年数8年，残存価額は取得原価の10％，定額法による償却である。2×11年度に，競争の激化と技術革新により機械に減損の兆候が見られたため，減損テストを実施した。将来キャッシュ・フローは，残存耐用年数3年の各年につき130,000円の将来キャッシュ・フローが生じると見積もった。また，耐用年数終了時の売却処分収入は残存価額と同等と見積もった。将来キャッシュ・フローの割引計算に用いる割引率は10％とする。なお，売却価額は，400,000円(販売費10,000円)である。

減損テスト

機械の帳簿価額525,000=取得原価1,200,000−5年減価償却累計額675,000

減価償却累計額675,000=取得原価1,200,000×(1−0.1)÷耐用年数8年×経過期間5年

将来キャッシュ・フロー510,000=130,000×3年+1,200,000×0.1

　減損テスト：帳簿価額525,000＞将来キャッシュ・フロー510,000

　　　　　　減損テストの結果，減損の発生と判定し減損の損失を測定する

正味売却価額(販売費10,000控除後の公正価値)=400,0000

使用価値(現在価値)413448.4=130,000×1／(1+0.1)+130,000×1／(1+0.1)^2+

$$(130,000 + 処分予定収入 120,000) \times 1/(1+0.1)^3$$

回収可能価額として高い方の使用価値を適用する。

 使用価値 413448.4 ＞ 正味売却価額 400,000

 減損損失　　　回収可能価額 413448.4 － 帳簿価額 525,000 ＝ 損失（111551.6）

会計処理

 （借）減価償却累計額 675,000　（貸）機　械　786551.6

   減損損失　　　111551.6

あるいは次のように仕訳を行なう。

 （借）減損損失　　　111551.6　（貸）機　械　1,200,000（旧取得原価）

   減価償却累計額 675,000

   機　械　　　　413448.4（新帳簿価額）

設例3：当社は，回収可能性を評価するため，建物，設備，土地，付属設備を資金生成単位としてグルーピングし，減損テストの結果，減損の発生が確認されたため，減損損失12,000を計上した。各資産の帳簿価額への減損損失の比例配分は，下記の通りである。

	帳簿価額	比例配分率	減損損失の配分	帳簿価額
建　物	500,000	5/12	5,000	495,000
設　備	300,000	3/12	3,000	297,000
土　地	250,000	2.5/12	2,500	247,500
付属設備	150,000	1.5/12	1,500	148,500
	1,200,000		12,000	

しかし，建物の回収可能価額は，売却費用控除後の公正価値497,000として見積もられた。減損損失を配分するに当たり，企業は，資産の帳簿価額について売却費用控除後の公正価値または使用価値を下まわるまで減額してはならない（IAS第36号，パラグラフ105）。したがって，建物に過大に配分した2,000［＝5,000－(500,000－497,000)］を建物以外の各資産へ下記の表に示すように一律，比例配分する必要がある。

	帳簿価額	比例配分率	減損損失の配分	帳簿価額
建　物				497,000
設　備	297,000	297/693	857	296,143
土　地	247,500	247.5/693	714	246,786
付属設備	148,500	148.5/693	429	148,071
	693,000		2,000	

仕訳

（借）減損損失 12,000 　（貸）建物減価償却累計額・減損損失　　3,000

　　　　　　　　　　　　　　　設備減価償却累計額・減損損失　　3,857

　　　　　　　　　　　　　　　土　　　地　　　　　　　　　　　3,214

　　　　　　　　　　　　　　　付属設備減価償却累計額・減損損失 1,929

設例4：当社は，2×10年の期末にM社を10,000で買収した。M社は，3ヶ国に製造設備を所有している。3ヶ国の製造設備は，資金生成単位である。M社の買収時に計上した暖簾は，合理的な基準により3ヶ国の資金生成単位に配分されている（出典：Applying International Financial Reporting Standards, Enhanced ed., Keith Alfredson, Ken Leo, Ruth Picker, Paul Pacter, Jennie Radford, Victoria Wise. なお，一部変更して修正した。）

2××5年期末

	買収価格の配分	資産の公正価値	暖簾
A国の営業活動	3,000	2,000	1,000
B国の営業活動	2,000	1,500	500
C国の営業活動	5,000	3,500	1,500
合　計	10,000	7,000	3,000

　暖簾は3ヶ国の資金生成単位に配分されているので，各国の資金生成単位は，毎年，減損テストを実施しなければならない。2××5年と2××6年の期末に各資金生成単位の回収可能価額が帳簿価額を上まわるため，各国の営業活動と営業活動に配分された暖簾は，減損が発生していないと判定された。2××7年期首に，A国において新しい経営者が選出され，輸出の制限に関連して新しい方針が採用された結果，A国の固定資産の回収可能性に懸念が生じている。A国の資金生成単

位における固定資産の帳簿価額は，次の通りである。

	2××7年期首		
	暖簾	固定資産	合計
原　価	1,000	2,000	3,000
減価償却累計額（耐用年数12年）	—	167	167
帳簿価額	1,000	1,833	2,833

A国の資金生成単位の回収可能額は，使用価値（割引現在価値）1,360として算定された。

当該資金生成単位における固定資産と暖簾の帳簿価額総額は2,833である。このため，減損損失1,473（簿価2,833−回収可能額1,360）が生じている。減損損失1,473は，最初に，暖簾1,000に配分して評価額ゼロに切り下げる。次に，減損損失473（減損損失1,473−暖簾の減損損失1,000）は，A国の資金生成単位の固定資産（井蛙増設備・土地）の帳簿価額に一律，比例的に配分する。

	2××7年期首		
	暖簾	固定資産	合計
原　価	1,000	2,000	3,000
減価償却累計額（耐用年数12年）	—	167	167
帳簿価額	1,000	1,833	2,833
減損損失	1,000	473	1,473
減損後の帳簿価額	0	1,360	1,360

減損損失を配分する修正仕訳

（借）減損損失 1,000　（貸）暖簾 1,000

　　　減損損失　473　　　減価償却累計額・減損損失×× （製造設備）
　　　　　　　　　　　　　土　地　　　　　　　××

第11章
税効果会計

11-1 税効果会計の目的と意義

　税効果会計とは，法人税を企業会計上の費用と仮定して，損益計算書上の税引前純利益（Pretax income＝Income before income taxes）に法人税率を掛けて得られる法人税費用（Income tax expenses）を損益計算書において当期法人税（Income tax expense-current portion）と繰延法人税費用（Income tax expense-deffered portion）に区分表示する会計処理をいう。

　企業が税務署に申告する法人税等（法人税，事業税，住民税）の納税額の課税対象となる課税所得は，税法上の益金と損金との差額として算定される。これに対して，損益計算書の税引前純利益は，会計上の収益と費用の差額として算定される。企業会計の目的は企業の経営成績と財政状態を財務諸表に表示し利害関係者に報告することであるが，税務会計の目的は納税申告書の課税所得に法人税を課税することである。会計上の目的と税務上の目的が異なっているため，収益と益金，費用と損金の計上時点について両者の記帳処理は異なる。収益と益金，費用と損金はそれぞれ一致しないため，損益計算書の税引前純利益と納税申告書の課税所得も一致しない。

　しかし，収益が増加すれば，その分課税所得は増加するため税金の負担は増大する。また，費用が増加すれば，その分課税所得は減少するので税金の負担は縮小する。したがって，会計上の収益と費用の増減と税引前純利益は，当期と将来の課税所得と法人税に対して影響を与えている。このように，会計上の税引前純利益が当期と将来の法人税に与える影響を税効果会計（Tax effect accounting) という。税効果会計は，法人税を税引前純利益から分配される利益処分項目と考えるのではなく，企業の営業活動に伴う費用と仮定して，損益計算書の税引前純利益に法人税率を掛けて法人税費用（Income tax exoense）を算定し，これを損益計算書において当期法人税（予定納付を前提としない場合は損益計算書上で当期法人税（Current income tax expense）つまり未払法人税（Income tax payable）と法人税費用繰延分（Income tax expense-deferred）とに期間配分する方法である。

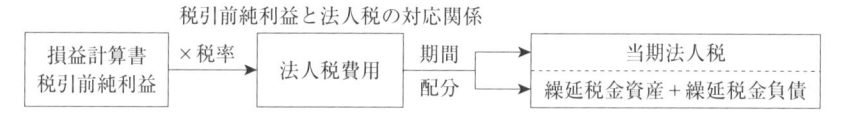

税引前純利益と法人税の対応関係

損益計算書　×税率　　法人税費用　　期間　　当期法人税
税引前純利益　　　　　　　　　　　配分　　繰延税金資産＋繰延税金負債

「税効果会計に係る会計基準」（平成10年10月）が制定される前の企業の決算では，納税申告書の課税所得をベースとして算定された法人税等（法人税，住民税，事業税）の納税額が税引前純利益の利益処分項目として損益計算書にそのまま記載されていた。納税申告書の当期法人税申告額が利益処分項目として損益計算書に転載されるため，発生主義と費用・収益対応の原則により算定された税引前純利益と法人税等納税額とのあいだに合理的な対応関係は存在していない。納税申告書からそのまま損益計算書に書き移された法人税等申告額は，会計上の税引前純利益に法人税率を掛けて算出した費用ではないからである。納税申告書の法人税等納税額を損益計算書の利益処分項目として記載する方法を納税額方式という。

納税額方式		税配分方式	
税引前純利益	××	税引前純利益	××
納税申告額（−）	××	税引前純利益×法人税率（−）	××
税引後純利益	××	税引後純利益（1−法人税率）	××

税効果会計を適用しない場合は，課税所得に法人税率を掛けて法人税等納税額を算定するため，税引前の利益計算に法人税等納税額は含まれていない。したがって，税効果会計を適用しない場合，法人税等納税申告額は税引前純利益の利益処分項目として記載されるので，法人税費用を含めない税引後純利益と，それに基づく1株当たり純利益は，企業の収益力の実態を反映していない。また，公正価値評価すなわち時価評価により税引前純利益と課税所得との

乖離が拡大する場合も，これを調整する税効果会計が適用されない限り，財務諸表は，企業の収益力を反映しないことになる。以下，税効果会計を適用しない場合と適用する場合の会計処理について解説する。

設例１：Ａ社の平成×１年度における損益計算書は，下記の通りである。簡素化のため売上高以外の収益はゼロとする。売上原価以外の費用は，固定資産の減価償却費のみとする。固定資産の取得原価は900（単位千円），耐用年数は5年，残存価値ゼロである。当期（平成×１年度）の減価償却費は，会計上は定額法により180，税務上は損金算入を認められた早期償却法（級数法）により300をそれぞれ計上する。法人税率は40％である。永久差異はないものとする。

損益計算書（単位：千円）

1.	売上高	3,000
2.	売上原価	2,000
	売上総利益	1,000
3.	定額法減価償却費	180
	税引前純利益	820

　会計上の税引前純利益と税務上の課税所得の不一致の原因は，次の４つである。
① 益金不算入＝会計上は当期の収益であるが，税務上は将来の益金とされる金額
② 益金算入＝会計上は将来の収益であるが，税務上は当期の益金とされる金額
③ 損金不算入＝会計上は当期の費用であるが，税務上は将来の損金とされる金額
④ 損金算入＝会計上は将来の費用であるが，税務上は当期の損金とされる金額
　我が国における納税申告書は，米国の納税申告書のようにGAAP会計（一般に認められた会計原則）から税務会計を独立させて，最初から益金から損金を差引いて課税所得を算定する方式を採用していない。我が国では，確定決算原則にしたがって，法人税法上の課税所得は，納税申告書の別表四において，定時株主総会で確定した決算報告書の税引前純利益を基準に前掲4項目を加減調整して算定する。

法人税法上の当期の課税所得の計算式

損益計算書の税引前純利益	××
当期加算：益金算入金額 （＋）	××
：損金不算入金額（＋）	××
当期減算：益金不算入金額（－）	××
：損金算入金額 （－）	××
税務上の課税所得	××

A社の平成×1年度の課税所得と当期法人税の計算

損益計算書の税引前純利益	820
当期加算：損金不算入：会計上の減価償却費（＋）	180
当期減算：損金算入：税務上の減価償却費（－）	300
税務上の課税所得	700
当期法人税率	×40%
当期法人税	280

　企業会計と税務会計の目的と方法がそれぞれ相違するため，会計上の税引前純利益820と税務上の課税所得700は異なる。当期（平成×1年）の税効果を考慮しない損益計算書（A）と，税効果会計を適用した損益計算書（B）は，次のように作成する。

（A）税効果会計を適用しない損益計算書

損益計算書（単位：千円）

1. 売上高	3,000
2. 売上原価	2,000
売上総利益	1,000
3. 定額法減価償却費	180
税引前純利益	820
当期法人税（700×40%）	280
税引後純利益	540

（B）税効果会計を適用した損益計算書

損益計算書（単位：千円）

1. 売上高		3,000
2. 売上原価		2,000
売上総利益		1,000
3. 定額法減価償却費		180
税引前純利益		820
法人税費用（820×40%）		
当期法人税：280		
繰延法人税：48		328
税引後純利益		492

　（A）及び（B）の当期法人税280は，納税申告書の納税額280（＝700×40%）を記載したものである。当期法人税280は，納税申告書の課税所得700に法人税率40%を掛けて算定された税金であり，損益計算書の税引前純利益

820に対応していない。税効果会計を適用して税引前純利益820に法人税率40％を課税する場合，本来負担すべき当期法人税費用は328である。当期法人税費用328のうち法人税280は納税申告書の納税額である。

　減価償却費の課税計算において，税務上損金に計上した減価償却費300は会計上の減価償却費180より120多いので，当期の課税所得700は，税務上の超過額120だけ税引前純利益820より少なくなっている。当期の減価償却費の差異120は，税引前純利益820と課税所得700との差異を発生させた原因である。減価償却費の差異120は，当期は課税されずに次期以降に繰延べられるが，減価償却費の差異の大小関係が逆転する時点で加算（課税）される金額である。損益計算書の繰延法人税（繰延税金負債－貸借対照表）48は，減価償却費の差異120に法人税率40％を掛けて計算する。

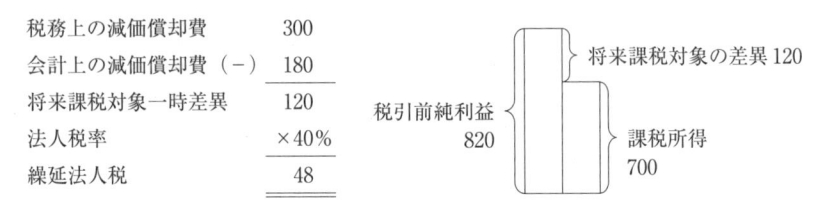

税務上の減価償却費	300
会計上の減価償却費（－）	180
将来課税対象一時差異	120
法人税率	×40％
繰延法人税	48

税引前純利益 820 ┤将来課税対象の差異 120／課税所得 700

　本来負担すべき法人税費用328と当期法人税280との差額48は，将来課税の対象になる繰延税金負債（未払法人税費用の繰延分）として貸借対照表上で次期以降に繰延べる。

将来加算（課税）の対象になる減価償却費の一時差異の会計処理
　差異発生時（借）法人税等調整額48（貸）繰延税金負債　48
　差異解消時（借）繰延税金負債　48（貸）法人税等調整額48

　　設例2：前掲の反対の事例として将来減算（控除）の対象になる減価償却費の一時差異の会計処理を示す。B社の平成×1年度における損益計算書は，下記の通りである。簡素化のため売上高以外の収益はゼロとする。売上原価以外の費用は，固定資産の減価償却費のみとする。固定資産の取得原価は900（単位千円），耐用年数は5年，残存価値ゼロである。当期（平成×1年度）の減価償却費は，会計上は早期償却法（級数法）により300，税務上は損金算入を認められた定額法により180をそれぞれ計上する。法人税率は40％であ

る。永久差異はないものとする。

損益計算書（単位：千円）
1. 売上高　　　　　　　3,000
2. 売上原価　　　　　　2,000
　　売上総利益　　　　　1,000
3. 定額法減価償却費　　　300
　　税引前純利益　　　　　700

B社の課税所得と法人税は，次のように計算する。

損益計算書の税引前純利益	700
当期加算：損金不算入：会計上の減価償却費　（＋）	300
当期減算：損金算入：税務上の減価償却費　（－）	180
税務上の課税所得	820
当期法人税率	×40％
当期法人税	328

　企業会計と税務会計の目的と方法がそれぞれ相違するため，税引前純利益700と課税所得820は異なる。税効果会計を適用しない損益計算書（A）と，税効果会計を適用した損益計算書（B）は，次のように作成される。

（A）税効果会計を適用しない損益計算書
損益計算書（単位：千円）
1. 売上高　　　　　　　　　　　　3,000
2. 売上原価　　　　　　　　　　　2,000
　　売上総利益　　　　　　　　　　1,000
3. 会計上減価償却費　　　　　　　　300
　　税引前純利益　　　　　　　　　　700
　　当期法人税（820×40％）　　　　328
　　税引後純利益　　　　　　　　　　482

（B）税効果会計を適用した損益計算書
損益計算書（単位：千円）
1. 売上高　　　　　　　　　　　　3,000
2. 売上原価　　　　　　　　　　　2,000
　　売上総利益　　　　　　　　　　1,000
3. 会計上減価償却費　　　　　　　　300
　　税引前純利益　　　　　　　　　　700
　　法人税費用（700×40％）
　　　当期法人税：328
　　　繰延法人税：△48　　　　　　280
　　税引後純利益　　　　　　　　　　420

　（A）及び（B）の当期法人税328は，納税申告書の納税額328（＝820×40％）をそのまま記載している。当期法人税328は，課税所得820に税率40％を掛けて算定されるため，損益計算書の税引前純利益820に対応していな

い。税効果会計を適用して税引前純利益 700 に税率 40% を課税する場合，本来支払うべき当期法人税費用は 280 である。法人税費用 280 のうち当期法人税 328 は納税申告書の納税申告額である。本来支払うべき当期法人税費用 280 を超えて実際に支払われた法人税納税額 328 の超過額 48 は，前払法人税である。

　減価償却費の課税計算において，税務上損金として計上した減価償却費 180 は会計上の減価償却費 300 より 120 少ないので，当期の課税所得 820 は，減価償却費の差異 120 だけ税引前純利益 700 より多くなっている。当期の減価償却費の差異 120 は，税引前純利益 700 が本来負担すべき当期法人税を超えて支払った税金の将来減算（控除）の対象になるので，当期の損益計算書上で法人税等調整額 48（繰延税金資産＝減価償却費の差異 120×40%）として次期以降へ繰延べ，減価償却費の差異の大小関係が逆転する時点で課税所得の計算上減算（控除）される。

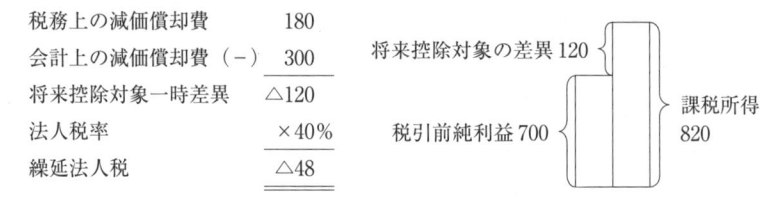

```
税務上の減価償却費        180
会計上の減価償却費（－）  300
将来控除対象一時差異     △120
法人税率                 ×40%
繰延法人税               △48
```

将来控除対象の差異 120
税引前純利益 700
課税所得 820

将来減算（控除）の対象となる減価償却費の一時差異の会計処理
　差異発生時（借）繰延税金資産　48　（貸）法人税等調整額 48
　差異解消時（借）法人税等調整額 48　（貸）繰延税金資産　48

　税務上と会計上の減価償却費の一時差異は，当期は課税されないが次期以降に課税される金額（会計上の減価償却費＜税務上の減価償却費），あるいは当期は課税されるが次期以降に税務上の課税所得計算から控除される金額（会計上の減価償却費＞税務上の減価償却費）である。一時差異は，会計上と税務上の資産・負債のうち，当期は一時的に発生した差異を計上するが，次期以降に課税の対象になるか，あるいは課税所得計算から控除され，いつかは必ず解消する差異のことであり，会計上の税引前純利益と税務上の課税所得の差異である。

　説例1の場合，下記のように減価償却費の配分スケジュール表を作成する。

各年度の減価償却費の配分スケジュール

年度	1	2	3	4	5	合計
税務上の級数法減価償却費	300	240	180	120	60	900
会計上の定額法減価償却費	180	180	180	180	180	900
差額	120	60	0	(60)	(120)	0

　法人税繰延分は税務処理と会計処理の相違から発生する一時的な差異であり，複数の5期間で通算した場合は税引前純利益に対する加算項目と減算項目が相殺される。この結果，1期と2期で繰延べられた法人税72（＝1期繰延分48と2期繰延分24の差額合計180×40％）は，4期以降減価償却費の差異の大小関係が逆転（Reversal）するため，4期の60と5期の120の減価償却費の差額の合計180（＝4期・5期の税務上損金合計180－会計上減価償却費合計360）は損金算入を認められず，税金72（＝減価償却費差異180×40％）を支払う。このため，減価償却費の一時差異と税引前純利益と課税所得の一時差異は解消する。

　法人税を税引前純利益に対応する費用と仮定して，税引前純利益に税率を掛けて法人税を算定し，これを当期法人税と次期以降に帰属する法人税費用繰延分に期間配分して損益計算書に表示する会計処理が税効果会計である。

　　税引前純利益×法人税率＝損益計算書の法人税費用（納税申告書の当期法人税
　　　＋繰延法人税費用）

11-2　税効果会計の貸借対照表アプローチと損益計算書アプローチ

　税効果会計の方法として，資産・負債法と繰延法がある。国際財務報告基準は，資産・負債法を採用している。会計上の資産・負債評価額と税務上の資産・負債評価額との差異から生じた一時差異を繰延税金資産と繰延税金負債として貸借対照表に計上する方法を資産・負債法という。すなわち，将来税金が節約（控除）される会計年度あるいは将来税金を負担（課税）すべき会計年度の法人税率により繰延税金資産と繰延税金負債を計上する方法が資産・負債法である。資産・負債法では，法人税率が変更された場合は，新しい法人税率により旧い法人税率で測定された繰延税金資産・負債の計上額を修正する。資産・負債法は，各会計年度の繰延税金資産・負債の貸借対照表計上額について

公正価値評価額を重視する方法であり，貸借対照表アプローチともいう。

これに対して，繰延法は，税務上の処理と会計上の処理の相違から生ずる一時差異を当期会計年度の法人税率で算定した繰延税金資産と繰延税金負債を貸借対照表に計上し，次期以降の損益計算書においてこれらを償却する処理法であり，損益計算書アプローチともいう。繰延法は，当期の法人税率を次期以降にそのまま継続適用するため，将来，法人税率が変更された場合も繰延税金資産・負債の簿価を修正しない方法である。このため，繰延法は，繰延税金資産・負債の帳簿価額が公正価値評価額を反映していないという理由で今日，制度化されていない。

11-3　一時差異と永久差異

一時差異（Temporary differences）とは，会計上の資産・負債の評価額と税務上の資産・負債の評価額との差異のうち，当期に一時的に発生した差異は次期以降において将来の法人税に影響を与える将来減算項目または将来加算項目として貸借対照表に計上されるが，複数期間の加算と減算の相殺により必ず消滅する差異をいう。会計処理と税務処理のタイミングのズレにより，当期に課税は繰延べられるが次期以降に課税（加算）される項目と，当期に課税されるが次期以降に控除（減算）される項目が一時的に発生する差異である。したがって，一時差異は，最終的に税引前当期利益と課税所得が一致する項目が，会計上と税務上の計上時点のズレにより発生する。

これに対して，永久差異（Permanent differences）とは，会計上の資産・負債の評価額と税務上の資産・負債の評価額との差異のうち，永久に解消しない差異をいう。永久差異は，会計上と税務上の資産・負債の評価額の差異が永久に消滅しない差異であり，次期以降の課税所得の計算において加算・減算の対象にならないため，将来の法人税を増減させる効果つまり税金の繰延効果を生まない差異である。このため，永久差異は，税効果会計の対象にならない。会計上は収益または費用として認識されるが，税務上は永久に益金または損金不算入になる項目，あるいは税務上は益金または損金に算入されるが，会計上は永久に収益または費用として認識されない項目が永久差異である。

永久差異の事例：（イ）受取配当金について会計上は全額収益として計上されるが，税務上は投資有価証券の保有比率に応じて一定割合が益金不算入になる。受取配当金は既に法人税を負担した後の分配利益であり，二重課税を避けるため受取配当金の一定割合が益金不算入になる。（ロ）期末資本金1億円以上の法人の各会計年度の交際費について会計上は費用であるが，税務上は永久に損金不算入になる。（ハ）罰金・科料について会計上は費用であるが，税務上は永久に損金不算入になる。

税効果会計の対象となる一時差異は，将来減算（控除）の対象になる金額と，将来加算（課税）の対象になる金額の2つに大別し，それぞれについて収益・益金と費用・損金に関連する差異に区別する。

(1)　将来加算（課税）の対象になる金額（Future taxable amounts）
① 　収益・益金関連差異：会計上は当期の収益であるが，税務上は将来の益金とされ課税が繰延べられるため将来加算（課税）の対象になる金額
② 　費用・損金関連項目：会計上は将来の費用であるが，税務上は当期の損金とされ課税が繰延べられるため将来加算（課税）の対象になる金額
(2)　将来減算（控除）の対象になる金額（Future deductible amounts）
③ 　収益・益金関連差異：会計上は将来の収益であるが，税務上は当期の益金とされ課税されるため将来減算（控除）の対象になる金額
④ 　費用・損金関連差異：会計上は当期の費用であるが，税務上は将来の損金とされ課税されるため将来減算（控除）の対象になる金額

(1)　将来加算（課税）の対象になる一時差異
① 　収益・益金に関連する将来加算（課税）の対象になる一時差異
会計上は当期の収益であるが，税務上は将来の益金とされ課税が繰延べられるため将来の課税所得計算上，加算（課税）の対象になる金額。
（イ）　会計上は販売基準により収益を計上しているが，税務上は割賦基準に

より課税所得を計算している場合。この場合は，販売基準による収益と割賦基準による益金の一時差異は，税務上は益金不算入として当期は課税されず次期に繰延べられ将来加算（課税）の対象になる。

設例：当社は，期首（平成×1年4月1日）に2年年賦の割賦販売（期末払い）により取得原価1,000万円の医療器械を1,200万円で売却し，当期末に第1回割賦金600万円を現金で受取った。会計上は販売基準で処理し，税務上は割賦基準による処理を行なっている。税効果会計を適用する。税率は40％である。

仕訳：売却時（借）割賦売掛金 12,000,000　（貸）器　械 10,000,000
　　　　　　　　　　　　　　　　　　　　　　　売却益 2,000,000

　　　期末時（借）現　金　　　　　　6,000,000（貸）割賦売掛金　6,000,000
　　　　　　（借）法人税等調整額　　　400,000（貸）繰延税金負債　400,000
　　　　　　　一時差異 1,000,000 ＝ 当期会計利益 2,000,000 － 当期割賦金の課税所得 1,000,000 ［＝ 売却益 2,000,000 ×（当期回収割賦金 6,000,000 ÷ 割賦売掛金 12,000,000）］。第1回割賦金受取時に発生した一時差異（会計利益 2,000,000 ＞ 課税所得 1,000,000）は，将来課税の対象になる未払法人税として繰延べる。一時差異 1,000,000 × 税率 40％ ＝ 繰延税金負債 400,000

（ロ）長期請負工事について会計上は工事進行基準により各工期に収益を計上するが，税務上は工事完成基準により完成品の引渡時に収益を一括計上する場合。この場合は，工事進行基準による収益と工事完成基準による益金との一時差異は，当期の課税が繰延べられ将来課税の対象になる。

説例：当社は，平成×1年4月10日にB社と契約価格 1,000,000（単位：千円），工事期間3年のビル建設について請負工事契約を締結し着工した。完成品引渡は平成×4年3月31日とする。各期の決算日は，3月31日である。その他の資料は，下記の通りである。会計上は工事進行基準により処理し，税務上は工事完成基準を採用する。

第11章 税効果会計　317

	平成×1年	平成×2年	平成×3年	（単位：千円）
実際発生原価	200,000	460,000	180,000	
材料費	120,000	240,000	100,000	
労務費	60,000	120,000	60,000	
経　費	20,000	100,000	20,000	
次期以降見積工事原価	600,000	170,000	―	
未成工事前受金	180,000	520,000	120,000	

A．工事完成基準による損益計算

平成×1年度

工事代金前受時（借）現　金　　　　180,000　（貸）未成工事前受金 180,000
決算日　　　　　（借）未成工事支出金 2,00000（貸）材料費　　　　 120,000
　　　　　　　　　　　　　　　　　　　　　　　　労務費　　　　　6,0000
　　　　　　　　　　　　　　　　　　　　　　　　経　費　　　　　2,0000

未成工事支出金		未成工事前受金	
材料費 120,000	次期繰越 200,000	次期繰越 180,000	現　金 180,000
労務費 60,000			
経　費 20,000			

貸借対照表（平成×1年度）

未成工事支出金 200,000	未成工事前受金 180,000

平成×2年度

工事代金前受時（借）現　金　　　　520,000　（貸）未成工事前受金 520,000
決算日　　　　　（借）未成工事支出金 460,000（貸）材料費　　　　 240,000
　　　　　　　　　　　　　　　　　　　　　　　　労務費　　　　 120,000
　　　　　　　　　　　　　　　　　　　　　　　　経　費　　　　 100,000

未成工事支出金		未成工事前受金	
前期繰越 200,000	次期繰越 660,000	次期繰越 700,000	前期繰越 180,000
材料費 240,000			現　金 520,000
労務費 120,000			
経　費 100,000			

貸借対照表（平成×2年度）

未成工事支出金 660,000	未成工事前受金 700,000

平成×3年度

工事代金前受時（借）現　金　　　　　120,000（貸）未成工事前受金 120,000
決算日　　　　　（借）未成工事支出金 180,000（貸）材料費　　　　100,000
　　　　　　　　　　　　　　　　　　　　　　　労務費　　　　 60,000
　　　　　　　　　　　　　　　　　　　　　　　経　費　　　　 20,000
完成品引渡時（借）未成工事前受金　 820,000（貸）完成工事高　 1,000,000
　　　　　　　　完成工事未収入金 180,000
　　　　　　（借）完成工事原価　　 840,000（貸）未成工事支出金 840,000
　　　　　完成工事原価 840,000＝1期 200,000＋2期 460,000＋3期 180,000

未成工事支出金			未成工事前受金	
前期繰越 660,000	完成工事原価 840,000		完成工事高 820,000	前期繰越 700,000
材料費　 100,000				現　金　 120,000
労務費　　60,000				
経　費　　20,000				

完成工事未収入金		完成工事高	
完成工事高 180,000	次期繰越	振替高 1,000,000	未成工事前受金　820,000
			完成工事未収入金 180,000

損益計算書（単位：千円）		貸借対照表（単位：千円）	
完成工事原価　 840,000	完成工事高 1,000,000	完成工事未収入金 180,000	
完成工事総利益 160,000			

1期工事利益＝0，2期工事利益＝0，3期工事完成総利益＝160,000

工事完成総利益 160,000＝契約価格 1,000,000－実際原価（200,000＋460,000＋180,000）

B．工事進行基準による損益計算

平成×1年度

工事代金前受時（借）現　金　　　　　180,000（貸）未成工事前受金 180,000
決算日　　　　　（借）未成工事支出金 200,000（貸）材料費　　　　120,000
　　　　　　　　　　　　　　　　　　　　　　　労務費　　　　 60,000
　　　　　　　　　　　　　　　　　　　　　　　経　費　　　　 20,000
　　　　　　　（借）完成工事原価　　 200,000（貸）未成工事支出金 200,000

(借) 未成工事前受金　180,000　（貸) 完成工事高　　　250,000
　　　完成工事未収入金　70,000

契約価格 1,000,000 × 工事進捗率 ［1期実際工事原価 200,000 ÷(1期実際工事原価 200,000 + 次期以降見積工事原価 600,000)］= 1期完成工事高 250,000。未成工事前受金勘定は，一般の前受金勘定に相当する。未成工事支出金勘定は，一般の仕掛品勘定に相当する。完成工事原価勘定は，一般の売上原価勘定に相当する。完成工事高勘定は，一般の売上高勘定に相当する。完成工事未収入金勘定は，一般の売掛金勘定に相当する。

未成工事支出金			完成工事原価	
材料費 120,000	完成工事原価 200,000		未成工事支出金 200,000	振替高
労務費　60,000				
経　費　20,000				

未成工事前受金			完成工事高	
完成工事高 180,000	現　金 180,000		振替高	未成工事前受金　180,000
				完成工事未収入金　70,000

完成工事未収入金	
完成工事高 70,000	次期繰越

損益計算書（単位：千円）			貸借対照表（単位：千円）	
完成工事原価　200,000	完成工事高 250,000		完成工事未収入金 70,000	
完成工事総利益　50,000				

見積総利益 200,000 = 契約価格 1,000,000 - 見積総工事原価（1期実際原価 200,000 + 次期以降見積工事原価 600,000）

利益 50,000 = 見積総利益 200,000 × 工事進捗率 ［1期実際原価 200,000 ／（1期実際原価 200,000 + 次期以降見積工事原価 600,000)］

平成×2年度

工事代金前受時	(借) 現　金	520,000	(貸) 未成工事前受金 520,000
決算日	(借) 未成工事支出金	460,000	(貸) 材料費　　250,000
			労務費　　100,000
			経　費　　110,000

（借）完成工事原価　　　460,000（貸）未成工事支出金 460,000
（借）未成工事前受金　　520,000（貸）完成工事高　　　545,181
　　　完成工事未収入金　 25,181

契約価格 1,000,000×工事進捗率〔(1期実際原価 200,000＋2期実際原価 460,000)÷(1期実際原価 200,000＋2期実際原価 460,000＋次期以降見積工事原価 170,000))〕＝1期・2期完成工事高累計 795,181

2期完成工事高 545,181＝1期・2期完成工事高累計 795,181－1期完成工事高 250,000

未成工事支出金	
材料費 250,000	完成工事原価 460,000
労務費 100,000	
経　費 110,000	

完成工事原価	
未成工事支出金 460,000	振替高

未成工事前受金	
完成工事高 520,000	現　金 520,000

完成工事高	
振替高	未成工事前受金　520,000
	完成工事未収入金　25,181

完成工事未収入金	
前期繰越　70,000	次期繰越
完成工事高 25,181	

損益計算書（単位：千円）	
完成工事原価　　460,000	完成工事高 545,181
完成工事総利益　85,181	

貸借対照表（単位：千円）	
完成工事未収入金 95,181	

見積総利益 170,000＝契約価格 1,000,000－(1期実際原価 200,000＋2期実際原価 460,000＋次期以降見積工事原価 170,000)

2期利益 85,181＝170,000×工事進捗率〔(1期実際原価 200,000＋2期実際原価 460,000)／(1期実際原価 200,000＋2期実際原価 460,000＋次期以降見積工事原価 170,000)〕－1期利益 50,000

平成×3年度

工事代金受取時	（借）現　金	120,000	（貸）完成工事未収入金	95,181
			未成工事前受金	24,819
決算日	（借）未成工事支出金	180,000	（貸）材料費	100,000
			労務費	60,000
			経　費	20,000
	（借）完成工事原価	180,000	（貸）未成工事支出金	180,000
	（借）未成工事前受金	24,819	（貸）完成工事高	204,819
	完成工事未収入金	180,000		

完成年度工事高 204,819 ＝ 契約価格 1,000,000 －（1 期工事高 250,000 ＋ 2 期工事高 545,181）

```
        未成工事支出金                    完成工事原価
材料費 100,000 │ 完成工事原価 180,000    未成工事支出金 180,000 │ 振替高
労務費  60,000 │
経　費  20,000 │


       未成工事前受金                    完成工事高
完成工事高 24,819 │ 現　金 24,819   振替高 │ 未成工事前受金      24,819
                                          │ 完成工事未収入金 180,000


              完成工事未収入金
         完成工事高 180,000 │ 次期繰越


     損益計算書（単位：千円）           貸借対照表（単位：千円）
完成工事原価  180,000 │ 完成工事高 204,819    完成工事未収入金 180,000 │
完成工事総利益 24,819 │
```

　　3 期利益 24,819 ＝ 契約価格 1,000,000 － 実際原価累計額（1 期実際原価 200,000 ＋ 2 期実際原価 460,000 ＋ 3 期実際原価 180,000）－ 1 期・2 期利益累計額（1 期利益 50,000 ＋ 2 期利益 85,181）

工事進行基準と工事完成基準の各期利益の一時差異は，次の通りである。

	平成×1年	平成×2年	平成×3年
工事完成基準	0	0	160,000
工事進行基準	50,000	85,181	24,819
	(50,000)	(85,181)	135,181

　長期請負工事について税効果会計を適用する場合，1期の会計処理は，次のように行なう。

平成×1年

　決算仕訳（借）未成工事支出金　200,000　（貸）材料費　　　120,000
　　　　　　　　　　　　　　　　　　　　　　　労務費　　　 60,000
　　　　　　　　　　　　　　　　　　　　　　　経　費　　　 20,000
　　　　　　（借）完成工事原価　　200,000　（貸）未成工事支出金 200,000
　　　　　　（借）未成工事前受金　180,000　（貸）完成工事高　250,000
　　　　　　　　完成工事未収入金　 70,000

　税効果会計の仕訳（借）法人税等調整額 2,000（貸）繰延税金負債 2,000

　　　　　　　　1期工事利益の一時差異 50,000×法人税率 40％＝未払法人費用 2,000

　（ハ）　企業が内外の他社の発行済の議決権付普通株式の20％以上を保有している場合，重大な影響力（Significant influence）を有すると考えられるため，持株比率20％以上を有する投資有価証券の評価について，会計上は持分法（Equity method）を強制適用して処理する。持分法は，持株比率に応じて被投資会社の純資産の変動を投資有価証券に反映させる有価証券の評価基準である。時価評価法（Cost adjusted for fair value method）により処理する場合は，投資企業が重大な影響力を行使して過大な配当金を受取った時点で収益に計上する等の利益操作が可能になる。このため，持株比率20％以上の投資有価証券を保有している場合は，時価評価法による処理は認められていない。なお，税務上，二重課税を避けるため受取配当金について50％の配当控除（法人税法第23条第1項，第2項により持株比率25％以上の国内企業の受取配当金の配当控除は50％，親子会社の受取配当金の100％の配当控除が認められている。持株比率25％以上の外国関係会社からの配当金はその95％が益金不算入として配当控除を認められている。持株比率25％未満の外国関係会社からの配当金は，全額課税対象になる）が認められている。

税法上は，被投資会社からの配当金は受取時に課税されるため，投資による利益のうち配当されなかった未分配利益の課税は繰延べられ将来課税の対象になる。具体的には，会計上の投資利益と税務上の受取配当金との一時差異は，未分配利益の投資企業の持分から益金不算入として配当控除額を差引いた金額である。未分配利益を将来配当として受取る意向の場合は，未分配利益は将来課税の対象になるので繰延税金負債として計上する。

```
                    会計―持分法              税務―時価評価法
利益計上時　（借）投資××（貸）投資利益××    仕訳なし
     投資利益＝被投資会社利益×持株比率。
配当受取時　（借）現金××（貸）投資××    （借）現金××（貸）受取配当金××
     現金＝被投資会社利益×持株比率。受取配当金＝支払配当金×持株比率。
税効果会計適用時（借）法人税等調整額××（貸）繰延税金負債××
```

設例：当社は，国内企業X社の議決権普通株式30％を保有しており，持分法により会計処理を行なっている。X社は，2××1年，100,000の利益を計上し40,000の現金配当を行なった。税務上は時価評価法による。当期の法人税実効税率は40％，受取配当金の50％は配当控除として当期の益金不算入である。

X社の利益計上時（借）投　資　　　30,000（貸）投資利益　　　30,000
　　　　投資利益 30,000＝X社利益 100,000×当社持分 30％
配当金受取時　　（借）現　金　　　12,000（貸）投　資　　　12,000
　　　　受取配当金 12,000＝X社支払配当金 40,000×当社持分 30％
税効果会計の仕訳（借）法人税等　　2,400（貸）未払法人税　　2,400
　　　　当期課税所得 6,000＝受取配当金 12,000×{1－配当控除 50％}。当期
　　　　法人税等 2,400＝当期課税所得 6,000×税率 40％。
　　　　　　　（借）法人税等調整額 3,600（貸）繰延税金負債 3,600
　　　　会計上の収益 30,000と税務上の配当控除前の益金算入額 12,000との差異 18,000は，収益と益金の計上時期のズレから生じているため一時差異である。当期配当されなかった差異 18,000は，将来配当され課税対象になるため配当控除後の益金算入額 9,000に将来の税率 40％を掛けて繰延べる。将来課税の対象になる課税所得 9,000＝未分

配利益 18,000（＝投資利益 30,000 − 受取配当金 12,000）×(1 − 配当控除 50％)。繰延税金負債 3,600 ＝ 将来の課税所得 9,000 × 税率 40％。

(ニ) 有価証券の時価評価による評価差額に税効果会計を適用する場合

設例：当社は，下記の通り売却可能有価証券に分類した上場会社株式について各社株式として 10,000 株を保有している。C 社株式は，時価が 60％下落したため減損処理を行なった。決算に当たり保有有価証券の評価差額について税効果会計を適用する。税率は 40％。評価損益は全部純資産直入により純資産の部に計上する。

銘　柄	帳簿価額	期末時価	評価損益
A 社株式	15,000	22,000	7,000
B 社株式	28,000	26,000	△2,000
C 社株式	10,500	6,300	△4,200
合　計	53,500	54,300	800

A 社株式（借）投資有価証券 7,000 （貸）売却可能有価証券評価差額金 4,200
　　　　　　　　　　　　　　　　　　　繰延税金負債 2,800

評価差益 7,000 ＝ 期末時価 22,000 − 簿価 15,000。繰延税金負債 2,800 ＝ 評価差益 7,000 × 税率 40％。売却可能有価証券評価差額金 4,200 ＝ 7,000 − 2,800。

B 社株式（借）売却可能有価証券評価差額金 1,200 （貸）投資有価証券 2,000
　　　　　　　繰延税金資産 800

評価差損△2,000 ＝ 期末時価 26,000 − 簿価 28,000。繰延税金資産 800 ＝ 評価差損△2,000 × 税率 40％。売却可能有価証券評価差額金△1,200 ＝ △2,000 − △800。

C 社株式（借）投資有価証券評価損 4,200 （貸）投資有価証券 4,200

C 社株式は期末時価が著しく下落し回復の見込が立たないため減損処理を行なう。

(2) 将来減算の対象になる一時差異

③ 収益・益金に関連する将来減算一時差異

サービス提供以前に対価を前受金として取得する場合，会計上はサービス提

供を実施していない部分を前受収益（負債）として繰延べるが，税務上は当期の益金とされ課税対象になるため，将来減算（控除）の対象になる。

　設例：当社は，平成×1年4月1日に2年分の前受家賃として1,000,000円を受
　　　取ったが，税務上益金とされ課税された。税効果会計を適用する。税率40％。
　平成×1年4月1日（借）現　　金　　　1,000,000（貸）前受家賃　　　1,000,000
　税効果会計の仕訳　（借）繰延税金資産　　200（貸）法人税等調整額　　200
　　　税務上の当期の益金＝1,000,000。会計上の当期家賃500,000＝前受家賃1,000,000－次期家賃500,000。一時差異500,000＝益金1,000,000－収益500,000。受取家賃全部に課税されるため，一時差異に係る法人税費用200（差異500,000×税率40％）は，法人税等調整額（前払法人税）として繰延べる。
　平成×2年3月31日前受家賃振替仕訳（借）前受家賃500,000（貸）受取家賃500,000
④　費用・損金に関連する将来減算一時差異

　会計上は当期の費用であり税務上は損金不算入として課税されるが，次期以降に損金算入により将来減算（控除）の対象になる金額。

　製品保証引当金について会計上は製品販売時に発生主義と費用・収益対応の原則により将来の支出額を見積り当期に製品保証費用（製品保証引当金繰入額）を計上するが，税務上は損失予測額は損金不算入とされ有税引当として課税所得を算定する際に税引前純利益に加算される。次期以降に製品補修により実際に費用を支出する際に損金算入される。

　設例：当社は，当期（平成×1年3月31日）の製品保証引当金1,000,000円を計上し
　　　たが，税務上は実際に製品補修費用を支払った次期の2月5日に損金に算入
　　　した。税効果会計を適用する。税率40％。
　平成×1年3月31日
　　決算時（借）製品保証引当金繰入額1,000,000（貸）製品保証引当金1,000,000
　　税効果会計の仕訳（借）繰延税金資産400,000（貸）法人税等調整額400,000
　平成×2年5日補修費用支出時（借）製品保証引当金1,000,000（貸）現金1,000,000
　　会計上は当期の製品保証費用（製品保証引当金繰入額）を見積計上するが，税

務上は費用が支出されるまで損金不算入とされ課税される。次期以降に補修が実施された場合は，当該年度の控除の対象になるので繰延税金資産（前払法人税費用）として計上する。

11－4　欠損金の繰越控除と繰戻還付

　過去7年以内に発生した欠損金（純損失 Net operating loss）がある場合，各事業年度の課税所得の計算上，各期の課税所得額を限度として損金に算入することができる（法人税法第57条第1項）。これを繰越控除（Carryfoward）という。欠損金の繰越は，次期以降の課税所得と当該欠損金が相殺される結果，次期以降の法人税負担が軽減するという効果がある。欠損金の繰越は，将来減算（控除）の対象になる一時差異であるから，繰延税金資産として計上する。しかし，繰延税金資産は，その実現可能な割合が50％を超える場合は，資産価値を減額する必要がある。繰延税金資産の資産性は，繰延税金資産が将来の課税所得計算において控除されるという前提条件で制度上容認されているため，将来の課税所得が控除額に満たない場合は，控除不能になる。したがって，繰延税金資産として繰越欠損金を計上した場合，繰延税金資産に見合うだけの次期以降の課税所得の獲得が困難であると予測される場合は，繰延税金資産について評価性引当金を設定し評価減を行なう。

　　繰越欠損金の計上時（借）繰延税金資産××（貸）欠損金繰越利益　　××
　　評価引当金の計上時（借）繰延税金資産××（貸）繰延税金資産評価引当金××
　当期に税務上の欠損金が生じた場合は，企業が過年度に支払った法人税のうち一定金額の還付を請求することができる（法人税法第80条第1項）。これを繰戻還付（Loss carryback）という。欠損金の繰戻により税務署に対して法人税の還付請求が行なわれる結果，未収還付法人税等勘定と欠損金繰戻利益勘定で処理する。

　　（借）未収還付法人税等××（貸）欠損金繰戻利益××

損益計算書
税引前当期純損失　　　　　××
　控除：欠損金繰越利益　××
　　　　欠損金繰戻利益　××　××
　欠損金調整後純損失　　　　××

11-5　税効果会計の会計処理

(1)　繰延税金資産・繰延税金負債の計算

　繰延税金資産は，将来減算の対象になる一時差異の税効果を貸借対照表に計上した資産である。したがって，繰延税金資産は，前払法人税費用であり，将来節約される税金を資産として計上したものである。他方，繰延税金負債は，将来加算の対象になる一時差異の税効果を貸借対照表に計上した負債である。繰延税金負債は，未払法人税費用であり，将来支払うべき税額を負債として計上したものである。

　　繰延税金資産＝将来減算（控除）の対象になる一時差異×法人税率
　　繰延税金負債＝将来加算（課税）の対象になる一時差異×法人税率

(2)　流動資産と固定資産の区分表示

　繰延税金資産・負債は，繰延税金の発生原因になった資産・負債の流動性・固定性にしたがって区別する。繰延税金資産は，流動資産と，投資その他の資産に区別して表示する。繰延税金負債は，流動資産と固定負債に区別して記載する。例えば，貸倒引当金の損金不算入に起因する繰延税金資産は流動資産として記載し，退職給付引当金損金不算入に起因する繰延税金負債は投資その他の資産に記載する。減価償却に起因する繰延税金負債は，有形固定資産から生じる固定負債として記載する。一時差異が1年以内に解消する繰延税金資産・負債は，ワンイヤールールにより流動資産・負債として分類し，1年を超える繰延税金は固定資産・負債に分類する。

　流動項目の繰延税金資産と繰延税金負債は，相殺して表示する。固定項目の繰延税金資産と繰延税金負債も相殺して表示する。流動項目と固定項目の相殺

表示は禁止されている。

(3) 法人税費用の会計処理

損益計算書

税引前当期純利益		××
法人税費用：		
当期法人税	××	
繰延税金純額 （±）××		××
税引後当期純利益		××

　損益計算書の当期法人税は，納税申告書の納税申告額をそのまま記載する。
　当期法人税＝当期課税所得×当期の法人税率
　当期の法人税費用のうち当期法人税以外の次期以降に繰延べられる繰延法人税は，繰延税金資産と繰延税金負債との貸借差額として純額で計上する。貸借対照表上の繰延税金資産の増加は，損益計算書上の当期繰延法人税費用のマイナス要因として作用する。貸借対照表上の繰延税金負債の増加は，損益計算書上の当期繰延法人税費用のプラス要因として作用する。将来控除される一時差異の発生により法人税の前払が発生し当期の法人税費用が減少する結果（貸方：当期費用の減少），繰延税金資産は増加する。また，将来課税される一時差異の発生により法人税の未払いが発生し当期の法人税が増加する結果（借方：当期費用の増加），繰延税金負債は増加する。したがって，繰延税金資産＞繰延税金負債の場合は，純額の繰延税金資産は，マイナス金額で計上する。繰延税金資産＜繰延税金負債の場合は，純額の繰延税金負債は，プラス金額で計上する。

　損益計算書の法人税費用＝当期法人税（納税申告額）±繰延税金資産・繰延税金
　　　　　　　　　　　　負債負債の純額
　繰延税金資産の発生時（借）繰延税金資産××（貸）法人税等調整額（繰延法人税）××
　繰延税金負債の発生時（借）法人税等調整額（繰延法人税）××（貸）繰延税金負債××
　総括すれば，一会計年度に発生した繰延税金資産・負債は，発生原因別に内訳明細を表示し繰延税金資産の回収不能額を控除したうえ，期首残高と期末残高との差額として純増減額を表示する。

税効果会計：発生原因別内訳表（単位：百万円）

	2×10年3月31日	2×11年3月31日
（繰延税金資産）		
繰越欠損金	××	××
減価償却費	××	××
連結子会社の時価評価	××	××
退職給与引当金損金算入限度超過額	××	××
貸倒引当金	××	××
製品保証引当金	××	××
投資有価証券	××	××
前受収益	××	××
繰延税金資産小計	××	××
評価性引当額	××	××
繰延税金資産合計	××	××
（繰延税金負債）		
その他有価証券評価差額金	××	××
繰延ヘッジ損益	××	××
割賦販売	××	××
繰延税金負債合計	××	××
繰延税金資産の純額	××	××

設例：大東株式会社は，2×11年度，2×12年度の各期末決算において税効果会計を適用して次の会計処理を行なった。

(1) 2×11年4月1日，機械（購入価格900万円，残存価値ゼロ）を取得した。会計上は耐用年数4年の定額法により処理し，税務上は損金として早期減価償却が認められた。法人税率は40％である。

減価償却費の配分スケジュール（単位：万円）

会計年度	2×11	2×12	2×13	2×14	合計
会計上の減価償却費	225	225	225	225	900
税務上の減価償却費	360	270	180	90	900
差異	(135)	(45)	45	135	0

(2) 2×11年度の期末決算において貸倒引当金80万円を見積計上したが，税務上は損金算入を否認され課税された。翌期の2012年に発生した貸倒損失につい

て税務上全額の損金算入が認められた。
(3) 2×11年4月2日に2年分の家賃として100万円を現金で受取り期末決算で50万円を受取家賃としたが税務上は全額益金とされ課税された。
(4) 各期の税引前純利益は，次の通りである。

2×11年―1,000万円　2×12年―1,150万円

繰延税金資産・負債―2×11年度

	2×11年	2×12年	2×13年	2×14年度	繰延税金負債
	課税（控除）	課税（控除）	課税（控除）	課税（控除）	（繰延税金資産）
税引前純利益	1,000				
一時差異：					
減価償却費	(135)	(45)	45	135	54
貸倒引当金	80	(80)			(32)
前受家賃	50	(50)			(20)
課税所得	995				
当期法人税	398				

① 税引前純利益1,000－減価償却費の差異135＋貸倒引当金80＋前受家賃50＝課税所得995
② 課税所得995×税率40％＝当期法人税398
③ 将来課税の対象になる減価償却費の差異135×税率40％＝繰延税金負債54
④ 将来控除の対象になる貸倒引当金の差異80×税率40％＝繰延税金資産32
⑤ 将来控除の対象になる前受家賃の差異50×税率40％＝繰延税金資産20

会計処理―2011年度

（借）法人税等372（損益計算書）（貸）未払法人税等272（貸借対照表）

法人税等は，当期法人税の納税申告額であり未払費用として計上する。

（借）法人税等調整額　2（損益計算書）（貸）繰延税金負債54（貸借対照表－固定）
　　　繰延税金資産　32（貸借対照表－流動）
　　　繰延税金資産　20（貸借対照表－流動）

法人税等調整額2は，繰延税金負債54と繰延税金資産合計額52との貸借差額（純額）であり，会計上の税引前純利益に係る未払法人税費用〔(400＝税引前純利益1,000×法人税率40％)－(398＝課税所得995×法人税率40％)〕である。

第11章 税効果会計

損益計算書（2×11年度）の末尾			貸借対照表（2×11年度）	
税引前純利益		1,000	繰延税金資産－流動項目	52
法人税費用			繰延税金負債－固定項目	54
当期法人税	398			
繰延法人税純額	2	400		
税引後純利益		600		

繰延税金資産・負債—2×11年度

	2×12年	2×13年	2×14年度	繰延税金負債
	課税（控除）	課税（控除）	課税（控除）	（繰延税金資産）
税引前純利益	1,150			
一時差異：				
減価償却費	(45)	45	135	72
貸倒引当金	(80)			0
前受家賃	(50)			0
課税所得	975			
当期法人税	390			

① 税引前純利益 1,150 − 減価償却費の差異 45 − 貸倒引当金 80 − 前受家賃 50 = 課税所得 975。

② 課税所得 975 × 税率 40% = 当期法人税 390（当期の納税申告額）。

③ 将来課税の対象になる減価償却費の差異 180 × 税率 40% = 繰延税金負債 72。繰延税金負債 54 が前期末に計上してあるため差額 18 を追加計上する。

④ 貸倒引当金に係る差異 80 は当期の損金とされるため税効果が解消し当期末の繰延税金資産はゼロである。前期末に計上した貸倒引当金に係る繰延税金資産 32 を減額してゼロとする。

⑤ 前受家賃に係る差異は当期の損金とされるため税効果が解消し当期末の繰延税金資産はゼロである。前期末に計上した前受家賃に係る繰延税金資産 20 は減額してゼロとする。

会計処理—2×12年度

（借）法人税等 390（損益計算書）（貸）未払法人税等 390（貸借対照表）

法人税等は，当期の納税申告額であり未払法人税等として計上する。

（借）法人税等調整額 70（損益計算書）（貸）繰延税金負債 18（貸借対照表－固定）
　　　　　　　　　　　　　　　　　　　　　繰延税金資産 32（貸借対照表－流動）
　　　　　　　　　　　　　　　　　　　　　繰延税金資産 20（貸借対照表－流動）

法人税等調整額 70 は，会計上の税引前純利益に係る繰延法人税費用〔(460＝税引前純利益 1,150×法人税率 40％)－(390＝課税所得 975×法人税率 40％)〕である。

損益計算書（2×12 年度）の末尾			貸借対照表（2×12 年度）
税引前純利益		1,150	繰延税金資産－0
法人税費用			繰延税金負債－固定項目 72
当期法人税	390		
繰延法人税	70	460	
税引後純利益		690	

第12章
引当金と資産除却債務

12-1 引当金の目的と役割

　将来の費用または将来の損失リスクに備え，期末に見積計上する負債項目あるいは間接控除資産項目を引当金という。引当金の計上要件は，下記に示す通りである。
　(1)　将来の特定の費用または損失である
　(2)　将来の費用又は損失の発生が当期より以前の事象に起因している
　(3)　発生の可能性が高い
　(4)　その金額を合理的に見積ることができる

　以上の引当金計上の4つの要件を充たす将来の費用または損失は，当期に負担すべき金額を当期費用または損失として引当金繰入勘定に計上すると同時に，同額を引当金勘定に計上する。

　引当金を計上する第一の目的と理由は，費用または損失の原因になる取引事象が当期に成立しているが，当該費用または損失が将来の一定期間に発生すると予測される場合は，発生主義及び費用収益対応の原則により，当該取引事象により実現した収益とこれに関連して発生した費用または損失を対応させ，正確な期間損益計算を行なう必要があるからである。引当金を計上する第二の目的と理由は，資産・負債に含まれる将来の資産の減損リスクあるいは負債の拡大リスクを認識することにより，資産・負債の経済的実態を正確に財務諸表に反映させることにある。

12-2 引当金の会計処理

引当金は，評価性引当金と負債性引当金に分類する。評価性引当金は，貸倒引当金のみである。負債性引当金は，収益控除性引当金，費用性引当金，損失性引当金に分類することができる。収益控除性引当金には，売上割戻引当金，返品調整引当金がある。費用性引当金として，製品保証引当金，修繕引当金，特別修繕引当金，賞与引当金，退職給付引当金がある。損失性引当金として，債務保証損失引当金，損害補償損失引当金等がある。

1. 売上割戻引当金：取引先に対して一定の売上高を実現したときに割戻し（リベート＝売上高に対する包括的な値引のこと）を与える特約条項が締結されている場合，次期以降の割戻しに備えるための引当金をいう。当期の割戻は，当期と前期の販売分に区分して処理する。

    前期末（借）売上割戻引当金繰入××（売上高控除）（貸）売上割戻引当金××（流動負債）

    割戻時（借）売上割戻引当金 ××　　　　　（貸）売掛金××（前期分売上割戻）

    　　　　　　売上割戻損　　××（特別損失）

    　　　（借）売　上　　　　××　　　　　（貸）売掛金××（当期分売上割戻）

2. 返品調整引当金：次期以降の売上戻り（返品）による売上総利益の減少額を見積計上する引当金。返品調整引当金繰入額＝期末売掛金残高×返品率×売上総利益率

    前期末（借）返品調整引当金繰入××（売上総利益控除）

    　　　　　　　　　　　　　　　　　　　（貸）返品調整引当金××

    返品時（借）返品調整引当金　　××　（貸）売掛金××（前期分売上戻り）

    　　　　　　仕　入　　　　　　××

    　　　（借）売　上　　　　　　××　（貸）売掛金××（当期分売上戻り）

3. 製品保証引当金：販売製品の故障を無償で修理する契約を締結している場合，将来の修理費を見積計上する引当金をいう。故障修理時の修理支出額が確定債務へ転換する条件付債務引当金である。

    前期末（借）製品保証引当金繰入××（販売費一般管理費）（貸）製品保証引当金××

    　　　　　　　　　　　　　　　　　　　　　　　　　　　　　（固定負債）

　　　　　故障発生時（借）製品保証引当金×× 　　　　　　（貸）現金預金　　××
4. 修繕引当金・特別修繕引当金：修繕引当金は，修繕の必要性にもかかわらず修繕を実施しなかった場合，将来の修繕費を見積計上する引当金をいう。特別修繕引当金は，定期的に大規模修繕が必要な場合に次期以降の修繕費を見積計上する引当金である。

　　　前期末　　　（借）修繕引当金繰入××（販売費一般管理費）（貸）修繕引当金××（流動負債）
　　　修繕実施時（借）修繕引当金 ×× 　　　　　　　　　（貸）現金預金××
　　　　　　　　　　　　修繕費　　　××
　　　前期末　　　（借）特別修繕引当金繰入××（販売費・一般管理費）（貸）特別修繕引当金××
　　　修繕実施時（借）特別修繕引当金×× 　　　　　　　　　（貸）現金預金　　××
　　　　　　　　　　　　特別修繕費　××

5. 賞与引当金：次期以降に支払う従業員賞与について見積計上する引当金をいう。

　　　前期末　（借）賞与引当金繰入××（販売費一般管理費）（貸）賞与引当金××（流動負債）
　　　支給時　（借）賞与引当金　××　　　　　　　　　（貸）現金預金××

6. 退職給付引当金：退職給付会計において退職給付債務（退職年金・退職一時金）について定期昇給等の将来の給与水準を考慮に入れて算定した予測給付債務（退職給付見込額）を割引率で割引計算した現在価値が年金資産時価を超える場合，両者の差額を純退職給付債務（年金資産積立不足額）として見積計上する引当金である。

　　　前期末　　　（借）退職給付費用　××（勤務費用・利息費用等）（貸）退職給付引当金××
　　　掛金拠出時（借）退職給付引当金×× 　　　　　　　　　（貸）現金預金　　××

7. 債務保証損失引当金：第三者の債務保証をしている場合，債務者に代わって代位弁済責任を負う場合に備えて設定する引当金をいう。

　　　前期末（借）債務保証損失引当金繰入××（特別損失）（貸）債務保証損失引当金××（流動負債）
　　　取崩時　（借）債務保証損失引当金×× 　　（貸）現金預金　　　××
　　　　　　　　　　　債務保証損失　　××（特別損失）

8. 損害補償損失引当金：自社の営業活動に係る損害賠償訴訟で敗訴の可能性が高くなる場合に備えた引当金。

　　　前期末（借）損害補償損失引当金繰入××（貸）損害補償損失引当金××（固定負債）

敗訴時（借）損害補償損失引当金　××　（貸）現金預金　　××
　　　　　　損害賠償損失　　　　××　（特別損失）

12-3　資産除却債務の会計

　長期の固定資産を所有している場合，企業は，耐用年数の終了に伴い，長期固定資産の解体，撤去，原状回復，再生に係る費用を支払う義務として資産除却債務（Asset Retirement Obligation）を認識しなければならない。資産除却債務は，市場価額を入手可能な場合，公正価値により計上するが，通常の場合市場価額を入手できないため，現在価値計算法により算定する。最初に将来キャッシュ・フローを見積もり，この将来キャッシュ・フローについて割引計算を行なって資産除却債務の割引現在価値を測定する。当初の認識時点で貸借対照表に計上される資産除却債務は，資産除却費用をその関連する長期固定資産の帳簿価額に含める形で借方に資産計上され，同額が貸方に計上される。このため，すべての資産除却費用は，関連する長期固定資産本体の帳簿価額を増加させることになる。当初の認識時において貸借対照表に計上された長期固定資産は，当初認識以降，合理的な配分方法（定額法または実効利息法）により耐用年数にわたり各期に減価償却費として計上する。

　設例：2003年1月1日，A社は，海上石油採掘プラットホームを建設した。A社は，10年と見積もられる耐用年数の経過後，この設備を解体し除去する法的義務を負っている。A社は，2003年1月1日に，資産除却債務を認識し，資産除却コストを資産計上する。A社は，現在価値計算法により負債の公正価値を見積もる。その他の条件と公正価値の見積は，下記の通りである。
a. 労務費は，解体請負業者に支払う市場賃金に基づく。A社は，将来キャッシュ・フローの見積額に確率を割当て期待キャッシュ・フローを算定する。

見積キャッシュ・フロー	確率	期待キャッシュ・フロー
100,000	25%	25,000
125,000	50%	62,500
175,000	25%	43,750
		131,250

b. A社は，振替価格の労務費に適用される原価の配布率80%で配賦した間接費と設備費用を見積もる。

c. 請負業者は，大抵，労務費と内部原価の引上げを追加して利益率20%を設定する。20%の利益率は，請負業社が一般に業界で得る利益について理解を示している。

d. 請負業者は，大抵の場合，10年間実施されないプロジェクトの「今日の価格」に固定化された不確実性と予見不能な環境条件について，マーケットリスク・プレミアムを要求しこれを受取る。A社は，インフレ調整後のキャッシュ・フロー見積額の5%をマーケットリスク・プレミアム（割増金）として見積もる。

e. 2003年1月1日の無リスクの利子率は，5%である。A社は，信用状態の影響を反映させるため利子率5%に3.5%だけ上乗せする。したがって，調整後の無リスク利子率は8.5%になり，これを現在価値計算の割引率として用いる。

f. A社は，10年間にわたってインフレ率4%を見込んでいる。

（出典：Original Pronouncements, 2005/2006 Edition, Accounting Standards, 2005, Volume Ⅱ. FASB：FAS143, Accounting for Asset Retirement Obligation, Appendix C. なお，一部変更して引用した。）

2012年12月31日に，A社は，351,000の費用を請負業者に支払い資産除却債務を決済する。企業は，資産除却債務の決済で89,619の利益を認識する。

労務費	195,000
配分された間接費と設備費用（労務費の80%配賦）	156,000
実際発生費用総額	351,000
資産除却債務	440,619
資産除却債務決済利益	89,619

2003年1月1日資産除却債務の当初認識

	期待キャッシュ・フロー
期待労務費	131,250
配分した間接費と設備費（131,250×80％）	105,000
請負業者の値上げ［20％×(131,250＋105,000)］	47,250
インフレ調整前期待キャッシュ・フロー	283,500
10年間のインフレ率4％のインフレ要素	14,802
インフレ調整後の期待キャッシュ・フロー	419,637
マーケットリスク・プレミアム（5％×419,637）	20,982
マーケットリスク・プレミアム調整後期待キャッシュ・フロー	440,619
10年間，調整後無リスク利子率8.5％による現在価値	194,879

利息の配分スケジュール

年度	資産除却債務期首残高	利息費用の増加	資産除却債務期末残高
2003	194,879	16,565	211,444
2004	211,444	17,973	229,417
2005	229,417	19,500	248,917
2006	248,917	21,158	270,075
2007	270,075	22,956	293,031
2008	293,031	24,908	317,939
2009	317,939	27,025	344,964
2010	344,964	29,322	374,286
2011	374,286	31,814	406,100
2012	406,100	34,519	440,619

費用配分スケジュール

年度	利息費用の増加	減価償却費	資産除却債務期末残高
2003	16,565	19,488	36,053
2004	17,973	19,488	37,461
2005	19,500	19,488	38,988
2006	21,158	19,488	40,646
2007	22,956	19,488	42,444
2008	24,908	19,488	44,396
2009	27,025	19,488	46,513
2010	29,322	19,488	48,810
2011	31,814	19,488	51,302
2012	34,519	19,488	54,007

会計処理

2003年1月1日：

　（借）長期固定資産 194,879（資産除却原価）（貸）資産除却債務 194,879

資産除却債務の当初の公正価値を認識する。

2003年12月31日～2012年12月31日：

　（借）減価償却費 19,488（貸）減価償却累計額 19,488

資産除却原価の定額法による減価償却費を計上する。

　（借）利息費用の増加 ××（貸）資産除却債務 ××（スケジュール表にしたがう）

資産除却債務の追加費用の仕訳。

2012年12月31日：

　（借）資産除却債務 440,619（貸）未払賃金　　　　　　　　　　　　　195,000
　　　　　　　　　　　　　　　　　　間接費・設備費用配分額（80%×195,000）156,000
　　　　　　　　　　　　　　　　　　資産除却債務決済利益　　　　　　　　89,619

資産除却債務の決済を計上する。

第13章
退職年金給付

13-1 確定給付型企業年金

　退職年金給付とは,企業が,労働協約,退職金規定等に基づいて従業員の労働力の提供(勤務サービス)に対する給与の一部分の支払いを退職時まで繰延べ,退職時に支払うべき企業年金給付金を事前に約束する繰延報酬制度である。退職給付年金は,退職時に一括して支払われる退職一時金と,退職後の一定期間に分割払いで支給される企業年金から成る。退職年金給付制度は,退職年金給付金の財源として積立てられる退職年金保険料(掛金)の投資とその運用の責任を雇用主の企業が負担するか否かに応じて確定拠出型年金制度と確定給付型年金制度に区分する。

　確定拠出型年金制度とは,企業が掛金の拠出について法的義務を負う企業年金制度であり,年金給付の財源となる年金資産の投資と運用は従業員の個人責任で行われる。このため,将来の年金給付額に係る年金資産の運用収益と運用リスクは従業員が負っており,年金資産の運用収益次第で年金給付額が事後的に決まる年金制度である。すなわち,確定拠出年金制度では,企業の責任は年金投資基金財団や投資信託銀行等への掛金の拠出義務に限定されるが,従業員別の個人勘定に拠出された積立金の管理と年金資産の運用は従業員に一任され,従業員の個人勘定の積立金と投資の運用成績次第で年金給付額が変動する年金制度である。このため,従業員は,自己責任で年金資産を運用することになるため,年金資産の運用利回りの下落により運用の成績が悪化した場合は,投資リスクと年金給付額の減少を従業員自ら負担することになる。

確定拠出型年金では，企業は毎期掛金拠出額を退職給付費用に計上する。
　（借）退職給付費用××（貸）現金預金××

　これに対して，確定給付型年金制度は，企業が企業年金制度のスポンサーになり，労働協約，退職金規定等に基づいて，従業員の年齢，勤続年数，将来の給与水準，退職率，死亡率等を考慮に入れ，従業員の退職時点で支払うべき退職給付見込額を事前に確約する企業年金制度である。確定給付型年金制度の場合は，企業は確定退職年金給付額に見合う年金資産の運用について法的責任を有するので，投資信託銀行等に委託した年金資産と積立金の投資・運用リスクを補償するだけでなく退職年金支払義務についても法的責任を負う。

　退職給付債務は，退職時の退職給付金について現行給与水準を基礎にするか，あるいは将来の昇給分を考慮して将来給与水準を基礎に計算するかにしたがって，確定給付債務，累積給付債務，予測給付債務の3種類に区別する。

　確定給付債務とは，現行給与水準を基礎にして退職給付金を確定し，年金受給権を取得した従業員に対する退職給付金に限定し，これを割引率で割り引いた現在価値である。したがって，確定給付債務制度では，受給権未取得の従業員に対する退職給付債務は認識されない。それゆえ，確定給付債務は，受給権取得済みの従業員に限定される退職給付金の割引計算に基づく割引現在価値である。

　累積給付債務は，確定給付債務と同様に，現行給与水準を基礎にして退職給付額を算定し，受給権取得済従業員と受給権未取得従業員の全ての従業員に対する退職給付額を一定の割引率（通常，無リスクの長期国債利子率）で割引計算により算定した現在価値である。

　これに対して，予測給付債務は，確定給付債務と累積給付債務とは異なり，予定昇給額を算定要素とする将来給与水準（現行月額給与×退職時までの予定昇給率）に基づいて退職時の退職給付額を見積り，さらに受給権取得済と受給権未取得の全ての従業員に対する退職給付額を割引計算した現在価値である。予測給付債務は，将来の給与水準に基づいて退職給付金を見積もるため，確定給付債務や累積給付債務より金額が大きくなる。

　わが国の「退職給付に係る会計基準」は，国際財務報告基準のIAS19号「予測給付債務」概念に相当する概念として「退職給付見込額」を設定してい

る。すなわち,わが国の退職給付会計基準は,予測昇給分に係る将来の給与水準を退職給付見込額の計算要素として採用し,割引率と残存勤務期間による退職給付見込額の割引計算から退職給付債務を算定することにより,入手が不可能な市場価格に代えて公正価値 (fair value) の割引現在価値と将来キャッシュフローの割引計算の評価技法を退職給付会計に導入したものである。

13-2 退職給付債務と退職給付費用

(1) 退職給付債務の計算

退職年金給付会計は,発生主義の原則に基づいて,退職時の退職給付見込額を基礎に割引計算を行い,入社時から当期首までの従業員の過去勤務サービスの対価として支給義務のある累積退職給付債務に加えて,当期首から1年間の当期勤務サービスに対する未払給与として当期勤務費用が発生すると考える。したがって,退職給付見込額概念は,発生主義の原則に基づいて予測給付債務と年金制度を設計する場合の基本的な概念であると同時に,各期に配分される予測給付債務と退職給付費用を計算するうえでの前提条件である。退職給付債務の会計は,発生主義の原則により,①退職時の退職給付見込額の見積計算から出発し,②退職時の退職給付見込額の当期配分,③当期に配分された退職給付見込額の割引計算による退職給付債務の算定の順に行なう。

① 退職給付見込額の計算

従業員が退職時に受取る退職給付年金は,現行月額給与に退職時までの予定昇給率を掛けて退職年度の予測月額給与を算定し,かかる予測月額給与に退職時の最終支給率と退職時までの勤務期間を掛けた金額である。退職時の予測月額給与は,予定勤務期間,退職時までの予定昇給率,退職確率,死亡率,脱退率等の計算基礎率により計算される仮定上の給与水準である。

退職給付見込額＝現行月額給与×予定昇給率×最終支給率×退職時までの予定勤務期間

② 退職給付見込額の期間配分と期末退職給付債務

退職給付見込額を算定したならば,次に,退職時の退職給付見込額のうち当期末までの従業員の勤務サービスに対する対価を一定配分基準により算定す

る。原則的方法の期間配分基準による場合は，退職時の退職給付見込額のうち入社から退職までの全勤務期間に対して入社から当期までの過去勤務期間の占める割合が当期までの勤務期間に配分される退職給付見込額である。

　続いて，当期に配分された退職給付見込額について割引率を用いて割引計算を行い，下記の方法により期末退職給付債務を算定する。すなわち，当期の期末退職給付見込額を割引率で割引計算することにより，利息相当額を差引いた年金負債として期末退職給付債務を算定する。

　A．期間配分基準（原則）：期末退職給付債務＝退職給付見込額×(当期までの勤務期間／退職までの全勤務期間)×現在価値係数［$1/(1+割引率)^{残存勤務期間}$］

　B．給与配分基準（例外）：期末退職給付債務＝退職給付見込額×(当期までの給与総額／退職までの給与総額)×現在価値係数［$1/(1+割引率)^{残存勤務期間}$］

　C．支給倍率基準（例外）：期末退職給付債務＝退職給付見込額×(当期支給倍率／退職時支給倍率)×現在価値係数［$1/(1+割引率)^{残存勤務期間}$］

　なお，期末退職給付債務の構成要素は，次に示す通りである。
期末退職給付債務＝期首退職給付債務＋当期退職給付費用（＝当期勤務費用＋期首退職給付債務の利息費用－期待運用収益±未認識過去勤務債務の当期費用処理額±未認識数理計算差異の当期費用処理額±未認識会計基準変更時差異の当期費用処理額）。

退職給付引当金の会計処理

　期末退職給付債務を算定したならば，次に，企業の正味負担分を算定するために年金資産（制度資産）を算定する。年金資産は，通常の営業用資産ではなく，企業が退職給付金の財源に充当するため拠出した掛金の運用を投資信託銀行や年金基金等に信託した株式・債券等の金融資産である。したがって，期末退職給付債務＞期末年金資産時価のときに積立不足が発生した場合，積立不足額を企業の正味負担分として元帳の退職給付費用勘定借方と退職給付引当金勘定貸方に計上する。なお，国際財務報告基準は，積立不足額を計上する貸方科目として，未払年金費用勘定を採用している。

期末退職給付引当金＝期首退職給付引当金－退職給付引当金取崩額（拠出掛金・年金支給額）＋当期退職給付費用

決算整理仕訳（借）退職給付費用××（貸）退職給付引当金××

　積立不足とは反対に，期末年金資産時価＞期末退職給付債務のときに積立超過が発生した場合は，積立超過額を資産・利益として認識せず前払年金費用勘定借方と退職給付引当金勘定貸方に計上する。

決算整理仕訳（借）前払年金費用××（貸）退職給付引当金××

　退職給付会計の帳簿組織上の特徴は，退職給付会計に関連する元帳上の諸勘定として退職給付費用勘定，掛金拠出と年金支給の収支を記録する現金勘定，退職給付引当金勘定の3つがあるが，退職給付債務，年金資産，未認識過去勤務債務，未認識数理差異損益（繰延数理差異損益）の諸勘定はオフバランス債務・資産を記録する備忘勘定として元帳外の年金精算表で使用される点にある。

(2) 退職給付費用の計算

　期首退職給付債務の変動要因である当期退職給付費用は，次の項目を加減して算定する。

＋①1年間勤務サービスに対する退職給付債務（未払給与）として発生した勤務費用
＋②期首退職給付債務に対して発生した利息費用
－③年金資産の期待運用収益
±④給付水準改定による過去勤務サービスに対応する未認識過去勤務債務の当期費用計上額
±⑤各種の未認識数理計算上の差異損益の当期費用計上額
　±期待運用収益と実際運用収益との未認識数理計算上の差異損益の当期費用計上額
　±予測数値と実際値との未認識数理計算上の差異損益の当期費用計上額
　±予測数値の変更による未認識数理計算上の差異損益の当期費用計上額
±⑥会計基準変更時の未認識数理計算上の差異損益の当期費用計上額
＝当期退職給付費用

計算式④の未認識過去勤務債務の当期費用計上額の±は，費用を加算計上す

る場合はプラス，費用を減算計上（利益処理）する場合はマイナスを意味する。つまり，給付水準引上げに伴う従業員の過去勤務サービスに対応する退職給付債務増加は退職給付費用の加算計上となり，給付水準引下げに伴う退職給付債務減少は費用の減算計上となる。

⑤の未認識数理計算上の差異損益の当期費用計上額の±も費用加算と費用減算を意味する。退職給付費用の変動を平準化するため，期首退職給付費用勘定貸方に期待運用収益率に基づいて期待運用収益を計上する場合は，予測数値の期待運用収益と実績数値の実際運用収益との間に見積誤差として未認識数理損益（繰延数理損益）が毎期生じる。

期待運用収益＞実際運用収益のケース
　　　（借）未認識数理損益××　（貸）退職給付費用××

期待運用収益100＞実際運用収益90の場合は，年金費用計算上は退職給付費用から実際運用収益90を差引いたうえ更に数理損益10を差引いて（費用の減算計上＝利益処理），実際運用収益90を期待運用収益100に修正する。そこで，勘定記入面では，退職給付費用勘定貸方の実際運用収益90に数理損益10を加えるために（借）未認識数理損益10（貸）退職給付費用10の仕訳を行なう。多いほうの期待運用収益100が退職給付費用勘定貸方の控除項目であるから，実際運用収益90に数理損益10を加えた額が期待運用収益100になる

退職給付費用	未認識数理損益
実際運用収益 90 数理損益　　10	数理損益 10

期待運用収益＜実際運用収益のケース
　　　（借）退職給付費用××　（貸）未認識数理損益××

期待運用収益90＜実際運用収益100の場合は，年金費用計算上，退職給付費用から実際運用収益100を差し引いて数理損益10を加えれば，実際運用収益100は期待運用収益90に修正される。そこで，勘定記入面では，（借）退職給付費用10（貸）未認識数理損益10の修正仕訳を行なう。この場合，金額の少ないほうの期待運用収益90が退職給付費用の控除額であるから，退職給付費用勘定貸方の実際運用収益100を90に減額するための仕訳として，退職給付費用勘定借方に数理損益10を計上する。

346　第2編　個別財務諸表項目の会計

退職給付費用	未認識数理損益
数理損益10 ｜ 実際運用収益100	｜ 数理損益10

　年金資産の運用に係る期待運用収益と実際運用収益との見積誤差としての差異である未認識数理差異すなわち資産損益のほかに，年金負債に係る未認識数理差異すなわち負債損益も，退職給付費用の加減変動に導くケースである。たとえば，割引率の変更により退職給付債務が増減する場合，未認識数理差異損益として負債損益を未認識数理損益勘定に計上する。

　年金資産と年金負債に係る年金数理計算で発生した未認識数理差異損益は，発生年度または翌期に償却後の残高を未認識数理損益として貸借対照表上で次期に繰延べる。

設例：下記資料により退職給付費用と未認識数理計算上の差異損益を計上する。
　　当期勤務費用300，期待運用収益率5％，期首年金資産時価1,000，実際運用収益40。

当期勤務費用		300
実際運用収益	(40)	
差異損益の費用から減算	－10	(50)
当期退職給付費用		250

決算整理仕訳（借）未認識数理損益10（貸）退職給付費用10

解説：期待運用収益50＝期首年金資産時価1,000×期待収益率5％。期待運用収益50＞実際運用収益40。計算上は退職給付費用から実際運用収益40を差引いたうえ更に数理損益10を差引いて実際運用収益40を期待運用収益50に修正する。300－40－10＝300－50

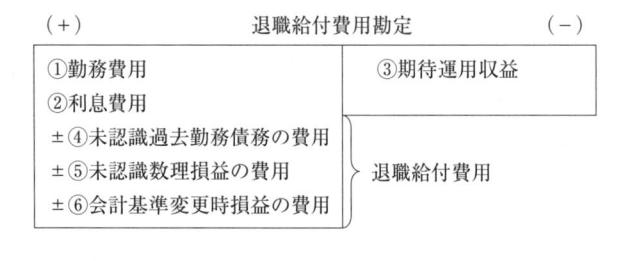

（＋）	退職給付費用勘定	（－）
①勤務費用 ②利息費用 ±④未認識過去勤務債務の費用 ±⑤未認識数理損益の費用 ±⑥会計基準変更時損益の費用	③期待運用収益 ｝退職給付費用	

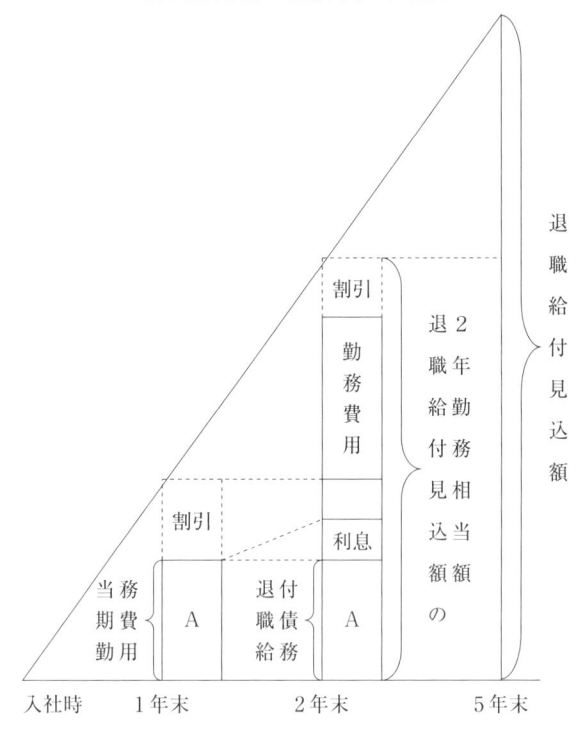

退職給付債務と利息費用の概念図

(図：入社時から5年末にかけての退職給付見込額の概念図。当期勤務費用A、割引、勤務費用、退職給付債務、利息、2年勤務見込相当額、退職給付見込額の2年勤務相当額などが図示されている)

① 勤 務 費 用

勤務費用は，従業員の1年間の勤務サービスに対する繰延報酬として発生した当期退職給付費用の主要部分であり，全勤務期間にわたって均等額で発生する。したがって，当期の勤務費用は，退職時退職給付見込額を全勤務期間で除して均等配分した各期退職給付見込額を，割引率と残存勤務期間に基づく現在価値係数で割引計算した現在価値である。勤務費用の計算方法は3つあり，割引率と平均残存勤務期間（予定総勤務年数／従業員総数）については退職給付債務の現在価値の計算方法と同一数値を使用する。

当期勤務費用の計算方法

期間配分基準（原則）：勤務費用＝（退職給付見込額÷退職までの全勤務期間）×
　　　　　　　　　　　現在価値係数［$1 \div (1+割引率)^{残存勤務期間}$］

給与配分基準（例外）：勤務費用＝退職給付見込額×（当期給与額÷退職までの給与

総額)×現在価値係数［1÷(1＋割引率)^残存勤務期間］

支給倍率基準（例外）：勤務費用＝退職給付見込額×(当期支給倍率÷退職時支給倍率)×現在価値係数［1÷(1＋割引率)^残存勤務期間］

② 利 息 費 用

退職給付年金は従業員の勤務期間に支払うべき給与の一部を退職時に支払う繰延報酬制度であるから，退職給付債務に対する貨幣の時間的価値として利息費用が発生する。利息費用は期首退職給付債務について発生する計算上の債務利息であり，期首退職給付債務に割引計算で使用する割引率（長期国債の利子率）を掛けて算定する。

利息費用＝期首退職給付債務×割引率

設例：従業員Ａ氏が営業年度期首に入社し，5年間勤務後に退職する予定である。当社は，Ａ氏に対して退職時に一括して退職一時金を支払う。退職時の予測月額給与400,000円。退職時の予測月額給与に対する最終支給率100％。割引率は長期国債の年利率5％とする。退職給付費用の計算は，期間配分基準による。年金資産積立額はゼロと仮定する。

計算
(1)　退職給付見込額2,000,000＝退職時の予測月額給与400,000×勤務期間5年
(2)　各期退職給付見込額＝退職給付見込額2,000,000÷全勤務期間5年×計算時点から退職までの残存勤務期間。前掲計算式により，入社年度から5年度末まで退職給付見込額を期間配分する。計算の結果は，下記に表示する通りである。
(3)　5期，割引率5％の退職一時金1円の現在価値係数は，下記の通りである。
　　5期，割引率5％の退職一時金1円の現在価値係数＝1÷(1＋0.05)^残存勤務期間

勤務費用の計算
　1年度末勤務費用 $329,081 = 400,000 \times [1 \div (1+0.05)^4] = 400,000 \times 0.822702$
　2年度末勤務費用 $345,535 = 400,000 \times [1 \div (1+0.05)^3] = 400,000 \times 0.863838$
　3年度末勤務費用 $362,812 = 400,000 \times [1 \div (1+0.05)^2] = 400,000 \times 0.907029$
　4年度末勤務費用 $380,952 = 400,000 \times [1 \div (1+0.05)^1] = 400,000 \times 0.952381$
　5年度末勤務費用 $400,000 = 400,000 \times [1 \div (1+0.05)^0] = 400,000 \times 1$

利息費用の計算

 1 年度末利息費用＝0

 2 年度末利息費用 16,454＝329,081×0.05

 3 年度末利息費用 34,554＝691,070×0.05

 4 年度末利息費用 54,422＝1,088,435×0.05

 5 年度末利息費用 76,191＝1,523,810×0.05

退職給付費用の計算

 1 年度末退職給付費用 329,081＝329,081＋0

 2 年度末退職給付費用 361,989＝345,535＋16,454

 3 年度末退職給付費用 397,366＝362,812＋34,554

 4 年度末退職給付費用 435,374＝380,952＋54,422

 5 年度末退職給付費用 476,191＝400,000＋76,191

退職給付債務の計算

 1 年度末退職給付債務 329,081＝400,000×$[1\div(1+0.05)^4]$＝400,000×0.822702

　　（退職給付債務内訳＝勤務費用 329,081＋利息費用 0＋期首退職給付債務 0）

 2 年度末退職給付債務 691,070＝800,000×$[1\div(1+0.05)^3]$＝800,000×0.863838

　　（退職給付債務内訳＝勤務費用 345,535＋利息費用 16,454＋期首退職給付債務 329,081）

 3 年度末退職給付債務 1,088,435＝1,200,000×$[1\div(1+0.05)^2]$＝1,200,000×0.907029

　　（退職給付債務内訳＝勤務費用 362,812＋利息費用 34,554＋期首退職給付債務 691,070）

 4 年度末退職給付債務 1,523,810＝1,600,000×$[1\div(1+0.05)^1]$＝1,600,000×0.952381

　　（退職給付債務内訳＝勤務費用 380,952＋利息費用 54,422＋期首退職給付債務 1,088,435）

 5 年度末退職給付債務 2,000,000＝2,000,000×$[1\div(1+0.05)^0]$＝2,000,000×1

　　（退職給付債務内訳＝勤務費用 400,000＋利息費用 76,191＋期首退職給付債務 1,523,810）

年　度	退職給付見込額	現在価値係数	退職給付債務	勤務費用	利　息	退職給付費用
1年度	400,000	0.822702	329,081	329,081	0	329,081
2年度	800,000	0.863838	691,070	345,535	16,454	361,989
3年度	1,200,000	0.907029	1,088,435	362,812	34,554	397,366
4年度	1,600,000	0.952381	1,523,810	380,952	54,422	435,374
5年度	2,000,000	0	2,000,000	400,000	76,191	476,191
合　計	—	—	—	1,818,380	287,051	2,000,000

会計処理

入社年度期末（借）退職給付費用 329,081 （貸）退職給付引当金 329,081

　退職年金給付会計では，期末退職給付債務から年金資産を帳簿外の計算で控除し，積立不足の差額を財務諸表上，退職給付費用／退職給付引当金（退職給付負債）として計上する。本設例では，年金資産への積立額はゼロと仮定している。

③　未認識過去勤務債務と費用計上

　未認識過去勤務債務の当期費用計上額は，勤務費用，利息費用，未認識数理損益の費用計上額（償却額），会計基準変更時差異の費用計上額と共に退職給付費用の構成要素である。

　退職金規程等の年金制度の改定が行なわれた場合は，退職年度の予定月額給与の変更に伴い退職給付債務は変動する。それゆえ，給付水準の変更により，入社から給付水準改定時までの従業員の過去勤務サービスに遡って，退職給付債務累積額が給付水準改定時に一気に発生することになる。

　給付水準改定により発生した過去勤務債務と改定前過去勤務債務との差額を未認識過去勤務債務という。未認識過去勤務債務は，従業員の過去勤務サービスに遡及して発生する過去勤務債務であり償却すべきであるが，給付水準改定年度損益の大幅な変動を避けるため，給付水準改定年度に全額を費用に計上せず，平均残存勤務年数内の一定の年数にわたって均等額を退職給付費用として計上する。未償却過去勤務債務は，帳簿外の清算表上の備忘勘定により未認識過去勤務債務として次期に繰延べ次期以降の償却対象とする。

　未認識過去勤務債務の当期償却額＝過去勤務債務÷平均残存勤務期間内の一定年数

給付水準改定時の過去勤務債務の概念図

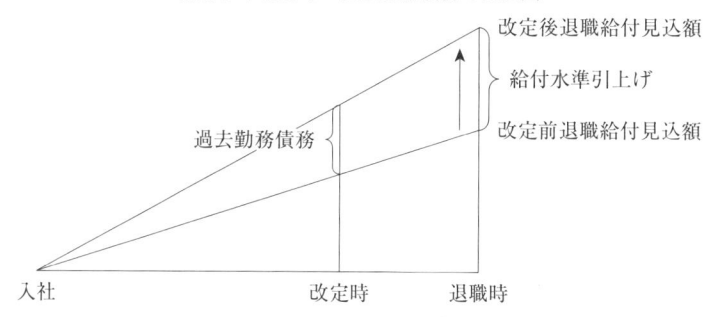

設例：前掲設例の前提条件のうち一部を次のように変更する。予定勤務期間5年の従業員A氏の勤務期間3年目に退職金規程が改定され，現行退職時予定月額給与400,000円が460,000円に引上げられた。その他の条件は前掲設例と同一である。3年度末の未認識過去勤務債務を測定し，給付水準改定年度から平均残存勤務年数の2年にわたり毎期定額について償却する。未償却分は未認識過去勤務債務として備忘勘定で次期に繰延べる。

計算

　退職給付見込額の改定額 2,300,000 ＝ 改定月額給与 460,000 × 勤務期間5年
　改定後3年度配分退職給付見込額 1,380,000 ＝ 2,300,000 × 3/5
　改定後3年度末退職給付債務 1,251,700 ＝ 1,380,000 × [1 ÷ (1＋0.05)^2]
　　　　　　　　　　　　　　　　　　　＝ 1,380,000 × 0.907029
　改定前退職給付見込額 1,200,000 ＝ 400,000 × 3
　改定前3年度末退職給付債務 1,088,435 ＝ 1,200,000 × [1 ÷ (1＋0.05)^2]
　　　　　　　　　　　　　　　　　　　＝ 1,200,000 × 0.907029
　未認識過去勤務債務 163,265
　　＝ 改定後退職給付債務 1,251,700 － 改定前退職給付債務 1,088,435
　未認識過去勤務債務償却額 81,633
　　＝ 未認識過去勤務債務 163,265 ÷ 残存勤務年数2年
　退職給付債務 81,632
　　＝ 未認識過去勤務債務 163,265 － 未認識過去勤務債務償却額 81,633
　3年度末決算仕訳（借）退職給付費用　　81,633（貸）未認識過去勤務債務 81,633

備忘勘定仕訳 　　　（借）未認識過去勤務債務 81,632 （貸）退職給付債務　　　81,632

④　未認識数理差異損益と費用計上

　期待運用収益と実際運用収益との差異損益は，誤差としての数理計算上の差異損益の1つである。投資信託銀行等を通じて株式・債券等の金融資産に投資された年金資産は，金融市場の相場変動により絶えず影響を受ける。このため，年金資産の実際運用収益（利息収入・配当収入・市場相場評価益）と実際運用収益を控除後の退職給付費用も変動する。

　そこで，退職年金会計では実際収益の増減変動を平準化するため，計算上の基礎率として期待運用収益率を採用し，期首年金資産時価に期待運用収益率を掛けて期待運用収益を算定する。このため，実際運用収益と期待運用収益との間に見積誤差として数理計算差異損益が毎期発生する。数理計算差異損益が発生した場合は，平均残存勤務年数内の一定期間にわたり定額法または定率法で償却する。期末決算において費用計上後の数理計算差異損益を未認識数理計算差異といい，帳簿外の精算表で次期に繰延べ次期の償却対象とする。

　未認識数理計算上の差異損益は，元帳勘定と財務諸表に記録しないオフバランス退職給付債務であるから，これを適正表示するため一定の償却方法により毎期償却する。

　未認識数理差異損益の償却方法については，原則として，各年度の発生額について発生年度から平均残存勤務期間内の一定年数により定金額を費用計上する。

　これに対して，定率法により期首の未認識数理差異残高の一定割合について費用計上することができる。定率法による場合は，数理差異損益を発生年度別に区分管理せずに，前年度から繰延べられた期首数理差異累積額に費用計上期間に基づく定率を掛けた金額が当期の費用計上額になる。例えば，発生額の90%を一定年数以内に償却するように定率を定める場合は，費用計上期間5年の定率は 0.369，費用計上期間10年の定率は 0.206 になる。

　退職給付費用，退職給付債務，年金資産は，退職給付会計に係る取引事象について一定条件を仮定した基礎率により計算される。割引率，期待収益率，死亡率，予定昇給率等は，退職給付会計の予測数値を計算するための基礎率である。数理計算上の差異損益は，発生源泉の別に，(1) 期待運用収益と実際運用収益との数理差異，(2) 予測数値と実績値との数理差異，(3) 予測数値の見直

しにより発生する数理差異の3つに区分する。
　(1)　期待運用収益と実際運用収益との数理差異損益
　期待運用収益は，期首年金資産について期待される予測収益であり，期待運用収益率に期首年金資産時価を掛けて算定する。期待運用収益率は，各営業年度の期首年金資産時価に対する期待収益額の比率である。期待運用収益は，退職給付費用を減少させる計算要素としての退職給付費用の控除項目であり，市場相場変動による実際運用収益の変動を回避し退職給付費用と数理損益を平準化するために仮定される予測数値である。
　年金資産・掛金拠出額から生じる実際運用収益は，利息と配当の収入および実現・未実現の市場価格の変動による実際上の年金資産の増加である。
　　　実際運用収益＝期末年金資産市場時価－（期首年金資産時価＋掛金拠出額－年金支給額）
　実際運用収益と期待運用収益との間に誤差が毎期発生する場合は，年度別発生額を未認識数理計算上の差異損益として処理し，発生年度または翌期から平均残存勤務年数内の費用計上期間にわたり定額法で費用計上するか，あるいは他の数理差異と合算して期首の未認識数理差異損益について定率法により費用計上する。未償却数理差異損益は，未認識数理差異損益として精算表上で次期に繰延べる。
　(5)　予測数値と実際数値との数理差異損益
　予定昇給率，死亡率，割引率等の多くの基礎率を用いて退職給付債務，退職給付費用，年金資産等が計算される場合，予測数値と実績数値との間に誤差として数理損益が必ず発生する。これを数理計算上の差異損益として取扱い，発生年度の別に定額法により費用計上するか，あるいは期首未認識数理差異損益残高について定率法により費用計上する。
　例えば，期待運用収益率に基づいて年金資産の期待運用収益を予測する場合は，予測数値の期待運用収益と実績数値の実際運用収益との間に数理計算上の未認識差異損益が発生する。さらに，期首年金資産と年金拠出額は投資運用の結果として，利息と配当の収入，市場相場変動による実現あるいは未実現の運用成果が生じるため年金資産の変動による未認識数理損益として記録する。
　期末の年金資産時価と年金資産簿価との数理計算差異は，次の手順で計算する。

1. 期待運用収益＝期首年金資産時価×期待運用収益率
2. 期末年金資産簿価＝期首年金資産時価＋期待運用収益＋掛金拠出額－年金給付額
3. 期末年金資産の市場関連時価による評価
4. 年金資産変動による数理差異＝期末年金資産時価－期末年金資産簿価
5. 期末年金資産市場関連時価評価における数理差異の当期費用計上

① 期待運用収益と実際運用収益との数理差異の費用計上：前述したように，期待運用収益率と実際運用利回りとの差異は数理差異損益として処理し，定額法または定率法で費用計上し，未償却数理損益は未認識数理差異損益として帳簿外で次期に繰延べる。

② 期末年金資産時価と期末年金資産簿価との差異の費用計上：年金資産と掛金拠出額の投資運用により実際運用収益が発生する場合は，年金資産元本は変動する。年金資産の変動額は，数理計算差異損益として取扱い，発生年度または翌期より平均残存勤務期間内の費用計上期間にわたり定額法または定率法で償却し，未償却部分は未認識数理差異損益として帳簿外で次期に繰延べる。

年金資産

期首年金資産簿価	年金支給額	比較	期末年金資産時価
期待運用収益	期末年金資産簿価		
掛金拠出額			数理差異損失

設例：当期退職給付費用を下記資料により算定する。期首未認識数理計算上の差異残高について定率法で費用に計上し，未償却部分は次期に繰延べる。退職給付会計に係るその他の条件は，下記資料の通りである。

資料：期首未認識数理計算損益借方残高 420,000，期首年金資産簿価 3,000,000，期待運用収益率 4％，期末年金資産時価 3,200,000，期首退職給付引当金 580,000，期首退職給付債務 4,000,000，割引率 7％，期中の掛金拠出額と年金支給額ゼロ，当期勤務費用 400,000，期首未認識数理損益残高を費用計上期間 10 年の定率（償却率 0.206）で償却する。

当期退職給付費用の計算

　①勤務費用　　　　　　　　　　　400,000
　②利息費用　　　　　　　　　　　280,000
　③実際運用収益　　　　　　　　（200,000）
　④未認識数理損益の当期費用計上額　86,520
　⑤数理損益　　　　　　　　　　　 80,000
　当期退職給付費用　　　　　　　　646,520

計算

　①当期勤務費用＝400,000

　②利息費用280,000＝期首退職給付債務4,000,000×7％

　③実際運用収益200,000＝期末年金資産時価3,200,000－(期首年金資産簿価3,000,000＋掛金拠出額0－年金支給額0)

　④期首未認識数理損益の当期費用計上額86,520＝期首未認識数理損益残高420,000×費用計上期間10年の定率0.206

　⑤当期数理損益80,000＝実際運用収益200,000－期待運用収益120,000（期首年金資産簿価3,000,000×期待収益率4％）

　退職給付費用計算において，実際運用収益を控除し数理損益を加算するということは，期待運用収益120,000（＝－200000＋80000）が退職給付費用の控除項目であることを示す。実際運用収益との数理損益を調整して期待運用収益を退職給付費用の控除額とする。

年金精算表―借方（貸方）

	元　帳			備忘記録		
項　目	退職給付費用	現　金	前払年金費用 退職給付引当金	退職給付債務	年金資産	未認識 数理損益
期首残高			(580,000)	(4,000,000)	3,000,000	420,000
勤務費用	400,000			(400,000)		
利息費用	280,000			(280,000)		
実際運用収益	(200,000)				200,000	
当期数理損益	80,000					(80,000)
数理損益償却	86,520					(86,520)
掛金拠出額		0			0	
年金支給額				0	0	
決算仕訳	646,520	0	(646,520)			
期末残高			(1,226,520)	(4,680,000)	3,200,000	253,480

決算整理仕訳　（借）退職給付費用　　646,520　（貸）退職給付引当金　646,520
備忘勘定　　　（借）年金資産　　　3,200,000　（貸）退職給付債務　4,680,000
　　　　　　　　　　現　金　　　　　　　　0
　　　　　　　　　　未認識数理損益　253,480
　　　　　　　　　　退職給付引当金 1,226,520

元帳上の期末退職給付引当金残高 1,226,520 は，下記の備忘勘定記録の結果と一致する。

　（貸）期末退職給付債務　　4,680,000
　（借）期末年金資産時価　　3,200,000
　　　　積立不足額　　　　　1,480,000
　（借）期末未認識数理損益　 253,480
　（貸）期末退職給付引当金 1,226,520

前掲の退職給付費用の内訳項目は，財務諸表に注記する。未認識数理差異損益は元帳勘定と決算財務諸表に表示しないオフバランス債務であるから，未認識過去勤務債務と同様に，備忘勘定の記録データに基づく注記が必要になる。

（3）　基礎率の変更による数理差異損益

退職給付債務，退職給付費用，年金資産等の計算に用いられる割引率は，基礎率のなかでも損益計算に及ぼす影響が特に大きい。割引率が低いほど，退職給付債務は大きくなる。割引率は，長期国債，優良社債等の安定した利回り等を参考にして決定される。しかし，経済動向，公社債市場，経営状況等の変化により実際運用利回りが変化する場合は，退職給付会計の数理差異，損益計算，資産，負債等の財務諸表構成要素は，大きな影響を受けるので，従来から適用している割引率を見直し適正な割引率に変更する必要がある。

前期末に用いた割引率で算定した退職給付債務と比較して，当期末に見直し後の割引率で計算した退職給付債務が10％以上変動すると推定される場合は，重要な影響を及ぼすものとして期末の割引率で退職給付債務を計算する。期末の割引率で計算した期末退職給付債務に重要な変動がないと推定される場合，割引率の変更は不要である。割引率の変更についての要否を判定する退職給付に係る日本の会計基準を重要性基準という。

これに対して，米国財務会計基準審議会と国際財務報告基準は，割引率の変

更により退職給付債務の変動から生じた未認識数理損益の増大を抑制するため，一定の基準数値として回廊アプローチ（Corridor approach）を規定している。米国財務会計基準審議会は，期首退職給付債務と年金資産時価のいずれか大きいほうの金額の±10%を未認識数理損益の償却の要否を判定するための回廊基準としている。したがって，割引率の変更による退職給付債務から発生した未認識数理損益が回廊基準数値のプラス10%とマイナス10%との回廊（帯域幅）の範囲内に収まっていれば，償却は不要であり備忘勘定で次期以降に繰延べる。しかし，未認識数理損益が±10%の回廊基準の範囲から食み出た場合，未認識数理損益を過大な誤差であると判定し定額償却または一括償却する。前年度から繰延べられた期首の未認識数理差異残高は，当期末に回廊アプローチの償却対象になる。

　回廊アプローチによる未認識数理損益の償却対象額は，下記計算にしたがう。
　　イ．年金資産上の実際運用収益と期待運用収益との差額（資産損益）＋予測給付債務上の仮定変更による変動額（負債損益）＝期首未認識数理損益累積額
　　ロ．期首未認識数理損益累積額＞回廊（±10%の許容範囲）の場合，回廊基準値を超える部分を償却対象額として償却する。（期首未認識数理損益累積額－償却対象額）÷従業員の平均残存勤務年数。回廊を超えていない場合は，償却不要である。

　なお，日本の会計基準では，期待運用収益率，昇給率，退職率等の基礎率について毎期末に検討し，基礎率変更により退職給付債務について10%以上の変動が推定される場合は各基礎率を見直すが，10%以内の変動が推定される場合は基礎率の見直しは不要である。

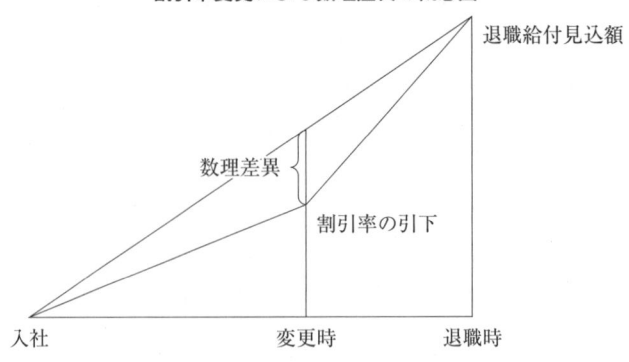

割引率変更による数理差異の概念図

（図：入社から変更時、退職時にかけての退職給付見込額と割引率の引下による数理差異を示す三角形の概念図）

設例：当社の退職給付会計に係る条件は下記資料の通りである。

資料：期首退職給付債務30,000，期首年金資産17,000，期待運用収率2.5％，当期勤務費用2,700，当期利息費用1,350，掛金拠出額2,400，年金支給額1,600，期首割引率4.5％から割引率3.5％への変更による期末退職給付債務34,800，期末年金資産時価18,500，数理損益の費用計上年数10年，発生年度から定額法（10年の定率0.206）で費用計上する。

年金精算表—借方（貸方）

項　目	元　帳			備忘記録		
	退職給付費用	現　金	前払年金費用／退職給付引当金	退職給付債務	年金資産	未認識数理損益
期首残高			(10,800)	(30,000)	17,000	2,200
勤務費用	2,700			(2,700)		
利息費用	1,350			(1,350)		
実際収益	(700)				700	
当期数理損益	275					(275)
期首損益償却	453					(453)
当期数理損益				(2,350)		2,350
数理損益償却	427					(427)
掛金拠出額		(2,400)			2,400	
年金支給額				1,600	(1,600)	
決算仕訳	4,505	(2,400)	(2,105)			
期末残高			(12,905)	(34,800)	18,500	3,395

当期退職給付費用の計算と仕訳

a. 当期勤務費用 2,700
b. 利息費用 1,350 ＝期首退職給付債務 30,000×期首割引率 4.5％
c. 期待運用収益 425 ＝期首年金資産時価 17,000×期待運用収益率 2.5％
d. 期首数理損益の当期償却額 453 ＝期首未認識数理損益残高 2,200×費用計上期間
 　10 年の償却率 0.206
e. 実際運用収益 700 ＝期首年金資産時価 18,500 －（期首年金資産時価 17,000 ＋掛金
 　拠出額 2,400 －年金支給額 1,600）
f. 期待収益と実績値との当期数理損益 275 ＝実際運用収益 700 －期待運用収益 425
g. 割引率変更数理損益 2,350 ＝変更後期末退職給付債務 34,800 －変更前期末退職
 　給付債務 32,450
h. 当期未認識数理損益合計残高 2,075 ＝割引率変更当期数理損益借方残高 2,350 －
 　期待収益・実績値との当期数理損益貸方
 　残高 275
i. 当期未認識数理損益償却額 427 ＝当期未認識数理損益借方 2,075×費用計上期間
 　10 年の定率 0.206

当期退職給付費用 4,505 ＝a. 勤務費用 2,700 ＋b. 利息費用 1,350 －c. 期待運用収益 425 ＋d. 期首未認識数理損益当期償却額 453 ＋i. 当期発生未認識数理損益償却額 427

決算整理仕訳（借）退職給付費用　　　　4,505　（貸）退職給付引当金　2,105
　　　　　　　　　　　　　　　　　　　　　　　　　　現　　金　　　　2,400

備忘勘定仕訳（借）年金資産　　　　　18,500　（貸）退職給付債務　34,800
　　　　　　　　　未認識数理損益　　　3,395
　　　　　　　　　期末退職給付引当金 12,905

設例：当社は，従業員 100 名について確定給付型年企業年金制度を採用している。2××5 年 4 月 1 日から今後 20 年間で 100 名のうち毎年 5％の従業員が退職予定である。2××4 年の期首退職給付引当金は 150,000 である。2××5 年 4 月 1 日に退職金規程を改定した。給付水準改定に伴う過去勤務債務は，改定年度から全従業員の予定残存勤務年数に基づいて償却する。その他の条件は下記資料に示す通りである（出典：WILEY CPA EXAM REVIEW 33rd Edition・2006-2007

Volume 1 Outlines and Study Guides, pp. 441-444. なお，一部変更して引用した）。

	2××4年4月1日	2××5年4月1日	2××5年3月31日
年金資産時価	400,000	455,000	760,500
累積給付債務	460,000	640,000	710,000
退職給付債務	550,000	821,500	1,033,650
未認識累積数理損益（資産損失）		(106,000)	
過去勤務債務（給付額改定）		(105,000)	
退職給付引当金	(150,000)		

	2××4年3月31日	2××5年3月31日
勤務費用	117,000	130,000
掛金拠出額	125,000	260,000
年金資産時価	455,000	760,500
累積給付債務	620,000	710,000
年金支給額	—	—
未認識累積数理損益	(106,000)	(103,729)
期待収益率	9%	10%
割引率	9%	10%

年金資産の変動

	2××4年	2××5年
期末年金資産	455,000	760,500
期首年金資産	400,000	455,000
年金資産の増加	55,000	305,500
年金支給額	0	0
掛金拠出額	(125,000)	(260,000)
実際運用収益	(損失 70,000)	45,500
期待運用収益		
2004年度　400,000×9%	36,000	
2005年度　455,000×10%		45,500
未認識数理差異	(損失 106,000)	0

① 2××4年度および2××5年度の退職給付費用計算

1. 勤務費用：117,000（2××4年度），130,000（2××5年度）
2. 利息費用：9%×550,000（2××4年度），10%×821,500（2××5年度）
3. 年金資産の実際運用収益：(損失 70,000)（2××4年度），45,500（2××5年度）

　2××4年度実際運用損失△70,000－期待運用収益36,000＝未認識数理差異（損

失）106,000

2××5年度実際運用収益 45,500 − 期待運用収益 45,500 = 未認識数理損益 0
4. 過去勤務債務の発生年度償却：

全従業員の残存勤務年数 = 100 + 95 + 90 + ‥ + 10 + 5 = 5n（n + 1）÷ 2
$$= 5 \times 20 \times 21 \div 2 = 1,050$$

未認識過去勤務債務の2005年度償却額 10,000 = 105,000 × 償却率（200 ÷ 1,050）
5. 数理損失：2××4年度に発生した未認識数理損益（損失）106,000は，発生年度で償却せず翌期に繰延べる。国際会計基準19号により，2××5年度期首未認識数理差異損益106,000を「回廊」基準の許容範囲（期首退職給付債務 821,500 と年金資産時価 455,000 の大きいほうの 821,500 の 10% 相当額 = 82,150 が許容範囲）を超える部分 23,850（= 106,000 − 82,150）について償却する。従業員数 100 名，毎年の予定退職率 5% の場合は，2××4年1月1日の平均残存勤務年数は 10.5 年である。10.5 =（100 + 95 + 90 + ‥ + 10 + 5）÷ 100。2××5年度数理損益償却額 2,271 = 数理損益 23,850 ÷ 平均残存勤務年数 10.5 年。2××5年度実際運用収益と期待運用収益は同等であるから，調整は不要である。

② 2××4年度・2××5年度の決算仕訳

2××4年度決算整理仕訳

（借）退職給付費用　130,500　（貸）退職給付引当金 130,500
（借）退職給付引当金 125,000　（貸）現　　金　　　125,000

2××5年度決算整理仕訳

（借）退職給付費用　178,921　（貸）退職給付引当金 178,921
（借）退職給付引当金 260,000　（貸）現　　金　　　260,000

退職給付費用明細	2××4年3月31日	2××5年3月31日
1. 勤務費用	117,000	130,000
2. 利息費用	49,500	82,150
3. 実際運用収益	70,000	(45,500)
4. 過去勤務債務償却額		10,000
5. 繰延数理損益	(106,000)	—
6. 数理損益償却額	—	2,271
7. 実際損失	—	—
退職給付費用	130,500	178,921

③ 2××4年度・2××5年度年金精算表

年金精算表は，元帳上の年金関連諸勘定のほかに，退職給付債務，年金資産，未認識過去勤務債務，未認識数理損益の帳簿外の備忘勘定を含む。

年金精算表—2××4年度

	借方（貸方）			借方（貸方）			
	元　　帳			備忘記録			
項　目	退職給付費用	現　金	前払費用／退職給付引当金	退職給付債務	年金資産	過去勤務債務	未認識数理損益
2××4年期首			(150,000)	(550,000)	400,000		
勤務費用	117,000			(117,000)			
利息費用	49,500			(49,500)			
実際損失	70,000				(70,000)		
繰延数理損益	(106,000)						106,000
掛金拠出額		(125,000)			125,000		
決算仕訳	130,500	(125,000)	(5,500)				
2××4年期末			(155,500)	(716,500)	455,000		106,000

年金精算表—2××5年度

	借方（貸方）			借方（貸方）			
	元帳仕訳			備忘記録			
項　目	退職給付費用	現　金	前払費用／退職給付引当金	退職給付債務	年金資産	過去勤務債務	未認識数理損益
2××5年期首			(155,500)	(716,500)	455,000		106,000
過去勤務費用				(105,000)		105,000	
勤務費用	130,000			(130,000)			
利息費用	82,150			(82,150)			
実際損失	(45,500)				(45,500)		
過去勤務債務償却額	10,000					(10,000)	
数理損益償却	2,271						(2,271)
掛金拠出額		(260,000)			260,000		
決算仕訳	178,921	(260,000)	81,079				
2××5年期末			74,421	(1,033,650)	760,500	95,000	103,729

④ 財務諸表

	2××4年度	2××5年度
貸借対照表		
資産	—	—
負債：退職給付引当金	155,500	74,421
損益計算書		
退職給付費用	130,500	178,921

⑤ 脚注情報

	2××4年3月31日	2××5年3月31日
退職給付債務の変動		
期首退職給付債務	550,000	716,500
勤務費用	117,000	130,000
利息費用	49,500	82,150
過去勤務費用	—	10,500
実際損失	—	—
年金支給額	—	—
期末退職給付債務	716,500	1,033,650

	2××4年3月31日	2××5年3月31日
年金資産の変動		
期首年金資産時価	400,000	55,000
実際運用収益	(70,000)	45,500
掛金拠出額	125,000	260,000
年金支給額	—	—
期末年金資産時価	455,000	760,500
年金積立額	(261,500)	(273,150)
年金資産に係る未認識損益	106,000	103,729
未認識過去勤務債務	—	95,000
正味積立不足額	(155,500)	(74,421)
貸借対照表計上額		
退職給付引当金	(155,000)	(74,421)
計上合計額	(155,500)	(74,421)

第14章
社　　債

14-1　社債の種類

　企業が資本市場から資金を調達するために発行する債務証券を社債という。社債には，普通社債，転換社債（Convertible Bonds），新株予約権付社債（Bonds with detachable stock warrants）等があり，取締役会の決議により随時発行することができる。社債を発行する場合は，起債企業に対する格付機関の信用の格付けが資金調達コストに影響を及ぼす。格付機関が起債企業の債務返済能力の健全性と利払いの確実性について審査しトリプル A 等の最高の信用ランクとして格付けされた起債企業は，低い金利コストで起債することができるが，債務不履行が懸念される低い信用ランクに格付けされた起債企業は，高い金利コストで起債しない限り投資家の期待に応えられない。

14-2　社債の評価

(1)　社債発行形態と発行価額

　社債には，発行形態の別にしたがって，社債額面価額より低い発行価額で発行する割引発行（ディスカウント），額面金額と同等の発行価額で発行する平価発行（パー），額面価額より高い発行価額で発行する打歩発行すなわち割増発行（プレミアム）の3つがある。

　① 割引発行

　額面価額＞発行価額および券面利率＜実効利率が割引発行の前提条件であ

る。社債年間利息は，額面価額に額面利率（約定利率，クーポンレート）を掛けて算定する。券面利率が債券市場の市場利率（実効利率）を下回る場合は投資家にとって不利になるため，起債企業は，額面価額より発行価額を引下げ実効利率が高くなるように誘導する。なお，新会社法制定前は，割引発行差額を社債発行差金勘定借方に計上し，額面金額を社債勘定貸方に計上していたが，新会社法制定により社債発行差金勘定がなくなり，払込金額を社債勘定貸方に計上することになった。

　　発行時（借）現金預金×× （貸）社債×× （払込金額）
　② 平　価　発　行
　額面価額＝発行価額および券面利率＝実効利率の２つが平価発行の前提条件である。平価発行は実務上稀有なケースである。
　③ 打　歩　発　行
　額面価額＜発行価額および券面利率＞実効利率が打歩発行の前提条件である。券面利率が債券市場の市場利率を上まわる場合は，券面利率を市場利率まで引下げるため額面価額より高い価額で社債を発行する。なお，新しい会社法の制定前は，打歩発行差額を社債発行差金勘定貸方に計上し，額面金額を社債勘定貸方に計上したが，新しい会社法の制定により社債発行差金勘定がなくなり，払込金額を社債勘定貸方に計上することになった。

　　発行時：(借）現金預金×× （貸）社債×× （払込金額）
　払込金額は，社債の発行形態のいかんを問わず，償還期日に支払うべき償還金額の割引現在価値と社債利息の割引現在価値との合計額である。

　　発行時の払込金額＝償還金額の割引現在価値＋社債利息の割引現在価値

(2) 社債発行と償却

　割引発行と打歩発行の社債の発行形態のいかんに関わらず，社債発行時の現金収入額と償還期日までの現金支出額（社債支払利息＋社債元本償還額）との差額が実際に支払われた利息費用である。したがって，実際の支払利息は，利払日の社債利息現金支払額（クーポン利息）と社債発行差額償却額（支払利息相当額）から構成される。

　社債利息は，通常，半年ごとの年２回の利払日に下記計算式により算定し，

債券附属のクーポン（利札）と引換えに現金で支払われる。社債利息は，借入金の支払利息と区別するため社債利息勘定で処理し，財務費用として損益計算書の営業外費用の部に表示する。

　　社債利息＝額面金額×額面利率（クーポンレート）×月数／12ヶ月
　　利払時：（借）社債利息×× （貸）現金預金××

　額面金額と払込金額との差額は，社債利息（クーポン利息）に加減される金利調整差額と見なし，利払日に，償還期日まで実効利息法または定額法で社債発行差額の償却額を社債利息勘定に加減すると同時に当該社債発行差額償却額を貸借対照表帳簿価額に加減する。この場合，社債発行差額償却額を社債の貸借対照表帳簿価額に加減する評価基準を償却原価法という。償還金額は確定しており債券市場相場に無関係であるから，債券の時価評価は不要である。

　実効利息法による社債発行差額の償却額は，下記計算式より求める。

　　当期償却額＝支払利息（期首社債簿価×実効利率）－社債利息支払額（額面金額
　　　　　　　　×券面利率）

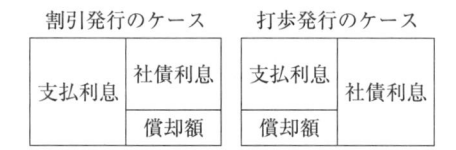

割引発行のケース		打歩発行のケース	
支払利息	社債利息	支払利息	社債利息
	償却額	償却額	

　割引発行の場合は，毎利払日に社債利息（クーポン利息）の現金支払額のほかに，割引発行差額の当期償却額を社債利息として社債利息勘定借方に加算すると同時に，当該償却額を社債の貸借対照表帳簿価額に加算してゆき償還期日に帳簿価額を償還金額に一致させる。

　　利払時：（借）社債利息×× （貸）社　　債　×× （当期償却額）
　　　　　　（借）社債利息×× （貸）現金預金×× （クーポン利息）

　打歩発行の場合は，毎利払日に社債利息現金支払額のほかに，打歩発行差額の当期償却額を社債利息勘定から減額（利益処理）すると同時に，当該償却額を社債の貸借対照表帳簿価額から減額してゆき，償還期日に帳簿価額を償還金額に一致させる。

　　利払時：（借）社　　債　×× （貸）社債利息×× （当期償却額）
　　　　　　（借）社債利息×× （貸）現金預金×× （クーポン利息）

なお，利払日と決算日が異なる場合は，決算日に前利払日の翌日から決算日までの既経過分の社債利息を月割計算し，これを未払社債利息として見越計上し，翌期首の最初の日付で未払社債利息について再整理仕訳を行ない社債利息勘定に振戻す。

決算時：社債利息の見越計上（借）社債利息　　××（貸）未払社債利息××
再整理：社債利息の見越計上（借）未収社債利息××（貸）社債利息　　××

償還期日に，償還金額を返済するとともに最終回の利息を支払う。

償還時：（借）社　債××（貸）現金預金××
　　　　　　　　　　　　　社債利息××

設例1：当社は，2××1年1月1日に以下の条件で社債を割引発行した。決算日12月末日，額面価額100,000（単位千円），券面利率12％，一般市場利率14％，利息期間10期（半年が利息期間），利払日は6月と12月の末日，償還期日2××5年12月31日，発行価額92,976.39（単位：千円），割引発行差額は①実効利息法または②定額法で償却する。

計算：額面金額の現在価値50,834.90＝元本100,000×現在価値係数0.508349（10期，半年利率7％）

利息の現在価値42,141.49＝券面利息半年6,000×現在価値係数7.023582（10期，半年利率7％）

販売価額92,976.39＝額面金額の現在価値50,834.90＋利息の現在価値42,141.49
割引発行差額7,023.61＝額面金額100,000－売出価額92,976.39

① 実効利息法

社債発行時（借）現金預金92,976.39（貸）社　債92,976.39（払込金額）
第1回利払日（2××1/6/30）（借）社債利息6,508.35（貸）社　債　　508.35
　　　　　　　　　　　　　　　　　　　　　　　　　　　　現金預金6,000

社債利息6,508.35＝発行価額92,976.39×半年実効利率7％。割引発行差額償却額508.35＝支払利息6,508.35－現金利払額6,000。

第2回利払日・決算日（2××1/12/31）（借）社債利息6,543.93（貸）社　債　　543.93
　　　　　　　　　　　　　　　　　　　　　　　　　　　　　　　　現金預金6,000

社債利息6,543.93＝（期首社債簿価92,976.39＋償却額508.35）×半年実効利率

7％。割引発行差額 543.93 ＝ 支払利息 6,543.93 － 6,000。

割引発行差額償却のスケジュール―実効利息法

日　付	現金（貸）[a]	支払利息（借）[b]	金利調整額償却（貸）[c]	期首社債簿価[d]
×1/1/01				92976.39
×1/6/30	6,000	6508.35	508.35	93484.74
×1/12/31	6,000	6543.93	543.93	94028.67
×2/6/30	6,000	6582.01	582.01	94610.68
×2/12/31	6,000	6622.75	622.75	95233.43
×3/6/30	6,000	6666.34	666.34	95899.77
×3/12/31	6,000	6712.98	712.98	96612.75
×4/6/30	6,000	6762.89	762.89	97375.64
×4/12/31	6,000	6816.29	816.29	98191.93
×5/6/30	6,000	6873.44	873.44	99065.37
×5/12/31	6,000	6934.63	934.63	100000.00
	60,000	67023.61	7023.61	

注：a ＝ 額面金額 100,000 × クーポン利率 12％ × 1/2 年。b ＝ 期首社債簿価 × 実効利率 × 1/2 年。c ＝ 脚注 b 欄の支払利息 － 脚注 a 欄の現金利払額 6,000。d ＝ 期首社債簿価 ＋ 脚注 c 欄の償却額。

② 定　額　法

社債発行時　（借）現金預金 92,976.39　（貸）社　債　92,976.39
第 1 回利払日（2××1/6/30）（借）社債利息 6,702.36　（貸）社　債　　702.36
　　　　　　　　　　　　　　　　　　　　　　　　　　　現金預金 6,000

　社債利息 6,702.36 ＝ 現金利払額 6,000 ＋ 半期償却額 702.36。割引発行差額償却額 702.36 ＝ 割引発行差額 7,023.61 ÷ 10 期。

第 2 回利払日・決算日（2××1/12/31）（借）社債利息 6,702.36　（貸）社　債　　702.36
　　　　　　　　　　　　　　　　　　　　　　　　　　　　　　　　現金預金 6,000

　社債利息 6,543.93 ＝（期首社債簿価 92,976.39 ＋ 社債加算額 508.35）× 半期実効利率 7％。割引発行差額償却額 543.93 ＝ 支払利息 6,543.93 － 6,000。

第 14 章 社　　債

割引発行差額償却のスケジュール—定額法

日　付	現金（貸）[a]	支払利息（借）[b]	金利調整額償却（貸）[c]	期首社債簿価[d]
×1/1/01				92976.39
×1/6/30	6,000	6702.36	702.36	93678.75
×1/12/31	6,000	6702.36	702.36	94381.11
×2/6/30	6,000	6702.36	702.36	95083.47
×2/12/31	6,000	6702.36	702.36	95785.83
×3/6/30	6,000	6702.36	702.36	96488.19
×3/12/31	6,000	6702.98	702.36	97190.55
×4/6/30	6,000	6702.36	702.36	97892.91
×4/12/31	6,000	6702.36	702.36	98595.27
×5/6/30	6,000	6702.36	702.36	99297.63
×5/12/31	6,000	6702.37	702.37	100000.00
	60,000	67023.61	7023.61	

注：a＝額面金額 100,000×クーポン利率 12％×1/2 年。b＝現金利払額 6,000＋脚注 c 欄の償却額 c＝(100,000－92976.39)÷10 期。d＝期首社債簿価＋脚注 c の償却額。

設例 2：当社は，2××1 年 1 月 1 日に以下の条件で社債を打歩発行した。決算日 12 月末日，額面価額 100,000（単位千円），券面利率 12％，一般市場利率 10％，利息期間 10 期（半年＝利息期間），利払日は 6 月と 12 月の末日，償還期日 2××5 年 12 月 31 日，発行価額 107,721.71（単位千円），打歩発行差額は①実効利息法または②定額法で償却する。

計算：額面金額の割引現在価値 61,391.30＝元本 100,000×現在価値係数 0.613913（10 期，半年利率 5％）。利息の現在価値 46,330.41＝券面半年利息 6,000×現在価値係数 7.721735（10 期，半年利率 5％）。販売価額 107,721.71＝額面金額の現在価値 61,391.30＋利息の現在価値 46,330.41。打歩発行差額 7,721.71＝販売価額 107,721.71－額面金額 100,000

① 実効利息法

社債発行時　（借）現金預金 107,721.71　（貸）社　債 107,721.71（払込金額）

第 1 回利払日（2××1/6/30）（借）社債利息 5,386.09　（貸）現金預金 6,000

　　　　　　　　　　　　　　　　　　　社　債　　613.91

社債利息 5,386.09＝払込金額 107,721.71×半年実効利率 5％。割引発行差額償却

額 613.91 = 現金利払額 6,000 - 支払利息 5,386.09
第 2 回利払日・決算日（2××1/12/31）（借）社債利息 5,355.39（貸）現金預金 6,000
　　　　　　　　　　　　　　　　　　　　　　社　債　　644.61

打歩発行差額償却のスケジュール―実効利息法

日 付	現金（貸）a	支払利息（借）b	金利調整額償却（借）c	期首社債簿価d
×1/1/01				107721.71
×1/6/30	6,000	5386.09	613.91	107107.80
×1/12/31	6,000	5355.39	644.61	106463.19
×2/6/30	6,000	5323.16	676.84	105786.35
×2/12/31	6,000	5289.32	710.68	105075.67
×3/6/30	6,000	5253.78	746.22	104329.45
×3/12/31	6,000	5216.47	783.53	103545.92
×4/6/30	6,000	5177.30	822.70	102723.22
×4/12/31	6,000	5136.16	863.84	101859.38
×5/6/30	6,000	5092.97	907.03	100952.35
×5/12/31	6,000	5047.65	952.35	100000.00
	60,000	52278.29	7721.71	

注：a ＝額面金額 100,000 ×クーポン利率 12％× 1/2 年。b ＝期首社債簿価×実効利率 10％× 1/2 年。c ＝脚注 a 欄の現金利払額 6,000 －脚注 b 欄の支払利息。d ＝期首社債簿価－脚注 c の償却額。

② 定　額　法

社債発行時（借）現金預金 107,721.71（貸）社　債 107,721.71（払込金額）
第 1 回利払日（2××1/6/30）（借）社債利息 5,227.83（貸）現金預金 6,000
　　　　　　　　　　　　　　　　　　　　　社　債　　772.17
第 2 回利払日・決算日（2××1/12/31）（借）社債利息 5,227.83（貸）現金預金 6,000
　　　　　　　　　　　　　　　　　　　　　　　社　債　　772.1

打歩発行差額償却のスケジュール―定額法

日　付	現金（貸）[a]	支払利息（借）[b]	金利調整額償却（借）[c]	期首社債簿価[d]
×1/1/01				107721.71
×1/6/30	6,000	5227.83	772.17	106949.54
×1/12/31	6,000	5227.83	772.17	106177.37
×2/6/30	6,000	5227.83	772.17	105405.20
×2/12/31	6,000	5227.83	772.17	104633.03
×3/6/30	6,000	5227.83	772.17	103860.86
×3/12/31	6,000	5227.83	772.17	103088.69
×4/6/30	6,000	5227.83	772.17	102316.52
×4/12/31	6,000	5227.83	772.17	101544.35
×5/6/30	6,000	5227.83	772.17	100772.18
×5/12/31	6,000	5227.82	772.18	100000.00
	60,000	52278.29	7721.71	

注：a＝額面金額 100,000×クーポン利率 12％×1/2 年。b＝期首社債簿価×実効利率 10％×1/2 年。c＝脚注 a 欄の現金利払額 6,000－脚注 b 欄の支払利息。d＝期首社債簿価－脚注 c 欄の償却額。

14-3　社債発行費

　社債発行に伴う付随費用を社債発行費という。社債発行費には債券印刷費用，証券会社に支払う取扱手数料，社債募集のための広告宣伝費，社債登記の登録免許税等が含まれる。社債発行費は，次期以降の収益に対応させるため繰延資産（費用の繰延）として資産に計上し，社債期間にわたり社債発行費償却勘定を用いて定額償却する。ただし，簡便法の定額法に代えて，実効利息法により社債発行費を償却することもできる。

社債発行費の繰延費用計上

　　発行時　（借）社債発行費　　××（繰延資産）　（貸）現金預金　××
　　決算日　（借）社債発行費償却××（営業外費用）（貸）社債発行費××（定額償却）
　あるいは次のように処理してもよい。
　　発行時　（借）現金預金　　××（払込金額－社債発行費）（貸）社　債××（払込金額）
　　　　　　　　　社債発行費××（繰延資産）
　　　　　　（借）現金預金　　××（払込金額－社債発行費）（貸）社　債××（払込金額）

　　　　　　　　　社債発行費×× (繰延資産)
　決算日 (借) 社債発行費償却×× (営業外費用) (貸) 社債発行費×× (定額償却)

設例：当社は次の条件により社債を発行した。額面価額500,000 (単位千円), 券
　　面利率4.5％, 一般市場利率4％, 発行価額520,000, 社債発行費8,000, 償還
　　期間5年, 社債発行費は定額法により償却する。
　発行時 (借) 現　　金　　512,000 (貸) 社　　債 520,000
　　　　　　　社債発行費　　 8,000 (繰延資産)
　　　　現金512,000＝払込金額520,000－社債発行費8,000
　決算日 (借) 社債発行費償却1,600 (貸) 社債発行費1,600
　　　社債発行費償却額1,600＝割引発行差額8,000÷5年

14-4　社 債 の 償 還

　社債償還には, 各種の方法がある。償還期日に社債債務を一括償還する方法を満期償還という。これに対して, 起債企業の資金繰りに余裕が生じ資金を贅沢に保有する場合は, 償還期日前に債務圧縮のため随時, 債券市場から自社発行社債を買戻す場合がある。これを買入償還という。また, 定期償還条項付社債として, 償還期日前に定期的に一定金額の自社発行社債を抽選で決定し償還する場合は, これを抽選償還あるいは定期分割償還という。さらに, 抽選償還において当初の予定償還日より早期に自社発行社債を債券市場から買入れ消却することを繰上償還という。このほか, 旧社債の償還期日前に新規社債を発行し旧社債を買入れ消却する場合は, これを社債の借換えという。

(1)　満　期　償　還

　償還期日に社債の額面金額と最終回の社債利息を支払う。社債勘定借方に額面金額を記入し社債債務を償還 (消却) すると同時に, 最終回の社債利息を支払う。社債の満期償還の場合は, 社債発行差額と社債発行費の償却は全て終了しているので, 償還期限の社債帳簿価額は額面金額に一致する。額面金額が償還期限の時価であるから, 償還損益は生じない。

第14章　社　　　債　　373

満期償還時（借）社　　債　××（貸）現金預金××
　　　　　　　　社債利息××

(2) 買　入　償　還

　企業が随時，自社発行社債を債券市場から市場相場の時価で買入れる場合は，期首社債帳簿価額に社債発行差額償却額と経過利息とを加えた金額が社債の買入価額である。すなわち，期首社債帳簿価額に期首から買入時までの未償却社債発行差額について月割計算した償却額と期首から買入時までの経過利息とを加減調整した金額と，買入価額との差額が社債買入償還損益である。

帳簿価額＞買入価額の場合
　　（借）社　　債　××（期首社債簿価＋発行差額償却額）（貸）現金預金　××（買入価額）
　　　　社債利息××（発行差額償却額）　　　　　　　　社債償還益××（特別利益）

帳簿価額＜買入価額の場合
　　（借）社　　債　××（貸）現金預金××（買入価額）
　　　　社債利息　××（発行差額償却額）
　　　　社債償還損××（特別損失）

　設例：当社は，2××1年1月1日に下記条件により償還期限10年の社債を発行したが，資金繰りが好転したため2××5年6月30日に額面金額100,000の買入償還を行ない消却した。
　1. 額面金額100,000（単位：千円），額面金額の1口100円につき97円で発行した。
　2. クーポン利率12％
　3. 買入償還日2××6年6月30日
　4. 利払日1月1日と7月1日の年2回。利息配分と金利調整差額償却は定額法による
　5. 買入価額1口100円につき105円で経過利息支払額を加え額面金額全額を買戻す
　計算：買入時の割引発行差額当期償却額150＝割引発行差額3,000÷10年÷2期
　　　　クーポン利息6,000＝額面金額100,000×クーポン利率12％÷2期

買入時：(借) 社債利息 6,000 (貸) 未払社債利息 6,000

計算：発行価額 97,000（100,000×97円/100円）に買入時までの社債割引発行差額償却額 1,650 を加えて買入時の社債帳簿価額 98,650 を算定する。

①発行価額＝97,000（100,000×97/100），当初割引発行差額＝3,000
②買入時までの割引発行差額償却額＝1,650（割引発行差額 3,000/10年×5.5年）
③買入時帳簿価額 98,650＝①発行価額 97,000＋②買入時までの発行差額償却額 1,650
④買入価額＝105,000（100,000×105円/100円。未払社債利息を除く）
⑤社債償還損 6,350＝④買入価額 105,000－③買入時帳簿価額 98,650

買入時 (借) 社　　債　　　　98,650 (貸) 現金預金 111,000
　　　　　　未払社債利息　　6,000
　　　　　　社債償還損　　　6,350

なお，国際財務報告基準を準用して社債発行差額を認識する場合は，次の仕訳を行なう。

買入時：(借) 社債利息 6,150 (貸) 社債発行差額　150
　　　　　　　　　　　　　　　　未払社債利息 6,000

社債発行差額 150＝割引発行差額 3,000÷10年×1/2年

　　　(借) 社　　債　　　100,000 (貸) 現金預金　　　111,000
　　　　　　未払社債利息　6,000　　　社債発行差額　1,350
　　　　　　社債償還損　　6,350

(3) 抽　選　償　還

　定時償還条項の特約付き社債のうち償還すべき社債を抽選で決定し，一定期間に額面金額を分割して償還する方法を抽選償還あるいは定時分割償還という。抽選償還は額面金額で償還するため，社債償還損益は生じない。定時償還条項特約付き社債においてクーポン利息と社債発行差額償却額を算定する場合は，原則として実効利息法によるが，開始償還日から最終償還日までの未償還残高総額に対する当期未償還残高の割合に社債発行差額を乗じて当期償却額を算定する簡便法も認められている。簡便法は，有形固定資産の減価償却費を算定する場合に用いる級数法と同じ費用配分法である。

　　実効利息法：当期償却額＝(期首社債帳簿価額×実効利率)－クーポン利息

第14章 社　　債　375

等差級数法：当期償却額＝社債発行差額×級数（当期使用資金高）／級数総和
　　　　　　（総使用資金高）

割引発行時（借）現金預金×× （貸）社　債××

償還時（借）社　債　×× （期首社債帳簿価額）（貸）現金預金××

　　　　社債利息×× （償却額＋クーポン利息）

利払時（借）社債利息×× （未償還分償却額）（貸）現金預金×× （クーポン利息）

　　　　　　　　　　　　　　　　　　　社　債　×× （未償還分償却額）

設例：当社は，2××1年4月1日に下記の条件で定時償還条項付社債を発行した。
1. 額面金額100,000（単位千円），払込金額は，額面金額1口100円につき97円とする。
2. 実効利率6％，券面利率5％
3. 利払日　毎年3月31日
4. 2××2年3月31日の第1回償還から各決算日に20,000千円の分割償還を行なう。

実効利息法

割引差額償却と償還スケジュール—実効利息法

日付	支払利息	現金利息	金利調整額償却	分割償還	期首社債簿価
×1/4/01					97,000[a]
×2/3/31	5,820[b]	5,000[c]	820[d]	20,000[e]	77,820[f]
×3/3/31	4,669	4,000	669	20,000	58,489
×4/3/31	3,509	3,000	509	20,000	38,998
×5/3/31	2,340	2,000	340	20,000	19,338
×6/3/31	1,662[g]	1,000	662	20,000	0
	18,000	15,000	3,000	100,000	

注：当初社債簿価a＝額面100,000×97/100。支払利息受b＝期首社債簿価a×実効利率6％。現金利息c＝未償還額100,000×券面利率5％。償却額d＝b－c。e＝償還額20,000。g＝調整額。

割引発行差額3,000＝額面金額100,000－払込金額97,000

社債発行時（×1/4/1）（借）現金預金97,000 （貸）社　債97,000 （払込金額）

初回利払時（×2/3/31）（借）社債利息 5,820 （貸）現金預金5,000 （クーポン利息）

　　　　　　　　　　　　　　　　　　　　　　　社　債　　820 （割引差額償却額）

初回償還時（×2/3/31）（借）社　債 20,000（貸）現金預金 20,000（償還額）
第 5 回利払日（×6/3/31）（借）社債利息 1,662（調整額）（貸）現金預金 1,000
　　　　　　　　　　　　　　　　　　　　　　　　　　　　社　債　　662
最終償還日（×6/3/31）（借）社　債 20,000（貸）現金預金 20,000

級数法

割引差額償却と償還スケジュール―級数法

日　付	支払利息	現金利息	金利調整額償却	分割償還	期首社債簿価
×1/4/01					97,000
×2/3/31	6,000	5,000	1,000	20,000	78,000
×3/3/31	4,800	4,000	800	20,000	58,800
×4/3/31	3,600	3,000	600	20,000	39,400
×5/3/31	2,400	2,000	400	20,000	19,800
×6/3/31	1,200	1,000	200	20,000	0
	18,000	15,000	3,000	100,00	

　割引発行差額 3,000 ＝額面金額 100,000－払込金額 97,000。等差級数総計 15＝5×(5＋1)／2。全期間未償還資金総額 300,000＝償還額 20,000×等差級数総計 15。償還額 20,000 の全期間未償還資金総額に占める割合 1/15＝20,000÷300,000。初回利払時の償却額 1,000＝割引差額 3,000×初回未償還資金償却率 5/15。

　発行時（借）現金預金 97,000（貸）社　債 97,000
　初回利払時（借）社　債　19,000（貸）現金預金 25,000
　　　　　　　社債利息　6,000（現金利息 5,000＋償却額 1,000）
　最終償還日（借）社　債　12,000（貸）現金預金 21,000
　　　　　　　社債利息　1,200（現金利息 1,000＋償却額 200）

(4) 繰 上 償 還

　抽選償還の償還期限より早期に債券市場から市場価額で買入償還を行なうことを繰上償還という。繰上償還は，自社発行社債を債券市場から時価で買入れ，買入償還の処理と同様に処理する。買入価額と社債償却原価との差額は，社債償還損益として計上する。

　設例：当社は 2××1 年 4 月 1 日に下記の条件で定時償還条項特約付社債を発行し

た。当期は，2××3年4月1日から2××4年3月31日である。
1. 額面金額100,000（単位千円），払込金額は，額面1口100円につき97円とする。
2. 実効利率6％，券面利率5％
3. 利払日　毎年3月31日
4. 2××2年3月31日の初回償還日から毎期末に20,000千円の抽選償還を行なう。
5. 2××4年3月31日に，2××5年3月末日に償還予定の社債額面金額20,000千円を1口100円につき99.50円で繰上償還した。社債発行差額償却は級数法による。

割引差額償却と償還スケジュール―級数法

日　付	支払利息	現金利息	金利調整額償却	分割償還	期首社債簿価
×1/4/01					97,000
×2/3/31	6,000	5,000	1,000	20,000	78,000
×3/3/31	4,800	4,000	800	20,000	58,800
×4/3/31	3,600	3,000	600	20,000	39,400
×5/3/31	2,400	2,000	400	20,000	19,800
×6/3/31	1,200	1,000	200	20,000	0
	18,000	15,000	3,000	100,000	

割引発行差額3,000＝額面金額100,000－払込金額97,000。等差級数の総数15＝5×(5＋1)／2。全期間未償還資金総額300,000＝償還額20,000×等差級数の総数15。償還額20,000の全期間未償還資金総額に占める割合1/15＝20,000÷300,000。繰上償還時の当期償却額600＝割引発行差額3,000×償却率3/15（3×20,000/300,000）。

繰上償還時（借）社債利息　600　（貸）社　債　600

買入価額19,900＝20,000×@99.5円／@100円。割引発行差額の繰上償還額に対する次期償却額200＝割引発行差額3,000×償却率1/15。繰上償還社債期末簿価19,800＝20,000－200。社債償還損100＝社債期末簿価19,800－買入価額19,900。

繰上償還時（借）社　債　　19,800　（貸）現金預金 19,900
　　　　　　　　社債償還損　　100

(5) 社債の借換え

金利コストの負担を軽減するため，発行済社債（既発債）を買入消却する代わりに，既発債の金利より低い金利の社債を新規発行する場合は，これを社債の借換えという。既発債の買入価額と帳簿価額との差額は社債借換損益（臨時損益）として計上し，新発債は払込金額で記入する。

設例：当社は，2××1年1月1日に，期間10年，利率5％，利払日を年2回の6月と12月の末日とする額面金額100,000千円の社債を発行済みである。2××5年1月1日に，借換のため期間20年，利率6％，額面金額10,000千円の新社債を払込金額86,000千円で発行すると同時に，旧社債を額面100円当り86円の市場価額で買入償還した。

旧社債の買入時　（借）社　債　100,000　（貸）現金預金　　86,000
　　　　　　　　　　　　　　　　　　　　　　　社債借換益　14,000　（特別利益）

新社債の発行時　（借）現金預金　86,000　（貸）社　債　　　86,000
　　　　　　　　（借）社　債　100,000　（貸）社　債　　　86,000
　　　　　　　　　　　　　　　　　　　　　　　社債借換益　14,000

14-5 転換社債と新株予約件付社債

(1) 転換社債

社債発行後の一定期間内に事前に約束した転換価額で普通株式に転換できる転換請求権付社債を転換社債（Convertible Bonds, CD）という。転換社債の所有者は，株価が転換価額を超えたときに転換権を行使し，株価が転換価額を下回るときは転換権を行使せずに社債として保有する。企業が転換社債を発行する目的は，普通社債に掛かる金利コストより安く資金を調達するとともに，株価が上昇しているときに株式へ転換できる転換権付社債の発行により転換利益を獲得するチャンスを投資家に与えることにある。

転換社債は，その発行時に普通社債の処理に準じて処理する。転換社債の発行から生じる社債発行差額は，転換時までの期間にわたり償却すべきであるが，転換時がいつになるか確定できないため償還期日までの期間にわたって償

却する。

　転換社債を株式へ転換するときに，転換社債または普通株式の帳簿価額で計上する方法と，転換社債または普通株式の市場価格で計上する方法がある。転換時に転換社債または普通株式を帳簿価額で計上する場合は，市場相場を考慮しないため，転換損益は認識しない。これに対して，転換時に転換社債または普通株式を市場価格で計上する場合は，市場価格と帳簿価額との貸借差額を転換損益として認識する。

(1) 簿 価 計 上 法

　　割引発行社債の株式転換時：(借) 社　債×× (払込金額) (貸) 普通株式　××
　　　　　　　　　　　　　　　　　　　　　　　　　　　　　　　　　株式払込剰余金××

　　社債を額面金額で借方計上する場合は，貸方に社債割引発行差金を設定する。

　　打歩発行社債の株式転換時：(借) 社　債×× (払込金額) (貸) 普通株式　××
　　　　　　　　　　　　　　　　　　　　　　　　　　　　　　　　　株式払込剰余金××

　　社債を額面金額で借方計上する場合は，借方に社債打歩発行差金を設定する。

(2) 時 価 計 上 法

　　割引発行社債の株式転換時：(借) 社　債×× (払込金額)

　　　　　　　　　　　　　　　　　　　　　　　　(貸) 普 通 株 式××
　　　　　　　　　　　　　　転換損××　　　　　　株式払込剰余金××

　　社債を額面金額で借方計上する場合は，貸方に社債割引発行差金を計上する。

　　打歩発行社債の株式転換時：(借) 社　債×× (貸) 普 通 株 式××
　　　　　　　　　　　　　　　　転換損××　　　　株式払込剰余金××

　　社債を額面金額で借方計上する場合は，借方に社債打歩発行差金を設定する。

設例：当社の打歩発行済転換社債は，下記条件により普通株式に転換することができる。

1. 発行済転換社債の額面金額 10,000（単位千円）
2. 転換時の社債発行差金未償却残高 500
3. 転換時に額面@20 の普通株式 400 株に転換できる
4. 転換時の株式の時価 26.5

簿価計上法

　（借）社　　債　　　10,000　（貸）普通株式　　　　8,000
　　　　社債発行差金　　　500　　　　株式払込剰余金 2,500

普通株式 8,000 ＝ 額面 @20 × 400 株。株式払込剰余金 2,500 ＝ 10,500 － 8,000。

時価計上法

　（借）社　　債　　　10,000　（貸）普通株式　　　　8,000
　　　　社債発行差金　　　500　　　　株式払込剰余金 2,600
　　　　転換損　　　　　　100

株式払込剰余金 2,600 ＝ @26.5 × 400 株 － 資本金組入 8,000。

転換損 100 ＝ 10,600 － 10,500。

(2) 新株予約権付社債

　払込資本を増加させる可能性がある新株予約権を組込んだ債務証券を新株予約権付社債（ワラント債，Bonds with detachable stock warrants）という。新株予約権（ワラント，stock-warrants）とは，普通株式を市場価額より安く購入するため，発行時に事前に定めた一定条件（権利行使価額，一定数量の普通株式，一定の行使期間内における購入権の行使）で普通株式を購入できる権利を有価証券に化体したものである。新株予約権付社債は，転換社債とともに企業の有力な資金調達手段であり，株主資本へ転換する可能性が与えられているため，魅力的な投資金融商品として投資家に販売される。

　新株予約権付社債には，分離型新株予約権付社債と非分離型新株予約権付社債がある。新株予約権部分（ワラント）を社債本体から切り離して独立の有価証券として市場で流通させる新株予約権付社債（ワラント債）を分離型新株予約権付社債という。これに対して，新株予約権を社債券面に表示し，新株予約権と社債を切り離すことができない非分離型新株予約権付社債を転換社債型新株予約権付社債という。

(1) 分離型新株予約権付社債

　分離型新株予約権付社債の発行時は，新株予約権を社債本体から分離して市場で売買する場合に，発行価額を社債部分と新株予約権部分とに分離する。こ

の場合，新株予約権付社債の発行価額は，各証券の時価の割合により社債部分と新株予約権部分に比例配分する。

社債発行価額＝払込金額×[社債時価／(社債時価＋新株予約権時価)]
予約権発行価額＝払込金額×[新株予約権時価／(社債時価＋新株予約権時価)]
新株予約権付社債発行時（借）現　金　　××（払込金額）（貸）社　　債　××
　　　　　　　　　　　　　社債割引発行差額××　　　　　　　新株予約権××
新株予約権行使時（借）現　金　××（貸）普通株式　　××
　　　　　　　　　　　新株予約権××　　　株式払込剰余金××

設例：当社は，額面金額800,000千円，年利率12％の社債を額面100円につき101円で販売し，808,000千円を現金で受取った。社債額面1,000円につき10個の新株予約権を付与する。新株予約権として額面5千円の普通株式を25千円で購入する権利を新株予約権所持人に与える。権利確定日後の権利落ち社債の時価は額面100円につき99円，新株予約権の時価は3千円である。発行後，新株予約権の8,000個の全部が行使価額25千円で行使された。

時価の割合による発行価額の配分

社債本体への払込金額784,235.29＝発行価額808,000×[(社債本体の時価990×800枚)／(社債本体の時価990×800枚＋新株予約権の時価3×800枚×10個)]＝808,000×[792,000／(792,000＋24,000)]

新株予約権への払込金額23,764.71＝発行価額808,000×[新株予約権の時価3×800枚×10個／(社債本体の時価990×800枚＋新株予約権の時価3×800枚×10個)＝808,000×[24,000／(792,000＋24,000)]

権利落ち後の新株予約権の付かない社債時価総額792,000千円＝時価990千円（権利落ち後の額面100円につき99円の時価発行価額）×800枚。新株予約権の時価総額24,000千円＝時価@3千円×新株予約権8,000個（800枚×10個）。新株予約権1個の帳簿価額2.97059千円＝新株予約権への払込金額23,764.71÷新株予約権数8,000個。

発行時：（借）現　　　　　金 808,000　（貸）社　　　　債 800,000（額面）
　　　　　　社債割引発行差額 15,764.71　　　新株予約権 23,764.71
　　社債割引発行差額 15,764.71＝額面価額 800,000－払込金額 784,235.29。
行使時：（借）現　　　　　金 200,000　（貸）普　通　株　式 40,000
　　　　　　新株予約権 23,764.71　　　株式払込剰余金 183,764.71
　　現金 200,000＝行使価額 25×8,000 個。新株予約権 23,764.71＝簿価 @2.97059×
　　8,000 個。普通株式 40,000＝額面 5×8,000 個。株式払込剰余金＝貸借差額。

(2) 非分離型新株予約権付社債（転換社債型新株予約権付社債）

非分離型新株予約権付社債の場合は，社債部分と新株予約権部分とに分離できないため，発行による払込金額を2つの有価証券の時価の比により配分することができない。したがって，前述の転換社債と同様に，権利行使時の新株予約権付社債の帳簿価額を基準とする簿価計上法を適用する場合は，下記のように処理する。簿価計上法では社債を時価で計上しないため貸借差額は生じないが，時価計上法では貸借差額として償還損益を計上する。

イ．簿価計上法
　　発行時：（借）現金預金　　　　××（払込金額）（貸）社　　債 ××（額面価額）
　　　　　　社債割引発行差額××　　　　　　社債打歩発行差額××
　　権利行使時：（借）社　　債　　　××（貸）普通株式　　××
　　　　　　社債打歩発行差額××　　　株式払込剰余金××
　　　　　　　　　　　　　　　　　　　社債割引発行差額××

ロ．時価計上法
　　発行時：（借）現金預金　　　　××（払込金額）（貸）社　　債 ××（額面価額）
　　　　　　社債割引発行差額××　　　　　　社債打歩発行差額××
　　権利行使時：（借）社　　債　　　××（貸）普通株式　　××
　　　　　　社債打歩発行差額××　　　株式払込剰余金　××
　　　　　　償還損益　　　　××　　　社債割引発行差額××

第15章
純資産と株主資本

15-1 純資産概念の制定の意義

　貸借対照表の資本の部は，会社法と会計基準にしたがって純資産として表示する。近年，新株予約権，評価差額金（その他有価証券評価差額金），為替換算調整勘定（為替換算差額金—連結貸借対照表の場合に限る），繰延ヘッジ損益，少数株主持分（連結貸借対照表の子会社資本のうち親会社に帰属しない株主持分）のように，負債と資本のいずれにも属さない新しいタイプの貸方項目が実務として登場した。しかし，新しい実務に対応すべき法令と会計基準が未整備であったため，新しいタイプの貸方項目を負債と資本との中間部分に仮の表示科目として記載するという問題が生じた。

　新しい会社法と会計基準において，資産から負債を控除した差額の概念定義は，資本から純資産に変更された。資本は株主持分，負債は返済義務を有する債権者持分と明確に定義づけられた結果，資本と負債のいずれにも属さない新しいタイプの貸方項目は，株主資本から分離され，その他純資産として表示されることになった。したがって，純資産は，株主に帰属する払込資本としての株主資本と，株主資本を除くその他純資産から構成されている（企業会計基準第5号「貸借対照表の純資産の部の表示に関する会計基準」，企業会計基準適用指針第8号「貸借対照表の純資産の部の表示に関する会計基準等の適用指針」）。

　純資産のうち株主資本は，株主からの払込資本としての資本金と資本準備金および資本準備金以外のその他資本剰余金として自己株式処分差益と資本金減少差益・資本準備金減少差益，損益取引から稼得した利益の留保分として利益

準備金，利益準備金以外のその他利益剰余金としての繰越利益剰余金と任意積立金から構成される。したがって，株主資本は，大別して，資本金，資本剰余金，利益剰余金の3つの項目から構成される。

これに対して，株主資本以外のその他純資産は，個別貸借対照表の場合は，評価・換算差額等と新株予約権から構成される。連結貸借対照表の場合は，その他純資産は，評価・換算差額，新株予約権および少数株主持分から構成される。その他純資産のうち評価差額金と為替換算差額金は，その他有価証券差額金や繰延ヘッジ損益のように当期損益として認識，計上せずに，次期以降へ繰延べられる評価・換算差額金であり，株主資本に帰属しない。繰延ヘッジ損益はヘッジ対象のエクスポージャー（価格変動リスク，為替変動リスク，金利変動リスクにさらされる状態）に対するヘッジ手段（デリバティブ）の損益を発生時に計上せず，ヘッジ対象から生じる損益が計上されるまで貸借対照表で繰延べる損益であり，株主資本以外のその他純資産として表示する。

また，新株予約権は，行使時点まで払込資本に転換されるか，あるいは権利が行使されずに失効するかが不確実であるため株主資本に帰属しない。したがって，評価・換算差額等と新株予約権は，株主資本以外のその他純資産として計上する。以上は，個別貸借対照表の株主資本の区分である。

これに対して連結貸借対照表の株主資本以外のその他純資産は，評価・換算差額等，新株予約権，少数株主持分から構成される。少数株主持分は，連結子会社の株主資本のうち親会社の持分に帰属しない株主持分であり，株主資本以外のその他純資産の部に表示する。

個別貸借対照表と連結貸借対照表の純資産の部の表示形式は，次頁の通りである。

個別貸借対照表	連結貸借対照表
純資産の部 Ⅰ　株主資本 　1. 資本金 　2. 新株式申込証拠金 　3. 資本剰余金 　　(1) 資本準備金 　　(2) その他資本剰余金 　　　　資本剰余金合計 　4. 利益剰余金 　　(1) 利益準備金 　　(2) その他利益剰余金 　　　　××積立金 　　　　繰越利益剰余金 　　　　利益剰余金合計 　5. 自己株式 　6. 自己株式申込証拠金 　　　　株主資本合計 Ⅱ　評価・換算差額等 　1. その他有価証券評価差額金 　2. 繰延ヘッジ損益 　3. 土地再評価差額金 　　　　評価・換算差額等合計 Ⅲ　新株予約権 　　　　純資産合計	純資産の部 Ⅰ　株主資本 　1. 資本金 　2. 新株式申込証拠金 　3. 資本剰余金 　4. 利益剰余金 　5. 自己株式 　6. 自己株式申込証拠金 　　　　株主資本合計 Ⅱ　評価・換算差額等 　1. その他有価証券評価差額金 　2. 繰延ヘッジ損益 　3. 土地再評価差額金 　4. 為替換算調整勘定 　　　　評価・換算差額等合計 Ⅲ　新株予約権 Ⅳ　少数株主持分 　　　　純資産合計

純資産の部の表示科目は，次の通りである。

Ⅰ　株主資本

出資者による払込資本とその増加額を株主資本といい，資本金と剰余金から成る。

1. 資本金

資本金は，会社設立時または増資するための株式発行に際し株式の受取対価として出資者が払込んだ金額（金銭または金銭以外の財産）である。最低資本金と額面株式制度の撤廃に伴い，資本金1円以上の会社を設立することができる。会社の設立において払込金額の2分の1を超えない金額は，資本金に組入れずに資本準備金に計上することができる。

企業が資金調達の目的から発行する各種の株式のうち，普通株式は剰余金配当と残余財産分配請求権として経済的利益に対する請求権を付与された株式証

券であるが，同時に，株主総会議決権，株主総会決議取消権，株主提案権，帳簿閲覧権，株主代表訴訟権等の企業経営に対する参加権を付与された議決権付普通株式をいう。また，議決権付普通株式のほかに資金調達を容易化するための株式として，株式に付随する権利内容が異なる9種の「種類株式」の発行が認められている。それは，下記に示す通りである。

① 剰余金の配当に関する種類株式；剰余金の配当について議決権付普通株式より優先的に配当を交付される権利あるいは議決権付普通株式より劣後の配当を交付される権利を付与された株式をいう：配当優先株式，配当劣後株式

② 清算時の残余財産分配に関する種類株式；会社清算時の残余財産分配の優先株式または残余財産分配の劣後株式

③ 議決権制限株式；株主総会の決議事項の全部につき議決権がない無議決権株式または一部決議事項につき議決権がない一部無議決権株式

④ 譲渡制限株式；株式譲渡について会社の承認を要する株式

⑤ 取得請求権付株式；株主が会社に対して所有株式の取得を請求する権利付株式：転換予約権付株式。当該株式の取得対価として現金，社債，新株予約権，新株予約権付社債，金銭以外の財産が認められる

⑥ 取得条項付株式；一定の事由が生じたことを条件として，株主との合意なしに会社が発行した株式を取得できる株式。当該株式の取得対価として現金，社債，新株予約権，新株予約権付社債，金銭以外の現物財産が認められる

⑦ 全部取得条項付株式；2種類以上の種類株式を発行する会社がそのうち1つの種類の株式の全部を株主総会特別決議により取得できる内容の種類株式

⑧ 拒否権付株式；株主総会あるいは取締役会設置会社にあっては株主総会または取締役会において決議すべき事項のうち，当該決議のほか，当該種類の株式の種類株主総会の決議を要する株式をいう。拒否権付株式は，いわゆる黄金株として重要事項の否認や敵対的買収に対する防衛対策として利用される

⑨ 取締役・監査役選任権付株式；当該種類の株式の種類株主総会において

取締役・監査役の選任権を付与された株式をいう

2. 新株式申込証拠金

新株発行の対価として金銭または金銭以外の現物財産で出資者を募集する場合は，募集株式申込期間において，応募者から払い込まれた新株式申込証拠金は，一時的に別段預金口座に入金する。新株引受人を割当てるときに，新株引受人の割当から漏れた申込人からの新株式申込証拠金は返済する。払込期日に新株引受人が株主になる時点で，新株申込証拠金は，資本金または資本金・資本準備金に振替えると同時に別段預金を当座預金に振替える。

新株申込時（借）別段預金 ×× （貸）新株申込証拠金 ××
新株割当時（借）新株式申込証拠金 ×× （貸）別段預金 ××（証拠金返済分）
払込期日（借）当座預金　　　×× （貸）別段預金　××
　　　　（借）新株申込証拠金 ×× （貸）資本金　　××（普通株式）
　　　　　　　　　　　　　　　　　　　資本準備金 ××

3. 資本剰余金

資本取引により出資者から払込まれた払込資本のうち資本金に組入れられなかった払込剰余金を資本剰余金という。資本剰余金は，資本準備金とその他資本剰余金から成る。

(1) 資本準備金

会社設立時または株式発行時に，出資者が募集株式の対価として払込んだ払込資本のうち資本金に組入れない株式払込剰余金，合併，株式交換・株式移転，会社分割等の企業組織再編時に生じた株式交換差益，株式移転差益，分割差益，合併差益を資本準備金という。なお，資本剰余金のうち資本準備金以外のその他資本剰余金を原資として配当する場合，配当により減少する剰余金の額に10分の1を掛けた額を準備金（資本準備金と利益準備金の合計額）が資本金の4分の1に達するまで資本準備金に計上する必要がある。なお，資本金の減少による資本準備金増加あるいは剰余金の減少による準備金増加も認められている。

(2) その他資本剰余金

その他資本剰余金とは，資本剰余金のうち資本準備金以外の資本剰余金をいう。資本金減少額とそれを下まわる欠損金填補額との差額として生じる減資差

益（資本金減少差益），資本準備金の取崩しから生じる資本準備金減少差益，自己株式処分差益は，その他資本剰余金に含める。なお，資本金の減少により，その他資本剰余金を増加させることもできる。

4．利益剰余金

損益取引により獲得した利益は，損益計算書の純利益として報告される。純利益は内部留保分として毎期貸借対照表の利益剰余金に振替えられ，株主資本が増加する。なお，株主への配当は，株主による出資と同様に資本取引であるため損益計算書を経由せずに直接，株主資本を減少させる。

　　株主への配当（借）利益剰余金××（貸）配当金××

利益剰余金は，利益準備金とその他利益剰余金から成る。

(1) 利益準備金

利益剰余金を配当の原資とする場合は，配当により減少する剰余金の額に10分の1を掛けた額を準備金（資本準備金と利益準備金の合計）が資本金の4分の1に達するまで利益準備金として計上する必要がある。なお，その他利益剰余金の減少により利益準備金を増加させることができる。逆に，利益準備金の減少によりその他利益剰余金を増加することもできる。

(2) その他利益剰余金

利益準備金を除く利益剰余金をその他利益剰余金という。その他利益剰余金は，任意積立金と繰越利益剰余金から成る。

イ．任意積立金

　株主総会決議による任意積立金であり，別途積立金，新築積立金，減債積立金が含まれる。

ロ．繰越利益剰余金

　利益準備金と任意積立金を除く損益取引により獲得した利益を繰越利益剰余金という。

5．自己株式

　企業が証券市場から買戻して保有する自社発行株式であり，株主資本の控除項目である。

6．自己株式申込証拠金

　保有する自己株式を処分する場合に，自己株式引受申込人からの払込金を

処理する勘定をいう。

Ⅱ 評価・換算差額等

資産・負債の公正価値の評価差額のうち当期損益に計上しない未実現評価差額金と外貨換算から生じる為替換算調整差額を評価・換算差額等という。これは，その他有価証券評価差額金，繰延ヘッジ損益，土地再評価差額金の3項目から成る。

1. その他有価証券評価差額金

その他有価証券の時価評価による未実現評価損益のうち当期損益として計上せず次期以降へ繰延べられる評価損益をその他有価証券評価差額金という。評価差額金については，税効果会計を適用し，繰延税金資産または繰延税金負債を控除して計上する。

評価益計上時（借）有価証券×× 　　　（貸）その他有価証券評価差額金××
　　　　　　　　　　　　　　　　　　　　　　繰延税金負債　　　　　　××
評価損計上時（借）その他有価証券評価差額金××（貸）有価証券　　　　××
　　　　　　　繰延税金資産　　　××

2. 繰延ヘッジ損益

デリバティブのヘッジ手段から生じたヘッジ損益は取引の発生時点で計上せず，ヘッジ対象項目の評価損益が実現する時点まで貸借対照表上で繰延べるヘッジ損益を繰延ヘッジ損益という。繰延ヘッジ損益は，その他包括利益（Other comprehensive income）として包括損益計算書に計上するとともに貸借対照表のその他純資産の部のその他包括利益累計額（Accumulated other comprehensive income）に計上して繰延べる。

3. 土地再評価差額金

平成10年3月31日の「土地の再評価に関する法律」により臨時計上された事業用土地評価差額金に税効果会計を適用し，事業用土地評価差額金から繰延税金負債を控除し繰延税金資産を加算した金額を土地再評価差額金という。

評価益計上時（借）土　地×× （貸）土地評価差額金××
　　　　　　　　　　　　　　　　　繰延税金負債　××

評価損計上時（借）繰延税金資産 ××（貸）土　地××
　　　　　　　　　土地評価差額金××

(3) 包括利益

　財務諸表の構成要素は，資産，負債，株主資本，株主による出資，株主への配当，収益，費用，利益，損失，評価・換算差額である。損益計算書は，実現主義の原則と当期業績主義にしたがって当期の実現収益，発生費用，利得，損失と純利益を計上する。これに対して，包括損益計算書（Statement of comprehensive income）は，株主との直接取引（出資，配当）以外の取引事象から発生した純資産変動を全て表示することにより企業の包括的な経営成績を報告するため，当期業績主義に基づく損益計算書の純利益から出発し，その他の包括利益として売却可能証券の未実現評価益（Unrealized gains/losses on available-for-sale securities）と為替換算差額金（為替換算調整勘定 Foreign currency translation adjustments）を純利益に加減して得られる包括利益を計上する。

　包括利益の表示形式には，単一計算書方式と分離計算書方式の2つがある。単一計算書は，純利益までの損益計算過程を損益計算書に表示し，純利益にその他の包括利益を加算して単一の包括利益計算書としてまとめたものである。分離計算書は，損益計算書とは別に独立して作成される包括利益計算書である。なお，純資産の部の利益剰余金の下部に，その他包括利益累計繰越額に当期の発生額を合算し，その他包括利益累計額を表示する。また，その他包括利益累計額の内訳は，株主資本変動計算書に表示する。

Ⅲ　新株予約権

　企業が発行した株式予約権の対価として払い込まれた金額あるいは株式による報酬（Stock based compensation）として従業員・役員に一定価格で会社の株式を購入する権利を無償で付与する株式購入選択権を新株予約権という。

15-2　会社設立時の株式発行と増資

　株式会社は，会社設立時に発行する株式数を任意で決定することができる。

会社設立時の発行株式数は，定款で定めた発行可能株式総数の4分の1以上の発行を要する。会社法では，旧商法上の会社設立時の最低資本金制度の撤廃に伴い，最低資本金に係る明文規定が存在しないため，資本金1円以上の払込金額をもって会社を設立することができる。

株式とは，株式会社に対する出資者として株主が所有する株式証券をいい，株式会社に対する株主自益権（剰余金配当請求権，残余財産請求権等の経済的利益享受権）および共益権（株主総会議決権，株主総会決議取消権，株主代表訴訟提起権等）を有価証券として化体したものである。株主を保護するため，会社法が定める株主の権利として剰余金配当請求権，残余財産請求権，募集株式割当請求権，株式買取請求権等の会社利益に対する各種請求権のほかに，議決権，株主提案権，株主代表訴訟権，株主総会決議取消権，帳簿閲覧権等の企業経営へ参加する権利がある。また，株主平等の原則は，株主総会が多数決により特定議案を議決した場合でも，たとえば株式併合等により少数株主の利益を侵害するときは，多数決濫用に当たるとして株主総会決議の取消請求権を認めている。

(1) 会社設立時の株式発行

会社設立時に，株主となる者が会社に出資する金額は，原則上，払込資本の全額を資本金に組み入れることができるが，例外として払込資本のうち2分の1を超えない金額を資本準備金に計上することができる（会社法第445条第2項，第3項）。

原則：（借）現金預金×× （貸）資本金×× （払込資本全額の資本金組入）
例外：（借）現金預金×× （貸）資本金　　×× （払込金額の2分の1以上の資本金組入）
　　　　　　　　　　　　　　資本準備金××

　設例：当社は会社設立に際し1株100,000円で無額面株500株を発行し，設立発起人が全額を引受け現金で払込んだ。なお，会社法第445条第2項，第3項の規定により払込金額の2分の1は資本金に組入れ，残額は資本準備金として株式払込剰余金に計上した。
　払込時（借）別段預金 50,000,000 （貸）新株申込証拠金 50,000,000

設立登記時 （借）当座預金　　　　50,000,000　（貸）別段預金　　　　50,000,000
　　　　　（借）新株申込証拠金 50,000,000　（貸）資本金　　　　　25,000,000
　　　　　　　　　　　　　　　　　　　　　　　　株式払込剰余金 25,000,000

(2) 増資と新株発行

　会社は，取締役会の決議により定款に定めた発行可能株式総数の範囲内で随時新株を発行し資本金・資本準備金を増加することができる。新株発行による増資の方法として株主割当，第三者割当，一般公募がある。募集株式の発行対価に対する払込金の処理には，払込金額を資本金に組入れる原則的処理と，払込金の2分の1以上を資本金に組入れ残額を資本準備金（株式払込剰余金）に計上する例外的処理がある（会社法第445条）。なお，会社が全て新株発行により増資を行なう場合，資本金等増加限度額は，下記計算式により算定した募集株式の払込金額である（会社計算規則第37条第1項）。

　　　　全て新株の発行による資本金等増加限度額＝募集株式払込金額×新株発行割合
　　　　　　　　　　　　　　　　　　　100％

　株式引受申込人による払込金は，申込期間と株式割当確定日から払込期日の前日までの支払期間に一時的に新株申込証拠金勘定で処理しておく。そして，株式割当が確定した株式引受人の新株申込証拠金は，払込期日（または払込履行日）に株主資本として記録するため，払込期日に資本金または資本金・資本準備金に振替える。

証拠金払込時 （借）別段預金 ××　（貸）新株式申込証拠金 ××
支払期日：（借）当座預金　　　　××　（貸）別段預金　　　　××
　　　　　（借）新株式申込証拠金 ××　（貸）資本金　　　　　××
　　　　　　　　　　　　　　　　　　　　株式払込剰余金 ××

　設例：当社は，取締役会の決議により1株当たり払込金額1,000円で新株5,000株を一般公募により発行することにした。1株当たり新株申込証拠金1,000円の条件で株式引受を募集したところ，6,500株の株式引受の申込があり別段預金に預入れた。株式引受人を確定した日に株式の割当を行ない，割当から漏れた新株申込証拠金は返却した。払込期日に別段預金は当座預金に計上し，会

社法第445条第2項，第3項の規定により新株申込証拠金の2分の1を資本金に組入れ残額は株式払込剰余金に計上した。

仕訳：申込期間（借）別段預金 6,500,000（貸）新株申込証拠金 6,500,000

割当日（借）新株申込証拠金 1,500,000（貸）別段預金 1,500,000（証拠金返済分）

払込期日（借）当座預金　　　　 5,000,000（貸）別段預金　　　　 5,000,000

（借）新株申込証拠金 5,000,000（貸）資本金　　　　　　 2,500,000

株式払込剰余金 2,500,000

資本金等増加限度額 5,000,000＝払込金額 5,000,000×新株発行割合 100％。払込金額の2分の1は資本金に組入れ，残額は資本準備金に計上した。

(3) 株式分割と株式無償割当

(1) 株 式 分 割

投資家の株式購入を容易にするため自社株式の株価を引下げ，あるいは既存株主に利益を還元する目的で，株主総会または取締役会の決議により，発行済株式と同一種類の株式を発行して既存株主に無償で交付し，発行済株式数を増加させることを株式分割という。会社は，既存株主に対して保有株式数に応じて同一種類の株式を無償交付する。たとえば，1株を1.5株に分割する場合，株式分割後の株主の保有株は1.5株になる。株式分割は発行済株式数を増加させるが，株式の取得対価として金銭の払込がないため会計処理は不要である。企業が保有する自己株式も株式分割の対象になるので，株式分割により自己株式の数も増加する。

なお，株式分割実施後2週間以内に発行済株式総数の変更の登記と，1株当たりの会計情報の注記において株式分割の趣旨とその影響について情報開示することが必要である。株式分割後の1株当たり単価について付替計算を行ない，株式単価修正後の1株当たり帳簿価額を算定する。

設例：当社は，保有しているA社の株式100株（1株当たり帳簿価額@20,000円）について株式分割により1株当たり0.25株の無償交付を受けたが，株式分割後に保有するA社株のうち40株を1株当たり時価18,000円で売却した。

仕訳：株式分割時　仕訳不要

株式売却時　(借) 現金預金 720,000　(貸) 有価証券　　　640,000
　　　　　　　　　　　　　　　　　　　　　有価証券売却益　 80,000

当社 (A 社の株主) の付替計算

　　株式分割後の簿価 @16,000 = 100 株 × @20,000 円 / 100 株 × 1.25。
　　有価証券の売却原価 640,000 = 40 株 × 簿価 @16,000。
　　有価証券売却益 80,000 = 40 株 × @18,000 − 640,000

(2) 株式の無償割当

　取締役会決議または取締役会を設置しない株式会社にあっては，株主総会の決議により，既存株主の保有株式数に応じて同種または異種の株式を発行し，既存株主に当該株式を無償で交付することを株式の無償割当という。ただし，発行企業が証券市場から買入れ保有する自己株式については，会社法上，株式割当てを受ける権利が認められていないため，保有自己株式は，無償割当の対象にならない。株式発行による無償割当は，株式交付により発行済株式数を増加させるが，資本金・資本準備金を増加させないため会計処理は不要である。

　これに対して，会社が保有する自己株式を株主に無償で割当てる場合は，自己株式の処分対価はゼロであるから，無償割当の前のその他資本剰余金から，株主に割当てるべき自己株式の帳簿価額を控除した金額が無償割当後のその他資本剰余金である。自己株式の交付により株式の無償割当を行なう場合，その他資本剰余金は自己株式の帳簿価額だけ減少するので会計処理を要する。なお，株式の無償割当により株主企業の所有株式数は増加するので，株主企業は，1 株当たり単価について付替計算を要する。

　設例：当社は保有自己株式 (簿価 1,000 万円) の処分により株式の無償割当を実施した。

　　自己株式処分時　(借) その他資本剰余金 1,000　(貸) 自己株式 1,000

(4) 株式の併合

　株主総会の特別決議により，5 株を 1 株に併合するように，一定の株式併合比率により複数の株式を統合し，発行済株式総数を減少させることを株式の併合という。たとえば，発行済株式総数のうち 1,000 株について 10 株を 1 株に

併合する場合は，発行済株式総数は株式併合前の1,000株から株式併合後の10分の1の100株に減少するが純資産は変動しないので，会計処理は不要である。株式併合は，1株当たり株主資本の引上げ，減資，合併，株式交換，株式移転等のために行なわれる。また，株式併合の結果，株式数に1株に満たない端数が生じる場合は，その端数の合計数に相当する数の株式を競売に付し，売却代金を株主に交付する。端数の合計数に1に満たない端数が生じた場合は，これを切り捨てる。なお，株券提出期間終了時に株式併合の効力が生じるので，変更登記の手続きを要する。

設例：当社の株主構成は次の通りであるが，株主総会の特別決議により100株を1株に併合した。1株に満たない端数株は，株主に金銭をもって清算した。

	併合前	併合後
A 株主	20,000 株	200 株
B 株主	9,425 株	94.25 株
C 株主	575 株	5.75 株
	30,000 株	300 株

株式併合後のB株主持分の端数0.25とC株主持分の端数0.75とを合計した数は1株になるので，1株を@50,000円で競売に付した場合は，当社仕訳は次の通りである。なお，売却代金の清算は持分比率により株主に分配する。

端数株1株の売却時　（借）現金預金 50,000　（貸）預り金 50,000
売却代金清算時　（借）預り金 50,000　（貸）現金預金 12,500（B株主受取分）
　　　　　　　　　　　　　　　　　　　　　　現金預金 37,500（C株主受取分）

(5) 払込資本の計数の振替え

株主総会の決議により払込資本の内訳科目である資本金，資本準備金，その他資本剰余金の計数は，払込資本の枠内においてそれぞれ他の表示科目に振替えることができる。ただし，資本取引と損益取引の区分の原則にしたがい，資本グループ（資本金，資本準備金，その他資本剰余金）は，利益グループ（利益準備金，その他利益剰余金）を相手に相互に振替えることはできない。払込資本の枠内における項目間の相互振替は，純資産の増減変動を伴わない株主資本相互の計数振替である。

(1) 資本金から資本準備金，その他資本剰余金または繰越利益剰余金（欠損補填に限定した資本金の振替先）への振替：株主総会の特別決議と債権者保護手続き（減資に関する債権者への公告）の履行を義務付けることにより，分配可能額を捻出する場合や欠損金補填のために行う無償減資（会社財産を株主に払戻さない形式的減資）をいう。無償減資を行なう場合，資本金減少額が欠損金の填補額を下まわることは認められていないため，減資差損を生じる減資は不可能である。それゆえ，資本金減少額が欠損金の填補額を上まわる処理を行なった場合，差額の減資差益をその他資本剰余金として計上する。

　（借）資本金×× （貸）資本準備金　　　××
　　　　　　　　　　　　その他資本剰余金××
　（借）資本金×× （貸）繰越利益剰余金　××（減資による欠損金補填）
　　　　　　　　　　　　その他資本剰余金××（減資差益）

設例：当社は，定時株主総会決議により，繰越利益剰余金借方残高（欠損金）30,000,000円を補填するため，資本金50,000,000円を減少させ，残額はその他資本剰余金とした。

仕訳：（借）資本金 50,000,000 （貸）繰越利益剰余金　30,000,000
　　　　　　　　　　　　　　　　　その他資本剰余金 20,000,000

(2)　資本準備金から資本金，その他資本剰余金，繰越利益剰余金（資本準備金を欠損金の補填に限り繰越利益剰余金に振替える場合）への振替：株主総会の普通決議により，資本準備金の減少により資本金，その他資本剰余金または繰越利益剰余金を増加させる純資産の増減を伴わない計数の振替仕訳。

　（借）資本準備金×× （貸）資本金　　　　××
　　　　　　　　　　　　　その他資本剰余金××
　（借）資本準備金×× （貸）繰越利益剰余金　××（資本準備金減少による欠損金填補）
　　　　　　　　　　　　　その他資本剰余金××

注：純資産から評価・換算差額等・新株予約権を控除した残りの株主資本相当額が資本金と準備金の合計を下まわる場合，両者の差額を資本の欠損といい，純資産はプラスの額であるが，未処

理損失が一部分，資本金・準備金の合計額に食い込んでいる財務状態をいう。未処理損失が資本金・準備金の合計額を上まわり，株主資本相当額がマイナスに陥った財政状態を債務超過といい，会社の破綻状態を示す。

(3) その他資本剰余金から資本金，資本準備金，繰越利益剰余金（その他資本剰余金減少による欠損填補の場合に限る）への振替：株主総会の決議により，その他資本剰余金の減少により資本金，資本準備金，繰越利益剰余金を増加させる純資産の増減を伴わない計数の振替仕訳。

(借) その他資本剰余金×× (貸) 資本金　　××
　　　　　　　　　　　　　　　資本準備金××

(借) その他資本剰余金×× (貸) 繰越利益剰余金　××（その他資本剰余金減少による欠損填補）
　　　　　　　　　　　　　　　その他資本剰余金××

(6) 利益剰余金の計数の振替え

利益剰余金は，資本取引から生じる剰余金ではなく，損益取引から獲得した利益のうち内部留保された剰余金である。利益剰余金は，利益準備金とその他利益剰余金（任意積立金及び繰越利益剰余金）から成る。資本取引と損益取引との区分の原則により，利益グループは，資本グループに振替えることはできない。利益準備金とその他利益剰余金は，利益グループの内部で，それぞれ他の利益剰余金と計数について振替えることができる。

(1) 利益準備金からその他利益剰余金への振替
　　(借) 利益準備金×× (貸) 繰越利益剰余金××
(2) その他利益剰余金から利益準備金への振替
　　(借) 繰越利益剰余金×× (貸) 利益準備金××
(3) その他利益剰余金内部の振替
　　株主総会決議 (借) 繰越利益剰余金×× (貸) 任意積立金××

(7) 剰余金の配当と法定準備金の積立

(1) 剰　余　金　の　配　当

株式会社は，株主総会又は取締役会の決議により，その他利益剰余金または

その他資本剰余金を処分し，会社の財産（金銭または金銭以外の財産）を株主に分配することができる。なお，債権者保護の目的から，純資産の分配規制措置として純資産が300万円未満の場合は，配当禁止になる。

　株式会社は，株主総会又は取締役会決議により，年次配当・中間配当のほかに会社法の定める分配可能額の範囲内でいつでも金銭または現物をもって配当を行なうことができる。

　分配可能額の算定に先立って，最初に分配時の財源として最終事業年度末日（前期末日）の剰余金を算定する必要がある。次に，前期末日の剰余金に当期の分配時までの剰余金の変動（資本取引）を反映させるため分配時の剰余金を算定する。最後に，分配時の剰余金について一定の調整を行なったうえ分配可能限度額を算定する。

　前期末日以降の当期中に自己株式を処分した場合は，会社の純資産は自己株式の処分対価だけ増加し，法的規制がない限り自己株式処分対価を分配可能額に組入れることもできる。このため，債権者保護目的の観点から，前期末日以降に処分した自己株式の対価の分配可能額への任意組入を規制する措置として，臨時決算を実施する場合に限り，前期末日の剰余金に，当期首から臨時の決算日までの臨時計算期間内で処分した自己株式の処分対価と臨時期間損益を加算した臨時計算書類（貸借対照表，損益計算書）を作成し，株主総会または取締役会決議を得て，分配可能額の範囲内で剰余金を配当することができる（会社法第453条，第454条）。期末日後に臨時決算を実施しない場合は，期末日後に処分した自己株式の対価は，剰余金の分配可能額から除外する。

　会計監査人設置会社であり取締役の任期が1年以内である会社，監査役設置会社である会社の3つの要件の全部を充たしている会社の場合は，株主総会に代わる取締役会による配当決議により，年次配当，中間配当，四半期配当以外に何回でも配当を行なうことができる（会社法第459条第1項）。また，取締役会設置会社については，従来どおり定款により，事業年度の中途において年1回に限り，取締役会の決議により金銭に限定した中間配当を行なうことができる。

　剰余金の配当は，会社法の定める分配可能額の範囲内において，発行済株式数から自己株式を除いた議決権付普通株式または種類株式について，それぞれ

1株当たり配当額を決議したうえ，期末の配当基準日に基づいて株主名簿上の株主の持株数に応じて支払われる。

配当金は，株主総会の配当決議に基づいて次のように処理する。

（借）その他資本剰余金または繰越利益剰余金×× （貸）未払配当金××

分配可能額の算定に係る一連の計算手続きは，次の通りである。

最初に，①最終事業年度末日の剰余金を算定する。次に，②期末日後の当期首から分配時までの間に生じた剰余金変動額を期末日の剰余金に加減して分配時剰余金を算定する（会社法第446条）。最後に，③期末日後の当期首から臨時決算日までの臨時計算期間を設定する場合は，臨時計算期間内に売却した自己株式処分対価と臨時計算期間損益を加算する一方，他方では，自己株式帳簿価額および暖簾等調整額（暖簾の2分の1の額＋繰延資産）を分配時の剰余金から控除して分配可能額を算定する（会社法第461条第2項，会社計算規則第177条，同規則第178条）。暖簾と繰延資産はともに費用の繰延項目であり，将来，現金収入をもたらす資産ではないため，会社財産の払戻しとなる分配可能額から控除する。

ただし，資産の部に計上した暖簾の2分の1の額を分配可能額から控除する場合は，下記に示すケースの別にしたがって，会社計算規則第186条を準用する。

最終事業年度の末日における暖簾等調整額が次のイからハまでに掲げるケース区分に該当する場合は，下記のイからハまでに定める額を分配可能額から控除する。

イ．暖簾等調整額≦資本等の金額（資本金＋準備金）。控除額＝ゼロ

ロ．暖簾等調整額＞資本等の金額（イの場合を除く）または暖簾等調整額≦資本等の金額＋その他資本剰余金。控除額＝暖簾等調整額－資本等の金額

ハ．a．暖簾等調整額＞資本等の金額＋その他資本剰余金及び暖簾÷2≦資本等の金額＋その他資本剰余金。控除額＝暖簾等調整額－資本等の金額

　　b．暖簾調整額＞資本等の金額＋その他資本剰余金及び暖簾÷2＞資本等の金額＋その他資本剰余金

具体的な分配可能額の計算方法は，次の通りである。

① 最終事業年度期末日の剰余金＝（イ．資産＋ロ．自己株式）－（ハ．負債＋

ニ. 資本金・準備金合計額＋ホ. 評価・換算差額金等・新株予約権）（純資産のうち株主資本を除くその他純資産）＝その他資本剰余金＋その他利益剰余金

貸借対照表（最終事業年度末日）

イ. 資産	ハ. 負債
	ニ. 資本金
	資本剰余金
	ニ. 資本準備金
	その他資本剰余金
	利益剰余金
	ニ. 利益準備金
	その他利益剰余金
	ホ. 評価・換算差額等
ロ. 自己株式	ホ. 新株予約権

② 分配時の剰余金＝①最終事業年度末日の剰余金＋加算項目（期末日後の自己株式処分差損益＋資本金減少差益＋準備金減少差益）－減算項目（期末日後の自己株式消却額＋剰余金配当額＋法務省令で定める各勘定科目計上額）。

法務省令で定める各勘定科目計上額＝期末日後に剰余金を減少し資本金・準備金を増加した場合の剰余金減少額＋期末日後の剰余金の配当に伴う準備金積立額＋期末日後の吸収型再編受入行為をしたときに自己株式を処分した場合の自己株式処分差損益－期末日後に吸収型再編受入行為をしたときの剰余金増加額（会社計算規則第178条）。

③ 分配可能額＝②の分配時の剰余金＋加算項目（臨時決算を行なう場合の臨時決算書の損益計算書に計上された臨時計算期間利益＋臨時決算期間内に処分した自己株式の対価）－減算項目（自己株式の帳簿価額＋期末日後に処分した自己株式の対価＋臨時決算書の損益計算書に計上された臨時計算期間損失＋暖簾の2分の1の額＋繰延資産＋その他有価証券評価差額のマイナス金額＋土地評価差額のマイナス金額）

設例：当社の平成×1年3月31日の貸借対照表は下記の通りである。当社は，平

成×1年6月29日に定時株主総会と臨時決算のため同年9月1日に臨時株主総会を行なう。

貸借対照表（平成×1年3月31日）

資産の部	負債及び純資産の部	
諸資産　10,000,000	諸負債	5,500,000
	資本金	2,000,000
	資本剰余金	
	資本準備金	150,000
	その他資本剰余金	150,000
	利益剰余金	
	利益準備金	300,000
	その他利益剰余金	
	任意積立金	500,000
	繰越利益剰余金	1,000,000
	自己株式	△300,000
	株主資本合計	3,800,000
	評価・換算差額等	
	その他有価証券評価差額金	200,000
	繰延ヘッジ損益	150,000
	土地再評価差額金	150,000
	評価・換算差額等合計	500,000
	新株予約権	200,000
	純資産合計	4,500,000
資産合計 10,000,000	負債・純資産合計	10,000,000

最終事業年度末日（平成×1年3月31日）から臨時決算日（平成×1年8月31日）までの資本取引と損益取引は下記の通りである。

(1) 平成×1年5月1日に自己株式200,000を取得した
(2) 平成×1年6月29日の定時株主総会で利益剰余金から配当100,000を行ない，資本準備金80,000を減少して資本準備金減少差益とした
(3) 平成×1年7月1日に自己株式80,000を120,000で市場処分した
(4) 平成×1年8月1日に利益剰余金を財源として自己株式60,000を消却した
(5) 平成×1年4月1日から平成×1年8月31日までの臨時期間利益は100,000である

　平成×1年8月31日の分配時の剰余金
① 最終事業年度末日の剰余金の計算
イ資産10,000,000＋ロ自己株式の帳簿価額300,000＝合計額10300,000

ハ負債 5,500,000＋ニ資本金・準備金合計額 2,450,000＋ホ評価差額等・新株予約権合計額 700,000＝合計額 8,650,000

最終事業年度末日の剰余金＝（イ＋ロ）－（ハ＋ニ＋ホ）＝1,650,000

最終事業年度末日の剰余金 1,650,000＝その他資本剰余金 150,000＋その他利益剰余金 1,500,000

② 剰余金と分配可能額の計算

ケース１：定時株主総会の分配可能額（臨時会計期間を設定しないケース）

前期末日の剰余金	1,650,000
期末日後の資本取引	0
分配時の剰余金	1,650,000
自己株式残高	500,000
分配可能額	1,150,000

自己株式残高 500,000＝（期末日残高 300,000＋期中取得 200,000）。

ケース２：臨時株主総会の分配可能額（臨時会計期間：平成×1年4月1日～8月31日）

前期末日の剰余金	1,650,000	
自己株式の処分差益	40,000	（処分対価 120,000－簿価 80,000）
資本準備金減少差益	80,000	
自己株式の消却額	（－） 60,000	
剰余金の配当	（－） 100,000	
分配時の剰余金	1,610,000	
臨時計算期間利益	100,000	
自己株式の帳簿価額	（－） 60,000	（期中取得 200,000－処分額 80,000－消却額 60,000）
自己株式の処分対価	（－） 120,000	
分配可能額	1,530,000	

配当が株主総会で決議されたときの配当金支払時の処理は，下記の通りである。

配当決議時（借）繰越利益剰余金　××（貸）未払配当金××
　　　　　　　　　　　　　　　　　　　　利益準備金××（法定積立額）
　　　　　（借）その他資本剰余金××（貸）未払配当金××
　　　　　　　　　　　　　　　　　　　　資本準備金××（法定積立額）

配当金支払時（借）未払配当金××（貸）現金預金××

(2) 剰余金配当に伴う準備金の積立

　利益剰余金または資本剰余金を原資として配当する場合は，会社財産の社外流出により配当後の資本準備金または利益剰余金が減少するため，会社の財務状態は脆弱になる。そこで，剰余金を配当原資とする場合，会社法は，会社の財政基盤強化と債権者保護のために，資本準備金または利益準備金についてそれぞれ一定金額の積立を義務付けている。

　剰余金の配当を行なう日の準備金が基準資本金（資本金の4分の1の額）を超えている場合，準備金の積立は不要である。他方，配当を行なう日の法定準備金が基準資本金に満たない場合，資本準備金と利益準備金を積立てる必要がある。会社が剰余金の配当を行う場合，年次配当額または中間配当額に10分の1を掛けて得られる金額を，剰余金合計額が資本金の4分の1の金額（基準資本金）に達するまで資本準備金または利益準備金として計上しなければならない（会社法第445条第4項，会社計算規則第45条第1項，第2項）。

　下記の①と②のいずれか少ない方の準備金積立額に，③の資本剰余金の配当割合または利益剰余金の配当割合を乗じた金額が資本準備金積立額または利益準備金積立額である。

① 剰余金の配当を行なう日の準備金計上限度額（基準資本金－資本準備金・利益準備金）
② 配当額の10分の1
③ 剰余金の配当割合＝資本剰余金の配当額または利益剰余金の配当額／配当額合計

剰余金の配当に伴う準備金の積立

　　配当時（借）その他資本剰余金×× （貸）現金預金　××
　　　　　　　　　　　　　　　　　　　　　資本準備金××
　　　　　（借）その他利益剰余金×× （貸）現金預金　××
　　　　　　　　　　　　　　　　　　　　　利益準備金××

設例：当社は，前期末（配当基準日：平成×1年3月31日）の年度決算書の純資産に基づいて剰余金の配当と法定準備金の積立を行なった。

残　高（平成×1年3月31日）

資本金	2,000,000
資本準備金	150,000
その他資本剰余金	300,000
利益準備金	200,000
その他利益剰余金	1,000,000

期末日以降の資本取引等は次の通りである。(1) 発行済株式総数　1000,000株，(2) 1株当たり10円の配当を決議した。そのうち2円はその他資本剰余金から配当し8円はその他利益剰余金（繰越利益剰余金）から配当する。(3) 配当に伴う法定準備金積立を行なう。

計算：その他資本剰余金からの配当額 200,000 = 100,000 株 × @2円

その他利益剰余金からの配当額 800,000 = 100,000 株 × @8円

準備金の積立：① 　準備金計上限度額 50,000 = 基準資本金 500,000（資本金 2000,000 ÷ 4）− 準備金 450,000（資本準備金 150,000 + 利益準備金 300,000）

② 　配当額の10%の額 100,000 = 配当額 1,000,000 × 10%

③ 　①＜②であるから① 50,000 を法定準備金積立額とする。

資本準備金積立額 10,000 = ① 50,000 ×（その他資本剰余金配当額 200,000 ÷ 配当総額 1,000,000）

利益準備金積立額 40,000 = ① 50,000 ×（その他利益剰余金配当額 800,000 ÷ 配当総額 1,000,000）

配当時　（借）その他資本剰余金 210,000　（貸）現金預金　200,000

　　　　　　　　　　　　　　　　　　　　　資本準備金　10,000

　　　　（借）その他利益剰余金 840,000　（貸）現金預金　800,000

　　　　　　　　　　　　　　　　　　　　　利益準備金　40,000

試算表（配当後）

資本金	2,000,000
資本準備金	160,000
その他資本剰余金	90,000
利益準備金	240,000
その他利益剰余金	160,000

配当後の状態：資本準備金 160,000 = 配当前資本準備金 150,000 + 資本準備金積立

額10,000

利益準備金240,000＝配当前利益準備金200,000＋利益準備金積立
額40,000

(8) 自 己 株 式

自己株式（Treasury Stock）とは，会社が発行した株式を自ら証券市場から買戻して保有する株式証券をいう。株式会社は，株主総会または取締役会の決議，株主との合意又は会社法の定める以下の事由により自己株式を取得することができる。(1) 株価対策－株式需給関係の不均衡を調整するための株価下落防止対策，株式消却，(2) 財務政策－余剰資金による自社株購入，株主資本利益率の向上，敵対的買収リスクに対する防衛，株主への利益還元，配当負担の軽減，株主資本と負債資本コストの最適化，(3) 組織再編を効率的に行なうための自己株式交付－吸収合併，株式交換，株式移転，吸収分割を行なうときの新株発行に代わる自己株式の交付，(4) 刺激的報酬制度――ストック・オプションの採用等。自己株式の取得対価は金銭等会社財産で支払われるため，取得財源を規制するため自己株式の取得は剰余金の配当，資本金・準備金の減少に伴う払戻しと同様に分配可能額の範囲内で行なう。

(1) 自己株式の取得

自己株式の取得は資本の一部払戻しに相当するため，純資産の部の株主資本の末尾に取得原価で株主資本から控除する形式で表示する。自己株式取得手数料，自己株式交付費，自己株式消却に要した付随費用は，支払手数料等の勘定で処理し損益計算書に営業外費用として表示する。

取得時（借）自己株式 ×× （株主資本の控除項目）（貸）現金預金××
　　　　　支払手数料×× （営業外費用）

(2) 自己株式の処分

自己株式の処分とは，募集株式の発行手続きを準用し，自己株式の引受人が自己株式処分対価として払込んだ金銭と引換えに会社が保有する自己株式を自己株式引受人に交付することをいう。会社が株主または第三者に対して株式引受を募集し，募集株式引受人から金銭の払込と引換えに株式を交付するという点で新株発行と自己株式処分に相違はない。ただし，会社法は，市場取引にお

ける自己株式の処分を認めていない。自己株式処分は，その方法に応じて株式募集に関する発行手続きを準用する場合（会社法第200条），吸収合併・吸収分割・株式交換の処分対価（会社法第749条，第758条，第768条）とする場合，新株予約権行使に伴う自己株式処分（会社法第280条）の自己株式処分に係る会社法規定に従う。

　自己株式の処分による自己株式処分差損益（自己株式簿価マイナス自己株式処分対価）は，株主と会社との資本取引とみなして損益計算書に計上せず，貸借対照表の「その他資本剰余金」に計上する。期中取引において自己株式処分対価が自己株式の帳簿価額を上まわる場合は，自己株式処分差益をその他資本剰余金に計上し，自己株式処分差損はその他資本剰余金から減額する（会社計算規則第37条第2項1号）。

　　　自己株式処分差損益＝自己株式処分対価－自己株式帳簿価額

　全て自己株式の処分により募集株式引受人を募集し株式を交付する場合は，募集株式の払込金額に占める新株発行の割合はゼロであるから，資本金等増加の限度額はゼロである。

　　　全て自己株式処分による資本金等増加限度額ゼロ＝払込金額×新株発行割合0％。

　なお，期末決算において期中の自己株式処分差益と処分差損を相殺し，その他資本剰余金勘定が借方残（マイナス額）になる場合は，その他資本剰余金勘定借方残をゼロとするため，これをその他利益剰余金勘定（繰越利益剰余金）から減額する（「自己株式及び準備金の額の減少等に関する会計基準」第10項，第11項）。

自己株式処分対価＞自己株式帳簿価額の場合

　　払込時　　（借）別段預金　　　　××　（貸）自己株式申込証拠金××
　　払込期日　（借）当座預金　　　　××　（貸）別段預金　　　　　××
　　　　　　　（借）自己株式申込証拠金××　（貸）自己株式　　　　××（簿価）
　　　　　　　　　　　　　　　　　　　　　　　その他資本剰余金××（自己株式処分差益）

自己株式処分対価＜自己株式帳簿価額の場合

　　払込時　　（借）別段預金　　　　××　（貸）自己株式申込証拠金××
　　払込期日　（借）当座預金　　　　××　（貸）別段預金　　　　　××
　　　　　　　（借）自己株式申込証拠金××　（貸）自己株式　　　　××（簿価）
　　　　　　　　　その他資本剰余金　××　（自己株式処分差損）

決算補填時 （借）繰越利益剰余金 ×× （貸）その他資本剰余金 ×× （自己株式処分差損）

設例：当期の資本取引および前期末貸借対照表の純資産の部は下記の通りである。
(1) 取締役会決議により，自己株式100,000株を1株当たり2,000円で取得した。
(2) 前記(1)の自己株式のうち40,000株を1株当たり2,100円で処分し，自己株式引受人から自己株式申込証拠金として84,000,000円が別段預金に払い込まれた。
(3) 前記(1)の自己株式のうち50,000株を1株当たり1,700円で処分し，自己株式引受人から自己株式申込証拠金として85,000,000円が別段預金に払い込まれた。

前期末貸借対照表：純資産の部（単位：千円）
I　株主資本
　1．資本金　　　　　　　　　　　　100,000
　2．資本剰余金
　　(1)　資本準備金　　　　　　　　5,000
　　(2)　その他資本剰余金　　　　　3,000
　3．利益剰余金
　　(1)　利益準備金　　　　　　　　6,000
　　(2)　その他利益剰余金
　　　　　任意積立金　　　　　　　　500
　4．繰越利益剰余金　　　　　　　　80,000
　5．自己株式　　　　　　　　　　△30,000
　　　株主資本合計　　　　　　　　164,500

会計処理
(1) 取得時　（借）自己株式　　　　200,000　（貸）当座預金　　　　　　200,000
(2) 払込時　（借）別段預金　　　　 84,000　（貸）自己株式申込証拠金　 84,000
　　払込時　（借）当座預金　　　　 84,000　（貸）別段預金　　　　　　 84,000
　　　　　　（借）自己株式申込証拠金 84,000　（貸）自己株式　　　　　　80,000
　　　　　　　　　　　　　　　　　　　　　　　　その他資本剰余金 4,000（自己株式処分差益）

資本金等増加限度額0＝払込金額84,000×新株発行割合0％。自己株式簿価80,000＝自己株式40,000株×@2,000円。自己株式処分差益4,000＝払込金額84,000×自己株式処分割合100％－自己株式簿価80,000。

(3) 払込時（借）別段預金　　　　85,000（貸）自己株式申込証拠金　85,000
　　払込時（借）当座預金　　　　85,000（貸）別段預金　　　　　　85,000
　　　　　（借）自己株式申込証拠金 85,000（貸）自己株式　　　　100,000
　　　　　　　 その他資本剰余金　15,000（自己株式処分差損）

資本金等増加限度額 0 ＝ 払込金額 85,000 × 新株発行割合 0%。自己株式処分差損 △15,000 ＝ 払込金額 85,000 × 自己株式処分割合 100% − 自己株式簿価 100,000。

(4) 純損失補填時（借）繰越利益剰余金 8,000（貸）その他資本剰余金 8,000

その他資本剰余金借方残 △8,000 ＝ その他資本剰余金期首残高 3,000 ＋ 自己株式処分差益 4,000 − 自己株式処分差損 15,000。

期末貸借対照表：純資産の部（単位：千円）

I　株主資本	
1. 資本金	100,000
2. 資本剰余金	
(1) 資本準備金	5,000
(2) その他資本剰余金	0
3. 利益剰余金	
(1) 利益準備金	6,000
(2) その他利益剰余金	
任意積立金	500
繰越利益剰余金	72,000
4. 自己株式	△50,000
5. 自己株式申込証拠金	169,000
株主資本合計	302,500

注：その他資本剰余金 0 ＝ その他資本剰余金期末借方残 △8,000 ＋ その他利益剰余金（繰越利益剰余金）8,000。自己株式期末残高 △50,000 ＝ 自己株式期首残高 30,000 ＋ 当期取得高 200,000 − 当期処分高 80,000 − 当期処分高 100,000

(3) 新株発行と自己株式処分の併用による増資

自己株式を処分して自己株式処分差損が生じた場合は，原則上，その他資本剰余金を減額する（「自己株式及び準備金の額の減少等に関する会計基準」第10項）。このため，新株発行と自己株式処分を併用して株式引受人の募集を行なうときに自己株式処分差損が生じた場合，その他資本剰余金の減少あるいはその他資本剰余金及び繰越利益剰余金の減少に導く増資となる。しかしながら，

資本剰余金の減少により資本金等の増資を行なう処理に合理的根拠は認められない。このため，会社法は，新株発行と自己株式処分を併用して資本金等の増資を行なうときに自己株式の売却処分により自己株式処分差損が生じた場合，募集株式のうち新株発行による資本金等増加額から自己株式処分差損を控除した額を資本金等増加限度額として規定している。

新株発行と自己株式処分を併用して増資を行なう場合，資本金等増加限度額は，下記の計算式により算定する（会社計算規則第 37 条第 1 項）。

①新株発行払込金額＝払込金額×新株発行割合（新株発行数÷募集株式発行数）

②自己株式処分払込金額＝払込金額×自己株式処分割合（自己株式処分数÷募集株式発行数）

③自己株式処分差損益＝自己株式帳簿価額－自己株式処分払込金額

④資本金等増加限度額の計算

 イ．自己株式処分差益発生のケース：資本金等増加限度額＝①払込金額－控除額ゼロ。自己株式処分差益は「その他資本剰余金」に計上する（会社計算規則第 37 条第 2 項）。

 ロ．自己株式処分差損発生のケース：資本金等増加限度額＝①払込金額－③自己株式処分差損。自己株式処分差損が発生した場合，次式によりその他資本剰余金はゼロとする。

  その他資本剰余金ゼロ＝②自己株式処分払込金額＋自己株式処分差損と新株発行払込金額のいずれか小さい方の金額－自己株式帳簿価額（会社計算規則第 37 条 2 項）。

新株発行と自己株式処分を併用する場合

自己株式処分差益計上時（借）現金預金×× （貸）資本金 ××
              資本準備金 ××
              自己株式 ××
              その他資本剰余金××
               （自己株式処分差益）

自己株式処分差損計上時（借）現金預金×× （貸）資本金　　　　　××
　　　　　　　　　　　　　　　　　　　　　 資本準備金　　　××
　　　　　　　　　　　　　　　　　　　　　 自己株式　　　　××
　　　　　　　　　　　　　　　　　　　　　 その他資本剰余金　0

設例：当社は，株主総会において，下記条件により，募集株式として新株発行と自己株式処分の併用による増資を決議し実施した。
① 募集株式数100,000株。内訳：新株発行数80,000株，自己株式処分数20,000株
② 募集株式1株あたり払込金額1000円
③ 新株発行に伴う払込金額の2分の1は資本金に組入れ，残額は資本準備金とする。
③ 自己株式帳簿価額：ケース1　帳簿価額@1,100円
　　　　　　　　　　 ケース2　帳簿価額@900円

ケース1：募集株式払込金額100,000,000円＝募集株式数100,000株×払込金額@1000円

　　自己株式帳簿価額22,000,000円＝自己株式処分数20,000株×自己株式簿価@1,100円

　　新株発行払込金額80,000,000円＝募集株式払込金額100,000,000円×新株発行割合80％（新株発行数80,000株÷募集株式数100,000株）

　　自己株式処分払込金額20,000,000円＝募集株式払込金額100,000,000円×自己株式処分割合20％（自己株式処分数20,000株÷募集株式数100,000株）

　　自己株式処分差損2,000,000円＝自己株式帳簿価額22,000,000円－自己株式処分払込金額20,000,000円

　　資本金等増加限度額78,000,000円＝新株発行払込金額80,000,000円－自己株式処分差損2,000,000円

　　その他資本剰余金0＝自己株式処分払込金額20,000,000円＋自己株式処分差損2,000,000円（自己株式処分差損と新株発行払込金額の小さい方の金額）－自己株式帳簿価額22,000,000円

会計処理：（借）当座預金 100,000,000 （貸）資本金　　　 39,000,000
　　　　　　　　　　　　　　　　　　　資本準備金 39,000,000
　　　　　　　　　　　　　　　　　　　自己株式　 22,000,000
　　　　　　　　　　　　　　　　　　　その他資本剰余金　0

ケース2：募集株式払込金額 100,000,000 円＝募集株式数 100,000 株×払込金額@1000円

自己株式帳簿価額 18,000,000 円＝自己株式処分数 20,000 株×自己株式簿価@900円

新株発行払込金額 80,000,000 円＝募集株式払込金額 100,000,000 円×新株発行割合 80%

自己株式処分払込金額 20,000,000 円＝募集株式払込金額 100,000,000 円×自己株式処分割合 20%

自己株式処分差益 2,000,000 円＝自己株式帳簿価額 18,000,000 円－自己株式処分払込金額 20,000,000 円

資本金等増加限度額 80,000,000 円＝新株発行払込金額 80,000,000 円－控除額 0

会計処理：（借）当座預金 100,000,000 （貸）資本金　　　　 40,000,000
　　　　　　　　　　　　　　　　　　　　資本準備金　　　 40,000,000
　　　　　　　　　　　　　　　　　　　　自己株式　　　　 18,000,000
　　　　　　　　　　　　　　　　　　　　その他資本剰余金　2,000,000
　　　　　　　　　　　　　　　　　　　　　　　　（自己株式処分差益）

(4) 自己株式の消却

株式会社は，株主総会または取締役会の決議により自己株式を失効させ，発行済株式数を減少することができる（会社法第178条）。自己株式を失効させ発行済株式数を減少する行為を自己株式消却という。自己株式を消却した場合は，消却する自己株式の帳簿価額をその他資本剰余金から減額する（会社計算規則第47条3項）。なお，自己株式の消却により，期末にその他資本剰余金が借方残（マイナス）になる場合は，その他資本剰余金借方をゼロにするため，その他資本剰余金の借方をその他利益剰余金（繰越利益剰余金）から減額する。

　　消却時　　　（借）その他資本剰余金 ×× （貸）自己株式　　　　 ××
　　期末補填時　（借）繰越利益剰余金　 ×× （貸）その他資本剰余金 ×× （借方残高の消去）

設例：当社は，取締役会において，その他資本剰余金を財源とする自己株式10,000,000円の消却を決議し消却手続きを完了した。
(借) その他資本剰余金 10,000,000　(貸) 自己株式 10,000,000

(9) 新株予約権

　新株予約権とは，株式会社に対して行使することによりに当該株式会社の株式の交付を受けることができる権利をいう（会社法第2条第1項21号）。すなわち，新株予約権の取得者は，新株予約権証券取得時に発行価額を株式会社に払込み，権利行使時に行使価額の払込みと引換えに発行会社に対する株式取得権を有する（会社法第236条，第237条）。

　新株予約権所有者は，新株予約権を取得後の一定権利行使期間において株価が新株予約権の発行に伴う払込金額と行使価額の合計額を上回り売却利益を期待できる場合，新株予約権を行使して時価より安い行使価額の払込みと引換えに株式を取得することができる。株価が新株予約権の所有者の新株予約権払込金額と権利行使価額の合計額より高くなるほど，新株予約権所有者が権利行使後に株式を売却するときの期待利益は大きくなる。

　新株予約権の権利が行使された場合は新株予約権の所有者は株主になるので，発行企業は，募集株式引受人の募集手続きを準用して，権利行使価額の払込金額と新株予約権証券と引換えに新株を発行するか，あるいは保有する自己株式を処分するか，もしくは新株発行と自己株式処分の同時併用により株式を交付する義務を負う。

　これに対して，株式に基づく報酬（Stock based compensatiton）として新株予約権を従業員等に無償で付与する場合は，新株予約権を特にストック・オプションという。ストック・オプションは，発行会社が業績向上と株価上昇を期待して，従業員等の勤務サービスの取得対価に対する刺激的報酬制度（Incentive Stock Opution Plan）として株式購入権を有価証券として化体したものである。

(1) 新株予約権の発行

　株式会社は，新株予約権を発行する場合，会社法の規定により下記募集事項を決定したうえ新株予約権募集の内容について株主総会決議に従う。①新株予

約権の目的になる株式の種類と数，②新株予約権の募集数，③新株予約権取得時の払込金額または無償交付，④新株予約権の行使価額と行使期間（会社法第236条，第238条）。

　発行企業は，新株予約権発行時に新株予約権引受人から払込金額を受入れ，貸借対照表の純資産の部に新株予約権として計上する。他方，新株予約権の引受人は，有価証券の保有目的の区分の別にしたがって売買目的有価証券（時価）またはその他有価証券（取得原価）として新株予約権証券を計上する。新株予約権行使時の交付すべき株式数と権利行使に伴う払込金額は，下記の計算式により求める。

　　交付株式数＝新株予約権1個当たり交付する株式数×行使された新株予約権個数。
　　権利行使に伴う払込金額＝新株予約権1個当たり行使価額×交付する株式数。
　　新株予約権発行時（借）現金預金××（貸）新株予約権××（純資産の部）

　　設例：当社は，平成×1年6月の株主総会において下記条件により株主に対する新株予約権の交付を決議し同年7月1日に交付した。
　　　①新株予約権の目的になる株式の種類と数：普通株式10,000株，②発行する新株予約権の個数：10,000個，③新株予約権発行価額：1個当たり1,000円，④新株予約権行使により交付する株式の数：新株予約権1個当たり1株，⑤権利行使価額：1個当たり9,000円，⑥行使期間：平成×2年7月1日から平成×3年6月30日。
　　　　新株予約権発行時（借）現金預金 10,000,000（貸）新株予約権 10,000,000

(2)　新株予約権の行使に伴う株式交付

　新株予約権の行使に伴う株式交付の方法として，①全て新株発行による場合，②全て自己株式処分による場合，あるいは③新株発行と自己株式処分の併用により株式を交付する場合の3つがある。新株予約権が行使されたときの資本金等増加限度額は，下記の計算式により算定する（会社計算規則第40条第1項）。

　　資本金等増加限度額＝(新株予約権帳簿価額＋権利行使価額)×新株発行割合
　　　　　　　　　　　　(新株発行数／募集株式発行数)。

① 権利行使時に全て新株の発行により交付する場合

新株予約権が行使されたときに全て新株発行により交付する場合は，新株予約権発行に伴う払込金額と権利行使に伴う払込金額の合計額を資本金または資本金・資本準備金に振替える。また，新株予約権所有者は，権利行使に伴う払込金額と新株予約権証券と引換えに，新株予約権帳簿価額と権利行使価額の合計額を株式の取得原価として計上する。

全て新株発行による場合の資本金等増加限度額＝(新株予約権帳簿価額＋払込金額)×新株発行割合100％（会社計算規則第40条1項）。

権利行使時　(借) 現金預金　××　　(貸) 資本金　　××

（払込金額の2分の1の資本金組入)

　　　　　　　　　新株予約権××（簿価）資本準備金××

② 権利行使時に全て自己株式売却処分により株式を交付する場合

権利行使に伴い全て自己株式の売却により株式を交付する場合は，資本金等増加限度額はゼロである（会社計算規則第40条1項）。また，新株予約権行使に伴う自己株式売却より生じる自己株式処分差損益の処理は，新株予約権の帳簿価額が払込金額に加算されるだけで，募集株式発行等の手続きにより自己株式売却を処理する場合と同じである（会社計算規則第40条第2項）。

資本金等増加限度額ゼロ＝(新株予約権帳簿価額＋払込金額)×新株発行割合0％

自己株式処分差損益＝(新株予約権帳簿価額＋払込金額)×自己株式処分割合－自己株式帳簿価額

自己株式処分差益はその他資本剰余金に計上し，自己株式処分差損はその他資本剰余金から減額する。

自己株式処分時　(借) 現金預金　　　　××　(貸) 資本金　　　　　0
　　　　　　　　　　新株予約権　　　××　　　　自己株式　　　××
　　　　　　　　　　その他資本剰余金××　　　　その他資本剰余金××
　　　　　　　　　　（自己株式処分差損）　　　　（自己株式処分差益）

③ 権利行使時に新株発行と自己株式売却処分を併用する場合

新株予約権の行使に伴い自己株式売却処分を新株発行と併用して株式を交付する場合，募集株式引受人の募集に係る手続きを準用して処理する（会社計算規則第40条2項）。

資本金等増加限度額＝（新株予約権帳簿価額＋払込金額）×新株発行割合－自己株式処分差損

自己株式処分差損益＝（新株予約権帳簿価額＋払込金額）×自己株式処分割合－自己株式帳簿価額

自己株式処分差益はその他資本剰余金に計上し自己株式処分差損は下記計算式によりその他資本剰余金ゼロとして算定する。その他資本剰余金ゼロ＝（新株予約権帳簿価額＋払込金額）×自己株式処分割合＋自己株式処分差損と新株発行対価との小さい方の額－自己株式帳簿価額

自己株式処分差益計上時（借）現　金　預　金××（貸）資　本　金××
　　　　　　　　　　　　　　新株予約権××　　　　資本準備金××
　　　　　　　　　　　　　　　　　　　　　　　　その他資本剰余金（自己株式処分差益）××
　　　　　　　　　　　　　　　　　　　　　　　　自　己　株　式××（簿価）

自己株式処分差損計上時（借）現　金　預　金××（貸）資　本　金××
　　　　　　　　　　　　　　新株予約権××　　　　資本準備金××
　　　　　　　　　　　　　　その他資本剰余金ゼロ（自己株式処分差損）
　　　　　　　　　　　　　　　　　　　　　　　　自　己　株　式××（簿価）

設例：当社は，平成×1年6月30日の株主総会において下記条件により，株主に対して持株比率に応じた新株予約権の有償交付を決議し同年7月1日に株主に交付した。

(1)　新株予約権の目的になる株式種類と数：普通株式20,000株，(2)　新株予約権発行個数：20,000個，新株予約権行使により交付する株式数：新株予約権1個当たり1株，(3)　新株予約権発行価額：新株予約権1個当たり1,000円，(4)　権利行使時の払込金額（行使価額）：新株予約権1個当たり9,000円，(5)　権利行使期間：平成×2年7月1日から平成×3年6月30日，(6)　—①平成×2年8月1日に新株予約権のうち10,000個が権利行使されたことに伴い全て新株発行により払込金額を金銭で受入れ，資本金等増加限度額のうち会社法上の最低限度額を資本金に組入れ残額は資本準備金に計上した。(6)　—②平成×2年12月10日に新株予約権6,000個が権利行使されたことに伴い全て自己株式処分により払込金額を金銭で受入れ自己株式を交付した。なお，自己株式の帳簿価額は1株

当たり9,800円である。(6)—③平成×3年5月20日に新株予約権3,000個が権利行使され，払込金額と引換えに募集株式数3,000株の7割について新株を発行して会社法上の最低限度額を資本金に組入れ残りは資本準備金に計上し，募集株式の3割については自己株式を処分して交付した。なお，権利行使時の自己株式の帳簿価額は，11,000円である。

新株予約権発行時（借）現金預金 20,000,000 （貸）新株予約権 20,000,000
権利行使時①（借）現金預金　90,000,000（貸）資本金　　　50,000,000
　　　　　　　　　　新株予約権 10,000,000　　資本準備金 50,000,000

資本金等増加限度額100,000,000＝（新株予約権簿価@1000＋払込金額@9000）×行使権利10,000個×新株発行割合100％。現金預金90,000,000＝払込金額@9,000×行使権利個数10,000個。

権利行使時②（借）現金預金　54,000,000（貸）資本金　　　　　　　0
　　　　　　　　　　新株予約権　6,000,000　　自己株式　　58,800,000
　　　　　　　　　　　　　　　　　　　　　　その他資本剰余金 1,200,000

資本金等増加限度額0＝（新株予約権簿価@1,000＋払込金額@9,000）×行使権利数6,000個×新株発行割合0％。自己株式58,800,000＝自己株式処分数6,000株×自己株式簿価@9,800。現金預金54,000,000＝払込金額@9,000×行使権利数6,00個。その他資本剰余金1,200,000＝（新株予約権簿価@1,000＋払込金額@9,000）×自己株式処分数6,000株－自己株式簿価58,800,000（＝自己株式簿価@9800×自己株式6,000株）。

権利行使時③（借）現　金　預　金 27,000,000（貸）資　本　金 10,050,000
　　　　　　　　　　新株予約権　3,000,000　　資本準備金 10,050,000
　　　　　　　　　　　　　　　　　　　　　　自　己　株　式　9,900,000
　　　　　　　　　　　　　　　　　　　　　　その他資本剰余金　0

自己株式処分差損900,000＝（自己株式簿価@11,000－自己株式処分対価@10,000）×自己株式処分数900株（＝3,000株×30％）。資本金等増加限度額20,100,000＝（新株予約権簿価@1,000＋払込金額@9,000）×新株発行数2,100株－自己株式処分差損900,000。最低限度額の資本金等増加限度額の2分の1を資本金に組入れた。その他資本剰余金0＝（新株予約権簿価@1,000＋払込金額@9,000）×自己株式処分数900株＋自己株式処分差損と新株発行

払込金額との小さい方の自己株式処分差損 900,000 − 自己株式帳簿価額 9,900,000。

(3) 新株予約権行使期間終了時の会計処理

権利行使期間において新株予約権が行使されず権利行使期間が満了した場合，新株予約権発行企業は，失効した新株予約権の発行価額を失効した会計期間に新株予約権消却益（戻入益）として特別利益に振替える。これに対して，新株予約権所有者は，失効した新株予約権の帳簿価額を新株予約権消却損として損益計算書の営業外費用または特別損失に計上する。

（借）新株予約権×× （その他有価証券）（貸）新株予約権消却益×× （特別利益）

設例：新株予約権所有者は，新株予約権（帳簿価額 1,000,000 円）について権利を行使しなかった。失効した新株予約権は消却処分にした。

（借）新株予約権 1,000,000 （貸）新株予約権消却益 1,000,000

(7) 自己新株予約権

① 自己新株予約権の取得

会社は，消却または処分する目的で会社自身が発行した新株予約権を買入れ保有することができる。これを自己新株予約権という。会社は，自己新株予約権を行使することはできない（会社法第 280 条 6 項）。新株予約権を取得したときに，自己新株予約権は，その支払対価または時価に付随費用を加算した金額を貸借対照表の資産の部に計上する。

会社が取得した自己新株予約権を資産の部に計上する場合は，自己新株予約権に対応する新株予約権は，買戻しにより純資産の部から除外することになる。このため，自己新株予約権は，その帳簿価額を純資産の部の新株予約権から直接控除する形式で相殺表示する。

② 自己新株予約権の保有

新株予約権と自己新株予約権は，ともに市場価額を有する金融資産であるから，期末に時価評価する。自己新株予約権の帳簿価額がこれに対応する新株予約権の帳簿価額を超えているときに当該自己新株予約権の期末時価が著しく下落し回復の見込がないと認められる場合は，自己新株予約権の期末時価と帳簿価額との差額を当期評価損として減損処理する。ただし，自己新株予約権の期

末時価が著しく下落し，これに対応する新株予約権の帳簿価額を下まわる場合は，自己新株予約権の帳簿価額と新株予約権の帳簿価額との差額を当期評価損として計上する。その理由は，自己新株予約権の消却時に発生する損失は自己新株予約権の帳簿価額と新株予約権の帳簿価額との差額であるため，自己新株予約権の期末時価がこれに対応する新株予約権の帳簿価額を下まわる場合でも，新株予約権の帳簿価額を下限として自己新株予約権の帳簿価額と比較すればよいからである。

自己新株予約権が売却処分されないと明確に認められる場合その消却処分は確実であるから，自己新株予約権の帳簿価額と新株予約権の帳簿価額との差額を当期損失として計上する。なお，自己新株予約権の関連事項は，株主資本等変動計算書に注記する。

③ 自己新株予約権の消却と売却

会社が自己新株予約権を消却する場合は，消却する自己新株予約権帳簿価額とこれに対応する新株予約権帳簿価額との差額を自己新株予約権消却益または自己新株予約権消却損として当期損益に計上する。自己新株予約権を売却する場合は，売却損益を計上する。

① 取得時（借）自己新株予約権×× （貸）現金預金××
② 保有時の期末評価（借）自己新株予約権評価損×× （貸）自己新株予約権××
③ 消却時（借）新株予約権×× （貸）自己新株予約権　　××
　　　　　　　　　　　　　　　　　　　自己新株予約権消却損益××
④ 売却時（借）現金預金×× （貸）自己新株予約権　　××
　　　　　　　　　　　　　　　　　　　自己新株予約権売却損益××

設例：自己新株予約権の帳簿価額 10,000,000 円。自己新株予約権に対応する新株予約権帳簿価額 4,000,000 円。ケース（イ）自己新株予約権の期末時価 5,000,000 円。時価の回復の見込みはない。ケース（ロ）自己新株予約権の期末時価 3,000,000 円。自己新株予約権の期末時価は，新株予約権帳簿価額 4,000,000 を下まわる。

（イ）（借）自己新株予約権評価損 5,000,000 （貸）自己新株予約権 5,000,000

自己新株予約権期末時価 5,000,000 － 自己新株予約権帳簿価額 10,000,000 ＝ 評価

5,000,000。

（ロ）（借）自己新株予約権評価損 6,000,000 （貸）自己新株予約権 6,000,000

新株予約権帳簿価額 4,000,000 − 自己新株予約権帳簿価額 10,000,000 ＝ 評価損 6,000,000。

設例：当社は，取締役会の決議により自己新株予約権（帳簿価額 100,000,000 円）を消却する。消却する自己新株予約権に対応する新株予約権の帳簿価額は 95,000,000 円である。

（借）新　株　予　約　権 100,000,000 （貸）自己新株予約権 100,000,000
　　　自己新株予約権消却損　 5,000,000

(10) ストック・オプション

(1) ストック・オプションの特質

ストック・オプション（株式購入選択権 Stock option）とは，従業員・会社役員から提供された勤務サービスの取得対価として，会社が従業員・役員に対して無償で付与する新株予約権をいう。ストック・オプションは，新株予約権を付与された従業員・会社役員が権利を行使して事前に約束した権利行使価格の払込みと引換えに株式の交付を受け，権利行使価格を超える株価値上りによる売却益（キャピタルゲイン）を受取る権利であり，会社と従業員・会社役員の双方にそれぞれメリットがある。このため，取締役と従業員等に対する刺激的報酬プランあるいは役員退職報奨金としてストック・オプションを利用する会社は，少なくない。従業員と会社役員は，ストック・オプション権を行使して事前に約束された安い一定行使価額で購入した株式価格が行使価額を超えて上昇する場合，株式売却により売却益を期待できるため，勤労意欲の昂進において多大な刺激を受ける。他方，新株予約権の発行企業は，会社の業績向上と株価上昇を企画し株式報酬奨励制度（インセンティブ・プラン）として，ストック・オプションの付与により従業員・役員の勤労意欲を刺激し，雇用対策上，優秀な人材採用の確保と有能な人材の社外流出を抑止するうえで一定の効果を期待できる。

この反面，従業員・役員に付与されるストック・オプション契約には譲渡制

限が付されており，市場取引による売買が規制されているため市場価格を入手することができない。このため，付与日のストック・オプションの公正価値 (Fair value) は，ブラック・ショールズ・マートン・モデル (Black-Scholes-Merton-Option-Pricing-Model)，二項定理またはモンテカルロ・シミュレーション等の国際的に承認されたストック・オプション価格算定モデルに基づく権利行使による将来期待利益により，予測株価，予測利子率，予測配当利回りで割引計算した金額を測定日の新株予約権公正価値として算定する。

ストック・オプションの公正価値は，「本源的価値 Intrinsic value」と「時間的価値 Time value」の2つの基本要素から構成されている。ストック・オプションの公正価値＝本源的価値＋時間的価値

APBオピニオン（米国会計原則審議会意見書）25号は，ストック・オプションの公正価値の構成要素から時間的価値（金利要素）を除外し，報酬費用の計算方法として本源的価値基準法を公表した。ストック・オプションの本源的価値とは，ストック・オプション公正価値の測定日を権利行使日と仮定した場合の株価から権利行使価格を控除した金額である。本源的価値のみをストック・オプションの公正価値とする方法の場合，会社が負担する報酬費用は，下記の計算式により算定される。

　　本源的価値＝(＠株式市場価格－＠権利行使価格)×ストック・オプション数

会社はストック・オプションの付与日に株価上昇を期待して刺激的な報酬プランを策定するため，通常，付与日において権利行使価格を株式市場価格より高く設定する。したがって，付与日におけるストック・オプションの本源的価値はゼロであるから，仮に付与日に権利を行使したとしても利益は得られない。しかし，権利行使期間において，株価が行使価格を上回る場合，利益獲得の機会がある。前記ケースに対して，権利行使期間終了日まで株価が低迷し権利行使価格を下回る場合，ストック・オプションの所有者は，オプション権を放棄すれば損失を回避することができるため，損失に対して常に中立的になる。

したがって，ストック・オプションは，公正価値から本源的価値を控除した残りの時間的価値についてストック・オプション固有の経済的価値がある。すなわち，ストック・オプションは，たとえ本源的価値がゼロであっても，本源

的価値を超える価値として時間的価値を獲得することが期待できるため経済的価値を有する。

付与日におけるストック・オプションの公正価値（Fair Value）を算定するための基本的な考え方は，付与日における株式市場価格（Market Price）すなわち権利行使日の予測株価の割引現在価値から権利行使価格（Exercise Price）の割引現在価値を控除した金額である。付与日のストック・オプションの公正価値＝FV，付与日の株式市場価格＝MP，権利行使価格＝EP，無リスクの利子率＝i，権利確定日までの期間＝nとすれば，ストック・オプションの公正価値は，下記の計算式から求められる。これを実務に適用可能な計算式として具体化した株価算定モデルがブラック・ショールズ・マートン・モデルや二項定理である。

ストック・オプションの $FV = MP - EP / (1+i)^n$

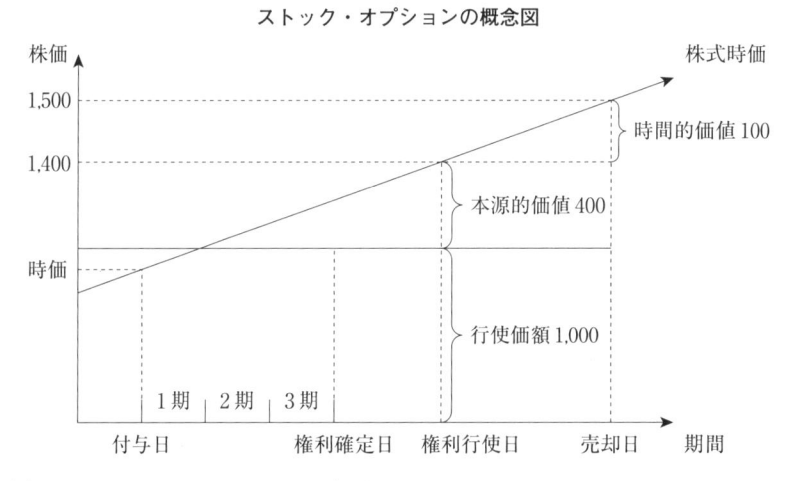

ストック・オプションの概念図

(2) ストック・オプションの会計処理

ストック・オプションの付与日，権利確定条件変更日，権利行使日，権利失効日の一連の取引事象の流れにおける会計処理は，次の順に行われる。①付与日の公正価値総額と付与数の決定，②権利確定日以前の権利確定期間の各期における「権利不確定」の失効数による付与数の変更と株式報酬費用総額の各期への配分，③権利行使日の株式交付と払込資本への振替，④権利確定日以降の「権利不行使」の失効数による権利確定数の最終決定。

```
   ├──┤├──┤├──┤         株式取得        株式売却
   1期  2期  3期                              
───┼───┼───┼───┼─────────┼───┼──────────→
  付与日 権利確定期間 権利確定日 権利行使期間 行使日 行使期間終了日
```

　ストック・オプションの手続きで使用される専門用語の意味内容は，次の通りである。

　付与日：ストック・オプションの付与日。会社法上の募集新株予約権の割当日。

　権利確定期間：ストック・オプションの権利を確定するために必要な継続勤務条件・業績条件が達成される対象勤務期間をいう。

　権利確定日　：継続勤務・業績拡大目標達成等の権利確定条件を完全履行し株式取得権が確定する日。権利行使期間開始日の前日になる。

　権利行使期間：ストック・オプションを付与された従業員のうち権利の確定した従業員が権利を行使することができる一定期間をいう。

　権利行使日　：ストック・オプションを付与された従業員のうち権利確定の従業員が権利行使期間において権利を行使し行使価額の払込みと引換えに株式を取得する日。

　① 公正価値総額の算定

　ストック・オプション公正価値は，等価交換取引として業員等から取得した勤務サービスの対価として会社が支払う人件費であるから，株式報酬費用と等価である。しかし，従業員等から取得する勤務サービスの対価自体を直接測定することは困難である。そこで，株式報酬費用総額の算定に代えて，ストック・オプションの付与日にストック・オプションの公正価値総額を株式オプション価格算定モデルにより算定する。

　ストック・オプションの公正価値総額の計算式は，次の2つの計算要素から構成される。

　　　ストック・オプション公正価値総額＝公正価値単価（株式オプション価格算定モデルにより算出）×ストック・オプション付与数（権利不確定による失効数を控除した見積付与総数）

　（イ）公正価値単価

　公正価値総額を算定するための2つの計算要素のうち公正価値単価は，株式オプション価格決定モデルにより算定しそれ以降は見直しを行なわない。ス

トック・オプション公正価値単価を算定するときの考え方は，既述のように，次の計算式で示すことができる。

ストック・オプションの公正価値単価＝行使日の予測株価の割引現在価値－行使日の行使価格の割引現在価値

株式オプション価格算定モデルの評価技法の1つとして，ブラック・ショールズ・マートン・モデルは，株式価格算定に影響を及ぼす6つの変数関数を確率偏微分方程式に組入れたものである。ブラック・ショールズ・マートン・モデルと格子モデル（二項定理）等は，国際財務報告基準第2号の要件にしたがってオプション行使価格，オプション存続期間，無リスク利子率，配当利回り，予想株価変動率（ボラティリティ），権利行使日までの見積残存期間を変数とする諸関数によりストック・オプション公正価値単価を算定する。なお，実務上，ストック・オプション公正価値単価は，応用ソフトを用いて算定することができる。

ブラック・ショールズ・マートン・モデルの計算式

$$C = Se^{-qt}N(d_1) - Ke^{-rt}N(d_2)$$

$$d_1 = \frac{\ln(S/K) + (r+\sigma^2/2)t}{\sigma\sqrt{t}}$$

$$d_2 = d_1 - \sigma\sqrt{t}$$

（出所：石川貞夫・石川園子共著『金融・証券のためのブラック・ショールズ微分方程式』，第11章「ブラック・ショールズ原論文の日本語部分訳」，東京図書，2007年11月）。

なお，ブラック・ショールズ・マートン・モデルは，価格算定に対する作用因として，次の予測変数計算要素から構成されている。

C＝ストック・オプションの公正価値単価。S（株価）＝測定時点の株式の市場価格。K（権利行使価格）＝権利を行使して株式を取得するための払込金額。N（d）（標準正規分布の累積密度関数）＝正規分布表において特定事象が実現する確率を表す密度関数。例えば，株価と権利行使価格にそれぞれ密度関数N（d）を乗じて権利行使日の期待利益の割引現在価値を算定する。q（配当利回り）＝複利による予想配当利回り。σ（予想株価変動率）＝新株予約権の対象株式の年間株価変動率を表し，株式から得られる収益率の標準偏差を示す。r（無リスク利子率）＝安全資産すなわち債務不履行の無い長期国債の複利計算による

予測利回り。t（残存期間）＝付与日から予想権利行使日までの期間。ln（自然対数）＝数学上の定数 e（2.718282……）を底とする対数。例えば，ln（S/K）は，定数 e の5乗が S/K になる場合の5を表す関数である。e^{-qt} あるいは e^{-rt} は，定数 e（2.718282……）を qt 乗あるいは rt 乗した数値の逆数を示す指数関数である（参照文献：税理士法人山田＆パートナーズ，優成監査法人 TFP コンサルティンググループ株式会社編著『新株予約権の税・会計・法律の実務 Q&A』第4版，第6編「オプション価格算定モデルによる算定と考察」，中央経済社，2006年12月）。

（ロ）　ストック・オプション付与数

　ストック・オプションの公正価値総額は，公正価値単価にストック・オプション総数を乗じて算定する。公正価値総額の計算要素のうちストック・オプション総数は，権利が確定すると予想されるストック・オプションの見積付与数である。したがって，ストック・オプションの付与日に，当初在籍の従業員に対する付与数から権利確定日までの見積失効数を控除した残りの数を当初見積付与総数として決定しておく。

　しかし，権利確定期間の各期に退職等の「権利不確定」により失効するストック・オプションが発生した場合は，その都度，当初の見積付与総数から退職等による実際上の失効数を控除しストック・オプションの当初見積付与総数を修正する。実際上の失効総数が確定する時点は，権利確定日の権利確定期間終了日である。なお，各期においてストック・オプションの見積付与数を見直す場合は，権利確定期間の各期の退職者を除いて期末に当期までの費用累計額を算定し，当期までの費用累計額から前期までの費用累計額を控除して当期の費用を算定する。

　権利確定期間終了日に，ストック・オプションの権利確定数が最終的に決まる。したがって，ストック・オプションの権利確定総数に対応して株式報酬費用総額も決まる。

　続いて，権利確定日以降は，従業員により権利が行使された場合は，払込資本を資本金・資本準備金に振替える。しかし，権利行使期間終了日に「権利不行使」により失効があった場合，失効に対応する新株予約権部分を新株予約権戻入益（特別利益）に計上する。

② 権利確定日以前の会計処理

ストック・オプションの公正価値総額は，無償で付与されるものであり，また付与日に会社は勤務サービスを未だ取得していないので付与日の仕訳は不要である。したがって，権利確定日以前の会計処理として，権利確定期間の各期の決算において公正価値総額を期間配分する。すなわち，付与日から権利確定日までの権利確定期間の各期の決算において，従業員から取得した勤務サービスの取得対価として公正価値総額を各期に費用配分する。この場合，当期の費用計上額は，当期までの費用累計額から前期までの費用累計額を控除した金額である。各期のストック・オプションの数量は，権利確定期間における「権利不確定」による失効数を当初の付与数から控除し，権利確定日まで付与数を調整する。

付与日：仕訳なし。ただし，ストック・オプションの公正価値総額を算定する。

付与日の属する期末日：(借) 株式報酬費用×× (貸) 新株予約権×× (期間配分額)

③ 権利行使日

従業員が権利を行使して行使価額を払込む場合は，払込金額と新株予約権証券と引換えに，行使価額を払込資本として資本金・資本準備金に振替える。この場合，権利行使により，会社は，従業員に対して新株発行または自己株式処分により株式を交付する。

イ．新株発行のケース

　　権利行使日：(借) 現金預金　××　(貸) 資本金　　××
　　　　　　　　　　新株予約権××　　　資本準備金××

ロ．自己株式処分のケース

　　権利行使日：(借) 現金預金　××　(貸) 自己株式　　　××
　　　　　　　　　　新株予約権××　　　自己株式処分差損益××

④ 権利不行使による失効

権利確定日以降，権利確定したストック・オプションを所有する従業員が権利行使期間終了日まで権利を行使しない場合は，ストック・オプションは失効したものとして処理する。ストック・オプションが権利不行使により失効した場合は，新株予約権として貸方に計上した金額のうち失効に対応する部分を新株予約権戻入益（特別利益）に計上する。

失効時（借）新株予約権×× （貸）新株予約権戻入益×× （特別利益）

設例：(1) 平成×1年7月1日：当社は，平成×1年6月の株主総会において従業員100名に対して下記条件によりストック・オプションの付与を決議し，同年7月1日に付与した。各事業年度の費用計上額は，ストック・オプション公正価値総額について経過勤務期間と権利確定勤務期間との割合を月割計算で期間に配分する。決算日は，年1回の3月末日である。

前提条件

① ストック・オプション付与数＝従業員1名当り100個，合計10,000個
② 権利行使により交付する株式数＝新株予約権1個当り1株，合計10,000株
③ ストック・オプション権利行使時の払込金額＝1株当り100,000円
④ ストック・オプション公正価値単価＝ストック・オプション1個当り10,000円
⑤ 権利確定条件＝平成×1年7月1日から平成×3年6月末日までの権利確定期間に在籍し，かつ継続的に勤務する必要がある
⑥ 権利確定日＝権利確定期間終了日の平成×3年6月末日
⑦ 権利行使期間＝平成×3年7月1日から平成×5年6月末日
⑧ 付与日の見積失効数＝権利確定日までの10名退職による失効を見積もった
⑨ 新株発行および自己株式処分の払込金額は，それぞれ全額を資本金に振替える

期中取引

(2) 平成×2年3月期決算：1名退職により当初見積失効数を変更した
(3) 平成×3年3月期決算：3名退職により前期末見積失効数を変更した
(4) 平成×3年6月末日：平成×3年4月1日から権利確定日までに1名が退職した。権利確定日までの「権利不確定」により失効した退職者累計5名。
(5) 平成×3年9月1日：60名の権利行使に伴い新株発行により払込金額を全額，資本金に振替えた
(6) 平成×4年3月5日：20名の権利行使に伴い自己株式処分による払込金額を全額，資本金に振替えた。なお，処分した自己株式の帳簿価額は1株当り80,000円である
(7) 平成×5年6月末日：10名の権利行使に伴い自己株式を処分した。処分した自己株式の帳簿価額は1株当り90,000円である。

(8) 平成×5年6月末日（権利行使期間終了日）：5名が「権利不行使」により失効した。失効した新株予約権に対応する部分は，特別利益として新株予約権戻入益に計上する。

年度別失効数と行使数の変動明細表

期　間	摘　要	未行使数	累積失効数	累積行使数
平成×1年7月1日	対象従業員100名	10,000	—	—
平成×2年3月末日	退職1名	9,900	100	—
平成×3年3月末日	退職3名	9,600	400	—
平成×3年6月末日	退職1名	9,500	500	—
平成×3年9月1日	行使60名	3,500	500	6,000
平成×4年3月5日	行使20名	1,500	500	8,000
平成×5年6月末日	行使10名	500	500	9,000
平成×5年6月末日	失効5名	—	1,000	9,000

会計処理

(1) 平成×1年7月1日：仕訳なし

(2) 平成×2年3月31日（期末決算）

（借）株式報酬費用 34,125,000 （貸）新株予約権 34,125,000

株式報酬費用 34,125,000 円＝公正価値単価 10,000 円×1名当り 100 個×[100名－(見積失効者10名－退職1名)]×経過月数9月／権利確定期間24月。権利確定期間24月＝平成×1年7月1日～平成×3年6月末日。経過月数9月＝平成×1年7月1日～平成×2年3月末日。

(3) 平成×3年3月31日（期末決算）

（借）株式報酬費用 48,125,000 （貸）新株予約権 48,125,000

株式報酬費用 48,125,000 円＝公正価値単価 10,000 円×1名当り 100 個×[100名－(見積失効10名－退職累計4名)]×経過月数21月／権利確定期間24月－前期計上費用34,125,000。経過月数21月＝平成×1年7月～平成×3年3月末。

(4) 平成×3年6月末日（権利確定日）

（借）株式報酬費用 12,750,000 （貸）新株予約権 12,750,000

株式報酬費用 12,750,000 円＝公正価値単価 10,000 円×1名当り 100 個×(100名－退職累計5名)×経過月数24月／権利確定期間24月－前々期計上費用34,125,000円－前期計上費用48,125,000円。

(5) 平成×3年9月1日（権利行使日）

　　（借）現金預金　　600,000,000　（貸）資本金 660,000,000
　　　　新株予約権　 60,000,000

払込金額 600,000,000 ＝ 1 株当り払込金額 100,000×1 名当り 100 株×行使 60 名。新株予約権 60,000,000 ＝ 公正価値単価 10,000 円×1 名当り 100 個×行使 60 名。

(6) 平成×4年3月5日（権利行使日）

　　（借）現金預金　　200,000,000　（貸）自己株式　　　　160,000,000
　　　　新株予約権　 20,000,000　　　　自己株式処分差益 60,000,000

払込金額 200,000,000 ＝ 1 株当り払込金額 100,000×1 名当り 100 株×行使 20 名。自己株式帳簿価額 160,000,000 ＝ ＠簿価 80,000×1 名当り 100 株×権利行使 20 名。権利行使されたストック・オプション価額 20,000,000 ＝ 公正価値単価 10,000×1 名当り 100 個×権利行使 20 名。

(7) 平成×5年6月末日（権利行使期間終了日）

　　（借）現金預金　　100,000,000　（貸）自己株式　　　　90,000,000
　　　　新株予約権　 10,000,000　　　　自己株式処分差益 20,000,000

払込金額 100,000,000 ＝ 1 株当り払込金額 100,000×1 名当り 100 株×権利行使 10 名。新株予約権 10,000,000 ＝ 公正価値単価 10,000×1 名当り 100 個×権利行使 10 名。自己株式帳簿価額 90,000,000 ＝ ＠簿価 90,000×1 名当り 100 株×権利行使 10 名。

(8) 平成×5年6月末日（権利行使期間間終了日）

　　（借）新株予約権 5,000,000　（貸）新株予約権戻入益 5,000,000

新株予約権 5,000,000 ＝（34,125,000 ＋ 48,125,000 ＋ 1,275,000）× 失効 5 個／権利確定数 95 個。

第3編　本支店及び組織再編の会計

第16章
本支店会計

16-1 支店会計の目的と役割

　支店の帳簿組織を本店よりどの程度まで独立させるかにしたがって，企業の帳簿組織は，本店集中会計システム，支店一部独立会計システム，支店完全独立会計システムの3つに区分することができる。
　支店が独立した帳簿組織を一切持たず，支店で行なう取引の全てを証憑，伝票等により本店へ逐一報告し，本店の帳簿に記帳する帳簿組織を本店集中会計システムという。これに対して，会計帳簿システムの一部あるいは全部を支店へ委譲するシステムにより，支店の一部の取引についてのみ支店で記帳する支店一部独立会計システムと，支店で行なわれた取引の全てについて記帳と決算を支店で行なう支店完全独立会計システムがある。
　支店一部独立会計システムの場合は，支店は日常的な営業取引についてのみ記帳し，長期借入金，固定資産売買等の非日常的に行われる取引で，企業の最高経営者の決定を要する重要な取引は本店で記帳する。この場合，支店で行われた日常取引に関する決算整理前勘定残高は本店に報告され，本店は支店会計の決算と合併・整理により企業全体の決算を行なう。しかし，支店一部独立会計システムは，企業規模の拡大により支店数が増大するにつれ，支店の財務管理の徹底と企業全体の営業成績と財政状態を正確に把握することが困難になる。このため，支店会計の完全独立システムが必要となる。
　完全独立の支店会計の下では，支店は，独立の会計単位として完全な帳簿組織を所有して，期中取引の記帳と支店独自の決算を行って支店財務諸表を作成

する。

16-2 支店独立会計

(1) 本支店勘定の設定

　支店の会計帳簿を本店から分離し完全に独立させる場合は，支店に帰属する財産を本店から支店に移転するため双方に照合勘定を設定する。このため，事業年度の期首に支店独立会計制度を導入する場合，本支店間の取引記帳を連結する照合勘定として，本店は「支店勘定」を，支店は「本店勘定」をそれぞれ元帳に設定する。この照合勘定を相手勘定科目にして，本店の財産を支店の帳簿に移転するための開始記入を行なう。

　同一企業の本店と支店との関係を投資資金の委託・受託関係と見れば，本店元帳上の支店勘定は支店に対する投資を示し，支店元帳上の本店勘定は支店に対する本店の出資金を示す。しかし，別の観点から見て，本店と支店との関係を財産の委託・受託関係すなわち財産の貸借取引と見れば，本店元帳上の支店勘定は支店に対する債権を示し，支店元帳上の本店勘定は本店に対する債務を示している。

　本店に帰属する現金，商品，その他資産と借入金等の負債を支店へ移転する場合は，支店勘定の借方に投資額を同勘定の貸方に投資回収額をそれぞれ記入し，同時に，本店勘定の貸方に出資額を同勘定の借方に減資額をそれぞれ記入する。

　本店元帳上の支店勘定の借方残高と支店元帳上の本店勘定の貸方残高は，貸借反対で必ず一致し，本店と支店を連結する役割をもつため，これを照合勘定（対照勘定）という。

　なお，照合勘定には，「支店勘定」と「本店勘定」のほかに，本店と支店との間において商品を移転する場合に内部売上高と内部仕入高を記録する「支店売上勘定」と「本店仕入勘定」がある。支店の営業成績を統制するために，本店が外部から購入した商品の仕入原価に内部利益を上乗せした価格で支店に商品を発送する場合は，外部への一般売上と区別するため本店は「支店売上勘定」を，外部からの一般仕入と区別するため支店は「本店仕入勘定」をそれぞ

れ用いる。照合勘定は，期末に貸借相殺する。

　期末決算で，本店と支店の損益勘定に個別の当期純損益が計上される。支店損益勘定に計上された支店純利益は本店勘定に振替えられるが，支店から純利益の報告を受けて，本店は支店勘定に支店純利益を計上する。さらに，支店純利益は，企業全体の決算を総括する本店の支店勘定から本店の総合損益勘定に振替えられる。その結果，本店の総合損益勘定に，本店損益勘定から振替えられた本店純利益と支店純利益が集計される。

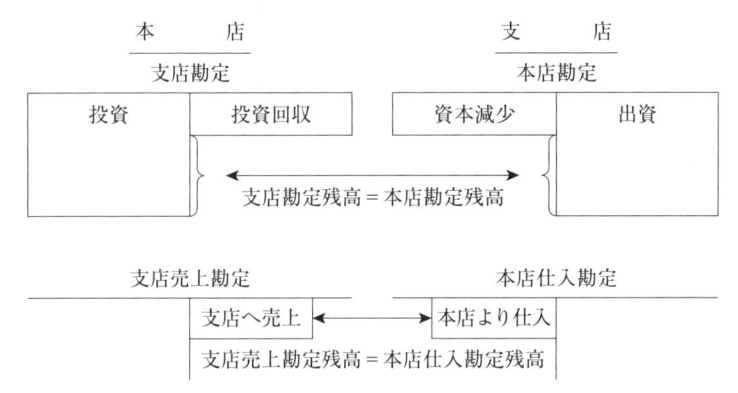

```
         本    店                      支    店
         支店勘定                      本店勘定
  ┌──────────┬──────────┐   ┌──────────┬──────────┐
  │   投資   │  投資回収 │   │  資本減少 │   出資   │
  └──────────┴──────────┘   └──────────┴──────────┘
              ←──── 支店勘定残高＝本店勘定残高 ────→

         支店売上勘定                  本店仕入勘定
              ┌──────────┐   ┌──────────┐
              │ 支店へ売上│←──│本店より仕入│
              └──────────┘   └──────────┘
              支店売上勘定残高＝本店仕入勘定残高
```

　支店独立会計制度に移行するための手続きは，本店に帰属する財産を本店から支店の帳簿に振替えるための開始記入である。支店独立会計の開始仕訳は，次の通りである。

　　本店の仕訳（借）諸負債××（貸）諸資産××
　　　　　　　　　　支　店××（貸借差額）
　　支店の仕訳（借）諸資産××（貸）諸負債××
　　　　　　　　　　本　店××（貸借差額）

　設例：当社は平成×1年度期首（4月1日）から支店独立会計制度を採用するため，梅田本店の帳簿から下記資料に示す財産を除外し，京橋支店の帳簿に振替えた。

前期繰越試算表

現金預金	15,000	買掛金	20,000
売掛金	30,000	借入金	60,000
繰越商品	75,000	減価償却累計額	65,000
備品	40,000	貸倒引当金	5,000
建物	80,000	資本金	10,000
		繰越利益剰余金	80,000
	240,000		240,000

資料：本店の帳簿に記載された財産のうち支店の帳簿へ移転する財産は，次の通りである。

(1) 現金預金 5,000, (2) 売掛金 5,000, (3) 繰越商品 25,000, (4) 備品 15,000, (5) 建物 20,000, (6) 買掛金 6,000, (7) 減価償却累計額 25,000, (8) 貸倒引当金 1,500

本店の開始仕訳：（借）買掛金　　　　　　6,000　（貸）現金預金　5,000
　　　　　　　　　　　減価償却累計額 25,000　　　　売掛金　　5,000
　　　　　　　　　　　貸倒引当金　　　 1,500　　　　繰越商品 25,000
　　　　　　　　　　　支　店　　　　　 37,500　　　　備　品　 15,000
　　　　　　　　　　　　　　　　　　　　　　　　　　建　物　 20,000

支店の開始仕訳：（借）現金預金　 5,000　（貸）買掛金　　　　　 6,000
　　　　　　　　　　　売掛金　　　 5,000　　　　減価償却累計額　25,000
　　　　　　　　　　　繰越商品　 25,000　　　　貸倒引当金　　　 1,500
　　　　　　　　　　　備　品　　 15,000　　　　本　店　　　　　37,500
　　　　　　　　　　　建　物　　 20,000

開始本店貸借対照表

現金預金	10,000	買掛金	14,000
売掛金	25,000	借入金	60,000
商品	50,000	減価償却累計額	40,000
備品	25,000	貸倒引当金	3,500
建物	60,000	資本金	10,000
支店	37,500	繰越利益剰余金	80,000
	207,500		207,500

開始支店貸借対照表

現金預金	5,000	買掛金	6,000
売掛金	5,000	減価償却累計額	25,000
商品	25,000	貸倒引当金	1,500
備品	15,000	本店	37,500
建物	20,000		
	70,000		70,000

(2) 内部取引

期中の内部取引は本支店間の財産の内部移転であるから，財産の増減変動は発生しない。内部取引を記録した照合勘定は，期末決算において貸借相殺する。いまひとつの決算整理は，支店の期末棚卸商品のうち本店仕入高に含まれた内部利益の消去である。本店から内部振替価格で仕入れた商品が支店で外部取引先に販売されずに売れ残った場合は，支店の期末棚卸商品のうち本店仕入分の期末棚卸商品の振替価格に未実現内部利益が含まれているため，期末決算において支店からの棚卸商品の報告により本店で内部利益を消去する。

以下，本支店間内部取引として，送金，振替価格による商品の内部取引，外部取引先との取引による商品売買，債権債務の決済，費用と収益の立替等について説明する。

(1) 送 金 取 引

本店から支店あるいは支店から本店に金銭を送る場合，これを送金という。

本店から支店に送金する場合

　　本店の送金時（借）支　店　××（貸）現金預金××

　　支店の受取時（借）現金預金××（貸）本　　店　××

(2) 商品の発送・受入

本支店間で商品を引渡し，あるいは受入れるときの価格決定の方法として，商品の仕入原価を商品の移転価格とする原価法と，本店が仕入原価に一定の内部利益を加算した移転価格で商品を支店に発送する制度として内部振替価格（transfer pricing）がある。

A. 原　　価　　法

原価法による場合，本店・支店ともに仕入勘定に仕入原価で記入する。

設例：本店は商品を仕入原価 10,000 で支店に発送し，支店はこれを外部の得意先に販売価格 15,000 で掛売した。

本店の発送時（借）支　店　　10,000（貸）仕　　入 10,000（仕入原価）

支店の受入時（借）仕　　入　10,000（貸）本　店 10,000

販売時　　　（借）売上原価　10,000（貸）売　上 15,000

　　　　　　　　　商品販売益　5,000

B. 振 替 価 格

　振替価格により本支店間で商品を発送しあるいは受入れる場合は，外部取引を処理する売上勘定および仕入勘定と区別するため，本店は支店売上勘定を支店は本店仕入勘定をそれぞれ用いて処理する。この1組の勘定を照合勘定という。

　　設例：本店は仕入原価 10,000 に 10％の利益率を乗じた価格で支店に商品を発送したが，支店はこれを外部の得意先へ売価 15,000 で掛により販売した。

　　本店の売上時（借）支　店　10,909（貸）支店売上 10,909

　　　　利益率＝利益／振替価格＝0.1／(1＋0.1)。内部利益 909＝10,000×0.1／(1＋0.1))

　　決算時（借）支店売上 10,909（貸）損　益 10,909

　　　　　　　　　損　益　10,000　　　仕　入 10,000

　　支店の仕入時（借）本店仕入 10,909（貸）本　店 10,909

　　売上時　　　　（借）売掛金　15,000（貸）売　上 15,000

　　決算時　　　　（借）売　上　15,000（貸）損　益 15,000

　　　　　　　　　　　　損　益　10,909　　　仕　入 10,909

本店損益	
売上原価 10,000	支店売上 10,909
利　益　　909	

支店損益	
内部売上原価 10,909	売　上 15,000
利　益　　4,091	

　仕入先 ─→ │仕入原価 10,000 本店 ┄┄▶ 振替価格 10,909 支店│ ─→ 販売価格 15,000

　本店が外部の仕入先から仕入れた商品を振替価格で支店へ売上げ，支店は外部の得意先に販売価格 15,000 で売却した結果，支店の販売益 4,091 と本店の内部利益 909 との合計額 5,000 が売上高 15,000 に含まれる実現利益 5,000 である。

　しかし，設例の前提条件が変わって，本店から仕入れた商品全部が支店で売れ残った場合は，本店と支店の企業全体の商品販売益はゼロである。他方，会計計算では，本支店の合算損益勘定は内部利益 909（＝本店純利益 909＋支店純

利益0)になる。内部利益909は，当期の支店棚卸商品のうち本店仕入の棚卸商品に含まれる未実現利益である。このため，後述するように，期末の合併損益計算書において内部利益は当期損益に計上せず，繰延内部利益として貸借対照表に計上し次期へ繰延べる。

本支店間の取引が本来の流通経路を経由せずに，支店が直接外部から商品を仕入れる場合，あるいは本店が外部へ商品を直接販売する場合がある。この場合，本支店間の内部取引を経由せずに，本店または支店が直接外部の取引先と取引を行うことになる。しかし，本支店会計の連結記帳ルールにしたがって，取引のつど本支店間で直接，相互に報告を行ない，本支店間の内部取引を経由した取引として処理する。

設例：支店は本店の仕入先から仕入原価10,000で商品を直接，掛で仕入れ，当該取引を本店に報告した。本店は，通常の内部取引において商品の仕入原価に10％増の利益を加算した振替価格で支店に発送している。

仕入先────▶ 仕入原価10,000 支店────▶本店に報告────▶振替価格11,000 支店

本店の仕訳（借）仕　　入　10,000　（貸）買掛金　10,000
　　　　　　　（借）支　　店　11,000　（貸）支店売上 11,000
支店の仕訳（借）本店仕入 11,000　（貸）本　　店　11,000

設例：本店は支店の得意先に対して仕入原価10,000，販売価格15,000の商品を掛で販売し，当該取引を支店に報告した。本店は通常の内部取引において商品の仕入原価に10％増の利益を加算した振替価格で支店に商品を発送している。

仕入原価10,000 本店────▶外部販売15,000 本店────▶支店に報告

本店の仕訳（借）支　　店　11,000　（貸）支店売上 11,000
支店の仕訳（借）本店仕入 11,000　（貸）本　　店　11,000
　　　　　　　（借）売掛金　15,000　（貸）売　　上　15,000

(3)　債権債務と費用収益の決済

支店の得意先に対する売掛金，受取手形等の売上債権を支店に代わって本店

が回収し，あるいは支店の仕入先に対する買掛金，支払手形等の仕入債務を支店に代わって本店が支払う場合がある。反対に，本店の得意先に対する売掛金，受取手形等の売上債権を本店に代わって支店が回収し，あるいは本店の仕入先に対する買掛金，支払手形等の仕入債務を本店に代わって支店が支払う場合がある。以下，掛による売買の決済,，為替手形振出による債権債務の決済，費用収益の決済の3つについて説明する。

① 掛による売買の決済

本店が支店の得意先に対する売掛金1,000を現金で回収した場合

　　本店の仕訳（借）現　金 1,000（貸）支　店 1,000

　　支店の仕訳（借）本　店 1,000（貸）売掛金 1,000

本店が支店の仕入先に対する買掛金2,000を小切手振出により支払った場合

　　本店の仕訳（借）支　店 2,000（貸）当座預金 2,000

　　支店の仕訳（借）買掛金 2,000（貸）本　店　2,000

支店が本店の得意先に対する売掛金3,000を現金で回収した場合

　　本店の仕訳（借）支　店 3,000（貸）売掛金 3,000

　　支店の仕訳（借）現　金 3,000（貸）本　店 3,000

支店が本店の仕入先に対する買掛金4,000を小切手振出により支払った場合

　　本店の仕訳（借）買掛金 4,000（貸）支　店　4,000

　　支店の仕訳（借）本　店 4,000（貸）当座預金 4,000

② 為替手形振出による　債権債務の決済

本店が本店仕入先の仕入債務を決済するために支店を名宛人（手形債務者），本店仕入先を指図人にして為替手形を振出し，引受呈示後に支店の引受を得て本店仕入先に為替手形を交付する場合がある。手形振出人は手形名宛人と同一企業であり，この為替手形を自己宛為替手形という。支店は，手形債務者として支払手形勘定で処理する。自己宛為替手形は，手形の振出人が名宛人と同一企業であり，実質上，約束手形振出と同じ役割を果たす。

これに対して，本店が本店得意先の売上債権を回収するため支店を指図人（手形債権者），本店得意先を名宛人にして為替手形を振出し，引受呈示後に本店得意先の引受を得て，支店に為替手形を交付する場合がある。手形振出人（本店）は手形指図人（支店）と同一会社法人であり，この為替手形を自己指図

為替手形という。支店は，手形債権者として受取手形勘定で処理する。自己指図為替手形は，振出人が指図人と同一法人であり，実質上，約束手形の受入と同じ役割を果たす。

　　自己宛為替手形の振出：本店の仕訳（借）買掛金××（貸）支　店　××
　　　　　　　　　　　　　支店の仕訳（借）本　　店××（貸）支払手形××
　　自己指図為替手形の振出：本店の仕訳（借）支　店　××（貸）売掛金××
　　　　　　　　　　　　　　支店の仕訳（借）受取手形××（貸）本　店××

　設例：本店は，本店仕入先の買掛金10,000を支払うため支店を名宛人とし，本店仕入先を指図人にして為替手形を振出し，引受呈示後に支店の引受を得て本店仕入先に為替手形を交付した。
　　本店の仕訳（借）買掛金10,000（貸）支　店 10,000
　　支店の仕訳（借）本　店10,000（貸）支払手形

　設例：本店は，本店得意先の売掛金20,000を回収するため支店を指図人，本店得意先を名宛人とする為替手形を振出し，本店得意先の引受を得て為替手形を支店に交付した。
　　本店の仕訳（借）支　店　20,000（貸）売掛金 20,000
　　支店の仕訳（借）受取手形20,000（貸）本　店 20,000

③　費用収益の決済

本店と支店が相互に費用の支払いと収益の受取りを代行する場合がある。費用の立替払いと収益の受取りの代行を費用収益の立替えという。

　本店が支店経費を立替払いした場合
　　　本店の仕訳（借）支　店××（貸）現　金××
　　　支店の仕訳（借）経　費××（貸）本　店××
　本店が支店受取手数料を代行して受取った場合
　　　本店の仕訳（借）現　金××（貸）支　店　××
　　　支店の仕訳（借）本　店××（貸）受取手数料××

(4)　支　店　間　取　引

2つ以上の支店を有する企業の場合，本店は，元帳上に支店別に支店勘定を

設定して，本支店間の内部取引を記帳する。この場合，本店と支店との内部取引のほかに，支店と支店で相互に内部取引を行うことがある。支店と支店との取引についての記帳システムは2つあり，本店集中計算制度と支店独立計算制度である。

このうち，各支店が元帳上に設定した相手先支店名の「支店勘定」を相手勘定科目にして，支店間取引を処理する記帳システムを支店独立計算制度という。本店は，支店独立計算制度から隔離されるため，，支店間取引について関知せず本店の帳簿へは記入しない。

これに対して，各支店が元帳上に「本店勘定」だけを設定し，「本店勘定」を相手勘定科目にして，支店間取引を本支店間取引に転換して処理する記帳システムを本店集中計算制度という。本店集中計算制度では，支店間取引を本支店間取引と見なして処理するため，本店は本支店間取引を記帳する照合勘定として「支店勘定」を用いて処理する。本店集中計算制度は，本店側で支店間取引を本支店間取引同様に統制し，本支店会計の統一的システムを通じて支店会計を管理する点において有効である。

支店独立計算制度—支店間取引を支店だけで記帳する制度

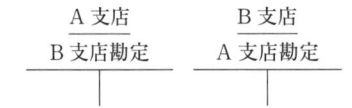

```
     A 支店        B 支店
    B 支店勘定     A 支店勘定
       |             |
```

本店集中計算制度—支店間取引は本店と支店で記帳する

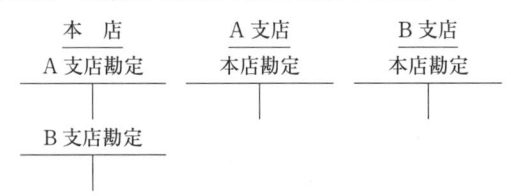

```
    本  店        A 支店        B 支店
   A 支店勘定    本店勘定      本店勘定
      |             |             |
   B 支店勘定
      |
```

設例1：A支店はB支店に現金10,000円を送金した。

　　支店独立計算制度

　　　本店の仕訳：なし

　　　A支店の仕訳（借）B支店 10,000 （貸）現　金 10,000

B支店の仕訳（借）現　金 10,000（貸）A支店 10,000
本店集中計算制度
　本店の仕訳　　（借）B支店 10,000（貸）A支店 10,000
　A支店の仕訳（借）本　店 10,000（貸）現　金 10,000
　B支店の仕訳（借）現　金 10,000（貸）本　店 10,000

設例2：A支店はB支店の仕入先に対する買掛金20,000円を小切手を振出し支払った。
　支店独立計算制度
　　本店の仕訳：なし
　　A支店の仕訳（借）B支店 20,000（貸）当座預金 20,000
　　B支店の仕訳（借）買掛金 20,000（貸）A支店　20,000
　本店集中計算制度
　　本店の仕訳　　（借）B支店 20,000（貸）A支店　20,000
　　A支店の仕訳（借）本　店 20,000（貸）当座預金 20,000
　　B支店の仕訳（借）買掛金 20,000（貸）本　店　20,000

設例3：A支店はB支店に仕入原価30,000円に10％増の利益を加算した振替価格33,000円で商品を発送した。
　支店独立計算制度
　　本店の仕訳：なし
　　A支店の仕訳（借）B支店　　 33,000（貸）B支店売上 33,000
　　B支店の仕訳（借）A支店仕入 33,000（貸）A支店　　 33,000
　本店集中計算制度
　　本店の仕訳　　（借）B支店　　 33,000（貸）A支店　　 33,000
　　A支店の仕訳（借）本　店　　 33,000（貸）B支店売上 33,000
　　B支店の仕訳（借）A支店仕入 33,000（貸）本　店　　 33,000

16-3 本支店会計の決算

(1) 未達取引整理を含む決算整理

既に述べたように，本店の支店勘定は支店に対する債権（借方残）を記入し，支店の本店勘定は本店に対する債務（貸方残）を記入する。したがって，支店勘定と本店勘定の残高は計算上誤りがない限り貸借反対で一致するため，本店と支店の決算整理後試算表を単純合計した合算財務諸表または合併精算表において，本店勘定と支店勘定，支店売上勘定と本店仕入勘定は，それぞれ相殺消去し合併貸借対照表と合併損益計算書に表示しない。

しかし，計算に誤りがなくても未達取引がある場合，本店勘定と支店勘定，支店売上勘定と本店仕入勘定は一致しない。未達取引とは，決算日において本支店間の取引について報告が相手先へ未達のため，決算日までに一方だけが取引を記帳し，他方では未記帳になっている取引をいう。未達取引は，取引を正確に把握するための決算整理事項の1つである。通常の決算整理を行なう前に，未達側で相手先に対して未達取引を確認し，商品が決算日に到着したとみなして未達取引の勘定整理を行なう。これを未達整理という。

(1) 未達取引の決算整理

① 本店が支店に発送した商品100,000円が支店に未達である。
　支店の未達整理　（借）本店仕入 100,000　（貸）本　店　100,000
　本店の仕訳　　　（借）支　　店 100,000　（貸）支店売上 100,000

② 支店が本店に送金した現金50,000円が本店に未達である。
　本店の未達整理　（借）現　金 50,000　（貸）支　店 50,000
　支店の仕訳　　　（借）本　店 50,000　（貸）現　金 50,000

③ 本店が回収した支店売掛金150,000円が支店に未達である。
　支店の未達整理　（借）本　店 150,000　（貸）売掛金 150,000
　本店の仕訳　　　（借）現　金 150,000　（貸）支　店 150,000

④ 本店が立替払いした支店営業費100,000円が支店に未達である。
　支店の未達整理　（借）営業費 100,000　（貸）本　店 100,000
　本店の仕訳　　　（借）支　店 100,000　（貸）現　金 100,000

(2) 決 算 整 理

　未達取引の決算整理を終えたならば，本店と支店は，それぞれの決算整理前試算表と決算整理事項に基づいて売上原価の算定および貸倒引当金，減価償却費の見積計上等の通常の決算整理仕訳とその転記を行なう。

　　本店決算整理仕訳　　　　　　　支店決算整理仕訳
　　（借）仕　　入　××（貸）繰越商品××（借）仕　　入××（貸）本店仕入××
　　（借）繰越商品　××（貸）仕　　入××（借）仕　　入××（貸）繰越商品××
　　　　　　　　　　　　　　　　　　　　　（借）繰越商品××（貸）仕　　入××
　　（借）貸倒引当損××（貸）貸倒引当金××（借）貸倒引当損××（貸）貸倒引当金××

　上記の決算整理は，仕入勘定で売上原価の算定を行なう場合である。売上原価の算定を売上原価勘定で行なう場合は，本店と支店の決算整理仕訳はそれぞれ次の通りである。

　　本店決算整理仕訳　　　　　　　支店決算整理仕訳
　　（借）売上原価××（貸）繰越商品××（借）売上原価××（貸）本店仕入××
　　（借）売上原価××（貸）仕　　入××（借）売上原価××（貸）繰越商品××
　　（借）繰越商品××（貸）売上原価××（借）売上原価××（貸）仕　　入××
　　　　　　　　　　　　　　　　　　　　　（借）繰越商品××（貸）売上原価××
　　（借）貸倒引当損××（貸）貸倒引当金××（借）貸倒引当損××（貸）貸倒引当金××

(2) 本支店純損益の決算振替と繰越内部利益の戻入・控除

　本店と支店は，未達取引整理を含む決算整理仕訳と転記により決算整理後試算表を作成したならば，次に企業純損益を算定するため本店と支店の純損益と繰延内部利益について決算振替仕訳を行なう。本店と支店は，費用・収益の諸項目を損益勘定に振替えそれぞれの損益勘定において個別に純利益を算定する。支店は，支店純利益を支店損益勘定から本店勘定に振替えると同時に支店純利益の本店勘定振替を本店に報告する。支店からの報告を受けて，本店は，総合損益勘定を相手勘定科目にして支店純利益を支店勘定に振替える。

　本店は，本店決算整理後試算表の費用・収益項目を本店損益勘定に振替え本店純利益を算定し，これを本店損益勘定から本店の総合損益勘定に振替える。

　総合損益勘定に集計された本店と支店の純損益の合計額は，期首と期末に支

店棚卸商品が残存している場合は，企業全体の純損益に一致しない。期首と期末の支店棚卸商品に未実現の内部利益が含まれているからである。そこで，企業全体の純損益を算定するため，支店棚卸商品に含まれている内部利益について調整を行なう必要がある。

同一企業の本店・支店間における商品の移転によって発生した内部利益は，売上高および売上原価を算定するに当たって除去する（企業会計原則，第二，損益計算書原則三E）。内部利益とは，本店と支店の独立した会計単位相互の内部取引から生ずる未実現利益をいう。すなわち，本店が仕入原価に内部利益を加算した価格で商品を支店に発送し，当該商品が期末に支店で売れ残った場合は，未実現内部利益が発生する。

内部利益の除去は，本店と支店の合併損益計算書において売上高から内部売上高を控除し，仕入高から内部仕入高又は売上原価から内部売上原価を控除するとともに，本店仕入分の期末商品棚卸高から内部利益を控除することである（企業会計原則注解，注11内部利益とその除去の方法について）。

設例：①内部利益が発生しないケース：本店は仕入原価10,000に10％増の価格で支店に商品を発送し，支店は外部得意先に売価15,000で商品を販売した。

　本店で仕入れた商品が振替価格10,909で支店に発送され，支店が売価15,000で販売した場合，利益5,000（＝本店純利益909＋支店純利益4,091）が実現し内部利益は生じない。

本店損益		支店損益	
売上原価 10,000	支店売上 10,909	内部売上原価 10,909	売上 15,000
利　益　　909		利　益　　4,091	

本店が仕入原価に内部利益を加算して商品を支店へ発送し，支店は売価15,000で外部に売却した結果，支店販売益4,091と内部利益909との合計額5,000が実現利益である。企業全体の純利益が本店と支店の純利益の合計に一致するので，決算整理は不要である。

設例：内部利益が発生し調整を要するケース②：本店は仕入原価10,000に内部利益率10％の利益を上乗せした価格で商品を支店に発送したが，本店から仕入

れた商品全部が期末に売れ残った。内部利益 $909 = 10,000 \times 0.1 / (1+0.1)$

本店から仕入れた商品全部が支店で売れ残った場合は、企業全体の販売益はゼロである。

本店損益		支店損益	
売上原価 10,000	支店売上 10,909	内部売上原価 0	売上 0
利　益　　　909		利　益　　　0	

　他方，会計処理上，本支店の総合損益勘定は内部利益909（＝本店純利益909＋支店純利益0）を計上する。内部利益909は，支店繰越商品のうち本店仕入分の繰越商品に含まれている未実現利益である。そこで，内部利益の除去は，支店の繰越商品勘定から直接控除すればよい。ところが，内部利益の除去は本店の元帳上で行うため，本店は支店元帳上の繰越商品勘定から内部利益を直接控除することができない。このため，本店は，本店元帳の総合損益勘定の当期純利益から内部利益を控除するため本店元帳に繰延内部利益勘定を設定し，繰延内部利益控除勘定を相手勘定科目にして繰延内部利益を貸借対照表に計上し次期に繰延べる。本店の元帳決算の決算振替手続において内部利益を控除する方法を間接控除法という。これに対して，後述するように，決算整理後試算表の個別財務諸表を単純合計した合算財務諸表または個別財務諸表を一覧表にした合併精算表において，棚卸商品（貸借対照表，損益計算書）から内部利益を直接控除する方法を直接控除法という。なお，支店の期末棚卸商品のうち本店仕入分に係る繰延内部利益控除は総合損益勘定に振替える。期首と期末の棚卸商品のうち本店仕入分に含まれる内部利益は，次の計算式により求める。

　　内部利益＝未達取引を含む本店仕入分の支店繰越商品×内部利益率

　期末支店繰越商品に含まれる未実現内部利益の控除

　　（借）繰延内部利益控除 909　（貸）繰延内部利益 909

　繰延内部利益控除の総合損益勘定への振替

　　（借）総合損益 909　（貸）繰延内部利益控除 909

　期首繰越商品は，当期末までに販売されるので，当期決算において期首商品に含まれる繰延内部利益を実現利益として処理する。本支店会計は，原則として，先入先出法により商品販売を処理するので，期首繰越商品は当期仕入商品より先に販売されることになる。したがって，本店貸借対照表の期首繰越商品に含まれる繰延内部利益は，当期仕入商品より先に実現するので総合損益勘定の貸方に戻入れる。こ

の結果，期首繰越商品の外部販売により企業全体の純利益は 5,000（＝売上高 15,000 － 売上原価 10,000）になる。

他方，総合損益勘定には本支店の利益合計額 4,091（＝売上高 15,000 － 内部売上原価 10,909）が計上される。両者の不一致の原因は，仕入原価 10,000 に内部利益 909 を加算して内部売上原価が計上されているからである。

本店損益	支店損益
売上原価 0　支店売上 0 利　益　0	内部売上原価 10,909　売上 15,000 利　益　　　4,091

注：内部売上原価 10,909 ＝ 仕入原価 10,000 ＋ 内部利益 909

そこで，期首繰延内部利益は，期首棚卸商品の当期の外部販売により実現するので，期末決算において貸借対照表から総合損益勘定に戻入れる。期首繰延内部利益は，繰延内部利益戻入勘定を相手勘定科目にして決算整理仕訳を行って総合損益勘定に振替える。

期首支店棚卸商品に含まれる繰延内部利益の戻入
　（借）繰延内部利益 909　（貸）繰延内部利益戻入 909
繰延内部利益戻入の総合損益勘定への振替
　（借）繰延内部利益戻入 909　（貸）総合損益 909

本店の決算振替仕訳　　　　　　　　支店の決算振替仕訳
① 費用・収益の損益勘定振替　　　　① 費用・収益の損益勘定振替
（借）売　　上　××（貸）損　益×× 　（借）売　上××（貸）損　益　　××
　　　支店売上××　　　　　　　　　 　（借）損　益××（貸）仕　入　　××
（借）損　　益　××（貸）仕　入×× 　　　　　　　　　　　　営業費　　××
　　　　　　　営業費××　　　　　　　　　　　　　　　　貸倒引当損××
　　　　　　　貸倒引当損××
② 当期純損益の総合損益勘定振替　　② 当期純利益の本店勘定振替
（借）支　　店　××（貸）総合損益×× （借）支店損益××（貸）本　店××
（借）本店損益××（貸）総合損益×× ③ 繰越試算表（決算残高勘定）
③ 繰延内部利益の戻入と控除
（借）繰延内部利益　　××（貸）繰延内部利益戻入××
（借）繰延内部利益控除××（貸）繰延内部利益　　××

④　繰延内部利益戻入・控除の総合損益勘定振替

（借）繰延内部利益戻入××（貸）総合損益　　　××

（借）総合損益　　　××（貸）繰延内部利益控除××

⑤　企業純損益・繰越利益の繰越利益剰余金振替

（借）総合損益××（貸）繰越利益剰余金××

　　　　繰越利益××

⑥　繰越試算表の作成

元帳勘定における決算整理と決算振替により企業純損益を算定するまで一連の決算手続を要約すれば，次の通りである。

本店の決算手続　　　　　　　　　支店の決算手続
(1)　本店決算整理前試算表　　　　(1)　支店決算整理前試算表
(2)　未達取引整理　　　　　　　　(2)　未達取引整理
(3)　決算整理　　　　　　　　　　(3)　決算整理
(4)　本店決算整理後試算表　　　　(4)　決算整理後試算表
(5)　決算振替　　　　　　　　　　(5)　決算振替
　①費用収益の損益勘定振替　　　　　①費用収益の損益勘定振替
　②本店純損益の総合損益勘定振替　　②支店純損益の本店勘定振替
　③支店勘定の総合損益勘定振替
　④繰延内部利益の戻入と控除
　⑤戻入と控除の総合損益勘定振替
　⑥企業純利益の繰越利益剰余金振替
　⑦帳簿締切と繰越試算表または決算残高試算表の作成

設例：本店と支店の決算整理前試算表，未達整理，決算整理事項は，下記の通りである。

決算整理前試算表　　（単位：千円）

借方科目	本　店	支　店	貸方科目	本　店	支　店
現金預金	5,010	1,500	買掛金	1,100	900
売掛金	1,200	900	貸倒引当金	15	10
繰越商品	810	500	繰延内部利益	22	
建　物	9,380	3,500	減価償却累計額	1,920	1,216
支　店	1,800	—	本　店	—	1,900
仕　入	36,000	10,100	資本金	9,000	—
本店仕入	—	3,926	利益準備金	1,500	—
営業費	4,400	1,200	繰越利益	1,043	—
			売　上	40,000	17,600
			支店売上	4,000	—
合　計	58,600	21,626	合　計	58,600	21,626

未達取引の決算整理事項

① 本店が支店に発送した商品 74 千円の報告が支店に未達である

② 本店が立替払いした支店営業費 26 千円の報告が支店に未達である

③ 支店が回収した本店売掛金 200 千円の報告が本店に未達である

決算整理事項

① 期末商品棚卸高

　　本店 900 千円。支店 600 千円，そのうち本店仕入分の支店期末繰越商品 476 千円。ただし，支店期末繰越商品に未達取引は含まれていない。なお，本店は仕入原価に内部利益率 10％の利益を加算した振替価格で支店に商品を発送している。

② 減価償却費の計上

　　本店 350 千円，支店 110 千円

③ 本支店ともに売掛金の 2％を貸倒引当金に計上する（差額補充法による）

決算整理

(1) 未達取引

支店の未達整理①（借）本店仕入　74　（貸）本　店　74

　　　　　　　②（借）営業費　　26　（貸）本　店　26

本店の未達整理③（借）支　店　200　（貸）売掛金 200

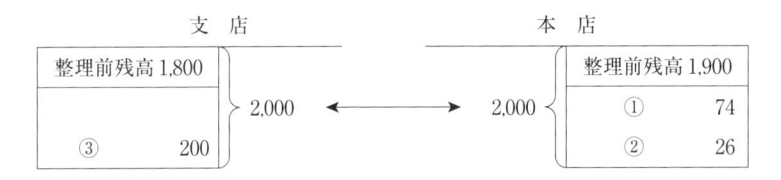

```
           支　店                          本　店
   ┌─────────────────┐              ┌─────────────────┐
   │整理前残高 1,800 │              │整理前残高 1,900 │
   │          ├2,000 ←──→ 2,000┤  ①         74 │
   │                 │              │  ②         26 │
   │  ③      200   │              │                 │
   └─────────────────┘              └─────────────────┘

         支店売上                              本店仕入
   ┌─────────────────┐              ┌─────────────────┐
   │整理前残高 4,000 │4,000 ←──→ 4,000│整理前残高 3,926│
   │                 │              │  ①         74 │
   └─────────────────┘              └─────────────────┘
```

(2) 売上原価計算・減価償却費と貸倒引当金の計上

本店（借）仕　入　　　　　　810（貸）繰越商品　　　　810
　　　　　繰越商品　　　　　900　　　仕　入　　　　　900
　　（借）減価償却費　　　　350（貸）減価償却累計額 350
　　（借）貸倒引当金繰入額　　 5（貸）貸倒引当金　　　 5

　貸倒引当金5＝（売掛金1200－未達売掛金回収200）×2％－前期貸倒引当金15

支店（借）仕　入 4,000（貸）本店仕入 4,000

　仕入4,000＝整理前本店仕入高3,926＋未達仕入74。

　　（借）仕　入　　500（貸）繰越商品 500
　　　　　繰越商品 674　　　仕　入　 674

　次期繰越商品674＝決算整理前商品棚卸高600＋未達仕入74。

　　（借）減価償却費　　　　110（貸）減価償却累計額 110
　　（借）貸倒引当金繰入額　　 8（貸）貸倒引当金　　　 8

　貸倒引当金繰入額8＝売掛金900×2％－前期貸倒引当金10。

(3) 決算整理後試算表

本店決算整理後試算表

現金預金	5,010	買掛金	1,100
売掛金	1,000	貸倒引当金	20
繰越商品	900	繰延内部利益	22
建　物	9,380	減価償却累計額	2,270
支　店	2,000	資本金	9,000
仕　入	35,910	利益準備金	1,500
営業費	4,400	繰越利益	1,043
減価償却費	350	売　上	40,000
貸倒引当金繰入額	5	支店売上	4,000
	58,955		58,955

支店決算整理後試算表

現金預金	1,500	買掛金	900
売掛金	900	貸倒引当金	18
繰越商品	674	減価償却累計額	1,326
建　物	3,500	本　店	2,000
仕　入	13,926	売　上	17,600
営業費	1,226		
減価償却費	110		
貸倒引当金繰入額	8		
	21,844		21,844

(3) 本支店の決算振替

本店の費用・収益振替

(借) 売　上　40,000 (貸) 損　益 44,000
　　　支店売上　4,000
(借) 損　益　40,665 (貸) 仕　入 35,910
　　　　　　　　　　　　　営業費　4,400
　　　　　　　　　　　　　減価償却費　350
　　　　　　　　　　　　　貸倒引当金繰入額　5

支店の費用・収益振替

(借) 売　上 17,600 (貸) 損　益 17,600
(借) 損　益 15,270 (貸) 仕　入 13,926
　　　　　　　　　　　　　営業費　1,226
　　　　　　　　　　　　　減価償却費　110
　　　　　　　　　　　　　貸倒引当金繰入額　8

本店純損益の振替

(借) 損　益 3,335 (貸) 総合損益 3,335

支店純損益の振替

(借) 損　益 2,330 (貸) 本　店 2,330
(借) 支　店 2,330 (貸) 総合損益 2,330

　支店は，決算振替により支店純損益を算定し本店勘定に振替えたならば，資産・負債・純資産の次期繰越高を算定するため，決算整理後試算表に基づいて繰越試算表または決算残高勘定を作成する。本店は，本店純損益を本店損益勘定から総合損益勘定に振替えた後，企業全体の純損益を算定するため繰越商品に含まれる内部利益について決算整理を行なう。

(4) 期首と期末棚卸商品に含まれる繰延内部利益の戻入と控除

　(借) 繰延内部利益　　　22 (貸) 繰延内部利益戻入 22
　(借) 繰延内部利益控除 50 (貸) 繰延内部利益　　50

繰延内部利益 50 ＝ 支店期末繰越商品（本店仕入分の支店繰越商品 476 ＋ 未達商品 74）× 0.1 ／（1 ＋ 0.1）

(8) 繰延内部利益の振替

（借）繰延内部利益戻入 22 （貸）総合損益 22
（借）総合損益 50 （貸）繰延内部利益控除 50

(6) 企業全体の損益振替

（借）総合損益 5,637 （貸）繰越利益剰余金 6,680
　　　繰越利益 1,043

総合利益 5,637 ＝ 本店利益 3,335 ＋ 支店利益 2,330 ＋ 繰延内部利益戻入額 22 － 繰延内部利益控除額 50

本　店			支　店		
本店損益			支店損益		
費　用	40,665	収　益 44,000	費　用 15,270	収　益 17,600	
総合損益	3,335		本　店 2,330		

総合損益

繰延内部利益控除	50	本店損益	3,335
繰越利益剰余金	5,637	支店損益	2,330
		繰延内部利益戻入	22

支　店		本　店	
決算整理後試算表 2,000		決算整理後試算表 2,000	
総合損益 2,330		支店損益 2,330	

←―――― 貸借一致 ――――→

(3) 合算財務諸表の合併整理と合併財務諸表

　本店は，前述のように，元帳勘定の帳簿上で繰延内部利益の修正（戻入及び控除）と企業全体の損益計算を行なうが，同時に，合併財務諸表を作成する目的から，決算整理後試算表により本店と支店の個別財務諸表を単純合算して合算財務諸表を作成する。本店は，合算貸借対照表と合算損益計算書について正式帳簿外の備忘勘定で合併整理を行なう。この場合，合併整理事項は，次の 3

つである。

(1) 照合勘定の相殺消去，(2) 内部取引の相殺消去，(3) 内部利益の直接控除
支店勘定と本店勘定は，企業内の債権債務を記録する照合勘定であり企業外部の取引先と無関係であるから相殺消去し合併貸借対照表へは表示しない。支店売上勘定と本店仕入勘定も同様に，企業内の商品移動を記録する照合勘定であるから相殺消去し，合併損益計算書へは表示しない。さらに，個別財務諸表を単純合算した合算損益計算書上の期首繰越商品と期末繰越商品及び合算貸借対照表上の商品（合算損益計算書上の期末繰越商品）から本店仕入分に含まれる内部利益を直接控除する。

設例：前掲設例により決算整理後試算表に基づいて本支店合算財務諸表を作成し，本店で直接控除法により合併整理を行なう。

本店決算整理後試算表

現金預金	5,010	買掛金	1,100
売掛金	1,000	貸倒引当金	20
繰越商品	900	繰延内部利益	22
建物	9,380	減価償却累計額	2,270
支店	2,000	資本金	9,000
仕入	35,910	利益準備金	1,500
営業費	4,400	繰越利益	1,043
減価償却費	350	売上	40,000
貸倒引当金繰入額	5	支店売上	4,000
	58,955		58,955

支店決算整理後試算表

現金預金	1,500	買掛金	900
売掛金	900	貸倒引当金	18
繰越商品	674	減価償却累計額	1,326
建物	3,500	本店	2,000
仕入	13,926	売上	17,600
営業費	1,226		
減価償却費	110		
貸倒引当金繰入額	8		
	21,844		21,844

本店貸借対照表

現金預金	5,010	買掛金	1,100
売掛金	1,000	貸倒引当金	20
商　品	900	繰延内部利益	22
建　物	9,380	減価償却累計額	2,270
支　店	2,000	資本金	9,000
		利益準備金	1,500
		繰越利益	1,043
		当期純利益	3,335
	18,290		18,290

支店貸借対照表

現金預金	1,500	買掛金	900
売掛金	900	貸倒引当金	18
商　品	674	減価償却累計額	1,326
建　物	3,500	本　店	2,000
		当期純利益	2,330
	6,574		6,574

本店損益計算書

期首商品	810	売　上	40,000
当期仕入	36,000	支店売上	4,000
営業費	4,400	期末商品	900
減価償却費	350		
貸倒引当金繰入額	5		
当期純利益	3,335		
	44,900		44,900

支店損益計算書

期首商品	500	売　上	17,600
当期仕入	10,100	期末商品	674
本店仕入	4,000		
営業費	1,226		
減価償却費	110		
貸倒引当金繰入額	8		
当期純利益	2,330		
	18,274		18,274

簿外の備忘勘定で行なう決算整理事項

① 支店期首繰越商品500のうち242は，本店仕入分である。本店仕入分の支店期首繰越商品242＝期首商品内部利益22÷利益率0.1／振替価格1.1（原価1＋利益率0.1）本店仕入分の支店期末棚卸商品242×0.1／(1＋0.1)

② 支店期末繰越商品674（繰越商品600＋未達商品74）のうち550は，本店仕入分（本店仕入分476＋未達商品74）の期末繰越商品である。

③ 本店は原価に利益率10％の利益を加算した振替価格で支店に商品を発送している。

454　第3編　本支店及び組織再編の会計

本支店合算貸借対照表

現金預金	6,510	買掛金	2,000
売掛金	1,900	貸倒引当金	38
商　品	1,574	減価償却累計額	3,596
建　物	12,880	繰延内部利益	22
支　店	2,000	本　店	2,000
		資本金	9,000
		利益準備金	1,500
		繰越利益	1,043
		当期純利益	5,665
	24,864		24,864

本支店合算損益計算書

期首商品	1,310	売　上	57,600
当期仕入	46,100	支店売上	4,000
本店仕入	4,000	期末商品	1,574
営業費	5,626		
貸倒引当金繰入額	13		
減価償却費	460		
当期純利益	5,665		
	6,3174		63,174

簿外の備忘勘定で行なう決算整理仕訳

①照合勘定の相殺消去（借）本　店 2,000（貸）支　店 2,000
②内部取引高の相殺消去（借）支店売上 4,000（貸）本店仕入 4,000
③期首商品より繰延内部利益の直接控除（借）繰延内部利益 22（貸）期首商品 22
④期末商品より繰延内部利益の直接控除（借）期末商品 50（貸）商　品 50

本店仕入分の支店繰越商品 $550 \times 0.1 / (1 + 0.1) = $ 繰延内部利益 50。

以上の元帳外の精算表上で行なう備忘勘定の整理記入を合算財務諸表の該当する表示勘定科目に加減すれば，企業全体の合併財務諸表が完成する。この結果，合併財務諸表上の当期純利益は，前述の総合損益の繰越利益剰余金への振替高 5,637 と一致する。

本支店合併貸借対照表

現金預金	6,510	買掛金	2,000
売掛金	1,900	貸倒引当金	38
商　品	1,524	減価償却累計額	3,596
建　物	12,880	資本金	9,000
		利益準備金	1,500
		繰越利益	1,043
		当期純利益	5,637
	22,814		22,814

本支店合併損益計算書

期首商品	1,288	売　上	57,600
当期仕入	46,100	期末商品	1,524
営業費	5,626		
貸倒引当金繰入額	13		
減価償却費	460		
当期純利益	5,637		
	59,124		59,124

(3) 合併精算表における合併財務諸表の作成

本店と支店の個別財務諸表を一覧表にまとめた合併精算表上で合併整理記入を行なって合併財務諸表を作成する方法もある。合併整理記入は，帳簿外の精算表で行なう整理記入であるから元帳上の勘定へは記入しない。

合併精算表の合併整理欄における決算整理事項は，3つある。

第1は，本店勘定と支店勘定は，外部取引と無関係の内部取引について記録する対照勘定であるから，帳簿外の備忘勘定で相殺消去し合併貸借対照表に表示しない。

　　（借）本　　店×× （貸）支　　店××

第2は，本店売上勘定と支店仕入勘定は，企業内における商品の移転に伴う内部取引高を記録する対照勘定であり，外部取引高を記録する売上・仕入勘定ではないので，帳簿外で相殺消去し合併損益計算書に表示しない。

　　（借）支店売上×× （貸）本店仕入××

第3は，本店と支店の期末財務諸表からの内部利益の直接控除である。直接控除は帳簿外の処理であるから，本店は，元帳上の勘定に記入しない。

　イ．期首商品から繰延内部利益の直接控除（借）繰延内部利益××（貸）期首商品××
　ロ．期末商品から繰延内部利益の直接控除（借）期末商品　××（貸）商　　品××

なお，前述したように，決算振替手続において企業純損益を算定するときの内部利益の整理仕訳は，下記の間接控除法により処理する。

　イ．（借）繰延内部利益　　×× （貸）繰延内部利益戻入××
　ロ．（借）繰延内部利益控除×× （貸）繰延内部利益　　××

本支店合併精算表　　　　　　　　　　　　（単位：千円）

勘定科目	本店財務諸表 借方	本店財務諸表 貸方	支店財務諸表 借方	支店財務諸表 貸方	合併整理 借方	合併整理 貸方	合併財務諸表 借方	合併財務諸表 貸方
（貸借対照表）								
現金預金	5,010		1,500				6,510	
売掛金	1,000		900				1,900	
商　品	900		674			50	1,524	
建　物	9,380		3,500				12,880	
支　店	2,000					2,000		
買掛金		1,100		900				2,000
貸倒引当金		20		18				38
減価償却累計額		2,270		1,326				3,596
繰延内部利益		22			22			
本　店				2,000	2,000			
資本金		9,000						9,000
利益準備金		1,500						1,500
繰越利益		1,043						1,043
当期純利益		3,335		2,330				5,637
合　計	18,290	18,290	6,574	6,574			22,814	22,814
（損益計算書）								
売　上		40,000	17,600					57,600
支店売上		4,000			4,000			
期首商品	810		500			22	1,288	
仕　入	36,000		10,100				46,100	
本店仕入			4,000			4,000		
期末商品		900		674	50			1,524
営業費	4,400		1,226				5,626	
貸倒引当金繰入額	5		8				13	
減価償却費	350		110				460	
当期純利益	3,335		2,330				5,637	
合　計	44,900	44,900	18,274	18,274	6,072	6,072	59,124	59,124

第17章
企業組織再編の会計

17-1 企業組織再編行為

　企業組織を再編する場合の企業結合（Business combination）は，共同支配企業の形成，共通支配下の取引，持分の結合，取得の4つの形態に区分して処理する。企業組織再編を行なう場合は，最初に，共同支配企業の形成及び共通支配下の取引に該当するか否かをテストし，次に，当該取引のいずれにも該当しない取引について持分の結合または取得のいずれに該当するか否かについてテストする。

　株式会社は，会社法と会社計算規則に定めた共同支配企業の形成（合弁事業等），共通支配下の取引（連結企業内部の吸収合併），合併と買収（Mergers and Acquuisitions, M&A），株式交換及び株式移転，会社分割，事業譲渡及び事業譲受（取引実態が取得と判定された場合の企業結合），持分の結合（相互に独立した企業の結合後，当該企業に対して結合当事企業の株主が有する議決権比率が同等かつ議決権比率以外の支配関係を示す事実関係が存在しない企業結合をいう）の取引形態を利用して企業組織を再編することができる。

　会社法の企業組織再編行為に係る取引形態は，企業規模を拡大するための企業結合と，企業規模を縮小するための事業分離（会社分割）に区分することができる。企業結合の会計処理は企業結合会計基準にしたがって処理し，事業分離は事業分離会計基準及び企業結合会計基準にしたがって処理する。なお，現金を対価とする被結合企業の株式の取得（買収）に係る会計処理は，連結子会社の形成となるため連結会計基準にしたがう。株式と現金を対価とする完全親

子会社の形成を目的とする株式交換及び株式移転の会計処理は，企業結合会計基準にしたがう。

　企業組織再編行為のうち企業結合とは，ある企業（会社及び会社に準ずる事業体をいう）またはある企業を構成する事業と，他の企業または他の企業を構成する事業とが1つの報告単位に統合されることをいう。この場合，企業活動を行なうために組織化され有機的一体として機能する経営資源としての広義の財産を事業という。したがって，事業には，事業を構成する資産・負債としての個々の財産のほかに得意先関係やノウハウ等の経済的価値のある事実関係が含まれる。

　企業組織再編行為のうち事業分離とは，ある企業を構成する事業を他の企業に移転する企業組織再編行為をいう。会社法に定める会社分割は，事業分離に該当する取引である。

　会社法は，株式会社の会計処理は一般に公正妥当と認められる企業会計の慣行にしたがうものとすると規定している（会社法第431条）。会社法第431条の「一般に公正妥当と認められる企業会計の慣行」は，「企業結合会計基準」，「事業分離等に関する会計基準」，「企業結合会計基準及び事業分離等会計基準に関する適用指針」を含む。したがって，会社法の企業組織再編に係る取引の会計処理は，「企業結合会計基準」，「事業分離等に関する会計基準」，「企業結合会計基準及び事業分離会計基準に関する適用指針」にしたがう。

17-2　取得による企業結合

　企業結合は，法律上の取引形態ではなく，経済的実態にしたがって「取得」（Purchase）と「持分の結合」（Pooling of interests）とに区分する。企業結合は，経済的実態にしたがって，取得または持分の結合のいずれによる企業結合かを判定したうえ，取得はパーチェス法（Purchase method，時価計上法）により，持分の結合は持分プーリング法（Pooling of interests method，簿価計上法）によりそれぞれ処理する。

　取得とは，ある企業が他の企業または他の企業を構成する事業に対する「支配」（Control）を獲得して1つの報告単位に統合することをいう。すなわち，

被結合企業に対して支配を獲得した結合企業が存在する場合の企業結合が取得である。この場合，取得時における支配とは，最高意思決定機関の株主総会において被結合企業を支配することをいう。具体的に言えば，支配とは，被結合企業の最高意思決定機関において議決権付普通株式の50％以上を結合企業が取得することにより被結合企業に対する実質的支配を獲得することをいう。

取得と判定された企業結合の場合，結合企業は，パーチェス法により被結合企業の資産・負債を企業結合日の時価で再評価し個別財務諸表に記載する。すなわち，パーチェス法は，結合企業が受入れる資産・負債の取得原価を，対価として交付する現金および株式等の時価で計上する方法である。

これに対して，持分の結合は，結合当事企業のいずれも支配・従属関係を有しないA社とB社との株式交換により株主持分がそのまま合流し，株主持分を共有する企業結合をいう。B社の株主に，それまで保有していたB社の株式と交換でA社の株式が交付される結果，B社の株主はA社の株主になってA社の既存株主と持分を共有（Pooling of interests）する。企業結合が持分の結合とみなされる場合は，持分プーリング法（Pooling of interests method）により会計処理する。

米国において企業結合を規制するための会計基準が存在しなかった1940年代以降，企業結合後の短期利益と配当可能利益の拡大計上をもくろむ会計処理として持分プーリング法が恣意的に使用されていた。持分プーリング法の恣意的な適用に対処するため，会計研究公報40号（ARB；Accounting Reseach Bulletin, 1950年）と会計研究公報48号（1957年）が公表されたが，持分の結合として判定するに十分な合理的な要件を開発するにに至らず，恣意的な実務の持分プーリング法の濫用を規制することができなかった。それ以降，12項目の持分プーリング法の適格要件の全部を充足する条件付で「持分の結合とみなされる企業結合とその持分プーリング法」を容認したのは，APBオピニオン16号（米国会計原則審議会意見書，1970年）である。12の要件のうち中核的な要件は，次の3つである。

(1) 結合当事企業の帰属関係：企業結合計画を開始する2年前に他の結合企業の子会社または事業部門ではなく，結合当事会社がそれぞれ独立していること

(2) 株主持分の結合の方法：a. 結合企業は，被結合企業の議決権普通株式の90％以上と交換で発行済普通株式の権利内容と同一の議決権普通株式を発行すること。b. 企業結合は，1回の取引で終了するか，あるいは企業結合計画にしたがって1年以内に終了すること。

(3) 計画的な取引ではないこと（Absence of planned transactions）：a. 結合企業の発行株式を企業結合以降に消却し，あるいは買戻す取引について事前の合意を行なってはならない。b. 企業結合以降2年以内に重要な資産の売却処分に係る計画を立てないこと。

　APBオピニオン16号（1970年）の公表後30年以上にわたる研究調査に基づいて，FASB（米国財務会計審議会）は，2001年にステートメント141号「企業結合」及び142号「暖簾とその他無形資産」において，企業結合に対して持分プーリング法の適用を廃止すると同時に，企業買収後の暖簾の償却について修正した。ステートメント141号「企業結合」によれば，企業結合は全て取得（Purchase）であり，企業結合はある企業が他の企業の純資産を取得し当該他企業を支配（Controll）することである（FASB Statement No. 141, Business Combinations パラグラフ9，パラグラフ59）。

　企業結合が持分の結合と判定される共同出資事業や合弁事業の場合，たとえば共同支配企業は，持分プーリング法を適用して共同支配投資企業から引継ぐ資産・負債・純資産を帳簿価額により個別財務諸表に計上する。共通支配下の取引（結合当事企業または分離当事企業の全てが企業結合または会社分割の前後で同一企業により支配され，かつその支配が一時的ではない場合の連結企業集団における企業結合・会社分割に係る内部取引をいう）もまた，持分の結合に該当する取引であるため，持分プーリング法に準じて帳簿価額により会計処理を行なう。

　共同支配企業の形成と共通支配下の取引を除く一般的な企業結合に対する持分プーリング法の適用は，その全面的禁止に伴い国際会計基準に合わせてパーチェス法に統一された。国際会計基準審議会（IASB）の結合会計基準に影響を与えた米国財務会計基準審議会（FASB）基準書141号は，1980年代の実務検証を踏まえ，取得と判定された企業結合をプーリング法で処理した会計情報は，完全性，予測価値，フィードバック価値に関連する目的適合性の基準の全

てに矛盾するのみならず，結合日以降において収益の過大計上になる可能性が高いため情報の信頼性が欠けることを明らかにしている。

　持分プーリング法は，被結合企業の資産・負債を企業結合日の帳簿価額で引継ぐ結果，企業結合日以降において棚卸資産と固定資産の時価評価に伴う売上原価と減価償却費の計上負担が生じないため，時価計上法によるパーチェス法に比較して利益拡大表示が期待できる。パーチェス法により計上される暖簾の40年以内の償却も，1980年代の米国会計実務において企業結合日以降利益縮小的に作用した。このため，パーチェス法は，合併と買収ブームによる企業規模の拡張と短期利益の拡大を志向する企業経営者から敬遠される会計処理であったという。さらに，持分プーリング法では，被結合企業の払込資本の構成と利益剰余金を帳簿価額で引継ぐため，持分プーリング法による配当可能利益は，パーチェス法に比較して相対的に多く表示される結果，持分プーリング法は，経営者と投資家が受入れやすい会計処理であった。パーチェス法の場合は，結合企業が株式の取得対価として新株を発行して被結合企業株主に交付する場合，結合企業は，交付する株式の時価を払込資本の増加額として計上するが，被結合企業の帳簿価額の資本と利益剰余金を引継がない。

(1) パーチェス法による取得の会計処理

　取得による企業結合は，パーチェス法により時価評価額で処理する。パーチェス法は，結合企業が被結合企業の資産・負債を包括的に取得する場合，被結合企業から承継する資産・負債の帳簿価額を結合日の公正価値（時価）に評価替えし，企業結合対価として現金あるいは企業結合日の時価で発行した株式を交付する方法である。

　結合当事企業の間で株式交換または合併を行なう場合は，取得対価として株式交換が行なわれる。株式交換とは，結合企業が発行する株式を取得対価として被結合企業に交付し，被結合企業の発行済株式総数の全部を取得することをいう。

　株式交換を行なう場合は，合併比率として株式交換比率を用いる。交換比率の測定方法には，①純資産時価方式，②市場株価方式，③将来キャッシュ・フローの割引現在価値方式，④類似会社比準方式の4つがあり，その中から1つ

を選んで適用する。

　①純資産時価方式：結合企業1株当たり純資産時価に対する被結合企業の1株当たり純資産時価の割合を示す合併比率のことである。たとえば交換比率が0.8の場合は，被結合企業の株式1株と交換するために結合企業が交付すべき株式は0.8株である。

　②株式市場価格方式：上場企業の市場株価により株式交換・株式移転比率を算定する。

　③割引現在価値方式：投資後の将来の予測現金収入額，現金支出額を割引率により現在価値に割引計算して投資価値を測定する。

　④類似会社比準方式：事業や業務内容が類似している会社を複数選択し，類似会社の各指標（年度利益，純資産，配当等）について完全子会社対象会社と比較して類似会社の株価に基づいて対象会社の株価を概算する方法である。

　本書の株式交換比率の計算は，各種の方法のうち純資産時価方式にしたがっている。

　　純資産時価方式による株式交換比率計算

　　　純資産時価＝諸資産時価－諸負債時価

　　　株式交換比率＝（被結合企業の純資産時価／被結合企業の発行済株式数）÷（結合企業の純資産時価／結合企業の発行済株式数）

　　　　　　　　　＝被結合企業の1株当たり純資産時価／結合企業の1株当たり純資産時価

　　　結合企業の交付株式数＝株式交換比率×被結合企業の発行済株式数

　パーチェス法の会計処理は，次の通りである。

1. 結合企業が被結合企業の財産を取得する場合，取得した財産は時価評価額で引継ぐ。
2. 結合企業が被結合企業の株式を取得する場合，支払対価として株式を発行して交付する場合は，交付株式は結合日時価で計上する。
3. 結合企業は，被結合企業の結合日直前の貸借対照表の資本の構成を無視して引継がず，純資産時価の支払対価として被結合企業株主に交付する株式を払込資本（資本金または資本剰余金）の増加として計上する。

4. 結合企業が現金・株式等で支払った支払対価と被結合企業の純資産時価との差額は，暖簾または負の暖簾として貸借対照表に計上する。
5. 結合日以降の被結合企業の損益は，結合企業の損益に合算する。

(2) 企業結合の会計処理

取得による企業結合は，資産の取得すなわち事業の取得（Acquisition of Assets）と株式の取得（Acquisition of Stock）に区分する。事業の取得とは，企業または企業を構成する事業用諸資産・諸負債を取得する企業再編行為をいう。これに対して，株式の取得とは，結合企業が被結合企業の過半数株式を取得して被結合企業に対する支配を獲得する企業再編行為をいう。吸収合併や新設合併による企業結合は，事業の取得に該当する。また，現金・株式等を対価とする株式の取得あるいは株式を対価とする株式交換及び株式移転は，株式の取得により親会社となる結合企業が子会社となる被結合企業を支配する企業再編行為である。

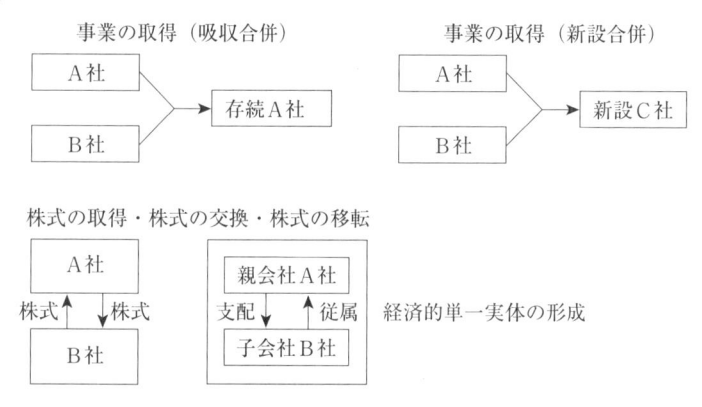

事業の取得（吸収合併）
A社 ┐
    ├→ 存続A社
B社 ┘

事業の取得（新設合併）
A社 ┐
    ├→ 新設C社
B社 ┘

株式の取得・株式の交換・株式の移転

A社
株式↑ ↓株式
B社

親会社A社
支配↓ ↑従属   経済的単一実体の形成
子会社B社

他方，企業結合の対価の種類には，現金及び株式がある。したがって，企業結合は，何を取得するかにより事業の取得と株式の取得に区別すると同時に，支払手段を何にするかにより支払対価を現金の対価と株式の対価とに区分する。企業結合は，2つの分類基準を組合せれば4つの取引形態から成る。

	株式・現金等の支払対価	
事業の取得	吸収合併	事業譲受
株式の取得	株式交換	買　収

＊新設合併の場合，現金の対価は認められていない。買収は，現金を対価とする株式取得のほかに株式・現金による対価も認められている。

① 吸収合併（Statutory Merger）

吸収合併とは，結合企業が被結合企業と合体して１つの会社になることであり，結合企業（存続企業）が被結合企業（消滅企業）の権利義務の全部を包括的に承継する企業結合をいう（会社法第２条二十七号）。すなわち，結合企業Ａ社が合併の対価として被結合企業Ｂ社株主に対してＡ社の株式を交付し被結合企業Ｂ社の資産・負債の全部を取得することにより，結合企業Ａ社は存続し被結合企業Ｂ社は消滅する企業結合を吸収合併という。

存続企業Ａ社は消滅企業Ｂ社株主に対して株式を市場価格で発行し交付することにより消滅企業Ｂ社の資産・負債を取得するので，存続企業Ａ社は，パーチェス法により消滅企業Ｂ社の資産・負債を時価で引継ぐ。存続企業Ａ社が支払対価として株式を時価で発行し消滅企業Ｂ社の株主に交付する場合は，増加する払込資本（資本金・資本剰余金）の時価と支払対価（公開企業Ａ社株式の市場価格または非公開の場合は公正価値）との差額はプレミアムとして暖簾に計上する。存続企業Ａ社は，結合仕訳において，消滅企業Ｂ社の資本の構成は無視しＢ社の資産・負債を時価評価額で引継ぐが，利益剰余金は引継がない。

存続企業Ａ社の交付株式数は，株式交換比率に消滅企業Ｂ社の発行済株式数を乗じて算定する。合併後，消滅企業Ｂ社の株主は，存続企業Ａ社の株主になる。

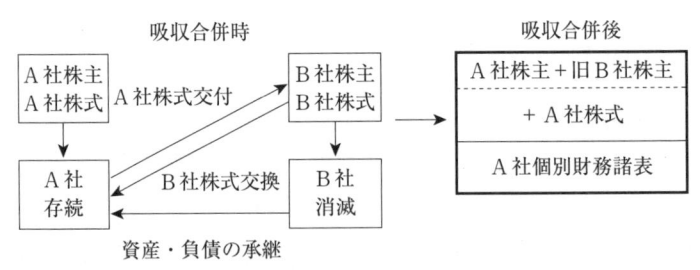

吸収合併

存続企業の個別財務諸表上の合併仕訳（パーチェス法）―取得（存続企業が取得企業）
　（借）諸資産×× （消滅Ｂ社諸資産時価）（貸）諸負債×× （消滅Ｂ社諸負債時価）

暖　簾×× （貸借差額）	資本金×× （存続A社発行株式時価）
	資本剰余金×× （存続A社発行株式時価）

　企業結合が取得対価として株式の発行により行われる場合は，株式を発行する企業が取得企業である。しかし，吸収合併の場合，解散する消滅企業が取得企業となり，存続企業が被取得企業になる場合がある。吸収合併により消滅企業の株主集団が存続企業の株式の過半数を取得する場合は，解散する消滅企業が取得企業となる。取得企業を決定する際に，消滅企業の株主の議決権株式の持株比率が存続企業の株主の持株比率より高くなる吸収合併は，対価の株式を発行する存続企業と取得企業が一致しないので，逆取得（Reverse Acquisition）という。吸収合併のほかに，株式交換において完全子会社株主集団が完全親会社の議決権株式の過半数を受取る場合や株式移転により共同持株会社を設立する際にパーチェス法を適用する場合，あるいは吸収分割においても逆取得が発生する場合がある。

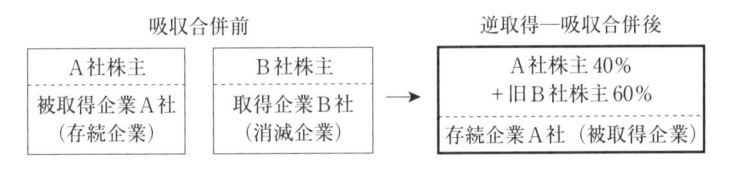

吸収合併前		逆取得—吸収合併後
A社株主	B社株主	A社株主40％＋旧B社株主60％
被取得企業A社（存続企業）	取得企業B社（消滅企業）	存続企業A社（被取得企業）

　逆取得となる吸収合併の場合は，企業結合会計上，被取得企業（存続企業）の資産・負債は，時価で評価するべきである。しかしながら，会社法は，存続企業の資産・負債のパーチェス法による時価評価を認めていない。このため，逆取得による吸収合併の場合，強行法規の会社法にしたがって，存続企業は，個別財務諸表上，持分プーリング法に準じて合併期日の前日の諸資産・諸負債の帳簿価額をそのまま引継ぐ。具体的には，逆取得となる吸収合併の場合，存続企業（被取得企業）の会計処理は，下記の表に示す方法に従う（企業結合会計基準三2.（6），企業結合会計基準及び事業分離会計基準に関する適用指針84項「逆取得となる吸収合併の会計処理」）。吸収合併の場合，合併後，存続企業A社は，会計報告主体として個別財務諸表のみを作成する。

逆取得による吸収合併の存続企業の会計処理

諸資産：簿価引継	株主資本：原則法：払込資本
	容認法：簿価引継
	評価換算差額等：簿価引継
	利益剰余金：簿価引継

吸収合併—逆取得のケース

存続企業の結合仕訳（持分プーリング法）—逆取得（消滅企業が取得企業に該当）

原則的処理

　（借）諸資産×× （消滅B社諸資産簿価）（貸）諸負債×× （消滅B社諸負債簿価）

　　　　　　　　　　　　　　　　　　　　　　資本金×× （存続A社払込資本増加）

　　　　　　　　　　　　　　　　　　　　　　資本剰余金×× （存続A社払込資本増加）

　　　　　　　　　　　　　　　　　　　　　　評価差額×× （消滅企業B社簿価）

原則外処理（資本の構成の簿価による引継ぎ）

　（借）諸資産×× （消滅B社諸資産簿価）（貸）諸負債×× （消滅B社諸負債簿価）

　　　　　　　　　　　　　　　　　　　　　　資本金×× （消滅B社資本金簿価）

　　　　　　　　　　　　　　　　　　　　　　資本剰余金×× （消滅B社資本剰余金簿価）

　　　　　　　　　　　　　　　　　　　　　　利益剰余金×× （消滅B社利益剰余金簿価）

　　　　　　　　　　　　　　　　　　　　　　評価差額×× （消滅企業B社簿価）

設例1：2××1年4月1日，合併企業A社は吸収合併のため被合併企業B社の発行済株式総数の全部を取得し対価としてA社の新株を合併日の株式市場価格で発行しB社株主に交付した。A社とB社の結合日前日の財政状態と前提条件は，下記に示す通りである。（取得となる吸収合併のケース）

合併前貸借対照表（簿価）

資　産	A社	B社	負債・資本	A社	B社
現　金	30,000	14,000	支払手形	10,000	16,000
受取手形	34,800	9,000	社　債	94,000	—
棚卸資産	22,000	16,000	資本金	300,000	180,000
固定資産	400,000	250,000	資本剰余金	15,000	35,000
特許権	26,000	20,000	繰越利益剰余金	93,800	78,000
資産合計	512,800	309,000	負債・資本合計	512,800	309,000

第17章 企業組織再編の会計　*467*

B社の資産・負債（簿価・時価）

	簿　価	時　価	評価差額
現　金	14,000	14,000	—
受取手形	9,000	9,000	—
棚卸資産	16,000	17,000	1,000
固定資産	250,000	250,000	—
特許権	20,000	22,000	2,000
支払手形	(16,000)	(16,000)	—
純資産	293,000	296,000	3,000

前提条件
(1) 企業結合日のA社諸資産時価は540,000円，諸負債（支払手形・社債）時価は104,000円である。B社諸資産の時価は312,000円，諸負債の時価（支払手形16,000円）16,000円である。A社発行済株式総数は4,360株，B社発行済株式総数は4,000株である。
(2) A社は，B社株主の所有株式を取得する対価としてA社の新株を結合日の株式市価により発行し交付する。当該吸収合併は取得と判定され，存続企業A社が取得企業である。A社のB社株式の取得対価は，ケース①：対価＞時価，対価＞簿価，ケース②：対価＝時価，対価＞簿価，ケース③：対価＜時価，対価＝簿価，ケース④：対価＜時価，対価＜簿価の4つのケースを仮定する。
(3) A社の払込資本増加額のうち2分の1は資本金に，残額は資本剰余金に計上する。

```
   合併前                          合併後
┌─────────┐  ┌─────────┐      ┌─────────┐  資産負債承継  ┌─────────┐
│吸収合併  │  │吸収合併  │      │存続企業A社│ ←──────── │消滅企業B社│
│存続企業A社│  │消滅企業B社│      │         │            │ B社株主  │
└─────────┘  └─────────┘      └─────────┘  A社新株交付  └─────────┘
```

株式交換比率と交付株式数の計算
　株式交換比率0.74＝B社1株当たり純資産時価／A社1株当たり純資産時価＝〔(B社諸資産時価312,000－諸負債時価16,000)／B社発行済株式総数4,000株〕÷〔(A社諸資産時価540,000－諸負債時価104,000)／A社発行済株式総数4,360株〕
　A社の交付株式数2,960株＝B社発行済株式総数4,000株×株式交換比率0.74。
　結合日のB社純資産時価＝296,000円。結合日のB社純資産簿価＝293,000円。

	ケース①	ケース②	ケース③	ケース④
対　価	300,000	296,000	293,000	290,000
	対価＞時価	対価＝時価	対価＜時価	対価＜時価
	対価＞簿価	対価＞簿価	対価＝簿価	対価＜簿価

(1) 投資差額の計算

	ケース①	ケース②	ケース③	ケース④
対　価	300,000	296,000	293,000	290,000
簿　価	293,000	293,000	293,000	293,000
総差額	7,000	3,000	—	(3,000)

(2) 評価差額の再配分

a. 評価差額の計算

	ケース①	ケース②	ケース③	ケース④
時　価	296,000	296,000	296,000	296,000
簿　価	293,000	293,000	293,000	293,000
評価差額	3,000	3,000	3,000	3,000

b. 配分先不明の暖簾

	ケース①	ケース②	ケース③	ケース④
時　価	296,000	296,000	296,000	296,000
対　価	300,000	296,000	293,000	290,000
暖　簾	4,000	—	(3,000)	(6,000)

結合仕訳

ケース① （借）現　金　　14,000　（貸）支払手形　　16,000
　　　　　　　　受取手形　　 9,000　　　　資本金　　　150,000
　　　　　　　　棚卸資産　　17,000　　　　資本剰余金　150,000
　　　　　　　　固定資産　250,000
　　　　　　　　特許権　　　22,000
　　　　　　　　暖　簾　　　 4,000

ケース② （借）現　金　　14,000　（貸）支払手形　　16,000
　　　　　　　　受取手形　　 9,000　　　　資本金　　　148,000
　　　　　　　　棚卸資産　　17,000　　　　資本剰余金　148,000
　　　　　　　　固定資産　250,000
　　　　　　　　特許権　　　22,000

ケース③　(借)　現　　金　　14,000　(貸)　支払手形　　16,000
　　　　　　　　受取手形　　 9,000　　　　資本金　　　146,500
　　　　　　　　棚卸資産　　17,000　　　　資本剰余金　146,500
　　　　　　　　固定資産　250,000　　　　暖　　簾　　 3,000
　　　　　　　　特許権　　　22,000

ケース④　(借)　現　　金　　14,000　(貸)　支払手形　　16,000
　　　　　　　　受取手形　　 9,000　　　　資本金　　　145,000
　　　　　　　　棚卸資産　　17,000　　　　資本剰余金　145,000
　　　　　　　　固定資産　250,000　　　　暖　　簾　　 6,000
　　　　　　　　特許権　　　22,000

　企業結合日以降，結合企業は，暖簾について毎期償却する必要はない。しかし，定期的に暖簾の減損テストを行ない減損の兆候が認められる場合に限り，減損損失を臨時損失または特別損失として計上する。負の暖簾が発生した場合は，受入れる資産，負債，偶発債務の識別と取得原価の配分について見直し配分先が不明の場合は，特別利益に計上する。

　設例2：存続企業A社は消滅企業B社を吸収合併した。当該吸収合併は，消滅企業B社株主が存続企業A社より対価として発行済株式数の過半数を受け取り取得企業になるため，逆取得となる吸収合併である。その他の条件は，下記の通りである。(逆取得となる吸収合併のケース)

　前提条件
（1）　発行済株式数は，存続企業A社が300株，消滅企業B社は200株である。消滅企業B社の合併期日の株式市価は1株当たり20である。
（2）　存続企業A社と消滅企業B社の合併比率は1：2.5である。
（3）　存続企業A社は，増加する株式資本の2分の1を資本金に，残額を資本剰余金にそれぞれ計上する。
（4）　合併期日の前日の個別貸借対照表は，次の通りである。貸借対照表の（　）内は時価を示す。

A社貸借対照表

諸資産 1,500 (2,000)	諸負債　500 (500)
	資本金　　900
	利益剰余金 100
合　計 1,500	合　計 1,500

B社貸借対照表

諸資産 3,100 (3,500)	諸負債　1,000 (1,000)
	資本金　　1,600
	利益剰余金 500
合　計 3,100	合　計 3,100

合併前

吸収合併	吸収合併
存続企業A社	消滅企業B社
発行済株式数300	発行済株式数200

合併後

被取得企業A社　　資産負債承継　　取得企業B社
A社株主持分37.5%　←――――――→　B社株主持分62.5%
　　　　　　　　　　A社新株500

① 取得企業の決定

合併比率は，A社：B社＝1：2.5である。A社株式交付数500株＝B社発行済株式200株×2.5。この結果，合併後の存続企業A社の議決権株式におけるA社株主と旧B社株主の持株比率は，A社株主持分300株：B社株主持分500株となる。消滅企業B社は，存続企業A社の発行済株式総数800株のうち過半数62.5％に相当する500株を受取り取得企業になる。このため，存続企業A社を被取得企業と決定する（逆取得となる吸収合併に該当）。

② 存続企業の個別財務諸表上の会計処理

当該合併は逆取得となる吸収合併であるから，存続企業A社は，個別財務諸表作成上，持分プーリング法に準じて会計処理を行なう。そこで，存続企業A社は，合併期日の前日の消滅企業B社の資産・負債を帳簿価額で受入れ，株主資本は帳簿価額の総額を払込資本（資本金・資本剰余金）として処理する（原則処理）。

存続企業の合併仕訳（借）諸資産 3,100（簿価）

（貸）諸負債　　　1,000（簿価）
資本金　　　1,050（払込資本）
資本剰余金 1,050（払込資本）

存続企業A社貸借対照表―合併後

諸資産 4,600	諸負債　　1,500
	資本金　　1,950
	資本剰余金 1,050
	利益剰余金　100
合　計 4,600	合　計　　4,600

第 17 章　企業組織再編の会計　　*471*

設例 3：A 社（公開企業）は 2××1 年 3 月 31 日に B 社の株式の 80％を 1,700 で取得し子会社とした。（親会社が連結子会社を吸収合併するケース）

(1)　前　提　条　件

① 　株式取得時の B 社の資産は，土地（再評価額 1,000，土地再評価差額金 400）と，有価証券（時価評価額 500，その他有価証券評価差額金 100）である。

② 　取得時の B 社個別貸借対照表は，次の通りである。

B 社個別貸借対照表

有価証券	500	資本金	1,000
土　地	1,000	その他有価証券評価差額金	100
		土地再評価差額金	400
	1,500		1,500

③ 　2××2 年 3 月末の B 社の当期純利益は 1,000 であった。

④ 　2××2 年 4 月 1 日に A 社は B 社を吸収合併した（吸収合併存続会社は A 社である）。

⑤ 　B 社の発行済株式数は 100 株であり，合併比率は 1：1 である。

⑥ 　A 社は新株を B 社の少数株主（持分比率 20％）に 20 株（合併直前の株価 @30，時価 600）発行し，新株発行に伴う増加資本の全額をその他資本剰余金に計上した。

⑦ 　A 社は連結財務諸表の作成に当たり全面時価評価法を採用しており，B 社の株式取得時に発生した暖簾の償却期間を 5 年としている。

⑧ 　合併期日前日（2××2 年 3 月 31 日）の個別・連結貸借対照表は次の通りである。

A 社個別貸借対照表

諸資産	300	資本金	1,000
子会社 B 社株式	1,700	利益剰余金	1,000
	2,000		2,000

B 社個別貸借対照表

諸資産	1,000	資本金	1,000
有価証券	600	利益剰余金	1,000
土　地	1,000	その他有価証券評価差額金	200
		土地再評価差額金	400
	2,600		2,600

A社連結貸借対照表

諸資産	1,300	少数株主持分	520
有価証券	600	資本金	1,000
土　地	1,000	利益剰余金	1,700
暖　簾	400	その他有価証券評価差額金	80
	3,300		3,300

合併期日前日のA社連結貸借対照表の脚注

① 暖簾400＝株式取得時の暖簾500（＝B社株式の取得原価1,700－B社の取得時の純資産時価1,500×A社持分比率80％）－償却計上額（2××2年3月期）100（＝暖簾500÷償却期間5年）。

② 少数株主持分520＝株式取得時の300（＝B社の取時時の純資産時価1,500×少数株主持分比率20％）＋株式取得後利益剰余金200（＝利益1,000×少数株主持分比率20％）＋その他有価証券評価差額金の増加額20（＝その他有価証券評価差額金100×少数株主持分比率20％）。

③ 連結利益剰余金1,700＝A社個別利益剰余金1,000＋B社の取得後利益剰余金800（＝B社個別利益剰余金1,000×A社株主持分比率80％）－2××2年3月期暖簾償却額100。

④ 連結その他有価証券評価差額金80＝B社の株式取得後のその他有価証券評価差額金の増加額100（＝200－100）×親会社A社持分比率80％。

(2) 個別財務諸表上のA社の会計処理

イ．B社の資産・負債の受入れ（親会社持分比率80％と少数株主持分比率20％に按分）

（借）諸資産　　（80％）800　（貸）子会社B社株式　　　　1,700
　　　有価証券　（80％）480　　　　その他有価証券評価差額金　80
　　　土　地　　（80％）800　　　　抱合せ株式消滅差益　　　700
　　　暖　簾　　　　　　400

（借）諸資産　　（20％）200　（貸）その他資本剰余金　　　600
　　　有価証券　（20％）120　　　　その他有価証券評価差額金　20
　　　土　地　　（20％）200
　　　暖　簾　　　　　　100

① 親会社と連結子会社の合併は共通支配下の取引に該当するため、親会社A社

は，子会社B社から受入れる諸資産と諸負債を，連結財務諸表上の帳簿価額2,500（＝子会社の帳簿価額2,000＋株式取得時の時価評価差額500）及び暖簾（未償却残高）400により計上する。この場合，親会社持分相当額と少数株主持分相当額を持分比率により按分する（「企業結合会計基準及び事業分離等会計基準に関する適用指針」第206項（2））。親会社持分相当額2500×80％＝2,000（諸資産800＋有価証券480＋土地800－その他有価証券評価差額金80）。少数株主持分相当額2,500×20％＝500（諸資産200＋有価証券120＋土地200－その他有価証券評価差額金20）。

② その他有価証券評価差額金のうち投資と資本との相殺消去の対象にならない100（支配獲得後に増減した金額）について引継ぐ（前掲「適用指針」第206項（2）②）。土地再評価差額金は支配獲得時に投資と資本の相殺消去の対象とされており引継がない。

③ 暖簾未償却残高400は，親会社持分に相当するものであるため，合併時に親会社持分相当額に含める。当該金額は，連結財務諸表上の帳簿価額として親会社個別財務諸表に引継がれる（前掲「適用指針」第207項（1））。

④ 親会社持分相当額（暖簾の未償却残高400を含む）2,400と親会社が合併直前に保有していた子会社株式（抱合せ株式）の帳簿価額1,700との差額700を特別損益に計上する（前掲「適用指針」第206項（2）①ア）。なお，親会社の連結財務諸表上，過年度に認識済損益であるため，利益剰余金と相殺消去する（前掲「適用指針」第208項）

⑤ 取得の対価（少数株主に交付した親会社株式の時価）600が増加資本となる（前掲「適用指針」第206項（2）①イ）。

⑨ 取得の対価600と子会社から受入れる諸資産と諸負債の少数株主持分相当額500との差額を暖簾とする（前掲「適用指針」第206項（2）①イ）。

合併後親会社A社個別貸借対照表

諸資産	1,300	資本金	1,000
有価証券	600	資本剰余金	600
土　地	1,000	利益剰余金	1,700
暖　簾	500	その他有価証券評価差額金	100
	3,400		3,400

(出典：「企業結合会計基準及び事業分離会計基準に関する適用指針，親会社が子会社を吸収合併した場合の会計処理―買収により取得した子会社を合併した場合。設例20」を一部変更して引用した。)

② **新設合併**（Statutory Consolidation）

　新設合併とは，2つ以上の会社が行なう合併であり，合併により消滅する企業の権利義務の全部を新設する企業に包括的に承継させる合併形態をいう（会社法第2条二十八号）。すなわち，既存企業のA社とB社が合併し，新設企業C社はA社とB社の株主に対価として交付する株式と引換えにA社とB社の財産の全部を取得し，A社とB社が消滅する合併を新設合併という。解散するA社とB社の資産・負債は包括的に新設企業C社の帳簿に引継がれ，合併後，C社だけが個別財務諸表の報告主体になる。新設合併は，存続する新設企業C社が消滅企業のA社とB社に対して支配を獲得する企業結合であるためパーチェス法により処理する。なお，新設合併は，消滅会社の上場許可権，営業認可権，不動産登記等の失効に伴い，新設会社として改めて所轄官庁へ許認可の申請手続を行う必要があり，煩雑な手数と合併コストが負担になるため実務では殆ど利用されていない。

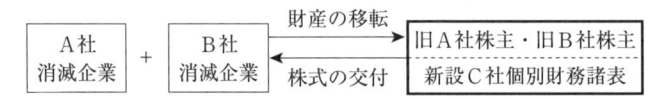

```
┌──────┐   ┌──────┐   財産の移転   ┌────────────────┐
│ A社  │ + │ B社  │ ────────→  │旧A社株主・旧B社株主│
│消滅企業│   │消滅企業│ ←────────  │新設C社個別財務諸表│
└──────┘   └──────┘   株式の交付   └────────────────┘
```

新設合併新設企業の個別財務諸表上の合併仕訳（パーチェス法）―取得
（借）諸資産××（A・B社諸資産時価）（貸）諸負債××（A・B社諸負債時価）
　　　暖　簾××（貸借差額）　　　　　　　　資本金××（C社発行株式時価）
　　　　　　　　　　　　　　　　　　　　　　資本剰余金××（C社発行株式時価）

設例：2××1年4月1日，新設企業C社は新設合併のため被合併企業のA社とB

社の発行済株式の全部を取得するため取得対価としてC社株式を結合日の時価で発行しA社とB社の株主に交付した。A社とB社の財政状態と前提条件は，下記に示す通りである。

合併直前貸借対照表（簿価：単位千円）

資　産	A社	B社	負債・資本	A社	B社
現　金	30,000	14,000	支払手形	10,000	16,000
受取手形	34,800	9,000	社債	94,000	—
棚卸資産	22,000	16,000	資本金	300,000	180,000
固定資産	400,000	250,000	資本剰余金	15,000	35,000
特許権	26,000	20,000	繰越利益剰余金	93,800	78,000
資産合計	512,800	309,000	負債・資本合計	512,800	309,000

貸借対照表（結合日の時価：単位千円）

資　産	A社	B社	負債・資本	A社	B社
現　金	30,000	14,000	支払手形	10,000	16,000
受取手形	34,800	9,000	社債	94,000	—
棚卸資産	27,000	17,000	資本金	時価	時価
固定資産	400,000	250,000	資本剰余金	時価	時価
特許権	28,200	20,000	繰越利益剰余金	時価	時価
資産合計	520,000	310,000	負債・資本合計	520,000	310,000

前提条件
(1) 新設合併に当たり被合併企業A社とB社が合併して解散しC社を新設する。
(2) A社発行済株式総数は4,160株，B社発行済株式総数は3,675株である。
(3) C社は，承継するA社とB社の財産の時価の取得対価として7,100株の株式を発行してA社とB社の株主に交付する。
(4) 新設合併日のA社株式の市場価格は@105円である。
(5) 払込金額のうち2分の1は資本金に組入れ，残額は資本剰余金に計上する。

C社の交付株式数の計算
　　A社1株当たり純資産時価100＝A社純資産時価416,000÷発行済株式数4,160株
　　B社1株当たり純資産時価80＝B社純資産時価294,000÷発行済株式数3,675株
　　A社株主の1株に対してC社は株式1株を交付する。
　　合併比率＝C社：A社：B社＝1：1：0.8

A社株主へのC社の交付株式数 4,160 株＝発行済株式数 4,160×交換比率 100％

B社株主へのC社の交付株式数 2,940 株＝発行済株式数 3,675×交換比率 80％

払込資本の計算

A社株主の払込資本 499,200＝4,160 株×A社株式市価 @105

B社株主の払込資本 352,800＝2,940 株×A社株式市価 @105

資本金 372,750＝(499,200＋352,800)÷2

暖簾 35,500＝(C社交付株式数 7,100 株×A社株価 @105)－払込資本 (499,200＋352,800)

新設企業C社の個別財務諸表上の合併仕訳（パーチェス法）

（借）	現　　金	44,000	（貸）	支払手形	26,000
	受取手形	43,800		社　　債	94,000
	棚卸資産	44,000		資本金	372,750
	固定資産	650,000		資本剰余金	372,750
	特許権	48,200			
	暖　　簾	35,500			

③ **株式交換**（Stock for Stock Exchange）

　株式交換とは，子会社となる株式会社が発行済株式数の全部を親会社となる株式会社に取得させることをいう（会社法第2条三十一号）。株式交換は，完全親会社となる株式会社の株式や現金等の対価と引換えに，完全子会社となる株式会社株主の所有する発行済株式数の全部を完全親会社に移転することにより，完全親子会社関係を形成する企業再編行為である（会社法第767条）。すなわち，結合企業A社は，被結合企業B社の株主が所有するB社発行済株式数の全部を取得するのと引換えに，対価としてA社株式をB社株主に交付する。株式交換によりB社株主はA社株主になる。結合企業A社は，被結合企業B社の株式の全部を取得し完全親会社になり，子会社のB社を完全支配する。株式の取得による株式交換は，パーチェス法により処理する。

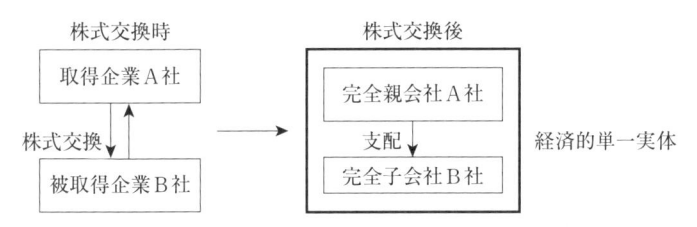

第17章　企業組織再編の会計　477

```
株式交換時                株式交換後
┌─────────┐            ┌─────────────┐
│取得企業A社│            │ 完全親会社A社│
└────↑────┘     →      │     ↓支配    │   経済的単一実体
 株式交換↓              │ 完全子会社B社│
┌─────────┐            └─────────────┘
│被取得企業B社│
└─────────┘
```

　株式交換を行なう場合，結合企業は，純資産の時価評価額に基づいて株式交換比率を算定し，株式交換比率に被結合企業の発行済株式数を乗じて交付株式数を確定する。株式交換完全親会社が新株を発行する場合は，増加する払込資本（資本金・資本剰余金）は，交付株式数に株式交換日の親会社株式の株式市価を掛けた金額である。

　　株式交換比率＝被結合企業1株当たり純資産時価／結合企業1株当たり純資産時価

　結合企業の交付株式数＝株式交換比率×被結合企業発行済株式総数

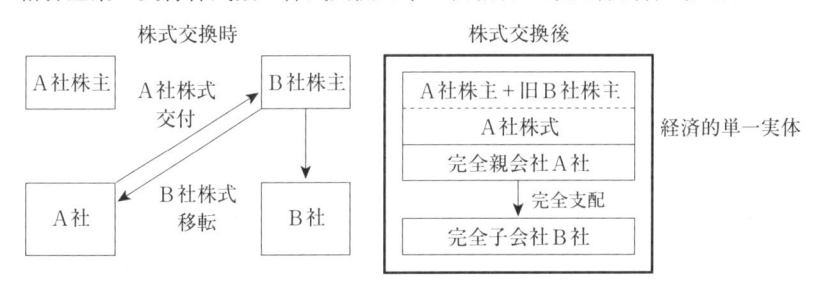

```
   株式交換時                            株式交換後
┌─────┐ A社株式 ┌─────┐          ┌───────────────┐
│A社株主│ 交付    │B社株主│          │A社株主＋旧B社株主│
└─────┘ ───→   └─────┘          │───────────────│
    ↑              ↓               │    A社株式     │   経済的単一実体
┌─────┐ B社株式 ┌─────┐          │  完全親会社A社  │
│ A社 │←─── │ B社 │          │    ↓完全支配   │
└─────┘  移転   └─────┘          │  完全子会社B社  │
                                    └───────────────┘
```

株式交換完全親会社の結合仕訳（パーチェス法）―取得
完全親会社の個別財務諸表上の会計処理
　株式交換時　（借）子会社株式××（親会社株式市価）（貸）資本金　　××
　　　　　　　　　　　　　　　　　　　　　　　　　　　　資本剰余金××
　　　　　　　子会社株式取得原価＝親会社株式市価×子会社発行済株式総数。
完全親会社の連結財務諸表上の会計処理
　連結相殺消去　（借）子会社諸資産××（時価）（貸）子会社諸負債××（時価）
　　　　　　　　　　　暖　簾　　××　　　　　　　　子会社株式××（親会社株式時価）

設例：A社は，2××5年4月1日に株式交換によりB社を完全子会社にするため，B社の株主が所有するB社発行済株式数の全部と引換えにA社の新株を発行して交付した。株式交換日直前のA社とB社の貸借対照表および前提条件は下記の通りである。

A社貸借対照表

諸資産	60,000	諸負債	12,000
		資本金	35,000
		資本剰余金	6,000
		利益剰余金	7,000
	60,000		60,000

B社貸借対照表

諸資産	35,000	諸負債	8,000
		資本金	20,000
		資本剰余金	3,000
		利益剰余金	4,000
	35,000		35,000

前提条件

(1) A社純資産時価 56,000＝A社諸資産時価 68,000－A社諸負債時価 12,000。
　　B社純資産時価 32,000＝B社諸資産時価 40,000－B社諸負債時価 8,000。
(2) A社の発行済株式総数は 140株，B社の発行済株式総数は 100株である
(3) 株式交換日のA社株式の市場価格は @410 である
(4) 増加する払込資本のうち2分の1は資本金に，残額は資本剰余金に計上する

株式交換比率の計算

　　A社純資産時価 56,000＝諸資産 68,000－諸負債 12,000

　　B社純資産時価 32,000＝諸資産 40,000－諸負債 8,000

　　A社1株当たり純資産時価 400＝56,000÷140株

　　B社1株当たり純資産時価 320＝32,000÷100株

　　株式交換比率 0.8＝A社1株当たり純資産時価 400：B社1株当たり純資産時価 320

　　A社の交付株式数 80株＝B社発行済株式総数 100株×株式交換比率 0.8

払込資本の計算

　　資本金 16,400＝株価 @410×交付株式数 80株÷2

　　資本剰余金 16,400＝株価 @410×交付株式数 80株－資本金 16,400

完全親会社A社の個別財務諸表上の株式交換仕訳

　　株式交換時（借）子会社B社株式 32,800　（貸）資本金　　　 16,400
　　　　　　　　　　　　　　　　　　　　　　　　　資本剰余金 16,400

完全親会社 A 社の連結財務諸表上の会計処理

　　連結相殺消去（借）諸資産 40,000　（貸）諸負債　　　　8,000
　　　　　　　　　　　暖　簾　　800　　　子会社 B 社株式 32,800

④　**株式移転**（Stock for Stock Exchange）

　株式移転とは，一つまたは二つ以上の会社が発行済株式総数の全部を新設会社に取得させることをいう（会社法第2条三十二号）。すなわち，複数の子会社を完全支配するために純粋持株会社（Holding Companies）を設立し，純粋持株会社が複数の子会社株式を100％所有し完全に支配する企業組織再編行為を株式移転という。株式移転は，既存企業の A 社と B 社を完全支配するために新設された純粋持株会社 C 社が，A 社と B 社の発行済株式総数の全部を取得するのと引換えに，取得対価として C 社株式を発行し A 社と B 社の株主に交付する企業組織再編行為である。株式移転により，A 社と B 社の株主が所有する株式は，純粋持株会社 C 社に移転し，純粋持株会社 C 社は完全親会社になり，A 社と B 社の株主は純粋持株会社 C 社の株式の割当を受け純粋持株会社 C 社の株主になる。

　株式移転により純粋持株会社を新設する場合は，複数の完全子会社のうち1社を取得企業とみなし，他の完全子会社を被取得企業として，パーチェス法により時価により処理する。この場合，取得企業となる A 社の株主に A 社株式1株につき純粋持株会社 C 社の株式1株を交付するものとする。したがって，純粋持株会社 C 社と取得企業 A 社との株式移転は，1：1の株式交換比率で行なわれる。純粋持株会社 C 社が A 社と B 社の子会社株式を取得するときの対価は，完全子会社 A 社株式の取得対価については，株式交換比率1：1の対等交換のため A 社純資産の帳簿価格により算定し，完全子会社 B 社株式については，純粋持株会社 C 社発行株式の市場価格の代用として取得企業 A 社株式の市場価格をもって算定する。企業結合日に，純粋持株会社の上場株式市価は存在しないからである。このため，純粋持株会社 C 社が被取得企業 B 社の株式を取得するときの対価は，取得企業 A 社の株式市価を基礎に換算した公正価値を純粋持株会社 C 社株式の市場価格と読み替える。

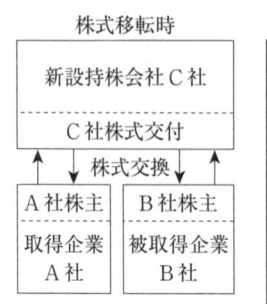

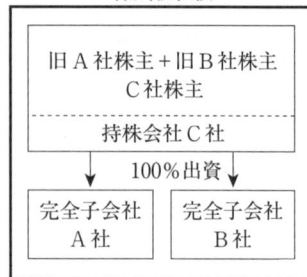

480   第3編　本支店及び組織再編の会計

```
      株式移転時              株式移転後
 ┌─────────────────┐  ┌─────────────────────┐
 │  新設持株会社C社 │  │ 旧A社株主＋旧B社株主│
 ├─────────────────┤  │      C社株主        │
 │   C社株式交付   │  ├─────────────────────┤         経済的単一実体
 └─────────────────┘  │    持株会社C社      │
    ↑↓ 株式交換 ↑↓      │    ↓100％出資↓     │
 ┌──────┐ ┌──────┐    ├──────────┬──────────┤
 │A社株主│ │B社株主│    │ 完全子会社│完全子会社│
 ├──────┤ ├──────┤    │   A社    │   B社    │
 │取得企業││被取得企業│  └──────────┴──────────┘
 │ A社  │ │ B社   │
 └──────┘ └──────┘
```

株式移転親会社C社の個別財務諸表上の会計処理（パーチェス法）―取得

　株式移転時　（借）子会社A社株式××（取得企業純資産簿価）（貸）資本金　　××（簿価）

　　　　　　　　　　　　　　　　　　　　　　　　　　　　　　　資本剰余金××（簿価）

　　　　　　　（借）子会社B社株式××（A社交付株式市価）（貸）資本金　　××（時価）

　　　　　　　　　　　　　　　　　　　　　　　　　　　　　　　資本剰余金××（時価）

　　　　子会社B社株式取得原価＝取得企業A社株式時価×交付株式数。

株式移転完全親会社C社の連結会計処理

　A社株式投資の相殺消去（借）A社諸資産××（簿価）（貸）子会社A社株式××（簿価）

　A社利益剰余金の引継ぎ（借）資本剰余金××（貸）利益剰余金××（簿価）

　B社株式投資の相殺消去（借）B社諸資産××（時価）（貸）B社諸負債××（時価）

　　　　　　　　　　　　暖　簾　　××（貸借差額）子会社B社株式××（時価）

設例：A社とB社は，A社を取得企業としB社を被取得企業として株式交換比率
　　　0.8の株式移転により持株会社C社を共同設立し，C社の完全子会社になる。
　　　株式移転日の前日のA社とB社の個別貸借対照表と他の前提条件は，下記の
　　　通りである。
(1)　株式交換比率＝持株会社C社：子会社A社：子会社B社＝1：1：0.8
(2)　発行済株式総数　A社＝2,000株，B社＝1,000株
(3)　株式移転日の株価　A社株式市価＠300円，B社株式市価＠160円
(4)　株式移転日のB社諸資産時価は290,000千円，諸負債時価は78,000千円である
(5)　A社とB社株主の払込資本のうち各2分の1はC社の資本金に残額は資本

剰余金に計上する

A社貸借対照表（単位：千円）

諸資産	460,000	諸負債	92,000
		資本金	228,000
		利益剰余金	140,000
	460,000		460,000

B社貸借対照表（単位：千円）

諸資産	260,000	諸負債	78,000
		資本金	142,000
		利益剰余金	40,000
	260,000		260,000

A社株主へのC社交付株式数2,000株＝A社の発行済株式総数2,000株×交換比率1

B社株主へのC社交付株式数800株＝B社の発行済株式総数1,000株×交換比率0.8

A社純資産簿価368,000＝諸資産簿価460,000－諸負債簿価92,000

B社株主へのC社交付株式時価総額160,000＝B社株主へのC社株式交付数800株
　　　　　　　　　　×A社株式市価＠300円（C社発行株式の株価算定の基礎とする）

株式移転の結合仕訳（パーチェス法）―取得

　親会社C社の個別財務諸表上の会計処理

　株式交換時（借）子会社A社株式 368,000（貸）資本金　　　184,000（株主資本）
　　　　　　　　　　　　　　　　　　　　　資本剰余金 184,000（株主資本）

　　A社株式投資原価は株式移転日の前日のA社株主資本を簿価で計上する。

　　　　　　（借）子会社B社株式 240,000（貸）資本金　　　120,000
　　　　　　　　　　　　　　　　　　　　　資本剰余金 120,000

　B社株式投資原価240,000＝取得企業A社の株価300円×交付株式数800株。

親会社C社の連結会計処理

　子会社A社株式の相殺消去（借）A社諸資産 460,000（貸）A社諸負債　 92,000
　　　　　　　　　　　　　　　　　　　　　　　　　　子会社A社株式 368,000

　　子会社A社資産・負債は簿価でC社連結財務諸表に計上する。

　子会社A社利益剰余金の引継（借）資本剰余金 140,000（貸）利益剰余金 140,000

　子会社B社株式の相殺消去（借）B社諸資産 290,000（貸）B社諸負債　 78,000
　　　　　　　　　　　　　　　　暖　簾　　 28,000　　子会社B社株式 240,000

C社連結貸借対照表（単位：千円）

諸資産	750,000	諸負債	170,000
暖簾	28,000	資本金	304,000
		資本剰余金	164,000
		利益剰余金	140,000
	778,000		778,000

⑤ 株式取得（Acquisition of Common stock）

株式取得は，投資レベルの議決権株式の持株比率レベルに応じて，株式投資の評価方法が異なる。

投資レベルによる株式投資の評価方法

```
0%           20%          50%              100%
←―――――→←―――――→←――――――――→
 重要な影響なし  重要な影響あり    支配の獲得あり
   時価法       持分法         完全連結法
```

持株比率が20％未満の場合は，投資企業の被投資企業に対する影響は少ないと判断し，株式取得時に原価で計上し，期末に時価に評価替えする（時価法）。持株比率が20％以上50％未満の場合は，被投資企業に対して重要な影響があると判断し，持分法（Equity method）により投資勘定を修正する。持分法（一行連結または純額連結法という）とは，被投資会社（関連会社および非連結子会社）の純資産額と損益のうち投資会社持分の変動に応じて投資勘定を修正する方法をいう。関連会社に対する投資会社持分が増加した場合は関連会社株式投資勘定を増額し，投資会社の持分が減少した場合は投資勘定を減額する。

持株比率20％以上50％未満の関連会社株式を保有する投資会社に時価法を適用する場合は，投資会社の投資勘定は市場の時価を反映しているが，反面，関連会社の純資産増減額のうち投資会社に帰属する持分の変動を反映していない。このため，関連会社株式を保有する投資会社に時価法を適用する場合，投資企業がその影響力を行使して関連会社に配当金を支払わせ営業外収益として計上することにより，利益を操作することも可能である。関連会社株式の投資勘定の評価に持分法が適用される根拠の一つは，時価法を隠れ蓑にした投資企業の利益操作を防止するためである。

① 支配獲得日の財務諸表作成の目的と役割

　株式取得日に取得企業 A 社が現金・株式を対価として被取得企業 B 社の議決権株式の過半数を取得し，被取得企業 B 社の支配（Control）を獲得する企業再編行為を株式取得または買収（Acquisition of Common stock）という。過半数株式の取得日以降も，取得企業 A 社と被取得企業 B 社は，それぞれ法的に独立した個別企業として事業活動を行なう。しかし，経済的実態から見れば，支配獲得日に，親会社 A 社と子会社 B 社から成る経済的な単一企業実体が形成されたと考えることができる。したがって，過半数の議決権株式を取得した支配獲得日に，親会社 A 社は，連結会計主体として，A 社企業集団の実態を明らかにするための連結財務諸表（Consolidated Finanncial Statements）を作成する義務がある。

　被投資企業の純資産の増減変動を連結財務諸表に表示する方法には，完全連結（全部連結＝Full consolidation, Line by line consolidation）により連結財務諸表を作成する方法と，持分法による一行連結（One line consolidation）により，被投資企業の業務成績として純資産の増減変動を投資勘定に表示する方法がある。

　完全連結法は，持株比率（持分比率）に応じて，親会社の投資勘定を子会社の諸資産と諸負債に置き換える方法である。子会社の諸資産と諸負債のうち親会社の持分以外は，少数株主の持分になる。これに対して，持分法は，投資企業の持分に帰属する被投資企業の純資産を投資勘定に計上する方法である。持分法では，連結精算表において，投資企業の個別貸借対照表の投資勘定上で被投資企業の純資産増減額の修正仕訳を行ない，連結財務諸表を作成する。

　発行済株式総数のうち持株比率 50％以上の株式を取得した場合は，株式取得日に，結合企業 A 社は被結合企業 B 社に対する支配を獲得するため連結財務諸表を作成する義務がある。株式取得日以降，子会社 B 社は，独立した企業として事業活動を行ない，帳簿に基づいて個別財務諸表を作成するが，A 社連結企業集団の形成時点で親会社 A 社に従属する連結子会社になる。このため，親会社 A 社は，A 社連結企業集団の実態を利害関係者に公開するために連結財務諸表を作成する。実務では，業績不振の親会社が決算対策として関連会社に対する売上等の内部取引を外部売上であるかのように偽装して利益操

作を行なうことも可能である。連結企業集団の実態を公開すると共に内部取引を利用した利益操作の防止に，連結財務諸表制度の果たす目的と役割がある。

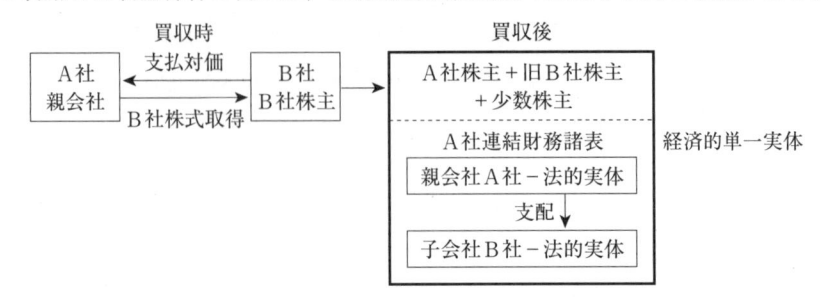

```
        買収時                      買収後
┌──────┐  支払対価  ┌──────┐  ┌─────────────────────┐
│ A 社 │ ←────── │ B 社 │  │ A社株主＋旧B社株主    │
│ 親会社│          │B社株主│  │    ＋少数株主        │
└──────┘ ──────→ └──────┘  ├─────────────────────┤ ─ 経済的単一実体
         B社株式取得            │   A社連結財務諸表    │
                                │ ┌─────────────────┐ │
                                │ │親会社A社－法的実体│ │
                                │ └─────────────────┘ │
                                │        支配 ↓       │
                                │ ┌─────────────────┐ │
                                │ │子会社B社－法的実体│ │
                                │ └─────────────────┘ │
                                └─────────────────────┘
```

② 連結精算表上の会計処理

　株式取得日に，個別財務諸表上，取得企業 A 社は B 社株式投資として，被取企業 B 社は B 社資本としてそれぞれ個別に仕訳を行なう。株式取得日に，取得企業 A 社は親会社になり，被取得企業 B 社は子会社になる。そこで，親会社 A 社は，株式取得日に，精算表上で個別貸借対照表を単純合算した合算貸借対照表をベースに連結企業集団の内部取引として相殺消去を行ない連結財務諸表を作成する。連結精算表における連結財務諸表作成の手続きは，次の手順で行なう。

　(1) 個別貸借対照表の単純合算，(2) 連結相殺消去仕訳：パーチェス法の適用による子会社純資産の時価評価，少数株主持分の時価評価，親会社の投資勘定と子会社の資本勘定との連結相殺消去仕訳，(3) 連結貸借対照表の作成

　　設例：取得企業 A 社は，株式取得の対価として現金300,000で支払い，被取得企業 B 社の株式の100％を株式資本の帳簿価額で取得した。株式取得日の被取得企業 B 社の資産・負債の時価は，株式取得日直前の貸借対照表の帳簿価額と一致している。

A社・B社貸借対照表（簿価）

諸資産			諸負債・資本		
	A社	B社		A社	B社
現　金	350,000	50,000	買掛金	100,000	100,000
売掛金	75,000	50,000	社　債	200,000	100,000
棚卸資産	100,000	100,000	資本金	500,000	200,000
土　地	175,000	40,000	資本剰余金	30,000	100,000
固定資産	800,000	600,000			
減価償却累計額	(400,000)	(300,000)			
	1,100,000	500,000		1,100,000	500,000

```
投資原価                     300,000
帳簿価額
    資本金      200,000
    資本剰余金  100,000
                300,000
    親会社持分比率100%        300,000
投資原価と株主資本との差額          0
```

株式取得日の個別処理

　取得企業A社：（借）子会社株式投資 300,000（貸）現金 300,000

　被取得企業B社：（借）現金 300,000（貸）資本 300,000

A社とB社の貸借対照表を単純合算すれば，連結親会社A社の仕訳は次のようになる。

　（借）子会社株式投資 300,000（貸）資本 300,000

　上記の仕訳は，連結企業集団における資金に係る内部取引の処理であるため，連結財務諸表作成上，不要である。そこで，連結精算表上，親会社の投資勘定と子会社の資本勘定を相殺消去する。この連結消去を資本連結という。単純合算貸借対照表をベースに行なう連結精算表上の投資と資本の連結消去は，連結企業集団における内部取引を連結財務諸表から消去するための会計手続きであるから，親会社と子会社の個別帳簿には記帳しない。

連結相殺消去（借）資本金　　　200,000（貸）子会社株式投資 300,000
　　　　　　　　　資本剰余金 100,000

連結精算表

勘定科目	A社	B社	相殺消去 (借)	相殺消去 (貸)	連結貸借対照表
現　金	50,000	50,000			100,000
売掛金	75,000	50,000			125,000
棚卸資産	100,000	60,000			160,000
土　地	175,000	40,000			215,000
固定資産	800,000	600,000			1,400,000
子会社株式投資	300,000			300,000	
借方合計	1,500,000	800,000			2,000,000
減価償却累計額	400,000	300,000			700,000
買掛金	100,000	100,000			200,000
社　債	200,000	100,000			300,000
資本金	500,000	200,000	200,000		500,000
資本剰余金	300,000	100,000	100,000		300,000
貸方合計	1,500,000	800,000	300,000	300,000	2,000,000

③　連結相殺消去における暖簾と少数株主持分の計上

　親会社となる取得企業が被取得企業の過半数株式を取得した場合は，親会社の投資原価と子会社純資産の帳簿価額との間に差額（Differential）が生じる。差額は，(1) 子会社帳簿の計算上の誤り，(2) 時価評価による子会社純資産の簿価と時価との評価差額，(3) 暖簾（連結調整勘定）の３つの原因から発生する。差額は，その原因を分析して処理する。

　投資差額のうち，(1) のケースでは，たとえば棚卸資産が誤って過小評価されていた場合，時価との差額を当該棚卸資産の勘定科目に配分する。

　(3) のケースでは，子会社純資産の簿価と時価との間に評価差額が発生した場合は，親会社の持株比率に応じて評価差額を発生原因元の勘定科目へ配分する。たとえば，親会社の子会社純資産に対する持株比率が90％の場合，残りの10％は少数株主持分である。子会社純資産に対する持分を親会社持分と少数株主持分に振分けるため，持株比率を使用する。子会社発行済株式総数に対する所有株式数の割合を持分比率（持株比率）という。

　次に，親会社が子会社株式の一部を取得する場合，連結相殺消去の対象にならなかった少数株主持分，すなわち子会社資本に対する親会社持分と相殺消去

されなかった部分は，少数株主持分に振替える。

　少数株主持分は，経済的単一体概念により親会社持分と共に連結貸借対照表の株主資本を構成する部分として時価で表示する（全面時価評価法）。全面時価評価法は，少数株主も親会社と共に連結企業の株主であるという考え方に基づいて，連結財務諸表に株主資本と区別して少数株主持分を表示する方法である。

　他方，部分時価評価法は，親会社概念により連結貸借対照表の資本の部に子会社純資産に対する親会社持分のみ時価で表示し，少数株主持分は帳簿価額で資本と負債との中間に独立の科目として表示する方法であるが，国際財務報告基準に合わせて廃止された。

　(3)のケースにおいて，投資原価と子会社純資産時価との差額の発生原因について分析した結果，発生元の勘定科目が不明の場合は，連結調整勘定または暖簾（Goodwill）として計上する。投資原価は，通常，子会社純資産時価より高いか，あるいは低く設定される。子会社となるべき被取得企業の技術力，収益力，成長力等の無形の経済的価値を高く評価して買収競争に競り勝つため，取得企業が子会社となる被取得企業の純資産時価にプレミアムを上乗せして取得対価を高く設定した場合は，超過収益力を表す暖簾が生じる。これに対して，被取得企業の純資産簿価を下回る割安価額で被取得企業の株式を取得（Lucky buy＝Bargain purchase）した場合は，負の暖簾が貸方に生じる。

　暖簾は，毎期末，減損テストを行ない減損の兆候が認められる場合，特別費用として計上する。暖簾は，減損兆候がない限り，償却する必要はない。親会社が子会社の企業価値を過小評価し子会社純資産時価を下回る対価で子会社株式を取得した場合は，貸方に負の暖簾が発生する。負の暖簾について配分先が不明の場合は，特別利益に計上する。

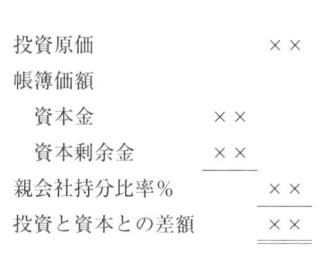

```
        投資原価              ××
        帳簿価額
          資本金          ××
          資本剰余金      ××
                          ───
          親会社持分比率%         ××
        投資と資本との差額       ××
                                ═══
```

A．暖簾が発生するケース

```
        評価差額            暖　簾
   |←―――――――→|←――――――――――→|
純資産簿価      純資産時価            投資原価
```

B．負の暖簾が発生するケース

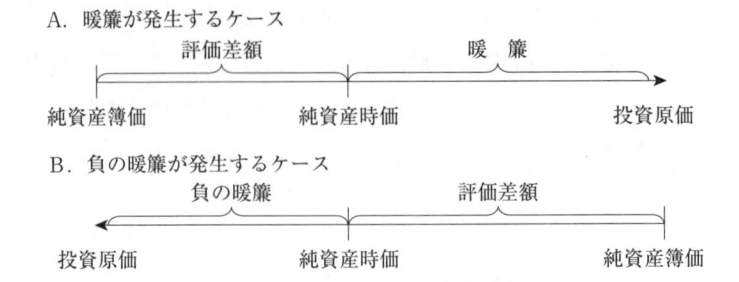

```
        負の暖簾          評価差額
   |←―――――――|―――――――――→|
投資原価       純資産時価            純資産簿価
```

株式取得時の個別財務諸表と合算貸借対照表の会計処理

　　親会社（借）子会社株式投資××（対価）（貸）現金・株式××

　　子会社（借）現金・株式　　××　　　　（貸）資本金　　××（親会社持分）
　　　　　　　　　　　　　　　　　　　　　　　資本剰余金××（親会社持分）
　　　　　　　　　　　　　　　　　　　　　　　利益剰余金××（親会社持分）

　　単純合算（借）子会社株式投資××（対価）（貸）資本金　　××（親会社持分）
　　　　　　　　　　　　　　　　　　　　　　　資本剰余金××（親会社持分）
　　　　　　　　　　　　　　　　　　　　　　　利益剰余金××（親会社持分）

親会社の精算表上の連結相殺消去

　　評価差額の計上と配分（借）諸資産××（貸）諸負債　××
　　　　　　　　　　　　　　　　　　　　　　評価差額××（親会社持分）

　　連結相殺消去（借）資本金　　　××　（貸）子会社株式投資××（親会社持分）
　　　　　　　　　　　資本剰余金　××　　　　小数株主持分××（少数株主持分）
　　　　　　　　　　　利益剰余金　××
　　　　　　　　　　　評価差額　　××
　　　　　　　　　　　連結調整勘定××

　連結調整勘定＝子会社株式投資－（資本金＋資本剰余金＋利益剰余金＋評価差額）×親会社持分。少数株主持分＝（資本金＋資本剰余金＋利益剰余金）×少数株主持分。［資本金＋資本剰余金＋利益剰余金］は，親会社持分と少数株主持分との合計額である。評価差額＝親会社持分のみ。

　評価差額勘定の使用に代えて，米国会計基準のように評価差額勘定と連結調整勘定を統合した差額勘定（Differential account）を用いて下記のように処理することもできる。

連結相殺消去（借）資本金　　××（親会社持分）（貸）子会社株式投資××
　　　　　　　　　　資本剰余金××（親会社持分）
　　　　　　　　　　利益剰余金××（親会社持分）
　　　　　　　　　　差　　額　　××（総差額）
　子会社株式投資原価と子会社純資産簿価の親会社持分との総差額の計上。
評価差額の配分と暖簾の計上（借）諸資産××（評価差額）（貸）諸負債××（評価差額）
　　　　　　　　　　　　　　　　暖　簾××　　　　　　　差　額××（総差額）
少数株主持分勘定への振替（借）資本金　　××（少数株主持分）（貸）少数株主持分××
　　　　　　　　　　　　　　　資本剰余金××（少数株主持分）
　　　　　　　　　　　　　　　利益剰余金××（少数株主持分）
　投資勘定と相殺消去されなかった子会社の資本の少数株主持分への振替え。

設例：2××1年，12月31日，A社は，B社を買収するため対価の1,950,000（単位：百万円）を現金で支払いB社の株式の80％を取得した。買収日のB社の資本金は200,000，資本剰余金は800,000である。B社の資産・負債の簿価と時価は，次の通りである。子会社純資産の少数株主持分は，連結財務諸表に時価で計上する。

	簿　価	時　価
現　金	100,000	100,000
売掛金	300,000	260,000
棚卸資産	500,000	620,000
固定資産	700,000	1,000,000
特許権	0	200,000
土　地	200,000	300,000
暖　簾	100,000	0
	1,900,000	2,480,000
支払手形	700,000	640,000
繰延税金負債	200,000	0
	900,000	640,000
純資産	1,000,000	1,840,000

(1) 連結精算表上の親会社A社の投資勘定と子会社B社の資本勘定との相殺消去仕訳は，次の通りである。ここでは，評価差額勘定に代えて差額勘定を用い

て処理する。

貸借対照表の単純合算（借）子会社B社株式投資 1,950,000（貸）現金 1,950,000
連結相殺消去（借）資本金　　　160,000（貸）子会社B社株式投資 1,950,000
　　　　　　　　　資本剰余金　640,000
　　　　　　　　　差　　額　1,150,000

① 資本金 160,000＝資本金 200,000×親会社持分 80％。② 資本剰余金 640,000＝資本剰余金 800,000×親会社持分 80％。③ 総差額 1,150,000＝投資原価 1,950,000－子会社純資産簿価の親会社持分 (1,000,000×80％)。

(2) 子会社純資産簿価と時価との評価差額を個別資産・負債に配分する仕訳は，次の通りである。差額から評価差額を控除した金額は暖簾に計上する。

（借）棚卸資産　　　96,000（貸）売掛金　　32,000
　　　固定資産　　240,000　　　暖　簾　　80,000
　　　特許権　　　160,000　　　差　額 1,150,000
　　　土　地　　　 80,000
　　　支払手形　　 48,000
　　　繰延税金負債 160,000
　　　暖　簾　　　478,000

①棚卸資産 96,000＝(時価 620,000－簿価 500,000)×親会社持分 80％。②固定資産 240,000＝(時価 1,000,000－簿価 700,000)×親会社持分 80％。③特許権 160,000＝(時価 200,000－0)×親会社持分 80％。④土地 80,000＝(時価 300,000－簿価 200,000)×親会社持分 80％。⑤支払手形 48,000＝(時価 640,000－簿価 700,000)×親会社持分 80％。⑥繰延税金負債 160,000＝(時価 0－簿価 200,000)×親会社持分 80％。⑦暖簾 478,000＝総差額のうち発生原因先が不明のため配分不能な差額。⑧売掛金 32,000＝(時価 260,000－簿価 300,000)×親会社持分 80％。⑨暖簾 80,000＝(時価 0－簿価 100,000)×親会社持分 80％。

(3) 子会社の資本のうち親会社の投資と相殺消去されなかった部分は，少数株主持分勘定へ振替える。

（借）資本金　　　　40,000（貸）少数株主持分 200,000
　　　資本剰余金 160,000

設例：A 社は，2××1 年 1 月 1 日，額面 10 ドルの普通株式 5,400 株を発行することにより B 社の議決権株式の 90％を取得した。株式取得日の A 社の株価は 22.3 ドルであり，対価の株式時価評価総額は 120,600 ドルである。被取得企業 B 社純資産の簿価と時価は下記の通りである。(出所；Barry J. Epstein, Ralph Nach, Steven M. Bragg, Wiley GAAP 2008, pp. 590-593. なお，差額勘定に代えて評価差額勘定と連結調整勘定を用いるなど一部分変更して引用した)。

子会社純資産の評価差額（単位：ドル）

項　目	簿　価	時　価	評価差額
現　金	37,400	37,400	—
売掛金	9,100	9,100	—
棚卸資産	16,100	17,100	1,000
固定資産	50,000	60,000	10,000
減価償却累計額	(10,000)	(12,000)	(2,000)
特許権	10,000	13,000	3,000
買掛金	(6,600)	(6,600)	—
合　計	106,000	118,000	12,000

被取得企業 B 社純資産簿価 10,600

　第 1 法：資産簿価合計 112,600 − 負債簿価合計 6,600 ＝ 被取得企業純資産簿価 10,600

　第 2 法：資本金簿価 50,000 ＋ 資本剰余金簿価 15,000 ＋ 利益剰余金簿価 41,000 ＝ 被取得企業純資産簿価 10,600

A 社・B 社の貸借対照表（企業結合日直前　単位：ドル）

資　産	A 社	B 社	負債・純資産	A 社	B 社
現　金	30,900	37,400	買掛金	4,000	6,600
売掛金	34,200	9,100	社　債	100,000	—
棚卸資産	22,900	16,100	資本金	100,000	50,000
固定資産	200,000	50,000	資本剰余金	15,000	15,000
減価償却累計額	(21,000)	(10,000)	利益剰余金	48,000	41,000
特許権	—	10,000			
資産合計	267,000	112,600	負債・純資産合計	267,000	112,600

(1)　株式取得時（子会社株式 90％の取得）

　親会社 A 社が子会社 B 社株式 90％を取得する対価として，新株発行により子会社株主に株式を交付した場合，親会社 A 社は，パーチェス法により，時価発行価額を子会社 B 社株式投資の取得原価として計上する。

(借) 子会社B社株式投資 120,600 (貸) 資本金（普通株式） 54,000
　　　　　　　　　　　　　　　　　　　資本剰余金　　　　　66,600

A社はB社株式90％への投資原価120,600のうち普通株式5400株を額面＠10で資本金に計上し，残額は資本剰余金に計上した。

(2) 親会社の投資原価と子会社純資産簿価との差額の処理

親会社A社は子会社株式90％を買収しているため，残りの10％は少数株主の持分である。そこで，連結財務諸表上，親会社の子会社株式投資と，子会社の資本のうち親会社持分とを相殺消去する。下記の計算にしたがって，投資原価120,600と，純資産簿価のうち親会社持分の90％とが相殺消去される。親会社持分以外の連結相殺消去の対象にならなかった子会社純資産は，少数株主持分勘定へ振替える。

投資原価		120,600
純資産簿価		
資本金	50,000×90％＝	45,000
資本剰余金	15,000×90％＝	13,500
利益剰余金	41,000×90％＝	36,900
純資産簿価の親会社持分90％		95,400
総差額		25,200

次に，親会社に帰属する総差額25,200の発生原因を分析して，差額の発生先が明らかになった時価と簿価との評価差額10,800と発生先が不明の連結調整差額14,400とに区別する。資産・負債の時価評価による純資産額と帳簿価額による純資産額との評価差額12,000は，親会社持分と少数株主持分とに区分する。

親会社持分90％	少数株主持分10％		
14,400		連結調整勘定	14,400
10,800	1,200	評価差額	12,000
45,000	5,000	資本金	50,000
13,500	1,500	資本剰余金	15,000
36,900	4,100	利益剰余金	41,000

第 17 章 企業組織再編の会計　　493

子会社純資産時価と簿価との差額配分

項　目	簿　価	時　価	差　額	親会社持分 90％
現　金	37,400	37,400	―	
売掛金	9,100	9,100	―	
棚卸資産	16,100	17,100	1,000	900
固定資産	50,000	60,000	10,000	9,000
減価償却累計額	(10,000)	(12,000)	(2,000)	(1,800)
特許権	10,000	13,000	3,000	2,700
買掛金	(6,600)	(6,600)	―	
合　計	106,000	118,000	12,000	10,800

(1)　評価差額を各勘定科目へ再配分

　（借）棚卸資産　　900　（貸）減価償却累計額　1,800

　　　　固定資産　9,000　　　　評価差額　　　　10,800

　　　　特許権　　2,700

　固定資産の帳簿価額は，固定資産取得原価 50,000 から，その 20％ に相当する減価償却累計額 10,000 を控除した金額 40,000 である。固定資産の時価は，再調達原価 60,000 から，その 20％ に相当する減価償却累計額 12,000 を控除した 48,000 である。

(2)　親会社の投資勘定と子会社の資本勘定の連結相殺消去

　（借）資本金　　　　45,000　（貸）子会社株式投資 120,600

　　　　資本剰余金　　13,500

　　　　利益剰余金　　36,900

　　　　評価差額　　　10,800

　　　　連結調整勘定　14,400

(3)　少数株主持分の振替

　（借）資本金　　　5,000　（貸）少数株主持分 10,600

　　　　資本剰余金　1,500

　　　　利益剰余金　4,100

差額勘定（Differential account）を用いて下記のように処理してもよい。

(1)　親会社の投資と子会社の資本勘定の連結相殺消去

(借) 資本金　　　45,000　（貸）子会社株式投資 120,600
　　 資本剰余金 13,500
　　 利益剰余金 36,900
　　 差　　額　　 25,200

資本金 45,000 ＝ 50,000 × 親会社持分 90％。資本剰余金 13,500 ＝ 15,000 × 親会社持分 90％。利益剰余金 36,900 ＝ 41,000 × 親会社持分 90％。

(2)　評価差額を各科目へ再配分

(借) 棚卸資産　　 900　（貸）減価償却累計額 1,800
　　 固定資産 9,000　　　 差　　額　　 25,200
　　 特許権　 2,700
　　 暖　簾　14,400

(3)　少数株主持分の振替

(借) 資本金　　　　5,000　（貸）少数株主持分 10,600
　　 資本剰余金 13,500
　　 利益剰余金 36,900

　連結相殺消去は，経済的単一体概念（Economic entity cocept）にしたがう。経済的単一体概念とは，連結財務諸表上の株主は親会社株主と少数株主から構成されているとみなし，連結貸借対照表の株主資本として親会社持分（Parent's interests）と少数株主持分（Minority interests, Noncontrolling interests）を連結貸借対照表に区分表示する考え方である。経済的単一体概念により少数株主持分を連結貸借対照表に表示する場合，子会社純資産を親会社持分と少数株主持分とに区分し株式取得日の時価で表示する。子会社純資産の時価評価額に少数株主の持株比率を乗じた額が子会社純資産に対する少数株主持分である。子会社純資産の評価差額は，親会社持分と少数株主持分の比率により配分する。

　これに対して，親会社概念（Parent company concept）は，連結財務諸表上の株主は親会社の株主のみから構成されるとみなして，親会社により支配されない少数株主の持分を連結貸借対照表の株主資本から除外する考え方をいう。子会社純資産のうち親会社の持分に帰属する部分についてのみ時価で評価し，少数株主の持分に帰属する子会社純資産については時価評価する前の子会社の個別貸借対照表上の帳簿価額で算定する。親会社概念は，連結財務諸表の少数

株主持分に係る情報の開示に矛盾しており，情報の透明性と信頼性に限界がある。

連結精算表―A社持株比率90%（単位：米ドル）

項　目	A社	B社	修正・消去仕訳 (借)	修正・消去仕訳 (貸)	少数株主持分持株10%	連結貸借対照表
現　金	30,900	37,400				68,300
売掛金	34,200	9,100				43,300
棚卸資産	22,900	16,100	900b			39,900
固定資産	200,000	50,000	9,000b			259,000
減価償却累計額	(21,000)	(10,000)		1,800b		(32,800)
B社株式投資	120,600			120,600a		
評価差額			25,200b	25,200b		
暖　簾			14,400b			14,400
特許権		10,000	2,700b			12,700
資産合計	387,600	112,600				404,800
買掛金	4,000	6,600				10,600
社　債	100,000					100,000
資本金	154,000	50,000	45,000a		5,000	154,000
資本剰余金	81,600	15,000	13,500a		1,500	81,600
利益剰余金	48,000	41,000	36,900a		4,100	48,000
少数株主持分					10,600	10,600
負債資本合計	387,600	112,600	147,600	147,600		404,800

17-3　事　業　分　離

(1)　吸収分割と新設分割

　会社法では，会社または会社の事業部門を分離して他の企業に移転させる企業組織再編行為を会社分割という。会社分割には，会社法上，吸収分割と新設分割の2つの方法がある。株式会社または合同会社の分割会社がその事業に関して有する権利義務の全部または一部を当該株式会社または合同会社から分離して他の会社の承継会社に承継させることを吸収分割という（会社法第2条29号）。これに対して，1つまたは2つ以上の株式会社または合同会社がその事業に関して有する権利義務の全部または一部を分割して新設会社に承継させることを新設分割という（会社法第2条30号）。

企業会計基準第7号「事業分離等に関する会計基準」（以下，事業分離等会計基準という）は，会社法が定める会社分割や事業譲渡等の企業組織再編行為の会計処理について規定している。「事業分離等会計基準」では，企業を構成する事業部門を他の既存企業や新設会社に移転することを事業分割といい，会社法上の会社分割，事業譲渡，現物出資の取引形態がこれに含まれる。事業分離において会社の事業部門を他の企業に移転させる当該会社を分離元企業または分割会社という。他方，分離元企業の事業を引継ぐ他の企業を分離先企業または承継会社という。事業分離により分離元企業の事業は分離先企業に移転し，分離元企業が移転した事業への投資を継続する場合に限り，分離先企業は，分離元企業に対して事業分離の対価として株式を交付する。現金等の財産を対価とする事業分離は，事業の売却に該当する。

会社分割は，分離先企業が既存会社であるか，あるいは新設会社であるかにしたがって吸収分割と新設分割とに区分する。分離元企業が事業を分離して分離先企業に移転させ，分離先企業から事業分離の対価として株式を受取ることを吸収分割という。これに対して，分離元企業が事業を分離して新しく設立した分離先企業に移転させ，分離先企業から事業分離の対価として株式を受取ることを新設分割という。

他方，分離先企業が対価として交付した株式の受取先が分離元企業の法人であるか，あるいは分離元企業の株主であるかにしたがって，会社分割は分社型分割（物的分割）と分割型分割（人的分割）とに区分する。事業分離に当たり，分離先企業が分離元企業の法人に株式を交付することを分社型分割または物的分割という。分社型分割の場合，分離元企業は，対価として株式を受取ったときに，関係会社株式の取得原価（投資原価）を移転した事業に係る資産・負債の移転直前の帳簿価額による純資産額で計上する。

これに対して，分離先企業が分離元企業の株主に対して株式を直接交付することを分割型分割または人的分割という。会社法では，旧商法の人的分割を廃止する代わりに，物的分割（分社型分割）及び剰余金の配当の2つの取引を組合わせることにより人的分割と同等の効果を有する会社分割を認めている。旧来の人的分割と同一効果を有する事業分離を実施する場合は，分離元企業は，分社型分割により移転事業の対価として分離先企業の株式を受取ると同時に，

当該株式を剰余金の配当という形で自社株主に交付する。剰余金の配当として株式を交付する処理については，配当の財源規制の適用を除外するための特則が定められている（会社法第792条，第812条）。

会社法による会社分割には，吸収分割，新設分割，分社型分割，分割型類似分割（旧商法の分割型分割）の組合せにより，下表に示すように4つの取引形態がある。

	分社型分割	分割型類似分割
吸収分割	①分社型吸収分割	③分社型吸収分割＋剰余金の配当
新設分割	②分社型新設分割	④分社型新設分割＋剰余金の配当

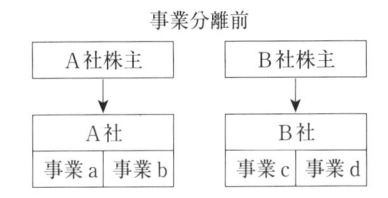

事業分離前

```
       A社株主              B社株主
         ↓                    ↓
        A社                  B社
   事業a | 事業b         事業c | 事業d
```

① 分社型吸収分割

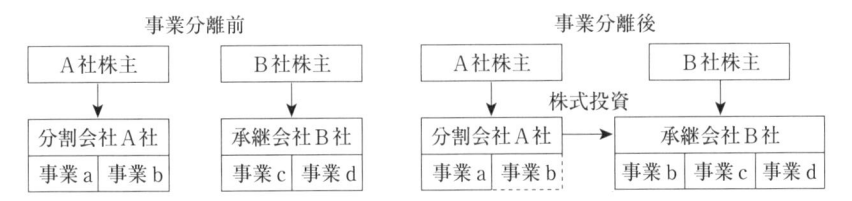

事業分離前　　　　　　　　　　事業分離後

```
  A社株主      B社株主       A社株主            B社株主
    ↓            ↓            ↓       株式投資    ↓
 分割会社A社  承継会社B社   分割会社A社 ────→ 承継会社B社
 事業a|事業b  事業c|事業d   事業a|事業b      事業b|事業c|事業d
```

A社は，事業bを既存企業B社に移転させ対価としてB社の株式を受取った場合，改めてB社の株式を関係会社株式（子会社株式・関連会社株式）への投資として計上する。

② 分社型新設分割

分社型単独新設分割—分離事業の完全子会社化

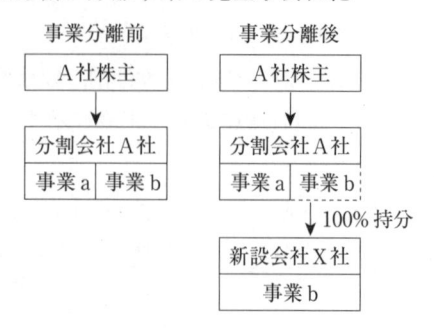

```
事業分離前              事業分離後
 A社株主                A社株主
   ↓                    ↓
分割会社A社            分割会社A社
事業a │ 事業b         事業a │ 事業b
                        ↓ 100％持分
                      新設会社X社
                        事業b
```

A社は，所有する事業bを単独で新設会社X社に移転し，対価としてX社が交付する株式の全部を受取り，X社を完全子会社とする。

分社型共同新設分割

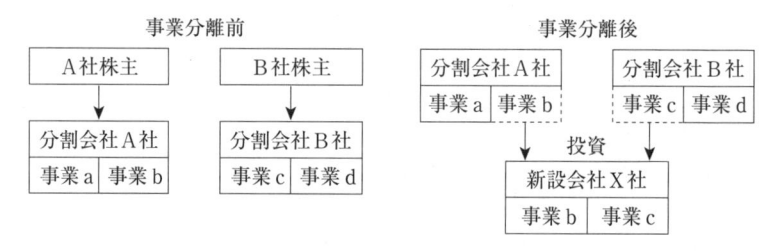

```
        事業分離前                        事業分離後
  A社株主      B社株主           分割会社A社      分割会社B社
    ↓            ↓              事業a│事業b    事業c│事業d
 分割会社A社   分割会社B社              投資
 事業a│事業b  事業c│事業d          新設会社X社
                                    事業b│事業c
```

A社とB社は，それぞれ所有する事業bと事業cを共同による新設会社のX社に移転し，A社は対価としてX社が発行する株式を受取ってX社の親会社になり，B社は対価としてX社の株式を受取ってX社の関連会社・その他有価証券投資会社となる。

③ 分社型吸収分割＋剰余金の配当（旧制度の分割型吸収分割）

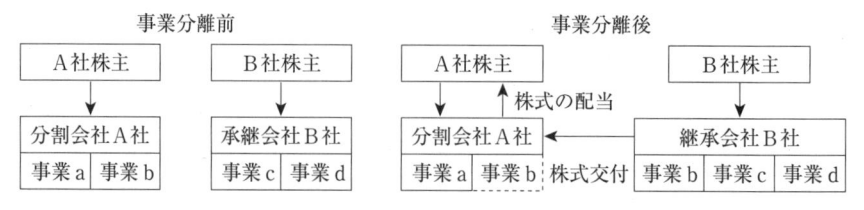

```
         事業分離前                              事業分離後
  A社株主        B社株主            A社株主              B社株主
    ↓              ↓                 ↑ 株式の配当          ↓
 分割会社A社    承継会社B社       分割会社A社  ←      継承会社B社
 事業a│事業b   事業c│事業d      事業a│事業b 株式交付  事業b│事業c│事業d
```

A社は，分社型吸収分割により事業bをB社に移転し，対価として株式を

受取ると同時に，A社の株主に当該株式を剰余金の配当として交付する。物的分割として分社型吸収分割を実施すると同時に，分割会社A社の株主に剰余金の配当として当該株式を交付する。これは，旧来の人的分割である分割型吸収分割と同様の効果を有する企業再編行為である。

④　分社型共同新設分割＋剰余金の配当（旧制度の分割型新設分割に該当）

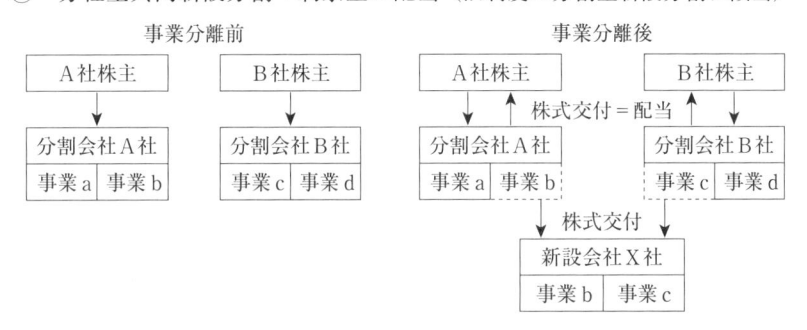

```
         事業分離前                          事業分離後
┌────────┐    ┌────────┐    ┌────────┐        ┌────────┐
│ A社株主 │    │ B社株主 │    │ A社株主 │        │ B社株主 │
└────┬───┘    └────┬───┘    └────┬───┘        └────┬───┘
     │             │             ↑  株式交付＝配当  ↑
┌────┴───┐    ┌────┴───┐    ┌────┴────┐       ┌────┴────┐
│分割会社A社│  │分割会社B社│  │分割会社A社│       │分割会社B社│
├───┬───┤    ├───┬───┤    ├───┬───┤        ├───┬───┤
│事業a│事業b│  │事業c│事業d│  │事業a│事業b│        │事業c│事業d│
└───┴───┘    └───┴───┘    └───┴─┬─┘        └─┬─┴───┘
                                   │  株式交付  │
                                   ↓           ↓
                              ┌─────────────────┐
                              │   新設会社X社   │
                              ├────────┬────────┤
                              │ 事業b  │ 事業c  │
                              └────────┴────────┘
```

　分割会社のA社とB社は，共同新設会社X社にそれぞれ事業bと事業cを分離し，その対価としてX社の株式を受取ると同時に分割会社のA社とB社の株主に剰余金の配当として当該株式を交付する企業再編行為である。分社型新設分割の実施と対価として受取った株式を剰余金の配当として分割会社の株主に交付するという2つの取引により，旧来の人的分割の分割型共同新設分割と同様の効果を有する企業再編行為である。

(2) 事業分離の会計処理

　事業分離は，投資の清算に該当するか，あるいは投資の継続に該当するかに区別して処理する。事業分離が投資の清算に該当する場合は，分離元企業は移転した事業を売却したとみなし，商品売却損益と同様に，移転損益を認識する。したがって，事業分離を「投資の清算」とみなすか，あるいは「投資の継続」とみなすかが事業分離の会計処理上の第1の論点になる。第2の論点は，「現金等の財産」または「株式」の対価の種類のうち，いずれを事業分離の対価として使用するかという種類対価の選択に関する論点である。第3の論点は，分離先企業が子会社，関連会社あるいは子会社・関連会社のいずれにも属さないその他企業の投資有価証券のうち，いずれに該当するかという出資レベ

ルに係る会社の区分である。事業分離の会計処理は，この３つの区分基準に基づく。

対価は，現金等の財産（現金，社債，新株予約権，新株予約権付社債）と議決権付の株式に分類する。分離元企業が現金等の財産を対価として受取る事業分離は，投資の清算とみなして移転損益を認識する。これに対して，分離元企業が対価として株式のみを受取る事業分離の場合は，移転した事業に対して関係会社株式を改めて投資するものとみなして処理し，移転した事業への資本関係を引き続き継続する。

投資の清算

事業分離が投資の清算に該当する場合，分離元企業は，対価として受取った現金等の財産の時価と，移転した事業の資産・負債の帳簿価額による純資産額（移転事業の株主資本相当額＝移転事業に係る資産・負債の移転直前の帳簿価額による純資産額から移転事業に係る評価・換算差額等及び新株予約権を控除した額）との差額を移転損益として認識する。

受取対価が現金等の財産のみである場合の分離元企業の会計処理

分離元企業が対価として現金等の財産のみを受取る事業分離は，投資の清算とみなす。対価として現金等の財産のみを受取る事業分離は，事業投資を断念し事業を売却すると考えられるからである。したがって，分離元企業は，対価として受取った現金等の財産の時価と，移転した事業に係る資産及び負債の帳簿価額との差額を移転損益として認識する。

① 分離先企業が子会社に該当する場合

この場合は，事業分離前に分離先企業との資本関係のいかんに拘わらず，事業分離後に分離先企業が子会社に該当する場合は，共通支配下の取引あるいは共通支配下の取引に準じて処理する。共通支配下の取引とは，事業分離当事企業の全てが事業分離前後において同一の企業により支配され，かつその支配が一時的でない場合の事業分離をいう。共通支配下の取引には，事業分離前に親会社が子会社に事業を移転する場合や子会社が親会社に事業を移転する場合のほかに，事業分離後に分離元企業が分離先企業の株式を取得して分離先企業を新しく子会社とする取引も含める。したがって，共通支配下の取引は，連結企業集団における内部取引である。

分離先企業が子会社に該当する場合は，個別財務諸表上，分離元企業は，共通支配下の取引として，対価として受取った現金等の財産を「移転前に付された適正な帳簿価額」により計上する。この結果，分離元企業は，対価として受取った現金等の財産に移転前に付された帳簿価額と，移転事業の資産・負債の帳簿価額による純資産額（移転事業に係る株主資本相当額）との差額を移転損益として認識する。なお，事業移転前に付された帳簿価額が移転事業の時価による純資産額を超える場合は，その差額を暖簾として計上する。

連結財務諸表上，移転損益は，連結企業集団の内部損益として連結会計基準の未実現損益の消去に準じて処理する。

② 分離先企業が関連会社に該当する場合

この場合は，共通支配下の取引に該当しない。個別財務諸表上，分離元企業は，対価として受取った現金等の財産を時価で計上する。このため，対価として受取った現金等の財産の時価と，移転した事業に係る資産・負債の移転直前の帳簿価額による純資産額との差額は，移転損益として計上する。なお，「事業移転前に付された帳簿価額」が移転した事業の時価による純資産額を超える場合は，その差額を暖簾として計上する。

連結財務諸表上，移転損益は，未実現損益の消去に準じて処理する。

③ 分離先企業が子会社・関連会社に該当しない場合

この場合も，共通支配下の取引に該当しない。個別財務諸表上，分離元企業は，対価として受取った現金等の財産を時価により計上する。この結果，分離元企業は，個別財務諸表上，対価として受取った現金等の財産の時価と，移転事業に係る資産・負債の移転前に付された帳簿価額との差額を移転損益として認識する。分離先企業は連結範囲の子会社・関連会社に該当しないので，連結財務諸表の作成は不要である。

投資の清算の会計処理

受取対価が現金等の財産のみである場合の分離元企業の処理

① 分離先企業が子会社に該当する場合

個別財務諸表

　　分離元企業（借）事業諸負債××（簿価）（貸）事業諸資産××（簿価）
　　　　　　　　　　現　金　　××（売価）　　移転損益　××

分離先企業（借）事業諸資産×× (簿価)（貸）事業諸負債×× (簿価)
　　　　　　　　暖　簾　　×× (差額)　　現　　金　×× (売価)

連結財務諸表

子会社の資本連結：（借）資本金　　　××　（貸）子会社株式　××
　　　　　　　　　　　　利益剰余金××　　　　少数株主持分××

子会社の株主資本のうち少数株主の持分を計上する．取得後の利益剰余金のうち一部を少数株主持分に振替える．

移転損益の連結修正：（借）移転損益××（貸）暖　簾××

個別財務諸表上，認識された移転損益は，親会社の連結財務諸表上，連結原則により未実現損益の処理に準じて消去する．子会社が個別財務諸表に計上した暖簾は，連結上，相殺消去する．

② 分離先企業が関連会社に該当する場合

個別財務諸表

分離元企業（借）事業諸負債×× (簿価)（貸）事業諸資産×× (簿価)
　　　　　　　　現　　金　×× (時価)　　移転損益　×× (差額)
分離先企業（借）事業諸資産×× (簿価)（貸）事業諸負債×× (簿価)
　　　　　　　　暖　簾　　×× (差額)　　現　　金　×× (時価)

連結財務諸表—持分法の適用

⑧ 分離先企業が子会社・関連会社に該当しない場合

個別財務諸表

分離元企業（借）事業諸負債×× (簿価)（貸）事業諸資産×× (簿価)
　　　　　　　　現　　金　×× (時価)　　移転損益　×× (差額)
分離先企業（借）事業諸資産×× (時価)（貸）事業諸負債×× (時価)
　　　　　　　　　　　　　　　　　　　　現　　金　×× (時価)

分離先企業が子会社・関連会社に該当しないため連結財務諸表作成は不要である．

設例：事業 a1 と事業 a2 を営む A 社は，事業分離により，業績が低迷している事業 a2 を B 社に移転した．A 社は，B 社の株式を保有していない．事業分離直前の A 社の貸借対照表は，次の通りである．

A社貸借対照表（単位：千円）

借方		貸方	
事業a1 諸資産	10,000	事業a1 諸負債	2,500
事業a2 諸資産	8,000	事業a2 諸負債	1,000
		資本金	8,000
		資本剰余金	4,000
		利益剰余金	2,500
	18,000		18,000

前提条件
(1) B社は，事業a2の受入れ対価として現金8,000千円をA社に支払った。
(2) 事業a2の分離直前の諸資産の時価は9,000，諸負債の時価は1,000である。
(3) A社は，事業a2への投資を清算するため事業a2の売却による移転損益を計上する。

分離元企業の仕訳（借）諸負債 1,000 （貸）諸資産　　　 8,000
　　　　　　　　　　　　現　金 8,000　　　 事業移転損益 1,000

　　諸負債・諸資産は事業分離前の帳簿価額により，対価は時価により算定する。

分離先企業の仕訳（借）諸資産 9,000 （貸）諸負債 1,000
　　　　　　　　　　　　　　　　　　　　現　金 8,000

　　諸資産・諸負債及び対価は，売却時価で計上する。

投資の継続

株式のみを対価とする事業分離は，現金等の財産のみを受取対価とする場合と異なり，当該株式を投資勘定に計上することにより，移転した事業と引き続き資本関係を有することになるため移転した事業への投資が継続しているとみなされる。したがって，対価として分離先企業の株式を受取った場合，分離元企業は，移転事業への投資を継続するものとして処理し，投資の清算に伴う移転損益を計上しない。

受取対価が株式のみである場合の分離元企業の会計処理

事業分離の対価として株式のみを受取った場合，分離元企業は，当該株式を投資勘定に計上することにより移転した事業に対して資本関係を有するため，移転事業への投資が継続されるとみなして処理する。

① 分離先企業が子会社に該当する場合

事業分離後に分離先企業が子会社に該当する場合，対価として受取った分離先企業の株式を子会社株式として投資勘定に計上する結果，移転した事業に対する投資が引き続き継続されると考えられるため，個別財務諸表上，投資の清算に伴う移転損益は認識しない。

個別財務諸表上の会計処理

対価として受取った株式の持分比率の変動により分離先企業が子会社となり移転した事業に対する投資が継続する場合，分離元企業は，子会社株式の取得原価を，移転した事業の資産・負債の移転直前の帳簿価額による純資産額から移転事業に係る評価・換算差額金等および新株予約権（当該2項目は株主資本ではなくその他純資産に属する）を控除した額，すなわち「移転事業に係る株主資本相当額」に基づいて算定する。

個別財務諸表上，分離先企業は，逆取得により被取得企業となるため，持分プーリング法を適用して，受入れた事業の諸資産・諸負債を分離元企業の帳簿価額のまま引継ぐ。

連結財務諸表上の会計処理

分離先企業が新たに子会社となる場合は，移転した事業に対する投資が継続すると考えられるため，移転損益は認識しない。

分離先企業が子会社に該当する場合，分離元企業は，連結財務諸表上，分離先企業の既存事業を取得するためパーチェス法を適用して処理する。分離元企業は，以下，3つの連結会計処理を行なう。

子会社（分離先企業）の既存事業に対する親会社（分離元企業）持分の増加額と，移転した事業に対する親会社持分の減少額との差額は，暖簾と持分変動差額とに区分する。暖簾はイとロとの差額，持分変動差額はハとニの差額としてそれぞれ認識する。

(1) 暖簾＝イ－ロ

イ．分離先企業に投資したとみなされる額＝分離先企業の既存事業の時価×分離元企業持分比率

ロ．分離先企業の事業分離直前の資本＝分離先企業の既存事業の純資産の時価×分離元　企業持分比率

(2) 持分変動差額＝ハ－ニ

ハ．分離元企業の事業が移転されたとみなされる額＝移転した事業の時価×移転した事業に係る少数株主持分比率（減少した分離元企業持分比率）

ニ．移転した事業に係る親会社持分の減少額＝移転した事業の株主資本相当額×移転した事業に係る少数株主持分比率（減少した親会社持分比率）

　暖簾は，連結財務諸表上，分離元企業が分離先企業を取得する際に，分離元企業の既存事業の諸資産・諸負債の時価による純資産額と，対価として分離先企業が時価で発行する株式との差額である。

　これに対して，持分変動差額は，事業分離前は分離元企業が事業を100％完全所有していたが，事業の分離先企業への部分的な売却による持分の変動の結果である。事業分離後は分離先企業は受入れた事業の少数株主として出資することになるので，移転事業に占める小数株主の持分だけ分離元企業の持分は減少する。したがって，分離先企業に移転した事業の売却価額と移転事業の帳簿価額による純資産額（株主資本相当額）との差額は，事業の移転損益である。

　　持分変動差額＝事業が時価で移転されたとたみなされる額（移転した事業の時価
　　　　　　　　×少数株主持分比率）－移転した事業の分離元企業持分の変動額
　　　　　　　　（移転事業の株主資本相当額×少数株主持分比率）

　要するに，持分変動差額は，分離元企業が分離先企業に事業を時価で売却したときの移転損益である。移転事業は時価発行による株式を対価として分離先企業に売却される結果，移転事業の売却時価と，移転直前の事業の諸資産・諸負債の帳簿価額による純資産額（株主資本相当額）との間に売却損益が生じる。当該売却損益が持分変動差額である。

　持分変動差額は，別の方法により算定することもできる。別法による持分変動差額＝分離前の分離元企業持分（＝移転前の事業の帳簿価額による純資産額×分離元企業持分比率100％＋分離先企業の既存事業の時価×分離元企業持分比率）－支配獲得後の分離元企業持分（＝分離元企業の事業の帳簿価額による純資産額×分離後の分離元企業持分比率＋分離先企業の既存事業の時価×分離後の当該既存事業に係る分離元企業持分比率）。

　設例1：吸収分割により分離先企業が子会社となる場合（対価は株式のみ。会社分割

前に分離元企業が分離先企業の株式を保有していない場合）。事業a1と事業a2を営むA社は，2××1年3月31日，吸収分割により事業a1をX社の完全子会社として事業bを営むB社に移転した。

前提条件
(1) A社は，B社の株式を保有していない。
(2) B社の発行済株式数は150株である。A社は，事業分離の対価としてB社の株式600株（時価80,000，株価@133.3）を取得し新たにB社を80％子会社とした。
(3) B社の新規発行株式600株÷（B社発行済株式150株＋新規発行株式600株）＝A社持分比率80％。この結果，A社はB社を80％子会社とする。
(4) 事業分離日におけるA社とB社の貸借対照表は，次の通りである。

A社貸借対照表（2××1年3月31日）

事業a1諸資産	58,000	株主資本	88,000
事業a2諸資産	40,000	評価・換算差額等	10,000
	98,000		98,000

注：評価・換算差額等は事業a1に係るその他純資産である。

B社貸借対照表（2××1年3月31日）

事業b諸資産	10,000	株主資本	10,000

(5) 事業分離日における各事業の諸資産の時価と各事業の時価は，次の通りである。

A社：事業a1の諸資産の時価64,000，事業a1の時価80,000
B社：事業bの諸資産の時価15,000，事業bの時価20,000

(6) 税効果会計は考慮しないものとする。

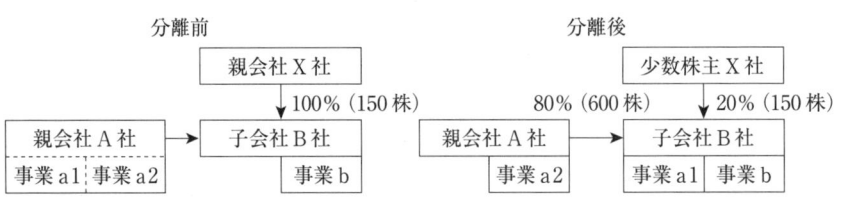

第17章　企業組織再編の会計　　507

計算
(1) 連結上時価ベースによるA社事業とB社事業に対する親会社持分の変動

	A社事業a1の親会社持分	B社事業bの親会社持分	持分合計
事業分離前	80,000×100％＝80,000	20,000×0％＝0	80,000
事業分離後	80,000×80％＝64,000	20,000×80％＝16,000	80,000
持分変動差額	減少額16,000	増加額16,000	―

(2) 連結簿価ベースによるA社事業とB社事業に対する親会社持分の変動

	A社事業a1の親会社持分	B社事業bの親会社持分	持分合計
事業分離前	48,000×100％＝48,000	15,000×0％＝0	48,000
事業分離後	48,000×80％＝38,400	15,000×80％＝12,000	50,400
持分変動差額	減少額9,600	増加額12,000	純増2,400

会計処理

個別財務諸表上の分離元企業A社の処理

　事業移転時（借）子会社B社株式　48,000　（貸）事業a1諸資産 58,000
　　　　　　　　　　評価・換算差額等 10,000

　　移転した事業への投資は継続されるため，移転損益は計上しない。分離先企業A社が吸収分割によりB社を子会社化するため対価として受取ったB社株式の取得原価は，事業分離前の株主資本相当額に基づいて算定する。

個別財務諸表上の分離先企業B社の仕訳

　事業受入時（借）事業a1諸資産 58,000　（貸）払込資本　　　　48,000
　　　　　　　　　　　　　　　　　　　　　　　評価・換算差額等 10,000

　　当該取引は逆取得の取引に該当し分離先企業B社は子会社化されるため，事業a1諸資産及び評価・換算差額等の取得原価は，持分プーリング法に準じてA社の帳簿価額をそのまま引き継ぐ。払込資本は移転事業a1の株主資本相当額に基づいて算定する。

連結財務諸表上のA社の連結仕訳

イ．B社事業bの取得にパーチェス法を適用

　事業b諸資産の時価評価（借）事業b諸資産 5,000　（貸）評価差額 5,000

　　受入れた事業bの諸資産5,000＝事業bの諸資産の時価15,000－帳簿価額10,000。

ロ．親会社 A 社の投資と子会社 B 社の資本との連結相殺消去（開始仕訳）
　（借）評価差額　5,000　（貸）子会社 B 社株式 16,000
　　　　株主資本 10,000　　　　少数株主持分　　3,000
　　　　暖　簾　　4,000
① A 社は B 社事業 b を取得するためパーチェス法により子会社株式の取得原価を算定する。子会社 B 社株式の取得原価 16,000＝B 社事業 b の取得時の時価 2,0000×A 社持分比率 80％。
②少数株主持分 3,000＝B 社事業 b の諸資産の時価 15,000×少数株主持分比率 20％。
③株主資本 10,000＝分離直前の B 社の帳簿価額による資本。
④暖簾 4,000＝B 社事業に投資した取得原価 16,000（＝事業 b の時価 20,000×A 社持分比率 80％）－B 社の分離直前の資本 12,000（＝事業 b の諸資産の時価 15,000×A 社持分比率 80％）。

ハ．支配獲得後の分離元企業 A 社の事業 a1 に係る資本連結
　（借）株式資本　　　　　48,000　（貸）子会社 B 社株式 32,000
　　　　評価・換算差額等　2,000　　　　少数株主持分　　11,600
　　　　　　　　　　　　　　　　　　　　持分変動差額　　 6,400（特別利益）
①株式資本 48,000 は，事業 a1 に係る株主資本相当額 48,000 に基づく。②少数株主持分へ振替える評価・換算差額等 2,000＝移転した事業 a1 に係る評価・換算差額等 10,000×少数株主持分比率 20％。③子会社 B 社株式 32,000＝事業分離による子会社 B 社株式の得原価 48,000－B 社事業 b の取得原価 16,000（＝B 社事業 b の時価 20,000×A 社持分比率 80％）。④事業 a1 の少数株主持分 11,600＝事業 a1 の取得原価 48,000×少数株主持分率 20％＋事業 a1 に係る評価・換算差額等 10,000×少数株主持分比率 20％。⑤持分変動額 6,400＝A 社の事業 a1 が移転されたとみなされる額 16,000（＝事業 a1 の時価 80,000×少数株主持分比率 20％）－事業 a1 に係る A 社持分の減少額 9,600（＝移転事業の株主資本相当額 48,000×少数株主持分比率 20％）。別法：持分変動差額 6,400＝支配獲得後の親会社持分比率 80％×（A 社事業 a1 の帳簿価額による純資産額 48,000＋B 社事業 b の時価 20,000）－移転した事業 a1 の帳簿価額による純資産額 48,000。
上記設例の吸収分割により，B 社に移転した A 社事業 a1 の帳簿価額による

純資産額に係る親会社A社持分減少額と，時価で取得した子会社B社に対する親会社A社持分減少額との差額が持分変動差額である。換言すれば，親会社A社は，A社事業a1の一部を子会社B社の少数株主X社に時価16,000（＝事業a1の時価80,000×少数株主持分20％）で売却し，当該売却価額16,000と事業a1に係る帳簿価額9,600（＝48,000×20％）との差額を移転売却益として計上する。それゆえ，持分変動差額は，移転した事業の売却損益に一致する。

暖簾4,000は，子会社事業bの時価で取得した価額16,000（＝20,000×80％）と子会社事業bの諸資産の時価12,000（＝15,000×80％）との差額である。したがって，前掲表（2）の親会社持分の純増加額2,400と暖簾4,000との合計が持分変動差額6,400である。

設例2：吸収分割により分離先企業が子会社となる場合（対価は株式のみ。分離元企業が分離先企業の株式をその他有価証券として保有している場合）。事業a1と事業a2を営むA社は，2××1年3月31日に吸収分割により事業a1をX社の子会社B社に移転した。

前提条件

(1) 事業bを営むB社は，2××0年3月31日に株式100株を発行しており，A社は10株（A社持分比率10％，株価@13）を時価130で取得後その他有価証券として保有し，X社は90株（X社持分比率90％，時価1,170）を保有している。B社株式発行時（2××0年3月31日）におけるB社事業bの諸資産の帳簿価額800，株主資本800（払込資本500，利益剰余金300），事業bの諸資産の時価は800であった。

(2) A社は，2××1年3月31日に事業分離の対価としてB社の株式350株（時価7,000）を追加取得し，B社を80％子会社とした。

(3) （A社新規取得B社株式350株＋A社取得済B社株式10株）÷（B社発行済株式総数100株＋B社新規発行株式350株）＝A社持分比率80％。この結果，B社は，A社の80％子会社となる。

(4) 事業分離日におけるA社とB社の貸借対照表は，次の通りである。

A社貸借対照表（2××1年3月31日）

事業a1諸資産	5,800	株主資本	11,930
事業a2諸資産	7,000	評価・換算差額等	1,000
B社株式	130		
	1,2930		12,930

＊評価・換算差額等は事業a1に係るその他純資産である。

B社貸借対照表（2××1年3月31日）

事業b諸資産	1,000	株主資本	1,000

(5) 事業分離日における各事業の諸資産の時価と各事業の時価は，次の通りである。

　　A社：事業a1の諸資産の時価 6,400，事業a1の時価 7,000
　　B社：事業bの諸資産の時価 1,500，事業bの時価 2,000

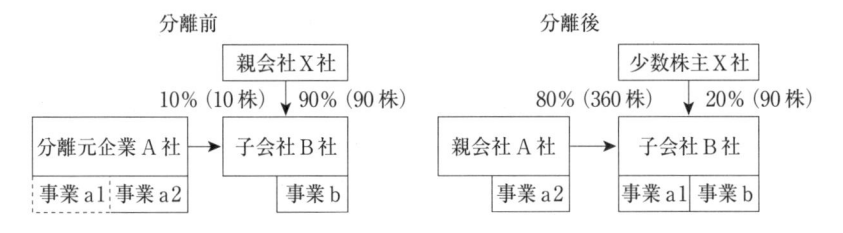

```
        分離前                              分離後
              親会社X社                          少数株主X社
        10%(10株) ↓ 90%(90株)          80%(360株) ↓ 20%(90株)
分離元企業A社 → 子会社B社          親会社A社 → 子会社B社
事業a1 事業a2    事業b             事業a2      事業a1 事業b
```

会計処理

個別財務諸表上の分離元企業A社の処理

　（借）子会社B社株式　4,930　（貸）事業a1諸資産　5,800
　　　　評価・換算差額等 1,000　　　その他有価証券　130

　当該事業分割は吸収分割による分離先企業の子会社化であり，移転した事業への投資が継続すると考えられるため移転損益は認識しない。A社が事業の移転対価として受取った子会社B社株式の取得原価は，移転した事業a1に係る株主資本相当額に基づいて算定する。子会社B社株式 4,930 ＝ 移転した事業a1に係る株主資本相当額 4,800 ＋ 保有B社株式 130。

個別財務諸表上の分離先企業B社の処理

　（借）事業a1諸資産 5,800　（貸）払込資本　　　4,800
　　　　　　　　　　　　　　　　評価・換算差額等 1,000

当該取引は逆取得に該当するため，分離先企業B社は，持分プーリング法により事業a1の諸資産と評価・換算差額等を帳簿価額のまま引継ぐ。払込資本は，移転事業に係る株主資本相当額4800に基づいて算定する。

連結財務諸表上の分離元企業A社の処理

イ．分離先企業B社の事業bの取得にパーチェス法を適用

（借）事業b諸資産 500（貸）評価差額 500

A社は，連結上，B社事業bのA社持分80％を取得するためパーチェス法を適用する。事業b諸資産の評価差額500＝事業b諸資産の時価1,500－事業b諸資産の帳簿価額1,000。

ロ．親会社A社の投資勘定と子会社B社の資本勘定との連結相殺消去（開始仕訳）

（借）評価差額　　500　（貸）子会社B社株式 1,530

　　　株主資本 1,000　　　少数株主持分　　300

　　　暖　簾　　330

①株主資本1,000＝分離直前のB社事業bに係る株主資本1000。②子会社B社に投資したとみなされるB社株式投資原価1,530＝当初取得分10株のその他有価証券取得原価130＋B社事業bに70％追加投資したとみなされるB社株式取得原価1,400（＝B社事業bの時価2,000×A社追加取得持分比率70％）。③少数株主持分300＝B社事業bの諸資産の時価1,500×少数株主持分比率20％。④暖簾330＝子会社B社の事業bに投資したとみなされる額1,530（B社事業bの時価2,000×A社追加取得持分70％＋当初取得分のその他有価証券取得原価130）と，これに対応する分離直前の分離先企業B社事業bの諸資産の時価1,200（＝B社事業bの諸資産の時価1,500×A社持分比率80％）との差額。

ハ．支配獲得後の分離元企業A社の事業a1に係る資本連結

（借）払込資本　　　4,800（貸）子会社B社株式 3,400

　　　　　　　　　　　　　　　少数株主持分　　960

　　　　　　　　　　　　　　　持分変動差額　　440

（借）評価・換算差額等 200（貸）少数株主持分 200

①払込資本4,800＝移転した事業a1に係る株主資本相当額4,800。②子会社B社株式投資3,400＝事業分離による取得原価4,930（＝分離前保有のB社株式取得原価130＋事業分離によるB社株式取得原価4,800）－B社事業bに新規投資したと

みなされる額 1,530（＝B 社事業 b の時価 2,000×A 社追加取得持分比率 70％＋事業分割前保有 B 社株式取得原価 130）。③移転した事業 a1 に係る少数株主持 1,160＝事業 a1 の取得原価 4,800×少数株主持分比率 20％＋評価・換算差額等の少数株主持分への振替 200（＝移転した事業 a1 に係る評価・換算差額等 1,000×少数株主持分比率 20％）。④持分変動差額 440＝A 社事業 a1 が移転されたとみなされる額 1,400（＝A 社事業 a1 の時価 7,000×少数株主持分比率 20％）と，移転した事業 a1 に係る A 社持分の減少額 960（＝A 社事業 a1 の株主資本相当額 4,800×少数株主持分比率 20％）との差額。⑤評価・換算差額等に係る少数株主持分への振替 200＝移転した事業 a1 に係る評価・換算差額等 100×少数株主持分比率 20％。

別法による持分変動差額 440＝分離前の分離元企業 A 社の持分 6,000（事業 a1 に係る帳簿価額による純資産額 5,800＋分離先企業 B 社事業 b の時価 2,000×分離前の分離元企業 A 社持分比率 10％）－分離後の分離元企業 A 社の持分 6,440（＝移転した事業 a1 に係る純資産額 5,800×分離後の分離元企業 A 社持分比率 80％＋分離先企業 B 社既存事業 b の時価 2,000×分離後の既存事業 b に係る分離元企業 A 社持分比率 90％）。

設例 3：共同新設分割により分離先企業を子会社として設立する場合（対価は株式のみ。事業分離前に分離元企業は分離先企業の株式を保有していない場合）。2××1 年 3 月 31 日に，共同新設分割により，事業 a1 及び事業 a2 を営む分離元企業 A 社は，事業 b1 及び事業 b2 を営む分離元企業 B 社と共に共同新設会社 X 社に A 社事業 a1 と B 社事業 b1 を移転した。

前提条件
(1) 分離元企業の A 社と B 社は，分離前に分離先企業の株式を保有していない。
(2) 2××1 年 3 月 31 日の A 社と B 社の貸借対照表は，次の通りである。

A 社貸借対照表（2××1 年 3 月 31 日）

事業 a1 諸資産	5,800	株主資本	11,800
事業 a2 諸資産	7,000	評価・換算差額等	1,000
合　計	12,800	合　計	12,800

注：評価・換算差額等は，事業 a1 に係るものである。

第17章　企業組織再編の会計　513

B社貸借対照表（2××1年3月31日）

事業b1諸資産	1,100	株主資本	2,000
事業b2諸資産	900	—	
合　計	2,000	合　計	2,000

(3) 2××1年3月31日の各事業の諸資産の時価と各事業の時価は，次の通りである。

A社：事業a1の諸資産の時価6,400，事業a1の時価8,000

B社：事業b1の諸資産の時価1,500，事業b1の時価2,000

(4) 共同新設分割の対価として，A社は，分離先企業X社の株式400株（時価8,000）を受取りX社の親会社となった。B社は，X社の株式100株（株価@20，時価2,000）を受取った。この結果，共同新設会社X社はA社の80％子会社となり，B社はX社の少数株主になる。A社持分比率80％＝A社所有X社株400株÷X社発行済株式500株

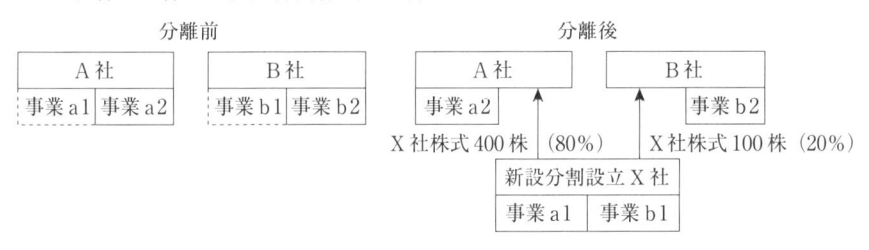

```
        分離前                          分離後
┌─────────┐ ┌─────────┐   ┌─────────┐ ┌─────────┐
│   A社   │ │   B社   │   │   A社   │ │   B社   │
│事業a1│事業a2│ │事業b1│事業b2│   │ 事業a2  │ │ 事業b2  │
└─────────┘ └─────────┘   └─────────┘ └─────────┘
                             ↑             ↑
                         X社株式400株(80％)  X社株式100株(20％)
                              新設分割設立X社
                              ┌─────────┐
                              │事業a1│事業b1│
                              └─────────┘
```

会計処理

個別財務諸表上の分離元企業A社の処理

（借）子会社X社株式　4,800　（貸）事業a1諸資産 5,800
　　　評価・換算差額等 1,000

新設分割による子会社の設立は，共通支配下の取引に係る会計処理に準じて処理する。A社は，個別財務諸表上，持分プーリング法により新設分割設立会社X社の株式（子会社X社の株式）の取得原価を移転事業に係る株主資本相当額に基づいて算定する。

個別財務諸表上の分離元企業B社の処理

（借）X社株式 2,000　（貸）事業b1諸資産 1,100
　　　　　　　　　　　　移転損益　　　　　 900

B社が対価として受取ったX社株式（その他有価証券）は，子会社株式以外の関係会社会社株式に該当する。B社は，B社事業b1に対する投資は清算されたとみなして，X社の株式の時価2,000（B社事業b1の時価）とB社の事業b1の諸資産の帳簿価額1,100との差額を移転損益として計上する。

個別財務諸表上の分離先企業X社の処理

イ．A社事業a1の受入れ

　　事業a1受入時（借）事業a1諸資産 5,800　（貸）払込資本　　　　　4,800
　　　　　　　　　　　　　　　　　　　　　　　評価・換算差額等 1,000

　分離先企業X社（新設分割共同設立会社）は，共通支配下の取引に係る処理に準じて持分プーリング法により，受入れたA社事業a1の諸資産及び評価・換算差額等の取得原価をA社の個別財務諸表の帳簿価額5,800及び1,000により計上する。

ロ．B社事業b1の受入れ

　　B社事業受入時（借）事業b1諸資産 1,500　（貸）払込資本 2,000
　　　　　　　　　　　暖　簾　　　　　　500

　X社は，B社事業b1の諸資産を取得するためパーチェス法を適用する。事業b1の諸資産は時価1,500により計上し，払込資本は事業b1の取得対価として交付したX社の株式の株価2,000（または事業b1の時価）に基づいて算定する。B社の事業b1諸資産の時価と当該事業b1の時価との差額を暖簾として計上する。

連結財務諸表上の分離元企業A社の処理

親会社A社の投資と子会社X社の資本との連結相殺消去

　　（借）払込資本 6,800　（貸）子会社X社株式 4,800
　　　　　　　　　　　　　　　少数株主持分　　 1,360
　　　　　　　　　　　　　　　持分変動差額　　　 640

　　（借）評価・換算差額等 200　（貸）少数株主持分 200

　①払込資本6,800＝子会社X社の資本6,800（＝4,800＋2,000）。②少数株主持分1,360＝X社資本6,800（＝4,800＋2,000）×少数株主持分比率20％。③持分変動差額は，親会社A社の事業a1が移転したとみなされる額1,600，換言すればA社事業a1がX社の少数株主B社に時価で売却されたとみなされる額1,600（A社の事業a1の時価8,000×少数株主持分比率20％）と，移転した事業a1に係るA社持分の減少額960，換言すればX社の少数株主B社に売却されたA社事業a1の帳簿価額960

（A社事業a1の帳簿価額4,800×少数株主持分比率20%）との差額である。なお，親会社A社は，新設分割設立会社X社を連結する際に，子会社となる分離先企業の個別財務諸表に計上した暖簾をそのまま連結財務諸表に計上する。

共同新設会社資本の親会社持分

	親会社A社持分80%	少数株主B社持分20%
事業の時価	事業a1の時価8,000×親会社80% 親会社持分6,400	事業a1の時価×少数株主20% 少数株主持分1,600
簿価	事業a1の簿価4,800×親会社80% 親会社持分3,840	事業a1の簿価×少数株主20% 少数株主持分960
	事業b1の時価1,500×親会社20%	事業b1の時価×少数持分20%

持分 →

別法：持分変動差額640＝親会社A社の移転事業a1に係る株主資本相当額4,800（＝分離前のA社事業a1の帳簿価額による純資産額4,800×分離前のA社持分比率100%）−支配獲得後の移転事業a1に係る親会社持分5,440（＝共同新設会社X社の払込資本6,800×80%）。なお，貸方の持分変動差額は，特別利益として表示する。

設例4−1：分社型会社分割により共通支配下の取引として子会社の事業を親会社に移転する場合の会計処理。

前提条件
(1) A社（公開企業）は，2××1年3月31日に800を出資し，X社（X社の持分比率20%）と共に子会社B社（A社の持分比率80%）を設立した。
(2) 子会社B社は2××2年3月末日の決算において当期純利益1,000を計上した。
(3) 事業b1と事業b2を営む子会社B社は，2××2年4月1日に吸収分割により事業b1を親会社A社に移転した。
(4) 2××2年4月1日における子会社B社事業b1に係る諸資産の時価及び事業b1の時価は，次の通りである。
    子会社B社：事業b1諸資産の時価1,200，事業b1の時価1,250
(5) 親会社A社は子会社事業b1の受入対価として子会社B社に対して新株50株を発行し交付した（吸収分割）。子会社B社へ交付するA社株式の株価

@25，交付株式の時価は 1,250 である。

(6) 親会社 A 社は新株発行に伴う増加資本の全額をその他資本剰余金とした。
(7) 親会社 A 社は連結財務諸表の作成に当たり，全面時価評価法を採用する。
(8) 分離日前日（2××2 年 3 月 31 日）の各社の貸借対照表は次の通りである。

A 社貸借対照表

諸資産	1,200	資本金	1,000
B 社株式	800	利益剰余金	1,000
	2,000		2,000

B 社貸借対照表

事業 b1 諸資産	1,100	資本金	1,000
事業 b2 諸資産	1,000	利益剰余金	1,000
		評価・換算差額等	100
	2,100		2,100

注：評価・換算差額等 100 は B 社事業 b1 諸資産に係るものである。

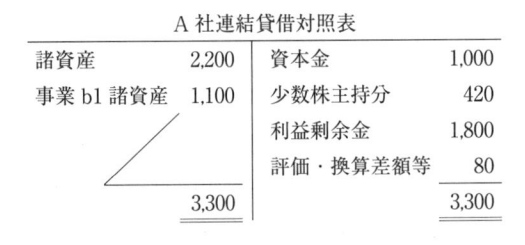

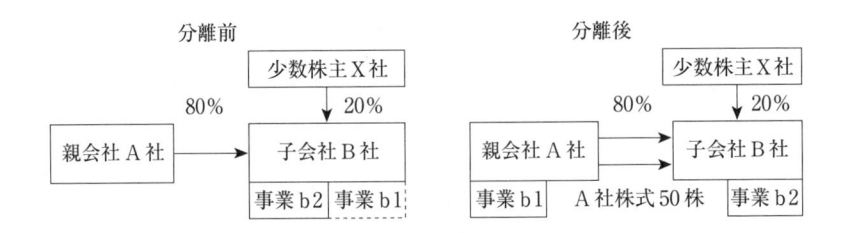

A 社連結貸借対照表

諸資産	2,200	資本金	1,000
事業 b1 諸資産	1,100	少数株主持分	420
		利益剰余金	1,800
		評価・換算差額等	80
	3,300		3,300

分離前　　　　　　　　　　　　　　分離後

少数株主 X 社　　　　　　　　　　　少数株主 X 社
　　↓20%　　　　　　　　　　　　　　↓20%
親会社 A 社 —80%→ 子会社 B 社　　　親会社 A 社 —80%→ 子会社 B 社
　　　　　　　　　事業 b2 | 事業 b1　　事業 b1　A 社株式 50 株 | 事業 b2

会計処理

個別財務諸表上の親会社 A 社の処理

　事業受入時（借）事業 b1 諸資産 1,100（貸）その他資本剰余金 1,000
　　　　　　　　　　　　　　　　　　　　　評価・換算評価等　　100

　①受入れ事業 b1 諸資産 1,100 は，分離日直前に付された帳簿価額により計上する。②移転事業 b1 に係る評価・換算差額等 100 は，帳簿価額を引き継ぐ。移転事業 b1 に係る株主資本相当額 1,000 は，払込資本（その他資本剰余金）として処理する。

個別財務諸表上の子会社 B 社の会計処理

　事業移転時（借）親会社 A 社株式 1,000（貸）事業 b1 諸資産　　1,100
　　　　　　　　　　　　　　　　　　　　　評価・換算差額等　　100

　子会社 B 社は事業 b1 の移転の対価として親会社 A 社の株式（その他有価証券）を取得するが，当該取引は共通支配下の取引に該当するため，子会社 B 社が受取った親会社 A 社の株式の取得原価は，移転した事業 b1 に係る株主資本相当額 1,000 に基づいて算定する。移転損益は計上しない。

連結財務諸表上の親会社 A 社の会計処理

　イ．親会社 A 社の投資と子会社 B 社の資本との連結相殺消去（開始仕訳）

　　（借）資本金（子会社）1,000（貸）少数株主持分 200
　　　　　　　　　　　　　　　　　　子会社株式　800

　　（借）利益剰余金 200（貸）少数株主持分 200

　①親会社の投資勘定と子会社の資本勘定との連結相殺消去を行なう。親会社 A 社の子会社 B 社株式への投資勘定 800 とこれに対応する子会社 B 社の資本勘定 1,000 のうち少数株主持分を除く親会社持分 800 とを連結企業内部取引として相殺消去する。②子会社の資本金 1,000 と子会社株式（親会社持分相当額）800 との差額 200 は少数株主持分として計上する。③利益剰余金 1,000 のうち少数株主持分相当額 200 を少数株主持分へ振替える。

　ロ．子会社 B 社事業 b1 の移転に係る内部取引の連結相殺消去

　　（借）資本剰余金　　800（貸）親会社 A 社株式 1,000
　　　　　少数株主持分 200

　①子会社 B 社が事業 b1 を移転させた対価として受取った親会社 A 社株式

1,000のうち，親会社持分相当額800（＝1,000×80％）とこれに対応する親会社の払込資本（その他資本剰余金）の増加額800とを内部取引として相殺消去する。②連結子会社B社が受取った親会社A社株式1,000のうち少数株主持分相当額200（＝1,000×20％）は，自己株式等会計基準第15項により少数株主持分から控除する。自己株式及び準備金の減少等に関する会計基準第15項「連結財務諸表における子会社及び関連会社が保有する親会社株式等の取扱い」「15．連結子会社が保有する親会社株式は，親会社が保有している自己株式と合わせて，純資産の部の株主資本に対する控除項目として表示する。株主資本から控除する金額は親会社株式の親会社持分相当額とし，少数株主持分から控除する金額は少数株主持分相当額とする。」

ハ．暖簾の計上と資本剰余金増額の処理

（借）暖　簾 50　（貸）資本剰余金 50

連結財務諸表上，子会社事業b1に係る親会社A社の持分は80％から100％に増加するため，事業b1の時価に対する追加取得持分250（＝1,250×20％）と事業b1の株主資本相当額200（＝1,000×20％）の差額を暖簾として計上し，資本剰余金を同額増加させる。

分離後の親会社A社貸借対照表（2××2年4月1日）

諸資産	1,200	資本金	1,000
B社事業b1諸資産	1,100	資本剰余金	1,000
B社株式	800	利益剰余金	1,000
		評価・換算差額等	100
	3,100		3,100

分離後の子会社B社貸借対照表

事業b2諸資産	1,000	資本金	1,000
親会社A社株式	1,000	利益剰余金	1,000
	2,000		2,000

第17章 企業組織再編の会計 519

親会社A社連結貸借対照表

諸資産	2,200	少数株主持分	200
B社事業b1諸資産	1,100	資本金	1,000
暖簾	50	資本剰余金	250
		利益剰余金	1,800
		評価・換算差額等	100
	3,350		3,350

（前掲の設例4-1は「企業結合会計基準及び事業分離会計基準に関する適用指針，設例：共通支配下の取引の会計処理，設例24」を一部変更して引用した。）

設例4-2：分割型会社分割により共通支配下の取引として子会社の事業を親会社に移転する場合の会計処理（＝分社型会社分割＋剰余金の配当）。

前提条件
(1) A社（公開企業）は，2××1年3月31日に800を出資し，子会社B社（A社持分比率80％）を設立した。
(2) 子会社B社は2××2年3月末日の決算において当期純利益1,000を計上した。
(3) 事業b1と事業b2を営む子会社B社は，2××2年4月1日に吸収分割により事業b1を親会社A社に移転した。
(4) 2××2年4月1日A社は，B社から事業b1を受入れた。事業b1の諸資産の簿価と時価，事業b1の時価は次の通りである。
事業b1諸資産の簿価1,100，事業b1に係る株主資本相当額1,000，評価・換算差額等100，事業b1諸資産の時価1,200，事業b1の時価1,250
(5) 親会社A社は子会社B社の事業b1の受入対価として子会社B社に新株50株を発行し，子会社B社は受取った親会社A社株式50株を取得と同時に剰余金の配当として親会社A社へ40株，少数株主へ10株を交付した（旧分割型会社分割）。子会社B社に交付した親会社A社の株式の株価は＠25，交付株式の時価は250である。
(6) 親会社A社は新株発行に伴う増加資本の全額をその他資本剰余金とした。
(7) 子会社B社は事業移転に伴う資産の減少に対応して利益剰余金を減少させた。
(8) 親会社A社は連結財務諸表の作成に当たり，全面時価評価法を採用する。

(9) 分離期日前日（2××2年3月31日）の各社の貸借対照表は次の通りである。

A社貸借対照表

諸資産	1,200	資本金	1,000
B社株式	800	利益剰余金	1,000
	2,000		2,000

B社貸借対照表

事業b1諸資産	1,100	資本金	1,000
事業b2諸資産	1,000	利益剰余金	1,000
		評価・換算差額等	100
	2,100		2,100

注：B社貸借対照表の評価・換算差額等100はB社事業b1諸資産に係るものである。

A社連結貸借対照表

諸資産	2,200	資本金	1,000
事業b1諸資産	1,100	少数株主持分	420
		利益剰余金	1,800
		評価・換算差額等	80
	3,300		3,300

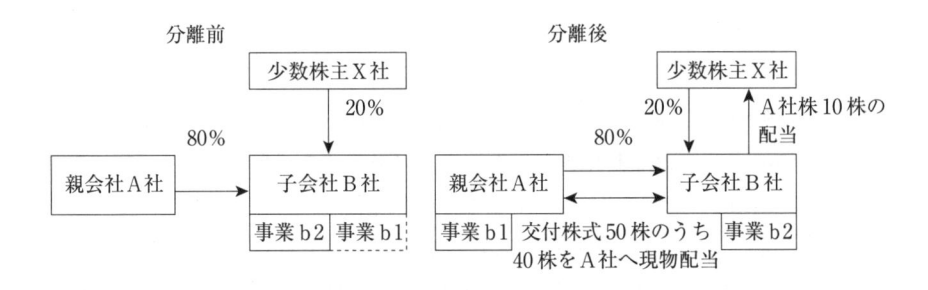

分離前

少数株主X社
20%
親会社A社 80%→ 子会社B社
　　　　　　　　　事業b2　事業b1

分離後

少数株主X社　A社株10株の配当
20%
親会社A社 ←80%→ 子会社B社
事業b1　交付株式50株のうち40株をA社へ現物配当　事業b2

会計処理

個別財務諸表上の親会社A社の処理

イ．親会社持分相当額の処理

事業受入時（借）事業b1諸資産 880 （貸）子会社B社株式　400
　　　　　　　　　　　　　　　　　　　評価・換算差額等　80
　　　　　　　　　　　　　　　　　　　抱合せ株式消滅差益 400

①親会社 A 社が子会社 B 社から受入れた子会社 B 社事業 b1 の諸資産と諸負債は，分離期日前日に付された帳簿価額1,000により計上する。また，受入れた子会社 B 社事業 b1 に係る諸資産と諸負債との差額の純資産1,100のうち株主資本額1,000については親会社持分相当額800（＝1,000×80％）と少数株主持分相当額200（＝1,000×20％）に按分する。親会社持分相当額800＝1,000×80％。少数株主持分相当額200＝1,000×20％。事業 b1 に係る純資産1,100のうち株主資本相当額1,000を除く評価・換算差額等100は，分離日直前に付された帳簿価額を引き継ぎ，親会社持分80と少数株主持分20とに按分する。②子会社 B 社において親会社 A 社への事業 b1 の移転により純資産が減少するため，親会社 A 社は，受入れた子会社 B 社の事業 b1 の諸資産及び諸負債と，保有している子会社 B 社株式の帳簿価額との部分的な引換えが行なわれたとみて，親会社 A 社が会社分割直前に保有している子会社 B 社株式（会社分割に係る抱合せ株式という）の帳簿価額のうち，引換えられたとみなされる額を減少させる。親会社が事業分離直前に保有していた子会社株式（会社分割に係る抱合せ株式）の帳簿価額のうち，受入れた諸資産及び諸負債と引換えられたとみなされる額との差額を「抱合せ株式消滅差額」として特別損益に計上する（会社計算規則第18条4項）。会社分割に係る抱合せ株式の帳簿価額のうち受入れた諸資産及び諸負債と引換えられたとみなされる額400＝親会社保有の A 社子会社株式の帳簿価額800×関連する簿価の比率50％〔（移転した事業 b1 に係る株主資本相当額の帳簿価額1,000／子会社分離直前の株主資本帳簿価額2,000（子会社資本金1,000＋利益剰余金1,000））〕。③子会社 B 社から受入れた諸資産と諸負債との差額（純資産）のうち評価・換算差額金100を除く株主資本1,000の親会社持分相当額800（＝株主資本額1,000×親会社持分比率80％）と，分割に係る抱合せ株式の帳簿価額のうち受入れた諸資産及び諸負債と引換えられたとみなされる額400との差額400は，「抱合せ株式消滅差益」として特別損益に計上する。なお，親会社 A 社は子会社 B 社に新株50株を発行し子会社 B 社に交付すると同時に，子会社 B 社から交付した当該株式50株のうち40株を現物配当として受取り自己株式として保有することになる。会計上，親会社による新株の発行と当該自己株式の取得は一体の取引とみて，親会社が受入れた自己株式の帳簿価額はゼロとする（「企業結合会計基準及び事業分離会

計基準に関する適用指針」218項（2））。

ロ．少数株主持分相当額の処理

　　事業受入時（借）事業b1諸資産220（貸）その他資本剰余金250
　　　　　　　　　　　のれん　　　　　50　　評価・換算差額等　20

　①親会社A社が受入れた子会社B社事業b1の諸資産と諸負債の差額（純資産）のうち株主資本1,000に係る少数株主持分相当額200（＝1,000×20％）と，株主資本以外のその他純資産（評価・換算差額金等）に係る少数株主持分20（＝100×20％）との合計額220を受入れ事業b1諸資産として計上する。②少数株主に係る増加した資本（その他資本剰余金）は，子会社B社事業b1の受入対価として子会社B社の少数株主に交付した親会社株式の時価250（交付株式10株×1株当たり時価25）により算定し，少数株主持分相当額200（＝1,000×20％）と交付した株式の時価250の差額50は，のれんとして処理する。

個別財務諸表上の子会社B社の処理

　　事業移転時（借）親会社A社株式　1,000（貸）事業b1諸資産1,100
　　　　　　　　　　評価・換算差額等　100
　　　　　　（借）利益剰余金1,000（貸）親会社A社株式1,000

　子会社B社は事業b1の移転対価として親会社A社の株式を取得するが，当該取引は共通支配下の取引に該当するため，対価として受取った親会社株式の取得原価は，移転事業に係る株主資本相当額1,000に基づいて算定し，事業b1の移転に伴う資産の減少に対応して受取った親会社A社株式の取得原価1,000により株主資本（利益剰余金）を減少させる。

連結財務諸表上の親会社A社の処理

　イ．親会社の投資勘定と子会社の資本勘定の相殺消去（開始仕訳）

　　（借）資本金（子会社）1,000（貸）少数株主持分　　200
　　　　　　　　　　　　　　　　　　子会社B社株式800

　（借）利益剰余金200（貸）少数株主持分200

　①最初の連結会計処理として，親会社の投資勘定と子会社の資本勘定の連結相殺消去を行なう。親会社A社の子会社B社株式投資勘定800とこれに対応する子会社B社の資本勘定1,000とを内部取引として相殺消去する。②子会社の資本金1,000と子会社株式投資800との差額200は少数株主持分として計上

する。③取得後の利益剰余金1,000のうち少数株主持分相当額200を少数株主持分へ振替える。

ロ．内部取引の相殺消去

（借）資本剰余金　800　（貸）親会社A社株式 1,000
　　　　　　　　　　　　　少数株主持分　　　 200

①子会社B社が事業b1の移転の対価として受取った親会社A社株式1,000のうち，親会社持分相当額800（＝1,000×80％）とこれに対応する親会社の払込資本（その他資本剰余金）の増加額800とは内部取引として相殺消去する。②連結子会社B社が取得した親会社A社株式1,000のうち少数株主持分相当額200（＝1,000×20％）は，自己株式等会計基準第15項により少数株主持分から控除する。自己株式及び準備金の減少等に関する会計基準第15項「連結財務諸表における子会社及び関連会社が保有する親会社株式等の取扱い」（15．連結子会社が保有する親会社株式は，親会社が保有している自己株式と合わせ，純資産の部の株主資本に対する控除項目として表示する。株主資本から控除する金額は親会社株式の親会社持分相当額とし，少数株主持分から控除する金額は少数株主持分相当額とする。）

ハ．暖簾の計上と資本剰余金増額の処理

（借）暖　簾 50　（貸）資本剰余金 50

連結財務諸表上，子会社事業b1に係る親会社A社の持分は80％から100％に増加するため，事業b1に対する追加取得持分（20％）に対する帳簿価額200（＝1,250×20％）との差額を暖簾として計上し，資本剰余金について同額を増加させる。

分割後の親会社A社貸借対照表（2××2年4月1日）

諸資産	1,200	資本金	1,000
B社事業b1諸資産	1,100	資本剰余金	1,000
B社株式	800	利益剰余金	1,000
		評価・換算差額等	100
	3,100		3,100

分割後の子会社B社貸借対照表

事業b2諸資産	1,000	資本金	1,000
親会社A社株式	1,000	利益剰余金	1,000
	2,000		2,000

親会社A社連結貸借対照表

諸資産	2,200	少数株主持分	200
B社事業b1諸資産	1,100	資本金	1,000
暖簾	50	資本剰余金	250
		利益剰余金	1,800
		評価・換算差額等	100
	3,350		3,350

（前掲設例は「企業結合会計基準及び事業分離会計基準に関する適用指針，設例：共通支配下の取引の会計処理，設例25」を一部修正して引用した。）

(3) 共同支配企業の形成

共同支配企業の形成とは，企業結合のうち複数の独立した企業が契約等により共同で支配する企業を形成する企業結合をいう。次の要件の全てを満たすものを共同支配企業の形成という。(1) 共同支配投資企業（投資企業）は，複数の独立した企業から構成されていること（独立企業要件という），(2) 共同支配投資企業（投資企業）が共同支配となる契約等を締結していること（契約要件という），(3) 企業結合に際して支払われた対価の全てが議決権のある株式であること（対価要件という），(4) (1) から (3) 以外に支配関係を示す事実が存在しないこと（その他の支配要件という）。

共同支配企業の形成は持分の結合に該当するため，共同支配企業の形成は，持分プーリング法に準じた処理を適用して，共同支配投資企業から移転する資産・負債を，移転直前の共同支配投資企業において付されていた適正な帳簿価額により計上する（企業結合会計基準第38項）。共同支配企業を形成するときに，共同支配企業に事業を移転した共同支配投資企業は，次のように処理する。(1) 個別財務諸表上，共同支配投資企業が受取った共同支配企業に対する株式投資の取得原価は，移転した事業に係る株主資本相当額に基づいて算定す

る。(2) 連結財務諸表上，共同支配投資企業は，共同支配企業に対する投資について持分法を適用する。

設例1：共同支配企業の形成─異なる親会社をもつ子会社同士の吸収合併
(1) 前 提 条 件

A社の100％子会社X社（諸資産の帳簿価額450，株主資本400，評価・換算差額等50），諸資産の時価500，会社の時価600）を吸収合併消滅会社とし，B社の100％子会社Y社（発行済株式数200株，諸資産の帳簿価額200，株主資本180，評価・換算差額等20，諸資産時価300，会社の時価400）を吸収合併存続会社とする吸収合併により，X社の株主はY社の新規発行の株式300株を受取った。A社とB社は，Y社を共同支配する契約を締結し，当該吸収合併は共同支配企業の形成と判定された。この結果，合併後のY社（発行済株式数500株）に対する持分比率は，A社が60％（300株），B社が40％（200株）となった。なお，A社の子会社X社とB社の子会社Y社の企業結合直前の個別貸借対照表は，それぞれ次の通りである。

X社個別貸借対照表

諸資産	450	資本金	300
		利益剰余金	100
		その他有価証券評価差額金	50
合　計	450	合　計	450

Y社個別貸借対照表

諸資産	200	資本金	150
		利益剰余金	30
		その他有価証券評価差額金	20
合　計	200	合　計	200

また，A社の保有するX社の株式の帳簿価額は300，B社の保有するY社の株式の帳簿価額は150であった。

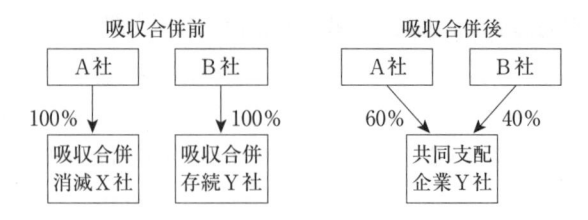

```
         吸収合併前              吸収合併後
    ┌─────┐ ┌─────┐      ┌─────┐ ┌─────┐
    │ A社 │ │ B社 │      │ A社 │ │ B社 │
    └─────┘ └─────┘      └─────┘ └─────┘
    100%↓    ↓100%      60%↘   ↙40%
   ┌─────┐ ┌─────┐       ┌─────┐
   │吸収合併│ │吸収合併│       │共同支配│
   │消滅X社│ │存続Y社│       │企業Y社│
   └─────┘ └─────┘       └─────┘
```

(2) 会　計　処　理

① 個別財務諸表上のY社（共同支配企業）の会計処理

　　（借）諸資産 450　（貸）払込資本　　　　　　　　400
　　　　　　　　　　　　　　その他有価証券評価差額金　50

存続会社Y社（共同支配企業）は，移転された消滅会社X社の諸資産・諸負債の帳簿価額450を引継ぐ。資本金と利益剰余金の資本構成を無視した払込資本400の処理は，原則処理であるが，任意処理として資本構成の内訳科目（資本金，資本準備金，その他資本剰余金，利益準備金，その他利益剰余金）をそのまま引継ぐこともできる。X社の評価・換算差額金は，移転直前の帳簿価額50をそのまま引継ぐ。

② A社（共同支配投資企業）の会計処理

ア．個別財務諸表上のA社の会計処理

　　（借）共同支配企業株式 300　（貸）子会社株式 300

移転した子会社X社株式の帳簿価額300に基づいてY社に対する株式投資の取得原価を算定する。

イ．連結財務諸表上のA社の会計処理

　　（借）共同支配企業株式 100　（貸）利益剰余金 100

持分法に準じた処理を行なう。被結合企業の株主の連結財務諸表上，これまで連結していた被結合企業Xについて，Y社に対する投資の取得原価を共同支配企業の形成時点における持分法による投資評価額へ修正する（子会社株式Xに関する開始仕訳とその振戻しを行なうと共に，100％子会社としてX社に対して連結上計上していた取得後の剰余金100を持分法による取得後剰余金100として認識する）。なお，持分法に準じた処理を行なうため，結合後Y社に係る吸収合併消滅会社の株主A社の持分の増加額180（企業結合直前の吸収合併存続会社Y社の資本（諸資産の時価）300のうちA社の持分比率60％に対応する金額）と，吸

収合併消滅会社 X 社に係る被結合企業の株主 A 社の持分の減少額 160（X 社の株主資本 400 のうち A 社の持分比率の減少 40％に対応する金額）との間に生じる差額 20 は処理しない。

X 社及び Y 社に係る企業結合前の A 社抜粋連結財務諸表

諸資産（X 社）400	利益剰余金（X 社）100

X 社及び Y 社に係る企業結合前の A 社抜粋連結財務諸表

共同支配企業株式 400	利益剰余金（Y 社）100

結合前は X 社の利益剰余金 100 であるが，結合後は吸収合併存続会社 Y 社の利益剰余金として記載する。

③　B 社（共同支配投資企業）の会計処理

ア．個別財務諸表上の B 社の会計処理

（借）共同支配企業株式 150　（貸）子会社株式 150

移転した子会社株式 Y の帳簿価額に基づいて，Y 社に対する投資の取得原価を算定する。

イ．B 社の連結財務諸表上の会計処理

（借）共同支配企業株式 30　（貸）利益剰余金 30

持分法に準じた処理を行なう。結合企業の株主の連結財務諸表上，これまで連結していた結合企業 Y について，Y 社に対する株式投資の取得原価を共同支配企業の形成時点における持分法による投資評価額に修正する（子会社株式 Y に関する開始仕訳とその振戻しを行なうと共に，100％子会社として Y 社に対して連結上計上していた取得後剰余金 30 を持分法による取得後剰余金 30 として認識する）。なお，持分法に準じた処理を行なうため，吸収合併消滅会社 X 社に係る結合企業の株主 B 社の持分の増加額 200（企業結合直前の吸収合併消滅会社 X 社の資本（諸資産の時価）500 のうち B 社の持分比率の増加 40％に対応する金額）と，吸収合併存続会社 Y 社に係る吸収合併存続会社の株主 B 社の持分の減少額 108（Y 社の株主資本 180 のうち B 社の持分比率の減少 60％に対応する金額）との間に生じる差額は処理しない。

X社及びY社に係る企業結合前のB社の抜粋連結財務諸表

諸資産（Y社）180	利益剰余金（Y社）30

X社及びY社に係る企業結合前のB社の抜粋連結財務諸表

共同支配企業株式180	利益剰余金（Y社）30

（前掲設例は「企業結合会計基準及び事業分離会計基準に関する適用指針，Ⅴ．共同支配企業の形成の会計処理，3．共同支配企業の形成と判定された吸収合併の会計処理，設例18」を一部修正して引用した。）

設例2：共同支配企業の形成─会社分割（共同新設分割）の会計処理
(1) 前 提 条 件
① 20×1年4月1日にA社とB社は共同新設分割によりY社を設立した。A社とB社はY社を共同支配する契約を締結し，A社事業aとB社事業bをY社に移転した。当該共同新設分割は共同支配企業の形成と判定された。
② 移転直前のA社とB社の貸借対照表は，次の通りである。

A社貸借対照表

事業a	500	株主資本	900
事業p	500	評価・換算差額等	100
	1,000		1,000

注：評価・換算差額等100はA社事業aに係るものである。移転するA社事業a諸資産にはその他有価証券が含まれている。

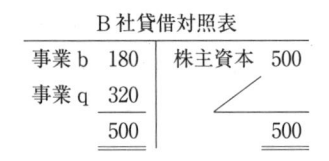

B社貸借対照表

事業b	180	株主資本	500
事業q	320		
	500		500

③ 移転直前の各事業に係る諸資産の時価と各事業の時価は，次の通りである。

A社：事業a諸資産の時価600，事業aの時価650
B社：事業b諸資産の時価400，事業bの時価450

④ A社とB社は，共同新設分割の対価として共同新設会社のY社からY社株式を300株（持分比率60%），200株（40%）をそれぞれ取得した。

⑤ 20×2年3月期のY社の当期純利益は100であった。

⑥ A社，B社及びY社の決算日は3月31日である。

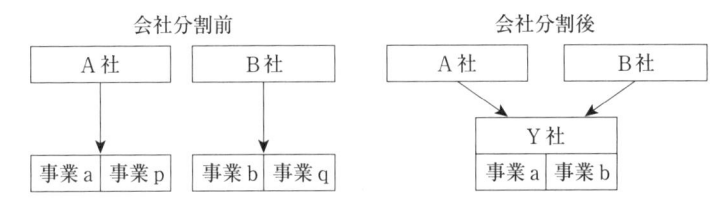

```
         会社分割前                    会社分割後
    ┌──────┐  ┌──────┐        ┌──────┐  ┌──────┐
    │ A社  │  │ B社  │        │ A社  │  │ B社  │
    └──┬───┘  └──┬───┘        └──┬───┘  └──┬───┘
       ↓         ↓                 ↓         ↓
    ┌──┬──┐  ┌──┬──┐              ┌──────┐
    │事業a│事業p│  │事業b│事業q│              │ Y社  │
    └──┴──┘  └──┴──┘              ├──┬──┤
                                   │事業a│事業b│
                                   └──┴──┘
```

(3) 会計処理

イ．個別財務諸表上のY社（共同支配企業）の会計処理

各事業の受入時：（借）事業a諸資産 500 （貸）払込資本　　　　　　　　　400
　　　　　　　　　　　　　　　　　　　　　　その他有価証券評価差額金 100
　　　　　　　　　事業b諸資産 180　　　　　払込資本　　　　　　　　　180

　①共同支配企業の形成により，持分プーリング法に準じて処理する。分割期日において，Y社は，各共同支配投資企業のA社とB社から移転された諸資産・諸負債の帳簿価額500及び180を引継ぐ。②事業aと事業bの移転に伴う増加資本は，各移転事業に係る株主資本相当額400及び180を払込資本として処理する。③移転事業に係る評価・換算差額等は，吸収分割会社A社の移転直前の帳簿価額100を引継ぐ。

ロ．A社（共同支配投資企業）の会計処理

a．個別財務諸表上のA社の会計処理

事業移転時（借）共同支配企業C社株式（関係会社株式）400 （貸）事業a諸資産 500
　　　　　　　　その他有価証券評価差額金　　　　　　100

　　移転した事業aに係る株主資本相当額400に基づいて，Y社に対する株式投資の取得原価を算定する。

b. 連結財務諸表上のA社の会計処理

連結修正時　(借) 共同支配企業C社株式 (投資有価証券) 400　(貸) 共同支配企業株式 (関係会社株式) 400

持分法に準じた処理を適用するので，C社株式取得原価400とA社株主持分相当額480 [＝(A社事業a諸資産帳簿価額400＋B社事業b諸資産の時価400)×60％] との貸方差額は処理しない。したがって，連結上，関係会社株式勘定から投資有価証券勘定へ表示科目の振替を行なうのみである。

c. 決算時：個別財務諸表上のA社の仕訳はない。

連結修正時　(借) 共同支配企業Y社株式 (投資有価証券) 60　(貸) 持分法投資損益 60

連結上，Y社の×2年3月期の当期純利益100のうち，A社持分比率 (60％) の持分相当額60を持分法投資損益として計上する。

ハ．B社 (共同支配投資企業) の会計処理

a. 個別財務諸表上のB社の会計処理

事業移転時　(借) 共同支配企業株式 (関係会社株式) 180　(貸) 事業b諸資産 180

移転した事業bに係る株主資本相当額180に基づいて，Y社に対する株式投資の取得原価を算定する。

連結修正時　(借) 共同支配企業株式 (投資有価証券) 180　(貸) 共同支配企業株式 (関係会社株式) 180

持分法に準じた処理を行なうため，貸方差額132 [＝取得原価180－B社持分相当額312 (＝600＋180)×B社持分比率40％)] は処理しない。それゆえ，連結会計処理上，表示科目の関係会社株式勘定の投資有価証券勘定への振替のみとなる。

決算時：個別財務諸表上のB社の仕訳はない。

連結決算修正時　(借) 共同支配企業株式 (投資有価証券) 40　(貸) 持分法投資損益 40

連結上，新設された共同支配会社Y社の×2年3月期の当期純利益100のうち，B社持分比率 (40％) のB社持分相当額40を持分法投資損益として計上する。

第4編　外資換算及び
　　　　金融デリバティブの会計

第18章
外貨建取引

18-1 外貨換算の目的と役割

外貨換算（Foreign Currency Transactions）の目的は2つある。外貨換算の目的の1つは，後述する機能通貨により測定された子会社・支店等の在外事業体の経営成績と財政状態を親会社・本社の連結財務諸表・合併財務諸表に適正に反映させるためである。もう1つの外貨換算の目的は，直物為替レート（外国為替の売買契約成立直後に適用される為替相場をいう）の変動が企業のキャッシュ・フローや株主持分に及ぼす影響について会計情報を提供するためである。

外貨換算は，この2つの目的のために次の領域で適用される。(1) 親会社・本社が報告通貨で作成する連結財務諸表・合併財務諸表に組入れるため，子会社・支店が現地通貨で測定・表示した財務諸表項目を親会社・本社が使用する報告通貨に換算する。(2) 海外との商品の輸出入，外国有価証券投資，外貨建社債発行等の外貨建取引から生じる外貨建金銭債権・債務を報告通貨に換算する。

18-2 外貨表示財務諸表の換算

日本の企業が米国に子会社・支店・事業部門等の在外事業体をもっており，この在外事業体が現地通貨の米ドルにより財務諸表を作成している場合は，これを日本の親会社・本社の円建連結財務諸表・本支店合併財務諸表に組入れるため外貨換算が必要になる。通常の場合，在外事業体の経営成績・財政状態を測定する通貨は，現地通貨である。しかし，在外事業体が現地の経営成績・財

政状態を測定する通貨は，つねに現地通貨とは限らず，親会社・本社の使用する報告通貨またはその他通貨になる場合がある。

(1) 機能通貨

子会社・支店等の在外事業体の経営成績・財政状態は，国際財務報告基準にしたがって，機能通貨で測定しなければならない。機能通貨（Functional currency）とは，企業が営業活動を行なう主たる経済環境において使用される通貨をいう。ここでいう主たる経済環境は，在外事業体が主たるキャッシュ・フロー（現金の収入・支出）を行なっている環境をいう。したがって，機能通貨は，企業の営業活動を忠実に写し取り，企業の経営成績と財政状態を正確に測定する尺度となる通貨のことである（国際会計基準21号）。

日本に国籍をもつ親会社・本社の場合は，当該企業が日本国内のキャッシュ・フローに使用している円貨が機能通貨である。日本の企業の子会社・支店が米国にある場合，当該子会社・支店が現地のキャッシュ・フローに使用している現地通貨（Local currency）の米ドルが，通常の場合，機能通貨である。機能通貨が現地通貨の米ドルと判定される場合は，子会社の経営成績・財政状態の測定は現地通貨で終了しているため，現地通貨表示財務諸表を親会社の報告通貨に換算する。しかし，在外事業体の経営成績と財政状態を測定するための機能通貨が，つねに現地通貨であるとは限らない。たとえば，日本の親会社が米国に子会社を持っている場合，子会社の経営成績・財政状態の測定は，現地通貨をベースにした勘定記録により米ドル表示財務諸表の作成を終了している。

ところが，親会社が機能通貨の適格要件と総合的判断により現地通貨の米ドルが機能通貨として不適格である判定した場合は，報告通貨（Reporting currency）の円貨あるいはその他通貨が機能通貨として選定されることがある。たとえば，親会社の使用している報告通貨の円貨が子会社の機能通貨として選定された場合，米ドル表示財務諸表を作成したときの基礎資料である元帳の勘定記録にさかのぼって機能通貨の報告通貨である円貨で測定をやり直す。これを再測定（Remeasurement）という。再測定から生じた換算差額は，損益計算書の純利益の計算に含める。報告通貨の円貨で再測定された子会社の円建

財務諸表は，子会社の経営成績と財政状態の実態を適正に模写していると認められるため，親会社の財務諸表に連結する。

機能通貨により測定表示した子会社の財務諸表を親会社の報告通貨に換算する方法を機能通貨法（Functional currency method）といい，決算日レート（決算日の直物為替レート）により外貨換算を行なうため決算日レート法（Current rate method）ともいう。

(1) 現地通貨が機能通貨として決定されるケース（再測定不要）

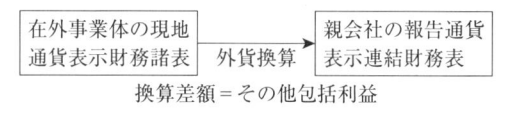

```
┌──────────────┐          ┌──────────────┐
│在外事業体の現地│  外貨換算 │親会社の報告通貨│
│通貨表示財務諸表│ ────→  │表示連結財務諸表│
└──────────────┘          └──────────────┘
```
換算差額＝その他包括利益

(2) 現地通貨以外の報告通貨等が機能通貨として決定されるケース（再測定必要）

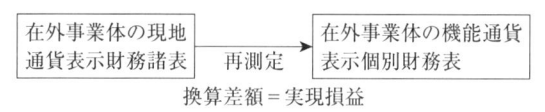

```
┌──────────────┐          ┌──────────────┐
│在外事業体の現地│  再測定  │在外事業体の機能通貨│
│通貨表示財務諸表│ ────→  │表示個別財務諸表│
└──────────────┘          └──────────────┘
```
換算差額＝実現損益

現地通貨，報告通貨，その他通貨のうちいずれを在外事業体の機能通貨として選定するかは，基本的要件に基づいて分析し総合的に判定する。

機能通貨を決定するための基本的要件（FASB 基準書 52 号）

① キャッシュ・フロー：在外事業体の資産・負債に関するキャッシュ・フローは，主に外貨によるか？在外事業体のキャッシュ・フローは，親会社のキャッシュ・フローに影響を及ぼしているか？

② 販売価格の決定：在外事業体の製品販売価格は，為替レート変動より現地の市場条件により影響を受けているか？

③ 販売市場：在外事業体の製品を販売するための現地販売市場は活発か？

④ 費用の発生：在外事業体の労務費，原材料費及びその他の原価は，現地で発生したものか，あるいは親会社から輸入したものか？

⑤ 資金調達：在外事業体の資金調達は，主に親会社の報告通貨により行なっているか？

上記の基本的要件に対する回答の大部分がイエスの場合は，在外事業体の営業・財務活動は親会社・本社に依存しており，現地で独立した活動を行なって

いないと認められるので,報告通貨を在外事業体の機能通貨と決定する。これに対して,基本的要件に対する回答の大部分がノーの場合は,在外事業体の営業・財務活動は親会社・本社に依存せず現地で独立した活動を行なっていると認められるため,在外事業体の使用している現地通貨を機能通貨として決定する。現地通貨と報告通貨またはその他通貨のうち,どの通貨を機能通貨とするかは企業の自由裁量に任されているが,いったん選定した機能通貨は,機能通貨に影響を与える在外事業体の営業活動に重大な変化がない場合に限り,継続的に適用し濫りに変更することは認められていない。

　現地通貨,報告通貨,その他通貨のうち,いずれを在外事業体の機能通貨として選定するかにより,機能通貨表示財務諸表の外貨換算の方法が変わってくる。在外事業体の現地通貨を機能通貨として決定した場合は,機能通貨を決定する以前に,在外事業体の財務諸表作成は機能通貨となる現地通貨で終了しており再測定は不要になるため,現地通貨表示財務諸表は,直接,決算日の直物為替レートで親会社の報告通貨表示連結財務諸表に換算する。

　在外事業体の機能通貨が下記のケースとして選定される場合,選定された機能通貨の違いにしたがって外貨換算の方法も異なる。

機能通貨の相違による外貨換算の方法
　① 在外事業体の現地通貨が機能通貨の場合—再測定は不要。決算日レート（決算日直物為替レート）法により現地通貨表示財務諸表を報告通貨表示連結財務諸表に換算する
　② 在外事業体の親会社の報告通貨が機能通貨である場合—報告通貨により在外事業体の財務諸表を再測定したうえする
　③ 在外事業体の機能通貨が現地通貨と報告通貨以外のその他通貨の場合—その他通貨で再測定し,決算日レート法によりその他通貨表示財務諸表を報告通貨に換算する

　上記の外貨換算方法のうち,②と③のケースは再測定が必要であるが,過去3年間のインフレ率の合計が100％以上の超インフレーションの場合は,①のケースのように現地通貨が機能通貨である場合でも現地通貨表示財務諸表について再測定が必要になる。

(2) 決算日レート法

在外事業体の現地通貨が機能通貨として決定された場合は，現地通貨表示財務諸表は，決算日レート法（決算日直物為替レート法 Current rate method）により報告通貨に換算する。機能通貨は，在外事業体の経営成績と財政状態の事実関係を正確に測定する尺度となる測定通貨である。したがって，現地通貨を機能通貨として決定した場合は，在外事業体の経営成績・財政状態の測定は現地通貨表示財務諸表として終了しているので，再測定は不要である。現地通貨表示財務諸表は，直接，決算日レート法で報告通貨に換算する。

決算日レート法による換算の方法

① 貸借対照表の項目

機能通貨として決定された現地通貨により作成された財務諸表は，現地の在外事業体の営業取引の会計情報を適正表示しているため再測定は不要であり，親会社の報告通貨に直接換算する。資産・負債・純資産の期末残高は，原則上，決算日レートで報告通貨に換算する。ただし，純資産のうち株主資本の構成要素である払込資本及び利益剰余金については，取引日レート（歴史的レート Historical rate）で換算する。決算日レートによる外貨換算項目は，純資産のうち株主資本を除く全ての資産・負債・純資産である。現金，売掛金，棚卸資産，固定資産，前払費用，買掛金，未収費用，前受収益，売上，売上原価，給与，減価償却費。

在外事業体の経営成績・財政状態・純利益の測定は，機能通貨である現地通貨で表示された財務諸表で終了している。このため，決算日レートで換算した純資産の部の合計額と取引日レートで換算した株主資本の額との為替換算差額は，再測定から生じた実現損益としての当期純利益ではなく，純資産のうち株主資本以外の「その他純資産」に属する累積為替換算調整（Cumulative foreign exchange translation adjustments）として認識し，包括損益計算書にその他包括利益（Other commprehensive income）として計上すると同時に，貸借対照表の純資産の部のその他包括利益累計額（Accumulated other commprehensive income）に計上する。為替換算調整勘定は，在外事業体に対する株式投資勘定が為替リスクにさらされている決算日の財政状態を公開する未実現評価損益であるため，当期包括損益計算書に計上すると同時に貸借対照表に計上し繰延べる。

② 損益計算書は，一会計期間の全取引から発生した費用・収益を集計した計算書であり，原則上は費用・収益の発生日の直物為替レートとして取引日レート（取引日直物為替レート）で個別の費用・収益について外貨換算する。ただし，個別取引について取引日レートによる外貨換算が実務上困難である場合は，簡便法として加重平均為替レート（Weighted-average rate）による費用・収益の外貨換算が認められている。

設例：決算日レート法の適用ケース：米国にある会社は，イタリーに100％所有の完全子会社をもっており，2009年に営業を開始した。子会社の営業活動は，オフィスビルの一定区域のリースである。オフィスビルは，主に現地イタリーの銀行の融資を受け100万ユーロで取得したものである。全ての収益の収入と現金の支出はユーロで受取り支払っている。また，子会社は，ユーロで会計記録を行なっている。その結果，米国にある親会社の経営者は，現地通貨のユーロが子会社の機能通貨であると決定した。2010年12月31日（決算日）の子会社のユーロ表示財務諸表は，下記の通りである。

貸借対照表（単位：千ユーロ）　　　損益計算書（単位：千ユーロ）
2010年12月31日　　　　　　　　　2010年12月31日

資　産		負債・株主持分			
現　金	100	支払手形	60	収　益	400
受取手形	40	前受賃貸料	20	費　用（償却費20含む）	340
土　地	200	担保付借入金	800	純利益	60
建　物	1,000	普通株式	80	留保利益（2010年1月1日）	—
累積減価償却費	(20)	払込資本	320	配　当	(20)
		留保利益	40	留保利益（2010年12月末）	40
合　計	1,320	合　計	1,320		

2010年直物為替レート変動

1ユーロ＝1.50米ドル（2010年期首：普通株式を発行し担保付借入金による土地・ビルの取得時点）

1ユーロ＝1.55米ドル（2010年の加重平均為替レート）

1ユーロ＝1.58米ドル（配当の宣言・支払時点と前受賃貸料の受取時点）

1ユーロ＝1.62米ドル（2010年期末の為替レート）

現地通貨ユーロが機能通貨である。イタリーの在外子会社のユーロ建財務諸表は，決算日レート法により米ドルに換算する。換算は，下記のように行なう。

換算後貸借対照表（単位：千ユーロ）
2010年12月31日

資　産	ユーロ	為替レート	米ドル
現　金	100	1.62	162.00
売掛金	40	1.62	64.80
土　地	200	1.62	324.00
建　物	980	1.62	1,587.60
合　計	1,320		2,138.40

負債・純資産	ユーロ	為替レート	米ドル
買掛金	60	1.62	97.20
前受賃貸料	20	1.62	32.40
担保付借入金	800	1.62	1,296.00
普通株式	80	1.50	120.00
払込資本	320	1.50	480.00
留保利益	40	損益計算書を参照	61.40
換算調整	―	下記の計算を参照	51.40
	1,320		2,138.40

換算後損益計算書（単位：千ユーロ）
2010年12月31日

	ユーロ	為替レート	米ドル
収　益	400	1.55	620.00
費　用	340	1.55	527.00
純利益	60	1.55	93.00
留保利益（1月1日）	―	―	―
配　当	(20)	1.58	(31.60)
留保利益（12月31日）	40		61.40

前掲設例における決算日レート法のポイントは，次の通りである。

1. 全ての資産と負債は，決算日レート（決算日の直物為替レート1ユーロ＝1.62ドル）により換算する。全ての収益と費用は，原則上，期中で取引が発生する都度，実際上の取引日レートで換算する。なお，簡便法として，

加重平均為替レート法（1ユーロ＝1.55ドル）を用いて費用・収益を換算することもできる。
2. 株主持分勘定は，取引日レートで換算する。普通株式は，2010年期首に発行された。普通株式発行時の為替レートは，1ユーロ＝1.50ドルである。留保利益のドル換算額は，加重平均レートを適用した結果である。配当宣言時の実際の取引日レートは，1ユーロ＝1.58ドルであった。
3. 換算調整差額（Translation adjustments）は，資産，負債，純資産（株主資本及びその他純資産）が決算日レートで換算されるのに対して，株主資本の構成項目（普通株式の払込資本，利益処分による利益剰余金）は取引日レート（または加重平均レート）により換算された結果，株主資本に対して決算日レートと取引日レートの異なる為替レートの適用により生じる換算差額である。換算調整差額は，キャッシュ・フローに影響を及ぼさない。また，換算調整差額は，子会社の現地活動から生じる換算差額ではなく，子会社に対する純投資によるものである。このため，累積為替換算調整差額（Cumulative translation adjustments）は，親会社の連結包括損益計算書にその他包括利益として計上し，連結貸借対照表の株主持分の部にその他包括利益累積額（Accumulated other comprehensive income）として計上する。
4. 換算調整差額は，期末の決算日レート1.62ドルと純資産の変動を換算するため使用された適用可能な為替換算レートとの差額について下記のように計算される。

期首純資産（土地・建物1,200,000ドル－担保付借入金800,000ドル）

$400 \times (1.62 ドル - 1.50 ドル) = 48.00 ドル（貸方）$

純利益 $60 \times (1.62 ドル - 1.55 ドル) = 4.20 ドル（貸方）$

配当 $20 \times (1.62 ドル - 1.58 ドル) = \underline{0.80 ドル（借方）}$

換算調整＝51.40ドル（貸方）

5. 株主持分の部にその他包括利益累計額として表示される換算調整額は，換算差異の累積額である。したがって，期中のその他包括利益累計額の変動は，当期のその他包括利益として開示する。設例では，その他包括利益累計額は，ゼロから2010年末に51.40ドルに増加した。

(3) 再測定による外貨換算方法

　在外事業体の機能通貨が現地通貨ではなく，親会社の報告通貨またはその他通貨として選定された場合は，在外事業体の現地取引について機能通貨により再測定を行なう。たとえば，イタリーにある子会社のキャッシュ・フローが米ドルで行なわれており，米国の親会社に対する子会社の依存度が高い場合は，報告通貨の米ドルが子会社の機能通貨として決定される。この場合，イタリーにある子会社の現地通貨ユーロは，経営成績・財政状態を測定する尺度として不適当と判定された結果，機能通貨として決定された米ドルにより当初勘定記録は取引日レートで再測定される。このほか，超インフレーション下にある子会社の営業取引が機能通貨の現地通貨で測定されている場合でも，再測定が必要になる。過去3年間のインフレ率が100％を超える超インフレーションの場合は，現地通貨が機能通貨として決定された場合でも，現地通貨により測定した会計情報は信頼できないからである。

　現地通貨に代わり報告通貨が機能通貨に決定される場合は，在外事業体の貸借対照表項目は，貨幣・非貨幣法（Monetary/nonmonetary method）により分類される。在外事業体の取引発生と同時に現地通貨に代わる報告通貨により取得原価で取引を再測定する方法であるため，テンポラル法（同時法＝Temporal method）ともいう。現金，売掛金，貸付金，買掛金，未払費用，支払手形，社債，売上収益，給与等は，取引日価格を維持し物価や為替レートの影響を受けない貨幣性項目として決算日の直物為替レートで再測定する。

　他方，棚卸資産，前払費用，固定資産，前受収益，株主資本，利益剰余金，売上原価，減価償却費等の非貨幣性項目と関連損益は，物価や為替レートの変動による影響を受けるため，当初認識の取引日レートにより換算する。再測定による換算損益の処理方法は，要約すれば下記の通りである。

再測定による換算方法
① 貸借対照表項目を貨幣性項目（Monetary items）と非貨幣性項目（Nonmonetary items）に区分する
② 貨幣性項目は，決算日レートで換算する
③ 非貨幣性項目及び非貨幣性項目関連損益は，取引日レートで換算する。
　非貨幣性項目関連損益：売上原価，固定資産減価償却費，無形資産償却費

④ 非貨幣性項目関連損益以外の損益は取引日レートまたは加重平均レートで換算する
⑤ 再測定から生じた換算差額は，再測定損益（Remeasurement gain or loss）として損益計算書の純利益の計算に含める。

設例：再測定のケース（報告通貨の米ドルが機能通貨として判定された場合）：米国にある親会社は，100％所有の完全子会社をイタリーに持っており，2009年に営業を開始した。子会社の営業活動は，オフィスビルの一定空間のリースである。土地とオフィスビルは，米ドルによる融資を受け米ドル建担保付借入金で取得したものである。リース料の受取と費用支出の大半は，現地通貨ユーロで行なっているが，親会社の経営者は，資金調達の方法が報告通貨の米ドルによるため，米ドルを機能通貨と決定した。しかし，会計記録は，現地通貨ユーロで行なっている。イタリーにある子会社のユーロ表示財務諸表の再測定は，貨幣・非貨幣法により行なう。貨幣・非貨幣法は，以下示すように，イタリーにある子会社について前掲設例と同じ会計情報を使用する。

再測定後貸借対照表（単位：千ユーロ）
2010年12月31日

資　産	ユーロ	為替レート	米ドル
現　金	100	1.62	162.00
売掛金	40	1.62	64.80
土　地	200	1.50	300.00
建　物	980	1.50	1,470.00
合　計	1,320		1,996.80

負債・純資産	ユーロ	為替レート	米ドル
買掛金	60	1.62	97.20
前受賃貸料	20	1.58	31.60
担保付借入金	800	1.62	1,296.00
普通株式	80	1.50	120.00
払込資本	320	1.50	480.00
留保利益	40	損益計算書を参照	(28.00)
	1,320		1,996.80

第18章 外貨建取引

再測定後損益計算書（単位：千ユーロ）
2010年12月31日

	ユーロ	為替レート	米ドル
収益	400	1.55	620.00
費用	(320)	1.55	(496.00)
減価償却費	(20)	1.50	(30.00)
再測定損失	—	下記分析を参照	(90.40)
純利益（損失）	60	—	3.60
留保利益（1月1日）	—	—	—
配当	(20)	1.58	(31.60)
留保利益（12月31日）	40		(28.00)

再測定後試算表（単位：千ユーロ）
2010年12月31日

	ユーロ （借）	ユーロ （貸）	為替レート	米ドル （借）	米ドル （貸）
現金	100		1.62	162.00	
売掛金	40		1.62	64.80	
土地	200		1.50	300.00	
建物	980		1.50	1,470.00	
買掛金		60	1.62		97.20
前受賃貸料		20	1.58		31.60
担保付借入金		800	1.62		1,296.00
普通株式		80	1.50		120.00
払込資本		320	1.50		480.00
留保利益		—			—
配当	20		1.58	31.60	
収益		400	1.55		620.00
営業費	320		1.55	496.00	
減価償却費	20		1.50	30.00	
合計	1,680	1,680		2,554.40	2,644.80
再測定損失				90.40	
合計				2,644.80	2,644.80

2010年度の為替レートの変動

　　1ユーロ＝1.50米ドル（2010年期首：普通株式を発行し，担保付借入金による土地・ビル取得時点）

　　1ユーロ＝1.55米ドル（2010年加重平均為替レート）

　　1ユーロ＝1.58米ドル（配当の宣言・支払時点と前受賃貸料の受取時点）

　　1ユーロ＝1.62米ドル（2010年期末為替レート）

　前掲設例における再測定による換算方法のポイントは，次の通りである。

1. 取得原価の帳簿残高をもつ非貨幣性資産と非貨幣性負債は，取引日レート（Historical exchange rate）により再測定する。他方，貨幣性資産と貨幣性負債，現金及び現金で決済される項目は，決算日レートにより再測定する。2010年期末の前受賃貸料20ユーロは，2011年において1ユーロ＝1.58米ドルの取引日レートにより再測定する。2010年期末の前受賃貸料は，貨幣性負債と考えない。したがって，取引日レートの1ユーロ＝1.58米ドルを今後の全ての年度に適用する。
2. 収益と費用は，実務の目的のため，加重平均為替レートを用いて再測定する。歴史的な取得原価の期間配分を示す固定資産の減価償却費，売上原価，及び無形資産の償却費は，取引日レートにより再測定する。
3. 再測定損益の金額は，イタリーにある子会社の米ドル表示試算表の貸借合計を平均させる金額である。
4. 報告通貨の米ドルが機能通貨であるため，再測定損失90.40米ドルは，米国の親会社の連結損益計算書において報告される。この設例のように報告通貨が機能通貨である場合，イタリーにある子会社の取引の全部が米ドルで発生したものと仮定する。このため，再測定損益は，親会社のキャッシュ・フローに直接影響すると推測される年度の連結損益計算書に計上される。機能通貨が現地通貨の場合に決算日レート法で換算したその他包括利益累積額とは異なり，再測定損益は，連結貸借対照表上で次期以降に繰延べない。
5. 子会社に持分法を適用する場合，2010年の親会社の仕訳は，次のようになる。

　当初の投資：（借）子会社への投資 600 （貸）現　金 600

　　　　　　　　普通株式80ユーロ＋払込資本320ユーロ＝投資額400ユーロ。取引日レート1.50米ドル×投資額400ユーロ＝換算後投資額600米ドル

　稼得利益の受取：（借）子会社への投資 3.60 （貸）子会社利益の持分 3.60

配当金の受取：(借)現金 31.60 (貸)子会社への投資 31.60

再測定損益は，親会社が稼得利益を受取る前に米ドルで確定した子会社の純損益の計算に含める。

18－3 外貨建取引の換算

外貨建取引とは，商品の輸出入や海外との金融取引に伴う取引価額を外貨で決済する取引をいう。たとえば，日本の企業が米国の企業に輸出した商品の売掛金をドルで回収する場合や欧州域内のドイツの企業から輸入した商品の買掛金をユーロで支払う場合，円貨以外の外貨で決済するドル建売掛金またはユーロ建買掛金を外貨建取引という。下記の取引が外貨建取引に含まれる。

① 取引価額が外貨で表示されている商品売買またはサービスの授受
② 決済金額が外貨で表示されている資金の借入れまたは貸付け
③ 券面額が外貨で表示されている社債の発行
④ 外貨による前渡金，仮払金の支払いまたは前受金，借受金の受入れ
⑤ 決済金額が外貨で表示されているデリバティブ取引（たとえばヘッジ対象の外貨建債権・債務の為替変動リスクに対するヘッジ手段の先物為替予約）等

なお，製造企業が商社を通じて行なう輸出入取引の場合，製造企業は契約上の取引価額を外貨で表示しないが，メーカーズリスク特約条項により最終的に製造企業が商社の為替変動リスクを負担するため，商社が輸出入取引を取扱う場合であっても，製造企業の行なう外貨建取引に含める。

海外企業との間で商品売買を契約する場合，商品売買契約を未認識確定契約 (Unrecognized firm commitment) という。未認識確定契約は，商品売買について確定した未履行契約（契約当事者の一方または双方が給付義務を完全に履行していない未履行契約，Executory contract）であり帳簿に記入されないが，商品販売時に外貨建売掛金・買掛金が取引発生として認識されるため，これを帳簿に記入する。このため，外貨建売掛金・買掛金は，ヘッジ戦略を執らない限り，取引の発生日から決済日に至るまで為替変動リスクに対してエクスポージャー (Exposure, 為替変動リスクにさらされる状態) になる。

外貨建取引

外貨建取引は,為替変動リスクのヘッジ手段としてデリバティブ取引を契約しない限り,取引日,決算日,決済日に直物レート(Spot rates)により報告通貨に換算する。決算日レートと決済日レートとの為替換算差額は,実現損益として当期の純損益の計算に含める。

外貨建取引は,下記の方法により処理する。

① 取引日:外貨建債権・債務を取引日の直物レートで報告通貨に換算する。

② 決算日:イ.期末に存在する外貨建債権・債務を決算日の直物レートで再換算する。ロ.取引日の直物レートと決算日の直物レートの換算差額は,外貨建取引損益(Foreign exchange transaction gain or loss)として処理し損益計算書に計上する。ただし,在外子会社・支店に対する外貨建投資の為替変動リスクをヘッジする目的で先物為替予約(外貨建借入金)を適用する場合,ヘッジ対象とヘッジ手段から生じる為替差益と為替差損は当期の損益計算から除外し,包括損益計算書のその他包括利益と,貸借対照表の純資産の部のその他包括利益累計額に繰延計上する。

③ 決済日:イ.決済日直物レートにより換算する。ロ.実際の受取額(支払額)と帳簿価額との差額を外貨建取引損益として処理し損益計算書に表示する。

設例:日本の企業A社は,2010年2月1日に,米国の企業から医療器械を100万ドルで輸入した。決済日は4月10日,決算日は3月31日である。

直物レートは次の通りである。2010年2月1日:1ドル=95円,2010年3月31日:1ドル=94円,2010年4月10日:1ドル=97円

2010年2月1日(取引日)(借)器械 95,000,000 (貸)買掛金 95,000,000

　　　1,000,000ドル×直物レート95円=95,000,000円

2010年3月31日(決算日)(借)買掛金 1,000,000 (貸)外貨建取引損益 1,000,000

　　　1,000,000ドル×(取引日直物レート95円−決算日直物レート94円)=1,000,000円

2010年4月10日(決済日)(借)買掛金　　　94,000,000 (貸)現　金 97,000,000
　　　　　　　　　　　外貨建取引損益 3,000,000

1,000,000 ドル×(決済日直物レート 97 円 − 決算日直物レート 94 円) = 3,000,000 円。直物レートが円安により契約価額 95,000,000 円を上回る 2,000,000 円を余分に支払ったことになる。

第19章
デリバティブ会計

19-1 デリバティブの目的と役割

　デリバティブ（金融派生商品 Derivative financial instruments）は，商品，株式，債券，為替，金利等の原資産（Underlying）から派生的に創り出される金融商品である。デリバティブは，原資産の価格変動リスク，金利変動リスク，為替変動リスクをヘッジ（hedging，回避）するためのヘッジ手段として利用される以外に，ヘッジ手段として指定されていない場合，あるいはヘッジ手段として不適格の場合は，投機目的に利用される。

　デリバティブとは，デリバティブの公正価値の変動が原資産の基礎数値（商品価格，株式価格，債券価格，為替レート，金利レート，債券の格付，消費者物価指数等）の公正価値の変動と密接な相関関係をもつ金融商品をいう。

　デリバティブは，4つの特質の全てを有する金融商品とその他の契約である。

デリバティブの特質
- ① 1つ以上の基礎数値（Underlying）を有し，原資産の基礎数値の公正価値の変動によりデリバティブの公正価値と将来のキャッシュ・フローが変動すること。
    ――基礎数値とは，原資産の価格やレートの変数または指数をいう。基礎数値の変動がデリバティブの公正価値，将来のキャッシュ・フロー，決済金額に影響を及ぼす。
- ② 想定元本または支払条項が存在すること。

—想定元本とは，原資産の商品単位数，株式数，通貨単位貨幣量，容量，重量等の原資産の一定数量または一定金額をいう。支払条項とは，想定元本（固定支払額）に代えて，原資産の想定元本と基礎数値と無関係に基礎数値が変動した場合の支払金額に係る特約をいう。たとえば，ロンドン銀行間取引金利が異常に上昇した場合に特定金額の支払いを請求できる特約条項のことである。

③ 当初の純投資額がゼロか僅少であること。

④ 将来の特定日に決済されること（米国財務会計基準書133号，国際会計基準39号）。

次の取引契約は，デリバティブに該当しない。①通常の売買契約，②通常の証券売買契約，③ストック・オプション，④保険契約，⑤変動年金契約。

たとえば，デリバティブの一つにオプション（Option，特定の原資産を売る選択権または買う選択権）がある。特定銘柄の株式1,000株を特定の日に1株につき500円で買う選択権（コールオプション，Call option）の公正価値は，契約時の純投資はゼロであるが，それ以降，株式時価に基づいて決定される。株式の時価が600円であった場合，コールオプションの価値は100,000円［＝1,000株×（600－500）］である。この場合，コールオプションの価値の決定要因は基礎数値としての株式時価である。この場合，デリバティブの公正価値を決定する数量的要因の株式数1,000株を想定元本という。

デリバティブは，次の金融商品及び契約である。

① 先　物　契　約

　　先物契約は，将来の一定期間に所定価格で通貨や金融商品を取引所において売買する確定契約である。取引所で行なわれる先物契約（Future contract）として，金利先物，債券先物，通貨先物，株価指数先物がある。先渡契約（Forward contract）は，先物契約と概ね同じ内容であるが，契約当事者間で相対取引として行なう店頭取引である。先渡契約として，金利先渡（Forward rate agreement），先物為替予約（Forward exchange contract），為替先渡（Forward exchange），株価指数先渡がある。

② ス　ワ　ッ　プ

　　スワップは，顧客の要望に対応する金融商品を契約当事者間で取引す

る店頭取引（相対取引）である。スワップとして，金利スワップと通貨スワップがある。
イ．金利スワップ―契約当事者間で同一通貨の間で固定金利と変動金利（キャッシュ・フロー）を交換する取引
ロ．通貨スワップ―契約当事者間で異種通貨の間で契約時の為替レートと金利レートに基づいて包括的に外貨建債権・債務の元本と金利（キャッシュ・フロー）を交換する取引。為替レートが二国間の金利差異を反映していると見れば，先物為替予約と金利スワップを組み合わせた取引が通貨スワップである。

③ オプション

オプションは，将来の一定期日に特定の資産を事前に決められた権利行使価格で買う権利（買いオプション，Call option）または売る権利（売りオプション，Put option）をオプションの買い手と売り手の間で売買する取引である。

イ．買いオプション―将来の一定期間に行使価格で原資産を買う権利
ロ．売りオプション―将来の一定期間に行使価格で原資産を売る権利

オプションの買い手は，購入するオプションの対価としてオプション料（プレミアム）を売り手に支払い，一定期日に特定の資産を権利行使価格で売買する権利を取得する。オプションの買い手にはオプション契約を履行する権利があるが，履行する義務はない。他方，オプションの売り手は，オプション契約を履行する義務がある。オプションの買い手の損失はオプションを購入する対価として支払ったオプションプレミアムに限定されるが，潜在的な利益の獲得は極めて高い。他方，オプションの売り手のポジションは，買い手の反対になる。オプションの売り手の利益はオプションを販売する対価として受取ったオプションプレミアムに限定されるが，売り手の潜在的損失は無制限である。他のデリバティブの場合，取引開始時点で買い手と売り手の権利と義務が等価であるためデリバティブの価値はゼロであるが，オプション取引の場合，買い手は，取引開始時点で対価を支払ってオプションを取得する。オプションの経済的価値は，権利行使価格とそれを超える原資産の現在市場

価格との差額である本源的価値と，将来の期待価値としての時間的価値から成立している。時間的価値は，オプション対象の原資産の公正価値の変動率（価格変動リスクの増減比率，Volatility），金利，オプション残存期間に基づいて算定する。

オプションは，店頭取引ではなく取引所取引であり，金利先物オプション，債権先物オプション，通貨先物オプション，株価指数先物オプションがある。

行使価格と原資産との関係（直物レート）

	行使価格＞原資産市価	行使価格＝原資産市価	行使価格＜原資産市価
A. コールの買い手	アウトオブ・ザ・マネー	アット・ザ・マネー	イン・ザ・マネー
B. プットの買い手	イン・ザ・マネー	アット・ザ・マネー	アウトオブ・ザ・マネー

A. 買いオプション：買い手の利益　　　B. 売りオプション：買い手の利益

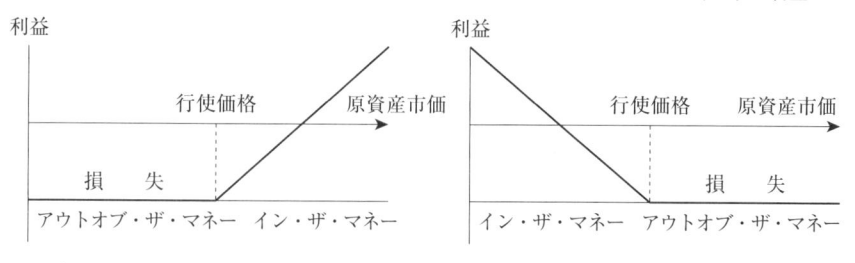

概念図から明らかになるように，買い手が一定の行使価格を約定した買いオプションをオプション料を支払って購入した場合に行使価格が原資産の市価を上回る場合は，キャッシュ・フローの流出（アウトオブ・ザ・マネー，out of the money）を意味し，原資産の市価が行使価格を上まわる場合は，キャッシュ・フローの流入（イン・ザ・マネー，in the money）を意味する。買い手が売りオプションを購入した場合に行使価格が原資産の市場価格を下まわる場合は，キャッシュ・フローの流出（アウトオブ・ザ・マネー）を意味し，原資産の市場価格が行使価格を下まわる場合は，キャッシュ・フローの流入（イン・ザ・マネー）を意味する。このため，アット・オブ・ザ・マネーは，原資産の市場価格と権利行使価格とが同等になる状態をいい，この時点で仮に権利を行使する場合でも，キャッシュ・フローの純収支はゼロであるから収支損益もゼロになる。

19-2　デリバティブとヘッジ会計

　全てのデリバティブは，期末の貸借対照表に公正価値（時価）により計上する。期末のデリバティブの公正価値の変動は，デリバティブの目的として指定された3つのヘッジ活動（公正価値ヘッジ，将来キャッシュ・フロー・ヘッジ，外貨ヘッジ）にしたがって，実現損益として当期の損益計算書に計上するか，あるいは繰延ヘッジ損益として包括損益計算書にその他包括利益（Other comprehensive income）として計上すると同時に貸借対照表の純資産の部の評価・換算差額金にその他包括利益累計額として計上し繰延べる。

　デリバティブは，原資産・負債の公正価値とキャッシュ・フローの変動による損失リスクを回避するヘッジ手段として利用される。デリバティブをヘッジ手段として利用する場合は，ヘッジ対象の資産・負債，未履行確定契約，予定取引の公正価値変動による損失（利益）を，ヘッジ手段の公正価値変動による利益（損失）で相殺し，同一期間の双方の損益を一体のものとして処理する。ヘッジ対象の取引から生じる損益とヘッジ手段の取引から生じる損益を同一期間で認識するため，ヘッジ活動の別に特殊な会計処理を行なう。

　デリバティブの会計処理
　① 公正価値ヘッジ

　　　公正価値ヘッジとは，ヘッジ対象の資産・負債，未認識確定契約の公正価値の変動から生じる損失をデリバティブ（ヘッジ手段）の公正価値の変動から生じる利益で同一期間において個別に認識し相殺することをいう。つまり，ヘッジ対象項目の公正価値の変動リスクに対するデリバティブによるヘッジ活動が公正価値ヘッジである。公正価値ヘッジの対象となる資産・負債，未認識確定契約は，棚卸資産，売却可能有価証券，固定金利投資，未履行確定契約である。ヘッジ手段として先物契約，オプション，スワップが利用される。

　(1) デリバティブは，貸借対照表に公正価値で計上する。
　(2) ヘッジ対象項目とデリバティブの公正価値の変動部分は，それぞれ実現損益として当期の損益計算書に計上する。このため，ヘッジ対象から

生じた損益は，ヘッジ手段から生じた損益と相殺される。ただし，ヘッジ対象が売却可能有価証券（Available-for-sale securities）である場合，ヘッジ対象の未実現評価損益は，その他包括利益（繰延ヘッジ損益）に計上し，デリバティブ（ヘッジ手段）から生じた損益により相殺されるときに当期の損益計算書に実現損益として計上する。

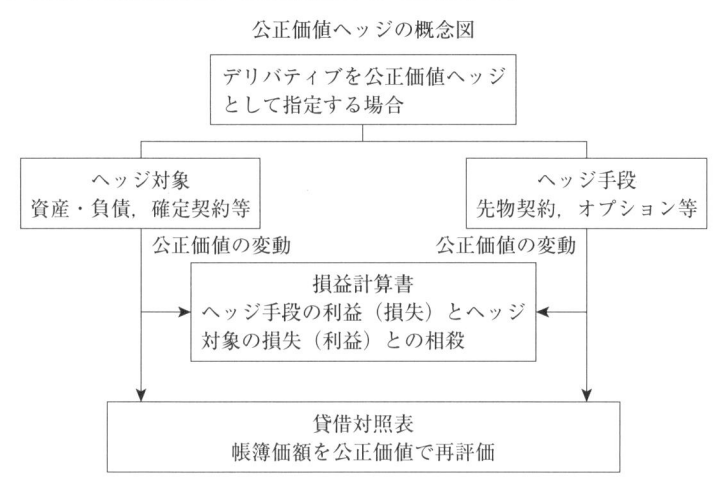

公正価値ヘッジの概念図

```
        ┌─────────────────┐
        │ デリバティブを公正価値ヘッジ │
        │ として指定する場合         │
        └─────────────────┘
         ┌──────┴──────┐
┌─────────────┐      ┌─────────────┐
│  ヘッジ対象    │      │  ヘッジ手段    │
│ 資産・負債，確定契約等 │      │ 先物契約，オプション等 │
└─────────────┘      └─────────────┘
      │ 公正価値の変動         公正価値の変動 │
      ↓                              ↓
       ┌─────────────────┐
       │     損益計算書          │
       │ ヘッジ手段の利益（損失）とヘッジ │
       │ 対象の損失（利益）との相殺      │
       └─────────────────┘
                 ↓
       ┌─────────────────┐
       │     貸借対照表          │
       │  帳簿価額を公正価値で再評価    │
       └─────────────────┘
```

② キャッシュ・フロー・ヘッジ

　キャッシュ・フロー・ヘッジとは，ヘッジ対象項目の資産・負債，予定売買取引の将来キャッシュ・フローの変動リスクをヘッジ手段のキャッシュ・フローの変動により相殺するヘッジ関係をいう。すなわち，ヘッジ対象の将来キャッシュ・フローの変動リスクをデリバティブによって減少させるヘッジ活動をキャッシュ・フロー・ヘッジという。

　予定売買取引は，将来の特定の日に売買を予定している未契約の取引をいう。予定売買取引の将来キャッシュ・フロー変動リスクに対するヘッジ手段として先物契約が利用される。また，将来キャッシュ・フロー・ヘッジの事例として，金利スワップを用いて変動金利の負債は固定金利に換えることができる。公社債の購入または売却を将来予定している場合は，売りオプションまたは買いオプションを売買して将来キャッシュフロー・リスクに対してヘッジ戦略をとる場合がある。

(1) デリバティブは，貸借対照表に公正価値（時価または割引現在価値）で

計上する。
(2) デリバティブの公正価値の変動部分のうち有効なヘッジ部分は，当期の損益に計上せずその他包括利益として繰延べ，株主持分変動計算書を通じて純資産の部のその他包括利益累計額（評価・換算差額金）に表示し，非有効なヘッジ部分は損益計算書に計上する。
(3) その他包括利益累計額として貸借対照表上で繰延べられたヘッジ損益は，ヘッジ対象取引から生じた損益を計上する時点（例えば売上時）で当期損益に振替え損益計算書に計上する。

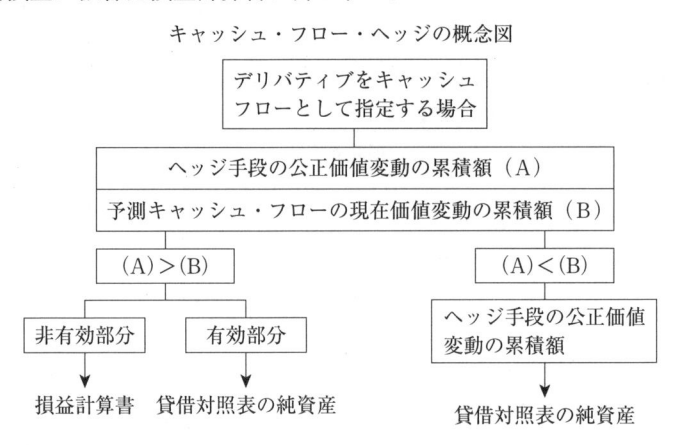

キャッシュ・フロー・ヘッジの概念図

```
        デリバティブをキャッシュ
        フローとして指定する場合
                │
        ヘッジ手段の公正価値変動の累積額（A）
        予測キャッシュ・フローの現在価値変動の累積額（B）
         ┌──────┴──────┐
      (A)＞(B)           (A)＜(B)
      ┌───┴───┐              │
   非有効部分  有効部分    ヘッジ手段の公正価値
                            変動の累積額
      │        │              │
   損益計算書 貸借対照表の純資産  貸借対照表の純資産
```

③ 外貨建取引ヘッジ
1. 未認識確定契約—公正価値ヘッジとして処理する。
2. 予定取引—キャッシュ・フロー・ヘッジとして処理する。
3. 売却可能有価証券に対する投資—公正価値ヘッジとして処理する。
4. 在外事業体への投資—機能通貨による為替換算差額はその他包括利益に計上する。

特定のデリバティブがヘッジ手段として認められる前提条件は，ヘッジ関係がヘッジ会計の適格要件を充足していることをヘッジ関係の開始時点で文書化することである。各ヘッジ手段について文書化が行なわれていない場合は，ヘッジ会計を適用できない（国際会計基準第39号）。

ヘッジ開始時点で次のヘッジ関係の適格要件に関する文書が作成されていること。

1. ヘッジ関係及びヘッジ戦略
2. ヘッジ手段の特定，ヘッジ対象項目の特定，ヘッジ対象のリスクの性格
3. ヘッジ対象リスクに起因する公正価値またはキャッシュ・フローの変動エクスポージャーを相殺するに際し極めて有効であると見込まれるヘッジ手段の有効性の評価（ヘッジの結果が80％～125％の範囲内）の開示。たとえば，ヘッジ手段の損失が120で，ヘッジ対象の利益が100の場合，ヘッジ手段の有効性は，120/100（120％）または100/120（83％）として測定される。

19－3　デリバティブの会計処理

設例：先物契約による資産・負債，確定契約，予定取引のヘッジ
① 先物契約による棚卸資産売買の公正価値ヘッジ

　米国のD社は，2005年11月8日，ドイツのF社から棚卸資産12,500単位（単価@20ユーロ）を購入する契約を結んだ。D社は，F社が棚卸資産を出荷した時点の11月8日に棚卸資産の取得を計上するが，2006年2月8日に代金をユーロで支払う。他方，D社は，為替レートの変動リスクを回避するため，2005年11月8日の棚卸資産購入契約日に，2006年2月8日の先物レートでユーロを購入する先物契約を外国為替取扱A銀行と契約した。D社は，四半期決算の財務諸表を作成しており，通年の決算日は，12月31日である。2005年11月8日から2006年2月8日までの為替レートと外貨建買掛金は，次の通りである。

日付	直物レート	外貨建買掛金	2月8日先物レート	先物契約の公正価値
11月8日	0.8555ドル	213,975ドル	0.8475ドル	0
12月31日	0.9389ドル	234,725ドル	0.9450ドル	24,375ドル
2月8日	0.9187ドル	229,675ドル	0.9187ドル	17,800ドル

（出典：Advanced Accounting, Dennis M. Bline/Mary L. Fisher/Ted D. Skekel., 2004 Wiley pp. 225-226. 一部変更して引用した）

11月8日（契約日＝取引日）

　（借）棚卸資産213,875　（貸）外貨建買掛金213,875

　ヘッジ手段の先物為替契約は，契約日においてD社と外国為替銀行の双方ともに未履行契約であり，公正価値はゼロであるため計上しない。ヘッジ対象の棚卸資産と外貨建買掛金は，取引日の直物レートで計上する。棚卸資産の取得

原価 213,875 ＝ 12,500 単位 × @20 ユーロ × 0.8555 ドル

12月31日（決算日）

（借）為替差損益 20,850　（貸）外貨建買掛金 20,850

　　直物レートが1ユーロ＝0.8555ドルから0.9389ドルに上昇したことにより，ヘッジ対象の外貨建買掛金の公正価値変動と為替差損 20,850 を計上する。外貨建買掛金 20,850 ＝ 12,500 単位 × @20 ユーロ ×（0.9389 ドル － 0.8555 ドル）。

（借）先物為替予約 24,375　（貸）先物為替予約損益 24,375

　　ヘッジ手段の先物為替予約について，2月8日の先物予約レートの1ユーロ＝0.8475ドルと決算日における2月8日先物レートの1ユーロ＝0.9450ドルとの差額をヘッジ手段の公正価値の変動差益として計上する。先物為替予約の公正価値の当初のゼロから 24,375 ドルへの増加を計上する。先物為替予約の公正価値 24,375 ＝ 12,500 単位 × @20 ユーロ ×（0.9450 ドル － 0.8475 ドル）

2月8日（決済日）

（借）外貨建買掛金 5,050　（貸）為替損益 5,050

　　ヘッジ対象の外貨建買掛金について2月8日の直物レートで再評価した公正価値で計上する。0.9389ドルから0.9187への直物レート下落による外貨建買掛金減少と為替差益を計上する。為替差益 5,050 ＝ 12,500 × 20 ユーロ ×（0.9187 ドル － 0.9389 ドル）。

（借）為替損益 6,575　（貸）先物為替予約 6,575

　　ヘッジ手段について，2月8日の公正価値の変動損益を認識する。先物為替予約の公正価値の 24,375 ドルから 17,800 への下落 6,575 を計上する。為替損益 6,575 ＝ 12,500 単位 × 20 ユーロ ×（0.9187 － 0.9450）。

（借）外貨建買掛金 229,675　（貸）先物為替予約　17,800
　　　　　　　　　　　　　　　　　　現　　　金 211,875

　　ヘッジ対象項目の外貨建買掛金から生じた損失 15,800 ＝ 20,850 － 5,050。ヘッジ手段の先物為替予約から生じた利益 17,800 ＝ 24,375 － 6,575。D社が外国為替取扱A銀行に売却した現金 211,875 ドルと外貨建買掛金 229,675 ドルとの差額 17,800 ドルがヘッジ手段の先物為替予約の最終的な公正価値である。

② 先物契約による予定外貨建取引のキャッシュ・フロー・ヘッジ

　　米国のD社は，2005年11月8日に，2006年2月8日にドイツのF社に棚卸資

産を売価750,000ユーロで販売することを決定した。D社は，棚卸資産引渡後75日の4月24日に代金を受取る。D社は，予定取引の為替変動リスクをヘッジするため，2005年11月8日，代金750,000ユーロを2006年4月24日先物レート1ユーロ＝0.9200ドルで外国為替取扱銀行に売却する先物契約を締結した。D社は四半期決算を行っており，通年の決算日は12月31日である。為替レートと外貨建売掛金は，下記の通りである。

日 付	直物レート	外貨建売掛金	4月24日先物レート	先物契約の公正価値
11月8日	0.8555ドル		0.9200ドル	0
12月31日	0.9389ドル		0.9350ドル	(11,250)ドル
2月8日	0.9187ドル	689,025ドル	0.9195ドル	375ドル
3月31日	0.9070ドル	680,250ドル	0.9053ドル	11,025ドル
4月24日	0.9036ドル	677,700ドル	0.9036ドル	12,300ドル

(出典：Advanced Accounting, Dennis M. Bline／Mary L. Fisher／Ted D. Skekel., 2004 Wiley pp. 237-238. なお，一部変更して引用した)

11月8日（先物契約締結日）

　D社は，750,000ユーロを売り，690,000ドル（750,000ユーロ×0.9200ドル）を為替取扱銀行から買う先物契約を締結したが，ヘッジ開始日の先物契約の公正価値はゼロであるため仕訳は不要である。

12月31日（決算日）

　（借）その他包括利益 11,250　（貸）先物為替予約 11,250

　ヘッジ手段の先物為替予約の公正価値の変動についてヘッジ開始日の価値ゼロからドル安による先物為替予約11,250を負債として計上する。先物為替予約11,250＝750,000ユーロ×（0.9350ドル－0.9200ドル）。先物為替予約の公正価値の減少に対応する相手勘定目としてその他包括利益を借方に記入する。

2月8日（取引日）

　（借）外貨建売掛金 689,025　（貸）売　上 689,025

　ヘッジ対象の棚卸資産の掛売と売上収益を計上する。売上689,025ドル＝750,000ユーロ×直物レート0.9187ドル。

　（借）先物為替予約 11,625　（貸）その他包括利益 11,625

　ヘッジ手段の先物為替予約の公正価値の変動について決算日から取引発生日までのドル高による増加部分11,625とその他包括利益を計上する。先物為替予約 11,625＝750,000×（0.9195－0.9350）。

(借) その他包括利益 375 (貸) 売　上 375

　予定外貨建取引のヘッジ手段から発生したその他包括利益は，取引日に実現損益として売上勘定へ振替える。その他包括利益 375 (= 11,625 − 11,250)。

3月31日（決算日）

(借) 為替損益 8,775 (貸) 外貨建売掛金 8,775

　ヘッジ対象の外貨建売掛金の公正価値変動についてドル高による為替差損を計上する。為替損益 8,775 = 750,000 ユーロ × (直物レート 0.9070 ドル − 0.9187)。

(借) 先物為替予約 10,650 (貸) 為替損益 10,650

　ヘッジ手段である先物為替予約の公正価値変動について取引日から決算日までのドル高による公正価値の変動部分を計上する。為替差益 10,650 = 11,025 − 375。

4月24日（決済日）

(借) 為替損益 2,550 (貸) 外貨建売掛金 2,550

　ヘッジ対象の外貨建売掛金のドル高による公正価値の変動部分について計上する。為替差損 2,550 = [750,000 ユーロ × (0.9036 ドル − 0.9070 ドル)。

(借) 先物為替予約 1,275 (貸) 為替損益 1,275

　ヘッジ手段の先物為替予約の公正価値の変動部分について計上する。為替損益 1,275 = 11,025 − 12,300。

(借) 現　金 690,000 (貸) 先物為替予約 12,300
　　　　　　　　　　　　　外貨建売掛金 677,700

　取引先銀行への送金と先物為替予約の決済を計上する。現金 690,000 ドル = 750,000 ユーロ × 予約レート 0.9200 ドル。外貨建売掛金 677,700 = 750,000 × 直物レート 0.9036。

③　先物契約による外貨建売掛金のキャッシュ・フロー・ヘッジ

　米国のA社は，2004年12月1日，ドイツのG社へ商品を売価1,000,000ユーロで出荷し外貨建売掛金を計上した。同日，A社は，外貨建売掛金の将来キャッシュ・フローの変動リスクをヘッジするため，M銀行と，2005年3月1日に3ヶ月先物為替レート1ユーロ = 0.905ドルで905,000ドルの受取と引換えに1,000,000ユーロを支払う先物契約を締結した。12月1日に現金の授受はない。12月1日の直物レートは1ユーロ = 0.92ドルである。G社より入金したユーロは，3ヶ月先物

レート1ユーロ＝0.905でＭ銀行へ売却される。ユーロは1ユーロにつき0.015ドルの割引価額で支払われるので，商品出荷時の受取予定代金920,000ドルより15,000ドルだけ安くなる（15,000ドル＝905,000ドル−920,000ドル）。この15,000ドルのキャッシュ・フローの減少は，通常の信用リスクに関する貸倒予測損失ではなく，海外の販売先に対する外貨信用延張に伴うコストであるから，外貨建取引の損益に類似している。

　直物レートは12月1日の1ユーロ＝0.92ドルから3月1日に0.90ドルへとユーロに対しドル高基調であり，ヘッジ戦略をとらない限り，Ａ社の輸出代金のユーロの受取額は減少する見込みである。先物契約の3ヶ月先物レート1ユーロ＝0.905ドルでキャッシュフローを固定化し，変動リスクに対してヘッジ戦略をとった結果，Ａ社は，5,000ドル（＝905,000−900,000）の利益を得る。

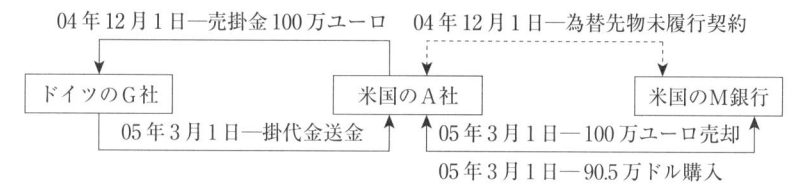

```
      04年12月1日―売掛金100万ユーロ     04年12月1日―為替先物未履行契約
  ┌─────────────────────────┐   ┌─────────────────────────┐
  │  ドイツのＧ社  │ ←─────── │   米国のＡ社   │ ─────── │   米国のＭ銀行  │
  └─────────────────────────┘   └─────────────────────────┘
      05年3月1日―掛代金送金           05年3月1日―100万ユーロ売却
                                       05年3月1日―90.5万ドル購入
```

2004年12月1日の取引

1. 米国のＡ社は，ドイツのＧ社へ向けて商品を出荷し売掛金1,000,000ユーロを計上した。
2. Ａ社は，1,000,000ユーロを3ヶ月先物レート1ユーロ＝0.905ドルでＭ銀行へ売却し，905,000ドルを購入する未履行契約を締結した。

2005年3月1日の取引

3. ドイツのＧ社は，1,000,000ユーロを米国のＡ社へ送金する。Ａ社は，外貨建売掛金1,000,000ユーロを回収する。
4. Ａ社は，1,000,000ユーロをＭ銀行へ売却する。
5. Ｍ銀行は，905,000ドルをＡ社へ支払う。

　キャッシュ・フロー・ヘッジを指定した場合，Ａ社は，ユーロ建売掛金のキャッシュ・フロー・リスクを相殺するためヘッジ手段として先物契約を指定する。Ａ社は，2005年3月1日の契約終了日の先物レートの変動に関連して先物契約の公正価値を決定する。為替レート，ユーロ建売掛金のドル価額，先物契約の

公正価値は，下記の通りである。

		ユーロ建売掛金			先物契約		
日　付	直物レート	ドル価額	ドル価額変動	05/3/1先物レート		公正価値	公正価値変動
04/12/1	0.92ドル	920,000	—	0.905ドル		0	—
04/12/31	0.93ドル	930,000	+10,000	0.916ドル		(10,783)	－10,783
05/3/1	0.90ドル	900,000	－30,000	0.90ドル		5,000	+15,783

(出典：Advanced Accounting, 7th.; Joe B. Hoyle/Thomas F. Schaefer/Timothy S. Doupnik, 2004 McGraw-Hill/Irwin, pp424-426.)

注記：先物契約の公正価値（10,783）＝2ヵ月後の将来支出 11,000（＝905,000－916,000）×現在価値計算要素 0.9803。割引率の前提条件＝年金利12％，1ヶ月金利1％。2ヶ月（05年1月1日～2月30日）の現在価値計算要素 0.9803＝1／(1+0.1)^2。05年3月1日の先物契約の公正価値 5,000＝905,000－900,000。

　A社は，2004年12月1日に先物契約を締結する。先物契約の契約時の公正価値はゼロである。2005年3月1日にユーロを銀行に売却する2004年12月31日先物レートは，1ユーロ＝0.916ドルに変動している。仮に2004年12月31日に先物契約を締結した場合，2005年3月1日（決済日）に916,000ドルで1,000,000ユーロを売却することになる。A社は，905,000ドルで1,000,000ユーロの売却を契約しているので，12月31日（決算日）の先物契約の名目上の公正価値は，（マイナス）11,000ドル（＝905,000－916,000）になる。12月31日の先物契約の公正価値は，2ヵ月後の2005年3月1日の将来支出額11,000ドルをそのままで計上するのではなく，年利率12％で割引計算した現在価値で計上する。A社は，借入金の年利率12％（1ヶ月当たり年利率1％）で2ヶ月間（2004年12月31日～2005年3月1日まで）について将来支出（マイナス）11,000（＝905,000－916,000）ドルを割引計算して，その結果求められたマイナス10,783ドルを先物契約の公正価値（負債）として計上する。2005年3月1日（決済日）の先物レートは，直物レート1ユーロ＝0.90と同じである。仮に，決済日に直物レートで1,000,000ユーロを売却する場合は，900,000ドルを銀行へ支払うことになる。しかし，A社は，905,000ドルでユーロを売却する契約を締結しているので，2005年3月1日の先物契約の公正価値は，5,000ドル（＝905,000－900,000）である。先物契約の公正価値5,000ドルは，2004年12月31日の公正価値（マイナス）10,783ドルに2005年3月1日までの増加分＋15,783ドルを加えた結果である。決済日の公正価値5,000ドル＝15,783＋(－10,783)。先物契約の割引費用15,000ドルは，2004年12月1日の直物レート

と3ヶ月先物予約レートとの差異［(0.905ドル－0.92ドル)×1,000,000ユーロ］として決定する。

先物契約によるキャッシュ・フロー・ヘッジの会計処理

2004年12月1日（商品出荷日・先物契約締結日）

(借) 外貨建売掛金 920,000　(貸) 売上 920,000

　　ヘッジ対象の売上と外貨建売掛金を直物レート1ユーロ＝0.920ドルで計上する。ヘッジ手段の先物契約の仕訳は不要である。先物契約は未履行契約であり，その公正価値がゼロであるからである。

2004年12月31日（決算日）

(借) 外貨建売掛金 10,000　(貸) 為替損益 10,000

　　ヘッジ対象の外貨建売掛金の公正価値を直物レート1ユーロ＝0.93ドルにより再評価し，ドル安による為替差益を計上する。為替差益 10,000＝1,000,000ユーロ×(0.93ドル－0.92ドル)。

(借) 先物契約為替損益 10,000　(貸) その他包括利益累積額 10,000

　　ヘッジ対象の外貨建売掛金の為替差益 10,000 をヘッジ手段の公正価値の変動差損と相殺するため，ヘッジ手段の先物為替差損をその他包括利益累積額に計上する。

(借) その他包括利益累積額 10,783　(貸) 先物契約 10,783

　　ヘッジ手段の先物契約の公正価値（マイナス）10,783 をその他包括利益累積勘定の借方に計上する。

(借) 割引費用 5,000　(貸) その他包括利益累計額 5,000

　　先物契約割引料 15,000 を定額法により契約期間3ヶ月のうち12月分を計上する。割引費用 5,000＝15,000×1/3。相手科目は，その他包括利益累計額とする。

2004年12月31日の当期純利益への影響

売　上	920,000ドル
外貨建売掛金の為替差益	10,000
先物契約の為替差損	(10,000)
為替純損益	0
割引費用	(5,000)
純利益への影響額	915,000ドル

貸借対照表（2004 年 12 月 31 日）

外貨建売掛金　930,000	先物契約	10,783
	留保利益	915,000
	その他包括利益累計額	4,217
		930,000

2005 年 3 月 1 日（決済日）

　（借）為替差損 30,000　（貸）外貨建売掛金 30,000

　　ヘッジ対象の外貨建売掛金の公正価値を直物レート 0.90 ドルで再評価し，前の直物レート 0.93 ドルとの変動差異を為替損失として計上する。

　（借）その他包括利益累計額 30,000　（貸）先物契約為替差益 30,000

　　ヘッジ対象の公正価値の為替差損を相殺するためヘッジ手段の先物契約為替差益をその他包括利益累計額として計上する。

　（借）先物契約 15,783　（貸）その他包括利益累計額 15,783

　　先物契約公正価値の帳簿価額（マイナス）10,783 を決済日の公正価値 5,000 に修正するため先物契約公正価値の増加分 15,783 をその他包括利益累計額に計上する。

　（借）割引費用 10,000　（貸）その他包括利益累計額 10,000

　　割引費用 15,000 のうち前期償却分 5,000 を除く残額をその他包括利益累計額に計上する。なお，上記の仕訳の結果，その他包括利益累計額は，ゼロになる。その他包括利益（0）＝ 4,217 ドル＋ 15,783 ドル－ 30,000 ドル＋ 10,000 ドル

　（借）ユーロ外貨 900,000　（貸）外貨建売掛金 900,000

　　決済に当たり，G 社から代金として 1,000,000 ユーロを直物レート 0.90 ドルで受取りヘッジ対象の取引を終了する。

　（借）現金 905,000　（貸）ユーロ外貨 900,000
　　　　　　　　　　　　　　　先物契約　　 5,000

　　銀行へ 1,000,000 ユーロ（ドル換算額 900,000 ドル＝直物レート 0.90 ドル× 1,000,000 ユーロ）を引渡すのと引換えに 905,000 ドルを受取る。ヘッジ手段の先物契約の取引を終了する。先物契約残高 5,000 ＝（マイナス）10,783 ＋ 15,783。

2005 年度の当期純利益への影響

為替差損	30,000 ドル
先物契約為替差益	30,000
為替純損益	0
割引費用	(10,000)
純利益への影響額	(10,000) ドル

④　先物契約による外貨建売掛金の公正価値ヘッジ

A 社は，先物契約を公正価値ヘッジとして指定した場合，デリバティブの先物契約を次のように処理する。取引の内容及び条件は，前掲の取引と同一とする（引用文献は前掲の出典による。なお，一部変更して引用した）。

公正価値ヘッジとして指定されたデリバティブの会計処理のポイントは，ヘッジ手段の先物契約から発生する損益は直接，純利益の計算に含める点と，直物レートと先物レートの差異に相当する先物契約の割引費用 15,000 ［＝(0.905 ドル－0.920 ドル)×1,000,000 ユーロ］を計上しない点である。

2004 年 12 月 1 日

（借）外貨建売掛金 920,000 （貸）売上 920,000

　　売上と外貨建売掛金 1,000,000 ユーロを直物レート 1 ユーロ＝0.920 ドルに換算して計上する。先物契約の仕訳は不要である。ただし，先物契約を公正価値変動リスクのヘッジ手段として指定した事実は，備忘記録に残す必要がある。

2004 年 12 月 31 日（決算日）

（借）外貨建売掛金 10,000 （貸）為替差益 10,000

　　ヘッジ対象の外貨建売掛金の公正価値の変動部分として 12 月 1 日直物レート 0.92 ドルから 0.93 ドルへの変動差額と，ドル安への変動による為替差益を計上する。

（借）先物契約為替差損 10,783 （貸）先物契約 10,783

　　ヘッジ手段の先物契約の公正価値（マイナス）10783 を負債として計上する。先物契約の公正価値の変動部分について先物契約為替差損 10,783 を割引現在価値として計上する。予約レート 0.905 ドルと決算日先物レート 0.916 ドルとの為替レート変動差額 0.011 ドルに 1,000,000 ユーロを乗じ

て先物契約為替差損11,000ドルを算定し，これに現在価値係数0.9803 ［＝1／(1＋0.01)^2；年利率12％，決済日までの残存契約期間2ヵ月，1ヶ月につき利率1％］を乗じて先物契約に係る為替差損を算定する。先物契約に係る為替差損11,000ドルは，決算日における2ヶ月後の将来キャッシュ・アウト・フローであるから，将来価値11,000ドルから金利相当額を割引き（計算上は将来価値に現在価値係数0.9803を乗じる）現在価値を算定する。

2004年度の当期純利益への影響

売　上		920,000ドル
為替差益	10,000	
先物契約為替差損	(10,783)	
為替純損益		(783)
純利益への影響額		919,217ドル

貸借対照表（2004年12月31日）

外貨建売掛金	930,000	先物契約	10,783
		留保利益	919,217
	930,000		930,000

2005年3月1日

（借）為替差損 30,000　（貸）外貨建売掛金 30,000

　ヘッジ対象の外貨建売掛金の公正価値変動部分について直物レート1ユーロ＝0.93ドルから0.90ドルによる為替変動差損を計上する。為替差損30,000＝（決済日直物レート0.90ドル－決算日直物レート0.93ドル）×1,000,000ユーロ。

（借）先物契約 15,783　（貸）先物契約為替差益 15,783

　決済日に当たり，ヘッジ手段の先物契約の前期決算日以降の公正価値の変動部分について為替差益15,783ドル［＝先物為替契約の公正価値5,000ドル－（前期末の先物契約の公正価値のマイナス10,783ドル）］を計上する。

（借）ユーロ外貨 900,000　（貸）外貨建売掛金 900,000

G社から代金として受取った1,000,000ユーロを直物レート1ユーロ＝0.90ドルで換算して計上する。

（借）現　　金 905,000　（貸）ユーロ外貨 900,000
　　　　　　　　　　　　　　　先物契約　　　5,000

　1,000,000ユーロ（＝ドル換算額900,000ドル）を銀行に引渡すのと引換えに905,000ドルを受取り，先物契約5,000［＝（－10,783ドル＋15,783ドル）］を終了する。

2005年度の純利益への影響

為替差損	（30,000）ドル
先物契約為替差益	15,783
純利益への影響額	（14,217）ドル

　2期の貸借対照表に対する影響額は，現金905,000ドルの増加である。この現金増加は，留保利益905,000ドルと一致している。905,000ドル＝2004年度純利益919,217ドル－2005年決済日純利益14,217ドル。公正価値ヘッジにより会計処理を行なう場合，当初の先物契約の割引料は，契約期間を通じて償却しない。それに代わり，外貨建売掛金の為替損益と先物契約の為替損益との差額は，純損益として計上する。すなわち，2004年の純損失783ドルと2005年の純損失14,217ドルである。両年度の純損失は，全部で15,000ドルになる。この純損失は，G社への信用延長のコストを反映したものである。デリバティブの先物契約から発生した純利益5,000ドル（＝2004年度損失10,783ドル＋2005年度利益15,783ドル）は，A社のヘッジ戦略によるキャッシュ・フローの増大を反映している。

設例：オプション契約による資産・負債，予定取引の公正価値ヘッジ
① オプション契約による棚卸資産取得の公正価値ヘッジ

　米国のD社は，2005年11月8日，ドイツのF社から棚卸資産12,500単位（単価＠20ユーロ）を購入する契約を締結した。D社は，F社が棚卸資産を出荷した時点の11月8日に棚卸資産の取得を計上するが，2006年2月8日に代金をユーロで支払う。他方，D社は，為替変動による損失リスクをヘッジするため，2005年11月8日，外国為替取扱A銀行にオプション料5,250ドルを支払い，2006年2月先

物の行使価格1ユーロ=0.8ドルの買いオプション権(ユーロ通貨を買う権利=コールオプション)を取得した。D社は,四半期決算の財務諸表を作成しており,通年の決算日は,12月31日である。2005年11月8日から2006年2月8日までの為替レートとオプション公正価値は,次の通りである。

日付	直物レート	外貨建買掛金	オプションの公正価値
11月8日	0.8555ドル	213,975ドル	5,250ドル
12月31日	0.9389ドル	234,725ドル	22,200ドル
2月8日	0.9187ドル	229,675ドル	14,675ドル

(出典:Advanced Accounting, Dennis M. Bline/Mary L. Fisher/Ted D. Skekel, 2004 Wiley pp. 228-229.)

11月8日(契約日=取引日)

(借)棚卸資産 213,875 (貸)外貨建買掛金 213,875

棚卸資産の取得原価と外貨建買掛金の発生を計上する。外貨建買掛金 213,875 = 12,500単位×20ユーロ×0.8555ドル。

(借)買いオプション 5,250 (貸)現 金 5,250

買いオプション権の購入対価としてオプション料 5,250 を計上する。

12月31日(決算日)

(借)為替損益 20,850 (貸)外貨建買掛金 20,850

ヘッジ対象の外貨建買掛金について公正価値の変動による損益を計上する。直物レートが1ユーロ=0.8555ドルから0.9389ドルに上昇したことにより外貨建買掛金の公正価値の変動と為替差損 20,850 [=12,500単位×20ユーロ×(0.8555ドル-0.9389ドル)]を計上する。

(借)買いオプション 16,950 (貸)買いオプション損益 16,950

ヘッジ手段の買いオプションの公正価値の変動による利益を計上する。買いオプションの公正価値変動差益 16,950(=22,200-5,250)。オプションの公正価値は,割引現在価値 22,200 で計上する。

2月8日(決済日)

(借)外貨建買掛金 5,050 (貸)為替損益 5,050

ヘッジ対象の外貨建買掛金について公正価値の変動による差益 5,050 [=12,500×20ユーロ×(0.9187-0.9389)]を計上する。

(借)買いオプション損益 7,525 (貸)買いオプション 7,525

ヘッジ手段の買いオプションの公正価値変動差損 7,525（＝22,200 − 14,675）を計上する。

（借）外貨建買掛金 229,675 （貸）買いオプション 14,675
　　　　　　　　　　　　　　　　 現　金　　　　　　 215,000

オプションの権利行使により行使価格 1 ユーロ＝0.86 ドルで棚卸資産輸入代金 250,000 ユーロを 215,000 ドルで取引先銀行へ送金する。外貨建買掛金 229,675＝213,875＋20,850 − 5,050。買いオプション 14,675＝5,250＋16,950 − 7,525。

② オプション契約による売却可能証券の公正価値ヘッジ

2011 年 1 月 1 日，P 社は，S 社の株式（売却可能証券）100 株を 1 株当たり 25 ドルで取得した。P 社は，株価の下落による証券投資の価値減少をヘッジするため，2011 年 12 月 31 日に，売りオプション（Put option）をオプション料 300 ドル（アット・ザ・マネー状態＝原資産価格と権利行使価格が同等）で購入し，2013 年 12 月 31 日までの期間，P 社株式 100 株を 1 株当たり 30 ドルで売却する権利を取得した。投資とオプションの公正価値は，次の通りである。

公正価値の計算

	2011 年 12 月末日	2012 年 12 月末日	2013 年 12 月末日
S 社株式：			
1 株の株価	30 ドル	29 ドル	26 ドル
100 株	3,000 ドル	2,900 ドル	2,600 ドル
売りオプション：			
市場価格　（a）	300 ドル	340 ドル	400 ドル
本源的価値（b）	(0)	(100) ドル	(400) ドル
時間的価値（c）	300	240	0

（出典：Advanced Financial Accounting 8thed.; Richard E. Baker/Valdean C. Lembke/Thomas E. King, 2009 McGraw-Hill Irwin pp. 545-546.）

注記

(a) 市場価格は，現在の市場価格から得られる。売りオプションの公正価値は，本源的価値（Intrinsic value）と時間的価値（Time value）から構成されている。通常，売りオプションの公正価値を予測するためブラック・ショールズ・マートン・モデルのような多様なオプション価格算定モデルが使用される。

(b) 本源的価値は，2012 年 12 月末日の場合，1 株当たり株価の 30 ドルと 29 ドルの差額

に株式数100株を掛けた100ドルである。

(c) オプションの時間的価値は，将来の予測キャッシュ・フローの割引計算の結果と原資産の変動性を反映したものである。現在価値と変動性の複雑な計算技法を考慮しない場合，時間的価値は，オプションの市場価格と本源的価値との差額である。

2011年1月1日（株式取得日）

（借）売却可能証券 2,500 （貸）現　金 2,500

S社株式100株を1株当たり25ドルで取得した。売りオプション契約の公正価値はゼロであるから，仕訳は不要である。

2011年12月31日（決算日）

（借）売却可能証券 500 （貸）その他包括利益 500

ヘッジ対象の売却可能証券の公正価値変動による評価益をその他包括利益（繰延ヘッジ損益）に計上する。その他包括利益 500＝（時価 30－取得原価 25）×100株。売却可能証券を公正価値ヘッジ対象として指定した場合に限り，ヘッジ対象項目の売却可能証券から生じる評価損益は当期の損益に計上せず，その他包括利益として貸借対照表で繰延べ，ヘッジ手段の損益と相殺される時点で当期損益計算書に計上する（米国財務会計基準書115号）。

（借）売りオプション 300 （貸）現　金 300

S社株式100株を1株当たり権利行使価格30ドルで売却するヘッジ手段として売りオプションをオプション料300ドルを支払い購入した。オプション料300ドルは，オプションの時間的価値である。

（借）売却可能証券評価損 100 （貸）売却可能証券 100

ヘッジ対象のS社株式の公正価値変動による評価損 100 ［（時価 29－30）×100株］は，当期の損益計算書に計上する（米国財務会計基準書133号）。

2012年12月31日（決算日）

（借）売りオプション 100 （貸）オプション評価益 100

ヘッジ手段の売りオプションの本源的価値の増加を計上する。

（借）オプション評価損 60 （貸）売りオプション 60

ヘッジ手段の売りオプションの公正価値の変動部分を計上する。オプション評価損60＝当初の時間的価値300ドル－残存時間的価値240ドル。

2013年12月31日（決算日）

（借）売却可能評価損 300 （貸）売却可能証券 300

ヘッジ対象のS社株式の公正価値変動による評価損300〔（時価29－26）×100株〕を計上する。

（借）売りオプション 300 （貸）オプション評価益 300

ヘッジ手段の売りオプションの本源的価値の増加を計上する。

（借）オプション評価損 240 （貸）売りオプション 240

ヘッジ手段の売りオプションの公正価値の変動部分を損益に計上する。2012年12月末日に計上された売りオプションの残存時間的価値240ドルは，オプション契約の本日終了に当たり消滅するため消去する。本日において売りオプションに残存する価値は，本源的価値のみである。

（借）現　　金 3,000 （貸）売りオプション　 400
　　　　　　　　　　　　 売却可能証券　2,600

売りオプションの権利を行使してS社の売却可能証券100株を権利行使価格1株30ドルで売却した。

（借）その他包括利益 500 （貸）売却可能証券売却益 500

2011年12月末日に計上されたその他包括利益累積額を売却益に振替える。

設例：金利スワップによる固定金利付債務証券の公正価値ヘッジ

① 企業が固定金利で資金を借入れた場合，基準値のロンドン銀行間貸出金利が変動すれば，借入金の公正価値は変動する。将来の利払いは固定化されているが，短期金融市場の金利が変動する結果，現在価値も変動することになる。たとえば，市場金利が下落した場合，キャッシュ・フローと負債の正味現在価値は上昇する。このため，変動金利が固定金利より下落すると予測する場合は，資金の借り手は，固定金利を変動金利に交換するヘッジ戦略を選ぶ。資金の借り手は，金利スワップの契約相手の銀行に変動金利を支払うのと引換えに固定金利を受取る。固定金利付債務は，実質上，変動金利に変わる。

設例：A社は，2010年1月1日，18ヶ月，20,000,000ドル，固定金利7％，6ヶ月利払期間の手形を振出しB銀行から資金を借入れた。2010年1月1日，金利が下落傾向にあったので，手形の固定金利をヘッジするため，A社は，C銀行との間で固定金利7％を受取るのと引換えに変動金利の支払いを契約した。固定金利と変動金利との差額は，6ヶ月に一度決済する。変動金利は，ロンドン銀行間貸出金利（LIBOR＝London Interbank Offered Rate）に基づく。変動金利は6ヶ月ごとの期末に見直し，見直後の金利を翌期の利払いに適用する。金利スワップの想定元本は，20,000,0000ドルである。スワップ契約の満期日は，借入金の返済期日と同じである。

金利とスワップの公正価値の変動は，下記の通りである。

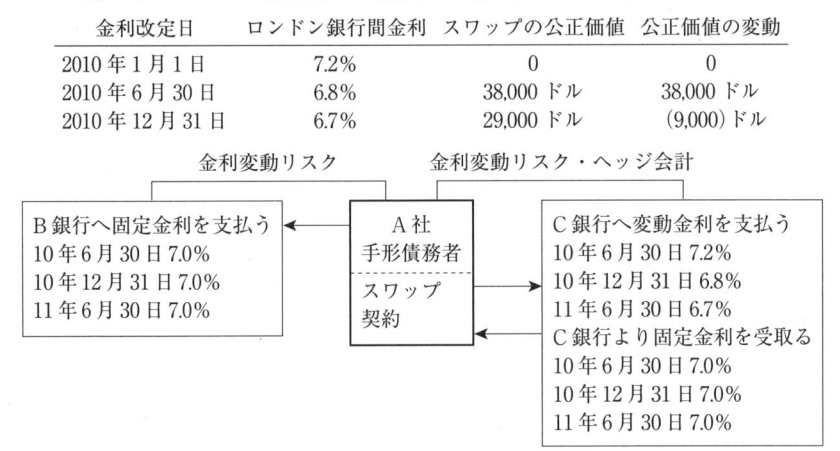

金利改定日	ロンドン銀行間金利	スワップの公正価値	公正価値の変動
2010年1月1日	7.2％	0	0
2010年6月30日	6.8％	38,000ドル	38,000ドル
2010年12月31日	6.7％	29,000ドル	(9,000)ドル

```
            金利変動リスク          金利変動リスク・ヘッジ会計
                 ↑                         ↑
┌──────────────┐   ┌──────┐   ┌──────────────┐
│B銀行へ固定金利を支払う│ ← │ A社  │ → │C銀行へ変動金利を支払う│
│10年6月30日 7.0％    │   │手形債務者│   │10年6月30日 7.2％    │
│10年12月31日 7.0％   │   ├──────┤   │10年12月31日 6.8％   │
│11年6月30日 7.0％    │   │スワップ│   │11年6月30日 6.7％    │
└──────────────┘   │ 契約 │ ← │C銀行より固定金利を受取る│
                   └──────┘   │10年6月30日 7.0％    │
                              │10年12月31日 7.0％   │
                              │11年6月30日 7.0％    │
                              └──────────────┘
```

（出典：Advanced accounting, 8th. ed. Paul Marcus Fisher/William James Taylor/Rita Hartung Cheng, pp. M19-M20. なお，一部変更して引用した。）

2010年1月1日（資金借入日＝スワップ契約日）

（借）現　金 20,000,000　（貸）7％支払手形 20,000,000

借入金の受取額と固定金利7％の支払手形を計上する。金利スワップの公正価値はゼロであり仕訳は不要である。

2010年6月30日（決済日）

（借）支払利息 700,000 （貸）現　金 700,000

固定金利支払額 700,000 ドル＝20,000,000 ドル×7％×6ヶ月／12ヶ月。

（借）スワップ評価損 38,000 （貸）7％支払手形 38,000

ヘッジ対象の支払手形の公正価値変動による損失を計上する。

（借）支払利息 20,000 （貸）現　金 20,000

ヘッジ手段の金利スワップの金利差異について決済額を計上する。

支払利息 20,000＝（7.2％支払－7％受取）×20,000,000 ドル×6ヶ月／12ヶ月。

（借）金利スワップ 38,000 （貸）スワップ評価益 38,000

ヘッジ手段の金利スワップの公正価値変動による利益を計上する。

2010年12月31日（決算日）

（借）支払利息 700,000 （貸）現　金 700,000

半年分の固定金利支払額 700,000 を計上する。

（借）7％支払手形 9,000 （貸）スワップ評価益 9,000

ヘッジ対象の支払手形の公正価値変動による利益を計上する。

（借）現　金 20,000 （貸）支払利息 20,000

ヘッジ手段の金利スワップの金利差異について決済額を計上する。支払利息（－）20,000＝（7％受取－6.8％支払）×20,000,000×6ヶ月／12ヶ月。

（借）スワップ評価損 9,000 （貸）金利スワップ 9,000

金利スワップの公正価値変動による損失を計上する。

2011年6月30日（決済日）

（借）支払利息 700,000 （貸）現　金 700,000

半年分の支払利息 700,000 を計上する。

（借）7％支払手形 29,000 （貸）スワップ評価益 29,000

ヘッジ対象の7％支払手形の公正価値変動による利益を計上する。

（借）7％支払手形 20,000,000 （貸）現　金 20,000,000

手形金額の返済を計上する。

（借）現　金 30,000 （貸）支払利息 30,000

スワップの金利差異の決済額を計上する。支払利息（－）30,000＝（7％金

利受取−6.7％金利支払）×20,000,000×6ヶ月／12ヶ月。

（借）スワップ評価損 29,000　（貸）金利スワップ 29,000

スワップ契約の終了につき金利スワップを消去する。固定金利支払利息 2,100,000 ドル＝700,000＋700,000＋700,000。変動金利支払利息 2,070,000 ドル＝720,000＋680,000＋670,000。金利スワップによりキャッシュ・フロー及び支払利息について 30,000 ドル ［＝−2,070,000−（−2,100,000）］ 削減されたことになる。

有効性テスト：2,100,000/2,070,000＝101.449％ または 2,070,000/2,100,000＝98.571％

② 金利スワップによる変動金利付債務のキャッシュ・フロー・ヘッジ

A社は，ロンドン銀行間貸出金利（LIBOR）に0.5％をプラスした変動金利の支払を条件とする借入金 10,000,000 ドルを与信者銀行に対して有する。A社は，変動金利の支払いをヘッジするため，金利スワップを 2005 年 6 月 30 日にB社と契約する。A社は，想定元本 10,000,000 ドルについて，1 年にわたり，B社に固定金利年率 7.75％で利息を支払うのと引換えに，ロンドン銀行間貸出金利＋0.5％の変動金利を受取る。金利の決済は，四半期の期末に行なう。年度末決算は 12 月 31 日である。変動金利の支払いは，四半期の期首のロンドン銀行間貸出金利を用いて見直す。金利は，下記の通りである

　　　2015 年 6 月 30 日　　7.25％
　　　2015 年 9 月 30 日　　6.25％
　　　2015 年 12 月 31 日　　7.45％
　　　2016 年 3 月 31 日　　7.50％

金利交換の順序は，下記の図に示す通りである。

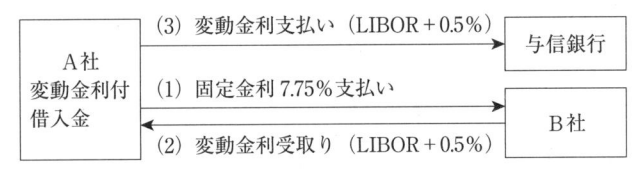

```
┌──────────┐ (3) 変動金利支払い（LIBOR＋0.5％）  ┌──────┐
│   A社    │─────────────────────────────────→│与信銀行│
│ 変動金利付│ (1) 固定金利 7.75％支払い           ├──────┤
│   借入金  │─────────────────────────────────→│  B社  │
│          │ (2) 変動金利受取り（LIBOR＋0.5％）   │      │
└──────────┘←─────────────────────────────────│      │
                                                 └──────┘
```

第 19 章　デリバティブ会計　573

金利の収支と決済のスケジュール

金利改定 4 半期末	変動金利 LIBOR＋0.5％	変動金利の 受取り	固定金利7.75％ の支払い	純収支	スワップの 公正価値	公正価値 変動
2015/6/30	7.75％					0
2015/9/30	6.75％	193,750 ドル	193,750 ドル	0	(72,538)	(72,538)
2015/12/31	7.95％	168,750 ドル	193,750 ドル	(25,000)	9,710	82,248
2016/3/31	8.00％	198,750 ドル	193,750 ドル	5,000	6,127	(3,583)
2016/6/30		200,000 ドル	193,750 ドル	6,250	0	(6,127)

(出典：Advanced Financial Accounting, Pearl Tan Hock Neo/Peter Lee Lip Nyean, 2008 McGraw-Hill pp. 487–488. なお，一部変更して引用した。)

注記

1. スワップ開始時（2,015 年 6 月 30 日）の LIBOR は，7.25％である。これに 0.5％を上乗せした 7.75％が 2015 年 9 月 30 日の第 1 四半期末の変動金利受取の計算に使用される。固定金利支払いは，7.75％である。2015 年 9 月 30 日の第 1 四半期末の変動金利受取額は 193,750 ドルであり，固定金利支払額も 193,750 ドルである。このため，2015 年 9 月 30 日の正味収支は，ゼロである。満期まで均一な利回りを前提にする場合，スワップ開始時（2015 年 6 月 30 日）の見積公正価値は，ゼロである。

2. 第 1 四半期末（2015 年 9 月 30 日）に，LIBOR は，6.25％に下落している。翌期の 2015 年 12 月 31 日の第 2 四半期末の変動金利の受取りは，168,750 ドル（10,000,000×0.0675×1/4）である。固定金利の支払いは，193,750 ドルである。その結果，第 1 四半期末 LIBOR の 6.25％＋0.5％で算定された第 2 四半期末の変動金利受取額 168,750 ドルと固定金利支払額 193,750 ドルとの差額 25,000 ドルは，第 2 四半期末 2015 年 12 月 31 日の将来の純現金支出になる。将来の純現金支出 25,000 ドルは，次の 3 期にわたり行なわれると想定される。割引率 6.75％を用いて将来の純現金支出を割引くと，現在価値は，（−）72,538 ドルである。これは，2015 年 9 月 30 日のスワップの公正価値（割引現在価値）である。公正価値はマイナスであるから，貸借対照表に金利スワップの負債として計上する。

3. 第 2 四半期末（2015 年 12 月 31 日）LIBOR は，7.45％に反転上昇する。第 3 四半期末 2016 年 3 月 31 日の変動金利受取りは，198,750 ドルである。固定金利の支払いは 193,750 ドルであるから，2016 年 3 月 31 日の正味の現金収入は 5,000 ドルである。この正味の現金収入 5,000 ドルは，2016 年 3 月 31 日と 2016 年 6 月 30 日にあると想定される。この 2 つの利息期間の正味の現金収入 5,000 ドルの現在価値総額は，9,710 ドル

である。スワップの公正価値は，マイナス（スワップの負債）からプラス（スワップの資産）へ変換した。

4. 第3四半期についても上記の手続きを繰り返す。

2015年6月30日（スワップ契約日）

スワップ取引開始時点のスワップ公正価値はゼロであり，仕訳は不要である。

2015年9月30日（決済日）

（借）支払利息 193,750（貸）現　金 193,750

ヘッジ対象の借入金支払利息 193,750＝10,000,000×0.0775×1/4

（借）その他包括利益累計額 72,538（貸）その他包括損失 72,538（金利スワップ負債）

金利スワップ公正価値を1期後の将来現金支出 25,000 の割引現在価値として計上する。

2015年12月31日（決済日）

（借）支払利息 168,750（貸）現　金 168,750

ヘッジ対象の変動金利の支払利息 168,750＝10,000,000×0.0675×1/4

（借）支払利息 25,000（貸）現　金 25,000

金利の純収支を計上する。

25,000＝変動金利受取 168,750－固定金利支払 193,750

（借）その他包括利益 82,248（貸）その他包括利益累積額 82,248

ヘッジ手段の金利スワップ公正価値の変動 82,248［＝9,710－（－72,538）］を計上する。

2016年3月31日（決済日＝決算日）

（借）支払利息 198,750（貸）現　金 198,750

ヘッジ対象の変動金利の支払 198,750（10,000,000×0.0795×1/4）を計上する。

（借）現　金 5,000（貸）受取利息 5,000

金利の純収支を計上する。

5,000＝変動金利受取 198,750－固定金利支払 193,750

（借）その他包括利益累計額 3,583（貸）その他包括損失 3,583（金利スワップ負債）

ヘッジ手段の金利スワップの公正価値の変動（－）3,583［＝(6,127－

9,710)〕をその他包括損失（金利スワップ負債）として計上する。

2016年6月30日（決済日＝契約終了日）

　（借）支払利息 200,000　（貸）現　金 200,000

　ヘッジ対象の変動利益の支払 200,000（10,000,000×0.08×1/4）を計上する。

　（借）現　金 6,250　（貸）受取利息 6,250

　金利の純収支を計上する。

　純収支 6,250 ＝ 変動金利受取 20,000 － 固定金利支払 193,750

　（借）その他包括利益累計額 6,127　（貸）その他包括損失 6,127（金利スワップ負債）

　ヘッジ手段の金利スワップの公正価値の変動（－）6,127（＝0－6,127）をその他包括損失（金利スワップ負債）として計上する。

ヘッジ対象の変動金利支払 761,250 ＝ 193,750 ＋ 168,750 ＋ 198,750 ＋ 200,000。ヘッジ手段の固定金利支払 775,000 ＝ 19,375×4期。有効性検証テスト：761,250/775,000 ＝ 98.225％ または 775,000/761,250 ＝ 101.806％

19－4　外貨建取引のヘッジ会計

　外貨ヘッジとは，外貨建の未認識確定契約，予定取引，証券投資，海外事業に対する純投資について，デリバティブの契約日から決済日までの為替変動リスクをヘッジすることをいう。為替変動リスクをヘッジするデリバティブとして先物契約，オプション等が利用される。

　先物為替予約（Forward exchange contracts）とは，企業が外貨建取引の為替変動による損失リスクをヘッジするため，外国為替取扱銀行との間で将来の特定の日に特定の先物レートで異なる外国為替を売買する先物契約をいう。先物為替予約は，相対取引（店頭取引）により行なわれる。先物為替予約は，3つのヘッジ目的の別にしたがって利用される。

　第1は，取引の履行により発生した外貨建債権・債務の為替変動リスクをヘッジするためにヘッジ手段（Hedging instrument）として用いられる先物為替予約である。先物為替予約は，ヘッジ対象項目（Hedged instrument）の外貨建債権・債務が発生する前に先行してヘッジ期間を開始する必要があるため，

輸出入取引の契約日から外貨建債権・債務の発生日（商品の受渡日）までの間に限定して外国為替取扱銀行との間で締結する必要がある。ヘッジ会計は，ヘッジ対象の取引期間とヘッジ手段の契約期間とを一致させ，ヘッジ対象項目の公正価値の変動による為替損失とデリバティブの公正価値の変動による為替利益が同一期間の損益として相殺されることにより成立する。

第2は，ヘッジ目的と投機目的のいずれにも該当しない先物為替予約である。これは，既に発生している外貨建債権・債務に対して事後的に契約される先物為替予約である。

第3は，投機を目的として，外国為替の売買により利鞘を獲得する先物為替契約である。

為替変動をヘッジするためヘッジ対象の外貨建債権・債務に対応するヘッジ手段として先物為替予約を外国為替取扱銀行と締結する場合，将来の特定の日に，予約レートで一定数量の外貨を譲り受ける権利または譲り渡す義務が生じる。たとえば，商品の輸出から発生した外貨建売掛金を決済日に回収する場合，輸出企業は，回収した外貨を外国為替取扱銀行へ売って国内通貨に換えるため，先物為替予約日に，当該為替取扱銀行と事前に契約した「先物買いレート」を外貨建売掛金に適用する。「先物買いレート」は，為替取扱銀行が輸出企業から外貨を買うときの予約レートである。

他方，輸入商品の受取時に発生した外貨建買掛金を決済日に外貨で支払う場合，輸入企業は，決済日に支払うべき手持外貨を外国為替取扱銀行から買うため，先物為替予約日に当該為替取扱銀行との間で契約した「先物売りレート」を外貨建買掛金に適用する。「先物売りレート」は，外国為替取扱銀行が決済日に企業へ外貨を売るときの予約レートである。

外貨建債権・債務について，決済日に受取り，あるいは支払うべき外貨の貨幣数量を先物為替レートで固定化（fixed）して為替変動リスクをヘッジすることが，先物為替予約の目的と役割である。

外貨建債権の為替変動の損失リスクをヘッジするためには，ヘッジ手段として先物為替予約取引を外国為替取扱銀行との間で契約しておく。たとえば，日本の企業が契約日に器械を100万ドルで米国の仕入先に輸出する取引を契約し，取引日（器械引渡日）の直物為替レート1ドル＝100円が決済日直物為替

レート1ドル=98円に円高に推移した場合，決済日にドル建売掛金100万ドルについて1ドル当たり2円の円高により為替差損200万円が生じる。しかし，ヘッジ対象のドル建売掛金の為替変動リスクをヘッジする目的で，外貨建輸出取引の契約日から取引日（外貨建債権・債務取得日）までの間の為替予約日に，先物為替予約としてドル建為替債務100万ドル（輸出企業の外貨売り義務）を先物レート1ドル=98円で外国為替取扱銀行の買い予約として計上しておけば，決済日にドル建為替債務100万ドルにつき1ドル当たり2円の円高により為替差益200万円が生じる。このため，決済日のドル建債権の為替損失200万円は，為替利益200万円と相殺される。先物為替予約は双務契約であり，為替予約時の外貨建輸出債権と外貨建為替債務を等額で両建計上するため，決済時の両取引の損益計算書の純額はゼロになる。このように，為替変動リスクを回避するため，外貨建取引によって生じた損失をデリバティブ取引（例えば先物為替予約）によって生じた利益と相殺することが外貨ヘッジの先物為替予約の役割である。

先物為替予約による外貨建取引のヘッジ

全てのデリバティブは，公正価値（市場価格・割引現在価値）で貸借対照表に計上する。デリバティブの公正価値変動は，デリバティブの目的別にしたがって処理する。たとえば，先物為替予約を外貨建取引の為替変動リスクに対する外貨ヘッジとして指定する場合は，デリバティブの目的（公正価値ヘッジ，キャッシュ・フロー・ヘッジ，外貨ヘッジ）のうち外貨ヘッジであることをデリバティブ会計に関する報告文書で開示する必要がある。

(1) イ．ヘッジ目的，ロ．投機目的，ハ．その他の目的
(2) 公正価値ヘッジ—デリバティブのヘッジ手段の公正価値の変動と，ヘッジ対象の公正価値の変動による評価損益は，共に損益計算書の損益に計上する。
(3) キャッシュ・フロー・ヘッジ—デリバティブのヘッジ手段の公正価値の変動は，ヘッジ損益としてその他包括利益累計額に計上し貸借対照表上で繰延べる。ヘッジ対象の取引終了日に当期損益計算書に計上する。
(4) 外貨ヘッジ
    ① 未認識確定契約—公正価値ヘッジとして処理する（未認識確定契約

（Unrecognized firm commitment）とは取消不能を確約した未記帳の取引であり，外貨建債権・債務が取引として発生する以前の未履行契約をいう）。
② 予定外貨取引―キャッシュ・フロー・ヘッジとして処理する（予定取引（Forcasted transaction）とは未契約の取引をいう）。
③ 売却可能有価証券への投資―公正価値ヘッジとして処理する。
④ 海外子会社への投資―機能通貨で換算した為替換算差額はその他包括利益とする。

設例：外貨ヘッジ
① 先物為替予約による未認識確定契約の公正価値ヘッジ

　2010年10月1日に米国のB社は，欧州のG社に対して輸入価格4,000,000ユーロの器械の購入を発注した。器械の受入日と決済日は，2011年3月31日である。B社は器械の受入日まで代金を支払わないが，代金4,000,000ユーロを支払うため通貨ユーロを調達する確定契約を締結した。これは，ユーロ建買掛債務を為替変動リスクにさらすことになる。このため，6ヶ月間にわたりユーロ為替相場が高くなると，器械のドル建取得原価は増大する。

　B社は，為替変動リスクをヘッジする目的で，G社が購入発注書を受取る日に，ユーロを購入する6ヶ月先物為替契約を締結し，器械のユーロ建取得原価を固定化する考えである。2010年10月1日の直物レートは1ユーロ＝1.40ドルである。2011年3月31日の決済日の確定先物レートは1ユーロ＝1.44ドルである。B社は，2011年3月31日の決済日にG社への支払いに充てる4,000,000ユーロを受取り，これと引換えに5,750,000ドルを支払う先物為替予約を2010年10月1日にF外国為替取扱銀行と契約する。先物為替予約の開始日にプレミアムの授受はない。

　この先物為替予約は，公正価値ヘッジとして指定する。貨幣の時間的価値は，1ヶ月当たり割引率0.5％（1年当たり割引率6％）である。2010年12月31日の決算日の直物レートは1ユーロ＝1.45ドルであり，2011年3月31日の決済日のユーロ直物レートは1ユーロ＝1.48ドル，先物レートは1ユーロ＝1.46ドルである。

	直物レート	決済日の先物レート
2010年10月1日	1ユーロ＝1.40ドル	1ユーロ＝1.44ドル
2010年12月31日	1ユーロ＝1.45ドル	1ユーロ＝1.44ドル
2011年3月31日	1ユーロ＝1.48ドル	1ユーロ＝1.46ドル

（出典：Wiley GAAP 2010, Interpretation and Application of GENERALLY ACCEPTED ACCONTING PRINCIPLES, Barry J. Epstein, Ralph Nach, Steven M. Bragg, pp. 1153-1154. なお，取引内容と仕訳の解説のうち一部変更して引用した）

2010年10月1日（輸入契約日＝為替予約日）：ヘッジ対象の確定購入契約とヘッジ手段の先物為替契約と確定契約はともに価値ゼロであるため，仕訳は不要である。なお，確定購入契約勘定は，取引発生日の輸入品の到着日に外貨建買掛金勘定に変える。

2010年12月31日（決算日）

（借）確定購入債務為替差損 197,044 （貸）確定購入債務 197,044

　ヘッジ対象の確定購入債務のドル安による為替変動差損20,000ドル［＝直物レートの変動差額（1.45－1.40）×4,000,000ユーロ］。確定購入債務の公正価値20,000ドルから貨幣の時間的価値の利息相当額を控除するため，1ヶ月当たり利子率0.5％（1年当たり利子率6％），期間3ヶ月で割引計算した現在価値197,044ドルで計上する。$20,000 \div (1+0.005)^3 = 197,044$。

（借）先物為替予約 78,818 （貸）先物為替予約為替差益 78,818

　ヘッジ手段の先物為替予約の公正価値の為替変動差益80,000ドル［＝先物レートの変動差額（1.46－1.44）×4,000,000ユーロ］を割引現在価値で計上する。将来価値80,000から貨幣の時間的価値（利息相当額）を控除するため1ヶ月当たり利子率0.5％（1年当たり利子率6％），期間3ヶ月で割引計算した現在価値78,818で計上する。$80,000 ドル \div (1+0.005)^3 =$ 先物為替予約 78,818。

（借）先物為替予約為替差益　78,818　（貸）確定購入債務為替差損 197,044
　　　損　益　　　　　　　118,226

　ヘッジ手段（先物為替予約）の為替差益78,818とヘッジ対象（確定購入債務）の為替差損197,044を相殺し純額を損益勘定へ振替え当期純損失118,226を計上する。

2011年3月31（器械受入日＝決済日）

(借) 確定購入債務為替差損 122,956 (貸) 確定購入債務 122,956

ヘッジ対象の確定購入債務の公正価値変動による差額 122,956 ドル＝[320,000 ドル＝(1.48－1.40)×4,000,000 ユーロ]－前期決算で計上した確定購入債務差損 197,044。

(借) 先物為替予約 81,182 (貸) 先物為替予約為替差益 81,182

ヘッジ手段の先物為替予約の公正価値の為替変動差益を計上する。先物為替予約 (資産増加分) 81,182 ドル＝[160,000 ドル＝(1.48－1.44)×4,000,000 ユーロ]－前期決算で計上した先物為替予約差益 78,818 ドル。

(借) 確定購入債務　320,000 (貸) 現　金 5,920,000
　　　器　械　　　　5,600,000

器械の受入れに伴い，契約日の直物レート 1 ユーロ＝1.40 ドルにより器械取得価額 4,000,000 ユーロと，契約期間の直物レート変動による影響を示す確定購入債務 320,000 ドル (＝決算日計上分 197,044＋決済日計上分 122,956) を計上する。

(借) 現　金 160,000 (貸) 先物為替予約 160,000

先物為替予約の決済額の回収 160,000 ドル [＝(1.48－1.44)×4,000,000 ユーロ] を計上する。

(借) 先物為替予約為替差益 81,182 (貸) 確定購入債務為替差損 122,956
　　　損　益　　　　　　41,774

損益勘定を締切り純損失 41,774 を計上する。

前掲設例では，ヘッジ手段の先物為替予約は，確定購入債務 (器械引渡日以前の未履行取引契約を指すが器械引渡日に取引が発生し外貨建買掛金に転換する) から生じた損失をヘッジするケースである。外貨建買掛金のヘッジは，公正価値ヘッジとして処理され，ヘッジ手段損益とヘッジ対象損益を共に当期損益計算書に計上する。

外貨建確定購入契約 (器械受入日に外貨建買掛金として計上する) の公正価値ヘッジについて，直物レートと先物レートの変動差額に関連する先物為替契約の公正価値変動は，ヘッジの有効性の検証項目から除外されている。したがって，100％完全なヘッジは，存在しない。2010 年期末決算において計上された純損失 118,226 ドルは，2 つの計算要素に分析される。すなわち，ヘッジの有

効性を示す直物レートと先物レートとの為替変動差額と，ヘッジの非有効性から生じる金額である。ヘッジの有効期間に発生した為替変動差損は，ヘッジ開始時の直物レートと先物レートの変動差額0.04ドル（＝1.44－1.40）が決算日の為替変動差額0.1ドル（＝1.46－1.45）へ縮小したことにより生じたドル安による為替変動差損120,000ドル［＝(0.4－0.1)×4,000,000ユーロ］である。これは，割引計算により現在価値118,227で計上する。2010年12月末の確定購入債務差損197,044（＝78,818＋118,226）のうち，ヘッジ手段から生じた為替差益78,818と相殺された残額は，ヘッジの非有効性を示す。

② 先物契約による予定取引のキャッシュ・フロー・ヘッジ

2015年11月30日において，米国のA社（機能通貨＝米ドル）は，2016年1月30日に設備2,000,000ユーロの購入を予定している。A社は，設備受入時のユーロの為替レートの上昇に関心があり，ユーロの為替レートの上昇リスクをヘッジすることを決定し，2016年1月31日に2,000,000ユーロを買う2ヶ月の先物為替予約を締結した。先物為替予約は，予定購入取引のキャッシュ・フロー・ヘッジとして指定された。その他のヘッジ会計の条件は，国際会計基準（IAS）39号に一致している。設備は，日程どおり受取った。A社の事業年度の期末は，12月31日である。直物レートと先物レートは，下記の通りである。

日　付	直物レート（1ユーロ）	先物レート（引渡日 16/1/30）
2015/11/30	1.70ドル	1.72ドル
2015/12/31	1.73	1.74
2016/1/30	1.75	1.75

割引率年6％を先物契約に適用する。キャッシュ・フロー・ヘッジのヘッジ手段として先契約を使用する場合，ヘッジ有効性の測定は，直物レートと先物レートのどちらに基づいてもよい。したがって，ヘッジがヘッジ会計の有効性基準に合致していることを明らかにするため，A社は，直物テーとと先物レートのうちいずれかの方法によるヘッジ関係を指定する必要がある。

$$\text{A方式}：\frac{\text{直物レートによる先物契約の公正価値の変動}}{\text{直物レートによる予定取引のキャッシュ・フローの変動}}$$

B方式：先物レートによる先物契約の公正価値の変動 / 先物レートによる予定取引のキャッシュ・フローの変動

A方式の場合，先物契約における金利要素（時間的価値）は，指定されたヘッジ関係から排除される。ヘッジ手段は，先物契約の直物要素として規定される。ヘッジ対象の予定取引のキャッシュ・フロー変動とヘッジ手段の先物契約の公正価値変動は，ともに直物レートで測定され，期間も一致しているため，ヘッジの有効性は，極めて高い。B方式の場合，金利要素は，ヘッジ関係から排除されない。先物契約の公正価値の変動に，時間的価値つまり金利要素が含まれる。しかし，ヘッジ対象の予定取引のキャッシュ・フローの変動とヘッジ手段の先物契約の公正価値の変動は，ともに先物レートで測定するため，ヘッジの有効性は，極めて高い。契約期間中の先物契約の公正価値，直物レート，金利は，下記の表の通りである。

日付	直物レート	先物レート	先物契約の公正価値	先物契約の直物要素	金利要素
(a)	(b)	(c)	(d) = (e) + (f)	(e)	(f)
15/11/30	1.70ドル	1.72ドル			
15/12/31	1.73	1.74	39,801	59,701	(19,900)
16/1/30	1.75	1.75	60,000	100,000	(40,000)

（出典：Advanced Financial Accounting, Peal Tan Hock Neo/Peter Lee Lip Nyean, 2008 McMraw-Hill, pp. 475-478. なお，一部変更して引用した。）

計算：

12月31日公正価値 39,801 = (1.74ドル − 1.72) × 2,000,000ユーロ／(1 + 0.06/12)

12月31日直物要素 59,701 = (1.73ドル − 1.70) × 2,000,000ユーロ／(1 + 0.06/12)

先物契約の金利要素は，次の計算式から得られる。

（当期先物プレミアム − 前期先物プレミアム）× 想定金額 ÷ 先物契約残存期間の現在価値計算係数 ＝ 先物契約の金利要素

$[(1.74 − 1.73) − (1.72 − 1.70)] × 2,000,000$ ユーロ／$(1 + 0.06/12) = −199,900$

あるいは先物契約の公正価値と先物契約における直物要素との差額として求める。39,801 − 59,701 = −199,900

2016年1月31日の先物契約の公正価値 60,000ドルの計算は，次の計算式による。

(満期日の先物レート－予約先物レート)×想定金額＝満期日の先物契約の公正価値

2016年1月31日に先物契約期間は終了するため，満期日の先物レートは，直物レートと同等になる。満期日の先物契約の公正価値は，それが満期日の現在価値を示すため，割引く必要はない。(1.75ドル－1.72)×2,000,000ユーロ＝満期日の先物契約の公正価値＝60,000ドル。直物レートと先物レートによる予定取引の予測キャッシュ・フローの変動は，下記の表の通りである。

直物レート・先物レートによるキャッシュ・フローの変動

日付	直物レート	先物レート	直物キャッシュ変動累積	直物キャッシュ変動の現在価値	先物キャッシュ変動累積	先物キャッシュ変動の現在価値
15/11/30	1.70	1.72				
15/12/31	1.73	1.74	(60,000)	(59,701)	(40,000)	(39,801)
16/1/31	1.75	1.75	(100,000)	(100,000)	(60,000)	(60,000)

注：

① (直物1.70ドル－1.73)×2,000,000ユーロ＝直物レート変動差損（－60,000ドル）

② －60,000ドル／(1＋0.06/12)＝直物レート変動差損の公正価値（－59,701）

③ (先物1.72ドル－1.74)×2,000,000ユーロ＝先物レート変動差損（－40,000ドル）

④ －40,000ドル／(1＋0.06/12)＝先物レート変動差損の公正価値（－39,801ドル）

⑤ (直物1.70ドル－1.75)×2,000,000ユーロ＝直物レート変動差損（－100,000ドル）

⑥ －100,000／割引率(1＋0％)＝－100,000。先物契約終了日につき，時間的価値（金利）が発生する期間が残存していないため割引率は1＝(1＋金利ゼロ)である。

⑦ (先物1.72ドル－1.75)×2,000,000＝先物レート変動差損（－60,000）

ヘッジの有効性テスト

ヘッジ対象のキャッシュ・フロー累積額とヘッジ手段の公正価値の変動を比較して，A方式とB方式の有効部分を決定する。

A方式（直物レート法）

日付	先物契約の公正価値変動累積（直物レート）	キャッシュ・フローの公正価値変動累積（直物レート）	有効性比率
2015/12/31	59,701ドル	59,701ドル	100%
2016/1/31	100,000	100,000	100%

B方式（先物レート法）

日　付	先物契約の公正価値変動累積（先物レート）	キャッシュ・フローの公正価値変動累積（先物レート）	有効性比率
2015/12/31	39,801ドル	39,801ドル	100%
2016/1/31	60,000	60,000	100%

前掲表から明らかなように，ヘッジ関係が正確に具体化されているため，ヘッジの非有効性部分は存在しない。設例の場合，A方式とB方式は，ともに100％のヘッジ比率である。

A方式―直物レートによるキャッシュ・フロー・ヘッジの会計処理

　2015年11月30日　仕訳は不要。先物契約の価値はゼロとして備忘記録を残す。

　2015年12月31日

　　（借）先物契約　　　　　39,801　（貸）その他包括利益累計額 59,701

　　　　　損　益（金利要素）19,900

　2015年11月30日から2015年12月31日までの先物契約の公正価値の変動（利益）を計上する。先物契約の直物要素の利益（59,701）と先物契約の直物決済によるキャッシュ・フローの損失（59,701）が相殺されるので，ヘッジは有効である。有効部分の利益は，その他包括利益累計額に計上する。金利要素は，損益に計上する。

　2016年1月30日

　　（借）先物契約 20,199　（貸）その他包括利益累計額 40,299

　　　　　損　益　20,100

　2015年12月31日から2016年1月30日までの先物契約の公正価値変動を計上する。ヘッジは，有効である。有効部分は，その他包括利益累計額に計上し，先物契約の金利要素は，損益に計上する。

　　（借）設　備 3,500,000　（貸）現　金 3,500,000

　設備の購入代金を計上する。3,500,000＝2,000,000ユーロ×直物レート1.75ドル。

　　（借）その他包括利益累計額 100,000　（貸）設　備 100,000

　設備の帳簿価額の修正を計上する。この仕訳は，国際会計基準（IAS）39号パラグラフ98bを選択して採用した。IAS39号，パラグラフ95「キャッシュ・フロー・ヘッジ（a）ヘッジ手段の損益のうち有効なヘッジ

部分は，資本の部に直接計上しなければならない」。パラグラフ98「企業は，次の処理のうちどちらかを採用しなければならない。(a) 資本の部に直接計上されていた損益を取得した資産・負債が損益計算書に影響を与えるのと同じ時期に損益計算書に振替える。(b) 資本の部に直接計上されていた損益を取崩し，これを資産・負債の当初取得原価または帳簿価額に計上する」

(借) 現　金 60,000 (貸) 先物契約 60,000

満期日に外国為替取扱銀行から先物契約の公正価値 60,000 を受取る。

B方式—先物レートによるキャッシュ・フロー・ヘッジの会計処理

2015年11月30日　仕訳は不要。先物契約の価値はゼロとして備忘記録を残す。

2015年12月31日

(借) 先物契約 39,801 (貸) その他包括利益累計額 39,801

2015年11月30日から2015年12月31日までの先物契約の公正価値の変動（利益）を計上する。先物契約の利益（39,801）と先物契約のキャッシュ・フローの損失（39,801）が相殺されるので，ヘッジは有効である。利益は，その他包括利益累計額に計上する。金利要素は，損益に計上する。

2016年1月30日

(借) 先物契約 20,199 (貸) その他包括利益累計額 20,199

2015年12月31日から2016年1月30日までの先物契約の公正価値の変動を計上する。ヘッジは有効である。先物契約の公正価値の変動（20,199ドル＝60,000－39,801）は，キャッシュ・フローの変動（－20,199ドル＝60,000－39,801）と相殺される。

(借) 設　備 3,500,000 (貸) 現　金 3,500,000

設備の購入代金を計上する。3,500,000 = 2,000,000 ユーロ × 直物レート 1.75 ドル。

(借) その他包括利益累計額 60,000 (貸) 設　備 60,000

設備の帳簿価額の修正を計上する。この仕訳は，国際会計基準（IAS）39号パラグラフ98bを選択して採用した。IAS39号，パラグラフ95「キャッシュ・フロー・ヘッジ (a) ヘッジ手段の損益のうち有効なヘッジ

部分は,資本の部に直接計上しなければならない」。パラグラフ98「企業は,次の処理のうちどちらかを採用しなければならない。(a) 資本の部に直接計上されていた損益を取得した資産・負債が損益計算書に影響を与えるのと同じ時期に損益計算書に振替える。(b) 資本の部に直接計上されていた損益を取崩し,これを資産・負債の当初取得原価または帳簿価額に計上する」。

(借) 現　金 60,000 （貸) 先物契約 60,000

満期日に外国為替取扱銀行から先物契約の公正価値60,000ドルを受取る。

A方式とB方式により予定取引のキャッシュ・フロー・ヘッジを行なった場合,損益計算書と貸借対照表は,それぞれ次のようになる。

	A方式—直物レート	B方式—先物レート
損益計算書		
損益に賦課された時間的価値（金利要素）		
2015年	19,900ドル	—
2016年	20,100ドル	—
貸借対照表（2016年）		
設　備	3,400,000ドル	3,400,000ドル

予定取引は非金融資産を計上することになる結果,繰延利益（その他包括利益累計額）は,国際会計基準（IAS）39号の「キャッシュ・フロー・ヘッジに関する規定：パラグラフ98a」により,資産の使用期間にわたって償却するか,あるいは国際会計基準39号パラグラフ98bにより資産の取得原価または帳簿価額に戻し入れる。設例の仕訳処理では,国際会計基準39号パラグラフ98bを選択した結果,年間減価償却費は,国際会計基準39号パラグラフ98aを採用する場合より低くなった。しかし,国際会計基準39号パラグラフ98aによる場合は,相対的に高い減価償却費は,繰延利益の償却により相殺される。したがって,どちらの方式を選択しても相違はない。

③　海外子会社に対する投資

　海外事業体に対する投資のヘッジは，海外で事業活動を行なう子会社や関連会社に適用される。海外子会社の機能通貨は，現地通貨である。外貨換算方法は，決算日レート法である。為替換算差額は，純資産の部の株主資本以外のその他純資産に計上する。海外事業体が為替相場で上昇基調にある現地通貨で営業している場合は，親企業の換算差額は，累積的に換算損失になり，会社グループの株主資本の状態に悪影響を与えることがある。このため，親企業は，為替変動リスクのヘッジが必要になる。重要な点は，海外事業体に対する投資のヘッジは，為替レートのヘッジであり，投資価値のヘッジではないという点である。したがって，海外事業体に対する投資の場合，公正価値ヘッジは，ヘッジ手段の目的に指定しない。為替レートの変動による換算差額は，株主資本以外のその他包括利益累計額に計上されるので，ヘッジ手段の損益も換算差額と相殺するため，その他包括利益累計額に計上する。さらに，ヘッジ手段が時間的価値（金利要素）を含むデリバティブである場合，時間的価値要素は，ヘッジ関係から除外し，損益に計上する。ヘッジの有効性は，下記の計算より求める。

$$\frac{ヘッジ手段の公正価値の変動累積額（A）}{投資の換算差額累積額（B）}$$

　A＞Bの場合は，非有効性が存在する。ヘッジ手段の公正価値の変動は，有効部分と非有効部分とに区分する。有効部分は，その他包括利益累計額に計上し，非有効部分は，損益計算書に計上する。したがって，海外事業体に対する投資ヘッジの会計処理は，キャッシュ・フロー・ヘッジの処理に類似している。有効なヘッジ手段の損益は，為替換算差額とともに，海外事業体への投資が処分される時点で利益として計上する。

海外事業体に対する投資のヘッジ

　　設例：F社（機能通貨＝米ドル）は，欧州において100％持分の在外子会社L社（機能通貨＝ユーロ）を取得した。2013年12月31日，子会社L社の株式資本は1,000,000ユーロであり，内部留保（利益剰余金）は200,000ユーロである。2013年12月31日の為替レートは，1ユーロ＝1.8ドルであった。2,013年12

月31日，F社は，ヘッジ手段として5%金利の借入金1,200,000ユーロにより子会社L社に対する純投資の外貨ヘッジを決定した。2014年12月31日，子会社L社は，純利益380,000ユーロの会計報告を行なった。配当は実施しない。2014年12月31日，為替レートは，1.70ドルであった。年間平均為替レートは，1ユーロ＝1.78ドルである。2013年12月31日の会社グループ全体の外貨換算差額金累積額は，15,000ドルである。

2014年12月31日のL社のドル建財務諸表の換算差額は，下記の通りである。
2014年1月1日純資産　[1,200,000ユーロ×(1.70ドル－1.85)]＝(180,000)　ドル
2014年度純利益　　　　[380,000ユーロ×(1.70ドル－1.78)]＝(30,400)　ドル
　　　　　　　　　　　2014年度為替換算損失　　　(210,400)　ドル

2014年12月31日の外貨換算差額金は，借方残高（為替換算損失）195,400ドル（＝210,400ドル－15,000ドル）であった。（出典：Advanced Financial Accounting; Peal Tan Hock Neo/Peter Lee Lip Nyean, 2008 McMraw-Hill, pp. 475-478. なお，一部変更して引用した。）

親会社F社の会計処理

2013年12月31日

（借）現　金 2,220,000（貸）借入金 2,220,000

外貨建借入金は，子会社L社に対する純投資のヘッジ手段として指定された。
1,200,000ユーロ×直物レート1.85ドル＝外貨建借入金2,220,000ドル

2014年12月31日

（借）支払利息 106,800（貸）未払利息 106,800

5%×1,200,000ユーロ×平均レート1.78ドル＝支払利息106,800ドル

（借）未払利息 106,800（貸）現　金　　　102,000
　　　　　　　　　　　　　　　外貨換算差益　　4,800

未払利息の決済額を計上する。5%×1,200,000ユーロ×直物レート1.70ドル＝現金102,000ドル。未払利息（平均レート1.78ドル）と実際支払額（直物レート1.70ドル）との為替換算差益4,800[(1.70ドル－1.78ドル)×1,200,000ユーロ×5%]を計上する。

（借）借入金 180,000（貸）外貨換算差額金 180,000

ヘッジ手段の外貨建借入金から生じた為替換算差益を外貨換算差額金に計上

する。1,200,000ユーロ×(1.70ドル−1.85ドル)＝外貨建借入金為替換算差益180,000ドル。

将来価値1円の現在価値 PV=1/(1+利率i)^期間n

n/i	1.0%	1.5%	2.0%	2.5%	3.0%	3.5%	4.0%	4.5%	5.0%	5.5%	6.0%	7.0%	8.0%	9.0%	10.0%
1	0.99010	0.98522	0.98039	0.97561	0.97087	0.96618	0.96154	0.95694	0.95238	0.94787	0.94340	0.93458	0.92593	0.91743	0.90909
2	0.98030	0.97066	0.96117	0.95181	0.94260	0.93351	0.92456	0.91573	0.90703	0.89845	0.89000	0.87344	0.85734	0.84168	0.82645
3	0.97059	0.95632	0.94232	0.92860	0.91514	0.90194	0.88900	0.87630	0.86384	0.85161	0.83962	0.81630	0.79383	0.77218	0.75131
4	0.96098	0.94218	0.92385	0.90595	0.88849	0.87144	0.85480	0.83856	0.82270	0.80722	0.79209	0.76290	0.73503	0.70843	0.68301
5	0.95147	0.92826	0.90573	0.88385	0.86261	0.84197	0.82193	0.80245	0.78353	0.76513	0.74726	0.71299	0.68058	0.64993	0.62092
6	0.94205	0.91454	0.88797	0.86230	0.83748	0.81350	0.79031	0.76790	0.74622	0.72525	0.70496	0.66634	0.63017	0.59627	0.56447
7	0.93272	0.90103	0.87056	0.84127	0.81309	0.78599	0.75992	0.73483	0.71068	0.68744	0.66506	0.62275	0.58349	0.54703	0.51316
8	0.92348	0.88771	0.85349	0.82075	0.78941	0.75941	0.73069	0.70319	0.67684	0.65160	0.62741	0.58201	0.54027	0.50187	0.46651
9	0.91434	0.87459	0.83676	0.80073	0.76642	0.73373	0.70259	0.67290	0.64461	0.61763	0.59190	0.54393	0.50025	0.46043	0.42410
10	0.90529	0.86167	0.82035	0.78120	0.74409	0.70892	0.67556	0.64393	0.61391	0.58543	0.55839	0.50835	0.46319	0.42241	0.38554
11	0.89632	0.84893	0.80426	0.76214	0.72242	0.68495	0.64958	0.61620	0.58468	0.55491	0.52679	0.47509	0.42888	0.38753	0.35049
12	0.88745	0.83639	0.78849	0.74356	0.70138	0.66178	0.62460	0.58966	0.55684	0.52598	0.49697	0.44401	0.39711	0.35553	0.31863
13	0.87866	0.82403	0.77303	0.72542	0.68095	0.63940	0.60057	0.56427	0.53032	0.49856	0.46884	0.41496	0.36770	0.32618	0.28966
14	0.86996	0.81185	0.75788	0.70773	0.66112	0.61778	0.57748	0.53997	0.50507	0.47257	0.44230	0.38782	0.34046	0.29925	0.26333
15	0.86135	0.79985	0.74301	0.69047	0.64186	0.59689	0.55526	0.51672	0.48102	0.44793	0.41727	0.36245	0.31524	0.27454	0.23939
16	0.85282	0.78803	0.72845	0.67362	0.62317	0.57671	0.53391	0.49447	0.45811	0.42458	0.39365	0.33873	0.29189	0.25187	0.21763
17	0.84438	0.77639	0.71416	0.65720	0.60502	0.55720	0.51337	0.47318	0.43630	0.40245	0.37136	0.31657	0.27027	0.23107	0.19784
18	0.83602	0.76491	0.70016	0.64117	0.58739	0.53836	0.49363	0.45280	0.41552	0.38147	0.35034	0.29586	0.25025	0.21199	0.17986
19	0.82774	0.75361	0.68643	0.62553	0.57029	0.52016	0.47464	0.43330	0.39573	0.36158	0.33051	0.27651	0.23171	0.19449	0.16351
20	0.81954	0.74247	0.67297	0.61027	0.55368	0.50257	0.45639	0.41464	0.37689	0.34273	0.31180	0.25842	0.21455	0.17843	0.14864

複利計算表

現在価値1円の将来価値 FV=1円×(1+利率i)^n

n/i	1.0%	1.5%	2.0%	2.5%	3.0%	3.5%	4.0%	4.5%	5.0%	5.5%	6.0%	7.0%	8.0%	9.0%	10.0%
1	1.01000	1.01500	1.02000	1.02500	1.03000	1.03500	1.04000	1.04500	1.05000	1.05500	1.06000	1.07000	1.08000	1.09000	1.10000
2	1.02010	1.03023	1.04040	1.05063	1.06090	1.07123	1.08160	1.09203	1.10250	1.11303	1.12360	1.14490	1.16640	1.18810	1.21000
3	1.03030	1.04568	1.06121	1.07689	1.09273	1.10872	1.12486	1.14117	1.15763	1.17424	1.19102	1.22504	1.25971	1.29503	1.33100
4	1.04060	1.06136	1.08243	1.10381	1.12551	1.14752	1.16986	1.19252	1.21551	1.23882	1.26248	1.31080	1.36049	1.41158	1.46410
5	1.05101	1.07728	1.10408	1.13141	1.15927	1.18769	1.21665	1.24618	1.27628	1.30696	1.33823	1.40255	1.46933	1.53862	1.61051
6	1.06152	1.09344	1.12616	1.15969	1.19405	1.22926	1.26532	1.30226	1.34010	1.37884	1.41852	1.50073	1.58687	1.67710	1.77156
7	1.07214	1.10984	1.14869	1.18869	1.22987	1.27228	1.31593	1.36086	1.40710	1.45468	1.50363	1.60578	1.71382	1.82804	1.94872
8	1.08286	1.12649	1.17166	1.21840	1.26677	1.31681	1.36857	1.42210	1.47746	1.53469	1.59385	1.71819	1.85093	1.99256	2.14359
9	1.09369	1.14339	1.19509	1.24886	1.30477	1.36290	1.42331	1.48610	1.55133	1.61909	1.68948	1.83846	1.99900	2.17189	2.35795
10	1.10462	1.16054	1.21899	1.28008	1.34392	1.41060	1.48024	1.55297	1.62889	1.70814	1.79085	1.96715	2.15892	2.36736	2.59374
11	1.11567	1.17795	1.24337	1.31209	1.38423	1.45997	1.53945	1.62285	1.71034	1.80209	1.89830	2.10485	2.33164	2.58043	2.85312
12	1.12683	1.19562	1.26824	1.34489	1.42576	1.51107	1.60103	1.69588	1.79586	1.90121	2.01220	2.25219	2.51817	2.81266	3.13843
13	1.13809	1.21355	1.29361	1.37851	1.46853	1.56396	1.66507	1.77220	1.88565	2.00577	2.13293	2.40985	2.71962	3.06580	3.45227
14	1.14947	1.23176	1.31948	1.41297	1.51259	1.61869	1.73168	1.85194	1.97993	2.11609	2.26090	2.57853	2.93719	3.34173	3.79750
15	1.16097	1.25023	1.34587	1.44830	1.55797	1.67535	1.80094	1.93528	2.07893	2.23248	2.39656	2.75903	3.17217	3.64248	4.17725
16	1.17258	1.26899	1.37279	1.48451	1.60471	1.73399	1.87298	2.02237	2.18287	2.35526	2.54035	2.95216	3.42594	3.97031	4.59497
17	1.18430	1.28802	1.40024	1.52162	1.65285	1.79468	1.94790	2.11338	2.29202	2.48480	2.69277	3.15882	3.70002	4.32763	5.05447
18	1.19615	1.30734	1.42825	1.55966	1.70243	1.85749	2.02582	2.20848	2.40662	2.62147	2.85434	3.37993	3.99602	4.71712	5.55992
19	1.20811	1.32695	1.45681	1.59865	1.75351	1.92250	2.10685	2.30786	2.52695	2.76565	3.02560	3.61653	4.31570	5.14166	6.11591
20	1.22019	1.34686	1.48595	1.63862	1.80611	1.98979	2.19112	2.41171	2.65330	2.91776	3.20714	3.86968	4.66096	5.60441	6.72750

期末払経常年賦金 1 円の将来価値 $FV = \frac{(1+利率 i)^{期間 n} - 1}{利率 i}$

n/i	1.0%	1.5%	2.0%	2.5%	3.0%	3.5%	4.0%	4.5%	5.0%	5.5%	6.0%	7.0%	8.0%	9.0%	10.0%
1	1.00000	1.00000	1.00000	1.00000	1.00000	1.00000	1.00000	1.00000	1.00000	1.00000	1.00000	1.00000	1.00000	1.00000	1.00000
2	2.01000	2.01500	2.02000	2.02500	2.03000	2.03500	2.04000	2.04500	2.05000	2.05500	2.06000	2.07000	2.08000	2.09000	2.10000
3	3.03010	3.04522	3.06040	3.07562	3.09090	3.10622	3.12160	3.13702	3.15250	3.16802	3.18360	3.21490	3.24640	3.27810	3.31000
4	4.06040	4.09090	4.12161	4.15252	4.18363	4.21494	4.24646	4.27819	4.31013	4.34227	4.37462	4.43994	4.50611	4.57313	4.64100
5	5.10101	5.15227	5.20404	5.25633	5.30914	5.36247	5.41632	5.47071	5.52563	5.58109	5.63709	5.75074	5.86660	5.98471	6.10510
6	6.15202	6.22955	6.30812	6.38774	6.46841	6.55015	6.63298	6.71689	6.80191	6.88805	6.97532	7.15329	7.33593	7.52333	7.71561
7	7.21354	7.32299	7.43428	7.54743	7.66246	7.77941	7.89829	8.01915	8.14201	8.26689	8.39384	8.65402	8.92280	9.20043	9.48717
8	8.28567	8.43284	8.58297	8.73612	8.89234	9.05169	9.21423	9.38001	9.54911	9.72157	9.89747	10.25980	10.63663	11.02847	11.43589
9	9.36853	9.55933	9.75463	9.95452	10.15911	10.36850	10.58280	10.80211	11.02656	11.25626	11.49132	11.97799	12.48756	13.02104	13.57948
10	10.46221	10.70272	10.94972	11.20338	11.46388	11.73139	12.00611	12.28821	12.57789	12.87535	13.18079	13.81645	14.48656	15.19293	15.93742
11	11.56683	11.86326	12.16872	12.48347	12.80780	13.14199	13.48635	13.84118	14.20679	14.58350	14.97164	15.78360	16.64549	17.56029	18.53117
12	12.68250	13.04121	13.41209	13.79555	14.19203	14.60196	15.02581	15.46403	15.91713	16.38559	16.86994	17.88845	18.97713	20.14072	21.38428
13	13.80933	14.23683	14.68033	15.14044	15.61779	16.11303	16.62684	17.15991	17.71298	18.28680	18.88214	20.14064	21.49530	22.95338	24.52271
14	14.94742	15.45038	15.97394	16.51895	17.08632	17.67699	18.29191	18.93211	19.59863	20.29257	21.01507	22.55049	24.21492	26.01919	27.97498
15	16.09690	16.68214	17.29342	17.93193	18.59891	19.29568	20.02359	20.78405	21.57856	22.40866	23.27597	25.12902	27.15211	29.36092	31.77248
16	17.25786	17.93237	18.63929	19.38022	20.15688	20.97103	21.82453	22.71934	23.65749	24.64114	25.67253	27.88805	30.32428	33.00340	35.94973
17	18.43044	19.20136	20.01207	20.86473	21.76159	22.70502	23.69751	24.74171	25.84037	26.99640	28.21288	30.84022	33.75023	36.97370	40.54470
18	19.61475	20.48938	21.41231	22.38635	23.41444	24.49969	25.64541	26.85508	28.13238	29.48120	30.90565	33.99903	37.45024	41.30134	45.59917
19	20.81090	21.79672	22.84056	23.94601	25.11687	26.35718	27.67123	29.06356	30.53900	32.10267	33.75999	37.37896	41.44626	46.01846	51.15909
20	22.01900	23.12367	24.29737	25.54466	26.87037	28.27968	29.77808	31.37142	33.06595	34.86832	36.78559	40.99549	45.76196	51.16012	57.27500

複利計算表 593

期末払経常年賦金1円の現在価値 PV＝[1−1/(1+利率i)^n]/利率 i

n/i	1.0%	1.5%	2.0%	2.5%	3.0%	3.5%	4.0%	4.5%	5.0%	5.5%	6.0%	7.0%	8.0%	9.0%	10.0%
1	0.99010	0.98522	0.98039	0.97561	0.97087	0.96618	0.96154	0.95694	0.95238	0.94787	0.94340	0.93458	0.92593	0.91743	0.90909
2	1.97040	1.95588	1.94156	1.92742	1.91347	1.89969	1.88609	1.87267	1.85941	1.84632	1.83339	1.80802	1.78326	1.75911	1.73554
3	2.94099	2.91220	2.88388	2.85602	2.82861	2.80164	2.77509	2.74896	2.72325	2.69793	2.67301	2.62432	2.57710	2.53129	2.48685
4	3.90197	3.85438	3.80773	3.76197	3.71710	3.67308	3.62990	3.58753	3.54595	3.50515	3.46511	3.38721	3.31213	3.23972	3.16987
5	4.85343	4.78264	4.71346	4.64583	4.57971	4.51505	4.45182	4.38998	4.32948	4.27028	4.21236	4.10020	3.99271	3.88965	3.79079
6	5.79548	5.69719	5.60143	5.50813	5.41719	5.32855	5.24214	5.15787	5.07569	4.99553	4.91732	4.76654	4.62288	4.48592	4.35526
7	6.72819	6.59821	6.47199	6.34939	6.23028	6.11454	6.00205	5.89270	5.78637	5.68297	5.58238	5.38929	5.20637	5.03295	4.86842
8	7.65168	7.48593	7.32548	7.17014	7.01969	6.87396	6.73274	6.59589	6.46321	6.33457	6.20979	5.97130	5.74664	5.53482	5.33493
9	8.56602	8.36052	8.16224	7.97087	7.78611	7.60769	7.43533	7.26879	7.10782	6.95220	6.80169	6.51523	6.24689	5.99525	5.75902
10	9.47130	9.22218	8.98259	8.75206	8.53020	8.31661	8.11090	7.91272	7.72173	7.53763	7.36009	7.02358	6.71008	6.41766	6.14457
11	10.36763	10.07112	9.78685	9.51421	9.25262	9.00155	8.76048	8.52892	8.30641	8.09254	7.88687	7.49867	7.13896	6.80519	6.49506
12	11.25508	10.90751	10.57534	10.25776	9.95400	9.66333	9.38507	9.11858	8.86325	8.61852	8.38384	7.94269	7.53608	7.16073	6.81369
13	12.13374	11.73153	11.34837	10.98318	10.63496	10.30274	9.98565	9.68285	9.39357	9.11708	8.85268	8.35765	7.90378	7.48690	7.10336
14	13.00370	12.54338	12.10625	11.69091	11.29607	10.92052	10.56312	10.22283	9.89864	9.58965	9.29498	8.74547	8.24424	7.78615	7.36669
15	13.86505	13.34323	12.84926	12.38138	11.93794	11.51741	11.11839	10.73955	10.37966	10.03758	9.71225	9.10791	8.55948	8.06069	7.60608
16	14.71787	14.13126	13.57771	13.05500	12.56110	12.09412	11.65230	11.23402	10.83777	10.46216	10.10590	9.44665	8.85137	8.31256	7.82371
17	15.56225	14.90765	14.29187	13.71220	13.16612	12.65132	12.16567	11.70719	11.27407	10.86461	10.47726	9.76322	9.12164	8.54363	8.02155
18	16.39827	15.67256	14.99203	14.35336	13.75351	13.18968	12.65930	12.15999	11.68959	11.24607	10.82760	10.05909	9.37189	8.75563	8.20141
19	17.22601	16.42617	15.67846	14.97889	14.32380	13.70984	13.13394	12.59329	12.08532	11.60765	11.15812	10.33560	9.60360	8.95011	8.36492
20	18.04555	17.16864	16.35143	15.58916	14.87747	14.21240	13.59033	13.00794	12.46221	11.95038	11.46992	10.59401	9.81815	9.12855	8.51356

期首払経常年賦金1円の将来価値 FV＝[((1＋利率 i)^n －1)／利率 i]×(1＋利率 i)

n/i	1.0%	1.5%	2.0%	2.5%	3.0%	3.5%	4.0%	4.5%	5.0%	5.5%	6.0%	7.0%	8.0%	9.0%	10.0%
1	1.01000	1.01500	1.02000	1.02500	1.03000	1.03500	1.04000	1.04500	1.05000	1.05500	1.06000	1.07000	1.08000	1.09000	1.10000
2	2.03010	2.04522	2.06040	2.07562	2.09090	2.10622	2.12160	2.13702	2.15250	2.16802	2.18360	2.21490	2.24640	2.27810	2.31000
3	3.06040	3.09090	3.12161	3.15252	3.18363	3.21494	3.24646	3.27819	3.31013	3.34227	3.37462	3.43994	3.50611	3.57313	3.64100
4	4.10101	4.15227	4.20404	4.25633	4.30914	4.36247	4.41632	4.47071	4.52563	4.58109	4.63709	4.75074	4.86660	4.98471	5.10510
5	5.15202	5.22955	5.30812	5.38774	5.46841	5.55015	5.63298	5.71689	5.80191	5.88805	5.97532	6.15329	6.33593	6.52333	6.71561
6	6.21354	6.32299	6.43428	6.54743	6.66246	6.77941	6.89829	7.01915	7.14201	7.26689	7.39384	7.65402	7.92280	8.20043	8.48717
7	7.28567	7.43284	7.58297	7.73612	7.89234	8.05169	8.21423	8.38001	8.54911	8.72157	8.89747	9.25980	9.63663	10.02847	10.43589
8	8.36853	8.55933	8.75463	8.95452	9.15911	9.36850	9.58280	9.80211	10.02656	10.25626	10.49132	10.97799	11.48756	12.02104	12.57948
9	9.46221	9.70272	9.94972	10.20338	10.46388	10.73139	11.00611	11.28821	11.57789	11.87535	12.18079	12.81645	13.48656	14.19293	14.93742
10	10.56683	10.86326	11.16872	11.48347	11.80780	12.14199	12.48635	12.84118	13.20679	13.58350	13.97164	14.78360	15.64549	16.56029	17.53117
11	11.68250	12.04121	12.41209	12.79555	13.19203	13.60196	14.02581	14.46403	14.91713	15.38559	15.86994	16.88845	17.97713	19.14072	20.38428
12	12.80933	13.23683	13.68033	14.14044	14.61779	15.11303	15.62684	16.15991	16.71298	17.28680	17.88214	19.14064	20.49530	21.95338	23.52271
13	13.94742	14.45038	14.97394	15.51895	16.08632	16.67699	17.29191	17.93211	18.59863	19.29257	20.01507	21.55049	23.21492	25.01919	26.97498
14	15.09690	15.68214	16.29342	16.93193	17.59891	18.29568	19.02359	19.78405	20.57856	21.40866	22.27597	24.12902	26.15211	28.36092	30.77248
15	16.25786	16.93237	17.63929	18.38022	19.15688	19.97103	20.82453	21.71934	22.65749	23.64114	24.67253	26.88805	29.32428	32.00340	34.94973
16	17.43044	18.20136	19.01207	19.86473	20.76159	21.70502	22.69751	23.74171	24.84037	25.99640	27.21288	29.84022	32.75023	35.97370	39.54470
17	18.61475	19.48938	20.41231	21.38635	22.41444	23.49969	24.64541	25.85508	27.13238	28.48120	29.90565	32.99903	36.45024	40.30134	44.59917
18	19.81090	20.79672	21.84056	22.94601	24.11687	25.35718	26.67123	28.06356	29.53900	31.10267	32.75999	36.37896	40.44626	45.01846	50.15909
19	21.01900	22.12367	23.29737	24.54466	25.87037	27.27968	28.77808	30.37142	32.06595	33.86832	35.78559	39.99549	44.76196	50.16012	56.27500
20	22.23919	23.47052	24.78332	26.18327	27.67649	29.26947	30.96920	32.78314	34.71925	36.78608	38.99273	43.86518	49.42292	55.76453	63.00250

期首払経常年賦金 1 円の現在価値 $PV = [1 - 1/(1+利率i)^n/利率i] \times (1+利率i)$

n/i	1.0%	1.5%	2.0%	2.5%	3.0%	3.5%	4.0%	4.5%	5.0%	5.5%	6.0%	7.0%	8.0%	9.0%	10.0%
1	1.00000	1.00000	1.00000	1.00000	1.00000	1.00000	1.00000	1.00000	1.00000	1.00000	1.00000	1.00000	1.00000	1.00000	1.00000
2	1.99010	1.98522	1.98039	1.97561	1.97087	1.96618	1.96154	1.95694	1.95238	1.94787	1.94340	1.93458	1.92593	1.91743	1.90909
3	2.97040	2.95588	2.94156	2.92742	2.91347	2.89969	2.88609	2.87267	2.85941	2.84632	2.83339	2.80802	2.78326	2.75911	2.73554
4	3.94099	3.91220	3.88388	3.85602	3.82861	3.80164	3.77509	3.74896	3.72325	3.69793	3.67301	3.62432	3.57710	3.53129	3.48685
5	4.90197	4.85438	4.80773	4.76197	4.71710	4.67308	4.62990	4.58753	4.54595	4.50515	4.46511	4.38721	4.31213	4.23972	4.16987
6	5.85343	5.78264	5.71346	5.64583	5.57971	5.51505	5.45182	5.38998	5.32948	5.27028	5.21236	5.10020	4.99271	4.88965	4.79079
7	6.79548	6.69719	6.60143	6.50813	6.41719	6.32855	6.24214	6.15787	6.07569	5.99553	5.91732	5.76654	5.62288	5.48592	5.35526
8	7.72819	7.59821	7.47199	7.34939	7.23028	7.11454	7.00205	6.89270	6.78637	6.68297	6.58238	6.38929	6.20637	6.03295	5.86842
9	8.65168	8.48593	8.32548	8.17014	8.01969	7.87396	7.73274	7.59589	7.46321	7.33457	7.20979	6.97130	6.74664	6.53482	6.33493
10	9.56602	9.36052	9.16224	8.97087	8.78611	8.60769	8.43533	8.26879	8.10782	7.95220	7.80169	7.51523	7.24689	6.99525	6.75902
11	10.47130	10.22218	9.98259	9.75206	9.53020	9.31661	9.11090	8.91272	8.72173	8.53763	8.36009	8.02358	7.71008	7.41766	7.14457
12	11.36763	11.07112	10.78685	10.51421	10.25262	10.00155	9.76048	9.52892	9.30641	9.09254	8.88687	8.49867	8.13896	7.80519	7.49506
13	12.25508	11.90751	11.57534	11.25776	10.95400	10.66333	10.38507	10.11858	9.86325	9.61852	9.38384	8.94269	8.53608	8.16073	7.81369
14	13.13374	12.73153	12.34837	11.98318	11.63496	11.30274	10.98565	10.68285	10.39357	10.11708	9.85268	9.35765	8.90378	8.48690	8.10336
15	14.00370	13.54338	13.10625	12.69091	12.29607	11.92052	11.56312	11.22283	10.89864	10.58965	10.29498	9.74547	9.24424	8.78615	8.36669
16	14.86505	14.34323	13.84926	13.38138	12.93794	12.51741	12.11839	11.73955	11.37966	11.03758	10.71225	10.10791	9.55948	9.06069	8.60608
17	15.71787	15.13126	14.57771	14.05500	13.56110	13.09412	12.65230	12.23402	11.83777	11.46216	11.10590	10.44665	9.85137	9.31256	8.82371
18	16.56225	15.90765	15.29187	14.71220	14.16612	13.65132	13.16567	12.70719	12.27407	11.86461	11.47726	10.76322	10.12164	9.54363	9.02155
19	17.39827	16.67256	15.99203	15.35336	14.75351	14.18968	13.65930	13.15999	12.68959	12.24607	11.82760	11.05909	10.37189	9.75563	9.20141
20	18.22601	17.42617	16.67846	15.97889	15.32380	14.70984	14.13394	13.59329	13.08532	12.60765	12.15812	11.33560	10.60360	9.95011	9.36492

索　引

あ行

アウトオブ・ザ・マネー ………… 551
預り金 ……………………………… 47
預り有価証券勘定 ………………… 82
圧縮記帳 …………………… 251, 268
後入先出法 ………………………… 137
洗替法 ……………………………… 74
洗替方式 …………………… 92, 104

委託販売 …………………………… 212
委託販売諸掛費 …………………… 215
一勘定制 …………………………… 40
一行連結 …………………… 482, 483
一時差異 …………………………… 312
一覧払 ……………………………… 58
一般購入による取得 ……………… 245
一般債権 …………………… 67, 74
移動平均法 ………………………… 137
イン・ザ・マネー ………………… 551

受取配当金 ………………………… 322
打歩取得 …………………………… 96
打歩発行 …………………………… 365
裏書譲渡 …………………………… 59
売上計算書 ………………………… 213
売上原価対立法 …………………… 124
売上原価の計算 …………………… 143
売上債権 …………………… 45, 66
売上帳 ……………………………… 134
売上値引 …………………………… 114
売上戻り …………………………… 114
売上割戻引当金 …………………… 334
売りオプション …………………… 550
売掛金 ……………………………… 45
売掛金元帳 ………………………… 46
売現先 ……………………………… 85

永久差異 …………………………… 314
営業外取引 ………………………… 52
営業手形 …………………………… 52

英米式決算法 ……………………… 5
オプション ………………………… 550
オプション契約 …………… 565, 567
オプションプレミアム …………… 550
オフバランス退職給付債務 ……… 352
親会社概念 ………………………… 494
親会社持分 ………………… 487, 494

か行

買入償還 …………………………… 373
買いオプション …………………… 550
外貨換算 …………………………… 533
買掛金 ……………………………… 45
買掛金元帳 ………………………… 46
外貨建売掛金 ……………… 558, 563
外貨建債権・債務 ………………… 576
外貨建取引 ………………… 545, 575
外貨建取引ヘッジ ………… 554, 577
外貨ヘッジ ………………… 552, 575, 577
会計基準変更時差異 ……………… 350
会計システム ……………………… 5
買現先 ……………………………… 85
開始記入 …………………………… 3
開始残高勘定 ……………………… 5
開始仕訳 …………………………… 3
会社分割 …………………… 457, 495
回収可能額 ………………………… 299
回収可能性 ………………………… 297
回収基準 …………………………… 177
回避可能利息 ……………………… 255
回廊アプローチ …………………… 357
確定給付型年金制度 ……………… 340
確定給付債務 ……………………… 341
確定拠出型年金制度 ……………… 340
確定購入債務 ……………………… 580
額面取得 …………………………… 96
過去勤務サービス ………………… 342
貸倒懸念債権 ……………………… 67
貸倒実績率 ………………………… 73
貸倒実績率法 ……………………… 68

索引

貸倒引当金 …………………… 66, 73, 334	企業結合 …………………………… 457
貸倒引当金戻入勘定 ………………… 74	企業組織再編行為 ………………… 457
貸付金 ………………………………… 47	議決権付普通株式 ………………… 386
課税所得 …………………………… 306	期首試算表 …………………………… 7
合算財務諸表 ……………………… 442	基礎数値 …………………………… 548
割賦売掛金 …………………… 177, 198	基礎率 ………………………… 352, 353
割賦代金の貸倒れ ………………… 198	基礎率の変更 ……………………… 356
割賦販売 ……………………… 176, 316	期待運用収益 ……………………… 345
合併財務諸表 ……………………… 455	期待運用収益率 …………………… 352
合併差益 …………………………… 387	期待価値アプローチ …………… 297, 300
合併精算表 ………………………… 442	期待キャッシュ・フロー法 ……… 297
合併と買収 ………………………… 457	機能通貨 …………………………… 534
合併比率 …………………………… 461	機能通貨表示財務諸表の外貨換算 …… 536
過年度貸倒引当金繰入不足勘定 ……… 75	期末退職給付債務 ………………… 343
過年度減価償却の過不足 ………… 264	逆現先 ………………………………… 85
株式移転 ……………………… 457, 479	逆取得 ……………………………… 465
株式移転差益 ……………………… 387	キャッシュ・フロー・ヘッジ ‥ 556, 558, 561,
株式交換 ………………… 457, 461, 476	572, 577, 581
株式交換差益 ……………………… 387	キャッシュ・フロー見積法 ………… 68
株式交換比率 ……………………… 461	吸収合併 …………………………… 464
株式証券 ……………………………… 78	吸収分割 ……………………… 495, 496
株式に基づく報酬 ………………… 412	級数法 ……………………………… 259
株式の取得 …………………… 457, 463	給付水準の変更 …………………… 350
株式の併合 ………………………… 394	共益権 ……………………………… 391
株式の無償割当 …………………… 394	強制評価減 ………………… 91, 95, 145
株式発行による固定資産の取得 … 247	共通支配下の取引 ………………… 457
株式払込剰余金 …………………… 387	共同支配企業の形成 ………… 457, 524
株式分割 ……………………… 79, 393	切放方式 ………………… 92, 103, 299
株式報酬奨励制度 ………………… 419	銀行勘定調整表 …………………… 41
株式無償割当 ……………………… 393	銀行預金 ……………………………… 38
株主自益権 ………………………… 391	金銭債権 ……………………………… 73
株主資本 ……………………… 383, 385	金融手形 ……………………………… 53
株主資本以外のその他純資産 …… 384	金融派生商品 ……………………… 548
貨物代表証券 ………………………… 57	金利先渡 …………………………… 549
借入金 ………………………………… 47	金利スワップ ……………… 550, 569, 572
借受金勘定 …………………………… 49	金利調整差額 ………………… 106, 366
仮勘定 ………………………………… 49	
仮払金勘定 …………………………… 49	偶発債務 ………………… 55, 60, 64, 73
為替換算差額金 ……………… 383, 390	クーポン利息 ……………………… 366
為替先渡 …………………………… 549	クーポンレート ……………………… 95
為替手形 ………………………… 52, 55	繰上償還 …………………………… 376
間接控除法 …………………… 261, 445	繰越控除 …………………………… 326
完全親子会社関係 ………………… 476	繰越試算表 ………………………… 10
完全連結 …………………………… 483	繰越内部利益の戻入・控除 ……… 443
	繰越利益剰余金 …………………… 388

索　引　599

繰延割賦売上利益 ……………………… 177
繰延仕入諸掛費 ………………………… 117
繰延資産 ………………………………… 271
繰延数理損益 …………………………… 345
繰延税金資産 ……………………… 105, 327
繰延税金負債 ……………………… 106, 327
繰延内部利益 …………………………… 437
繰延内部利益勘定 ……………………… 445
繰延内部利益控除勘定 ………………… 445
繰延ヘッジ損益 ……………… 383, 389, 552
繰延法 …………………………………… 313
繰延法人税費用 ………………………… 306
繰戻還付 ………………………………… 326

経過勘定項目 …………………………… 4
経過利息 ………………………………… 80
経済的の実態 …………………………… 87
経済的単一体概念 ………………… 487, 494
継続記録法 ……………………………… 133
継続フランチャイズ料 ………………… 241
決算残高勘定 …………………………… 5
決算整理後試算表 ……………………… 9
決算整理前残高試算表 ………………… 8
決算日レート法 …………………… 535, 537
欠損金の繰越 …………………………… 326
減価償却 ………………………………… 258
減価償却方法の変更 …………………… 263
減価償却累計額勘定 …………………… 261
研究開発費 ……………………………… 275
現金・現金同等物 ……………………… 37
現金主義の原則 ………………………… 4
現金割引 ………………………………… 115
現在価値 … 24, 69, 96, 242, 245, 246, 299, 336, 341, 347
現在価値計算法 ………………………… 336
現在価値係数 …………………………… 27
現在価値償却法 ………………………… 95
現先オペレーション …………………… 86
現先取引 ………………………………… 85
現先レート ……………………………… 86
減資差益 ………………………………… 387
原資産 ……………………………… 286, 548
源泉区分表示法 ………………………… 79
減損会計 ………………………………… 296
減損テスト ………………………… 270, 297

現地通貨 …………………………… 533, 536
現物出資 ………………………………… 247
権利確定期間 …………………………… 422
権利確定日 ……………………………… 422
権利行使価格 ……………………… 419, 420
権利行使期間 …………………………… 422
権利行使日 ……………………………… 422
権利不確定 ……………………………… 424

交換差金 ………………………………… 248
交換損益 ………………………………… 248
工事完成基準 ……………………… 169, 316
工事進行基準 ……………………… 170, 316
工事進捗率 ……………………………… 170
工事未収金勘定 ………………………… 171
工事未払金勘定 ………………………… 171
格子モデル ……………………………… 423
公正価値 …… 24, 299, 336, 342, 421, 461, 548
公正価値会計 …………………………… 25
公正価値単価 …………………………… 422
公正価値評価 ……………………… 91, 307
公正価値ヘッジ ‥ 552, 555, 563, 565, 567, 569, 577, 578
小売棚卸法 ……………………………… 148
子会社株式・関連会社株式 …………… 103
小口現金 ………………………………… 38
国庫補助金 ……………………………… 251
固定金利付債務証券 …………………… 569
5分法 …………………………………… 131
個別引当法 ……………………………… 68
個別法 …………………………………… 136
コールオプション ……………………… 549
混合勘定 ………………………………… 125

さ行

債権者保護 ……………………………… 403
債券担保付金銭消費貸借取引 ………… 87
在庫回転率 ……………………………… 148
最終原価率 ……………………………… 150
再整理記入 …………………………… 3, 4
再遡求 …………………………………… 60
再測定 …………………………………… 534
再調達原価 ……………………………… 142
財務内容評価法 ………………………… 68
債務保証損失引当金 …………………… 334

差額補充法 …………………………… 74
先入先出法 ………………………… 137
先日付小切手 ………………………… 37
先物為替予約 ……………………… 575, 576
先物契約 …………… 549, 555, 558, 561, 563
先渡契約 …………………………… 549
差入有価証券勘定 …………………… 82
3分法 ……………………………… 128

仕入諸掛 …………………………… 114
仕入帳 ……………………………… 134
仕入割引 …………………………… 115
時価評価法 ………………………… 322
時間的価値 ……………… 24, 299, 420, 567
事業の取得 ………………………… 463
事業分離 …………………………… 457
仕切精算書 ………………………… 213
資金生成単位 ……………………… 296
刺激的報酬制度 …………………… 412
自己宛為替手形 ……………………… 57
自己受為替手形 ……………………… 56
自己株式 ……………………… 388, 405
自己株式処分差益 ………………… 388
自己株式処分差損 ………………… 409
自己株式処分差損益 ………… 406, 414
自己株式の取得 …………………… 405
自己株式の消却 …………………… 411
自己株式の処分 …………………… 406
自己株式申込証拠金 ……………… 388
自己指図為替手形 ………………… 56
自己新株予約権 …………………… 417
自己創設暖簾 ……………………… 270
自己振出小切手 ……………………… 37
資産除却債務 ……………………… 336
資産と資産の等価交換による取得 … 247
資産・負債法 ……………………… 313
自社建設による取得 ……………… 245
市場価格 …………………………… 24
市場利子率 ………………………… 95
実現主義の原則 ……………… 168, 390
実効利息法 ………… 61, 95, 285, 366
実際運用収益 ……………………… 345
実質優先主義 ……………………… 87
実地棚卸法 ………………………… 133
支店一部独立会計システム ……… 431
支店売上勘定 ……………………… 432
支店勘定 …………………………… 432
支店完全独立会計システム ……… 431
支店独立会計 ……………………… 432
支配 ………………………………… 458
支払期日到来基準 ………………… 177
死亡率 ……………………………… 353
資本金 ……………………………… 385
資本準備金 ………………………… 387
資本準備金減少差益 ……………… 388
資本剰余金 ………………………… 387
資本的支出 ………………………… 257
社債の借換え ……………………… 378
社債発行費 ………………………… 371
社債利息 …………………………… 366
収益控除性引当金 ………………… 334
収益的支出 ………………………… 257
収益と益金 ………………………… 306
収益の稼得 ………………………… 169
収益の実現 ………………………… 168
収益の認識 ………………………… 168
修繕引当金 ………………………… 334
重要性基準 ………………………… 356
受託者販売日基準 ………………… 212
受託販売 …………………………… 228
受託販売勘定 ……………………… 228
取得 ………………………………… 458
取得原価 ……………………… 113, 245
取得による企業結合 ……………… 458
ジュネーブ手形・小切手法条約 … 52
種類株式 …………………………… 386
種類対価の選択 …………………… 499
純額主義 ……………………………… 79
純額表示法 ………………………… 223
純額法 ……………………………… 115
純資産 ……………………………… 383
純粋持株会社 ……………………… 479
準備金の積立 ……………………… 403
使用価値 …………………………… 299
償還義務 …………………………… 60
償還請求権 ………………………… 55
償却原価 …………………………… 285
償却原価法 ………… 76, 95, 106, 366
商業手形 …………………………… 52
使用権資産 ………………………… 282

索　引　601

使用権モデル …………………………… 282
照合勘定 ………………………………… 432
少数株主持分 ……………………… 383, 487, 494
使用貸借契約 …………………………… 83
譲渡担保信用取引 ……………………… 87
試用販売 ………………………………… 205
消費貸借契約 …………………………… 83
商品有高帳 ……………………………… 136
商品低価評価損 ………………………… 145
正味実現可能価額 …………………… 142, 143
剰余金の配当 ………………………… 397, 398
賞与引当金 ……………………………… 334
将来加算（課税）の対象になる金額 …… 315
将来価値係数 …………………………… 27
将来キャッシュ・フロー・ヘッジ ……… 552
将来キャッシュ・フロー見積法 ………… 76
将来減算（控除）の対象になる金額 …… 315
将来のキャッシュ・フロー ………… 24, 548
初期フランチャイズ料 ……………… 241, 242
新株式申込証拠金 ……………………… 387
新株発行 ………………………………… 392
新株予約権 ………… 380, 383, 384, 390, 412
新株予約権公正価値 …………………… 420
新株予約権消却益 ……………………… 417
新株予約権付社債 ……………………… 380
新株予約権戻入益 ……………………… 425
新設合併 ………………………………… 474
新設分割 …………………………… 495, 496
進捗率 …………………………………… 277
人的分割 ………………………………… 496
信用取引 ………………………………… 45

数理計算差異損益 …………………… 352, 354
ストック・オプション ………… 405, 412, 419
ストック・オプション価格算定モデル … 420
ストック・オプションの権利確定数 …… 424
ストック・オプション付与数 …………… 424
スワップ ………………………………… 549

税効果会計 …………………………… 105, 306
生産高比例法 …………………………… 259
精算表 …………………………………… 4
制度資産 ………………………………… 343
税引前純利益 …………………………… 306
製品保証引当金 ……………………… 325, 334

積送諸掛 ………………………………… 222
積送品勘定 ……………………………… 213
前期損益修正損勘定 …………………… 75
全部資本直入法 ………………………… 105
全部連結 ………………………………… 483
全面時価評価法 ………………………… 487

総額主義 ………………………………… 79
総額表示法 ……………………………… 223
総額法 …………………………………… 115
総括引当法 …………………………… 68, 74
総記法 …………………………………… 125
総合償却法 ……………………………… 259
増資 ……………………………………… 392
想定元本 ………………………………… 549
総平均原価法 …………………………… 137
贈与による取得 ………………………… 251
遡求権 …………………………………… 60
遡求の義務 …………………………… 55, 60
その他資本剰余金 ……………………… 387
その他純資産 ……………………… 383, 537
その他通貨 ……………………………… 536
その他包括利益 …………………… 389, 537, 552
その他包括利益累計額 …………… 389, 552
その他包括利益累積額 ………………… 104
その他有価証券 ………………………… 104
その他有価証券評価差額金 …………… 389
その他利益剰余金 ……………………… 388
ソフトウェア制作費 …………………… 276
損益計算書アプローチ ………………… 314
損益法 …………………………………… 133
損害補償損失引当金 …………………… 334
損失性引当金 …………………………… 334

た行

貸借対照表アプローチ ………………… 314
対照勘定 ……………………… 56, 60, 178, 228
対照勘定法 ………………………… 178, 206
退職給付年金 …………………………… 340
退職給付引当金 …………………… 334, 343
退職給付費用の計算 …………………… 344
退職給付見込額 ………………………… 342
大陸式決算法 …………………………… 5
立替金 …………………………………… 47
立替諸掛 ………………………………… 222

棚卸計算法 ……………………………… 133
棚卸減耗費 ……………………………… 144
棚卸資産 ………………………………… 113
他人振出小切手 ………………………… 37
短期金銭債権 …………………………… 45
担保預り有価証券勘定 ………………… 82
担保差入有価証券勘定 ………………… 82

抽選償還 ………………………………… 374
長期請負工事の会計 …………………… 169
直接控除法 ………………………… 261, 445

通貨スワップ …………………………… 550
通貨代用証券 …………………………… 37

低価基準 ………………………………… 141
定額小口現金前渡制度 ………………… 38
定額法 …………………………… 98, 259, 366
逓減償却法 ……………………………… 259
定率法 …………………………………… 259
手形 ……………………………………… 51
手形交換所 ……………………………… 51
手形の書換え …………………………… 63
手形の更改 ……………………………… 63
手形の信用 ……………………………… 51
手形の遡求権 …………………………… 55
手形の不渡り …………………………… 64
手形の割引 ……………………………… 61
手形発行・延払契約による取得 ……… 246
手形保証 ………………………………… 63
適格資産 ………………………………… 254
手許商品区分法 ………………………… 206
デリバティブ ……………………… 548, 555
転換社債 ………………………………… 378

当期業績主義 …………………………… 390
当期勤務サービス ……………………… 342
当期法人税 ……………………………… 306
当座借越契約 …………………………… 39
当座借越限度額 ………………………… 39
当座預金 …………………………… 38, 39
投資差額 ………………………………… 486
投資の継続 ………………………… 499, 503
投資の清算 ………………………… 499, 500
投資のヘッジ …………………………… 587

同種債権 ………………………………… 68
当初原価率 ……………………………… 149
統制勘定 ………………………………… 46
同類債権 ………………………………… 68
特殊販売 ………………………………… 169
特別修繕引当金 ………………………… 334
土地再評価差額金 ……………………… 389
取替原価 ………………………………… 142
取立荷為替 ……………………………… 58

な行

内部取引 ………………………………… 435
内部振替価格 …………………………… 435
内部利益の消去 ………………………… 435
内部利益の除去 ………………………… 444

荷為替手形 ……………………………… 57
荷為替の取組 …………………………… 213
2勘定制 ………………………………… 40
二項定理 ………………………………… 423
荷付為替手形 …………………………… 58
任意積立金 ……………………………… 388
認識中止アプローチ ……………… 282, 286

値入率 ……………………………… 148, 150
年金資産 …………………………… 343, 352

納税額方式 ……………………………… 307
暖簾 ………………………………… 487, 504

は行

売価還元原価法 ………………………… 137
売価還元法 ………………………… 141, 148
売価棚卸法 ……………………………… 148
売却可能証券 …………………………… 104
売却可能証券評価差額金 ……………… 104
売却時価 ………………………………… 142
買収 ……………………………………… 483
配当 ……………………………………… 398
売買目的有価証券 ……………………… 92
ハーグ手形法統一条約 ………………… 52
破産更生債権 …………………………… 67
端数利息 ………………………………… 80
パーチェス法 …… 458, 464, 474, 476, 479, 504
発生主義 …………………………… 325, 333

索　引

発生主義の原則 …………………… 4, 66, 168
払込資本 ……………………………………… 391
払込資本の計数の振替え ………………… 395
払込剰余金 …………………………………… 387
販売基準 ……………………………………… 169
販売時点 ……………………………………… 169
販売諸掛 ……………………………………… 115

引当金 ………………………………………… 333
引渡時点 ……………………………………… 169
非分離型新株予約権付社債 ……………… 380
評価・換算差額等 …………………… 384, 389
評価勘定 ………………………………………… 60
評価差額金 …………………………………… 383
評価性引当金 …………………………… 66, 334
費用・収益対応の原則 …… 66, 271, 325, 333
費用性引当金 ………………………………… 334
費用と損金 …………………………………… 306
費用配分の原則 ……………………………… 271

複利計算 ………………………………………… 26
複利計算表 ……………………………………… 27
負債性引当金 ………………………………… 334
負の暖簾 ……………………………………… 487
部分時価評価法 ……………………………… 487
部分資本直入法 ……………………………… 105
ブラック・ショールズ・マートン・モデル
　　　　　　　　　　　　　　　　　423
フランチャイズ契約 ………………………… 241
不渡手形 ………………………………………… 51
不渡手形勘定 …………………………………… 64
分割型分割 …………………………………… 496
分割差益 ……………………………………… 387
分記法 ………………………………………… 121
分社型分割 …………………………………… 496
分配可能限度額 ……………………………… 398
分離型新株予約権付社債 ………………… 380

平価発行 ……………………………………… 365
ヘッジ会計 …………………………………… 575
ヘッジ手段 …………………………… 384, 548, 552
ヘッジの非有効性 …………………………… 581
ヘッジの有効性 ……………………… 582, 587
別段預金 ………………………………… 38, 387
変動金利付債務 ……………………………… 572

返品調整引当金 ……………………………… 334

包括損益計算書 ……………………… 390, 537
包括利益 ……………………………… 105, 390
包括利益累計額 ……………………………… 537
法形式優先主義 ………………………………… 87
報告通貨 ……………………………… 534, 536
法人税費用 …………………………………… 306
法定準備金の積立 …………………………… 397
保管有価証券勘定 …………………………… 82
保険差益 ……………………………………… 268
保守主義・慎重主義の原則 ……………… 248
保守主義の原則 ……………………………… 168
保証債務勘定 ………………………………… 63
保証債務見返勘定 …………………………… 63
本決算 …………………………………………… 4
本源的価値 …………………………… 420, 567
本支店純損益の決算振替 ………………… 443
本店勘定 ……………………………………… 432
本店仕入勘定 ………………………………… 432
本店集中会計システム …………………… 431

ま行

前受金 ………………………………… 47, 324
前渡金 ………………………………………… 47
満期償還 ……………………………………… 372
満期保有目的証券 …………………………… 95

未決算勘定 ……………………………………… 49
見越・繰延勘定項目 …………………………… 4
未実現評価益 ………………………………… 390
未実現利益繰延法 …………………………… 177
未収金 ………………………………………… 46
未成工事支出金 ……………………………… 174
未成工事支出金勘定 ………………………… 171
未成工事前受金勘定 ………………………… 171
未達整理 ……………………………………… 442
未達取引 ……………………………… 41, 442
未着品取引 …………………………………… 231
未着品販売 …………………………………… 231
未認識確定契約 …………………… 545, 554, 577
未認識過去勤務債務 ………………………… 350
未認識数理計算差異 ………………………… 352
未認識数理差異損益 ………………………… 346
未認識数理損益 ……………………………… 345

未払金 46
未払年金費用勘定 343
未履行契約 545, 578

無形固定資産 269
無形固定資産仮勘定 278

目的適合性 460
持分の結合 457, 458
持分プーリング法 458, 460, 465, 504, 524
持分変動差額 504, 505
持分法 322, 482, 483
元帳 3
戻り商品 198

や行

約束手形 52, 54

有価証券 78
有価証券の差入と保管 82
有価証券の貸借取引 83
有形固定資産 244
有形固定資産の買換え 267
有形固定資産の除却 266
有形固定資産の売却 266
融通手形 53

予測給付債務 341
予定外貨建取引 556
予定外貨取引 578
予定昇給率 353
予定取引 554
予備決算 4
予約レート 576

ら行

利益準備金 388

利益剰余金 388
利益剰余金の計数の振替え 397
利益率 150, 177
履行義務アプローチ 282, 286
リース債務 282
リース資産の使用権 281, 284
リース取引 281
リース料支払債務 282, 284
リース料を受け取る権利 282
利息 26
利息費用 348
利息費用の資産計上 253
利札 37, 80
臨時計算書類 398
臨時決算 398
臨時償却 265
臨時損失 268

累積給付債務 341
累積退職給付債務 342

連結財務諸表 483
連結精算表 484
連結相殺消去 494
連結調整勘定 487

わ行

ワラント債 380
割引・裏書手形 73
割引計算 24
割引取得 95
割引荷為替 58, 213
割引発行 364
割引前将来純キャッシュ・フロー 297
割引率 25, 356
割引率の変更 346
割戻 114

著者略歴

川 口 八洲雄（かわぐち　やすお）

1941年　山梨県白州町に生る
1969年　大阪市立大学大学院修士課程修了
2010年　大阪産業大学名誉教授
現　在　大阪産業大学経営学部客員教授

主要著書
『原価理論』森山書店，1980年
『現代の会計制度　第1巻商法編』（共訳）森山書店，1986年
『現代の会計制度　第2巻税法編』（共訳）森山書店，1987年
『現代ドイツ商法典（第2版）』（共訳）森山書店，1993年
『会計と取引の形成過程』森山書店，1996年
『ドイツ会計の新展開』（共著）森山書店，1999年
『将来事象会計』（共著）森山書店，2000年
『会計指令法の競争戦略』森山書店，2000年
『簿記新義』森山書店，2002年
『ドイツ連結会計論』（共訳）森山書店，2002年
『会計制度の統合戦略』（編著）森山書店，2005年

現代会計の実務
（げんだいかいけい じつむ）

2011年4月5日　初版第1刷発行

著　者　Ⓒ川 口 八洲雄
発行者　菅 田 直 文
発行所　有限会社　森山書店　〒101-0054　東京都千代田区神田錦町1-10林ビル
　　　　TEL 03-3293-7061　FAX 03-3293-7063　振替口座 00180-9-32919

落丁・乱丁本はお取りかえします　　印刷／製本・シナノ書籍印刷

本書の内容の一部あるいは全部を無断で複写複製することは，著作権および出版社の権利の侵害となりますので，その場合は予め小社あて許諾を求めてください。

ISBN 978-4-8394-2106-9